HISTOIRE

DE LA

PHILOSOPHIE EUROPÉENNE

PAR

ALFRED WEBER

PROFESSEUR A L'UNIVERSITÉ DE STRASBOURG

CINQUIÈME ÉDITION
revue et augmentée

PARIS
LIBRAIRIE FISCHBACHER
(SOCIÉTÉ ANONYME)
33, RUE DE SEINE, 33
1892

Tous droits réservés.

HISTOIRE

DE LA

PHILOSOPHIE EUROPÉENNE

HISTOIRE

DE LA

PHILOSOPHIE EUROPÉENNE

PAR

ALFRED WEBER

PROFESSEUR A L'UNIVERSITÉ DE STRASBOURG

CINQUIÈME ÉDITION
revue et augmentée

A la différence du spiritualisme cartésien, qui fait de la matière et de l'esprit des « substances opposées, » le *spiritualisme concret* les ramène à un principe commun, la VOLONTÉ : source à la fois de l'effort d'expansion qui constitue le corps, et de l'effort de concentration (attention-aperception) qui constitue le moi.

—

Point de substance sans effort.
LEIBNIZ.

—

Point de perception sans volition.
MAINE DE BIRAN.

—

La volonté est au fond de tout.
SCHELLING. SCHOPENHAUER. SECRÉTAN.
RAVAISSON.

PARIS
LIBRAIRIE FISCHBACHER
(SOCIÉTÉ ANONYME)
33, RUE DE SEINE, 33
1892

Tous droits réservés.

A LA MÉMOIRE

DE

CHRISTIAN BARTHOLMÈSS

PRÉFACE

Si la philosophie, naguère dédaignée et déclassée, semble reprendre le rang qui lui est dû dans la hiérarchie scientifique, c'est pour avoir renoué avec la science positive cette alliance intime que la réaction idéaliste du dix-neuvième siècle avait rompue à son détriment; c'est peut-être aussi pour avoir compris, grâce à un retour aux sources vives de la sagesse aryenne, qu'elle n'a pas à choisir, comme trop longtemps elle l'avait cru sur la foi de l'enseignement officiel, entre un matérialisme naïf et un dualisme impossible. Une étude impartiale des Aristote, des Leibniz, des Kant, le lui a démontré à l'évidence; et c'est là, selon nous, l'un des grands avantages, sinon le profit capital, qu'elle retire de l'histoire de son passé.

L'esquisse que nous en avons faite à ce point de vue, et dont on nous invite à préparer une nouvelle édition, a été retouchée avec soin, et augmentée d'une série de notes complémentaires, qui ne dérogent pas d'ailleurs à la règle observée par l'auteur dès le principe : Ne point parler en détail des vivants. Puisse-t-elle, dans ces conditions, répondre le moins imparfaitement possible à la suggestive devise de l'éditeur !

Tous nos vœux seraient remplis si elle contribuait, pour sa faible part, au rapprochement qui tend à se faire entre la spéculation et le savoir positif, sur la base du spiritualisme concret.

Strasbourg, mars 1891.

A. WEBER.

PRÉFACE DE LA PRÉCÉDENTE ÉDITION

Le prompt écoulement de l'édition remaniée de 1883 est dû pour une bonne part à l'accueil franchement bienveillant que lui a fait une partie de la presse.

Nous n'osions guère y compter. Car, si notre esquisse, publiée en 1871 à la demande de nos auditeurs de langue française, répondait alors, dans une certaine mesure, à un besoin vivement senti, elle ne comblait plus de lacune après que MM. Fouillée, Fabre, Alaux, dépassant le cadre exclusivement européen que nous nous étions tracé, avaient fait plus et bien mieux que nous.

Que nos juges, connus et anonymes, reçoivent nos sincères remercîments pour leur indulgente approbation.

Nous avons largement profité aussi de leurs critiques, de celles du moins qui s'adressent à l'historien, soit pour combler des lacunes et augmenter le nombre des notes indispensables, soit pour rectifier des *errata* et supprimer quelques superfluités.

Parmi celles qui s'adressent au théoricien, il en est deux surtout qui ont fixé notre attention, sans réussir toutefois à nous convaincre. L'une a trait à notre manière de comprendre la philosophie, son objet, ses méthodes; l'autre, au point de vue qui nous est propre.

Et d'abord, on nous en veut d'assimiler la philosophie à la science et de lui imposer les méthodes scientifiques. La métaphysique, nous dit-on, est et reste fondée sur la méthode *a priori*.

Il y a métaphysique et métaphysique. Il est évident qu'une spéculation qui se donne pour objet ce qui est substantiellement et radicalement distinct, non seulement de l'ordre phénoménal, mais de l'essence même des choses, n'est pas et ne sera jamais une science. On n'a pas passé par l'école de Kant pour pouvoir ignorer que ce qui est *transcendant* — au sens que notre honoré critique attache à ce terme — échappe et échappera à tout jamais à l'observation scientifique. Mais telle n'est pas la philosophie que nous entendons assimiler à la science. La philosophie que nous appelons une science et le couronnement de l'édifice scientifique est celle qui limite ses recherches à l'être *observable*, à l'être *intramondain*, à l'être *que nous sommes nous-mêmes*.

La philosophie ainsi comprise et pratiquée n'a d'autre mérite, au demeurant, que de suivre le mandat impératif de la raison et du bon sens. En se limitant elle-même, elle fait simplement acte de conservation de soi : car ce qui est transcendant n'est pas seulement inaccessible à l'observation et à l'induction; il l'est également à l'*intuition intellectuelle* et au raisonnement *a priori* : il est *inconnaissable*.

Mais si nous sommes d'accord avec notre honoré contradicteur pour refuser le nom de science à toute spéculation qui, sous quelque nom et de quelque manière que ce soit, prétend connaître l'inconnaissable, nous ne saurions le dénier à la philosophie qui, respectueuse des principes essentiels de la critique, limite ses investigations à ce qui est *immanent* et s'appuie sur les faits consciencieusement étudiés de la nature et du moi. Métaphysique transcendantaliste ou pur phénoménisme : telle est l'alternative où l'on prétend nous mettre et que nous n'acceptons pas. Entre la théosophie et le positivisme, il y a le point de vue intermédiaire de la métaphysique immanente. Le phénomène, nous dit-on, n'est pas la chose en soi. Rien n'est plus vrai. Mais n'est-il pas évident aussi que le phénomène manifeste, révèle, traduit la chose, qu'il est l'essence *existante,* comme dit Hegel, l'essence *objectivée,* selon l'expression favorite de Schopenhauer, qui se trouve d'accord, sur ce point capital, avec son irréconciliable adversaire? La différence entre le phénomène et l'en-soi du phénomène, si profonde soit-elle, ne saurait avoir le caractère absolu que lui prête un kantisme étroit : le dualisme est l'effet d'une illusion logique.

Que si l'on nous accorde que la philosophie, considérée comme *ontologie immanente,* est une science et une science d'observation, volontiers nous reconnaissons, en retour, qu'elle comporte la déduction *a priori* dans une large mesure, que la vérification de ses thèses n'est ni aussi facile ni aussi concluante que celle de la loi de Mariotte ou des lois de la chute des corps, que la certitude théorique où elle peut atteindre est toute relative, que d'ailleurs il est des questions ultimes qu'elle ne peut que formuler sans espoir de solution définitive. Qu'à ces confins de la science et du mystère divin il y ait place pour une spéculation qui n'est ni de la science ni de la religion positive, ni de l'observation rationnelle ni de l'intuition mystique, nous l'accordons encore. Mais cette spéculation, pour légitime et intéressante qu'elle soit, n'est pas, selon nous, de la philosophie, et surtout, n'est pas *la* philosophie. *Présentée comme telle,* elle a l'irrémédiable inconvénient de n'être agréée ni par la science ni par la foi, et d'être considérée par elles soit comme une aberration de l'orgueil humain, soit comme un jeu de l'imagination sans portée scientifique ou religieuse.

Il y a place au soleil pour tout le monde. Laissons sa place à la théosophie, et à la philosophie la sienne, mais ne les confondons pas!

Un reproche plus grave que celui de la *Revue philosophique* nous est adressé par une revue italienne, la *Nuova Scienza.*

De ce que nous professons la métaphysique de la volonté on conclut que nous sommes pessimiste, et pessimiste à outrance. C'est à peu près comme si l'on nous qualifiait de hégélien parce qu'avec Hegel nous répugnons au dualisme, ou de matérialiste, parce que la philosophie est, selon nous comme au jugement des matérialistes, une science d'observation et de faits.

Il est vrai que notre Préface de 1878 fait au pessimisme une concession importante. «Certes, dit-elle, le pessimisme a mille fois raison de prendre le mal au sérieux. Oui, la très grande majorité des êtres intelligents ignorent le bonheur, et il est tout aussi certain que tous, à peu d'exceptions près, veulent vivre en dépit de leurs tourments. Ils veulent quelque chose qui, nous l'accordons encore, paraît absurde. » « Mais, ajoute-t-elle, qu'est-ce que cela prouve, sinon qu'ils y sont obligés par une puissance supérieure contre laquelle c'est folie que de prétendre nous insurger…. La puissance qui nous oblige à vivre et à vouloir vivre, c'est-à-dire à vouloir une « absurdité », c'est la Bonté même, qui *veut être*, l'idéal même, qui veut être une réalité. Seulement le bien n'est réalisé que par des êtres vivants, et la vie est inséparable de l'effort, de la peine, de la douleur. De là ce fait étrange et de nature, au premier abord, à dérouter la pensée la plus sagace, de myriades d'êtres voulant la douleur, ou du moins ce qui en est inséparable, la vie. C'est que, d'une part, l'existence, c'est-à-dire l'effort, la lutte, la souffrance toujours mêlée au plaisir, est le médium indispensable du bien *réalisé*, de la vertu *pratiquée*, du devoir *accompli*, et d'autre part, le bien, étant l'absolu, l'être et l'activité même, ne peut pas ne pas être et agir. C'est cette énergie créatrice du bien (*der Wille zum Guten*, dirions-nous en allemand) qui est le principe premier et la raison dernière, le *pourquoi* des choses, — Platon l'a proclamé dans l'antiquité et c'est la gloire de Kant de l'avoir affirmé à son tour, — tandis que le vouloir-vivre de Schopenhauer (*der Wille zum Leben*) n'est en réalité qu'une cause seconde au service d'une volonté supérieure, un moyen et rien de plus. Nous voulons être et jouir, et nous n'avons pas conscience le plus souvent de vouloir autre chose que la vie et le bonheur; mais nous ne voulons au fond que le moyen nécessaire à la réalisation d'un but qui nous échappe : par delà la vie et le plaisir, but prochain de nos efforts, il y a le bien qui est la fin dernière où nous tendons à notre insu, en même temps qu'il est le principe premier qui nous oblige à vivre. Maudissez tant que vous voudrez ce principe qui *veut* être, cet idéal qui veut être une réalité ! Appelez ce principe des choses méchant, injuste, cruel, et le monde qu'il crée, le plus mauvais des mondes possibles ! Rien n'y fera. Vous n'empêcherez ni le bien de *se faire*, ni l'idéal de tendre à l'existence. Vous réussirez peut-être à dégoûter de la vie quelques individus : vous n'en dégoûterez jamais l'absolu. Ah! bien plutôt, sachons tenir compte de la réalité, et au lieu de convier les hommes aux utopies du nirvâna, offrons-leur le vrai, le seul moyen d'améliorer leur sort : l'amendement moral ! Si le monde est loin, hélas ! d'être le meilleur des mondes possibles, il dépend de nous qu'il devienne meilleur ; il ne s'agit, pour cela, que de revenir à l'idéal que nous avons délaissé et au culte du bien que nous avons mis au rebut. »

Est-ce là, nous le demandons, le langage d'un pessimiste à outrance ? Assurément non. Mais si nous nous inscrivons en faux contre la philosophie de la désespérance et de l'universel suicide, nous n'admettons pas davantage la devise célèbre qu'on voudrait nous imposer. Les formules *a priori* de l'optimisme traditionnel ne sauraient prévaloir contre le cri de la conscience et l'expérience des siècles résumée dans cette devise non moins célèbre et bien plus vraie que l'autre : *Mundus totus in maligno positus est.*

S'il nous était permis de désigner notre point de vue

par un néologisme, nous dirions que ce n'est ni l'optimisme satisfait, ni le pessimisme désespéré, mais bien le *méliorisme*, fondé tout à la fois sur les faits évidents que l'optimisme ignore et sur les aspirations imprescriptibles que le pessimisme étouffe.

Strasbourg, mai 1885.

A. W.

INTRODUCTION

§ 1. Philosophie, métaphysique et science.

La philosophie est la recherche d'une vue d'ensemble sur la nature, un essai d'explication universelle ; elle est à la fois le résumé des sciences et leur couronnement, à la fois la science générale et une spécialité, distincte de la science proprement dite et constituant, dans la série des manifestations du génie humain, comme une branche à part, au même titre que ses sœurs aînées, la religion et la poésie.

A la différence des sciences qui ont pour objet des groupes déterminés de faits et pour but d'en constater les causes, de formuler les lois suivant lesquelles ils se produisent, la philosophie est l'effort de l'esprit humain s'élevant au-dessus de ces groupes et de leurs lois particulières, pour expliquer le monde en son entier, *le fait ou phénomène universel*, par une cause des causes ou cause première, ou en d'autres termes, pour répondre à cette question : Pourquoi ce monde et comment se fait-il qu'il soit ce qu'il est[1] ?

---

[1] En tant que recherche de la cause première, la philosophie s'appelle plus spécialement *métaphysique, ontologie*, philosophie *spéculative*. La philosophie qui renonce à cette recherche et se contente d'être la synthèse scientifique est dite philosophie *positive* ou *positivisme*. Le positivisme peut se baser simplement sur le fait historique de la contradiction perpétuelle des systèmes, c'est-à-dire avoir un fondement purement empirique, ou bien il peut se fonder sur l'analyse raisonnée de l'entendement humain : dans le premier cas il est *scepticisme*; dans le second, *criticisme*. Au scepticisme est opposé le *dogmatisme*, c'est-à-dire la foi naïve ou raisonnée en la possibilité, pour l'esprit humain, d'une connaissance objective des choses et de leur cause première.

Mais si la philosophie a son objet propre et sa sphère distincte, elle n'en est pas moins liée à la science positive par le lien le plus étroit, que la science, de son côté, ne peut rompre qu'à son détriment. C'est d'elle, et en particulier de la psychologie et de ses annexes, que la philosophie emprunte ses méthodes et la matière première de ses systèmes. Les sciences sans la philosophie sont un agrégat sans unité, un corps sans âme; la philosophie sans les sciences est une âme sans corps et ne se distingue en rien de la poésie et de ses rêves. La science est la base indispensable et comme l'étoffe de la philosophie; elle est, pour parler le langage d'Aristote, la philosophie en puissance; la philosophie, de son côté, est la science en acte, la fonction la plus élevée du savant, la satisfaction suprême de

Le *rationalisme* prétend arriver à cette connaissance par le raisonnement *a priori*; l'*empirisme* n'admet d'autre méthode que l'observation et l'induction ou raisonnement *a posteriori*. La spéculation pure ou *a priori* est la méthode préférée de l'*idéalisme*, qui voit dans la pensée le fait primitif, antérieur et supérieur à toute réalité; l'empirisme, au contraire, se fonde sur l'opinion que la pensée, loin d'être cause première, dérive d'une réalité préexistante, c'est-à-dire sur le *réalisme* au sens moderne du mot (voy. d'ailleurs le § 33). Si l'action de la cause première est considérée comme inconsciente et involontaire, par opposition à l'activité *téléologique* ou se produisant en vue d'une *fin*, le réalisme devient *matérialisme* et *mécanisme*. De son côté, l'idéalisme devient *spiritualisme* lorsque, personnifiant la cause première, il y voit non pas seulement une idée qui se réalise, mais un *être* qui plane *au-dessus* des choses (*supranaturalisme, transcendance*) et les gouverne selon sa libre volonté (*théisme*) ou par l'intermédiaire de lois invariables (*déisme*): c'est le *dualisme* de l'esprit et de la matière, du créateur et de la nature, par opposition au *panthéisme*, au *naturalisme*, au *monisme*. Le panthéisme, naturalisme ou monisme, assimilant l'idée de cause au concept de substance, considère la cause première comme la substance même des choses (*immanence* de Dieu) et l'ensemble de ses modes ou phénomènes, l'univers, comme une unité vivante (monisme), un seul et même être collectif se gouvernant lui-même suivant des lois qui résultent de sa nature même (naturalisme). Le monisme est m. *absolu* ou m. *multiple* selon qu'il considère la substance cosmique comme une unité absolue ou comme une collection d'unités irréductibles, *atomisme* ou *dynamisme* selon que ces unités sont considérées comme des étendues infiniment petites (*atomes*) ou des centres de force absolument inétendus (*dynamides* ou *monades*).

l'esprit scientifique et de sa tendance naturelle à tout ramener à l'unité.

Intimement liées d'essence et d'intérêts, la philosophie et la science le sont de même dans leurs origines et dans leurs destinées. Porté par un même instinct tout puissant à discerner les causes — *rerum cognoscere causas* — et à les ramener à l'unité d'une cause première, l'esprit humain n'a pas plus tôt conquis quelques vérités élémentaires en physique, en mathématique et en morale, qu'il se hâte d'en opérer la synthèse, d'en former des théories universelles, des systèmes ontologiques et cosmologiques, c'est-à-dire de philosopher, de faire de la métaphysique. A son ignorance de la réalité il supplée, soit par l'imagination, soit par ce merveilleux instinct de l'enfance et du génie, qui devine la vérité et ne la cherche pas. De là, le caractère, aprioriste, idéaliste et fantastique, mais de là aussi l'incomparable grandeur de la philosophie des anciens. A mesure que la somme du savoir positif augmente, que le travail scientifique se divise et, par la division, se développe, la philosophie se distingue davantage de la poésie, ses méthodes s'affirment, ses théories gagnent en solidité ce que les sciences acquièrent en étendue. Tout mouvement scientifique détermine un mouvement philosophique ; toute philosophie nouvelle est un stimulant pour la science. Si, au moyen âge, ce lien de solidarité semble rompu, le conflit n'est qu'apparent ; s'il y a hostilité ou indifférence à l'égard de la science, c'est de la part de la philosophie officielle de l'École ; ce n'est nullement chez les philosophes indépendants, chrétiens, juifs ou arabes. Au dix-neuvième siècle, comme à l'époque de Roger Bacon et à celle de Vérulam, il peut y avoir opposition entre la science et une *certaine* philosophie. La vraie science et la vraie philosophie ont toujours été parfaitement d'accord, et, sous des apparences de rivalité, leur entente aujourd'hui est aussi complète que possible.

§ 2. Division.

Aux Grecs ioniens revient l'honneur d'avoir créé[1] la philosophie européenne; aux Néo-Latins et aux Germains, celui de lui avoir donné ses développements modernes.

De là, dans l'histoire que nous avons à esquisser, deux grandes époques séparées tout ensemble et reliées entre elles par le moyen âge (époque de transition).

I. La philosophie grecque se développe, à son tour, en deux périodes distinctes : l'une de création spontanée, l'autre de réflexion sceptique et de reproduction.

1. Le problème qui domine la première est celui de l'origine des choses : le devenir. Son trait caractéristique est un panthéisme matérialiste chez les Ioniens, spiritualiste chez les philosophes d'Italie, influencés par l'esprit dorien. Les systèmes qu'elle produit renferment le germe de toutes les doctrines de l'avenir, notamment l'hypothèse moniste et l'hypothèse atomiste,

---

[1] Nous n'entendons pas affirmer par ce mot l'originalité absolue de la philosophie hellénique. L'influence exercée sur son développement par l'Orient ne saurait être mise en doute. Il n'y a pas trace chez les Grecs de philosophie proprement dite, avant qu'ils se soient mis en contact avec l'Égypte, c'est-à-dire avant le règne de Psammétique, qui leur y donne accès. De plus, les pères de la philosophie grecque sont *tous* ioniens; c'est d'Asie-Mineure que la philosophie a été importée, en Italie d'abord, et à une époque relativement très récente, à Athènes, c'est-à-dire dans la Grèce proprement dite. Mais ce qui est décisif pour nous, c'est que nous trouvons dans la philosophie ionienne, et dès ses premiers pas, des idées dont la hardiesse contraste avec la timidité relative de la philosophie attique et qui supposent un très long développement intellectuel. L'influence de la science égyptienne et chaldéenne, attestée d'ailleurs par Hérodote, peut se comparer à celle des écoles arabes sur le développement de la pensée chrétienne au moyen âge. Elle a été exagérée par Röth (*Geschichte der abendländischen Philosophie*) et niée à tort par M. Zeller (*Die Philosophie der Griechen*, t. I, trad. par M. Boutroux). Sur le rapport du pythagorisme et du platonisme à la spéculation indienne et iranienne et le rôle de Babylone comme entrepôt et centre d'échange intellectuel entre l'Orient et l'Occident, voy. § 9.

ces deux pôles de la spéculation scientifique moderne. — De Thalès à Protagoras ou de 600 à 440 avant Jésus-Christ.

2. L'âge de la réflexion critique est inauguré par le πάντων μέτρον ἄνθρωπος des sophistes, d'où se dégage cette vérité capitale, entrevue par Zénon, Parménide et Anaxagore, que l'entendement humain est coefficient dans la production du phénomène. Aux problèmes de la nature s'ajoutent les problèmes de l'âme, aux questions d'ordre cosmologique, les questions logiques et critiques, aux spéculations sur l'essence des choses les recherches sur le critérium de la vérité et le but de la vie. La philosophie grecque atteint le maximum de son évolution : comme profondeur, dans Platon ; comme analyse et étendue de ses recherches, dans Aristote et dans la science d'Alexandrie.

II. L'arrêt des progrès scientifiques, déterminé par l'invasion des races du Nord, a pour conséquence l'arrêt de la spéculation. Le flambeau de l'esprit philosophique s'éteint faute de combustible. A dix siècles d'un travail ininterrompu en succèdent dix autres d'un sommeil profond d'abord, puis entrecoupé de rêves brillants, qui reproduisent le passé (Platon et Aristote) et préfigurent l'avenir. Bien que la logique de l'histoire soit moins apparente au moyen âge qu'avant et après cette époque de transition, l'on y remarque deux périodes parallèles à celles de la philosophie attique : la première, platonicienne, réaliste, tournée vers le passé (de S. Augustin à S. Anselme), la seconde péripatéticienne, nominaliste, grosse de l'avenir.

III. Du réveil scientifique et littéraire, au quinzième siècle, procède la philosophie moderne, dont l'histoire offre, comme celle de la spéculation grecque :

1. Une période d'expansion et de synthèse ontologique (Bruno, Descartes, Spinosa, Leibniz), et

2. une période de réflexion critique et d'analyse (essais sur l'entendement humain; Locke, Hume, Kant et ses successeurs).

§ 3. Sources.

Les principales sources de l'histoire de la philosophie sont :
Pour la spéculation antésocratique : Platon et Aristote[1].

Pour Socrate : Xénophon[2] et Platon, notamment l'*Apologie*, le *Criton* et le *Phédon*.

Pour Platon : la *République*, le *Timée*, le *Banquet*, le *Phèdre*, le *Théétète*, le *Gorgias*, le *Protagoras*.

Pour Aristote : la *Métaphysique*, la *Logique*, l'*Éthique*, la *Physique*, la *Psychologie*, la *Politique*. — Les commentateurs d'Aristote, principalement Simplicius[3].

Pour les écoles postérieures à Aristote et pour la philosophie grecque en général : Lucrèce[4], Cicéron[5], Sénèque[6], Plutarque[7], Sexte l'Empirique[8], Diogène Laërce[9], Clément d'Alexan-

---

[1] Principalement le 1er livre de la *Métaphysique*, véritable précis historique de la philosophie depuis Thalès jusqu'à Aristote. — Les fragments des auteurs antérieurs à Socrate ont été réunis par Mullach, *Fragmenta phil. græc. ante Socratem*, Paris, 1850. — [2] *Memorabilia Socratis* recens. J. G. Schneider, Oxf., 1813. — [3] *Comment. in Arist. physicorum libr* os. Ed. Herm. Diels, Berlin, 1882. — *Comment. in libros de anima*. Ed. M. Hayduck, Berlin, 1882. — [4] *Lucretii Cari de rerum natura libb*. G. Lachmann rec. et illustr., Berlin, 1850. — [5] Le *De divinatione et de fato*, le *De natura deorum*, le *De officiis*, le *De finibus*, les *Tusculanes* et les *Académiques*. — *Opera omnia*, éd. Le Clerc, Bouillet, Lemaire, 17 vol., Paris, 1827-32. — *Opera philosophica*, éd. Gœrenz, 3 vol., Leipz., 1809-1813. — *Ciceronis historia philosophiæ antiquæ ex omnibus illius scriptis collegit* F. Gedike, Berlin, 1787, 1808, 1815. — [6] *Opera quæ exstant* c. not. et comment. varior., 3 vol., Amsterdam, 1672. — [7] *De physicis philosophorum decretis* libb., ed. Beck, Leipz., 1777. — *Scripta moralia*, 6 vol., Leipz., 1820. — *Opera omnia* græce et lat. ed. Reiske, 12 vol., Leipz., 1774-82. — [8] *Sexti Empirici opera* (Πυρρωνείων ὑποτυπώσεων libb. III. *Adversus mathematicos* libb. XI) græc. et lat. ed. Fabricius, Leipz., 1718 et 1848. Ed. Emm. Bekker, Berlin, 1842. — [9] Diogenis Laertii *de vitis, dogmatibus et apophthegmatibus clarorum philosophorum* libb. X græce et latine ed. Hübner, 2 vol., Leipz., 1828, 1831. — D. L. l. X ex italicis codicibus nunc primum excussis recensuit C. Gabr. Cobet, Paris, 1862. — Diogène Laërce florissait vers 230 de notre ère.

drie[1], Origène[2], Hippolyte[3], Eusèbe[4], Plotin[5], Porphyre[5], Proclus[5], Eunape[6], Stobée[7], Photius[8], Suidas[9] et les ouvrages historiques modernes[10].

[1] Clementis Alexandrini *opera*, Leipz., 1830-34 (Λόγος προτρεπτικὸς πρὸς Ἕλληνας. — Παιδαγωγός. — Στρωματεῖς). — [2] *De principiis* gr. ed. c. interpret. lat. Rufini et annotat. instruxit Ed. R. Redepenning. Leipz., 1836. — *Contra Celsum* libb. ed. Spencer. Cambridge, 1671. — Origenis *opera omnia* quæ græce vel latine tantum exstant et ejus nomine circumferuntur. Ed. C. et C. V. Delarue, denuo recens. amend. castig. C. H. E. Lommatzsch, 25 vol., Berlin, 1831-48. — [3] S. Hippolyti *refutationis omnium hæresium* libror. X quæ supersunt græce et lat. ed. Duncker et Schneidewin, Gœtt., 1856-59, — Le livre I, connu sous le nom de φιλοσοφούμενα, a été longtemps attribué à Origène; les livres IV-X, découverts en Grèce en 1842, ont été publiés pour la première fois par Emm. Miller, Oxford, 1851, sous le titre de *Origenis philosophumena* etc. — [4] Eusebii Pamph. *Præparatio evangelica*. Ed. Heinichen, Leipz., 1842. — [5] Voy. § 25. — [6] Eunapii Sard. *Vitæ philosophorum et sophistarum*. Éd. Boissonade. Paris. 1849. — [7] Stobæi *Eclogarum physicarum et ethicarum* libb. græce et latine ed. Heeren, 2 vol., Gött., 1792, 1801 (épuisé). — Id. ed. Meineke, 2 vol., Leipz., 1860, 1864. — Stobæi *Florilegium* ed. Th. Gaisford, 4 vol., Oxf., 1822; Leipz., 1823; Meineke, 4 vol., Leipz., 1855-57. — [8] *Myriobiblion* ed. Hœschel, Augsb., 1801. (Le patriarche Photius florissait au neuvième siècle.) — [9] *Lexique* de Suidas, éd. Gaisford, Londres, 1834. Bernhardi, 2 vol., Halle, 1834. (Suidas florissait vers 1100.) — [10] Principalement: Ritter et Preller, *Historia philosophiæ græco-romanæ ex fontium locis contexta*. Ed. III, Gotha, 1864. — Ritter, *Histoire de la philosophie ancienne*, 4 vol. in-8, trad. en français par M. Tissot, Paris, 1835. — Chr. Aug. Brandis, *Manuel d'histoire de la philosophie gréco-romaine*, 3 t., Berlin, 1835-60 (all.). — Le même, *Histoire du développement de la philosophie grecque et de son influence dans l'empire romain*, 2 vol., Berlin, 1862-64 (all.). — Rœth, *Histoire de notre philosophie occidentale*, 2 vol., Mannheim, 1846-58 (all.). — Laforêt, *Histoire de la philosophie ancienne*, Bruxelles, 2 vol., 1867. — Éd. Zeller, *La philosophie des Grecs*, en 3 t. 1re éd. Tübingen, 1844-52; 2e éd. en 5 t. entièrement refondue, Tüb., 1856 ss. (all.). Réimprimé 1869-1882. M. Émile Boutroux a entrepris la traduction de cet ouvrage capital, dont les deux premiers volumes ont paru. Elle sera continuée par MM. Lucien Lévy et Jules Legrand. — A ces ouvrages spéciaux il faut ajouter: les *Histoires générales de la philosophie*, citées plus bas, et, pour mémoire: Stanley, *History of philosophy*, 1655, et en latin, Leipzig, 1712, 2 vol. — Pierre Bayle, *Dictionnaire historique et critique*, 1695-97, 2 vol. in-fol.; 4e éd. revue et augmentée par Des Maizeaux, Amst. et Leyde, 1740, 4 vol. in-fol. — Boureau-Deslandes, *Histoire critique de la philosophie*. — On peut aussi consulter avec fruit: Grote, *Histoire de la Grèce*, trad. par Sadous, 19 vol.; le même, *Platon and the*

Pour la période patristique : les écrits polémiques des Pères [1], notamment le λόγος προτρεπτικὸς πρὸς Ἕλληνας, le *Pédagogue* et les *Stromates* de S. Clément d'Alexandrie, les *Principes* et l'*Anti-Celse* d'Origène, l'*Apologeticus* de Tertullien, les *Institutiones divinæ* de Lactance, la *Cité de Dieu* et les *Confessions* de S. Augustin.

Pour la période scolastique : le *De divisione naturæ* de Scot Erigène, le *Monologium*, le *Proslogium* et le *Cur Deus homo* de S. Anselme, la *Théologie*, l'*Éthique*, et la *Dialectique* d'Abélard, les *Sentences* de Pierre Lombard, le *Commentaire* d'Averroès, la *Somme* de S. Thomas, les *Quæstiones* de Duns Scot et d'Occam, l'*Opus majus* de Roger Bacon, les écrits de Raymond Lulle ; les travaux historiques de Ritter, Cousin, Hauréau.

Pour la philosophie de la Renaissance : le *De docta ignorantia* de Nicolas de Cuse, le *De subtilitate* et le *De rerum varietate* de Cardan, le *De immortalitate animæ* de Pomponat, les *Animadversiones in dialecticam Aristotelis* de Ramus, les *Essais* de Montaigne, le *Triumphus philosophiæ*, le *De rerum æternitate* et le *De mundo* de Taurellus, l'*Aurore* de J. Bœhme.

Pour les temps modernes : le *Del infinito universo* et le *De monade* de Bruno, l'*Atheismus triumphatus*, la *Philosophia sensibus demonstrata* et le *De gentilismo* de Campanella, le *Novum organum* de Francis Bacon, le *De cive* et le *De corpore* de Hobbes, le *Discours de la méthode* et les *Principes* de Descartes, la *Recherche de la vérité* de Malebranche, l'*Éthique* de Spinosa, l'*Essai sur l'entendement humain* de Locke, les *Nouveaux Essais* et la *Monadologie* de Leibniz, les *Principes de la connaissance humaine* de Berkeley, le *Traité des sensations* de Condillac, le *Système de la nature* de d'Holbach, les *Essais* de Hume et de

---

other disciples of Socrates; Draper, *Histoire du développement intellectuel de l'Europe,* trad. Aubert; etc.

[1] Collection J. P. Migne, Paris, 1840 ss.

Reid, les *Critiques* de Kant, la *Théorie de la Science* de Fichte, le *Système de l'idéalisme transcendantal* de Schelling, la *Logique* et l'*Encyclopédie des sciences philosophiques* de Hegel, la *Métaphysique* et la *Psychologie* de Herbart, le *Die Welt als Wille und Vorstellung* de Schopenhauer, le *Cours de philosophie positive* d'A. Comte, la *Logique* de Stuart Mill; les *Premiers principes* de Herbert Spencer; l'*Histoire du matérialisme* d'Albert Lange; la *Philosophie de l'inconscient* d'Éd. de Hartmann, etc.; les chefs-d'œuvre de la littérature scientifique moderne ayant une portée générale et partant philosophique, tels que les *Révolutions célestes* de Copernic, les *Principes mathématiques de la philosophie naturelle* de Newton, l'*Esprit des Lois* de Montesquieu, la *Mécanique analytique* de Lagrange, l'*Histoire naturelle du ciel* de Kant, la *Mécanique céleste* et l'*Exposition du système du monde* de Laplace, le livre de Darwin sur l'*Origine des espèces*, etc; enfin, les ouvrages historiques de Ritter[1], Erdmann[2], Barchou de Penhoën[3], Michelet[4] (de Berlin), Willm[5], Chalybæus[6], Bartholmèss[7], Kuno Fischer[8], Zeller[9], Windelband[10], etc.

Pour la philosophie européenne en général : Brucker[11],

---

[1] *Histoire de la philosophie moderne*, trad. par M. Challemel-Lacour, 3 vol., 1861. — [2] *Essai d'une exposition scientifique de la philosophie moderne*. Riga et Leipzig, 1834-53 (all.). — [3] *Histoire de la philosophie allemande depuis Leibniz jusqu'à nos jours*. Paris, 1636. — [4] *Histoire des derniers systèmes philosophiques en Allemagne depuis Kant jusqu'à Hegel*, 2 vol., Berlin, 1837-38 (all.). — [5] *Histoire de la philosophie allemande depuis Kant jusqu'à Hegel*, 4 vol., Paris, 1846-49. — [6] *Développement historique de la philosophie spéculative depuis Kant jusqu'à Hegel*, 4e édition, 1848 (all.). — [7] *Histoire des doctrines religieuses de la philosophie moderne*. Paris, 2 vol., 1855. — *Histoire philosophique de l'Académie de Prusse*. Paris, 2 vol., 1851. — [8] *Histoire de la philosophie moderne*. Mannheim, 1854 ss. (all.) ; 8 vol. ont paru. — [9] *Histoire de la philosophie allemande depuis Leibniz*. Munich, 1872, 2e édition, 1875 (all.). — [10] *Histoire de la philosophie moderne* (all.). Deux volumes ont paru. — [11] *Historia critica philosophiæ inde a mundi incunabilis*, 6 vol., Leipz., 1742-67.

Tiedemann[1], Buhle[2], de Gérando[3], Tennemann[4], Ritter[5], Hegel[6], Schwegler[7], Renouvier[8], Nourrisson[9] Cousin[10], Janet[11], Prantl[12], Lange[13], Erdmann[14], Ueberweg[15], Scholten[16], Dühring[17], Lewes[18], Lefèvre[19], Alaux[20], Franck[21], Fouillée[22], Fabre[23], Kirchner[24].

[1] *L'esprit de la philosophie spéculative depuis Thalès jusqu'à Berkeley*, 6 vol., Marb., 1791-97 (all.). — [2] *Histoire de la philosophie*, trad. par Jourdain, 1816. — [3] *Histoire comparée des systèmes de philosophie relativement aux principes des connaissances humaines*, 3 vol., Paris, 1803, 1822-23. — [4] *Histoire de la philosophie*, en 12 tomes, Leipz., 1791-1819 (all.). — *Précis de l'histoire de la philosophie*, trad. par M. Cousin, 2 vol., 2e éd., 1839. — [5] *Histoire de la philosophie*, 12 vol., Hambourg, 1836-45 (all.). — *Histoire de la philosophie ancienne*, trad. par Tissot, 4 vol., Paris, 1835-37. — *Histoire de la philosophie chrétienne*, trad. par Trullard, Paris, 1843. — [6] *Cours d'histoire de la philosophie*, publié par M. Michelet, Berlin, 1833 (vol. 13-15 des Œuvres complètes, all.). — [7] *Esquisse de l'histoire de la philosophie*, Stuttg., 1848, 7e éd., 1870 (all.). — *Histoire de la philosophie grecque*, 2e éd. Tübingen, 1870 (all.). — [8] *Manuel de philosophie ancienne*, 2 vol., Paris, 1844. — *Manuel de philosophie moderne*, Paris, 1842. — [9] *Tableau des progrès de la pensée humaine depuis Thalès jusqu'à Leibniz*, Paris, 1858, 1860. — [10] *Cours d'histoire de la philosophie*, Paris, 1829. — *Histoire générale de la philosophie depuis les temps les plus anciens jusqu'au dix-neuvième siècle*, 1 vol., Paris, 1863; 12 édition publiée par M. Barthélemy-Saint-Hilaire, Paris, 1884. — [11] *Histoire de la philosophie morale et politique dans l'antiquité et dans les temps modernes*, Paris, 1858. — [12] *Histoire de la logique en Occident*, Leipz., 1855 ss. (all.). — [13] *Histoire du matérialisme*, 3e éd., Iserlohn, 1876-77; trad. en français par M. Nolen. — [14] *Esquisse de l'histoire de la philosophie*, 2 vol., 2e éd., 1869 (all.). — [15] *Esquisse de l'histoire de la philosophie depuis Thalès jusqu'à nos jours*, 3 vol., 3e éd., Berlin, 1867-68 (all., avec un supplément de M. Janet sur la philosophie française au dix-neuvième siècle). Réédité et complété par M. Heinze, prof. à Leipzig. — [16] *Histoire comparée de la philosophie et de la religion*, 3e éd. très augmentée, 1868 (holl.). Traduit sur la 2e édition par M. Réville, Paris et Strasbourg, 1861, et en allemand, sur la 3e par M. Redepenning. — [17] *Histoire critique de la philosophie depuis ses origines jusqu'à nos jours*, Berlin, 1869 (all.). — [18] *A biographical history of philosophy from its origin in Greece down to the present day*, Londres, 3e éd., 1863. — [19] *La philosophie*, Paris, 1879. — [20] *Histoire de la philosophie*, Paris, 1882. — [21] *Dictionnaire des sciences philosophiques*, 2e éd., Paris, 1875. — [22] *Histoire de la philosophie*, Paris, 1875; 4e éd., 1883. — *Extraits des grands philosophes*, Paris, 1877. — [23] *Histoire de la philosophie*, Paris, 1877. — [24] *Catéchisme d'histoire de la philosophie*, Leipz., 1878 (all.).

I

PHILOSOPHIE GRECQUE

Age de la métaphysique proprement dite ou philosophie de la nature.
(600-400)

§ 4. Origines de la philosophie grecque.

La philosophie des Hellènes se dégage de leur religion sous forme de théologie et de morale gnomique[1]. Son point de départ

---

[1] C'est-à-dire que la philosophie a une origine relativement récente, tandis que la religion, qui la précède dans l'ordre historique, remonte jusqu'au berceau des nations et de l'humanité. Fruit tardif du développement humain, elle ne joue, dans l'histoire, qu'un rôle subordonné et intermittent. La religion, par contre, y tient le sceptre. Elle est l'expression primordiale et permanente de ce qui est le fond même de notre nature, la volonté, et se résume dans le *vouloir être*, en attendant que le développement de la conscience lui fasse entrevoir sa fin suprême et absolue: le bien. Vouloir être, c'est répugner au néant, c'est redouter par conséquent tout ce qui est supposé pouvoir anéantir et faire vivre. Or, l'horreur de la mort et des puissances qui en disposent, la recherche passionnée de la vie et de ce qui a pouvoir de la conserver, telle est précisément l'essence de l'εὐσέβεια, le trait caractéristique du phénomène religieux. Cela est si vrai que la croyance à l'immortalité et le culte des morts, *considérés comme des êtres vivants quand même*, se trouvent intimement liés à toutes les religions. Cette croyance n'est autre chose, en effet, que le vouloir-vivre s'affirmant jusque dans la mort et au delà. L'Ancien Testament qu'on nous oppose et qui certes est loin d'être

est le naturalisme aryen, modifié par le génie national et les conditions physiques où il se développe. Quand elle paraît, ce naturalisme a dépassé dès longtemps sa période d'enfance. Pour les ancêtres, l'Air lumineux (Diaus-Zeus), le Soleil et ses ardeurs (Apollon), la Nuée d'orage et ses foudres (Pallas-Athéné) étaient les dieux mêmes ; ainsi que l'enfant transforme son entourage en monde enchanté et considère sa poupée, son cheval de bois, comme des êtres parfaitement vivants, de même l'humanité-enfant fait la nature à son image : pour les contemporains d'Homère et d'Hésiode, ces mêmes objets ne sont plus que les manifestations sensibles de l'invisible divinité cachée derrière eux, être analogue à l'âme humaine, mais supérieur en puissance et doué, comme elle, d'immortalité. Les dieux forment une sorte d'humanité transcendante idéalisée, grandie dans ses vices comme dans ses qualités. Le monde est leur œuvre, leur empire, le théâtre de leurs volontés, de leurs défaites et de leurs triomphes. L'homme, qu'ils jalousent plutôt qu'ils ne l'aiment, existe pour leur plaire. Personnifications suprêmes du vouloir-vivre et jaloux de leur supériorité incontestée, ils lui refusent le bonheur parfait. Le culte le plus assidu, les plus

---

explicite au sujet de l'immortalité individuelle, l'est d'autant plus sur la question de l'immortalité d'Israël. L'immortalité d'Israël en est même le dogme fondamental. On l'a dit avec raison : si l'homme ne mourait point, il n'aurait point de religion ; et il caractérisait pour le mieux l'essence du phénomène religieux, le prédicateur qui nous disait un jour : « Je n'ai jamais d'auditeurs mieux disposés que le Vendredi-Saint, et ce qui les rend si religieux, c'est le *memento mori*. » On peut donc définir la religion en disant qu'elle est, subjectivement, la crainte que nous inspirent les dispensateurs, réels ou imaginaires, de la vie et de la mort ; objectivement, l'ensemble des idées, doctrines et institutions nées de ce sentiment. La *théorie* religieuse ou *théologie*, et la *pratique* religieuse ou le *culte*, forme première de la morale, sont les éléments intégrants mais dérivés et secondaires, les prolongements du phénomène essentiellement affectif, instinctif, esthétique qui s'appelle la religion. En réfléchissant sur elle-même, la religion devient théologie ; la théologie, en réfléchissant à son tour sur elle-même, devient critique religieuse, philosophie (Xénophane).

opulents sacrifices, la plus complète fidélité ne peuvent les fléchir, quand notre prospérité leur déplaît. De là, la mélancolie que respire la poésie gnomique d'un Solon, d'un Théognide, déclarant la mort préférable à la vie et estimant heureux ceux qui ne naissent point ou qui meurent jeunes [1].

A mesure que la conscience morale se développe et s'affine, les idées religieuses se transforment et se spiritualisent. Aux dieux d'Homère, en qui se reflète la jeunesse exubérante, versatile, querelleuse de la nation hellénique, succèdent les dieux justes et sages, reflets de sa maturité (Pindare, Eschyle, Sophocle). Cette transformation *qualitative* des idées religieuses est accompagnée d'une transformation *quantitative*. Le polythéisme tend à se simplifier. Le bien, que la volonté aperçoit comme sa fin suprême, est synonyme d'harmonie, et l'harmonie, c'est l'unité dans la diversité. Le progrès religieux et moral est, par suite, un progrès dans le sens unitaire et monothéiste.

La conscience morale, qui chez le Grec se confond avec le sens du beau, trouve une puissante alliée dans la raison et sa tendance native à l'unité. Guidée par l'instinct moniste, la théologie se demande quel est l'aîné des dieux et dans quel ordre ils procèdent générativement de leur Père commun, et répond par les théogonies d'Hésiode, de Phérécyde de Syros [2], d'Orphée [3]. C'est une première satisfaction que se donne l'esprit philosophique, préludant, sous des formes bizarres, à l'explication rationnelle de la nature.

A la conscience et à la raison s'ajoute un troisième facteur, l'expérience, pour transformer les idées religieuses en démontrant, avec une croissante évidence, l'impossibilité d'expliquer tous les phénomènes sans exception par des volontés capricieuses.

---

[1] Cf. Zeller-Boutroux, t. I, Introduction. — [2] *Pherecydis fragmenta* coll. et illustr. Fr. G. Sturz, éd. II, Leipz., 1814. — [3] Voy. sur Orphée le savant ouvrage de Lobeck : *Aglaophamus sive de theologiæ mysticæ Græcorum causis*, 2 vol., 1829.

Les faits d'ordre mathématique, par leur caractère d'universalité et de nécessité, sont les premiers qui échappent à l'interprétation théologique : comment admettre, en effet, que si deux fois deux font quatre, que si les trois angles d'un triangle égalent deux droits, cela soit l'effet d'un caprice et non d'une nécessité absolue? De même dans le domaine astronomique et physique, l'observation des faits, de leur régularité constante, de leur périodicité, fait naître l'idée d'une Volonté supérieure au bon plaisir des dieux (ἀνάγκη, ἀδράστεια, μοῖρα, τύχη), d'une Justice immuable (δίκη, εἱμαρμένη), d'une Loi divine (θεῖος νόμος), d'une Intelligence suprême, (θεῖος λόγος, θεῖος νοῦς). Aussi les Thalès, les Xénophane, les Pythagore, qui les premiers protestent contre l'anthropomorphisme théologique, sont-ils des mathématiciens, des naturalistes, des astronomes, si tant est qu'on puisse appeler ainsi des hommes qui eurent quelques connaissances élémentaires sur la marche des astres, les propriétés des nombres et la nature des corps.

La philosophie est née le jour où ces *physiciens*, comme Aristote les appelle par opposition à leurs prédécesseurs les théologiens, relèguent les dieux traditionnels dans le domaine de la fable, pour expliquer la nature par des principes et des causes (ἀρχαὶ καὶ αἰτίαι). Issue d'un conflit entre la raison et le pouvoir religieux, qui se vengera d'elle en l'accusant systématiquement d'athéisme et de trahison à la patrie, elle ne dépouille pas immédiatement les formes mythologiques. Elle aime à s'exprimer dans le langage rhythmique des poètes, et ses conceptions elles-mêmes conservent l'empreinte de la croyance religieuse d'où elle émane. Elle ne supprime pas les dieux : elle les ramène à leur vraie nature et en fait des *éléments* (στοιχεῖα). A l'instar de la théologie, elle commence par se demander quel est l'élément primitif, celui qui précède les autres quant à la dignité et à la durée, et dont par conséquent les autres sont sortis *générativement*. Les théogonies deviennent des cosmogonies, et la seule question capitale sur laquelle diffèrent les premiers penseurs est celle de savoir quelle est la puissance naturelle primordiale, le principe (ἀρχή).

§ 5. L'École de Milet. Thalès, Anaximandre, Anaximène.

1. Thalès[1], le chef de ce qu'on peut appeler l'école de Milet et l'ancêtre de toutes les écoles ioniennes, enseigne, vers l'année 600, que ce principe premier c'est l'eau, substratum universel dont les autres corps ne sont que des altérations, que l'eau enveloppe de toutes parts la terre, que celle-ci flotte sur cet océan infini et en tire incessamment les éléments nourriciers dont elle a besoin.

Cette doctrine est la traduction en langage scientifique du vieux mythe aryen de l'Okéanos céleste ou fleuve de la nuée d'orage fécondant la Terre et père de toutes choses vivantes[2]. Elle est tout ce qu'on sait positivement de la philosophie de Thalès. L'antiquité, d'ailleurs, nous le représente comme le premier géomètre, le premier astronome et le premier physicien parmi les Grecs. Il passe pour avoir prédit l'éclipse du 28 mai 585, et pour avoir connu le phénomène magnétique ainsi que la propriété attractive de l'ambre frotté (ἤλεκτρον).

2. Selon Anaximandre[3], compatriote et disciple de Thalès, auteur d'un livre *De la Nature*, le principe premier n'est pas l'eau, mais l'atmosphère infinie (τὸ ἄπειρον) d'où elle procède pour féconder la terre. Cette matière infinie et indistincte est la mère des cieux et des mondes qu'ils renferment (τῶν οὐρανῶν

---

[1] Source principale: *Mét.*, 1, 3. — [2] Platon, *Cratyle*, 402 B. — [3] Sources: Aristote, *Mét.*, XII, 2; *Phys.* III, 4. — Simplicius, *In Phys.*, f. 6, 32. — Plutarque, dans Eusèbe, *Præp. evang.*, I, 8. — Hippolyte, *Refut. hæres.*, I, 6. — Cicéron, *De nat. deor.*, 1, 10. — Schleiermacher, *Mémoire sur Anaximandre* (all.), Œuvres complètes, 3ᵉ série, t. II. — Ritter et Preller, *Hist. phil. gr. et rom.*, éd. III, p. 9 ss. — C. Mallet, *Histoire de la philosophie ionienne*, Paris, 1842.

καὶ τῶν ἐν αὐτοῖς κόσμων). Tout ce qui existe tient l'être de ce principe premier, et en est sorti par séparation; il est donc juste que chaque chose lui rende à l'heure fixée par le Destin la vie qu'il lui a prêtée, afin que cette vie circule et passe à des êtres nouveaux. Les antithèses du chaud et du froid, du sec et de l'humide, qui n'existent pas dans l'ἄπειρον, chaos primitif où tout se neutralise, s'en dégagent par degrés et forment la nature avec ses contraires, ses qualités opposées, ses éléments distincts. L'opposition primordiale est celle du chaud et du sec, d'une part, du froid et de l'humide, de l'autre; l'un concentré dans la terre, l'autre dans le ciel qui l'environne. La terre est un corps cylindrique et flotte librement dans l'éther infini, retenue en équilibre par l'égalité des distances qui la séparent de tous les autres corps célestes (διὰ τὴν ὁμοίαν πάντων ἀπόστασιν). Il y a une infinité de mondes (θεοί) qui tour à tour se forment et périssent. C'est dans l'eau que se sont formés les premiers animaux, d'où sont sorties peu à peu les espèces supérieures. L'homme est issu du poisson. Les individus et les espèces changent incessamment, mais la substance d'où ils sont tirés, l'ἄπειρον, est indestructible (ἄφθαρτον, ἀθάνατον, ἀνώλεθρον), parce qu'elle est incréée (ἀγέννητον). Elle enveloppe tout, produit tout, gouverne tout (περιέχει ἄπαντα καὶ πάντα κυβερνᾷ). Elle est la divinité suprême (τὸ θεῖον), possédant en propre une vitalité perpétuelle.

3. Anaximène[1] de Milet, disciple d'Anaximandre et troisième représentant de la philosophie ionienne, appelle le principe générateur des choses l'air ou le souffle (ἀήρ, πνεῦμα, ψυχή). Sa doctrine, qui est celle d'Anaximandre sous une forme plus précise, peut se résumer ainsi: une matière infinie, un mouvement perpétuel de condensation et de dilatation et quelque chose

---

[1] Plutarque, dans Eusèbe, *Præp. evang.*, I, 8. — Cicéron, *De nat. deor.*, I, 10. — Schleiermacher, *Mémoire sur Diogène d'Apollonie* (même volume). — Ritter et Preller, *ibid.*

comme un principe plastique, une fatalité directrice du mouvement (δίκη, ἀνάγκη). Matière, mouvement, force motrice, nécessité dirigeante : nous trouvons chez les Ioniens tous ces éléments des explications de la nature tentées depuis. Mais il en est de leurs systèmes comme des organismes rudimentaires : la perfection d'un vivant dépend de la différenciation plus ou moins grande de ses organes ; plus ses parties constitutives se distinguent entre elles et gagnent en spécialité, plus il s'élève dans l'échelle des êtres. Or la philosophie ionienne, comparée à celle d'Aristote, est encore parfaitement uniforme. L'eau, pour Thalès, l'air, pour Anaximène, est tout à la fois substratum, force motrice et fatum ou loi du mouvement[1]. Le progrès, dans la science comme dans la nature, se fera par la division du travail, par la distinction des éléments constitutifs de l'être, par la multiplication et l'antagonisme des systèmes.

§ 6. Le problème du devenir.

La question primordiale sur laquelle on se divise est celle du *devenir*. L'*être* persiste, *les êtres* changent perpétuellement, soit qu'ils deviennent, soit qu'ils disparaissent : comment l'être peut-il à la fois persister et ne pas persister ? De la réflexion sur ce problème, le problème métaphysique par excellence, puisqu'il est à la base de toutes les sciences et domine toutes les questions, naissent trois systèmes, types de toutes les philosophies européennes : le système éléate ; le système d'Héraclite ; le système atomiste, professé dans le sens idéaliste par les pythagoriciens, dans le sens matérialiste par Leucippe et Démocrite, avec la nuance dualiste par Anaxagore. Les deux premiers sont radicaux et suppriment tour à tour l'un des termes de l'antinomie, le troisième est une doctrine de conciliation. D'après l'hypothèse éléate,

---

[1] Aristote, *Mét.* I, 10, 2.

l'être est tout, le changement n'est qu'apparent; d'après Héraclite, le changement est tout et l'être, la permanence n'est qu'illusion; d'après les monadistes et les atomistes, il y a à la fois permanence et changement : permanence dans *les êtres*[1], changement perpétuel dans *leurs rapports*. Les éléates nient le devenir, Héraclite le déifie, les atomistes l'expliquent.

A. Négation du devenir.

§ 7. La philosophie éléate. Xénophane, Parménide, Mélisse, Zénon, Gorgias.

A l'époque où Anaximandre florissait à Milet, un autre Ionien, Xénophane de Colophon, prit le chemin de la Grande-Grèce, en parcourut les villes comme rapsode philosophe, et se fixa en dernier lieu à Élée en Lucanie, où il trouva des adhérents. Ses nouveautés théologiques furent développées et systématisées par Parménide d'Élée et Mélisse de Samos, qui les élevèrent à la hauteur d'une métaphysique. Zénon d'Élée, disciple de Parménide, prit à tâche de les défendre au moyen de la dialectique et fut le précurseur des sophistes.

1. Adversaire décidé de la mythologie nationale, Xénophane[2] joue à son égard un rôle analogue à celui des prophètes hébreux

---

[1] Considérés par les pythagoriciens comme des unités idéales ou nombres, par les atomistes comme des unités réelles ou matérielles. — [2] Aristote (?), *De Xenophane, Zenone et Gorgia* — Clément d'Alex., *Stromates*, V, p. 601 C. Ibid., p. 711 B. — Buhle, *Commentatio de ortu et progressu pantheismi inde a Xenophane etc.* Gœtt., 1798. — V. Cousin, *Xénophane, fondateur de l'école d'Élée* (dans les *Nouveaux fragments philosophiques*), Paris, 1828. — Kern, *Quæstiones Xenophaneæ*, Naumb., 1846. — Mullach, *Fragmenta phil. græc.*, I, p. 101 ss. — Ritter et Preller, *Hist. phil. gr. et rom.*, éd. III, p. 81 s. — J. Freudenthal, *De la Théologie de Xénophane* (all.), Breslau, 1886. M. Freudenthal se fonde, entre autres, sur ces mots ἕν τε θεοῖσι (Mullach, p. 101) pour faire de Xénophane un polythéiste. C'est méconnaître étrangement l'esprit au profit de la lettre, et autant vaudrait ranger Spinoza parmi les théistes, parce qu'il appelle la nature Dieu et Dieu une chose pensante.

élevant leur voix puissante contre le polythéisme et l'inanité de ses conceptions. Par sa parole et par ses écrits, il est le véritable créateur du monothéisme philosophique, qui s'identifie, pour lui, avec le panthéisme. Dans ses satyres, dont il nous reste quelques fragments, il combat, avec une éloquence pleine d'ironie, l'erreur des hommes qui multiplient à l'infini l'Être divin, qui lui attribuent la forme humaine (anthropomorphisme) et les passions humaines (anthropopathisme). Il est un Dieu, s'écrie-t-il, un Dieu unique qui ne se peut comparer aux dieux d'Homère ou aux hommes, ni quant au corps ni quant à l'intelligence. Ce Dieu est tout œil, tout oreille, tout entendement. Immuable et immobile, il n'a pas besoin de circuler à droite et à gauche pour exécuter ses volontés, mais sans peine il gouverne toutes choses par sa seule pensée. Les mortels, il est vrai, s'imaginent, sur la foi d'Homère et d'Hésiode, que les dieux naissent comme eux, que comme eux ils ont sentiment, voix et corps, et ils leur imputent tout ce qui est honteux et scandaleux parmi les hommes : le vol, l'impureté, le mensonge. Ils font comme feraient les bœufs ou les lions qui, s'ils savaient peindre, représenteraient certainement leurs dieux sous forme de lions ou de taureaux. Au lieu de ces êtres imaginaires, adorons l'Être un et infini, qui nous porte dans son sein, et en qui il n'y a ni génération ni corruption, ni changement ni devenir[1].

[1] Mullach, p. 101-102:

Εἷς θεὸς ἔν τε θεοῖσι καὶ ἀνθρώποισι μέγιστος,
οὔτε δέμας θνητοῖσιν ὁμοίϊος οὔτε νόημα.

. . . .

Οὖλος ὁρᾷ, οὖλος δὲ νοεῖ, οὖλος δέ τ' ἀκούει.

. . . .

Ἀλλ' ἀπάνευθε πόνοιο νόου φρενὶ πάντα κραδαίνει,
Αἰεὶ δ' ἐν ταὐτῷ τε μένειν κινούμενον οὐδέν,
οὐδὲ μετέρχεσθαί μιν ἐπιπρέπει ἄλλοτε ἄλλῃ·

. . . .

. . . . . ἀλλὰ βροτοὶ δοκέουσι θεοὺς γεννᾶσθαι,

2. Approfondissant ces données du maître, Parménide[1] en fait le point de départ d'un système rigoureusement moniste. Puisqu'en Dieu il n'y a pas de changement et que Dieu est tout, ce que nous appelons changement (ἀλλοιοῦσθαι) n'est qu'une apparence, une illusion (δόξα), et il n'y a en réalité ni devenir ni mourir. L'être éternel seul existe : à cette thèse il consacre un poème philosophique, dont les fragments sont le monument le plus ancien que nous possédions de la spéculation métaphysique proprement dite chez les Grecs. Dans la première partie, consacrée à la Vérité, il démontre par une dialectique spécieuse, que les idées de changement, de pluralité, de limitation, sont contradictoires à la raison. Dans la seconde, qui traite de ce qui n'est qu'apparence, il essaie, puisqu'aussi bien cette apparence existe, de donner une explication de la nature.

Partant de l'idée d'être, il établit que ce qui est ne peut être devenu ce qu'il est, et ne peut pas non plus cesser d'être ou devenir autre chose; car si l'être a commencé d'exister, il est sorti soit de l'être, soit du non-être; or, dans le premier cas, il est issu de lui-même, il s'est engendré lui-même, ce qui veut dire qu'il n'est pas devenu, qu'il est éternel. Le second cas

> τὴν σφετέρην τ' αἴσθησιν ἔχειν, φωνήν τε δέμας τε.
> . . . .
> Πάντα θεοῖς ἀνέθηκαν Ὅμηρός θ' Ἡσίοδός τε
> ὅσσα παρ' ἀνθρώποισιν ὀνείδεα καὶ ψόγος ἐστίν,
> καὶ πλεῖστ' ἐφθέγξαντο θεῶν ἀθεμίστια ἔργα,
> κλέπτειν, μοιχεύειν τε καὶ ἀλλήλους ἀπατεύειν.
> . . . .
> Ἀλλ' εἴτοι χεῖρας γ' εἶχον βόες ἠὲ λέοντες
> ἢ γράψαι χείρεσσι καὶ ἔργα τελεῖν ἅπερ ἄνδρες,
> ἵπποι μέν θ' ἵπποισι, βόες δέ τε βουσὶν ὁμοίας
> καί κε θεῶν ἰδέας ἔγραφον . . . . .

[1] Sextus Empir., *Adv. math.*, VII, 111. — Simplicius, *In Phys.*, f. 7. 9. 19. 25. 31. 38. — Proclus, *Comment. in Plat. Timæum*, p. 105. — Clém. d'Alex., *Strom.*, V, p. 552 D, 614 A. — Mullach, *Fragm. phil. gr.*, p. 109 ss. — Ritter et Preller, p. 87 ss.

suppose que quelque chose puisse naître de rien, ce qui est absurde. Pour les mêmes raisons, ce qui existe ne peut ni se modifier ni périr, car la mort le ferait passer soit à l'être soit au néant. Si l'être se change en être, c'est qu'il ne change pas, et supposer qu'il passe au néant est aussi impossible que de le faire sortir du néant. Par conséquent l'être est éternel. Il est d'ailleurs immobile, car il ne pourrait se mouvoir que dans l'espace ; or, l'espace est ou n'est pas ; si l'espace est, c'est qu'il est identique à l'être, et dire de l'être qu'il se meut dans l'espace, c'est dire que l'être se meut dans l'être, ce qui veut dire qu'il reste en place ; si l'espace n'est rien, c'est qu'il n'y a pas non plus de mouvement, car le mouvement n'est possible que dans l'espace. Le mouvement ne se conçoit donc d'aucune façon et n'est qu'une apparence. L'être est un tout continu (συνεχές) et indivisible. Il n'y a de vide nulle part. Il n'y a pas de solution de continuité entre l'être et l'être : il n'y a point d'atomes par conséquent. Admettons, par hypothèse, qu'il y ait un vide, une solution de continuité entre les prétendues parties de l'univers. Si cet intervalle est quelque chose de réel, c'est qu'il est ce qu'est l'être, c'est qu'il *continue* l'être au lieu de l'interrompre, c'est qu'il unit les corps au lieu de les diviser en parties ; si le vide n'est pas, c'est qu'il ne les divise pas davantage. Il n'y a donc pas d'intervalle entre l'être et l'être, et tous les êtres n'en forment qu'un. L'être (l'univers) est absolu et se suffit à lui-même ; il est sans désir ni besoin ni affection d'aucune sorte. Relatif, il ne pourrait dépendre que de ce qui est ou de ce qui n'est pas. Pour l'être, dépendre de l'être c'est dépendre de soi, c'est être indépendant ; dépendre de ce qui n'est pas, c'est encore être indépendant ; ce qui exclut de lui tout désir, tout besoin, toute affection. Quand on est tout, on n'a rien à désirer. Enfin, l'être est un : car un second être, un troisième être, ne serait que sa continuation, c'est-à-dire lui-même. Donc en résumé, l'être ne se conçoit que comme éternel, immuable, immobile, continu, indivisible, infini, unique. Il n'y a, pour le penseur, qu'un être unique, le Un-Tout en qui s'absorbent toutes les différences individuelles. L'être pensant et l'être pensé sont la même chose ($ταὐτὸν\ δ'ἐστὶ\ νοεῖν\ τε\ καὶ\ οὕνεκέν\ ἐστι\ νόημα$)[1].

Dans la seconde partie de son poème, Parménide traite de l'opinion ($δόξα$), qui dépend des sens et dont l'objet n'est qu'apparent. L'univers qui, pour la raison, est une unité indivisible, se divise, pour les sens, en deux empires ou éléments rivaux: la nuit ou le froid, et la lumière, le feu, la chaleur. L'univers qui pour la raison, est sans commencement ni fin, a son devenir apparent, sa genèse, et cette genèse est la victoire successive du principe de la lumière sur le principe des ténèbres. La nuit est la mère, le principe lumineux est le père de toutes les formes ($εἴδη$). Le monde offre jusque dans ses moindres parties les vestiges des deux éléments qui lui ont donné le jour. Le chaud et le froid, le clair et l'obscur se trouvent partout mêlés dans des proportions constantes. L'univers est formé d'une série de sphères concentriques, où les sphères lumineuses et chaudes alternent avec les sphères ténébreuses et froides. La sphère extrême qui renferme toutes les autres ($τὸ\ περιέχον$) est solide, froide et obscure, mais confine à la sphère lumineuse des étoiles fixes, située en-deçà ($ὄλυμπος\ ἔσχατος$). La sphère centrale, de même, est solide et froide, mais enveloppée d'une sphère de lumière et de vie. Cette sphère lumineuse qui se développe autour du noyau solide du monde est la source d'où procède le mouvement (c'est-à-dire l'illusion [2]), le foyer de la vie universelle ($ἑστία\ τοῦ\ παντός$), le siège de la Divinité ($Δαίμων$), Reine du monde ($κυβερνήτης$), Justice ($Δίκη$), Nécessité ($Ἀνάγκη$). Mère de l'Amour ($Ἀφροδίτη$).

---

[1] Simplicius, *In Phys.*, f. 19 A, 31 B. — [2] Comp. la Maja des Indiens, mère des illusions.

Ces doctrines, qui reproduisent en partie les spéculations ioniennes et pythagoriciennes, ne nous sont pas données comme vraies, mais comme des hypothèses destinées à nous orienter dans le monde de l'illusion. Elles n'ont pas pour Parménide l'importance qu'elles ont pour l'ionisme. N'admettant pas le mouvement, rejetant dans le domaine de l'illusion ce qui fait l'essence de la nature, il ne connaît d'autre science que la métaphysique, d'autre métaphysique que celle du raisonnement *a priori*. Par cette opposition qu'il établit entre le réel et l'intelligible, il est le principal antécédent de l'idéalisme platonicien, sans être d'ailleurs spiritualiste au sens moderne. Le spiritualisme distingue entre la substance du corps et celle de l'âme ; la métaphysique éléate ne connaît aucune distinction de ce genre. L'être qu'elle affirme n'est ni corps ni âme, ni matière ni esprit, il est l'être, rien que l'être, et tout le reste n'est qu'accident, apparence, illusion. Et même, si l'on prend le mot *matière* au sens métaphysique et alambiqué de *substance* ou *substratum* universel, on peut ranger Parménide parmi les matérialistes, tout comme son moderne imitateur Spinosa. Mais on aurait tort de l'appeler matérialiste au même titre que Démocrite et les matérialistes modernes, puisque le matérialisme proprement dit n'existe qu'en opposition au spiritualisme, dont la date est postérieure à Parménide. Le monisme de Parménide et d'Héraclite est comme le bloc de marbre qui peut devenir cuvette ou Jupiter, comme la cellule-mère d'où peut sortir, selon les circonstances, un Socrate ou un Érostrate : il peut, en se déterminant et en se précisant, devenir monisme de la matière ou monisme de l'esprit.

3. En attendant que Platon en fasse sortir l'idéalisme, Mélisse de Samos[1] (440) l'interprète dans un sens tout matérialiste. Ce philosophe, qui est en outre vaillant capitaine et politique habile,

---

[1] Auteur d'un livre περὶ τοῦ ὄντος (en dialecte ionien), cité à différentes reprises par Simplicius, *In Phys.*, f. 22 et *passim*.

oppose aux cosmogonies ioniennes la doctrine éléate de l'éternité du monde. Si le devenir est impossible, il est désormais inutile et absurde de s'enquérir de la manière dont l'univers est devenu. L'être (τὸ ἕν) est infini quant à la durée et — ce qu'il n'était pas pour Parménide qui le concevait comme une sphère — infini dans l'espace (ἅσπερ ἔστιν αἰεί, οὕτω καὶ τὸ μέγεθος ἄπειρον αἰεὶ χρὴ εἶναι). Ce dernier trait, qui ne laisse aucun doute sur le matérialisme de Mélisse, donne à son système un cachet tout moderne et le distingue de la plupart des systèmes anciens, notamment de celui d'Aristote : car pour le Grec, qui juge des choses en artiste, l'infini est l'imparfait, ce qui manque de *fini*, et l'univers, qui est la perfection même, est bien cette sphère accomplie dont le sens de la vue nous montre la moitié et dont la terre est le centre.

4. Zénon [1], auditeur et disciple de Parménide, est le controversiste de l'école, l'inventeur du procédé de démonstration par réduction à l'absurde, le père de la dialectique et de la sophistique. Le Un seul se conçoit ; l'étendue, la grandeur, le mouvement, l'espace ne peuvent se concevoir. Supposé qu'il existe une grandeur (limitée), de toute nécessité elle sera infiniment grande et infiniment petite : infiniment grande, parce que, divisible à l'infini, elle se compose d'un nombre infini de parties, infiniment petites, parce que des parties inétendues, même multipliées à l'infini, ne sauraient composer une étendue, une grandeur.

Le mouvement ne se conçoit pas ; car la ligne qui sépare son point de départ et son point d'arrivée se compose de points et, le point étant inétendu, de points en nombre infini. Toute distance donc, la plus petite même, est infinie et le point d'arrivée ne saurait être atteint. Supposez le rapide Achille aussi près que vous voudrez de la lente tortue, jamais il ne

---

[1] Aristote, *Phys.*, VI, 2, 9. — Simplicius, *In Phys.*, f. 30, 130, 255. — Mullach, p. 266 ss. — Ritter et Preller, p. 97 ss.

pourra l'atteindre, puisque à cet effet il faudrait qu'il franchît d'abord la moitié de la distance, si petite soit-elle, qui le sépare de la tortue, que, pour franchir cette moitié, il faudrait qu'il commençât par franchir la moitié de la moitié et ainsi de suite à l'infini. L'infinie divisibilité de la ligne est pour lui un obstacle infranchissable. Vous croyez que la flèche vole. Mais, pour atteindre son but, il faut qu'elle franchisse une série de points dans l'espace ; il faut donc qu'elle occupe successivement ces différents points ; or, occuper, à un moment donné, un point de l'espace, c'est être en repos : donc la flèche se tient tranquille et son mouvement n'est qu'apparent.

Au surplus le mouvement, s'il a lieu, ne peut avoir lieu que dans l'espace. Or, si l'espace est une réalité, il se trouve quelque part, c'est-à-dire encore dans un espace, lequel se trouve encore dans un autre espace et ainsi de suite εἰς ἄπειρον. Le mouvement est donc impossible à tous les points de vue, et on ne peut l'admettre comme réel qu'au risque d'affirmer l'absurde. L'être seul existe et cet être c'est l'immuable matière[1].

5. Gorgias[2] de Léontium, le rhéteur élève de Zénon, que sa patrie députe à Athènes en 427, fait aboutir le principe éléate à ses dernières conséquences : le nihilisme. Dans son traité περὶ τοῦ μὴ ὄντος ἢ περὶ φύσεως, non content de nier avec Zénon le mouvement et l'espace, il démolit l'être lui-même. Il n'existe rien, dit-il ; car, s'il existait un être, il ne pourrait être qu'éternel, comme l'a démontré Parménide. Or, un être éternel est infini. Mais un être infini ne se trouve ni dans l'espace, ni dans le temps, qui le limiteraient tour à tour. Il ne se trouve donc nulle part, et ce qui n'est nulle part, n'existe pas. Si même, par impossible, il existait quelque chose, nous ne pourrions pas le connaître, et supposé que nous le pussions, cette

---

[1] Aristote, *Mét.*, III, 4, 41. — [2] Aristote, *De Xenophane, Zenone et Gorgia*. — Sextus Empir., *Adv. math.*, VII, 65, 77. — Ritter et Preller, 137 ss.

connaissance ne saurait en aucune façon être transmissible à d'autres.

Gorgias est l'enfant terrible de l'éléatisme, dont l'indiscrétion donne gain de cause à la devise d'Héraclite : *l'être n'est rien, le devenir est tout*. L'être de Parménide et de Zénon, éternel et immuable, mais destitué de tout attribut positif, n'est, en effet, qu'une abstraction, et ressemble à ce vêtement de roi dont tout le monde admirait la finesse, jusqu'à ce qu'un enfant, dans sa naïveté, s'écriât : Mais le roi est nu !

B. Apothéose du devenir.

§ 8. Héraclite.

Héraclite[1], que sa prédilection pour le paradoxe a fait surnommer l'obscur, fleurit à Éphèse vers la fin du sixième siècle. C'est celui des *physiciens* de la première période qui a laissé sur la pensée grecque la plus profonde empreinte, et plus d'une hypothèse moderne se retrouve soit comme pressentiment, soit comme idée nettement formulée, dans les précieux fragments de son livre *De la nature*.

Ainsi que les physiciens de Milet, Héraclite considère tous les corps comme des transformations d'un seul et même élément. Mais cet élément n'est pas, comme chez Anaximène, l'air atmosphérique ; c'est une substance plus fine, plus déliée, qu'il appelle tantôt le feu ($\pi\tilde{\upsilon}\varrho$), tantôt souffle chaud ($\psi\upsilon\chi\acute{\eta}$), et qui

---

[1] Sources principales : Platon, *Cratyle*, p. 402 A. — Plut., *Is. et Osir.*, 45, 48. — Clém. d'Alex., *Strom.*, V, p. 599, 603. — Diogène L., IX. — Sext. Emp., *Adv. math.*, VII, 126, 127, 133. — Stobée. — Schleiermacher, *Mémoire sur Héraclite l'obscur* (Œuvres compl., 3ᵉ série, T. II). Jac. Bernays, *Heraclitea*, Bonn, 1848. Le même, *Mémoire sur les lettres d'Héraclite*, 1869 (all.). — Mullach, *Heracliti fragmenta*, ouvr. cité, p. 310 ss. — *Heracliti Ephesii reliquiæ. Recensuit* J. Bywater, Oxford, 1877. — Ritter et Preller, p. 15 ss.

ressemble soit à ce que la physique appelait naguère le calorique, soit à l'oxygène de la chimie moderne. Cette matière première s'étend des limites de la terre aux confins du monde. Tout ce qui existe en dérive et tend à y revenir; tout être est du feu transformé, et réciproquement, tout être peut se transformer et finit en effet par se changer en feu[1]. L'air atmosphérique et l'eau sont du feu en voie d'extinction ou de renaissance; la terre et les solides sont du feu éteint, et s'embraseront de nouveau à l'heure marquée par le Destin. Suivant une loi immuable, le feu des régions célestes se transforme successivement en vapeur, eau, terre, pour retourner, en sens inverse, à son principe, s'épaissir encore, remonter vers les cieux et ainsi de suite à l'infini. L'univers est donc un feu en voie de transformation (πυρὸς τροπαί), un feu éternellement vivant, qui périodiquement s'allume et s'eteint. Il n'est l'œuvre ni d'un dieu ni d'un homme. Il n'a pas commencé d'être et il ne finira pas. Il y a une fin du monde en ce sens que toutes choses finissent par redevenir du feu, mais le monde renaît éternellement de ses cendres. La vie universelle est une alternance sans fin de création et de destruction, un jeu que Jupiter joue avec lui-même. Le repos, l'arrêt, en un mot l'être, est une illusion des sens. Il n'est pas possible de descendre deux fois dans le même fleuve[2]; il n'est pas même possible d'y descendre une fois; nous y entrons et nous n'y entrons pas; nous y sommes et nous n'y sommes plus; car les vagues où nous pensions nous plonger sont déjà loin de nous. Dans l'éternel vertige, le néant ne cesse de devenir l'être, et incessamment l'être s'engloutit dans le néant. Le néant produisant l'être et réciproquement, être et ne pas être, vivre et mourir, devenir et disparaître sont des termes synonymes. S'ils

---

[1] Il n'est pas difficile de retrouver dans cette physique d'Héraclite la théorie mécanique de la chaleur, professée par la physique moderne, qui, avec le sage d'Éphèse, considère toute vie organique comme une transformation de la chaleur solaire. — [2] Platon, *Cratyle*, p. 402 A : πάντα χωρεῖ καὶ οὐδὲν μένει κ. τ. λ.

n'étaient la même chose, ils ne pourraient se transformer l'un dans l'autre.

L'*écoulement perpétuel* des choses n'est pas, comme l'expression pourrait le faire croire, un processus facile, sans résistance, semblable au glissement d'un ruisseau sur un lit de pierres polies. Le devenir est une lutte de forces contraires, de courants opposés, dont l'un venant d'en haut tend à transformer le feu céleste en matière solide, tandis que l'autre, remontant vers le ciel, tend à transformer en feu la matière terrestre. C'est la rencontre perpétuelle de ces deux courants contraires qui engendre toute la vie végétale, animale et intellectuelle, à la surface de la terre. Rien ne naît que de la lutte des contraires[1]. Du mâle et du femelle procède la vie organique, des notes aiguës et des notes graves l'harmonie musicale; sans la maladie, point de santé appréciée; sans le travail point de doux repos; sans le danger point de courage; sans le mal à surmonter point de vertu. De même que le feu *vit* la mort de l'air, l'air, la mort du feu, l'eau, la mort de l'air, la terre, la mort de l'eau, de même l'animal *vit* la mort du végétal, l'homme, la mort de l'animal, les dieux, la mort de l'homme, la vertu, la mort du vice et le vice, la mort de la vertu. Le bien est donc le mal qui se détruit, le mal est le bien qui disparaît, et puisque le mal n'est pas sans le bien, ni le bien sans le mal, le mal est relativement un bien et le bien relativement un mal. Ainsi que l'être et le non-être, le bien et le mal se confondent dans l'harmonie universelle.

Héraclite insistant sur l'écoulement perpétuel et l'absolue instabilité des choses, sur la vanité de toute existence individuelle et l'impossibilité du bien sans le mal, du plaisir sans la peine, de la vie sans la mort, est devenu, pour l'antiquité, le type du

---

[1] Hippolyte, *Ref. Hær*. IX, 9: πόλεμος (Darwin traduira *struggle for life*) πάντων πατήρ ἐστι καὶ βασιλεύς.

pessimiste par opposition à l'optimiste Démocrite[1]. Sa négation de l'être implique en outre le scepticisme[2]. Le vrai étant ce qui est le même aujourd'hui, demain, toujours, si tout ce que perçoivent les sens change continuellement, il n'y a pas de science certaine et définitive. Les sens, il est vrai, ne sont pas notre unique moyen de perception, et nous avons en outre la raison (νοῖς. λόγος). Les sens nous montrent ce qui passe, et elle est trompeuse la science qui se base sur la seule sensation; la raison nous révèle ce qui demeure: la loi divine (θεῖος νόμος), seul point fixe dans l'éternel écoulement des choses. Mais la raison humaine la plus éclairée est encore aussi éloignée de la raison que le singe est éloigné de la perfection humaine[3]. En distinguant, dans Héraclite, entre le phénomène sensible et le noumène, la philosophie ionienne sort en quelque sorte de l'état d'innocence; elle commence à se défier de ses procédés, à douter d'elle-même, à se demander si le problème ontologique est bien de ceux qui se peuvent résoudre; en un mot, elle entrevoit la question critique.

Déjà l'anthropologie, se dégageant de la spéculation universelle, fait saillie sur l'ensemble du système d'Héraclite. L'âme est une émanation du feu céleste et ne peut vivre qu'en restant en contact avec cette source de la vie. Elle s'y renouvelle incessamment par la respiration et par la sensation. La génération est la transformation de la semence liquide en souffle sec. C'est donc le feu latent dans la terre, qui, à travers l'état liquide, revient à son état primitif dans l'âme humaine. Le souffle le plus sec constitue l'âme la plus forte, mais malheur à l'ivrogne qui, prématurément, fait repasser son âme à l'état liquide! Dans la mort, le souffle de vie ou l'âme retourne par degrés à l'état terreux. L'énergie de la vie individuelle dépend de notre

---

[1] Voy. § 12. — [2] L'école d'Héraclite et notamment Cratyle, le plus connu de ses disciples et l'un des maîtres de Platon, professent le scepticisme. — [3] Voy. le *Grand Hippias*, p. 289 A.

communion plus ou moins suivie avec le feu céleste, âme du monde souverainement intelligente et sage.

Ce sont bien là les premiers bégaiements de la psychologie physiologique, et ces essais sont naïvement matérialistes. La philosophie, à cette date, parle de l'esprit comme la chimie populaire parle d'esprits et d'essences ; mais si elle est matérialiste, elle s'en doute encore si peu, qu'elle n'a pas même de terme technique pour désigner la matière. On n'a conscience de soi que par opposition à ce que l'on n'est pas. L'hylozoïsme deviendra matérialisme le jour où il se trouvera en face de l'opposition spiritualiste, née du pythagorisme[1].

En résumé, toutes choses procèdent d'un principe sec et chaud et finissent par s'y absorber ; tout se transforme perpétuellement et il n'y a d'immuable, dans le processus éternel, que la Loi qui le règle et que ni les dieux ni les hommes ne sauraient modifier.

C. Explication du devenir.

§ 9. La spéculation pythagoricienne.

Les doctrines métaphysiques du pythagorisme[2] remontent-elles, en partie du moins, à Pythagore lui-même ? Appartiennent-elles à des membres de l'ordre pythagoricien, tels que Philolaüs, exilé d'Italie dans la première moitié du cinquième siècle,

---

[1] La fusion des idées d'Héraclite et du pythagorisme se personnifie dans Hippase de Crotone (ou de Métaponte). Voy. R. et P., p. 55. — [2] Stobée, *Eclog.*, I. — Platon, *le Timée.* — Aristote, *Mét.*, I, 5 ; *passim. De cœlo*, II, 13. — Diog. L., VIII. — Porphyre, *Vie de Pythagore.* — Jamblique, *Vie de Pythagore.* — Mullach (*Pythagoreum carmen aureum*, p. 193. Ocelli Lucani *de universa natura* libellus, 388. Hieroclis *commentarius in carmen aureum*, 416. *Pythagoreorum aliorumque philosophorum fragmenta*, 485 ss.). — Ritter et Preller, p. 52 ss. — A. Laugel, *Pythagore, sa doctrine et son histoire d'après la critique allemande* (*Revue des Deux-Mondes*, 1864). — C. Schaarschmidt, *Die angebliche Schriftstellerei des Philolaus etc.*, Bonn, 1864. — Chaignet, *Pythagore et la philosophie pythagoricienne*, Paris, 1873.

et Archytas, qui fleurit à Tarente dans la seconde moitié de ce siècle? Le mystère dont l'ordre s'entoure dès le principe rend cette question tout à fait insoluble. Aristote lui-même semble être dans le doute à cet égard et ne parle guère que de la doctrine des *pythagoriciens*. Quoi qu'il en soit, l'impulsion première dans le sens de la spéculation arithmétique, connue sous le nom de philosophie pythagoricienne, est due au grand mathématicien de Samos, et, si la preuve positive et directe nous fait défaut, rien du moins ne nous empêche de revendiquer pour lui la primeur des doctrines exposées dans ce paragraphe.

Pythagore, d'origine ionienne comme Thalès, naquit à Samos dans la première moitié du sixième siècle, et fut d'abord l'élève du théologien Phérécyde et peut-être d'Anaximandre le physicien. Suivant une tradition, qui manque, il est vrai, de garanties anciennes, il visita la Phénicie, l'Égypte, Babylone, où il s'initia à la spéculation théologique de l'Orient et à la géométrie, qui, dans cette patrie des mathématiques, avait atteint dès lors un haut degré de perfection. De retour en pays grec vers 520, plein d'idées de réforme religieuse, sociale, philosophique, il les réalisa à Crotone, dans la Grande-Grèce, par la fondation d'une sorte de confrérie, dont les membres professent des doctrines communes en morale, en politique et en religion[1].

[1] En comparant les doctrines, les tendances et l'organisation de cette confrérie, telle que nous la dépeignent les historiens néoplatoniciens (notamment Jamblique), et le monachisme bouddhiste, on est tenté presque (avec Alexandre Polyhistor et Clément d'Alexandrie) de faire de Pythagore l'élève des brahmanes, voire même de l'identifier avec Bouddha. En effet, non seulement les noms (Πύθων, Πυθαγόρας = inspiré, devin, et Bouddha = éclairé) se ressemblent au point qu'une philologie tant soit peu fantaisiste pourrait se permettre de traduire πυθαγόρειος par « prédicateur du Bouddhisme », mais les doctrines pythagoriciennes et bouddhistes sont sensiblement les mêmes. Dualisme, pessimisme, métempsycose, célibat, vie en commun suivant une règle sévère, examen de soi-même fréquemment répété, méditations, dévotions, défense des sacrifices sanglants et de la nourriture animale, bienveillance envers tous les hommes, véracité, fidélité, justice, tout cela se trouve de part et d'autre. Le silence relatif des auteurs plus anciens et surtout d'Aristote

Rien de certain sur la fin du philosophe. Son œuvre prospéra. Dépositaires de toute la science de l'époque, géométrie, astronomie, musique, médecine[1], les pythagoriciens acquirent, au milieu d'une population dorienne plus arriérée que les Ioniens, une influence prépondérante. A Crotone, à Tarente, dans les républiques siciliennes, ils dominèrent jusque vers le milieu du cinquième siècle, où la démocratie victorieuse les expulsa en partie. Plusieurs d'entre eux se transportèrent soit à Thèbes, soit à Athènes, où leur influence, contrebalançant celle des sophistes, amena la réaction spiritualiste de Socrate et de Platon contre le matérialisme et le scepticisme, importés à la même époque de Sicile, de Thrace et d'Ionie.

La métaphysique ionienne procède de la physique, la métaphysique pythagoricienne est entée sur les mathématiques : elle revêt donc dès ses premiers pas un caractère tout différent. Ce qui intéresse les philosophes de Milet, c'est la matière et son perpétuel mouvement ; ce qui frappe Pythagore et les pythagoriciens, c'est l'immatériel dans la matière, c'est l'ordre qui règne dans le monde, c'est l'unité, la proportion, l'harmonie dans ses contrastes, ce sont les rapports mathématiques qui se trouvent

---

sur la personne et la vie de Pythagore tendrait à confirmer l'hypothèse de l'identité du pythagorisme et du bouddhisme. Toutefois l'existence de Pythagore le mathématicien, antérieure de cinq siècles à l'ère chrétienne, est mise hors de doute par le témoignage d'Héraclite, d'Hérodote, etc., et d'autre part, l'expansion du bouddhisme vers l'Occident sous forme de manichéisme (c'est-à-dire monachisme) n'est pas antérieure au 3° siècle de notre ère. Tout s'explique peut-être, si nous distinguons entre le pythagorisme des historiens néoplatoniciens et le pythagorisme primitif et authentique : manquant de données précises et quelque peu abondantes sur la vie et l'œuvre du sage de Samos, peu scrupuleux d'ailleurs sur le choix de leurs sources et séduits par certaines analogies, les biographes de Pythagore ont pu emprunter au dualisme perse et au pessimisme indien les traits essentiels de leur portrait de fantaisie.

[1] Ces sciences, objet de l'enseignement pythagoricien, s'appelaient les μαθήματα : de là le mot *mathématiques*, dont le sens primitif embrasse la totalité du savoir humain.

à la base de toutes choses. En géométrie, comme en astronomie et en musique, ils voient tout se réduire à des questions de nombre. Le nombre est donc le principe et l'essence même du monde, et les choses sont des nombres devenus sensibles. Chaque être représente un nombre, et le but dernier de la science est de trouver pour chaque être le nombre dont il est l'équivalent. La série infinie des nombres, et par conséquent des choses, procède de l'unité. Si le nombre est l'essence des choses, c'est l'unité qui est l'essence du nombre. Le pythagorisme distingue deux sortes d'unités: 1° l'Unité d'où sort la série des nombres (des êtres) et qui par suite les renferme, les embrasse, les résume tous, unité absolue et sans contraire, Monade des monades (ἡ μονάς), Dieu des dieux, et 2° le Un, premier dans la série des nombres dérivés, opposé au *deux*, au *trois* et à toute pluralité (πλῆθος), par conséquent limité par le deux, le trois, la pluralité: unité relative, monade créée (τὸ ἕν). L'opposition de l'*un* et du *plusieurs* est la mère de toutes les autres. Tous les contrastes de la nature, le sec et l'humide, le chaud et le froid, le clair et l'obscur, le mâle et le femelle, le bien et le mal, le fini (πεπερασμένον) et l'infini (ἄπειρον), ne sont que des variétés du ἕν et du πλῆθος, ou encore de l'impair (περιττόν) et du pair (ἄρτιον). La pluralité par elle-même est sans consistance et se décompose en unités; le nombre pair se réduit à l'unité impaire. L'unité absolue n'est ni paire ni impaire, ou bien encore paire et impaire, singulier et pluriel, Dieu et monde à la fois. Elle est dans le pythagorisme, ce qu'est l'ἄπειρον dans la pensée d'Anaximandre: le Neutre supérieur et antérieur au conflit sexuel, l'indifférence absolue qui précède et engendre le dualisme des forces et des éléments. Mais le pythagorisme n'a garde de l'appeler ἄπειρον, l'ἄπειρον étant opposé, selon lui, au περαῖνον, comme le passif à l'actif, la matière à l'ouvrier, à la forme, au principe plastique. Tout se réduisant pour lui au Nombre, aux rapports numériques et en définitive à l'Idée, la matière et le *mouvement* des ioniens sont, à ses yeux, chose négative seulement, absence d'unité idéale. Sur la question du mouvement et du devenir, ses conclusions ne diffèrent pas des doctrines éléates. Le mouvement, le devenir, semblent incompatibles avec son idéalisme abstrait. S'il a sa cosmogonie, comme les autres écoles de l'époque, ce n'est pas qu'il admette un commencement de l'univers dans le temps, et par conséquent une époque où il n'y aurait pas eu d'univers. Le monde existe ἐξ αἰῶνος καὶ εἰς αἰῶνα, et la cosmogonie n'a d'autre objet que de faire voir l'ordre, la loi, la série, suivant lesquels les choses émanent *éternellement* de leur principe.

La physique pythagoricienne est donc une accommodation à la *sensualité* humaine, au même titre que la physique de Parménide. Ce qui est immuable en soi, elle le fait variable. En se mettant au point de vue des sens, où sont placés les novices parmi ses adeptes (ἀκουσματικοί), elle représente l'éternelle Unité comme une sphère (ἡ τοῦ παντὸς σφαῖρα) compacte et sans distinction de parties (πλῆρες, συνεχές), flottant dans l'infini (ἄπειρον). L'opposition idéale du pair et de l'impair, de l'un et du multiple, devient l'opposition réelle du plein et du vide. A l'origine des choses, le plein était sans le vide, ou du moins, le vide lui était extérieur. La formation du cosmos commence par l'irruption du vide dans le plein. Cette irruption est comme un souffle perpétuel qui agite le monde (πνοή, πνεῦμα). En pénétrant dans la σφαῖρα, en s'y établissant, le vide la fractionne en une infinité de particules infinitésimales, images réduites de la σφαῖρα (les ἄτομα des atomistes). La qualité se réduisant, au point de vue géométrique, à la quantité et à la forme, ces particules ne se distinguent que par la quantité et par la figure. Elles forment soit des cubes, soit des pyramides (tétraèdres), soit des octaèdres, soit des icosaèdres ou des dodécaèdres. L'unité réagissant contre le fractionnement indéfini, ces particules se rejoignent suivant leurs affinités géométriques et forment les corps élémentaires : la terre, le feu, l'air, l'eau, l'éther. L'élément par excellence, c'est le feu, formé de particules tétraédriques. Symbole du principe divin dans la nature, il est concentré dans un soleil central, foyer de l'univers et séjour du Dieu suprême (ἑστία τοῦ παντός), autour duquel se meuvent 1° l'Ouranos contenant la *contre-terre* (ἀντίχθων) et la terre ; 2° le Cosmos proprement dit, comprenant la lune, le soleil (?) et les planètes ; 3° l'Olympe avec les étoiles fixes. En substituant à la terre un feu central (qui d'ailleurs est invisible, par la raison que la terre lui tourne constamment la face opposée à celle que nous habitons) et en faisant tourner la terre autour de ce centre, Pythagore n'affirme pas sans doute l'*héliocentrisme*, mais prélude à ce système, que son école formulera dès les siècles suivants, sans réussir à le faire admettre par la généralité des savants. Les distances qui séparent les sphères sont proportionnelles aux nombres qui expriment le rapport entre les sons et les longueurs respectives de la corde sonore, et le résultat de leurs révolutions autour de l'axe du monde est une harmonie divine que le génie musical seul peut percevoir. Cette harmonie est l'âme de l'univers. Les êtres forment une série ascendante au point de vue de la perfection avec laquelle ils réfléchissent l'harmonie universelle. L'être élémentaire, le point physique, en se mouvant, engendre la ligne ; la ligne, en se mouvant, engendre le plan ; le plan engendre le corps, d'où procèdent par degrés la sensation, la perception, l'intelligence (émanatisme).

L'individu est mortel en tant qu'il résulte de l'union temporaire des éléments corporels suivant une proportion qui varie entre des limites données. Ces limites franchies, la proportion devient disproportion, lutte inégale, maladie, dépérissement et mort. Mais le contenu idéal du vase qui se brise est à l'abri de la destruction. L'âme est un nombre déterminé, qui a sa place dans la série éternelle des choses, une parcelle de l'âme du monde, une étincelle du feu céleste, une pensée de Dieu. A ce titre, elle est immortelle, et la mort la fait passer à un état supérieur, ou inférieur, ou semblable à la vie présente, selon qu'elle a vécu pour Dieu, pour le monde ou pour elle-même (métempsycose et palingénésie).

Si le pythagorisme, ainsi que Parménide et Héraclite, insiste d'une manière exclusive sur l'un des éléments constitutifs du fait et aboutit, à son tour, à la négation de la réalité concrète au profit de l'Idée, il n'en introduit pas moins dans la pensée grecque un élément des plus importants pour la solution du problème héraclito-éléate: qu'est-ce que le devenir, le changement perpétuel affirmé par le philosophe d'Éphèse, et comment le concilier avec la permanence et l'immutabilité de la matière, proclamée avec non moins d'autorité par l'école d'Élée? Cet élément de solution, c'est son hypothèse des monades, parties infinitésimales ou points physiques, composant la matière. Les systèmes qui suivent sont des essais de conciliation entre Élée et Éphèse au moyen de la théorie physico-arithmétique des unités élémentaires. Entre Parménide, qui nie le grand fait expérimental de la génération et de l'altération des choses, et Héraclite, qui au devenir sacrifie l'être et sa permanence, la pensée trouve dans l'hypothèse atomiste le terme moyen capable d'unir les deux systèmes adverses en une synthèse supérieure, en même temps que la base indispensable de toute explication rationnelle du devenir. Elle renonce donc à regarder la matière comme une masse continue, qui se transforme incessamment dans ses propriétés essentielles. Elle la fractionne en parties immuables en elles-mêmes, mais changeant continuellement de situation relative. De cette manière, il y a à la fois changement perpétuel dans les aspects de la matière (les corps) et permanence de la matière quant à son essence et à ses propriétés. C'est la réduction de tout changement au changement de lieu : le *mécanisme*.

Empédocle, Anaxagore et Démocrite, qui représentent cette

théorie, se distinguent entre eux comme Héraclite, Pythagore et Anaximandre, c'est-à-dire que le premier fait du mouvement, le second, de l'Idée (νοῦς), le troisième, de la matière, la clef de voûte de son système.

§ 10. Empédocle.

Empédocle[1] d'Agrigente en Sicile (450), que son savoir médical, ses guérisons et le prestige dont il aimait à s'entourer firent passer pour un magicien et un dieu, est l'auteur d'un vaste poème philosophique, dont les fragments semblent lui assigner une place intermédiaire entre les éléates et les ioniens.

Il relève des éléates en niant le devenir au sens d'Héraclite, mais il se rapproche des ioniens en admettant la réalité du mouvement. La matière est immuable dans son essence, mais les corps changent incessamment; leurs éléments constitutifs s'agrègent et se désagrègent dans des proportions diverses. On ne comprendrait pas que le feu, par lui seul, devînt de l'air, l'air, de l'eau, et ainsi de suite; mais on comprend que ces éléments, en se combinant de mille manières différentes, produisent l'infinie variété des corps. Il faut donc renoncer à l'idée de l'unité élémentaire, il faut cesser de faire dériver l'air de l'éther, l'eau de l'air, la terre de l'eau et considérer ces quatre éléments comme également primitifs.

Le mouvement dont les *quatre éléments* (στοιχεῖα) sont affectés leur appartient-il en propre, ou l'ont-ils reçu d'un principe distinct, d'une force supérieure? Il est difficile de dégager l'opinion du philosophe de sa phraséologie poétique, surchargée

---

[1] Sext. Empir., *Adv. Math.*, VII, 123. — Simplicius, *In Phys.*, f. 24, f. 76. — Plutarque, *De plac. phil.* — Aristote (*Mét.*, *Phys.* et *Psychologie*), etc. — *Fragments d'Empédocle* recueillis par Amédée Peyron (Leipzig, 1810), S. Karsten (*Reliquiæ phil. vet. gr.*, vol. II, Amst., 1838), Th. Bergk (Leipz., 1843), H. Stein (Bonn, 1852), Mullach (p. 1 ss.), Ritter et Preller (p. 105).

d'images et de contradictions. Ce qui semble ressortir de son poème, c'est qu'il n'admet plus l'hylozoïsme, l'éternité du mouvement et la vitalité primitive de la matière au même titre que les physiciens ioniens. Il semble expliquer le mouvement par un principe immatériel, ou plutôt par deux principes immatériels distincts, dont l'un rapproche et dont l'autre éloigne les éléments les uns des autres : l'Amour (φιλία, φιλότης, στοργή) ou principe d'union, et la Discorde (νεῖκος, ἔρις, ἔχθος), principe de séparation[1]. Ces deux causes motrices, dont l'imagination du poète fait des divinités contraires, règnent tour à tour sur les éléments. A l'origine, l'Amour les unissait et en faisait un seul corps sphérique (σφαῖρος). La Discorde survint et les divisa : il en résulta la terre, l'océan, l'atmosphère, l'éther céleste et les astres. A cette période de la création primitive, qui est l'œuvre de la Discorde, succède une époque de lutte entre la Discorde et l'Amour, période qui voit naître les plantes, les animaux, les hommes. La Discorde, en séparant les éléments, a préparé à chaque classe d'êtres l'habitation qui lui convient, mais elle n'a pu former les organismes eux-mêmes, qui sont un mélange des quatre éléments et par conséquent l'œuvre du principe unificateur, le fruit de l'Amour réagissant contre la domination exclusive de l'Antipathie. Si, dans le siècle présent, les deux principes sont encore en lutte, l'Amour finira néanmoins par vaincre, et les quatre sphères du monde, aujourd'hui séparées, se confondront au dernier jour dans un nouveau chaos. Cette alternance de périodes de séparation et d'union des éléments est une nécessité fatale et se continuera aux siècles des siècles.

Ainsi qu'Anaximandre et Héraclite, Empédocle expose à sa manière l'origine des êtres par voie d'évolution. Leurs organes,

---

[1] Nous dirions en langage moderne : l'attraction et la répulsion. La cosmogonie d'Empédocle contient le germe de celle de Kant.

pense-t-il, ont apparu d'abord comme des rudiments grossiers séparés les uns des autres, pour disparaître et reparaître, se disjoindre et se réunir, jusqu'à ce qu'ils s'adaptassent et s'unissent entre eux définitivement. C'est le hasard qui a présidé à leur première formation, mais leur convenance finale les a conservés, fortifiés, développés[1]. Du reste, l'existence individuelle semble à notre philosophe un bien douteux, et, précurseur de Darwin, il l'est aussi de Schopenhauer. L'âme, qu'avec Héraclite et Hippase il assimile au principe igné, a été détachée par la Discorde du σφαῖρος où, à l'origine des choses, elle se trouvait confondue avec tous les êtres. Comme tout le reste, elle finira par y retourner. La vie est l'expiation de son désir d'une existence séparée. Tour à tour plante, animal, homme, elle se relève progressivement, et par les abstinences, les jeûnes, la continence, elle finit par redevenir digne de rentrer en Dieu. La propagation de l'espèce humaine est un mal, puisqu'elle perpétue l'état actuel des choses et retarde leur retour à l'unité primitive[2]. L'homme est l'image du σφαῖρος. Les quatre éléments radicaux se trouvent représentés en lui : l'élément terreux, par les parties solides du corps, l'eau par ses parties liquides, l'air par le souffle vital, le feu par l'esprit. Il participe de même à l'Amour et à la Discorde. Sa supériorité intellectuelle résulte de cette concentration de tous les éléments cosmiques dans sa personne. Il *perçoit* tout, parce qu'il *est* tout : l'élément solide, parce qu'il est terre, le liquide, parce qu'il est eau, et ainsi de suite. C'est une théorie, disons mieux, un essai de théorie de la sensation qu'on pourrait appeler homéopathique par opposition à l'allopathisme d'Anaxagore. Ce dernier fait

---

[1] Mullach, p. 315-16. — [2] Anaximandre, parlant de la mort comme d'une expiation ; Platon, méprisant le monde des sens et désirant ardemment de retourner dans la sphère de l'idée pure; Plotin de Lycopolis, honteux de son corps et de la manière dont il est entré dans ce monde, se trouvent placés au même point de vue. Les idées religieuses de chute, de péché d'origine, d'expiation, sont familières à l'Europe aryenne comme à l'Asie.

dériver la sensation du choc des contraires; selon Empédocle, c'est le contact des similaires qui la produit. Le lieu de la sensation et de l'âme, c'est le sang, dans lequel les quatre éléments se pénètrent de la manière la plus intime. Ce qui le prouve, c'est qu'en soutirant au corps tout son sang, nous lui enlevons la sensation, la conscience, la vie, en un mot l'âme. La santé de l'homme dépend de la composition de son sang. On est bien portant et bon, quand on a un sang de composition normale ($μέση κρᾶσις$). Le sang est chose sacrée et ne doit pas servir de nourriture... Dans ces doctrines, qui rappellent à la fois l'Égypte, Moïse, Bouddha et Zoroastre, il y a comme des échappées sur les lointains horizons de la physiologie moderne.

Quant au théologien, il abrite son naturalisme sous les formes traditionnelles de la mythologie. Il divinise — mais de nom seulement, et non plus de fait, comme la croyance populaire — les quatre éléments, qu'il appelle Zeus, Héra, Orcus, Nestis, et les deux principes moteurs: l'Amour et la Discorde. Mais, à côté de cet atomisme théologique et de ce polythéisme naturalisé, il y a, chez Empédocle, le monisme éléate et la tendance à ramener éléments et principes à une unité supérieure, qui est seule vrai Dieu. Le principe des principes, c'est l'Amour, dont les quatre éléments ne sont que les agents et dont la Discorde elle-même est l'indispensable complice: Dieu ineffable, invisible, incorporel, qui parcourt l'univers sur les ailes de la pensée[1].

Dégagée de son enveloppe théologique, l'idée maîtresse du système d'Empédocle se retrouve chez l'Ionien Anaxagore, qui crée la physique corpusculaire, tout en préludant, par son hypothèse d'un $νοῦς$ ordonnateur des choses à la théologie de Platon et d'Aristote.

[1] Mullach, p. 12, v. 395:

. . . . . Φρὴν ἱερὴ καὶ ἀθέσφατος ἔπλετο μοῦνον
φροντίσι κόσμον ἅπαντα καταΐσσουσα θοῇσιν.

§ 11. Anaxagore.

Anaxagore[1], né à Clazomène en Ionie, d'une famille illustre, paraît avoir émigré à Athènes vers 460 et avoir été, durant trente ans, le centre de ce nouveau centre intellectuel de la Grèce. Sa liaison intime avec Périclès, Euripide, Protagoras, et son profond mépris de la religion officielle l'obligèrent, sur la fin de ses jours, de se retirer à Lampsaque, où il mourut vers 429. laissant, comme la plupart des grands physiciens de l'antiquité, un livre περὶ φύσεως, dont il nous reste quelques fragments.

Anaxagore fait opposition à Héraclite sur deux points essentiels :

1) Au dynamisme il oppose une cosmogonie mécaniste.

2) Au monisme hylozoïste il substitue le dualisme d'une substance inintelligente et inerte et d'un principe intelligent, cause du mouvement.

1. LES MATÉRIAUX DE LA COSMOGONIE. — La matière ne se réduit pas à un élément unique, à une substance homogène, eau, air ou feu, pouvant se transformer en d'autres substances. On ne conçoit pas qu'une substance devienne une autre substance. Il y a donc plusieurs éléments primitifs, et non pas seulement quatre, comme l'enseigne Empédocle ; il y en a même une infinité. Ces germes des choses (σπέρματα) existent en quantité innombrable et sont infiniment petits (χρήματα ἄπειρα καὶ πλῆθος καὶ σμικρότητα), incréés, indestructibles, éternellement invariables quant à leur essence. La somme de ces principes premiers est toujours la même : il ne peut rien s'en perdre,

---

[1] Aristote, *Mét.*, I, 3; *passim*. — Simplicius, *In Phys.*, f. 33, 34, 35, 38. — Diog. Laërce. — *Fragments* recueillis par Schaubach (Leipz., 1827), Schorn (Bonn, 1829), Mullach (p. 243 ss.), Ritter et Preller (p. 25 ss.). — Zévort, *Dissertation sur la vie et la doctrine d'Anaxagore*, Paris, 1848.

rien s'y ajouter (πάντα ἴσα ἀεί... ἀεὶ πάντα οὐδὲν ἐλάσσων ἐστὶν οὔτε πλείω); ils ne changent ni comme qualité ni au point de vue de la quantité. Il n'y a pour eux ni devenir ni destruction. L'idée qu'on se fait généralement du devenir et de la mort est complètement inexacte. Rien ne s'engendre *ex nihilo*, et rien ne se perd; les choses se forment par l'agglomération des germes préexistants et disparaissent par la désagrégation de ces germes, qui d'ailleurs continuent d'exister. Aussi, au lieu de *devenir*, dirait-on mieux *s'agréger*, et au lieu de *mourir*, *se désagréger*[1]. Il n'y a d'autre changement que le changement de lieu et de groupement, la métamorphose extérieure, le mouvement; l'idée de changement d'essence ou de transsubstantiation est contradictoire.

2. Causes efficiente et finale de la cosmogonie. — Le mouvement générateur et destructeur des choses n'est plus, pour Anaxagore, un fait primitif, éternel, dérivant de la nature même des éléments. Ceux-ci sont inertes et incapables de se mouvoir par eux-mêmes. Ils ne suffisent donc pas à rendre compte du mouvement dans le monde et de l'ordre qui y préside. Pour expliquer le cosmos, il faut admettre, outre les éléments matériels, inertes et inintelligents, un élément possédant en propre la force et l'intelligence (νοῦς). Cet élément des éléments est absolument simple et homogène; il n'est pas mêlé aux autres éléments, mais il s'en distingue éternellement. Tandis que ces derniers sont tout passifs, le νοῦς est doué d'une activité spontanée, parfaitement libre (αὐτοκρατής), source de tout mouvement et de toute vie dans le monde. Les éléments inférieurs n'ont aucune conscience d'eux-mêmes : l'esprit sait toutes choses, passées, présentes et futures; il a tout disposé, tout

---

[1] Simplicius, *In Phys.*, 34 : Τὸ δὲ γίνεσθαι καὶ ἀπόλλυσθαι οὐκ ὀρθῶς νομίζουσιν οἱ Ἕλληνες· οὐδὲν γὰρ χρῆμα οὐδὲ γίνεται οὐδὲ ἀπόλλυται, ἀλλ' ἀπὸ ἐόντων χρημάτων συμμίσγεταί τε καὶ διακρίνεται καὶ οὕτως ἂν ὀρθῶς καλοῖεν τό τε γίνεσθαι συμμίσγεσθαι, καὶ τὸ ἀπόλλυσθαι διακρίνεσθαι.

organisé, avec intention et convenance finale ; il est l'éternel ordonnateur de l'univers, plus puissant que tous les autres éléments réunis.

3. Cosmogonie. — Dans le principe, les éléments inertes et inintelligents se trouvaient confondus pêle-mêle (ὁμοῦ πάντα). Dans ce chaos primitif (μίγμα) tout était en tout : or, argent, air, éther, tout ce qui est séparé aujourd'hui, formait une masse indifférente et inerte. Seule, la substance intelligente existait d'une vie distincte. Alors, s'approchant du chaos, elle le débrouilla et en fit le cosmos (ἔνθα νόος ἐλθὼν πάντα διεκόσμησε). Les germes, mis en mouvement par l'esprit, se séparèrent et se réagrégèrent selon leurs affinités internes. Du point où le mouvement pénétra dans le chaos, le tourbillon de la vie (δῖνος) s'étendit en spirales successives dans toutes les régions du monde ; il continue, comme l'indique la rotation du ciel, et continuera sans interruption jusqu'au débrouillement complet du μίγμα. Notre terre est un corps cylindrique et se compose des germes les plus pesants, précipités par l'impulsion créatrice vers le centre du monde. Sur ce noyau solide se déposèrent les corpuscules plus légers qui constituent l'eau ; plus haut les germes aériens formèrent l'atmosphère ; enfin, dans les régions célestes se réunirent les éléments les plus ténus, l'éther igné. Par une seconde analyse des éléments, le mouvement créateur dégagea de la terre les différents corps solides, minéraux, etc. qui la composent, de l'eau la variété des liquides, et ainsi de suite, jusqu'à ce que notre monde central eût reçu l'aspect qu'il a aujourd'hui. Les astres sont des masses solides, détachées de la terre par le mouvement rotatoire qu'elle partageait dans le principe avec le reste de l'univers, et devenues incandescentes au contact de l'éther céleste. Le soleil est une masse ignée (μύδρος διάπυρος). La lune a des montagnes et des vallées et emprunte sa lumière au soleil.

Si, dans les conceptions que nous venons d'exposer, l'on

retrouve comme le pressentiment des théories cosmogoniques de Buffon, de Kant, de Laplace, Anaxagore prélude, d'autre part, à la physiologie comparée en affirmant le principe de la continuité des êtres, l'unité d'intention dans la variété des types végétaux et animaux. Quoi qu'on en ait dit, il est si peu spiritualiste au sens cartésien, qu'il considère l'animal et la plante elle-même comme participant au νοῦς. Si l'homme est plus intelligent que les animaux, c'est, pense-t-il, grâce aux organes perfectionnés qu'il peut mettre à la disposition de l'esprit. Tout ce qui vit, sans exception, a part à l'esprit.

De quelle manière les êtres vivants participent-ils à l'esprit ? Le principe intelligent d'Anaxagore existe-t-il en dehors de ces êtres ? ou n'est-il que la somme de toutes les intelligences, de toutes les intentions, de tous les mobiles, d'où résulte le mouvement en général ? D'une part, il est certain que le νοῦς, connaissant toutes choses, passées, présentes et futures, et les connaissant avant que la matière fût organisée, ne ressemble en aucune façon ni à la Substance de Spinosa ni à l'Idée agissante de Hegel; car la Substance de Spinosa et l'Idée de Hegel ne connaissent les choses que par l'intermédiaire du cerveau humain, c'est-à-dire par le moyen de la matière *préalablement organisée*. Anaxagore admet si bien que le νοῦς agit librement et avec conscience de son action, que le Fatum (εἱμαρμένη) est, à ses yeux, un mot vide de sens, et d'ailleurs, le terme même dont il se sert pour désigner le principe moteur signifie sens, intention. Il semble en faire un être transcendant, existant indépendamment des êtres et agissant sur eux d'une façon toute mécanique. Il semble même ne pas considérer ces êtres comme intelligents au vrai sens du mot, mais comme des automates qui paraissent intelligents sans l'être en réalité. D'autre part il parle, d'une manière toute panthéistique, de la présence du νοῦς dans les êtres vivants. C'est-à-dire que les questions de transcendance et d'immanence, de personnalité et d'impersonnalité, d'intelligence consciente et d'intelligence inconsciente, n'existent pas pour les penseurs de cette époque reculée, et de même qu'Héraclite a pu parler d'une substance primitive et d'un perpétuel devenir, de même on conçoit Anaxagore affirmant à la fois la transcendance et l'immanence du νοῦς, sans se douter même qu'il se contredit.

Nous en dirons autant de la question de savoir si le νοῦς d'Anaxagore n'est qu'une substance moins matérielle que les autres, ou s'il est une entité décidément immatérielle. D'une part sans doute les attributs du νοῦς ressemblent en tout point à ceux de l'*esprit* du spiritualisme, et il semble n'avoir de commun avec la matière que la seule existence ; mais de l'autre il semble n'y avoir entre le νοῦς et les substances matérielles qu'une différence de degré : le νοῦς en effet est la chose la plus fine, la plus légère parmi les choses (λεπτότατον πάντων χρημάτων), un synonyme de l'ἀήρ-ψυχή d'Anaximène [1] ; il n'est donc que le superlatif de la matière et ne lui est point par conséquent opposé de toute manière comme dans le spiritualisme proprement dit. L'idée dualiste est encore si peu accusée chez Anaxagore, elle a tant de peine à se dégager du matérialisme des physiciens, qu'Archélaüs, son disciple, considère le νοῦς comme le suprême raffinement de la matière, et d'autre part il prend si peu au sérieux l'intelligence de son premier moteur et l'idée de finalité, qu'Aristote a pu lui reprocher de s'en servir comme d'une ficelle pour mettre en mouvement la matière inerte, sauf à s'en passer et à ne plus recourir qu'aux causes physiques et mécaniques, aussitôt qu'il lui a rendu le service de commencer le mouvement créateur [2].

Néanmoins Anaxagore est allé assez avant dans la voie spiri-

---

[1] Aussi Aristote reproche-t-il à Anaxagore d'identifier le νοῦς et la ψυχή, tout en ce donnant l'air de les distinguer (*De anima*, I, 2). — [2] Aristote, *Mét.*, I, 4, 7. Cf. Platon, *Phédon*, p. 98 B.

tualiste pour provoquer une réaction de la part de la physique ionienne, qui, par cette opposition même, devient décidément matérialiste.

§ 12. Diogène d'Apollonie, Archélaüs, Leucippe, Démocrite.

1. Diogène d'Apollonie[1] rejette à la fois le pluralisme des éléments et le dualisme d'une matière inintelligente et d'une intelligence immatérielle. Disciple d'Anaximène, il admet un élément primitif unique, l'air, source de toute vie dans la nature et qui se retrouve à la base de tous les corps. L'esprit, dont Anaxagore semble faire un principe à part, est si peu indépendant de l'air, qu'il se retire de l'homme, sitôt qu'on empêche ce dernier de respirer. Ce n'est donc pas l'esprit, c'est-à-dire la pensée, qui fait l'air, c'est au contraire l'air qui produit l'esprit. Sans air, point de vie, de conscience, d'intelligence : donc l'air, c'est-à-dire la matière, est le principe unique. L'intelligence n'est pas une substance distincte, mais un attribut de l'air. Évidemment, dit Diogène, le principe que nous admettons est chose grande et puissante, éternelle et pleine de science ($\mu\acute{\epsilon}\gamma\alpha$ $\varkappa\alpha\grave{\iota}$ $\grave{\iota}\sigma\chi\upsilon\varrho\grave{o}\nu$ $\varkappa\alpha\grave{\iota}$ $\mathring{\alpha}\acute{\iota}\delta\iota\acute{o}\nu$ $\tau\varepsilon$ $\varkappa\alpha\grave{\iota}$ $\mathring{\alpha}\vartheta\acute{\alpha}\nu\alpha\tau o\nu$ $\varkappa\alpha\grave{\iota}$ $\pi o\lambda\lambda\grave{\alpha}$ $\varepsilon\grave{\iota}\delta\acute{o}\varsigma$). Pour ce physicien, proche parent spirituel de Mélisse et des éléates, le dualisme est la négation du principe fondamental de la science ($\grave{\varepsilon}\xi$ $\grave{\varepsilon}\nu\grave{o}\varsigma$ $\tau\grave{\alpha}$ $\pi\acute{\alpha}\nu\tau\alpha$). J'estime, dit-il encore, que tout ce qui est, est identique, et cela me semble évident. Comment, en effet, les prétendus éléments, terre, eau, air, etc., pourraient-ils s'unir entre eux, si au fond ils n'étaient *un*? Comment se serviraient-ils ou se nuiraient-ils réciproquement? Comment la terre produirait-elle des plantes et les plantes des animaux? Avouons donc avec les anciens physiciens que toutes choses sortent de la même substance et sont destinées à y rentrer[2].

[1] Simplicius, *In Phys*, 32, 33. — D. L., IX. — Mullach, p. 252 ss. —
[2] Mullach, p. 254.

2. ARCHÉLAÜS[1]. — Archélaüs d'Athènes, ou, selon d'autres, de Milet, disciple d'Anaxagore, adhère à son atomisme, mais proteste contre l'interprétation dualiste de son système. Le νοῦς est chose distincte au même titre que l'eau, l'or, le fer. Il se distingue de ces substances comme ces substances elles-mêmes se distinguent entre elles. L'or n'est pas le fer, mais le fer et l'or sont l'un et l'autre de la matière. De même l'esprit, pour n'être ni de l'or ni du fer, n'en est pas moins matériel; il est ce qu'il y a de plus fin, de plus subtil, de plus impalpable, sans être toutefois chose simple. Une substance non composée est une substance qui ne se compose de rien et n'existe point par conséquent. Matière et substance sont donc des termes synonymes.

3. LES ATOMISTES. — Telle est aussi, en thèse générale, la doctrine de Leucippe et de son disciple Démocrite d'Abdère en Thrace, le plus savant des physiciens ioniens et le chef de l'école matérialiste[2] ancienne et moderne (420 avant J.-C.). Ses nombreux écrits sont perdus, mais il en reste d'importants fragments, et, à défaut de sources directes, nous avons l'exposition des principes atomistes dans le poëme de Lucrèce.

Les doctrines un peu vagues d'Anaximène, de Diogène, d'Anaxagore sur la nature et l'organisation de la matière, se précisent dans Démocrite[3]. Avec Anaximène et Diogène, il affirme l'homogénéité de tous les corps; mais avec Anaxagore, il considère cette matière, indifférente en elle-même, comme divisée en une infinité de molécules infiniment petites, qui, en s'agglutinant et en se séparant tour à tour, déterminent la formation et la destruction des choses. Ces molécules en nombre

---

[1] Diog. L., II. — Simpl., *In Arist. Phys.*, f. 6. — [2] Nous disons *matérialiste* et non *atomiste*. L'atomisme, en effet, remonte de fait, sinon comme dénomination, à Anaxagore et à sa théorie des χρήματα ἄπειρα καὶ πλῆθος καὶ σμικρότητα. — [3] Aristote, *Mét.*, I, 4. *De cœlo*, III, 2. *De anima*, I, 2. — Sext. Emp., *Adv. math.*, VII, 135. — Diog. L., IX. — Lucrèce, *De rerum natura*. — Clém. d'Alex., *Stromates*. — Mullach, p. 230 ss. — R. et P., p. 39 ss.

infini sont insécables (ἄτομα), sans être toutefois des points mathématiques, parce qu'une chose inétendue n'est rien. Identiques entre elles par la qualité chimique (τὸ γένος ἕν), elles diffèrent par la dimension (μέγεθος) et la forme (σχῆμα). Elles sont douées d'un mouvement perpétuel, qu'elles ne reçoivent pas d'un principe transcendant, mais qui tient à leur essence. La force motrice qui les anime agit fatalement (καθ' εἱμαρμένην, ὑπ' ἀνάγκης) et non, comme semble l'insinuer Anaxagore, avec intention (νοῦς) et en vue d'un but final (τέλος). Mais si Démocrite rejette toute téléologie, il proscrit aussi le hasard, tout en employant quelquefois le mot τύχη dans le sens de nécessité (ἀνάγκη). Le mot hasard, selon lui, ne fait qu'exprimer l'ignorance des hommes au sujet des vraies causes des phénomènes. Rien dans la nature ne se fait sans cause, tout a sa raison d'être et sa nécessité [1].

Les éléates ont nié le vide et par cela même le mouvement. Admettre le mouvement, c'est affirmer le vide (τὸ κενόν). Sans le vide les atomes ne se distingueraient même pas les uns des autres, c'est-à-dire n'existeraient pas. Le vide est donc la condition indispensable de leur existence, et comme condition du mouvement, il joue, dans la formation des choses, un rôle non moins important que le plein (τὸ πλῆρες). Le vide est comme un second principe qui vient s'ajouter à la *matière* du matérialisme et introduire, dans le système de Démocrite, cette nuance dualiste que les philosophies les plus strictement monistes n'ont pu éviter complètement. Ce *vide* de Démocrite, nous l'avons trouvé sous le nom d'ἄπειρον chez Pythagore; ce sera le μὴ ὄν de Platon, d'Aristote et de Plotin, la *négativité* de Campanella et de Hegel. C'est, chez Démocrite, la condition du mouvement de la matière; ce sera, chez les idéalistes, la condition du mouvement dialectique de la pensée.

[1] Stobée, *Ecl. phys.*, p. 160. — Mullach, p. 365: Οὐδὲν χρῆμα μάτην γίνεται, ἀλλὰ πάντα ἐκ λόγου καὶ ὑπ' ἀνάγκης.

Le mouvement perpétuel (*ἀΐδιος κίνησις*) entraîne les atomes dans un tourbillon (*δῖνος*) qui a pour effet de les agglomérer suivant leurs affinités extérieures, c'est-à-dire suivant leur grandeur et leur conformation : car, au point de vue chimique, étant tous identiques, ils ne s'attirent ni ne se repoussent. Portés naturellement du haut en bas, les atomes les plus lourds se déposent dans les profondeurs de l'espace, les atomes les plus subtils forment l'air. Il en est dont la surface présente des inégalités, des aspérités, des dards, des crocs, et qui, s'accrochant les uns aux autres, forment les substances acides ou amères, tandis que les atomes à surface polie constituent les substances qui impressionnent agréablement les sens. L'âme se compose des atomes les plus déliés, les plus polis et, par conséquent, les plus mobiles. Isolés ou réunis en petite quantité, les atomes constitutifs de l'âme sont insensibles ; accumulés en grandes masses, ils acquièrent la faculté de sentir. Ils sont répandus dans tout le corps, mais concentrés en groupes plus nombreux dans les organes des sens, où se produit la sensation ; dans le cerveau, siège de la pensée ; dans le cœur, siège des affections, et dans le foie, siège de l'appétence. La sensation et la perception s'expliquent par des écoulements ou effluves (*ἀπόρροιαι*) émanant de tous les corps et s'insinuant dans nos organes, où ils déterminent la sensation, et dans le cerveau, où ils produisent les idées ou images des choses (*εἴδωλα*).

La sensation est la source unique de la connaissance et rien n'est dans la pensée, qui n'ait passé par le canal des sens. Nos idées expriment nos impressions, c'est-à-dire des relations existant entre nous et le monde extérieur ; elles ne reproduisent pas directement les objets eux-mêmes, dont l'essence intime nous est inaccessible. Nous avons conscience de nous-mêmes aussi longtemps que les atomes constitutifs de l'âme demeurent intégralement dans le corps ; le sommeil survient et avec lui l'état inconscient, quand un certain nombre d'atomes se sont échappés ; quand la presque totalité s'échappe et qu'il n'en reste qu'un petit nombre, c'est la mort apparente ; enfin, nous mourons, lorsque tous les atomes psychiques se séparent à la fois du corps. La mort ne saurait détruire ces atomes, puisque l'atome, étant insécable, est indestructible de sa nature ; ce qu'elle détruit, c'est leur réunion temporaire dans un corps et, par suite, l'individualité formée par cette réunion. Le sentiment n'étant pas le propre des atomes isolés et ne se produisant que par leur agglomération dans le cerveau et dans les autres organes, la mort supprime le sentiment et avec lui la personne.

Les dieux sont des êtres plus puissamment organisés que l'homme, mais leur immortalité n'est pas absolue. Formés d'atomes comme les mortels, ils finissent par subir la loi commune, quoique leur vie dure bien au delà de la vie humaine. Dans l'univers éternel il n'y a de privilège absolu pour personne. Les dieux étant plus puissants et plus sages que nous, nous devons les vénérer. Nous pouvons admettre des rapports entre eux et nous, dans les songes par exemple ; mais nous devons nous libérer de toute crainte superstitieuse à leur égard, et ne pas oublier qu'au-dessus de ces êtres, si puissants qu'ils soient, il y en a un plus puissant qu'eux : la Nécessité, loi suprême, impersonnelle et impartiale qui régit le ciel et la terre. Cette loi, que la nature impose à tous les êtres, il faut nous y soumettre d'un cœur joyeux. Notre bonheur est à ce prix [1].

De même que la philosophie d'Héraclite dans Cratyle et la doctrine éléate dans Gorgias, le matérialisme atomiste aboutit au scepticisme dans Protagoras d'Abdère : crise féconde d'où la philosophie grecque, un moment découragée par l'examen qu'elle a fait des ressources dont elle dispose pour connaître la vérité, sortira en réalité fortifiée et grandie, consciente d'elle-même et enrichie de tout un ordre d'études à peine abordé jusqu'alors : le monde intellectuel et moral.

[1] Voy. Burchard, *Fragments de la morale de Démocrite* (all.), Minden, 1834. — Pour les analogies entre Démocrite et le positivisme moderne, voyez Aristote, *Phys.*, VIII, 1, 27.

DEUXIÈME PÉRIODE

Age de la critique ou philosophie de l'esprit.

§ 13. Protagoras.

Protagoras [1], compatriote et ami de Démocrite, se fit connaître par d'éloquentes conférences qu'il fit en Sicile et à Athènes. Ce n'était plus un φιλόσοφος, mais un σοφιστής, c'est-à-dire un professeur de philosophie dont les leçons étaient rétribuées. Son exemple fut suivi par un certain nombre d'hommes de talent qui prirent à tâche d'initier le public lettré aux idées des philosophes, confinées jusqu'alors dans le cercle étroit des écoles : vulgarisateurs intelligents que l'élasticité de leurs principes moraux et leur incrédulité à l'endroit du polythéisme ont fait flétrir sous le nom de *sophistes*, mais qui, non plus que les humanistes et les encyclopédistes, n'ont été des hommes inutiles. Choyé par la jeunesse instruite, riche et sceptique, mais détesté du peuple, qui demeurait passionnément attaché à la religion de la patrie, Protagoras, comme ses contemporains Anaxagore et Socrate, se vit sacrifié au fanatisme des masses et à l'hypocrisie des grands. Il fut banni et ses écrits brûlés en place publique (411). L'arrêt était motivé notamment par le doute qu'il exprime sur l'existence des dieux dans son livre περὶ θεῶν.

Le scepticisme de Protagoras est la conclusion d'un syllogisme dont le πάντα ῥεῖ d'Héraclite forme la majeure et le sen-

---

[1] Le *Théétète* de Platon. — Diog. L., IX. — Sext. Emp., *Hypotyp.*, I, 217. *Adv. mathem.*, VII. — Ritter et Preller, p. 132 ss. — J. Geel, *Historia critica sophistarum, qui Socratis œtate floruerunt*, Utrecht, 1823. — Vitringa, *De Prot. vita et philosophia*, Grœn., 1853. — Valat, *Essai historique sur les sophistes grecs* (*Investigateur*, Paris, 1859).

sualisme de Démocrite la mineure. Le monde sensible est une métamorphose perpétuelle; les sens ne nous montrent que ce qui passe et non ce qui est immuable, nécessaire, universel. Pour connaître le vrai, il faut donc que nous le puisions à une source supérieure aux sens trompeurs : la réflexion, la raison. Mais voici que, d'après Démocrite, la réflexion n'est que le prolongement de la sensation, dont elle ne se distingue pas essentiellement. Si donc la sensation est variable, incertaine, trompeuse, et qu'elle soit l'unique source de la connaissance, il s'ensuit forcément que toute connaissance est incertaine. Ce que chacun connaît, ce sont uniquement ses sensations. Ce qui ne nous est pas donné dans la sensation, n'existe pas *pour nous*. Ce que nous sentons existe *pour nous*. Les atomes de Démocrite, n'étant pas perçus par les sens, ne sont donc qu'une hypothèse sans valeur réelle, et l'importance qu'il y attache est de sa part une inconséquence. Il en est de même des *germes* d'Anaxagore, des *éléments* d'Empédocle, des *principes* de l'école de Milet, toutes théories purement hypothétiques et sans démonstration possible. Il n'y a de vrai pour l'homme que ce qu'il perçoit, ce qu'il sent, ce qu'il éprouve, et comme les sensations diffèrent d'individu à individu, l'un voyant bleu ce que l'autre voit vert, l'un grand ce que l'autre petit, il s'ensuit qu'il y a autant de *vérités* que d'individus; que l'individu est la mesure du vrai et du faux ($\pi\acute{\alpha}\nu\tau\omega\nu\ \chi\varrho\eta\mu\acute{\alpha}\tau\omega\nu\ \mu\acute{\varepsilon}\tau\varrho\text{o}\nu\ \check{\alpha}\nu\vartheta\varrho\omega\pi\text{o}\varsigma,\ \tau\tilde{\omega}\nu\ \mu\grave{\varepsilon}\nu\ \check{\text{o}}\nu\tau\omega\nu\ \grave{\omega}\varsigma\ \check{\varepsilon}\sigma\tau\iota,\ \tau\tilde{\omega}\nu\ \delta\grave{\varepsilon}\ \text{o}\grave{\text{υ}}\varkappa\ \check{\text{o}}\nu\tau\omega\nu\ \grave{\omega}\varsigma\ \text{o}\grave{\text{υ}}\varkappa\ \check{\varepsilon}\sigma\tau\iota\nu$[1]); qu'il n'y a pas de vérités universelles, de principes valables pour tous les hommes, ou du moins qu'il n'existe pas pour nous de signe certain ($\varkappa\varrho\iota\tau\acute{\eta}\varrho\iota\text{o}\nu$) auquel nous puissions reconnaître la vérité absolue d'une thèse de métaphysique ou de morale. L'individu est la mesure de la vérité et la mesure du bien : tel acte profite à tel homme qui nuit à tel autre; il est bon pour le premier,

---

[1] Diog. L., IX, 51.

mauvais pour le second. La vérité pratique comme la vérité théorique est chose relative, affaire de goût, de tempérament, d'éducation. Les disputes entre les métaphysiciens sont donc parfaitement oiseuses. Il ne nous est pas possible de constater un fait quelconque autre que le fait individuel de la sensation ; il nous est bien moins possible encore de connaître les causes ou conditions premières du fait, qui échappent à toute perception sensible.

Que l'homme s'occupe donc de la seule chose qui lui soit réellement accessible, de *lui-même!* Que, renonçant à des spéculations stériles sur les causes premières, il concentre ses facultés sur la question seule importante en définitive : les conditions du bonheur. Être heureux, c'est se gouverner soi-même et les autres ; se gouverner soi-même, c'est être vertueux : la philosophie est donc l'art d'être vertueux. Pour gouverner les autres — dans une société éprise du beau langage et toujours prête à sacrifier le fond à la forme — il faut être éloquent, c'est-à-dire bien penser et bien dire. La philosophie est donc l'art de bien penser et de bien dire. Elle se résume en ces trois parties : morale pratique, dialectique, rhétorique.

Ces doctrines, où éclate pour la première fois l'opposition de l'*objectif* et du *subjectif*, sont l'exagération d'une vérité de la plus haute portée : c'est que le fait n'est pas chose extérieure au sujet sentant et pensant ; que le sujet sentant et pensant est coefficient dans la production du phénomène ; qu'en un mot la pensée — qu'elle soit sensation transformée ou autre chose — est l'un des principes des choses, l'une de ces conditions premières du fait que recherche la philosophie, principe qu'elle a pressenti dans le λόγος d'Héraclite, dans le ἕν du pythagorisme et dans le νοῦς d'Anaxagore. La pensée *n'a pas seulement la tendance* de ramener les choses à l'unité, elle *est* le principe unificateur même (τὸ ἕν), ce qui confère au fait l'unité, la mesure ; elle est bien réellement πάντων χρημάτων μέτρον, et, en tant qu'elle n'est consciente d'elle-même que dans l'homme, il est parfaitement juste de dire avec Protagoras et les sophistes : πάντων χρημάτων μέτρον ἄνθρωπος. Ce mot, non moins que le γνῶθι σεαυτόν de Socrate, fait époque dans l'histoire de la philosophie ancienne. Il inaugure l'âge de la critique, démolissant le passé pour préparer le terrain à de nouvelles constructions plus solides, puisque la pensée les édifiera sur la conscience d'elle-même.

Les résultats de la critique de Protagoras et des sophistes sont nombreux et féconds :

Elle ruine les bases mentales du polythéisme et prépare la voie à la religion de Socrate, de Platon et des stoïciens. Elle ruine, en second lieu, le dogmatisme naïf de la spéculation fantaisiste, et par l'abus même de la dialectique et du sophisme elle oblige la pensée de se rendre compte d'elle-même, de son mécanisme, de ses méthodes et de ses lois. Depuis plusieurs siècles la philosophie raisonnait sans se rendre compte de la nature et des formes du syllogisme; elle inférait et déduisait sans faire des procédés inductif et déductif l'objet de ses recherches, semblable à ces millions d'êtres vivants qui voient et entendent sans avoir la moindre notion du mécanisme de la vision et de l'ouïe. La sophistique, alors même qu'elle violente la pensée et précisément par ces violences, lui donne la conscience de ses lois et l'occasion de les analyser, préludant ainsi à la science logique, dont la systématisation sera la gloire d'Aristote. Et en même temps que la science de la pensée, elle crée la science de son inséparable enveloppe, le langage : la grammaire, la syntaxe, la philologie, dans le sens le plus général du terme. Par l'importance qu'elle attache à la forme et le soin qu'elle apporte au maniement de la parole, elle assouplit la langue grecque et en fait cet organe merveilleux de la pensée, que nous admirons dans les dialogues de Platon.

L'erreur de Protagoras et des sophistes de la tendance subjectiviste c'est d'entendre par ἄνθρωπος, non l'homme en général, mais l'individu, non l'entendement humain, mais l'entendement d'un chacun, et d'admettre, par conséquent, autant de *mesures* du vrai et du faux qu'il y a d'individus. Protagoras, ainsi que la plupart des philosophes grecs, exagère : 1° les différences physiologiques et mentales qui existent entre les individus, 2° les mensonges de la sensation. Il ignore ce que la science a démontré depuis, savoir la possibilité pour le savant de rectifier les données des sens les unes par les autres, et il se trouve amené par ce préjugé à nier l'existence d'un critérium objectif de la vérité. Il méconnaît la raison humaine et son identité essentielle dans tous les individus. Les hommes l'empêchent de voir l'Homme.

C'est sur ce point capital que sa philosophie est rectifiée par Socrate.

§ 14. Socrate.

Statuaire d'abord, comme son père, puis gagné à la philosophie par les leçons des sophistes, Socrate d'Athènes [1] (469-399) se consacra comme eux à l'instruction et à l'éducation de la jeunesse. Quoique très laid, ce qui à tout autre que lui eût aliéné les sympathies athéniennes, il exerça sur ses contemporains, sur la jeune génération surtout, un prestige extraordinaire. Sa conversation fine, spirituelle, attique au possible, l'élévation de ses idées morales, la hardiesse de ses paradoxes politiques, tout en lui, excepté son physique, était fait pour séduire, entraîner, et ce qui mit le comble à l'admiration de ses nombreux disciples, ce fut son martyre. Adversaire des sophistes, dont il condamnait la vénalité, il leur ressemblait cependant à s'y méprendre. Comme

---

[1] Sources: Xénophon, *Les choses mémorables de Socr.* et *Le Banquet*. — Platon, *Apologie de Socrate; Phédon; Phèdre; Ménon; Théétète*, etc. — Aristote, *Mét.*, I, 6 et *passim*. — Cicéron, *Acad.*, I, 4, 15 et *passim*. — R. et P., p. 141 ss. — Fréret, *Observations sur les causes de la condamnation de Socrate* (*Mém. de l'Académie des inscriptions et belles-lettres*, T. 47 B). — A. Éd. Chaignet, *Vie de Socrate*, Paris, 1868. — A. Fouillée, *La Philosophie de Socrate*, 2 vol., Paris, 1874.

eux, il se montrait indifférent à la métaphysique, à la science naturelle, qu'il disait aboutir à l'athéisme, et aux mathématiques, dans lesquelles il ne voyait que des spéculations stériles; comme eux, et en véritable Athénien, il plaçait l'étude de l'homme moral et des devoirs du citoyen au centre même de l'éducation; comme eux enfin, il mettait la culture formelle de l'esprit bien au-dessus de son instruction réelle, sans compter la liberté de ses allures à l'égard de la religion et de la constitution de l'État. On le confondit donc, non sans quelque raison, avec les sophistes, et la haine de la démocratie conservatrice le frappa à son tour. Aristophane ouvrit la lutte contre le novateur. Dans les *Nuées* il le ridiculise, tout en le rendant suspect au point de vue religieux et politique. Accusé, après la chute des trente tyrans, de « ne pas croire aux dieux de l'État, d'en proclamer d'autres et de corrompre la jeunesse, » Socrate fut condamné à boire la ciguë (399).

Bien que nous n'ayons pas d'écrits de Socrate, nous le connaissons mieux que ses prédécesseurs, grâce aux portraits qu'ont tracés de lui deux disciples enthousiastes, Xénophon et Platon. Ces portraits sont loin d'ailleurs de se ressembler en tous points. Le Socrate des *Choses mémorables* est un moraliste et un apôtre de la religion naturelle plutôt qu'un métaphysicien; le Socrate des dialogues de Platon est un penseur subtil à la fois et profond, l'émule d'Héraclite, de Parménide, d'Anaxagore. L'explication la plus simple de ce contraste, c'est que Xénophon nous donne du maître ce qu'il en a compris, c'est que Platon, dont l'horizon philosophique dépasse celui de Socrate, exagère la portée métaphysique de sa doctrine et se sert de son nom comme d'un masque pour ses propres idées. Heureusement nous avons, outre les données très détaillées mais parfois incertaines des deux disciples, le jugement d'Aristote, qui, pour être concis, n'est du moins pas suspect de partialité[1].

---

[1] *Mét.*, I, 6; XIII, 4. *Top.*, I, 2. *Eth. Nic.*, passim.

Le point de départ de la philosophie de Socrate n'est autre que le scepticisme de Protagoras et des sophistes. Tout ce qu'il sait, c'est qu'il ne sait rien, et de plus, il est convaincu que la certitude est impossible en matière de sciences physiques. Toutefois, sceptique en cosmologie, il ne l'est plus sur le terrain de la morale. Il estime — et c'est là l'élément positif et nouveau qu'il introduit dans la pensée de son siècle — il estime qu'il y a dans l'univers un objet qui peut être connu et connu à fond : cet objet, que lui indique l'inscription du temple de Delphes : *Connais-toi toi-même*, c'est l'homme. Nous ne pouvons savoir au juste ce qu'est le monde, quelle est son origine et sa fin, mais nous pouvons savoir ce que nous devons être nous-mêmes, quel est le sens et le but de la vie, le souverain bien de l'âme, et c'est cette connaissance qui est la seule solide et utile, parce qu'elle est la seule possible. Hors la morale il n'y a point de philosophie sérieuse.

En proposant à la science l'homme comme son véritable objet, Socrate ne songe évidemment pas à une anthropologie scientifique, ni même à une psychologie au sens rigoureux du mot. L'homme dont il parle, c'est l'âme en tant que siège des idées morales. Mais s'il ne connaît d'autre science que l'éthique, dont Aristote le dit le créateur, l'éthique est à ses yeux une science véritable, certaine, positive, reposant sur des principes universels. En apparence, il est vrai, Socrate ne dépasse pas le point de vue de Protagoras et son principe de l'homme mesure de toutes choses. Mais la morale du grand sophiste n'était pas une science, parce qu'elle ne reconnaissait pas de principes universels. L'*homme* qui, selon Protagoras, est la mesure de toutes choses, c'est l'individu, et non la nature humaine en général ; l'individu dans ce qu'il a de particulier, de contingent, de variable, et non point le fond commun à tous, l'élément invariable et nécessaire de la pensée morale. Cette nature fondamentale de tous les hommes, il n'y croit pas. Les idées morales n'ont pas, à son point de vue, de valeur objective et absolue ; le bien, le juste, le vrai dépendent de l'appréciation individuelle, seul juge en dernier ressort : il y a donc autant de *morales* que d'individus, c'est-à-dire qu'il n'y en a pas. Ce qui trompait les sophistes, c'est la diversité des opinions, des jugements, des sentiments qu'ils trouvaient parmi les hommes. Cette diversité n'est qu'apparente et superficielle. Les idées morales se trouvent cachées et comme endormies sous les préjugés de l'individu, mais on n'a qu'à le dépouiller, par l'éducation, de cette enveloppe parasite, pour découvrir au fond de tous les mêmes idées et les mêmes aspirations vers le bien, le beau, le juste, le vrai.

Socrate a donc le mérite d'avoir cherché, du moins en morale, à dégager le général du particulier, de s'être élevé de l'individuel à l'universel, d'avoir retrouvé sous l'infinie variété *des hommes, l'homme* un et invariable, sous la multitude bigarrée *des opinions* d'un siècle démoralisé, *l'opinion* vraie et immuable, la conscience du genre humain, la loi des esprits[1]. Et par là Socrate ne servit pas seulement la morale, mais aussi la métaphysique. Au milieu de l'anarchie intellectuelle, il apprend à la pensée à inférer, à définir, et il contribue à mettre un terme à la confusion des idées, en donnant aux mots leur sens précis[2]. Aussi longtemps, par exemple, que l'idée de Dieu n'était pas définie, on pouvait soutenir avec une raison égale et le théisme et l'athéisme : le théisme, si l'on entendait par Dieu la Providence une et indivisible qui gouverne le monde; l'athéisme, si l'on voulait parler de ces êtres anthropomorphes dont l'imagination grecque peuplait l'Olympe. Le tout était donc de s'entendre sur les termes, et à cet effet il fallait les définir rigoureusement, en quoi Socrate excella. Il s'appliquait sans relâche, dit Xénophon[3], à examiner et à déterminer ce que c'est que le bien et le mal, le

---

[1] Le κοινὸς λόγος d'Héraclite. — [2] Aristote, *Mét.*, I, 6; XIII, 4, 8-9, 35. *Top.*, I, 12. — [3] *Mem.*, I, 1, 16.

juste et l'injuste, la sagesse et la folie, le courage et la lâcheté, l'État, le citoyen. Ces définitions, il ne les donnait pas toutes faites à ses auditeurs; persuadé, au contraire du sensualiste Protagoras, que les idées morales sont au fond de toutes les âmes, que l'esprit d'un chacun est *gros de la vérité*, que l'enseignement ne lui donne rien qui lui soit étranger et ne fait que réveiller, féconder, développer ce qui s'y trouve en germe, il se contentait d'être *accoucheur spirituel*, et il se plaisait à amener ses auditeurs à découvrir eux-mêmes les vraies définitions. Nul ne fut jamais meilleur professeur. Il pratiquait son art, qu'il aimait à comparer à celui de sa mère[1], sur les places publiques, dans les promenades, les ateliers, partout où il se trouvait en présence d'une mine intelligente. Abordant par une question souvent futile ceux dont le hasard faisait ses élèves, il commençait par s'incliner devant leur savoir, puis peu à peu, par une série de questions habilement posées, il les réduisait à l'aveu qu'ils savaient mal ou qu'ils ne savaient pas, et, poursuivant ses interrogations, il les amenait à savoir véritablement. Les dialogues de Platon donnent une idée de cette *dialectique* célèbre par laquelle Socrate savait réduire à néant les prétentions savantes de ses interlocuteurs, et qu'on a appelée *l'ironie socratique*.

Si Socrate cherchait ainsi à porter la lumière dans les esprits, à les amener à penser juste et à connaître véritablement, ce n'était pas pour en faire des savants, mais des hommes heureux, des citoyens utiles[2]. Dès Socrate, la philosophie comprend qu'à défaut d'une religion officielle acceptable pour tous, c'est à elle de tenir lieu de religion, de morale, de foi positive. De là le caractère particulier de l'école socratique et des écoles postérieures, qui sont des confréries religieuses tout autant que des écoles

---

[1] Platon, *Théétète*, 149 A, 151. — *Mem.*, IV, 7, 1. — [2] *Mem.*, I, 1, 11. — Aristote, *Mét.*, I, 6; XIII, 4. *De part. anim.*, I, 1, 642. — Cicéron, *Tuscul.*, V, 4.

savantes. Pour Socrate, penseur en quelque sorte public, Athénien pur sang, que la vie réelle intéresse bien plus que l'abstraite théorie, savoir, connaître, n'est pas le but, c'est le moyen, mais le moyen indispensable, de bien vivre soit comme particulier, soit comme citoyen et homme d'État. Le principe fondamental et en quelque sorte l'âme de sa philosophie, c'est la corrélation intime qui existe entre savoir et vouloir, c'est que l'homme agit d'autant mieux qu'il pense, sait, comprend mieux, c'est que notre valeur morale est en raison directe de nos lumières. De ce principe découlent naturellement les autres thèses caractéristiques de sa philosophie, savoir : que la vertu s'apprend ; qu'elle est *une*, c'est-à-dire, qu'on ne peut être vertueux sur un point sans l'être en toutes choses, vicieux sur un point sans l'être dans tous les cas; enfin, que nul n'est méchant parce qu'il sait, mais parce qu'il ne sait pas, que le mal est le fruit de l'ignorance [1].

La morale de Socrate tient le milieu entre l'idéalisme de Pythagore et le réalisme inséparable de la tendance sensualiste et matérialiste des écoles ioniennes. Elle aspire à l'idéal, mais elle aime qu'il se traduise en une forme sensible et que le beau moral se reflète dans la beauté physique. La tendance de Socrate n'est rien moins qu'ascétique : il aspire à dompter la nature, à la mettre au service de l'intelligence, à régner sur elle en maître absolu, mais il ne songe pas de loin à l'étouffer [2]. Grec et Athénien avant tout, il est si peu insensible aux charmes extérieurs et à la beauté physique, qu'il est obligé de lutter sans cesse contre les entraînements de la matière.

Sur le terrain religieux, il est d'accord avec les philosophes ses prédécesseurs pour rejeter la mythologie et ses fables, sans être d'ailleurs un libre penseur au sens moderne. Sa foi spiritualiste n'est même pas exempte de superstition. Il croit au sur-

---

[1] *Mem.*, III, 9; IV, 6. — Arist., *Eth. Nic.*, III, 1; VI, 13. — [2] Platon, *Banquet*, 176, 214, 220.

naturel, à des êtres supérieurs, génies protecteurs des nations et inspirateurs des individus (δαιμόνια). Mais en insistant avec force sur l'universalité de la Providence, il froisse le particularisme athénien et prépare les voies à l'idée d'humanité et de solidarité universelle, que professeront le stoïcisme et le christianisme[1].

En somme, le créateur de la philosophie attique est très inférieur, comme théoricien, à son moderne antitype, Emmanuel Kant; sa réputation, si méritée qu'elle soit, a été surfaite, grâce à l'héroïsme de sa mort, aux dépens des philosophes de premier ordre qui l'ont précédé. Mais il n'en est pas moins l'un des initiateurs dont le passage sur la terre a laissé les traces les plus durables et les plus fécondes. Sa grande œuvre est d'avoir rendu à la conscience la place d'honneur qui lui est due, d'avoir retrouvé l'absolu, l'immuable, l'universel. A une époque où l'on professait publiquement que le bien et le mal sont choses relatives et que la règle d'après laquelle il faut juger un acte, ce n'est pas la « changeante » loi de la conscience, mais le succès, il ose proclamer hautement l'autorité d'une conscience qui ne varie qu'en apparence, d'une loi morale supérieure au caprice des individus. Or affirmer l'absolu moral, c'était renouveler non seulement les mœurs, mais la philosophie elle-même; car, en dépit des moralistes *indépendants*, la pensée humaine ne peut, sans contradiction, affirmer l'absolu en pratique et le nier en théorie.

Parmi les disciples nombreux de la nouvelle école, les uns, tels qu'Aristippe et Antisthène, continuent Socrate le moraliste *en opposition* à la spéculation métaphysique des anciennes écoles; d'autres, tels qu'Euclide et Platon, combinent le souverain bien de la philosophie socratique avec l'absolu des éléates, la *fin* de la morale avec la cause *première* des métaphysiciens, et rétablissent ainsi, entre la philosophie des mœurs et celle de la nature, le lien qu'a rompu le scepticisme.

---

[1] *Mem.*, I, 4, 18; IV, 13, 13.

§ 15. Aristippe et l'Hédonisme. — Antisthène et le Cynisme. Euclide et l'école de Mégare.

1. Aristippe de Cyrène [1], sophiste sensualiste avant de passer à l'école de Socrate, y conserva son point de vue théorique. Avec Protagoras, il soutient la subjectivité de toutes nos connaissances et l'impossibilité de savoir ce que les choses sont en elles-mêmes; il distingue avec une parfaite netteté entre l'objet de la connaissance et la *chose en soi* de Kant, c'est-à-dire, la cause extérieure et absolument inconnue de nos sensations (τὸ ἐμποιητικὸν τοῦ πάθους [2]). Sa morale, de même, est plus conforme aux principes de Protagoras qu'à ceux de Socrate. Le but final de la vie est, selon lui, le plaisir (ἡδονή). De là le nom d'hédonisme donné à sa doctrine, qui n'est pas d'ailleurs un sensualisme grossier. Disciple, sur ce point capital, de Socrate et de ses principes moraux, il réclame avant tout la modération dans le plaisir, l'énergie individuelle réagissant au nom de la raison contre les entraînements des sens, l'empire de l'intelligence sur les instincts grossiers de notre nature. Il faut, disait-il, qu'en toutes choses nous restions maîtres de nous-mêmes, de manière à pouvoir dire: ἔχω οὐκ ἔχομαι, ou, comme le poète latin a traduit ce précepte d'Aristippe:

.... *Mihi res non me rebus subjungere conor* [3].

Dans la hiérarchie des plaisirs, les jouissances de l'esprit, l'amitié, l'amour paternel et filial, les arts, la littérature, ont le pas sur les émotions passagères de la volupté, et ce que le

---

[1] Diog. L., II. — Sext. Emp., *Adv. math.*, VII, 191-192. — H. v. Stein, *De philosophia Cyrenaica*, Goettingue, 1855. — [2] Sext. Empir., *Adv. mathem.*, VII, 191 : Ὅτι μὲν λευκαινόμεθα, φασί, καὶ γλυκαζόμεθα δυνατὸν λέγειν ἀδιαψεύστως καὶ ἀνεξελέγκτως· ὅτι δὲ τὸ ἐμποιητικὸν τοῦ πάθους λευκόν ἐστιν ἢ γλυκύ ἐστιν, οὐχ οἷόν τ'ἀποφαίνεσθαι· εἰκὸς γάρ ἐστι καὶ ὑπὸ μὴ λευκοῦ τινα λευκαντικῶς διατεθῆναι καὶ ὑπὸ μὴ γλυκέος γλυκανθῆναι. — [3] Horace, *Épîtres*, I, 1, 17.

sage doit rechercher surtout, ce n'est pas le plaisir momentané, mais la joie qui dure, le contentement moral comme état permanent (χαρά, εὐδαιμονία). Au reste, Aristippe et ses adhérents sont d'accord avec les sophistes sur ce point que toute action a pour mobile le désir d'être heureux, et pour fin la jouissance qu'elle procure. Même accord avec Protagoras en matière religieuse : libres penseurs résolus, les hédonistes contribuèrent à démolir ce qui restait de foi polythéiste dans la classe instruite. Théodore de Cyrène, dit l'Athée[1], dans un livre intitulé *Des Dieux*, professe ouvertement l'athéisme ; un autre hédoniste, Evhémère[2], dans un écrit à sensation (ἱερὰ ἀναγραφή[3]), soutient que les dieux sont des héros, des rois, des hommes marquants, divinisés après leur mort. Cette théorie devint celle d'un grand nombre de Romains et même de chrétiens, heureux de voir le paganisme leur fournir une arme si puissante contre lui-même. Quelque étroite qu'elle soit, elle a le mérite d'être un des premiers essais d'une science qu'il était réservé à l'époque actuelle d'approfondir et de développer : la science des religions.

Par une évolution qui étonne au premier abord, mais qui n'a rien que de naturel, l'hédonisme tourne au pessimisme dans la philosophie d'Hégésias[4], dit πεισιθάνατος (qui pousse au suicide). Cette évolution était dans la logique du principe hédoniste. Le but de la vie, selon l'école cyrénaïque, c'est le plaisir : la sensation du moment (ἡδονὴ ἐν κινήσει) selon les uns, le plaisir permanent ou bonheur (χαρά, εὐδαιμονία) selon les autres. Or l'expérience prouve que, dans toute existence, la douleur prime le plaisir et que le bonheur sans mélange est une utopie. Le but de la vie n'est donc pas atteint et ne peut l'être. Donc la vie est sans valeur. Donc enfin, la mort lui est préférable, car elle du moins nous procure la seule félicité possible, la félicité né-

---

[1] Vers 310 av. J.-Ch. ; contemporain et protégé de Démétrius de Phalère et de Ptolémée I. — [2] Vers 310 av. J.-Ch. — [3] Fragments conservés par Diodore et Eusèbe. — [4] Contemporain de Ptolémée I.

gative consistant dans la suppression absolue de la douleur[1]. Ainsi raisonne Hégésias, et ainsi doivent raisonner tous ceux qui ne connaissent d'autre cause finale de la vie ($\tau\acute{\epsilon}\lambda o\varsigma$) que le plaisir, la joie, le bonheur. La vie n'a de valeur réelle que pour celui qui lui reconnaît une fin plus élevée, savoir le bien moral, l'accomplissement du devoir, la vertu pratiquée pour elle-même ; en d'autres termes, elle n'a de valeur que pour celui qui la considère comme un moyen et non comme une fin en soi, c'est-à-dire en un mot, pour l'idéaliste. Pour ce dernier, c'est la vertu qui est le souverain bien ; or elle n'est possible qu'à l'être vivant ; moyen et condition indispensable de la vertu, c'est-à-dire du souverain bien, la vie est elle-même un bien relatif, sinon le *summum bonum*. L'idéalisme moral exclut donc nécessairement le pessimisme.

L'école hédoniste, qui, dans Annicéris de Cyrène[2], revient à un optimisme relatif, se continue dans celle d'Épicure[3], qui complète la morale d'Aristippe par la physique de Démocrite.

2. Antisthène[4]. — Les aspirations idéalistes de Socrate se continuent et s'exagèrent dans Antisthène d'Athènes, le fondateur de l'école cynique, ainsi appelée d'après le gymnase *Kynosargès*, où il tenait ses conférences. Sa devise est : *la vertu pour la vertu* ; la vertu, but final et unique de toutes nos actions ; la vertu, bien suprême. Dans leur exaltation, les cyniques, ses successeurs, proclament que le plaisir est un mal, que l'on n'est vertueux qu'au prix d'une abstention complète de toutes les jouissances matérielles et même intellectuelles ; ils vont jusqu'à rejeter comme un mal la culture de l'esprit et la philosophie elle-même. Méprisant les plaisirs de la vie sociale, ils en viennent à se passer des règles les plus élémentaires de l'urbanité, et, en définitive, à s'insurger, du moins en principe, contre les lois

---

[1] Cicéron, *Tusc.*, I, 34: *A malis mors abducit*. — [2] Vers 300 av. J.-Ch. Voy. Diog. L., II, 93 ss. — [3] § 19. — [4] Diogène L., VI.

elles-mêmes. A la vie policée et civilisée, ces « Rousseau de l'antiquité » substituent l'état de nature; au patriotisme, le cosmopolitisme. C'est le principe de l'autonomie individuelle, proclamé par les sophistes et par Socrate, qui de la théorie passe dans les faits. Tous les cyniques cependant ne sont pas des radicaux, et dans l'histoire bien connue de Diogène de Sinope, disciple d'Antisthène, il faut faire la part de la malice populaire, naturellement portée à la charge et à la caricature.

L'idéalisme moral d'Antisthène, défiguré par les exagérations de quelques-uns des philosophes cyniques, reparut sous une forme nouvelle et digne d'une si grande cause, dans la doctrine de Zénon et des stoïciens.

3. Euclide[1], le fondateur de l'école de Mégare, essaye le premier de donner à la morale du maître une base métaphysique, qu'il cherche et trouve dans la philosophie éléate. Admettant tout ensemble, avec Parménide l'unité de l'être, et avec Socrate la réalité du νοῦς et des idées morales, il conclut, par une synthèse hardie que Fichte renouvellera dans les temps modernes, que l'être, le seul être existant d'une existence positive, c'est l'esprit ou le bien. Nous ne connaissons guère de lui que cette thèse. Mais elle suffit à lui assurer un rang distingué parmi les philosophes attiques, car elle est le trait d'union qui relie Platon à Socrate. L'école de Mégare, illustrée par Stilpon[2], et celle d'Élis, fondée par Phédon[3], le disciple chéri de Socrate, s'appliquèrent avec succès au développement de la dialectique éristique, mais se virent éclipsées de bonne heure par celles de Platon, d'Aristote, d'Épicure, de Zénon.

L'intérêt philosophique s'est concentré, dans la première période, sur la nature et le problème du devenir: le socratisme spéculatif inaugure la philosophie de l'esprit, qui prévaut dans

---

[1] Diogène L., II. — [2] Diogène L., II. — Sénèque, Ep. IX. — [3] Diogène L., loc. cit.

la seconde, et qui sera tour à tour (A) idéalisme, (B) matérialisme-eudémonisme, et (C) spiritualisme concret, selon qu'elle verra l'essence de notre être et sa fin suprême dans la pensée (Platon et Aristote), dans la sensation (Épicure), ou dans l'activité volontaire (stoïcisme).

A. Négation de la matière. Apothéose de la pensée.

§ 16. Platon.

Platon d'Athènes, né vers 427 d'une famille illustre, fut tour à tour l'élève de Cratyle, disciple d'Héraclite, de Socrate, d'Euclide de Mégare, qui lui révéla Parménide, et des pythagoriciens, dont la spéculation mathématique eut une influence décisive sur le développement de sa pensée. De 385 jusqu'à la fin de ses jours (347), il professa la philosophie dans l'Académie, local qui fut acheté par de généreux amis, et qui demeura pendant des siècles la propriété de l'école platonicienne.

Ce n'est pas chose indifférente, dit un grand écrivain [1], par quel côté l'on entre dans la vie. Socrate, né d'une famille d'artisans, artisan lui-même dans sa jeunesse, se plaisait au milieu de cette foule dont il détestait les folies, mais qu'il s'efforçait d'instruire, d'élever, d'ennoblir. Platon, descendant de Codrus et de Solon, était prédestiné par sa naissance à devenir l'auteur de l'aristocratique *De Republica,* le philosophe, idéaliste pour qui la forme est tout et la matière une souillure, une gêne, un rebut; le poète-prophète qui n'a que faire de la vulgaire réalité, et dont la patrie est l'éternel, l'absolu, l'idéal; le maître chéri des Pères de l'Église, des scolastiques et des mystiques. La pensée de Socrate a cette prudence un peu terre à terre qui se défie des entreprises hasardées, de l'inconnu, de l'hypothèse; la spéculation de Platon brille par cette généreuse et chevaleresque

---

[1] Gœthe.

imprudence qui recherche l'aventure et se plaît dans le mystère. Ce n'est plus la bourgeoise, dont la vie se passe au marché, dans l'atelier, et qui ne connaît du monde que la ville natale; c'est une châtelaine, qui, retirée dans son manoir après avoir vu le monde, laisse errer ses regards vers les horizons lointains; dédaignant le bruit des carrefours, elle n'est accessible qu'à une société choisie, et, dans ce cercle d'élite, elle parle le langage le plus fin, le plus noble, le plus sublime qu'on ait jamais parlé dans la patrie des Grâces.

Platon est le plus ancien philosophe grec dont nous ayons conservé les écrits, le seul dont nous possédions les œuvres complètes[1]. Parmi les traités que la tradition lui attribue, un certain nombre sont positivement apocryphes; d'autres sont d'une authenticité douteuse, comme le *Parménide*, le *Sophiste*, le *Cratyle*, le *Philèbe*. La critique a également suspecté, mais sans raisons suffisantes, l'*Apologie de Socrate* et le *Criton*. Les traités dont l'authenticité est à l'abri de toute objection sérieuse, sont au nombre de neuf, savoir: 1° le *Phèdre*, qui oppose à la rhétorique intéressée des sophistes la vraie éloquence du philosophe, dont la préoccupation capitale est la connaissance du monde invisible; 2° le *Protagoras*, ou de la vertu d'après les principes de Socrate; 3° le *Banquet*, ou des différentes manifestations de l'*éros*, depuis l'amour sensuel jusqu'à l'amour philosophique du beau, du vrai et du bien, personnifié dans Socrate; 4° le *Gorgias*, ou du sage véritable par opposition au sophiste; 5° la

---

[1] Principales éditions modernes des *Œuvres complètes* de Platon : Éd. Bipontine (1781-87); Tauchnitz (Leipz., 1813 ss.); Em. Bekker (Berlin, 1816-23); F. Ast (Leipz., 1819-32); G. Stallbaum (Leipz., 1821 ss.); Orelli (Zurich, 1839 ss.); Ch. Schneider (grec-latin, Paris, 1846-56); K. F. Hermann (Leipz., 1851-53). — *Œuvres de Platon*, trad. en français par V. Cousin, 8 vol., Paris, 1825-40. — Consulter sur Platon et ses écrits : Grote, *Platon and the other companions of Socrates*, 3 vol., 1865, ainsi que l'*Histoire de la Grèce* du même auteur. — C. Schaarschmidt, *Examen de l'authenticité des écrits attribués à Platon*, Bonn, 1866 (all.). — A. Fouillée, *La philosophie de Platon. Exposition, histoire et critique de la théorie des idées*, 2 vol., Paris, 1869 : etc., etc.

République, ou de l'État qui réalise l'idée de justice; 6° le *Timée*, ou de la nature et de l'origine du monde; 7° le *Théétète*, ou de la connaissance et des Idées; 8° le *Phédon*, ou de l'immortalité de l'âme; 9° les *Lois*, qui semblent une rétractation partielle du *De Republica*. Ces traités sont des dialogues [1]. Dans la plupart, c'est Socrate qui est l'interlocuteur principal et dont les discours reflètent le plus fidèlement la pensée de l'auteur. En choisissant la forme dialoguée, Platon nous donne à la fois sa philosophie et l'histoire de sa formation, la manière dont elle a pris naissance dans le cercle de Socrate. On peut lui trouver, il est vrai, l'inconvénient de nous priver d'une vue d'ensemble sur la philosophie de l'auteur; on a dit que s'il est difficile de la formuler en système, c'est parce qu'il emploie la forme du dialogue. C'est le contraire qui nous semble la vérité : selon nous, Platon se sert de cette forme précisément parce qu'il n'a pas de système parachevé comme Plotin, Spinosa, Hegel. Cette forme ne serait un inconvénient que si elle voilait quoi que ce soit; mais elle ne masque rien; elle est identique à son contenu; elle est la philosophie même de Platon dans sa genèse psychologique [2].

Une difficulté plus réelle résulte de l'emploi fréquent qu'il fait du mythe et de l'allégorie, soit pour faciliter à ses lecteurs l'intelligence des vérités abstraites, soit pour donner à une démocratie fanatique le change sur ses principes religieux [3], soit enfin pour échapper à la critique philosophique et se retrancher derrière la liberté du poète, dans les matières où sa pensée se trouve en désaccord avec elle-même. La plupart des mythes de Platon sont des allégories, qu'il nous prévient lui-même de

[1] Sur la difficile question de la suite chronologique des dialogues de Platon, consulter : les introductions de Schleiermacher, traducteur allemand du philosophe, et les études de Socher, Ast, K. F. Hermann, Bonitz, Zeller, Susemihl, Suchow, Munck, Ueberweg. — [2] Voy. sur la genèse du platonisme : Karl Joël, *Zur Erkenntniss der geistigen Entwickelung und der schriftstellerischen Motive Plato's*, Berlin, 1887 (compte rendu de M. Reinach dans la *Revue critique* du 22 août 1887). — [3] *Timée*, 28 C, 29 C-D.

prendre pour ce qu'elles valent. Quelques-uns cependant semblent traduire plus directement la pensée de l'auteur. C'est ainsi que dans le *Timée*, le *Phédon*, il n'est pas facile de tracer une limite rigoureuse entre l'élément pédagogique et la doctrine elle-même, entre l'accidentel et l'essentiel, entre le symbole poétique et la chose signifiée. Si Platon nous donne lui-même le drame créateur du *Timée* pour une allégorie, s'ensuit-il que l'idée de création soit absolument étrangère à son esprit? S'il parle du créateur et, à l'instar de l'imagination populaire, le représente comme un ouvrier humain, est-ce à dire que le fond de sa pensée ne soit pas le théisme? Le *Phédon*, de même, est rempli d'allégories mythologiques, et cependant qui oserait admettre, avec Hegel, que Platon ne reconnaît la préexistence et l'immortalité qu'à l'âme du monde et au νοῦς divin? Dans ce triage de l'idée et de la forme, œuvre délicate et pleine de difficultés, il importe d'éviter deux points de vue opposés que le sens historique réprouve également. D'une part, il ne faut pas que nous soyons dupes du symbolisme de Platon, que, nous attachant avec trop de crédulité à ce qui n'est qu'une forme littéraire, nous confondions l'expression figurée et le sens intime. Mais il ne faut pas non plus partir du principe que Platon est trop grand pour que sa raison puisse être sérieusement tributaire de son imagination. L'on ne doit faire de lui ni un chrétien ni un moderne. Il est incontestable que le mysticisme catholique a puisé largement dans la théologie platonicienne, et il est tout aussi certain que la dialectique de Platon contient en germe le système de Hegel. Mais entre le germe et le fruit il y a vingt siècles de croissance, et on ne saurait les identifier sans anachronisme. Ce n'est pas tout de montrer que l'avenir est dans le passé, il faut constater encore de quelle manière il s'y trouve, et que cette manière n'est pas la dernière, la définitive.

Platon procède à la fois d'Héraclite, de Socrate et de la philosophie italique. A l'école d'Héraclite, il s'est convaincu que l'univers visible se transforme perpétuellement, que les sens sont trompeurs et ne peuvent nous donner la vérité, que l'immuable n'est pas dans le sensible, mais dans l'intelligible. Il a appris de Socrate qu'à défaut des premiers principes de l'univers, nous pouvons nous connaître nous-mêmes et connaître le souverain bien, grâce à un sens interne infaillible. Mais Socrate demeure sceptique en matière de métaphysique. La philosophie italique fera faire à Platon le pas décisif. Dans le pythagorisme et dans le système éléate, il a vu le sens interne (de Socrate) s'affirmer non seulement comme conscience morale et raison pratique, mais comme raison théorique capable de nous révéler l'absolu, l'éternel, le nécessaire. Il a reconnu dans les mathématiques et dans leurs axiomes évidents l'arme par excellence contre le πάντα ῥεῖ généralisé de Cratyle et des sophistes. La géométrie surtout l'a profondément impressionné : c'est la géométrie, avec sa méthode, qui servira de type à sa métaphysique; c'est d'elle qu'il empruntera jusqu'au vocabulaire de sa philosophie. La géométrie s'édifie sur des intuitions *a priori* : la ligne, le triangle, le cercle, la sphère, figures idéales, réalités intelligibles dont les propriétés demeurent invariablement les mêmes et survivent à toutes les transformations de la matière qui les reflète. Elle relève tout entière du raisonnement et n'a rien à faire à l'observation sensible, dont ses vérités sont absolument indépendantes. La philosophie de Platon sera donc, comme *la mathématique*, seule science évidente et nécessaire, une science d'intuition *a priori* et de raisonnement. Les intuitions *a priori* sur lesquelles elle se basera, elle les appellera, d'après leur analogie avec celles du géomètre, *Idées* (εἴδη, ἰδέαι), c'est-à-dire formes invariables, types éternels des choses qui passent, noumènes (νοούμενα), objets de la vraie science (ἐπιστήμη), par opposition aux phénomènes, objets de la perception sensible (αἴσθησις) et de l'opinion (δόξα). La philosophie de Platon sera la science de l'*Idée*. Elle s'appellera, d'après sa méthode, la *dialectique*. A cette science des principes premiers, science fondamentale et seule digne de ce nom, s'ajoutera la *théorie de la nature* (φυσική), comme une annexe d'importance secondaire et qui ne mérite pas le nom de science. L'*éthique* ou science du souverain bien est le chapitre final de la dialectique et le couronnement de l'édifice philosophique.

Nous avons donc à considérer successivement avec Platon : 1° l'Idée en elle-même ; 2° l'Idée agissant sur la matière comme principe plastique : la nature ; et 3° l'Idée comme but final où tend la nature : le souverain bien.

1° L'Idée [1].

Si nous comparons la mère qui donne sa vie pour sauver son enfant, le guerrier qui meurt en défendant sa patrie, le philosophe qui s'immole pour une conviction, nous trouvons que ces trois actes se ressemblent, qu'ils portent comme la même empreinte et reproduisent comme un même type : l'*Idée* du bien. Si nous comparons un chef-d'œuvre d'architecture ou de sculpture à une tragédie de Sophocle et à une belle figure humaine, ces trois objets, quelque différents qu'ils soient, se ressemblent par un trait commun : la beauté ou l'Idée du beau. Si nous comparons entre eux les individus composant une espèce, l'espèce humaine par exemple, nous leur trouvons un ensemble de caractères communs, un type identique ; cet ensemble de caractères communs, ce type que tous reproduisent, c'est l'Homme-même (αὐτοάνθρωπος) ou l'Idée d'homme. Enfin, si nous comparons tous les êtres que perçoivent nos sens, nous constaterons qu'ils ont tous ceci de commun : qu'ils existent ou qu'ils n'existent plus, qu'ils se meuvent ou qu'ils sont en repos, qu'ils sont iden-

---

[1] Pour la dialectique et l'idéologie de Platon voyez surtout le *Théétète* (p. 151 ss.), le *Sophiste* (p. 218 ss.), le *Philèbe* (p. 15, 54, 58 ss.), le *Parménide* (p. 130 ss.) et la *République* (particulièrement les livres VI et VII).

tiques entre eux ou qu'ils diffèrent les uns des autres ; cet *être* auquel tous participent, ce *non-être,* ce mouvement, ce repos, cette identité, cette différence, c'est ce que Platon appelle l'Idée d'être, l'Idée du mouvement, etc. Il comprend donc sous la dénomination d'*Idées* (εἴδη, ἰδέαι) : 1) ce que la philosophie moderne appelle les *lois* de la pensée, de la morale, du goût (ἰδέαι) ; 2) ce qu'Aristote appellera les *catégories,* formes générales sous lesquelles nous concevons les choses, et qui se rangent sous la rubrique précédente (γένη) ; 3) ce que la science naturelle appelle les types, les espèces, ou d'après Platon, les Idées (εἴδη proprements dits). Ce sont, en un mot, toutes les généralités possibles, et il y en a autant qu'il y a de noms communs. Tout nom commun désigne une Idée, comme tout nom propre désigne un individu. Les sens nous montrent les individus ou objets naturels ; c'est l'abstraction et la généralisation (ἐπαγωγή), qui nous donnent les Idées.

La formation des idées générales a été la grande préoccupation de Socrate. Mais, avec le sensualisme, que d'ailleurs il combat, Socrate ne voit dans ces idées que des *pensées,* des concepts de l'esprit et rien de plus (ἐννοήματα). C'est ici que Platon devient original. Selon le sensualisme, les perceptions sensibles seules correspondent à des êtres réels existant hors de nous. Selon Platon, les notions générales ou concepts correspondent de même à des réalités, et ce sont précisément ces *réalités,* ces *objets* de nos notions, niés par le sensualisme, que Platon appelle les *Idées.* Les Idées sont à nos notions ce que les objets naturels sont à nos perceptions sensibles : c'en sont les causes objectives. Eh quoi ! nous prenons pour des êtres réels les objets que nous montrent les sens, organes trompeurs et de bas étage, et les Idées que nous devons à la raison, cette messagère des dieux, nous n'y verrions que des chimères qui naissent et meurent avec l'aperception de nous-mêmes ! Si nous considérons comme des réalités les objets sensibles, à plus forte raison devons-nous tenir pour réels les objets de l'intellect. Les Idées générales, exprimées par nos concepts, le Bien, l'Être, l'Identité, l'Homme, etc., sont donc des *réalités*. De là le nom de *réalisme*, malencontreusement donné au platonisme du moyen âge, et qui désigne la tendance diamétralement opposée au *réalisme* moderne. Le réalisme platonicien est précisément l'idéalisme, la théorie qui fait des Idées des êtres réels.

Les Idées, des êtres réels! l'Idée d'être, plus réelle que l'être! l'Idée de soleil, aussi réelle et plus réelle même que le soleil qui nous éclaire! l'Idée d'homme, aussi réelle et même bien plus, que Socrate, Antisthène, Euclide! ce paradoxe révolte le sens commun. Je vois bien Socrate, mais je ne vois pas l'homme-type; je vois bien de beaux hommes, de belles statues, de belles peintures, je ne vois pas le beau en soi; je vois des corps qui se meuvent, je ne vois pas le mouvement même, l'Idée du mouvement; je vois des êtres qui vivent, mais l'être, la vie elle-même, je ne l'aperçois nulle part : toutes ces généralités n'existent que dans ma pensée et ne correspondent à rien de réel. A cette fin de non-recevoir, Platon répond que, si le sensualiste voit des objets beaux, des actes justes, et n'aperçoit pas la beauté même, la justice même, c'est qu'il a le sens des uns, mais que son sens des Idées, sa raison est en défaut. Suffisamment développée, elle ne verrait plus la réalité réelle (τὸ ὄντως ὄν) dans l'existence matérielle, mais dans les Idées; elle ne la chercherait pas dans l'ordre sensible, mais dans l'ordre intelligible. Au lieu de considérer les Idées générales comme des copies faites par l'intelligence sur des êtres sensibles, prétendus réels, ce sont au contraire les Idées qu'il faut considérer comme les modèles, les originaux, tandis que les êtres naturels, les individus sont les copies. Les Idées sont à la fois *nos* pensées (λόγοι), et leurs objets éternels (τὰ ὄντα), les *pensées divines*, qu'aucune intelligence humaine ne saurait reproduire intégralement, et qui n'en sont pas moins réelles, absolument réelles.

Prenons l'Idée du beau ou le beau absolu (αὐτὸ τὸ καλόν). Pour le sensualiste, le beau, comme le bien, le juste, est une qualité que nous détachons par la pensée (*abstrahere*) des objets sensibles et qui n'existe pas indépendamment de ces objets. Pour Platon, le beau est une réalité, non seulement réelle, mais beaucoup plus réelle que toutes les choses belles. Ce qui dure est plus vivace et par conséquent plus *réel* que ce qui passe. Or tout bel objet, homme ou statue, acte ou individu, est destiné à la mort et à l'oubli : la *beauté* elle-même est impérissable. Elle est donc en effet plus réelle que tout ce que le sensualiste appelle beau. De même le type homme est plus réel que l'individu humain, parce qu'il demeure invariable et que l'individu disparaît; l'Idée d'arbre, de fleur, plus réelle que *tel* arbre, *telle* fleur, parce qu'elle a plus de durée. L'Idée *est* ce qu'elle exprime; elle l'est *absolument* et sans restriction; l'objet sensible, on peut en dire seulement qu'il *a* quelque chose de ce qu'*est* l'Idée, qu'il y *a part* (μετέχει), tandis que l'Idée est l'être sans partage.

Prenons encore le beau, l'Idée favorite de Platon[1] et qu'il aime à identifier avec le bien. Ses manifestations dans le monde sensible ne sont belles que *relativement*, c'est-à-dire par rapport à d'autres objets qui sont laids, mais sans beauté quand on les compare à d'autres plus belles. Elles sont belles aujourd'hui, sans beauté demain; belles dans tel endroit, dans telle position, dans tel éclairage, aux yeux de telle personne, sans beauté ailleurs, dans des conditions différentes et au jugement d'autres personnes. Dans le domaine du beau phénoménal, tout est donc relatif, passager, précaire. Le beau idéal (αὐτὸ τὸ καλόν) est éternel, sans commencement ni fin, sans croissance ni déclin, invariable, immuable, absolu (μονοειδὲς ἀεὶ ὄν); beau sous tous les rapports et à tous les points de vue, beau toujours, beau

---

[1] *Phèdre*, 211 ss.

partout et pour tout le monde, pur de toute souillure, immatériel et échappant par là même à toute imagination (εἰλικρινές, ἄμικτον, καθαρον). Il n'est ni une simple notion ni un savoir purement individuel (οὐδὲ τὶς λόγος οὐδὲ τὶς ἐπιστήμη), mais une réalité éternelle.

Ce qui est vrai du beau est vrai du grand, du petit, de l'Idée en général : Simmias est grand, si on le compare à Socrate, mais petit auprès de Phédon. Le grand-Idée est grand à tous les points de vue, absolument grand. Donc en résumé : 1) les Idées sont des êtres *réels*; 2) les Idées sont *plus réelles* que les objets sensibles ; 3) les Idées sont *seules* réelles par elles-mêmes, et les objets sensibles n'ont qu'une réalité d'emprunt, la réalité qu'ils empruntent aux Idées. Les Idées sont l'éternel original (παράδειγμα) d'après lequel les choses sensibles sont faites : celles-ci en sont les images (εἴδωλα), les imitations, les copies toujours imparfaites (ὁμοιώματα, μιμήσεις[1]). Le monde sensible tout entier n'est qu'un symbole, une allégorie, une figure. C'est la chose signifiée, l'Idée exprimée par les choses, qui seule importe au philosophe. S'il s'intéresse au monde sensible, c'est comme l'ami s'intéresse au portrait de l'ami aussi longtemps qu'il est privé de sa présence immédiate.

Le monde sensible est la copie du monde des Idées : réciproquement le monde des Idées ressemble à son image, c'est-à-dire qu'il forme une hiérarchie. De même que, dans ce monde visible, il y a une échelle d'êtres depuis la créature la plus imparfaite jusqu'à l'être sensible parfait, c'est-à-dire l'univers, de même, dans la sphère intelligible, type du monde, les Idées sont reliées entre elles par d'autres Idées d'un ordre plus élevé, ces dernières reliées à leur tour par d'autres plus élevées encore, et ainsi de suite, les Idées augmentant toujours en généralité et en puissance, jusqu'au faîte, l'Idée dernière, suprême, toute-

---

[1] *Parménide*, 132. — *Timée*, 48.

puissante : le Bien, qui embrasse, contient, résume le système tout entier, comme l'univers visible, sa copie, embrasse, contient, résume tous les êtres. Les Idées soutiennent avec l'Idée suprême un rapport analogue à celui que soutiennent avec elles les objets sensibles. Ceux-ci, avons-nous dit, *ont part* aux Idées qu'ils expriment [1], existent, non par eux-mêmes, mais par les Idées qu'ils reflètent, n'ont d'autre réalité que celle qu'ils empruntent à ces Idées et, en un mot, sont à ces Idées ce que les accidents sont aux substances. De même, les Idées d'ordre inférieur n'existent par elles-mêmes et substantiellement que si nous les comparons à leurs copies visibles. Comparées à l'Idée suprême, elles cessent d'être des substances : elles deviennent des modes de l'Idée seule *absolue* au sens rigoureux du mot : le Bien ; en présence de ce soleil du monde intelligible, leur individualité s'évanouit comme les étoiles disparaissent à la venue de l'astre du jour.

Les Idées sont donc à la fois des individus, des atomes existant par eux-mêmes, et les membres d'une unité supérieure. Chez Platon même, le principe de l'unité et de la solidarité des Idées prévaut sur l'affirmation de leur individualité ; chez ses disciples, au contraire, le caractère atomique et hypostatique des Idées semble de plus en plus accentué aux dépens de leur unité [2] : ce qui pour le maître est parfaitement liquide encore et transparent, s'épaissit en quelque sorte et se cristallise dans l'école, au point que le Lycée peut reprocher à l'Académie de doubler le monde matériel d'un second monde matériel, parfaitement inutile. Les Idées de Platon constituent si bien une unité, un organisme, elles vivent si bien d'une vie commune, et il est tellement impossible de les séparer les unes des autres de manière à en faire des êtres distincts [3], qu'elles sont indépendantes

---

[1] *Phédon*, 100. — [2] Cette substantialisation des Idées se remarque déjà dans le *Sophiste* et a été pour plusieurs un argument contre l'authenticité de ce dialogue. (Voy. Schaarschmidt, *ouvrage cité*.) — [3] *Ménon*, 81.

du temps et de l'espace, c'est-à-dire précisément de ce qui sépare, individualise, personnifie. Platon parle, sans doute, du ciel, comme de leur résidence, où il faut s'élever pour les contempler dans leur pureté divine[1]. Mais ce ciel ne fait point partie de l'univers physique. Le lieu des Idées n'est pas le lieu des choses (αἰσθητὸς τόπος); c'est un lieu *sui generis*, conforme à la nature des Idées, c'est-à-dire idéal, intelligible (νοητὸς τόπος) : le lieu des Idées c'est l'esprit (νοῦς), c'est-à-dire l'*Idée* elle-même. L'Idée n'a d'autre lieu qu'elle-même; elle n'existe point, comme les atomes de Démocrite, par la grâce de l'espace vide, mais par elle-même (αὐτὸ καθ' αὐτό). On ne peut jeter au matérialisme défi plus superbe : l'espace dont vous faites une condition de réalité est au contraire une cause de non-réalité, de faiblesse, d'impuissance. L'Idée est réelle, parce qu'elle est *une, inétendue*, et que l'unité fait la force, la puissance, la réalité. Or ce qui dans l'Idée se trouve concentré comme en un point mathématique, est dispersé dans l'espace et le temps, éparpillé en mille lieux et sur mille moments différents, par conséquent affaibli, appauvri, relativement anéanti (μὴ ὄν). Comparé à l'Idée, dont vous faites un pauvre reflet du monde réel, votre monde prétendu réel n'est lui-même qu'une idée dans le sens mesquin que vous attachez à ce mot, c'est-à-dire une ombre, un néant. Le monde est le relatif, l'Idée est l'absolu (καθ' αὐτὸ ὄν).

Si l'Idée est l'absolu, qu'est-ce que Dieu, dont Platon parle fréquemment et, à ce qu'il semble, dans les acceptions les plus diverses, soit au pluriel, soit au singulier? Dans le *Timée*[2], le Créateur (ὁ δημιουργός) est le Dieu éternel (ὢν ἀεὶ θεός, ὁ θεός); ses créatures immédiates (les astres et les esprits célestes) sont appelées θεοί, θεοὶ θεῶν, οὐράνιον θεῶν γένος; enfin l'univers sensible est un dieu en voie de formation (ἐσόμενος θεός). Il est clair que *le dieu qui sera* et les divinités créées sont une accom-

---

[1] *Phèdre*, 247. — [2] *Timée*, 28, 34, 41, *passim*.

modation au polythéisme officiel, et que le Créateur seul est le vrai Dieu. Mais ce Dieu par excellence semble lui-même n'être pas absolu : en créant, il regarde l'éternel (τὸ ἀΐδιον) et il le prend pour modèle de son œuvre. Or l'éternel, c'est l'Idée, le Bien. Le Créateur *dépend* donc de l'Idée comme le copiste dépend du modèle qu'il imite. Pour que le Créateur soit l'Être suprême, l'absolu, il faut que ce modèle ne soit autre chose que l'Idée même, le Bien personnifié. Si l'hypothèse d'un principe intermédiaire est pour Platon une nécessité résultant de son dualisme de l'Idée et de la Matière, il n'en est pas moins évident que le Démiurge, considéré comme un ouvrier travaillant d'après un modèle, fait partie de l'enveloppe mythique du récit; le Créateur et le modèle de la création se confondent dans l'Idée créatrice, dont le Démiurge est la personnification poétique. Dieu et l'Idée se confondent si bien chez Platon que c'est tantôt Dieu qui semble relever de l'Idée, tantôt l'Idée qui semble procéder de Dieu comme de la source éternelle de toutes choses. Si Dieu est représenté tantôt comme au-dessous, tantôt comme au-dessus de l'Idée, il ne nous reste qu'à prendre la moyenne et à dire que le Dieu de Platon n'est ni inférieur ni supérieur à l'Idée, mais qu'il coïncide avec elle, qu'il est l'Idée même, considérée comme principe agissant, plastique, créateur. L'identification de Dieu et de l'Idée absolue par la philosophie platonicienne ressort avec évidence des attributs qu'il donne au Bien et à l'Être suprême. Un court parallèle suffira pour nous en convaincre. L'Idée absolue (le Bien, le Un) est *ce qu'il y a de plus élevé* dans le monde spirituel, comme le soleil est ce qu'il y a de plus élevé dans l'ordre sensible [1]. Elle surpasse en dignité et en puissance l'être même, la substantialité même [2]. Elle est la cause de tout ce qui est juste et beau, la cause *unique et toute-*

---

[1] *République*, VI, 508 D. — [2] *Ibid.* : Οὐκ οὐσίας ὄντος τοῦ ἀγαθοῦ ἀλλ' ἔτι ἐπέκεινα τῆς οὐσίας πρεσβείᾳ καὶ δυνάμει ὑπερέχοντος.

puissante qui, dans l'ordre sensible produit la lumière et le soleil; dans l'ordre spirituel, la vérité et la raison. D'autre part, le Dieu des dieux nous est présenté comme la cause éternelle du bien dans le monde, comme la suprême sagesse, auprès de laquelle toute philosophie humaine est imparfaite, comme la suprême justice, législateur et loi suprême tout à la fois, qui gouverne le commencement, la fin et le milieu des choses, la raison pure, qui ne connaît rien à la matière ni au mal [1]. Il ne peut donc rester le moindre doute sur ce point, que le Dieu de Platon est l'Idée absolue du bien. Est-ce à dire que son Dieu, étant Idée, n'est pas une réalité? C'est au contraire parce qu'il est Idée et *rien qu'Idée* qu'il est la suprême réalité, puisqu'au point de vue de Platon l'Idée seule est réelle.

L'Idée n'étant pas dans l'espace proprement dit, mais dans l'intelligence comme dans son lieu naturel et en quelque sorte natal, elle ne peut pas nous venir du dehors [2], et il est faux de la faire dériver de la sensation. L'Idée absolue et avec elle toutes les autres Idées sont contenues primitivement dans l'esprit; elles en sont la substance même. Mais elles y sont d'abord à l'état latent et nous n'en avons pas conscience. Les sens, en nous en montrant les copies qui sont hors de nous, nous *rappellent* en quelque sorte les originaux qui sont en nous (ἀνάμνησις). La sensation *évoque* les Idées, elle ne les *produit* point. Nous rappeler les Idées que nous possédons *a priori* sans nous en douter, c'est à cela que se réduit son rôle. Du reste, les sens

---

[1] *République*, VI, 506 ss.; VII, 517: Πάντων αὐτὴ (ἡ τοῦ ἀγαθοῦ ἰδέα) ὀρθῶν τε καὶ καλῶν αἰτία... οὐσία ἀΐδιος τῆς τ' ἀγαθοῦ φύσεως αἰτία... ἕν τε ὁρατῷ φῶς... τεκοῦσα, ἔν τε νοητῷ... ἀλήθειαν, καὶ νοῦν παρασχομένη. — [2] Rigoureusement parlant, il n'est même pas exact de dire: *elle ne peut pas nous venir, etc.;* mais il faut dire: *la connaissance de l'Idée, la notion* (λόγος) *ne peut pas nous venir, etc.;* car l'Idée existe indépendamment des notions de notre esprit; elle n'est οὐδὲ τὶς λόγος οὐδὲ ἐπιστήμη (p. 95); elle ne vient ni ne va; ce qui *nous vient à* l'esprit, ce qui *devient*, se forme, se développe, ce sont uniquement nos concepts (ἐννοήματα), qui, de même que les choses sensibles, ne sont que de pâles copies des Idées éternelles (*Allégorie de la Caverne, Rép.*, VII).

sont trompeurs, et, loin de nous donner la vérité, ils nous en éloignent. La seule méthode qui conduise à la vérité, c'est le raisonnement (νόησις), qui lui-même a sa source première dans l'amour (ἔρως). L'amour de la vérité n'est qu'une forme particulière de l'amour en général, dont l'essence est l'immense désir qu'éprouve l'âme, exilée dans ce monde sensible et souffrant comme de nostalgie, de s'unir à l'absolu, de contempler face à face le principe de la lumière et de la vérité. C'est ce désir, pur au fond et sacré, qui cherche à se satisfaire dans les affections terrestres, dans l'amitié, dans le plaisir esthétique[1]. Mais l'Idée incarnée dans les formes humaines, l'Idée matérialisée par l'art, ne lui suffit pas. Ce qu'il lui faut, c'est l'Idée pure et sa contemplation directe, immédiate, par la pensée pure. L'enthousiasme de l'amant et de l'artiste n'est qu'un faible prélude à l'enthousiasme du philosophe en présence de la vérité dévoilée, de la beauté idéale, de l'absolue bonté. Il ne faut pas, du reste, que le philosophe se targue d'avoir atteint ce but idéal, car la vérité absolue n'est que pour Dieu[2]. Le Dieu qui *a* la vérité parfaite parce qu'il l'*est,* l'homme inculte qui ne se doute même pas qu'elle existe, ne la recherchent pas ; la recherche de la vérité (φιλοσοφία) est le trait caractéristique de l'homme éclairé par la lumière d'en haut.

Malgré son caractère mystique, la méthode de Platon est rationaliste au sens rigoureux du mot. Mystique et rationaliste : il n'y a pas là de contradiction. Le rationalisme et le mysticisme sont des extrêmes qui se touchent. En effet, le rationalisme idéaliste et la méthode déductive qui lui est propre supposent toujours comme point de départ l'aperception immédiate et *a priori* d'un principe absolu, aperception que nous appelons mystique, précisément parce qu'elle est immédiate et qu'elle

---

[1] *Phèdre,* 242 ss. — [2] *Phèdre,* 388: Τὸ μὲν σοφόν... ἐμοί γε μέγα εἶναι δοκεῖ καὶ θεῷ μόνῳ πρέπειν.

franchit, à pieds joints pour ainsi dire, les étapes de l'analyse. L'idéalisme platonicien, de même que ses rejetons, les systèmes de Plotin, de Spinoza, de Schelling, commence par un acte mystique et aboutit à une religion[1].

2° La Nature.

La transition de l'Idée à l'être, de la métaphysique à la physique, n'est pas facile pour Platon. Si l'Idée se suffit à elle-même, si le monde intelligible est un système d'*êtres* parfaits, pourquoi, *à côté* de l'Idée, une réalité sensible nécessairement imparfaite? Pourquoi un monde matériel fatalement voué au mal? A côté de l'original, pourquoi des copies qui ne sauraient le reproduire dans sa divine pureté? Il est évident que le monde réel gêne Platon, comme il a gêné Parménide : car il ne peut s'expliquer par l'Idée seule et il suppose un second principe, non moins réel que l'esprit : la matière. Admettre la réalité du monde sensible, c'est donc renoncer au monisme absolu de l'Idée, c'est convenir que l'Idée n'est que la moitié de la réalité, c'est faire une concession au sensualisme et au matérialisme. Et pourtant le monde sensible est là, fait indéniable, brutal, qu'il s'agit d'expliquer : monde plein d'imperfections, sans doute, mais après tout sublime œuvre d'art, dont les harmonies sont pour l'idéaliste comme pour le matérialiste un inépuisable sujet de ravissement. Pénétrer entièrement le mystère du monde est impossible à l'esprit de l'homme. Mais il n'en doit pas moins le sonder selon ses forces et rechercher sans relâche une solution satisfaisante. C'est dans l'idée de la bonté divine que Platon en trouve la clef et c'est par elle que s'opère, dans sa pensée, la transition de l'idéal au réel[2]. L'Idée est le bien absolu; Dieu est la suprême bonté. Or le bien, la bonté ne peut ne pas engendrer

---

[1] Voy. dans Hartmann, *Philosophie de l'inconscient* (trad. Nolen), le chapitre intitulé : De l'inconscient dans le mysticisme. — [2] *Timée*, 29 E.

le bien. Dieu est la vie, et la vie ne peut ne pas engendrer la vie. Il est donc essentiel à Dieu de créer, à l'Idée de se reproduire.

L'Idée étant la seule réalité, il n'y a, en dehors d'elle, que le néant (μὴ ὄν). Mais, en tant que réalité par excellence, elle est aussi la suprême activité, l'*être* qui se communique au néant. Vis-à-vis donc du néant, l'Idée devient créatrice, cause, volonté, principe plastique : si bien que le néant devient à son tour semblable à l'être (τοιοῦτο τι οἷον τὸ ὄν), et prend part à l'existence absolue de l'Idée (κοινωνία, μέθεξις). Le néant devient ainsi la matière première dont se sert l'Idée pour en former, à son image, un monde visible aussi parfait, aussi divin, aussi achevé que possible : il devient *la matière* (ὕλη), comme diront les successeurs de Platon. La matière, selon Platon et l'idéalisme, n'est pas le corps, mais ce qui peut devenir corps par l'action plastique de l'Idée. Le corps est chose déterminée, limitée, qualifiée et qualifiable : la matière, considérée en elle-même et indépendamment des formes que lui imprime l'Idée, est l'indéterminé même (τὸ ἄπειρον); dénuée de toute qualité positive, elle ne peut se désigner par aucun terme positif, puisque *tout terme détermine*; elle est l'indéfinissable (ἀόριστον), l'informe (ἄμορφον), l'imperceptible (ἀόρατον). Mais, indéterminée, informe et imperceptible en soi, elle est susceptible de recevoir, par l'action plastique de l'Idée, toutes les formes et toutes les déterminations possibles (πανδεχές), de devenir la mère de toutes choses sensibles (ἐν ᾧ γίγνεται τὸ γιγνόμενον, τὰ πάντα δεχομένη), le récipient universel (δεξαμενή). Elle se confond avec l'espace et le lieu des corps (χώρα, τόπος[1]). Elle n'est pas le produit de l'Idée, la créature de Dieu, car : 1) l'Être ne saurait produire le néant, et la matière c'est le néant (μὴ ὄν); 2) créer, c'est

---

[1] Aristote, *Phys.*, IV, 2 : Διὸ καὶ Πλάτων τὴν ὕλην καὶ τὴν χώραν τὸ αὐτό φησιν εἶναι ἐν τῷ Τιμαίῳ... ὅμως τὸν τόπον καὶ τὴν χώραν τὸ αὐτὸ ἀπεφήνατο. — Cf. C. Bæumker, *Le problème de la matière dans la philosophie grecque* (all.), Münster, 1890.

agir; or toute action suppose un objet sur lequel elle s'exerce et qui la subit (πάσχον); l'activité divine suppose donc la matière et ne la crée point. Condition de l'activité créatrice de l'Idée (συναίτιον), la matière est coéternelle à la Divinité. L'éternité de la matière n'enlève rien à la majesté souveraine de l'Idée (βασιλεία); l'Idée n'en demeure pas moins l'être par excellence, tandis que l'existence éternelle de la matière équivaut à l'éternel non-être.

Mais si la matière éternelle ne limite pas l'Idée absolue en elle-même, néanmoins elle limite son action dans le monde. Condition *sine qua non* de cette action, elle en est aussi l'éternelle entrave. Elle est à la fois l'auxiliaire indispensable et l'irréconciliable adversaire de l'Idée créatrice. Elle est passive sans doute, mais sa passivité ne se traduit pas en un laisser-faire absolu. Sa collaboration est une résistance. Étant l'informe et l'illimité, elle répugne et résiste à la forme, à la limite, au *fini* que l'éternelle artiste veut lui donner : résistance qui se manifeste comme inertie, pesanteur, disproportion, laideur, sottise; étant le néant, la négation perpétuelle de l'être, elle répugne et résiste à tout ce qui est positif, stable, immuable, et elle détruit perpétuellement les œuvres de Dieu. Elle est la cause première, d'une part, de l'imperfection des choses, du mal physique et moral, et de l'autre, de leur instabilité, de leur écoulement perpétuel, de ce qu'elles ont de précaire, de caduc, de mortel.

De l'union du principe idéal ou paternel et du principe matériel ou maternel naît le cosmos, fils unique et image de la Divinité invisible (υἱὸς μονογενής, εἰκὼν τοῦ θεοῦ), dieu à venir (ἐσόμενος θεός), dieu visible (αἰσθητὸς θεός), dont la perfection relative rappelle le Père de l'Univers (ποιητὴς καὶ πατὴρ τοῦ παντός), organisme vivant (ζῷον), reproduisant aussi fidèlement que possible l'organisme éternel des Idées (ζῷον ἀΐδιον), ayant 1° un corps (σῶμα) régi par la fatalité (ἀνάγκη), 2° un contenu rationnel, un sens, une signification (νοῦς, ζῷον ἔννουν), un but final en vue duquel il est fait, une destinée à accomplir (τέλος), enfin 3° une âme (ψυχή, ζῷον ἔμψυχον), lien mystérieux des principes contraires qui le constituent, dont le rôle est de soumettre le monde matériel à l'Idée, d'assujettir la nécessité brutale à la raison, de lui faire servir l'intention finale du Créateur. Le corps de l'univers a la forme sphérique, la plus belle qui se conçoive et qui le fait ressembler le plus à son type intelligible. En tournant autour de son axe et en revenant ainsi perpétuellement sur lui-même, il exécute le mouvement le plus parfait, celui qui, de tous les mouvements possibles, ressemble le plus à l'éternel repos de l'Idée et en symbolise le mieux l'immutabilité. Il est parfait (τέλεον), éternellement jeune (ἀγήρων) et à l'abri de la maladie (ἄνοσον), puisque, renfermant en lui la totalité des forces de la nature, aucune puissance extérieure n'agit sur lui d'une manière destructive. Il n'est pas éternel au même titre que l'Idée créatrice, mais il jouit de ce qui ressemble le plus à l'éternité : il jouit d'une durée sans fin. Le νοῦς ou esprit de l'univers, c'est-à-dire l'intention qui se révèle dans son organisation, ou en un mot, sa cause finale, c'est la reproduction la plus complète possible, nous dirions aujourd'hui la réalisation, de l'Idée du bien. Enfin, l'âme du monde c'est le Nombre soumettant la matière désordonnée aux lois de l'harmonie et de la proportion (ἀναλογία)[1].

En niant les causes finales, le matérialisme atomiste nie que le monde ait un sens, qu'il réalise une idée. L'idéalisme platonicien, prenant au sérieux le νοῦς d'Anaxagore, envisage la cosmogonie tout entière au point de vue téléologique. Il admet des causes physiques, mais il les place sous la dépendance des causes finales, auxquelles elles servent de moyens, d'instruments involontaires. Les éléments tout d'abord, à propos desquels

[1] *Timée*, 28 B, 31 C, 34 A, 39 D, 41 A, 92 B.

Platon suit Empédocle, s'expliquent par des causes finales : le feu, comme moyen de voir, la terre, comme moyen de percevoir par le toucher. Entre ces deux éléments extrêmes il en faut deux intermédiaires, et il faut en tout quatre éléments, par la raison que le nombre 4 représente la corporéité. Nous avons vu qu'en vrai pythagoricien, géomètre avant tout, Platon identifie la matière et l'étendue, ce qui lui fait rejeter, avec les éléates, le vide, qui, selon Démocrite, existe à côté de la matière. La matière se confondant avec l'espace, et l'espace étant le même partout, il n'y a pas, comme chez Anaxagore, hétérogénéité entre les substances qui la composent : les espaces, considérés indépendamment de tout contenu, ne se distinguent que par leurs contours extérieurs, leurs figures. Involontairement Platon, qui d'ailleurs suit Pythagore, se rencontre ici dans une même hypothèse avec Leucippe et Démocrite. La matière se divise en corpuscules homogènes, mais distincts par leurs formes. Seulement ces formes n'ont rien de fortuit, comme celles des atomes ; elles sont strictement géométriques, c'est-à-dire rationnelles, idéales, finales, providentielles. L'élément solide se compose de cubes ; l'eau, d'icosaèdres ; l'air, d'octaèdres ; l'éther, de pyramides.

La matière première une fois préparée en vue de ses constructions ultérieures, l'architecte divin en fait surgir en première ligne les astres, les étoiles fixes d'abord, puis les planètes, puis la Terre : divinités créées et par conséquent mortelles par elles-mêmes, mais dotées d'immortalité par la bonté du Créateur. Sur son ordre, ces divinités, et en particulier la Terre, la plus vénérable de toutes, produisent, à leur tour, les êtres organisés et en première ligne l'homme mâle, le chef-d'œuvre de la création, en vue duquel toutes choses terrestres sont faites : les plantes *pour* le nourrir, les animaux *pour* servir de demeure aux âmes humaines déchues. La femme elle-même est une dégénérescence de l'homme mâle, premier-né de la Terre. L'homme, miniature du macrocosme, est une raison, renfermée dans une âme, encadrée à son tour d'un corps. Dans ce corps, tout est organisé dans un but déterminé et en vue de la raison. Siège de la raison, la tête est ronde, puisque cette forme, la plus parfaite de toutes, est seule digne de ce qui est parfait. Elle est placée au sommet du corps *afin* de diriger tout l'organisme. Le corps a reçu des jambes *pour* marcher et des bras *pour* le servir. La poitrine, siège des passions généreuses, est placée au-dessous de la tête, *afin* que ces passions soient à la portée des ordres de la raison, mais séparées d'elle par le cou, *pour* ne pas se confondre avec elle. Enfin, les appétits grossiers résident dans l'abdomen, séparés des passions généreuses par le diaphragme. *Pour*[1] les soumettre au joug de la raison et des passions généreuses, la nature a placé dans cette région le foie, organe poli et brillant destiné à réfléchir comme un miroir les images des pensées. Formé d'une substance amère et d'une substance douce, il contient par l'une les penchants désordonnés, et il épanche l'autre, quand nos désirs se conforment à la raison ; il acquiert en outre, à certains moments, la vertu prophétique. Enfin, la longueur démesurée de l'intestin enroulé sur lui-même n'est pas non plus sans but moral : elle empêche les aliments de traverser le corps trop rapidement et par conséquent l'âme d'éprouver un désir incessant et immodéré de nourriture, désir qui étoufferait en elle l'amour de la sagesse et la voix de la conscience. En somme, le corps humain, dans le platonisme, est une maison de correction et d'éducation construite et organisée en vue du perfectionnement moral de l'âme.

[1] Tous ces détails sont empruntés au *Timée*. Nous les reproduisons et nous soulignons ces *pour* et ces *afin* dans le but de donner au lecteur un échantillon classique de la théorie des causes finales appliquée à la nature : théorie qui, malgré un fond de vérité, entravera pendant des siècles le progrès des sciences physiques, en substituant à l'observation des faits les rêves de la fantaisie.

L'âme humaine, ainsi que l'âme du monde dont elle est une émanation, renferme des éléments immortels et des éléments mortels, ou mieux, elle les relie ensemble, elle en est le joint, la proportion suivant laquelle ces deux sortes d'éléments (l'Idée et la matière) s'unissent dans l'individu. L'élément immortel, c'est l'intelligence ou la raison (τὸ λογιστικὸν μέρος); l'élément mortel, parce qu'il dépend essentiellement de la vie corporelle, c'est la sensualité (τὸ ἐπιθυμητικόν); le lien de ces deux éléments, qui constitue l'âme proprement dite et son individualité, c'est la volonté, l'énergie, le courage (τὸ θυμοειδές). L'immortalité de l'âme intelligente résulte : 1) de sa simplicité, qui rend toute décomposition impossible; 2) de la bonté du Créateur; 3) de ce qu'elle est le principe même de la vie et qu'un passage de l'être au non-être est impossible. Ce qui prouve encore l'immortalité de l'âme intelligente, c'est le désir qu'éprouve le philosophe d'être délivré du corps et de ses entraves afin de communiquer directement avec le monde intelligible; c'est ce fait que toujours et partout la vie engendre la mort, et la mort une vie nouvelle; c'est la préexistence de l'âme démontrée par l'ἀνάμνησις (si l'âme a existé avant le corps, pourquoi n'existerait-elle pas après sa décomposition?); c'est la parenté qui relie l'âme aux Idées (concevant l'intelligible, elle doit lui être homogène et apparentée, c'est-à-dire immortelle comme son objet); c'est, enfin, l'empire qu'elle exerce sur le corps, empire qui ne se concevrait pas si, comme le prétendent quelques pythagoriciens, elle n'était que la résultante des fonctions corporelles. L'immortalité d'ailleurs est le privilège de la raison. L'ἐπιθυμητικόν ne saurait y prétendre, et la volonté elle-même, en tant que liée à l'organisation, en est exclue [1].

Pour autant que la question de l'âme touche à la physique, elle n'est pas susceptible d'une solution rigoureusement cer-

---

[1] *Phédon*, 61-107.

taine. Il n'y a pas de science de ce qui passe. La seule science certaine est celle des Idées : car les Idées seules sont éternelles et nécessaires. Sur le terrain de la physique il faut se contenter du probable : à défaut de science (ἐπιστήμη), nous y sommes réduits à la foi (πίστις)[1].

3° LE SOUVERAIN BIEN.

La nature a pour fin l'homme, et l'homme lui-même a pour fin l'Idée. Idéaliste conséquent, Platon, ainsi qu'Antisthène et les cyniques, voit le souverain bien, non dans le plaisir, mais dans notre ressemblance de plus en plus complète avec Dieu. Or Dieu étant le Bien, la Justice absolue, nous ne pouvons lui ressembler que par la justice (δικαιοσύνη). Il n'est pas possible, dit Socrate-Platon [2], que le mal disparaisse (car au bien il faut nécessairement un contraire); d'autre part, le mal ne saurait exister au Ciel (ἐν θεοῖς), mais il enveloppe fatalement la nature mortelle et notre terre (τόνδε τον τόπον περιπολεῖ ἐξ ἀνάγκης). C'est pourquoi nous devons nous efforcer de fuir le plus vite possible ce foyer du mal et nous élever de la terre au séjour des dieux (χρὴ ἐνθένδε ἐκεῖσε φεύγειν ὅτι τάχιστα). Cette fuite, c'est notre assimilation aussi complète que possible à la Divinité (φυγὴ δὲ ὁμοίωσις τῷ θεῷ κατὰ τὸ δυνατόν). Or en Dieu il n'y a pas ombre d'injustice, il est la justice même : personne donc ne lui ressemble plus que celui qui pratique la justice dans la plus large mesure possible [3]. La justice est la vertu fondamentale, la mère des vertus particulières à chacune des *trois âmes*. Pour l'intelligence elle consiste dans la *justesse* de la pensée (σοφία, φιλοσοφία); pour la volonté, dans le courage (ἀνδρία); pour la sensibilité, dans la tempérance (σωφροσύνη). La sagesse est la justice de l'esprit; le courage, la justice du cœur; la tem-

---

[1] *Timée*, 51, 52. — [2] *Théétète*, 176. — [3] *République*, X, 613.

pérance, la justice des sens. La piété (ὁσιότης) est la justice dans nos rapports avec la Divinité; elle est synonyme de justice en général.

Pour arriver à la justice, et par elle à la ressemblance divine, il faut à l'homme l'éducation. Isolé, il ne saurait y parvenir. La justice, but final des choses, ne se réalise que dans l'homme collectif ou l'État (πόλις). L'État idéal de Platon comprend, comme l'individu, trois éléments ou classes distinctes : 1° les philosophes, qui forment le pouvoir législatif et exécutif, l'intelligence et la tête de l'État, la classe régnante; 2° les guerriers, qui sont le cœur de l'État, la classe militante; 3° les marchands, les artisans, les agriculteurs, les esclaves, classe servante, qui correspond à l'âme sensuelle reléguée dans les parties inférieures du corps humain. A la classe régnante sied la sagesse; à la classe militante, le courage; à la classe ouvrière, marchande et servante, l'obéissance aux deux classes supérieures qui pensent et combattent pour elle. Pour que l'homme collectif ou l'État soit une unité réelle, un individu en grand, il faut que les intérêts particuliers se confondent avec l'intérêt général, que la famille s'absorbe dans l'État, que l'individu cesse d'être propriétaire. Les enfants dès lors n'appartiennent qu'à l'État, devenu une grande famille[1]. C'est l'État qui est le père des enfants; c'est aussi l'État qui les élève. Jusqu'à l'âge de trois ans l'éducation consiste uniquement à prendre soin du corps de l'enfant. De trois à six on prélude à son éducation morale en lui racontant des mythes. De sept à dix, gymnastique. De onze à treize, lecture et écriture. De quatorze à seize, poésie et musique. De seize à dix-huit, mathématiques. De dix-huit à vingt, exercices militaires. A vingt ans l'État procède à un premier triage entre les jeunes gens aptes à la carrière militaire et ceux qui sont

---

[1] Pour ne pas trouver cette disposition par trop étrange, il faut se rappeler que l'État grec n'est guère autre chose encore que la cité. D'ailleurs le communisme professé par la *République* ne se retrouve pas dans les *Lois*.

qualifiés pour le gouvernement. Ces derniers étudient dès lors jusqu'à trente ans les différentes sciences à fond. A trente ans, deuxième triage. Les moins distingués entrent dans les places secondaires de l'administration; les autres se perfectionnent encore pendant une série d'années dans la dialectique et couronnent leurs études par la morale. Initiés à la connaissance du Bien suprême, ils sont aptes à revêtir les charges les plus élevées de l'État. Celui-ci, étant essentiellement une institution pédagogique destinée à réaliser sur la terre le Bien et le Juste, ne tolérera l'art lui-même qu'autant qu'il est un moyen d'éducation et au service du Bien [1].

Ces conclusions, d'un idéalisme radical et excessif, nous ramènent à l'ontologie de Platon. La réalité, il faut nous le rappeler, ne se trouve pas, selon lui, dans les choses telles qu'elles sont aperçues par nos sens (les phénomènes), mais dans les Idées ou types qu'elles reproduisent et qui sont aperçus (conçus) par la raison (les noumènes). Le phénomène n'est réel que dans la mesure de sa participation à l'Idée-type dont il est une *copie*. Or l'Idée par excellence et qui est au monde des réalités invisibles ce que le soleil est à l'univers phénoménal, c'est le Bien, la Bonté absolue, cause première et finale de tout être, supérieure par conséquent et antérieure à l'être même, qu'elle engendre par un rayonnement naturel.

Cette ontologie peut se définir le *monisme du bien*. Elle est assurément ce que le génie philosophique a produit de plus élevé et de plus pur. Elle a été dépassée, elle n'a jamais été surpassée. Kant lui-même, déniant au phénomène l'existence en soi et le rattachant à une double souche sensoriale et intellectuelle, puis proclamant la raison pratique juge de la théorie et

---

[1] C'est ainsi que le théâtre est exclu de la république de Platon, car il reproduit à nos yeux un monde où le mal est fatalement mêlé au bien (*Républ.*, III, 394-402).

le bien juge du vrai, ne fait, au fond, que répéter Platon en le dépoétisant. La science moderne est nominaliste, mais le *réalisme* conserve à ses yeux sa vérité relative. Le vrai objet de la science c'est bien le général, l'universel, la loi-type du fait individuel. Si l'anthropologiste, par exemple, s'occupe de Pierre et de Jean, c'est pour savoir ce qu'est l'*homme*, et si le physicien s'intéresse à la pomme qui tombe de l'arbre, au flocon de neige qui tournoie dans l'air, à l'avalanche qui s'éboule dans l'abîme, c'est que ces faits particuliers servent d'exemplification à sa théorie de la pesanteur. Pour le savant moderne comme pour Platon, le phénomène passe, mais la loi demeure et, en ce sens, se trouve être *plus réelle* que l'individu (τὸ ὄντως ὄν). L'erreur, en cette matière, ce n'est pas d'accorder à l'universel la prééminence sur l'individuel, c'est de l'en *séparer* métaphysiquement, de manière à faire du genre ou type une entité transcendante; ce n'est pas de donner au νοῦς la prééminence sur l'αἴσθησις, mais bien de faire de l'αἴσθησις et de la νόησις deux méthodes séparables, voire incompatibles. En soi le type et l'individu qui le réalise, la loi et le phénomène qui en est l'application, ne sont qu'une seule et même réalité considérée à des points de vue différents; l'observation et le raisonnement ne sont que les deux degrés d'une même méthode. Une physique, une physiologie, une anatomie créées par la raison pure ne se concevraient pas. C'est de l'individuel qu'il nous faut extraire l'universel parce qu'il n'est que là. Si Platon n'a pas su éviter l'illusion de l'Idée séparée, réalisée, transcendante, c'est en partie l'imperfection du langage philosophique de son temps qui en porte la responsabilité. Supposez qu'au lieu d'*εἶδος* (aspect, image, forme, type) il se servit du mot *νόμος* ou loi devenu si familier à la science moderne, et il lui eût été difficile de verser dans le sens *séparatiste*. Mais, outre la langue dont il se sert, il y a le poète dans Platon qui porte le philosophe à *réaliser* l'Idée. Aristote, dans un intérêt de polémique, et des disciples sincères mais inintelligents ont exagéré ce *réalisme* du maître, mais il existe [1], et l'on en voit d'ici les conséquences. L'Idée, étant réelle par elle-même, n'a plus besoin de se réaliser. Le processus cosmique perd sa raison d'être : ce n'est plus la réalisation d'une Idée, c'est la chute d'un dieu. S'il y a création, c'est que l'Idée déborde en quelque sorte et sème l'être, c'est-à-dire selon Platon, l'être spirituel, la pensée, l'intelligence ; car l'être qui procède de l'Idée doit lui « ressembler » comme le fils à la mère. *Être* au sens propre et absolu du mot, et *être esprit* (penser) sont même chose à ce point de vue. Cette explication du monde, qui à vrai dire n'est qu'une figure, suffirait peut-être si le monde était effectivement une société d'esprits purs, le séjour de la bonté, de la justice, de la perfection. Mais il est un mélange d'être et de non-être, de spiritualité et de corporéité, de bien et de mal. D'où vient ce second élément constitutif du phénomène, ce *non-être* ? De l'Idée ? Impossible. L'Idée ne peut engendrer que l'*être*, l'intelligence, le bien. C'est donc un second principe, coéternel à l'Idée, qui a coopéré à la création du monde : le monisme du bien devient dualisme de l'Idée et de la matière. Au contact de cette dernière, l'Idée, ou mieux, l'intelligence sa fille est souillée, amoindrie, appauvrie. L'intelligence doit donc considérer la matière comme son ennemie naturelle, comme la cause première de son amoindrissement, comme le siège et le principe du mal ; l'intérêt bien entendu de l'esprit sera de se séparer le plus promptement possible de ce corps qui est une chaîne, et de ce monde visible qui est une prison, un lieu de châtiment. Les utopies d'une politique qui sacrifie la nature à un principe abstrait, l'ascétisme, le monachisme, l'horreur de la matière que nous trouvons chez les néoplatoniciens, les gnostiques et jusque chez les catholiques, sont les conséquences logiques de l'Idée réalisée.

---

[1] Voy. surtout *Républ.*, VI, 509.

Speusippe, successeur de Platon dans l'Académie (347-339), semble comprendre la nécessité de relier ensemble le Un (l'Idée) et le multiple (la matière) par un principe concret qui les contienne l'un et l'autre; car il attache une importance capitale à l'idée pythagoricienne d'émanation, de développement, de série, qui sera l'âme du néoplatonisme, et il enseigne, contrairement à Platon, que la perfection n'est pas dans l'unité primordiale et abstraite, mais dans l'unité déployée, différenciée, organisée[1]. Mais le respect du nom de Platon et sa qualité de scolarque l'empêchent de soumettre la pensée du maître à une critique impartiale[2]. Il en est de même de Xénocrate, Polémon, Crantor, Cratès, dont le successeur sera le sceptique Arcésilas[3]. C'est Aristote, le plus éminent des élèves de Platon et le chef d'une nouvelle école, qui critique et réforme l'idéalisme académique dans le sens du spiritualisme concret.

§ 17. Aristote.

Aristote[4], né à Stagire, non loin du mont Athos, en 385, était fils de Nicomaque, médecin du roi Philippe de Macédoine

---

[1] Aristote, *Mét.*, XII, 7: Τὸ κάλλιστον καὶ τὸ ἄριστον μὴ ἐν ἀρχῇ εἶναι. Comp. § 65. — [2] Cicéron, *Acad. post.*, I, 9, 34. — [3] Voy. § 21. — [4] *Œuvres complètes* d'Aristote: Édition de Berlin en 4 volumes, dont les deux premiers donnent le texte grec (rec. Em. Bekker), le troisième une traduction latine, et le quatrième les principaux commentaires (coll. Chr. Aug Brandis, 1831-36). — Édition Didot, Paris, 1848-57. — Éd. Tauchnitz, Leipz., 1831-32, 1843. — La *Métaphysique* a été traduite par Pierron et Zévort, 2 vol., Paris, 1840; la *Politique*, la *Logique*, l'*Éthique*, la *Poétique* et la *Météorologie*, par M. Barthélemy Saint-Hilaire, Paris, 1837-62. — Pour la *Métaphysique* en particulier, consulter Hermann Bonitz, *In Aristotelis Metaphysica*, 2 vol., Bonn, 1848-49. — C. L. Michelet, *Examen critique de l'ouvrage d'Aristote intitulé Métaphysique*, Paris, 1836. — Vacherot, *Théorie des premiers principes suivant Aristote*, Paris, 1837. — Félix Ravaisson, *Essai sur la Métaphysique d'Aristote*, Paris, 1837. — Jacques, *Aristote considéré comme historien de la philosophie*, Paris, 1837. — Jules Simon, *Études sur la théodicée de Platon et d'Aristote*, Paris, 1840. — H. Bonitz, *Études aristotéliicennes* (all.), Vienne, 1862-67. — Le même, **Index Aristotelicus**, Berlin, 1871.

et descendant lui-même d'une famille où l'art médical se transmettait de génération en génération. Le sang qui coulait dans ses veines le prédestinait à la recherche expérimentale et à la science positive. A partir de 367, il fit, comme on dirait aujourd'hui, ses études à Athènes, où il fut d'abord le disciple, puis l'heureux rival du vieux Platon. De 343 à 340 il fut le précepteur d'Alexandre, fils de Philippe : liaison féconde qui le mit à même, par la suite, de faire de riches collections et contribua puissamment à faire de lui le père des sciences naturelles. En 334 il alla professer sa philosophie dans les allées du Lycée d'Athènes, d'où le nom donné à son école et celui de *péripatéticiens* ou *promeneurs*, donné à ses disciples. Accusé, après la mort d'Alexandre, de macédonisme et d'athéisme, il dut se retirer à Chalcis dans l'île d'Eubée, où il mourut en 322.

Les écrits attribués à Aristote se rapportent à la presque totalité des sciences connues de l'antiquité, c'est-à-dire, d'après la classification proposée par le philosophe lui-même[1], aux sciences *théoriques*, ayant pour objet le vrai (mathématiques, physique et théologie ou philosophie première), aux sciences *pratiques*, dont l'objet est l'utile (éthique, politique, etc.) et aux sciences *poétiques*, dont l'objet est le beau. Les *Catégories*, le *De interpretatione*, les *deux Analytiques*, les *Topiques*, etc., réunis sous le nom d'*Organon*, font d'Aristote le véritable créateur de la logique; non qu'il en ait conçu le premier tous les éléments : nous avons vu, dans les discussions des éléates, des sophistes, des socratiques, la raison prendre graduellement conscience des procédés qu'elle avait employés d'abord instinctivement; l'on était arrivé ainsi à formuler les axiomes élémentaires de la logique, tels que le principe de contradiction, le principe de la raison suffisante, le *principium exclusi tertii*, le *dictum de omni et nullo*, et sans doute aussi, les règles plus spé-

---

[1] *Métaphysique*, VI, 1, 9.

ciales du syllogisme; mais il fallut le génie d'Aristote pour coordonner ces éléments, pour les compléter et en faire le système de logique déductive, qui est son principal titre de gloire [1]. Les sciences physiques et naturelles sont brillamment représentées par la *Physique*, le *De cœlo*, le *De generatione et corruptione*, la *Météorologie*, le *De anima*, les *Parva naturalia*, l'*Histoire des animaux*, les traités *Des parties des animaux*, *De la marche des animaux*, *De la génération des animaux*, etc. A la philosophie proprement dite se rapporte une série de traités sur les causes premières, qu'un diascévaste a réunis en un seul ouvrage en 14 livres et placés *à la suite des traités de physique* (μετὰ τὰ φυσικά) : d'où le nom de *métaphysique* donné depuis à la philosophie proprement dite et qu'Aristote n'a pas connu. La morale et la politique sont traitées dans l'*Éthique à Nicomaque*, dans les *Magna moralia*, dans l'*Éthique à Eudème*, dans les huit livres de la *Politique*; enfin, la rhétorique et la poétique, dans les livres connus sous ces titres. Dans leur ensemble, les œuvres d'Aristote forment donc une véritable encyclopédie du savoir humain au quatrième siècle avant Jésus-Christ [2].

La philosophie est définie par Aristote : la science de l'universel (ἡ καθόλου ἐπιστήμη). Toute science véritable est, ou du moins aspire à être, une vue d'ensemble, une théorie générale : les sciences spéciales sont donc autant de *philosophies* partielles

---

[1] Pour la logique d'Aristote, voy. Trendelenburg, *Elementa logices Aristoteleæ*, Berlin, 1836; 4ᵉ édition, 1852. — [2] Pour les ouvrages perdus, voy. E. Heitz, *Les ouvrages perdus d'Aristote*, Leipzig, 1865 (all.), et *Fragmenta Aristotelis*, collegit Æm. Heitz, Paris, 1869. L'un des plus regrettés, le traité de la *Constitution d'Athènes*, a été retrouvé récemment (janvier 1891) sur un papyrus du *British Museum*. — Plusieurs de ceux qui nous restent sont mutilés, défigurés et offrent un mélange confus de texte authentique et de commentaires apocryphes. Quelques-uns, comme les *Catégories*, le *De interpretatione*, le traité *De Melisso, Xenophane et Georgia*, l'*Éthique à Eudème*, etc., sont douteux. D'autres enfin, comme le *De motu animalium*, les *Physiognomiques*, les *Économiques*, la *Rhétorique à Alexandre*, etc., sont positivement apocryphes.

(φιλοσοφίαι), autant de théories d'ensemble sur un ou plusieurs groupes de faits déterminés, résumées et systématisées par la philosophie générale. Réciproquement, la philosophie proprement dite ou science première (πρώτη φιλοσοφία) est une science à part, coordonnée à d'autres sciences (philosophie seconde), ayant un objet distinct et déterminé: l'être en soi, l'absolu, Dieu; mais elle est en même temps la science universelle, embrassant et résumant toutes les spécialités, en ce sens que son objet, Dieu, embrasse et contient les principes de toutes les sciences et les causes premières de tout ce qui existe (ἡ τῶν πρώτων ἀρχῶν καὶ αἰτιῶν θεωρητική)[1].

La possibilité de la science, niée par les sophistes et les sceptiques, ne fait pas pour Aristote l'objet d'un doute. Seuls parmi les êtres, nous avons part à l'intellect actif, c'est-à-dire à Dieu même, et par lui, à la connaissance de l'absolu; seuls nous sommes doués de la parole. Par le langage, nous énonçons (κατηγοροῦμεν) les choses comme nous les concevons; par la raison, nous les concevons comme elles sont: les manières générales d'énoncer les choses ou parties du discours (*catégories du langage et de la grammaire*) répondent aux différentes formes sous lesquelles nous les concevons ou *catégories* de l'entendement (substance, quantité, qualité, relation, lieu, temps, situation, manière d'être, action, action subie), et ces catégories de l'entendement expriment à leur tour la manière d'être des choses elles-mêmes (κατηγορίαι τοῦ ὄντος): c'est-à-dire que les choses sont en effet soit des substances, soit des quantités, soit des relations, etc., et ne sont pas seulement conçues comme telles[2].

1° Philosophie première.

Les sciences mathématiques et physiques s'occupent de la quantité, de la qualité des choses, de leurs relations: la philo-

---

[1] *Métaphysique*, I, 2, 14. Cf. I, 8; I, 10. — [2] *Métaphysique*, V, 7; VI, 4.

sophie première a pour objet la reine des catégories, celle à laquelle se rapportent toutes les autres et dont elles ne sont que des parasites, la substance (οὐσία). Elle se demande ce qu'est l'être en soi, en dehors de toutes les relations de temps, de lieu, etc. (τί τὸ ὄν ᾗ ὄν), l'être absolu et nécessaire, l'essence éternelle des choses, par opposition au relatif, au contingent, à l'accidentel[1].

C'est donc à juste titre que Platon l'envisage comme la science de l'être réel (τὸ ὄντως ὄν) par opposition à ce qui *paraît être* et n'est en réalité qu'un rapport passager. Son tort est de voir l'être réel dans les Idées, séparées des individus qui les traduisent (ἰδέαι χωρισταί). Vainement on chercherait dans ses écrits la preuve de l'existence des Idées séparées des choses. On ne sait du reste à quoi bon cette théorie qui, loin de résoudre le problème métaphysique, ne fait que le compliquer en doublant le monde réel d'un monde d'homonymes inutiles. Les Idées séparées ne concourent, en effet, ni à la formation, ni à la conservation, ni à l'intelligence des choses (εἰς γνῶσιν). On ne sait quel est le rapport entre les choses et les Idées (τρόπος καθ' ὃν τἆλλα ἐκ τῶν εἰδῶν ἐστίν). Appeler les Idées des modèles et y faire participer les choses, c'est se servir de métaphores poétiques pour ne rien dire (τὸ δὲ λέγειν παραδείγματα εἶναι καὶ μετέχειν αὐτῶν τἆλλα κενολέγειν ἐστὶ καὶ μεταφορὰς λέγειν ποιητικάς). Du reste, si l'Idée générale est la substance des individus, l'essence des choses, comment existerait-elle séparée de ce dont elle est la substance et l'essence (χωρὶς τὴν οὐσίαν καὶ οὗ ἡ οὐσία)? Le général ne saurait exister en dehors et à côté de l'individuel (τὸ καθόλου μὴ ἔστι τι παρὰ τὰ καθ' ἕκαστα). Donc, envisagées en elles-mêmes et abstraction faite des choses, les Idées ou types spécifiques ne sont pas des êtres réels, des substances (οὐσίαι), si l'on entend par οὐσία ce qui

---

[1] *Métaphysique*, VI, 1 ; XI, 4, 7.

existe par soi-même[1]. Aristote ne nie pas d'ailleurs l'existence objective des espèces. Pour lui, comme pour Platon, l'Idée générale est l'essence de l'individu et peut s'appeler οὐσία pour autant que ce mot signifie essence. Ce qu'il nie, c'est que les Idées existent indépendamment des choses (χωρίς). Étant la *forme* de la chose, l'Idée lui est inhérente, immanente, et ne peut en être séparée que par l'abstraction. Essence de l'individu, elle forme avec lui un tout indivisible. Au ἓν παρὰ τὰ πολλά, il faut substituer le ἓν κατὰ τῶν πολλῶν ou ἓν τοῖς πολλοῖς[2].

D'autre part, la théorie matérialiste est également chimérique : la substantialité n'est pas davantage dans la matière séparée de la forme (εἶδος, μορφή, c'est-à-dire non seulement la *façon* de la chose, sa longueur, sa largeur, sa hauteur, mais tout l'ensemble de ses propriétés). La matière sans l'Idée est une abstraction, tout comme l'Idée séparée de l'individu qui la réalise. Le mouvement, de même, n'existe pas par lui-même, mais suppose un substratum. Ce qui existe donc réellement, substantiellement, ce n'est ni l'Idée, ni la matière, ni le mouvement, c'est l'ensemble de tout cela (σύνολον), l'individu (τόδε τί). La réalité est chose concrète (μικτόν) ; elle a ses éléments constitutifs, que la pensée distingue, mais qui n'existent pas séparément les uns des autres. De ces éléments le plus important (κυριώτερον) c'est l'Idée, la *forme*, synonyme chez Aristote d'essence ou d'âme. La matière n'en est que le support, mais le support indispensable.

Cela posé, quelles sont les causes génératrices de l'être réel ? Tout produit, soit de l'art, soit de la nature, a une cause matérielle (ὕλη, ὑποκείμενον), une cause formelle (τὸ εἶδος, τὸ τί ἐστι, τὸ τί ἦν εἶναι), une cause efficiente ou motrice (ἀρχὴ τῆς γενέσεως, ἀρχὴ τῆς κινήσεως, τὸ ὅθεν ἡ κίνησις, τὸ ὅθεν ἡ

---

[1] *Mét.*, I, 9, 15-16 ; V, 8, 14 ; XII, 10, 22 ; XIV, 3, 12, 4, 9. — [2] *Mét.*, III, 4, 1. — *Analyt. post.*, I, 11.

ἀρχὴ τῆς κινήσεως, τὸ αἴτιον τῆς μεταβολῆς, τὸ κινοῦν, τὸ κινητικόν) et une cause finale (τὸ οὗ ἕνεκα, τὸ τέλος, τἀγαθόν)[1]. Dans l'ordre de l'art, un meuble, par exemple, ou une statue, supposent : 1° une matière, bois, marbre ou airain, dont ils sont faits; 2° une idée (plan ou modèle) d'après laquelle ils sont faits et qui existe, pour la statue dans la pensée du sculpteur, pour le meuble dans celle du menuisier; 3° des bras, des mains et des instruments comme forces motrices et causes efficientes; 4° un but ou mobile qui met ces forces en jeu et qui les fait passer de la puissance (δύναμις) à l'acte (ἐνέργεια). Il en est de même dans la nature et spécialement dans la nature organique. Un organisme vivant, un homme par exemple, est le résultat de ces quatre facteurs : 1° la substance servant de point de départ et de substratum au développement embryonnaire; 2° l'idée ou type spécifique suivant lequel l'embryon se développe, la forme qu'il tend à se donner; 3° l'acte générateur; 4° le but (inconscient) de cet acte, savoir la production d'un homme nouveau. Il y a donc, pour tout fait et pour le fait universel lui-même (le monde), quatre espèces de causes : la matière, l'idée, la force et le but final. Où ces quatre principes se rencontrent, ils concourent à produire l'être réel, objet d'art ou être vivant. Ces principes, du reste, n'existent pas substantiellement et sont toujours inhérents à un individu: tout produit de la nature est précédé d'un individu de même espèce, dont il est issu *générativement;* de même, dans l'ordre technique et dans l'ordre moral tout fait suppose une cause actuelle : un homme instruit devient tel par l'organe d'un autre homme instruit; la cause motrice est toujours un être concret, et ce qui existe en puissance ne passe à l'acte que sous l'impulsion de quelque chose d'actuel.

Si la réflexion philosophique distingue quatre principes géné-

---

[1] *Métaphysique,* I, 3. Cf. VII, 7 ss.

rateurs des choses, très souvent cependant trois d'entre eux, l'idée, la force motrice et la fin, se confondent et n'en forment qu'un seul (ἔρχεται δὲ τὰ τρία εἰς τὸ ἕν πολλάκις). Dans la sphère de l'art, c'est l'idée d'Hermès, par exemple, telle qu'elle est dans l'imagination du sculpteur, qui met en jeu ses nerfs et ses muscles, et qui est en même temps la fin qu'il tend à réaliser moyennant la matière. Dans la nature, s'agit-il de produire un homme, c'est l'*homme* qui est l'idée réalisée par la génération, c'est un *homme* qui la réalise, et il la réalise aux fins de reproduire l'*homme* (τὸ μὲν γὰρ τί ἐστι καὶ τὸ οὗ ἕνεκα ἕν ἐστι, τὸ δ' ὅθεν ἡ κίνησις τῷ εἴδει ταὐτὸ τούτοις [1]). Dans les deux cas, l'idée est tout à la fois cause formelle, force motrice et but.

Il n'y a donc en dernière analyse que deux principes des choses, l'*idée* ou *forme* qui les effectue et où elles tendent, et la *matière* ou *étoffe* dont elles sont faites, l'εἶδος et la ὕλη, celui-là essentiel et cause proprement dite; celle-ci, d'importance secondaire et simple condition (συναίτιον). Ces deux principes étant les antécédents obligés de tout devenir, ne peuvent être devenus, avoir été engendrés à leur tour : car, dans ce cas, ils eussent dû être *avant* même d'être, ce qui ne se peut. Ils précèdent nécessairement toute génération, puisque toute génération n'est possible que par eux [2]. La matière comme la forme est éternelle chez Aristote comme chez Platon, mais l'éternité de la matière ne constitue pas, dans le système du Stagirite, un dualisme absolu. Si la matière et l'Idée étaient contradictoirement opposées l'un à l'autre, comme il semble qu'elles le sont chez Platon, comment se pourrait-il qu'elles s'unissent entre elles, qu'elles concourent et collaborent en quelque sorte dans la génération de toutes choses? Ce qui est contradictoirement opposé ne peut s'unir (ἀπαθῆ γὰρ τὰ ἐναντία ὑπ' ἀλλήλων [3]).

Le μὴ ὄν de Platon, c'est-à-dire le néant, la privation absolue

---

[1] *Physique*, II, 7. — [2] *Physique*, I, 10, 8. — [3] *Métaphysique*, XII, 10, 7.

(στέρησις), et la matière réelle sont deux choses très différentes. La matière est le non-être par accident (κατὰ συμβεβηκός), tandis que la privation est le non-être en soi. La matière, notion fort voisine de la substance, est à certains égards substance elle-même, tandis que la privation ne l'est pas du tout[1]. Elle n'est pas le μὴ ὄν, le néant, mais le μή πω ὄν, l'être en puissance (δυνάμει ὄν), la possibilité ou faculté d'être, le germe et le point de départ du devenir. L'être concret, l'individu, est le développement de ce germe, la réalisation de cette possibilité, la puissance devenue (ἐνέργεια). La matière est le germe de la forme, la forme en puissance; de son côté, la forme, ou mieux, l'unité de la forme et de la matière, qui constitue l'individu, est la matière en acte[2]. Dans l'ordre technique, le bois, matière dont la table sera faite, est une table en puissance; la table terminée est ce même bois en acte. L'airain est une statue en puissance, la statue est l'actualisation de l'airain. Dans la nature, l'œuf est un oiseau en puissance et l'oiseau en est l'ἐνέργεια. La matière est en toutes choses le commencement; l'idée (façon ou forme) est la fin où elle tend; la matière est le rudiment, l'imparfait; la forme est la perfection, l'accomplissement (ἐντελέχεια). Si ὕλη était synonyme de στέρησις, la matière ne saurait devenir quelque chose, s'unir à une forme, prendre ces contours précis qui définissent et permettent de définir l'être réel: car de rien, rien ne peut naître. Loin de répugner à la forme, elle y tend, elle la désire (ὀρέγεται[3]) comme la femelle désire le mâle[4]. La matière et l'idée ou forme sont donc des notions corrélatives; loin de s'entre-exclure, elles s'attirent, se complètent, et le moyen terme où elles se confondent, c'est le mouvement, l'évolution (κίνησις, μεταβολή), qui est

---

[1] *Physique*, X, 10, 4. — [2] *Métaphysique*, VIII, 6, 19. [3] — C'est l'*effort* de Leibniz (§ 56), le *vouloir* ou *vouloir être* de Schopenhauer (§ 64). Aristote lui-même se sert, en parlant de la nature, de l'expression βούλεσθαι (*Polit.*, I, 2, 9, 14). — [4] *Physique*, I, 10, 7.

le passage, la transformation de l'une dans l'autre. De là l'importance attachée par Aristote à l'idée de mouvement[1], au moyen de laquelle il écarte jusqu'à un certain point le dualisme de Platon, comme ce dernier avait lui-même tenté de le faire au moyen du nombre ou de la ψυχή. Son système tout entier se fonde sur cette trinité: δύναμις, κίνησις, ἐνέργεια[2]. Si la matière est à la forme ce que la puissance est à l'acte, le germe à l'organisme achevé, l'opposition des deux principes est si peu absolue que toutes choses sont à la fois l'un et l'autre: puissance et acte, matière et forme. L'airain est forme ou actualité par rapport au minerai brut, matière ou puissance par rapport à la statue. L'arbre dont le meuble sera fait, est forme, façon, actualité par rapport au germe d'où il est sorti, matière informe par rapport au meuble. Le jeune homme est forme (ἐνεργείᾳ ἐστί) par rapport à l'enfant, matière informe encore par rapport à l'homme fait.

La règle que tout être est à la fois forme et substratum, idée et matière, âme et corps, ne comporte qu'une seule exception: l'Être suprême est forme pure et sans matière. En effet, dans la conception d'Aristote, la matière est toujours le point de départ d'un développement, l'antécédent d'une perfection plus haute; or l'Être suprême est la perfection absolue; il n'y a donc pas en lui *matière à une forme* plus élevée, ou, en un mot, il n'y a pas en lui de matière. Si Aristote semble ici en contradiction avec le nominalisme qui est à la base de sa polémique contre les Idées *séparées* de Platon et surtout avec son assertion bien **catégorique** que tout est matériel (ἅπαντα ὕλη ἐστί[3]), cette difficulté disparaît jusqu'à un certain point si l'on tient

---

[1] *Physique*, III, 1 ss. — [2] *Mét.*, XII, 5, 6; 10, 21. Cf. XII, 2, 10: Τρία δὴ τὰ αἴτια καὶ τρεῖς αἱ ἀρχαί, κ. τ. λ. — La différence des noms (στέρησις, ὕλη, μορφή) ne change rien au fond des choses, attendu qu'Aristote a en vue, d'une part, les trois phases de l'être (εἶναι), de l'autre, les trois principes constitutifs de ce qui est (ὄν). — [3] *Métaphysique*, XII, 3, 8.

compte de la signification spéciale qu'il attache au mot *matière*, synonyme chez lui, non pas tant d'étoffe que d'étoffe non encore façonnée, de *provisoire* par opposition au définitif, d'imperfection, de virtualité, de germe non développé. Si telle est la matière, il est évident que chacun des êtres formant l'échelle universelle est idée ou perfection, si on le compare aux échelons inférieurs ; matière et imperfection, si nous le comparons aux êtres plus élevés, et que l'Être suprême — mais l'Être suprême seul — est idée pure, forme pure, acte pur. Aristote affirmant d'ailleurs que la matière dernière (au dernier degré de son développement) et la forme sont la même chose ($\dot{\eta}\ \dot{\varepsilon}\sigma\chi\acute{\alpha}\tau\eta\ \ddot{v}\lambda\eta\ \varkappa\alpha\grave{\iota}\ \dot{\eta}\ \mu o\rho\varphi\grave{\eta}\ \tau\alpha\dot{v}\tau\acute{o}$[1]), l'on peut en conclure qu'il n'eût pas répugné peut-être à appeler l'Être suprême $\dot{\varepsilon}\sigma\chi\acute{\alpha}\tau\eta\ \ddot{v}\lambda\eta$, terme ultime de l'évolution universelle, tout en niant que ce degré suprême de l'être soit encore matériel par un côté. Mais ce qu'il n'admet pas, c'est l'idée panthéiste d'un absolu qui se développe et qui est matière *avant* d'être forme, puissance *avant* d'être énergie[2]. Si l'Être suprême avait commencé par exister en germe et comme virtualité, il eût fallu, pour féconder ce germe et faire arriver Dieu à l'existence actuelle, un être actuel préexistant à Dieu; car non seulement toute semence vient d'un être actuel préexistant, mais nulle virtualité ne passe à l'acte sans le concours d'un être actuel. Ce n'est pas la puissance mais l'acte, le virtuel mais l'actuel, l'imparfait mais le parfait, qui est le principe premier, antérieur et supérieur à tout le reste[3]. Cette thèse favorite d'Aristote, et qui revient au fond à l'*ex nihilo nihil* des éléates, a pour conséquence la négation du chaos, comme forme primordiale des choses, si tant est qu'on puisse appeler forme l'informe même, l'absence complète de tout ordre quelconque. Par cela même qu'à la matière coexiste d'éternité une forme, une énergie

---

[1] *Métaphysique*, VIII, 6, 19. Cf. VII, 10, 27 ; XII, 3, 8 ; XII, 10, 8. —
[2] *Mét.*, XII, 7, 19-20. Cf. *Phys.*, II, 9, 6. — [3] *Mét.*, XII, 7, 19-20. Cf. *Phys.*, II, 9, 6.

absolue, la matière n'a jamais été informe, et il n'y a jamais eu de chaos [1].

L'Être éternellement actuel est tout à la fois la cause motrice ou génératrice, la forme et le but final des choses.

Il est le premier moteur, immobile lui-même ($πρῶτον κινοῦν οὐ κινούμενον$). L'existence de ce premier moteur est la conséquence nécessaire du principe de causalité. Tout mouvement implique, outre l'existence de l'objet mû, celle d'un moteur, lequel reçoit à son tour son mouvement d'un moteur supérieur, et comme il n'y a pas de série de causes à l'infini, il faut nécessairement s'arrêter à un premier moteur. Le nier tout en admettant la réalité du mouvement, admettre avec Leucippe, Démocrite et d'autres, une série infinie d'effets et de causes sans cause première, c'est s'insurger contre une des lois les plus fondamentales de la pensée. La cause première, d'ailleurs, agit de toute éternité, et le mouvement qui procède d'elle est éternel à son tour. L'univers n'a ni commencement ni fin dans le temps, bien qu'il ait ses limites dans l'espace.

Une difficulté ($ἀπορία$) surgit ici : comment ce qui est et demeure immobile peut-il mouvoir? Comment la cause motrice agit-elle sans se mettre elle-même en mouvement? Il faut admettre que Dieu agit de la même manière que le beau et le désirable; un chef-d'œuvre de l'art ou de la nature, par exemple, nous émeut et nous attire, tout en restant, quant à lui, dans le repos le plus parfait, de la même manière que l'idéal que je tends à réaliser ou le but que je poursuis me met en mouvement sans y participer lui-même. D'elle-même et sans que l'être absolu se dérange un seul instant, la matière se meut dans le sens de l'éternelle Idée ($τὸ τί ἦν εἶναι τὸ πρῶτον$). Elle désire Dieu ($ὀρέγεται$), mais c'est Dieu qui est la cause première de ce désir [2].

---

[1] *Métaphysique*, XII, 6, 15. — [2] *Mét.*, XII, 7, 3.

L'Être suprême étant immatériel, il ne peut être question pour lui ni d'impressions et de sensations, ni d'appétits, ni de volonté au sens de désir, ni de sentiments au sens de passions : toutes choses qui dépendent de la matière, principe passif, femelle, réceptif de la forme. Dieu est pure intelligence. L'entendement humain ($νοῦς\ παθητικός$) commence par l'état virtuel et se développe en passant par la sensation, la perception, la comparaison : le $νοῦς$ divin connaît les choses par une intuition immédiate de leur essence intelligible, et, tandis que notre pensée discursive poursuit un objet qui n'est pas elle et qu'elle ne peut atteindre que progressivement, la pensée absolue est identique à son objet. Rien n'étant plus élevé que Dieu, et la pensée divine ayant l'objet le plus élevé possible, l'objet de cette pensée ne peut être qu'elle-même ($νοήσεως\ νόησις$). A l'abri de toute souffrance, élevée au-dessus de toute imperfection et par conséquent de tout désir comme de tout regret ($ἀπαθής$), l'existence divine est souverainement heureuse et telle que la vie humaine avec ses émotions n'en est qu'une faible image. Ce qui n'arrive aux plus favorisés d'entre les hommes qu'à de rares et courts moments, la pure contemplation de l'intelligible vérité, la $θεωρία$, est la forme inaltérable de la vie divine ($διαγωγὴ\ δ'\ ἐστὶν\ οἵα\ ἡ\ ἀρίστη\ μικρὸν\ χρόνον\ ἡμῖν$ [1]).

Cause finale de l'univers et souverain bien ($τὸ\ ἀγαθὸν\ καὶ\ τὸ\ ἄριστον$), Dieu est à la fois *dans* les choses comme leur essence immanente ($τάξις$) et *par delà* les choses, distinct du monde, transcendant ($κεχωρισμένον\ τι\ καὶ\ αὐτὸ\ καθ'\ αὑτό$). De même que la discipline existe à la fois *dans* une armée et *au-dessus* d'elle, dans la pensée du général, de même Dieu est à la fois loi et législateur, ordre et ordonnateur des choses [2]. Par lui et en vue de lui tout est organisé, disposé, harmonisé, et puisqu'il est *un* (ce qui est matériel seul existe au pluriel [3]), il ne saurait

---

[1] *Métaphysique*, XII, 7, 11. — [2] *Mét.*, XII, 10, 1-2. — [3] VIII, 6, 21.

y avoir non plus qu'un seul univers éternel. Réciproquement, l'unité qui règne dans le monde prouve l'unité de Dieu.

Οὐκ ἀγαθὸν πολυκοιρανίη · εἷς κοίρανος ἔστω[1].

De ce principe des principes dépend le ciel et la nature [2].

2° Philosophie seconde ou de la nature.

Le ciel, au sens d'Aristote, est la sphère parfaite dont la terre est supposée le centre; la nature, c'est tout ce qui, dans l'intérieur de cette sphère, est soumis soit au mouvement soit au repos, et, dans un sens plus abstrait, c'est le mouvement lui-même en tant qu'émanant du Premier moteur et se continuant à travers les causes secondes. La physique est une théorie du mouvement [3]. Ses recherches portent sur l'immobile (le divin), sur le mobile impérissable (le ciel) et sur le périssable ou la nature sublunaire [4]. Il y a autant de genres de mouvements qu'il y a de catégories de l'être [5]. Les principaux sont : 1° le mouvement affectant la substance ou le devenir et la destruction (γένεσις καὶ φθορά); 2° le mouvement affectant la qualité ou changement de qualité, altération (κίνησις κατ' ἀλλοίωσιν, μεταβολή); 3° le mouvement affectant la quantité, augmentation et diminution (κίνησις κατ' αὔξησιν καὶ φθίσιν); 4° le mouvement de translation dans l'espace (φορά, κίνησις κατὰ τὸν τόπον [6]). Le premier de ces genres cependant, la génération et la destruction, n'est pas un mouvement à proprement parler, et quant aux trois autres, c'est le mouvement de translation qui, de l'avis de tous les physiciens et notamment d'Anaxagore, est le plus important, le plus universel, le plus primitif [7]. Le mouvement, changement, acte ou *entéléchie* est la réalisation

---

[1] *Métaphysique*, XII, 10, 23 (citation d'Homère). — [2] XII, 7, 11 : Ἐκ τοιαύτης ἄρα ἀρχῆς ἤρτηται ὁ οὐρανὸς καὶ ἡ φύσις. — [3] *Physique*, III, 1, 1. — [4] II, 7. — [5] III, 1, 2. — [6] III, 1, 7. — [7] VIII, 10.

de l'être en puissance, selon ce qu'est cet être[1]. Mais il n'est pas une substance (οὐσία) et n'existe pas indépendamment des choses qu'il affecte (παρὰ τὰ πράγματα).

L'espace (χώρα, τόπος) ressemble davantage à quelque chose de substantiel. Il n'est d'ailleurs ni la matière des corps, comme Platon le suppose à tort dans le *Timée*[2], ni leur forme, ni l'intervalle qui les sépare (διάστημα), mais la limite entre le corps qui enveloppe et le corps enveloppé[3], entre le contenant et le contenu. Par cette définition singulière, Aristote veut écarter l'idée, erronée selon lui, d'un espace vide séparant les corps les uns des autres (le κενόν de Démocrite). Le mouvement, selon lui, n'implique pas le vide; il est toujours un échange de lieux entre différents corps; toute condensation d'un corps suppose la dilatation du corps environnant et *vice versa* : de sorte qu'il n'y a jamais de vide ni dans les corps ni au dehors[4]. L'espace ne se concevant pas sans le mouvement, l'immobile (le divin) n'est pas dans l'espace. Pour autant, du reste, que l'espace est la limite du contenant et du contenu et que l'univers n'est contenu dans rien, mais contient tout, l'univers, le Tout, ne peut être dans un certain lieu. Aussi l'univers, l'ensemble des choses, ne se meut-il pas, absolument parlant. Ses parties seules changent de lieu. En tant que totalité, il ne peut que tourner sur lui-même : il y a, en effet, des parties du ciel qui sont mues, non pas en haut et en bas, mais circulairement, et il n'y a que celles qui sont denses ou légères qui soient portées en bas et en haut[5].

Ainsi que l'espace, le temps n'existe qu'à la condition du mouvement, dont il est la mesure, le nombre. Il est virtuellement infini comme le mouvement (quoi qu'en dise Platon), et c'est ce qui le distingue de l'espace, qui est limité. Un espace actuellement infini serait un non-sens, l'infini n'existant que

---

[1] *Physique*, III, 1, 7 : Ἡ τοῦ δυνάμει ὄντος ἐντελέχεια. — [2] IV, 1. — [3] IV, 6 : τὸ πέρας τοῦ περιέχοντος σώματος. — [4] IV, 8. — [5] IV, 7, 5.

virtuellement, jamais actuellement : car l'actuel est ce qui a une forme, ce qui est déterminé, fini; le virtuel est ce qui n'est pas fini, ce qui est infini; et réciproquement, l'infini n'existe qu'en puissance : dans le nombre, comme possibilité d'accroissement indéfini; dans les grandeurs, comme divisibilité sans fin. Le temps étant la mesure du mouvement, par conséquent un nombre, et le nombre n'existant que pour celui qui compte, il s'ensuit que le temps n'existe que pour l'âme et n'existerait pas s'il n'y avait pas d'âme pour compter [1].

De même qu'on distingue plusieurs genres de mouvement au sens de changement, parmi lesquels le mouvement de translation est le plus important, de même il y a différentes sortes de mouvement de translation. Le premier et le plus parfait de tous est le mouvement circulaire, le seul qui puisse être infini, simple et continu. Le mouvement rectiligne ne peut être continu et se trouve être ainsi moins parfait que l'autre. Il ne peut se continuer à l'infini, par la raison que l'univers d'Aristote a ses limites; il est donc obligé, pour se continuer, de revenir sur lui-même et de devenir oscillatoire; or, au point où le mouvement recommence en sens inverse, il y a nécessairement un arrêt, si minime qu'il soit.

Le mouvement circulaire et le mouvement rectiligne de bas en haut et de haut en bas sont les deux grandes formes de la κίνησις dans le monde physique. Le premier, en sa qualité de mouvement parfait, c'est-à-dire simple et continu, est propre au ciel suprême (πρῶτος οὐρανός, voûte solide qui supporte les étoiles fixes [2];

---

[1] *Physique*, IV, 20, 4. — [2] L'idée moderne de corps célestes se mouvant dans l'espace, idée qui se trouve chez les ioniens et les pythagoriciens, semble complètement étrangère à Aristote. En parlant du ciel et de son mouvement, il n'entend pas parler, par métonymie, d'un mouvement des astres renfermés dans ce ciel, mais bien d'un mouvement affectant le ciel lui-même, envisagé comme un ensemble de sphères concentriques formées de la même substance que les astres qu'elles contiennent. Aussi compare-t-il le mouvement des astres à la translation de ceux qui, placés sur un char, sont immobiles tout en avançant avec le véhicule qui les porte.

le second, moins parfait puisque l'absolue continuité lui fait défaut, affecte les parties basses, c'est-à-dire centrales, de l'univers. L'éternelle rotation du ciel suprême autour de l'axe du monde est le fait immédiat du Premier moteur immobile, qui ne meut le reste qu'indirectement et par l'intermédiaire du πρῶτος οὐρανός. La sphère des étoiles fixes est donc le πρῶτον κινοῦν κινούμενον, le premier moteur mobile, communiquant le mouvement aux sphères inférieures ou planétaires (δεύτερος οὐρανός). Solides, mais transparentes, ces sphères, au nombre de cinquante environ, se meuvent autour de leur centre commun, le centre de la terre, qui est aussi le centre du monde. Mais leur mouvement n'est plus simple : à la rotation de droite à gauche, qu'elles partagent avec le ciel suprême, elles en joignent une autre de gauche à droite, et cette complication ne peut s'expliquer que si l'on admet pour chaque sphère, outre le premier moteur mobile, un moteur particulier, relativement indépendant. Enfin, la sphère centrale, c'est-à-dire la terre avec ses habitants, son océan et ses deux atmosphères, est placée sous la dépendance immédiate des planètes et sous l'influence indirecte des étoiles fixes. Elle ne tourne pas sur elle-même, mais elle offre des mouvements complexes, dont la forme fondamentale est le mouvement de haut en bas et de bas en haut.

Ce qui se meut de haut en bas, de la circonférence universelle au centre universel, nous l'appelons le grave; ce qui se meut de bas en haut, de la terre vers le ciel, nous l'appelons le léger. L'opposition du grave et du léger revient à celle du froid et du chaud, l'expérience nous montrant l'air froid descendre et l'air chaud monter, et c'est sur cette double opposition que repose la différenciation des éléments. La matière grave et froide par elle-même, c'est l'élément-terre ou solide; la matière légère et naturellement chaude, c'est le feu. L'eau et l'air, c'est-à-dire l'humide et le sec, forment les deux éléments moyens, dont le rôle est de concilier les extrêmes contraires. Tout en admettant ainsi les quatre στοιχεῖα d'Empédocle, Aristote maintient, avec Héraclite et Démocrite, l'homogénéité des éléments, qui sont les transformations successives d'une même matière. L'expérience, en effet, lui fait voir le solide passer au liquide, le liquide au gazeux, le gazeux à l'igné, et *vice versa*, l'igné et le gazeux se liquéfier, le liquide se solidifier ; or, pour lui, la notion chimique d'élément se confond avec la notion physique d'état.

La différence des éléments dans la matière sublunaire, dépendant essentiellement de la nature du mouvement propre au monde terrestre, ne s'étend pas au delà de ce monde. Elle n'existe pas dans les sphères célestes, formées de pur éther, c'est-à-dire, non pas d'un cinquième élément (πέμπτον στοιχεῖον), comme on l'a interprété inexactement, mais de cette matière primitive et neutre qu'Anaximandre a nommée ἄπειρον et qui est le substratum commun des quatre éléments de la sphère terrestre. Il ne peut y avoir, dans les cieux, d'éléments denses, liquides, gazeux ou ignés, par la raison que le contraste du grave et du léger, du froid et du chaud, n'y existe pas, et ce contraste est étranger aux sphères célestes, parce que le mouvement rectiligne et vertical y est inconnu.

Élevés au-dessus des contrastes de ce monde périssable, et en communion directe avec le Premier moteur, qui est à la circonférence[1], les brillants habitants des cieux jouissent d'un bonheur sans mélange et sont doués d'immortalité. De tous les êtres, ce sont eux qui ressemblent le plus au Premier moteur immobile. Leurs mouvements n'ont rien d'arbitraire : ce qui est en apparence une imperfection est en réalité un cachet de divinité. Déjà l'homme libre est bien plus réglé dans ses actions que l'esclave et l'animal ; car il sert l'ordre établi dans l'État, tandis

---

[1] *Physique*, VIII, 14, 24.

que l'esclave et l'animal, qui ne contribuent que peu à la chose publique, agissent habituellement au hasard [1]. Plus un être est doué de raison, plus aussi ses actes sont réguliers, moins l'arbitraire a de prise sur sa manière de faire. Plus d'ailleurs ces *dieux secondaires* sont immobiles, plus ils sont voisins de Celui en qui il n'y a ni mouvement ni changement d'aucune sorte. Étant immobiles, ils peuvent exister, quoiqu'innombrables, dans une seule et même sphère. Les planètes, inférieures en dignité aux étoiles fixes, sont, elles aussi, des êtres immortels et incréés, doués d'activité et de vie [2]. En imprimant à leurs sphères respectives un mouvement opposé au mouvement divin et parfait du πρῶτος οὐρανός, les moteurs planétaires font acte d'indépendance à l'égard de la Divinité, acte d'hostilité à l'égard de l'ordre universel. C'est le commencement du mal, mais un commencement si faible que la vie de Mercure, de Vénus, de Mars, de Jupiter, de Saturne, du Soleil [3], de la Lune [3], comparée à la vie terrestre, est encore une existence divine, parfaite, bienheureuse.

Le jeu des quatre éléments et la perpétuelle transformation des corps qui en résulte (le πάντα ῥεῖ d'Héraclite) est restreint à la sphère sublunaire et terrestre. C'est la sphère du devenir, du naître, du mourir et — pour autant que φύσις signifie production, génération, devenir — le théâtre de la *nature* proprement dite, par opposition au ciel, qui est le domaine du *surnaturel*, c'est-à-dire de l'immuable et de l'éternel [4]. L'antithèse : terre et ciel, ἐνθάδε et ἐκεῖ, ici-bas et là-haut, nature et surnaturel, n'a pas sans doute, dans Aristote, le sens et la portée qu'elle a reçue dans la pensée catholique, mais il est certain que sa cosmologie emprunte à ce dualisme un cachet de mysticité platonicienne qui fait contraste avec ses principes ontologiques.

---

[1] *Métaphysique*, XII, 10, 4. — [2] *De cœlo*, 292. — [3] Tous deux considérés comme planètes. — [4] *Métaph.*, XI, 6, 12.

C'est ce dualisme d'une terre placée au centre du monde et d'un Dieu placé à la circonférence, aussi loin de la terre que possible, c'est ce dualisme, disons-nous, qui fera adopter le système d'Aristote par l'Église, et qui le fera imposer aux esprits comme vérité révélée, alors que déjà l'immense majorité des savants se sera rangée sous le drapeau de Copernic.

Tributaire des préjugés de son siècle en matière d'astronomie, Aristote l'est beaucoup moins en météorologie. L'atmosphère terrestre comprend deux régions ($\tau\acute{o}\pi o\iota$), l'une confinant à la terre et à l'océan, humide et froide, l'autre, formée de cet élément plus léger et plus chaud que l'air, qu'Héraclite appelle $\pi\tilde{v}\varrho$, et s'étendant jusqu'à la voûte céleste[1]. L'atmosphère supérieure est le lieu des comètes et de la voie lactée (!). Dans l'inférieure se produisent les vents, les orages, l'arc-en-ciel et autres météores, qui, de même que les tremblements de terre et les marées, s'expliquent par l'action réciproque des couches atmosphériques supérieure et inférieure et de l'eau terrestre. On voit qu'il y a dans la théorie d'Aristote, du moins dans son explication des courants aériens et marins, comme un pressentiment de la vérité. Mais la sphère où son génie s'épanouit dans toute son ampleur, c'est la science naturelle proprement dite.

Le monde organique est, par excellence, le domaine de la finalité. La nature s'y révèle, plus qu'ailleurs, comme une artiste infiniment habile, choisissant partout les moyens les plus simples et les meilleurs pour arriver à son but. Ce qui la distingue de l'art ($\tau\acute{\epsilon}\chi\nu\eta$), c'est que le but que le technicien se propose existe dans sa pensée comme idée nettement conçue, tandis que dans la nature il existe comme instinct. Pour l'oiseau qui se fait lui-même, comme pour le meuble que fait le menuisier, il y a une fin qui se réalise. La fin *meuble*, pour devenir une réalité, a besoin des mains du menuisier, la fin *oiseau* se

---

[1] *Météorologie*, I, 3.

réalise d'elle-même : mais dans les deux cas la finalité joue un rôle capital. Dira-t-on, pour appuyer la thèse contraire, que la nature produit parfois des monstres? Mais il y a chance d'erreur dans ses productions, comme dans celles de l'art. Si un grammairien, malgré son savoir, peut faire une faute d'orthographe, si un médecin, même habile, peut donner une potion contraire, de même l'erreur peut se glisser dans les opérations de la nature, et ses monstres ne sont que des déviations d'un but vainement poursuivi[1]. Elle veut le meilleur sans l'atteindre toujours[2]. Ses aberrations sont à mettre au compte de la matière, non de l'idée agissante[3]. Il serait absurde d'ailleurs de nier la finalité naturelle par la seule raison que, dans la nature, on ne voit pas de moteur délibérant son action. L'art ne délibère pas non plus ; dans une foule de cas il n'a pas besoin de réflexion. L'art est un moteur extérieur, la nature est un moteur intérieur. Si l'art des constructions navales était dans l'intérieur du bois, il agirait de la même manière que la nature[4]. Donc, si l'art agit en vue d'une fin, la nature en fait de même[5]. *La fin est le principe même qui la fait agir*[6], *et préexiste, comme principe, aux organismes qu'elle produit*[7].

Les organismes se distinguent des corps inorganiques en ce qu'ils reçoivent leurs impulsions d'un principe intérieur (ψυχή), disposant d'un certain nombre d'instruments (ὄργανα) pour atteindre à ses fins. Le règne végétal n'a pas sa fin en lui-même : cette fin, c'est l'animal qui vit de la plante. Aussi l'âme de la plante ne remplit-elle que les fonctions de l'assimilation et de la reproduction (τὸ θρεπτικόν). L'âme de l'animal a de plus que celle du végétal la faculté de sentir (τὸ αἰσθητικόν), doublée, dans les animaux perfectionnés, de celle de retenir les impressions sensibles (μνήμη). Les sensations de la vue, de l'ouïe, de

---

[1] *Phys.*, II, 8, 9. — [2] *Polit.*, I, 2, 14, 19. — [3] *Phys.*, II, 8, 8. — [4] C'est ce que la métaphysique moderne appellera la *téléologie immanente* de la nature. — [5] *Phys.*, II, 8, 15, 16. — [6] II, 9, 4. — [7] *Métaph.*, IX, 8. *De part. anim.*, II, 1.

l'odorat, du goût et du toucher se donnent rendez-vous dans un sens commun (κοινὴ αἴσθησις), qui en opère la synthèse et qui est la forme rudimentaire de l'aperception interne. Susceptible de plaisir et de douleur, l'âme de l'animal tend vers ce qui l'impressionne agréablement et fuit le contraire (τὸ ὀρεκτικόν, faculté active, volonté). De là le mouvement spontané de l'animal (φορά, τὸ κινητικὸν κατὰ τὸν τόπον). A tous ces privilèges du principe vital dans l'animal, l'âme humaine joint la faculté de connaître, la raison (τὸ διανοητικόν). Grâce à elle, l'homme est le chef-d'œuvre de la nature, l'être organique parfait (ἔχει ὁ ἄνθρωπος τὴν φύσιν ἀποτετελεσμένην[1]). Il est le but final (τέλος) que la nature poursuit à travers les formations progressives du règne animal. Si elle ne l'atteint pas du premier coup, c'est la résistance de la matière qui en est cause; mais, infatigable à la tâche, elle y arrive après une série d'essais de plus en plus conformes à l'idée finale où elle tend. Tel un artiste en voie de développement ébauche une idée, l'ébauche encore, l'ébauche cent fois avant de l'étreindre complètement.

Le monde organique est donc une échelle ascendante. Les organismes et leurs âmes correspondantes se perfectionnent à mesure que l'idée finale du développement zoologique, le type humain, pénètre et asservit davantage la matière inorganique[2]. A l'âme élémentaire de la plante répond un organisme qui a un haut et un bas distincts, mais auquel manquent encore les contrastes de devant et derrière, droite et gauche : la plante a sa bouche en bas (la racine) et en haut son appareil génital (la fleur), mais elle n'a ni dos ni poitrine. A l'âme animale répond un corps qui présente la double opposition du haut et du bas, de la droite et de la gauche. Enfin, dans l'homme, le haut et le bas coïncident avec le haut et le bas absolus.

Le règne animal se divise en deux embranchements, dont le

---

[1] *Historia animalium*, IX, 1. — [2] Idée mère de l'anatomie comparée.

premier comprend les animaux qui ont du sang, savoir : les mammifères, les oiseaux, les poissons, les amphibies, et dont le second embrasse les insectes, les crustacés, les testacés, les mollusques[1]. La chaleur est inséparable de la vie et la quantité de chaleur inhérente à un animal est en raison directe de sa perfection relative. Aristote croit à la génération spontanée sur une grande échelle, tout en la niant pour les animaux supérieurs. Faute de connaître les métamorphoses du globe constatées par la géologie moderne, il semble admettre l'éternité de la vie et des espèces *a parte ante* comme *a parte post*.

Le rapport du corps organisé à l'âme, son principe vital, est celui qui existe entre la matière et la forme, la puissance et l'acte, la faculté (δύναμις) et la fonction (ἐντελέχεια). En raison de cette corrélation intime, le corps organisé n'existe et ne vit que grâce à l'âme, qui est sa cause finale, le but en vue duquel il existe (τὸ οὗ ἕνεκα τὸ σῶμα); mais aussi l'âme n'est une réalité qu'en tant qu'elle *anime* quelque chose, qu'elle est l'âme d'un corps, l'énergie d'un organisme, la fonction d'un instrument (ἐντελέχεια τοῦ σώματος). Sans le corps, l'âme peut bien exister en puissance (δυνάμει), mais non pas en acte, en fait, en réalité (ἐνεργείᾳ). Sentir, désirer, vouloir sans les organes corporels correspondants est aussi impossible, selon Aristote, que marcher sans pieds, faire une statue avec rien (βαδίζειν ἄνευ ποδῶν, ὁρᾶν ἄνευ ὀφθαλμῶν, ἀνδριὰς ἄνευ χαλκοῦ[2]). L'âme est au corps ce que trancher est à la hache; la fonction de trancher serait l'âme de la hache si celle-ci était un être vivant, et de même que trancher est impossible sans hache, de même les fonctions constitutives de l'âme sont inséparables du corps.

De ce rapport entre l'organisme et son principe vital résulte,

---

[1] *De partibus animalium*, I, 3. — [2] *De generatione animalium*, II, 3. Cf. *Mét.*, VII, 11, 11.

en second lieu, l'impossibilité de la métempsycose, doctrine d'après laquelle une âme quelconque peut habiter un corps quelconque. L'âme étant la fonction du corps, ou mieux, la somme de ses fonctions, la résultante de ses forces, il est évident que ses manifestations, ses actes (c'est-à-dire, en définitive, elle-même, puisqu'elle est essentiellement acte et énergie) sont déterminés par la nature et l'organisation spéciale du corps qu'elle anime. On ne peut produire des sons de flûte avec une enclume, ni des sons d'enclume avec une flûte. On ne peut pas davantage, avec un corps de cheval, avoir une âme humaine et *vice versa*.

Si le corps est la puissance ou faculté, et l'âme, son acte ou sa fonction, celle-ci est à son tour puissance, faculté ou mieux, un ensemble de facultés (δυνάμεις) : facultés de sentir, de percevoir, de vouloir, dont la sensation, la perception, la volition sont les actes, les énergies. L'âme est donc *l'entéléchie* ou *fonction première d'un corps organisé*, et ses manifestations ou effets sont les fonctions ou énergies secondes de ce corps [1].

Quant à l'âme humaine, en tant qu'elle est sensation, imagination, mémoire, volonté, elle subit le sort de toutes choses terrestres : elle est périssable (φθαρτός [2]). L'intellect lui-même a une partie mortelle à côté d'un élément immortel et divin. La partie mortelle comprend la totalité de nos idées en tant que déterminées par des impressions corporelles, tout ce que l'intellect reçoit, subit, et ne crée, ne produit point. Tout ce côté passif de l'intelligence (νοῦς παθητικός) partage la destinée du corps, sans lequel il ne peut se concevoir. Seul l'intellect actif (νοῦς ποιητικός), la raison pure, qui conçoit l'universel et le divin, a le privilège de l'immortalité : car seul il ne peut s'expliquer comme étant une fonction du corps, dont il est essentielle-

---

[1] *De anima*, II, 1 : Εἰ δή τι κοινὸν ἐπὶ πάσης ψυχῆς δεῖ λέγειν, εἴη ἂν ἐντελέχεια ἡ πρώτη σώματος φυσικοῦ ὀργανικοῦ. — [2] *De anima*, III, 5 : Ὁ δὲ παθητικὸς νοῦς φθαρτός.

ment distinct (ψυχῆς γένος ἕτερον) et séparable (χωριστόν), tandis que les autres facultés en sont inséparables (τὰ λοιπὰ μόρια τῆς ψυχῆς οὐκ ἔστι χωριστά[1]). L'intellect actif n'est pas une faculté, mais un être actuel (οὐσία ἐνεργείᾳ ὤν); il n'est pas un produit de la nature, un fruit du développement de l'âme, comme la sensibilité, l'imagination et la mémoire; il n'est pas du tout un produit, un effet, une créature, mais un principe absolu (θεῖον), préexistant à l'âme comme au corps et s'unissant à elle mécaniquement (θύραθεν). Cet intellect séparé (χωριστός) est absolument immatériel (ἀμιγής), impassible (ἀπαθής), impérissable et éternel (ἀθάνατος καὶ ἀΐδιος), et sans lui l'intellect passif et périssable ne peut rien penser (ἄνευ τούτου οὐδὲν νοεῖ[2]).

Si Aristote donne à l'âme un semblant d'immortalité[3], ce semblant disparaît si l'on considère que non seulement l'intellect actif n'est pas l'individu pensant, mais qu'il n'en fait pas même partie, qu'il nous vient du dehors (θύραθεν) et ne tient au *moi* par aucun lien organique. Ce qu'est au juste cet *intellect actif* dans la pensée d'Aristote, il est difficile de le dire, et ses nombreux commentateurs en ont été la plupart pour leurs frais de sagacité. La logique du système exige que ce soit Dieu lui-même : car sa définition coïncide de tout point avec celle du νοῦς absolu[4]. De plus, Aristote ne peut admettre une pluralité d'intelligences séparées, sans se mettre en contradiction avec ce principe de sa métaphysique : *ce qui existe au pluriel est matériel*[5]. Le νοῦς ποιητικός est déclaré absolument immatériel (ἀπαθής, ἀμιγής). Il ne peut donc exister qu'au singulier : il est unique et ressemble à la raison immanente, âme du monde ou esprit universel (λόγος τοῦ παντός) du panthéisme stoïcien, dont les âmes sont les personnifications temporaires. La transcendance du Dieu d'Aristote n'exclut pas cette interprétation, car

---

[1] *De anima*, II, 9. — [2] III, 5. Cf. *De gener. et corrupt.*, II, 3. — [3] *Métaph.*, XII, 3, 10. — [4] *Ibid.* — [5] XIII, 6, 21.

la *Métaphysique* affirme à la fois la transcendance de l'être divin et son immanence dans l'univers comme ordre physique et moral du monde; mais ce qui l'exclut, c'est l'affirmation très catégorique de la substantialité de l'intellect actif (οὗτος ὁ νοῦς χωριστὸς καὶ ἀπαθὴς καὶ ἀμιγὴς τῇ οὐσίᾳ ὢν ἐνεργείᾳ[1]). Logiquement, ce dernier ne peut être que l'Être suprême lui-même. Si Aristote se permet d'appeler le νοῦς ἀΐδιος une partie de l'âme et sa partie immortelle, nous dirons que sur ce point sa logique est en défaut. Mais ce qui est clair, c'est qu'en affirmant l'immortalité de la seule intelligence éternelle, il nie très formellement l'immortalité individuelle. Sur ce point de la doctrine péripatéticienne, il ne peut y avoir la moindre contestation.

L'intellect actif (ποιητικός) est si peu l'intellect humain, et son immortalité nous profite si peu que, d'après la théorie de la connaissance d'Aristote, très voisine de celle de Démocrite et du sensualisme, l'entendement humain n'est pas le producteur, le père (ποιητής), mais seulement le récipient, la mère des idées. Naturellement, il est vide de tout contenu et ressemble à une table rase ou page blanche (γραμματεῖον ᾧ μηθὲν ὑπάρχει ἐντελεχείᾳ γεγραμμένον[2]). Le sensualisme péripatéticien n'exclut pas, du reste, l'*excipe intellectum* de Leibniz, et suppose que les idées préexistent dans l'esprit, sinon actuellement, du moins en puissance (δυνάμει), en d'autres termes, que l'esprit possède originairement, sinon des idées toutes faites, du moins la faculté d'en former[3]. L'*ex nihilo nihil* est une des doctrines fondamentales d'Aristote. Pour enseigner que l'esprit naissant est table rase, que la source de nos connaissances c'est l'expérience, que l'intelligence est formée, fécondée, actualisée par la sensation, il ne professe ni un dualisme antiphilosophique ni un vulgaire mécanisme. Le dualisme, en cette matière, consiste au contraire à

---

[1] *De anima*, III, 5. — [2] III, 4. — [3] Voy. la discussion à ce sujet entre Locke et Leibniz (§§ 56 et 57).

affirmer l'un des principes de la connaissance à l'exclusion de l'autre, à isoler la pensée dans une sorte de célibat contre nature, sous prétexte que la fécondation par le moyen des sens est une souillure, et ce dualisme, c'est dans Platon qu'il se trouve. Quant au Stagirite, le reproche de dualisme s'adresse à juste titre, d'une part, à sa théologie, et de l'autre, à sa théorie de l'intellect actif.

La présence du νοῦς dans l'âme humaine fait d'elle un être intermédiaire entre l'animal et Dieu. Par la sensibilité, la perception, la mémoire, elle est ce qu'est l'animal; par la raison, elle est ce qu'est Dieu. C'est ce double caractère qui constitue son originalité comme être moral. Où il n'y a pas coexistence du principe animal et du principe intellectuel, il ne peut être question de moralité. L'animal n'est pas un être moral, parce qu'il est privé de l'intellect; il ne peut être question non plus de la moralité de Dieu, qui est pensée pure. Le caractère moral est donc le trait distinctif de la nature humaine, et si la fin de tout être est la réalisation pleine et entière de sa nature, la fin de la vie humaine ne consiste ni dans le développement exclusif de l'élément animal, ni dans une transformation de l'homme en Dieu, qui serait chimérique et impossible, mais dans l'épanouissement complet et harmonique de notre double essence. Le souverain bien pour l'homme c'est le bonheur (εὐδαιμονία) résultant de l'équilibre entre l'intellect et l'élément animal. Cet équilibre c'est la vertu. Harmonie entre l'intellect actif et l'intellect passif, elle est vertu intellectuelle (ἀρετὴ διανοητική) et se manifeste, dans la théorie, comme sagesse, et dans la pratique, comme prudence et bon sens (φρόνησις, εὐβουλία); harmonie entre l'intellect et la volonté, elle est vertu éthique (ἀρετὴ ἠθική), c'est-à-dire courage, tempérance, libéralité, noblesse, point d'honneur, douceur, sincérité, amabilité. La vertu n'est pas l'extrême opposé au vice (opinion de Platon); elle tient le juste-milieu (τὸ μέσον) entre deux vices extrêmes

($ἄκρα$). Le courage, par exemple, est une vertu et tient comme telle le milieu entre la témérité et la lâcheté ; la libéralité se tient à égale distance de l'avarice et de la prodigalité [1].

L'homme étant $φύσει$ $ζῷον$ $πολιτικόν$, ce ne sont pas les individus qui peuvent faire et transformer l'État à leur guise, c'est au contraire l'État qui forme les individus. La famille, la propriété, l'esclavage sont fondés en nature. La même forme de gouvernement n'est pas plus pour tous les peuples et pour toutes les situations qu'un même vêtement ne sied également à tout le monde. La monarchie est la meilleure des formes de gouvernement, si le pouvoir est aux mains d'un prince d'élite ; car dans ce cas elle est l'image du gouvernement de l'univers ; monarchie parfaite sous un monarque parfait ; mais elle est la plus odieuse de toutes quand elle devient tyrannie. Le salut de l'État est dans une juste pondération des pouvoirs et dépend essentiellement de la force des classes moyennes [2].

Dans son éthique et dans sa politique, comme dans sa métaphysique, Aristote est le contradicteur décidé des utopies platoniciennes. Penseur réaliste, positif, laïque pour ainsi dire, il tient compte avant tout des faits de l'expérience, et il évite avec un soin jaloux de donner à la vie humaine un but idéal où elle ne peut atteindre. Sa philosophie tout entière est une théorie de juste-milieu, qui se tient à égale distance d'un sensualisme grossier et d'un idéalisme hostile à la vie réelle. Si, par son amour de la science pour la science, par la souplesse et la variété de son génie, par sa prédilection pour la mesure, la proportion, l'harmonie de l'idéal et du réel, Aristote représente le complet épanouissement de l'esprit grec, il en marque aussi la décadence et il inaugure une époque nouvelle dans l'évolution générale de l'humanité. Par son bon sens à toute épreuve, son

---

[1] *Éthique à Nicomaque*, II, 5 ss. — [2] *Politique*, IV, 9.

positivisme désillusionné, il est presque un Sémite ou un Romain. Son style n'est plus l'œuvre des Grâces. Mais plus encore que la forme, le fond de sa philosophie est marqué au coin du réalisme. La doctrine fondamentale de sa métaphysique, faisant de la matière un élément nécessaire de l'être fini, la *table rase* dans sa théorie de la connaissance, son monothéisme bien plus net et plus absolu que celui de Platon, sa morale de juste-milieu, ses tendances monarchiques, tout en lui fait pressentir le monde nouveau dont les éléments se préparent à Pella, Rome, Alexandrie, Jérusalem.

Parmi les scolarques, ses successeurs au Lycée, il faut citer, comme les plus marquants, Théophraste[1], Dicéarque[2], Aristoxène[2] et surtout Straton de Lampsaque[3], précepteur de Ptolémée Philadelphe. Aristoxène nie l'immortalité de l'intellect, et Straton, l'existence de Dieu : ce qui prouve, ou que le maître n'avait parlé d'immortalité et de Premier moteur que par accommodation, ou que sa doctrine liait beaucoup moins ses sectateurs anciens que ses adeptes du moyen âge. Ce qui distingue les disciples du maître, ce qui caractérise en général la philosophie postérieure à Aristote, c'est la division de plus en plus accentuée du travail scientifique, dont le Stagirite représente encore l'unité primitive. Aristote le savant est continué en Sicile, en Égypte, dans les îles de la Méditerranée, tandis qu'Athènes et, dans Athènes, le Lycée lui-même, ne retiennent qu'une philosophie toute de raisonnement, de dialectique et d'éristique, de plus en plus indifférente au *cosmos* physique, et repliée tout entière sur les problèmes de l'âme.

Cette âme humaine, objet de prédilection de la philosophie attique, quelle est son essence, sa fin, sa destinée? A Platon,

---

[1] Cicéron, *ad Attic.*, II, 16. — *Acad. post.*, I, 9. — *De finibus*, V, 5, 12. — *Tuscul.*, V, 9. — Simplicius, *In Phys.*, f. 225. — [2] Cic., *Tuscul.*, I, 10. — [3] Cic., *De nat. deor.*, 1, 13. *De Fin.*, V, 5. — Diog. L., V, 58. — Simplicius, *loc. cit.*

qui a trouvé cette essence et cette fin dans la pensée, et à Aristote, dont la théologie n'est au fond que l'apothéose du νοῦς, Épicure répond, avec Démocrite, par la négation de la pensée-substance et la philosophie du plaisir. Entre les deux extrêmes se place le spiritualisme concret des stoïciens.

B. Apothéose de la matière. Négation de la pensée-substance.

§ 18. Épicure.

Épicure[1] naquit vers 340, à Gargettos, d'un père originaire de l'Attique. Jeté dans le doute par la vue des pratiques superstitieuses de sa mère et par la lecture de Démocrite, il se persuada que la crainte des dieux et de la vie d'outre-tombe est le principal obstacle au bonheur de l'homme, et que c'est à la philosophie de nous rendre heureux en nous affranchissant, par l'observation et le raisonnement, de la croyance au surnaturel. Dans le cénacle qu'il fonda à Athènes vers 306, son autorité personnelle fut, paraît-il, très grande, et les sentences qu'il dicta à ses disciples (κυρίαι δόξαι) demeurèrent, après sa mort (207), la base invariable de l'enseignement épicurien. En revanche, ni le polythéisme ni le christianisme n'avaient intérêt à conserver ses nombreux écrits[2], presque tous perdus, et ce

---

[1] Sources: Diog. L., X. — Cic., *De Fin.*, I. — Lucrèce, *De rerum natura*. — Sext. Emp., *Adv. math.*, XI. — Gassendi, *De vita, moribus et doctrina Epicuri*, 1647, et *Syntagma philosophiæ Epic.*, 1655. — Les *Études* sur Épicure et Lucrèce de J. Rondel (Paris, 1679), Batteux (1758) etc. — Ritter et Preller, p. 339 ss. — Guyau, *La Morale d'Épicure et ses rapports avec les doctrines contemporaines*, Paris, 1878. — [2] Environ 300 selon Diogène Laërce. A l'exception des *Lettres*, etc. conservées par cet historien, nous ne les connaissons guère que par des citations de divers auteurs grecs, par le précieux résumé qu'en donne le *De rerum natura* de Lucrèce et par les fragments de l'ouvrage περὶ φύσεως, etc., découverts à Herculanum.

« Socrate doublé d'un Voltaire » a eu plus de détracteurs, et de plus acharnés, qu'aucun autre chef d'école.

A la différence d'Aristote, qui veut la science pour la science et considère la philosophie première comme la meilleure et la plus divine des théories « bien qu'il y en ait de plus utiles »[1], Épicure fait de la science la servante de la vie, et ne s'intéresse à la théorie qu'en vue de la pratique. La philosophie[2], qu'il divise en *canonique* (logique), physique et éthique, a pour but, selon lui, de donner à l'existence humaine le calme et la paix (ἀταραξία), et ce but, il le trouve atteint par le système de Démocrite, qui, à quelques différences près, devient le sien.

La matière n'est pas le *non-être* de Platon, mais le principe positif et unique des choses, le *substratum* universel, dont l'âme, l'esprit, la pensée ne sont que des accidents (συμπτώματα ἢ συμβεβηκότα). En dehors d'elle il n'y a que le vide, condition du mouvement. Elle se compose d'atomes innombrables, incréés, indestructibles et animés d'un mouvement perpétuel. D'après Démocrite, ces corpuscules se meuvent naturellement et nécessairement de haut en bas. Comme toutefois ils se sont agglomérés et qu'ils ont formé des corps, il faut admettre, selon Épicure, qu'ils ont dévié de la verticale, et cette déclinaison n'a pu être qu'un effet du hasard. Épicure n'est donc pas déterministe absolu, et il admet le hasard, c'est-à-dire la possibilité d'un effet sans cause, ce qui lui permet de reconnaître, en morale, la liberté d'indifférence, c'est-à-dire des causes sans effet[3].

Mais si, par une inconséquence qui fait plus d'honneur à son imagination qu'à sa logique, il diffère de Démocrite sur la question de causalité, il tombe d'accord avec lui pour admettre l'éternité de l'univers. Il ne peut être question ni d'une création ni d'une fin du monde au sens absolu et, en aucun cas, d'une

---

[1] *Métaph.*, I, 2, 19-25. — [2] Épicure la définit : ἐνέργεια λόγοις καὶ διαλογισμοῖς τὸν εὐδαίμονα βίον περιποιοῦσα (Sext. Emp., *Adv. math.*, XI, 169). — [3] Lucrèce, *De rerum natura*, II, 216 ss. — Diog. L., X, 133-134.

création au sens propre. Pour se convaincre qu'il n'est pas l'œuvre des dieux, il suffit de considérer, d'une part la nature de ses prétendus créateurs, et d'autre part le monde et ses imperfections. Êtres parfaits et souverainement heureux, se suffisant à eux-mêmes et n'ayant besoin de rien, pourquoi se donneraient-ils la peine de créer un monde, pourquoi s'imposeraient-ils la lourde charge du gouvernement de l'univers? Supposons d'ailleurs, pour un moment, que le monde soit leur œuvre. S'ils l'ont créé, ils l'ont créé soit d'éternité, soit dans le temps; dans le premier cas, le monde est éternel; dans le second, l'on doit dire : ou bien l'activité créatrice est une condition de la béatitude divine et alors, n'ayant commencé à créer le monde qu'après une éternité d'inaction, c'est qu'ils n'ont pas été souverainement heureux pendant toute une éternité; ou bien non, et dans ce cas ils ont agi contrairement à leur essence même. Du reste, à quelle fin l'auraient-ils fait? Pour se créer une demeure? Mais ce serait dire que d'éternité ils étaient sans demeure ou du moins sans une demeure digne d'eux. Dans l'intérêt des hommes? Si c'était en vue des quelques sages que ce monde renferme, ce n'était pas la peine; si c'était pour créer des méchants, nous faisons d'eux des êtres cruels. Donc, en tout état de cause, il est impossible d'admettre que la création soit le fait des dieux.

Envisageons la question au point de vue du monde. Comment admettre qu'un monde rempli de maux de toute espèce soit l'œuvre des dieux? Les déserts stériles, les montagnes arides, les marais pernicieux, les glaces inhabitables, les régions brûlées par le soleil du midi, les ronces et les épines, les orages, la grêle, les tempêtes, les bêtes féroces, les maladies, les décès prématurés, ne prouvent-ils pas surabondamment que la Divinité n'est pour rien dans le gouvernement des choses? L'espace vide, les atomes et la pesanteur, c'est-à-dire les causes mécaniques, suffisent à expliquer le monde, sans que la métaphysique ait besoin de recourir à l'hypothèse des causes finales. Au surplus, il est possible, il est même certain qu'il existe des dieux : tous les peuples de la terre en tombent d'accord; mais ces êtres souverainement heureux, élevés au-dessus de toute passion, de tout favoritisme, de tout ce qui a sa source dans l'humaine faiblesse [1], jouissent d'un repos absolu. Dans leur lointaine demeure, les misères humaines ne sauraient les émouvoir, et réciproquement, ils ne sauraient influencer en rien l'existence humaine. Il n'y a ni magie, ni divination, ni miracles, ni commerce d'aucune sorte entre eux et nous.

Il ne faut pas craindre davantage les châtiments du Tartare. L'âme est chose matérielle et partage la destinée du corps. Ce qui prouve qu'elle est matière — matière infiniment délicate, il est vrai, et infiniment subtilisée — c'est l'influence exercée sur elle par le corps dans l'évanouissement, l'anesthésie, le délire, suites de lésions et d'affections maladives, c'est surtout le fait que l'âme se développe et décline parallèlement aux forces corporelles. Les facultés intellectuelles, faibles chez l'enfant, grandissent dans l'adolescent et diminuent graduellement dans la vieillesse. Les maladies réagissent profondément sur l'âme; sans le corps, elle ne peut se manifester d'aucune manière. Il y a plus : le sentiment qu'éprouve un mourant n'est pas celui d'une retraite successive de l'âme d'un organe dans un autre organe, d'où elle s'échapperait ensuite avec la plénitude de ses forces, c'est celui d'une diminution graduelle des facultés mentales. Si, dans la mort, l'âme conservait la plénitude de la conscience, si, comme certains platoniciens le prétendent, la mort était le passage de l'âme à une vie supérieure, l'homme, au lieu d'appréhender la mort, s'en réjouirait, ce qui n'est pas le cas. Du reste, si nous redoutons la mort, ce n'est pas que nous craignions de ne pas être : ce qui nous la fait envisager avec terreur, c'est que

---

[1] Diog. L., X, 139 : Τὸ μακάριον καὶ ἄφθαρτον... οὔτ' ὀργαῖς οὔτε χάρισι συνέχεται. ἐν ἀσθενεῖ γὰρ πᾶν τὸ τοιοῦτον.

nous combinons involontairement avec l'idée du néant l'idée de la vie, c'est-à-dire du sentiment de ce néant; nous nous imaginons que le mort a conscience de sa destruction graduelle, qu'il se sent brûler ou ronger par les vers, que l'âme continue d'exister et de sentir. Si nous parvenions à séparer nettement l'idée de vie et son contraire, si nous renoncions franchement à l'idée d'immortalité, la mort cesserait d'être un έπουvantail. Nous nous dirions : la mort n'est pas un mal; elle ne l'est pas pour celui qui est mort, car il n'en a pas le sentiment; elle ne l'est pas pour celui qui est vivant, car elle n'existe pas encore pour lui. Quand nous existons, nous, c'est que la mort n'existe pas pour nous, et quand la mort est là, c'est nous qui n'existons plus. Il n'y a donc aucun contact possible entre la mort et nous, et son attouchement glacé, que nous redoutons si fort, n'a jamais lieu.

Que des craintes chimériques ne nous empêchent donc point d'atteindre le but de notre existence, le bonheur! Le souverain bien c'est le plaisir, non le plaisir qui accompagne une sensation passagère (ἡδονὴ ἐν κινήσει), mais le plaisir devenu état permanent (ἡδονὴ καταστηματική), cet état de paix profonde et de contentement parfait, qui se sait à l'abri des tempêtes de la vie. Les plaisirs de l'esprit sont préférables à la volupté, car ils durent, tandis que la sensation est fugitive, comme le moment qui nous la procure. En tout il faut éviter l'excès, de peur qu'il n'entraîne son contraire, la douleur permanente résultant de l'épuisement. D'autre part, il faut considérer telles sensations pénibles, une opération douloureuse, par exemple, comme un bien, puisqu'elles nous procurent la santé et le plaisir. La vertu est le tact qui fait faire au sage tout ce qui contribue à son bien-être, et lui fait éviter tout ce qui lui est contraire. Elle n'est pas le souverain bien, mais le vrai, l'unique moyen d'y atteindre [1].

---

[1] Diog. L., X, 140 : Οὐκ ἔστιν ἡδέως ζῆν ἄνευ τοῦ φρονίμως καὶ καλῶς καὶ δικαίως.

Par leur parfaite lucidité, leur tendance anti-mystique et leur application facile, les principes épicuriens firent une concurrence redoutable au platonisme, au péripatétisme, au stoïcisme. L'Italie surtout les accueillit avec faveur : ils y eurent pour disciples le poète Lucrèce, auteur du *De rerum natura*, T. Cassius, L. Torquatus, T. Pomponius Atticus, César, Horace, Pline le Jeune. Sous les Césars, tandis que le stoïcisme représentait l'opposition républicaine, l'épicurisme réunissait autour de son drapeau les partisans du nouvel ordre de choses, heureux de réaliser l'idéal du maître à l'abri d'un pouvoir fort et pacificateur. Protégé par les empereurs [1], il démolissait d'une main ce qui restait debout de l'édifice vermoulu du polythéisme, et il s'attaquait de l'autre à la religion nouvelle et au surnaturel chrétien.

C. Apothéose de la Volonté.

§ 19. Le Stoïcisme.

Le fondateur de l'école stoïcienne, Zénon [2], de Cittium en Chypre, était issu d'une famille de négociants d'origine phénicienne. La perte de sa fortune, qu'un naufrage lui enleva, le décida à suivre son goût pour les études. Il fut successivement le disciple de Cratès le cynique, de Stilpon de l'école de Mégare, des académiciens Xénocrate et Polémon ; puis il professa lui-même la philosophie sous les halles du Pécile (στοὰ ποικίλη) à

---

[1] Une inscription latine-grecque, récemment mise au jour par les fouilles de la Société archéologique d'Athènes et datant de l'époque d'Adrien, confirme en tout point ce que nous savions de la protection spéciale accordée par les empereurs à l'école d'Épicure, du rôle prépondérant qu'elle joue, grâce à cette protection, dans les premiers siècles de notre ère, et de la jalousie qu'elle inspire, pour ce motif, aux écoles platonicienne, péripatéticienne et stoïcienne. On y trouve, en outre, quelques renseignements, au moins indirects, sur l'organisation de l'école à l'époque impériale, sur le mode de nomination des scolarques, etc., toutes choses peu connues jusqu'ici. — [2] Diog. L., VII.

Athènes. Convaincu de la légitimité du suicide, il mit fin à ses jours vers 260, laissant une grande réputation et de nombreux disciples. Son œuvre fut continuée par Cléanthe, originaire de la Troade [1], auteur présumé de l'hymne dit de Cléanthe [2], et après la mort volontaire de ce dernier, par Chrysippe de Tarse [3] (selon d'autres de Soles) en Cilicie (280-210), dont les nombreux écrits polémiques à l'adresse de l'Académie donnèrent à la doctrine de l'école ses contours définitifs [4].

Pour se faire une idée exacte du stoïcisme, il faut remarquer : 1° qu'il n'est pas seulement une philosophie et une morale, mais une véritable religion qui s'élève sur les ruines du polythéisme populaire; 2° que son fondateur et ses plus fervents adeptes appartiennent par leur naissance soit à l'Asie sémitique, soit à l'Italie romaine; 3° qu'il n'est pas l'œuvre d'un seul, mais un ensemble de doctrines d'origines diverses, confondues dans un même lit comme les affluents d'un fleuve. De là son conservatisme en matière religieuse, son dogmatisme en métaphysique. De là sa tendance pratique. De là enfin le caractère très complexe et tout éclectique de ses enseignements.

Ainsi qu'Épicure, Zénon et les stoïciens veulent la science pour la vie; la vérité, en vue du bien et de l'utile ($\tau\grave{o}\ \dot{\varepsilon}\pi\iota\tau\acute{\eta}\delta\varepsilon\iota o\nu$, $\tau\grave{o}\ \dot{\omega}\varphi\varepsilon\lambda\iota\mu o\nu$); la recherche des causes *premières* de l'être, en vue du but *final* de la vie ($\tau\grave{o}\ \tau\acute{\varepsilon}\lambda o\varsigma$). Ce but, c'est la sagesse, c'est-à-dire la vertu théorique et pratique. La vertu théorique consiste à bien penser ($\dot{\alpha}\varrho\varepsilon\tau\acute{\eta}\ \lambda o\gamma\iota\varkappa\acute{\eta}$) et à avoir des notions justes sur la nature des choses ($\dot{\alpha}\varrho\varepsilon\tau\grave{\eta}\ \varphi\upsilon\sigma\iota\varkappa\acute{\eta}$); mais la vertu pratique, qui consiste à bien vivre et à agir selon la raison, est la vertu par excellence, le but où tend la vertu théorique, laquelle n'est qu'un moyen. Ce qui n'a pas pour effet de nous

---

[1] Diog. L., VII, 168 ss. — [2] *Hymne à Jupiter* (Stobée, *Ecl.*, I, p. 30). — Diog. L., XII, 179 ss. — Cicéron, *passim*. — [3] Cicéron, *De fin.*, IV, 19, 56. — Diog. L., VII, 1. — Ogereau, *Essai sur le système philosophique des stoïciens*, Paris, 1885.

rendre meilleurs, ce qui n'influe en rien sur nos tendances et nos actes, est indifférent ou mauvais. La logique, la métaphysique, les sciences, n'ont de raison d'être que dans la mesure de leur utilité pratique. Elles sont une introduction à la morale ; mais, à ce titre, elles ont leur importance dans l'enseignement de l'école.

Conformément à sa tendance *volontiste* et anti-dualiste, le stoïcisme rejette, plus complètement encore qu'Aristote, l'*Idée séparée* de Platon. Les Idées ou universaux n'ont pas d'existence objective ; elles n'existent ni en dehors des choses, comme chez Platon, ni dans les choses, comme chez Aristote : ce sont de simples abstractions de la pensée ($\dot{\varepsilon}\nu\nuo\acute{\eta}\mu\alpha\tau\alpha$), auxquelles rien ne correspond dans la réalité. De plus, l'âme n'a point de notion innée, elle est une table rase et toutes ses conceptions lui arrivent du dehors ($\vartheta\acute{v}\rho\alpha\vartheta\varepsilon\nu$). L'impression sensible ($\tau\acute{v}\pi\omega\sigma\iota\varsigma$) est, selon Cléanthe, comme une empreinte faite sur un objet matériel, comme la marque d'un sceau sur la cire. Chrysippe la définit une modification de l'âme ($\dot{\varepsilon}\tau\varepsilon\rho o\acute{\iota}\omega\sigma\iota\varsigma$). La sensation ($\alpha\ddot{\iota}\sigma\vartheta\eta\sigma\iota\varsigma$) est la source commune de toutes nos idées ($\varphi\alpha\nu\tau\alpha\sigma\acute{\iota}\alpha\iota$). Celles-ci se divisent en quatre catégories, selon qu'elles expriment la substantialité ($\acute{v}\pi o\kappa\varepsilon\acute{\iota}\mu\varepsilon\nu\alpha$), une qualité ($\pi o\acute{\iota}\alpha$), une manière d'être ($\pi\tilde{\omega}\varsigma\ \ddot{\varepsilon}\chi o\nu\tau\alpha$), ou une relation ($\pi\rho\acute{o}\varsigma\ \tau\iota\ \pi\tilde{\omega}\varsigma\ \ddot{\varepsilon}\chi o\nu\tau\alpha$). Une idée est vraie si elle reproduit exactement son objet. Le critérium de la vérité d'une idée, c'est sa clarté, son intelligibilité ($\varphi\alpha\nu\tau\alpha\sigma\acute{\iota}\alpha\iota\ \kappa\alpha\tau\alpha\lambda\eta\pi\tau\iota\kappa\alpha\acute{\iota}$). Il y a, selon Zénon, quatre degrés de certitude : s'imaginer ($\varphi\alpha\nu\tau\alpha\sigma\acute{\iota}\alpha$), croire ($\sigma\upsilon\gamma\kappa\alpha\tau\acute{\alpha}\vartheta\varepsilon\sigma\iota\varsigma$), savoir ($\kappa\alpha\tau\acute{\alpha}\lambda\eta\psi\iota\varsigma$), comprendre ($\dot{\varepsilon}\pi\iota\sigma\tau\acute{\eta}\mu\eta$). Pour exprimer ce degré suprême de la connaissance, qui n'appartient qu'au philosophe, il ramenait, dit-on, sa main gauche sur sa main droite fermée. A l'instar d'Aristote, les stoïciens rattachent à la logique, comme parties intégrantes, la grammaire et la rhétorique, et sont, sur ce terrain, les dignes continuateurs du grand logicien : la plupart de nos termes techniques de grammaire et de syntaxe sont de création stoïcienne [1].

De même que leur théorie de la connaissance, leur métaphysique dépasse en réalisme le point de vue d'Aristote. C'est le spiritualisme concret sans restriction. L'esprit et le corps sont les deux faces d'une même réalité. Dans l'être réel, l'esprit est l'élément actif (τὸ ποιοῦν); la matière, l'élément passif (τὸ πάσχον). Il n'y a pas d'esprit pur. Dieu même, quoi qu'en pense Aristote, a un corps, et ce corps, c'est le monde. L'univers est un être vivant (ζῷον), dont Dieu est l'âme (ψυχὴ τοῦ κόσμου), l'intelligence ordonnatrice (νοῦς, λόγος τοῦ παντός), la loi souveraine (εἱμαρμένη, ἀνάγκη), le principe moteur, la chaleur vivifiante (πνεῦμα πυροειδές, πῦρ τεχνικόν, πῦρ νοερόν, πνεῦμα διῆκον δι' ὅλου τοῦ κόσμου).

La théologie stoïcienne est une sorte de compromis entre le panthéisme et le théisme. Dieu est identique à l'univers, mais cet univers est un être réel, un dieu vivant qui connaît les choses (νοῦς), qui règle nos destinées (πρόνοια), qui nous aime (φιλάνθρωπος) et veut notre bien (κηδεμονικός, ὠφέλιμος, εὐποιητικὸς ἀνθρώποις), sans toutefois partager les passions humaines. En attribuant à l'Être infini l'amour providentiel, les stoïciens se séparent nettement des péripatéticiens et des épicuriens (οὐκ ἀθάνατον μόνον καὶ μακάριον, ἀλλὰ καὶ φιλάνθρωπον). Leur panthéisme, qui n'exclut pas la Providence, a un caractère essentiellement religieux. Leur piété respecte les formes religieuses du paganisme : au-dessous de Jupiter, elle laisse subsister les dieux inférieurs, qu'elle retrouve soit dans les astres, soit dans les forces de la nature, mais elle les déclare mortels et réserve l'immortalité à l'Être suprême [2].

---

[1] Pour la logique stoïcienne : Diog. L., VII, 41 ss. — Cic., Acad. pr., II, 47, et post., I, 11. — Sextus Emp., Adv. math., VIII. — Stobée, Ecl., I. — Simplicius, In Categ., f. 16 b. — [2] Il y a, en matière religieuse, une très grande divergence entre les stoïciens des différentes périodes. La piété des anciens

La physique des stoïciens est celle d'Héraclite, dont ils adoptent les idées sur la chaleur comme principe de la vie, sur l'embrasement et le renouvellement périodique du monde par le feu, sur le rôle capital que joue, dans la nature, la lutte pour l'existence. Étant le corps de la Divinité, le monde est nécessairement un organisme parfait (τέλειον σῶμα), d'une beauté immaculée. Réciproquement, la perfection de l'univers prouve qu'il enveloppe une Intelligence infinie [1] : non sans doute un principe transcendant, semblable au Dieu d'Aristote, qui ne meut que l'empyrée, mais un être partout présent, comme l'âme humaine est présente dans toutes les parties du corps. Le mal dans le monde ne saurait ébranler la foi stoïcienne en sa divinité; car, de même qu'une fausse note peut servir à faire ressortir l'harmonie générale, et que, dans un tableau, l'ombre sert à mettre en relief la lumière et les couleurs, de même le mal contribue à la réalisation du bien. En lutte avec l'injustice, la lâcheté et l'intempérance, la justice, le courage et la modération brillent d'un éclat plus vif. Loin d'ébranler la foi du stoïcien en la Providence, le mal l'y confirme, puisqu'il aboutit à l'harmonie universelle. L'imperfection n'est que dans les détails; l'ensemble des choses est souverainement parfait.

L'homme est au Dieu-univers ce que l'étincelle est à la flamme, la goutte à l'océan. Notre corps est un fragment de la matière universelle; notre âme, un souffle chaud émané de l'âme du monde (πνεῦμα ἔνθερμον). Comme, au point de vue stoïcien, réalité est synonyme de corporéité, l'âme, elle aussi, est matère. S'il en était autrement, l'action réciproque entre elle et le corps ne se concevrait pas. Ce qui est incorporel ne saurait

stoïciens est si peu éclairée qu'elle combat le système héliocentrique au nom de la religion. Les stoïciens romains sont beaucoup plus larges, mais non moins accommodants. Les mythes sont pour eux des allégories dont il faut dégager le sens intime. Jupiter est l'âme, mais l'âme intelligente, du monde.

[1] Argument physico-théologique.

agir sur un corps. La décomposition du corps n'entraîne pas nécessairement la destruction de l'âme, et s'il n'y a pas de vie d'outre-tombe pour *tous*, du moins l'âme du sage, plus vigoureuse que celle du commun des mortels, survit-elle à la mort. Mais, pour exister, peut-être pendant des siècles, au delà de la tombe, l'âme, même du philosophe, n'est pas immortelle au sens absolu; car, au dernier jour, elle disparaîtra, comme tout ce qui est de ce monde, dans l'embrasement universel (ἐκπύρωσις). L'immortalité absolue est le privilège de Dieu. La fin qui attend l'âme n'est pas, d'ailleurs, une destruction de sa substance, c'est son retour à l'océan infini dont elle est émanée [1].

Sur toutes ces questions d'ordre théorique, le stoïcisme est loin d'avoir des dogmes invariables : on pouvait croire à l'immortalité ou ne pas y croire sans cesser d'être disciple du Portique [2]. Ce qui fait le stoïcien et unit entre eux tous les membres de l'école, c'est l'idéalisme moral professé dès avant Zénon par les Socrate, les Platon, les Antisthène, et dont la devise est *la vertu pour la vertu*. Le souverain bien, selon lui, c'est la vertu pratiquée pour elle-même, le devoir accompli parce qu'il est le devoir : tout le reste, santé, fortune, honneurs, jouissances, sont choses indifférentes (ἀδιάφορα), mauvaises même, quand elles sont le but unique de nos aspirations. La vertu seule nous rend heureux, à condition que nous la recherchions d'une manière désintéressée. Elle ne consiste pas seulement dans la pratique extérieure du bien (τὸ καθῆκον), mais dans une disposition habituelle de l'âme (ἕξις, κατόρθωμα). Elle est *une* : on ne peut être vertueux sur tel point, vicieux sur tel autre. Elle est la source commune d'où procède ce qu'on appelle *les vertus*, c'est-à-dire la sagesse (φρόνησις), le courage (ἀνδρία), la tempérance

---

[1] Pour la métaphysique et la physique stoïciennes : Diog. L., VII. — Stobée, *Ecl.*, I. — Cic., *De nat. deor.*; *De Fato*. — Sénèque, *Épître* 65, etc. — Plutarque, *De Stoic. Rep.*, 41 ss. — [2] C'est ainsi que l'école de Rhodes, ramification de celle d'Athènes, rejette la doctrine de l'embrasement final.

(σωφροσύνη), la justice (δικαιοσύνη). Posséder l'une de ces vertus cardinales, c'est les posséder toutes en principe; ne pas en posséder une, c'est n'en avoir aucune. On est vertueux en toutes choses (σπουδαῖος), ou coupable en toutes choses (φαῦλος). Il n'y a pas de milieu entre la vertu et le vice (ἁμάρτημα). En théorie, il n'y a que deux catégories d'hommes, les bons et les méchants, bien que la réalité semble avoir ses nuances, ses transitions, ses compromis entre le bien et le mal. Heureux est le sage, qui, versé dans les secrets de la nature, se connaissant lui-même et les autres, est affranchi, par sa science même, de la tutelle des hommes, du siècle, des préjugés sociaux, des lois elles-mêmes, pour autant qu'elles sont l'expression du caprice humain et non de la Raison (ὀρθὸς λόγος, κοινὸς λόγος). Lui seul est vraiment libre, libre à l'égard du monde comme à l'égard de ses propres passions. Rien ne le touche ni ne le fait broncher, ni les événements, ni les orages de son propre cœur. Quoi qu'il arrive, il est résigné; car c'est l'arrêt de la Nature et du Destin, et Nature, Destin sont synonymes, pour lui, de Raison, de Providence, de Volonté tendant au bien[1]. De là, la règle souveraine qu'il observe en toutes choses: *sequi naturam,* suivre la nature, c'est-à-dire la Loi qu'elle prescrit à la conscience et qui est identique à celle qui gouverne le monde (ἀκολούθως τῇ φύσει, κατὰ φύσιν ζῆν, κατὰ λόγον ζῆν, λογικῶς ζῆν).

Il serait facile de relever des contrastes dans les théories que nous venons d'esquisser, de mettre en regard l'idéalisme moral et l'ontologie franchement réaliste du stoïcisme. Mais, nous l'avons dit, ce n'est pas ici le système d'un homme, c'est une collection de doctrines issues d'une même secte, une religion qui s'offre aux classes instruites, dont la « nouvelle foi » voudrait

---

[1] Pour l'éthique stoïcienne: Diog. L., VII. — Stobée, *Eclog. ethic.*, II. — Cicéron, *De fin.; Tuscul.,* etc. — Les écrits des stoïciens postérieurs (Sénèque, Epictète-Arrien, Marc-Aurèle, etc.).

se mettre d'accord avec l'ancienne, une sorte de *ligue de la vertu* et d'Église polythéiste, renfermant dans son sein les éléments les plus divers, mais dont tous les membres sont animés d'un même esprit. Panétius de Rhodes[1] et Posidonius d'Apamée[2], le maître de Cicéron et de Pompée, firent connaître le stoïcisme au monde romain, où il ne tarda pas à trouver des adeptes, grâce à l'affinité du génie latin et du génie sémitique, dont il portait l'empreinte. Ceux-là surtout qui, au déclin de la république, luttaient en vain contre le despotisme naissant des Jules, les Cicéron, les Caton, les Brutus, y trouvèrent une source abondante d'encouragements et de consolations; c'est le stoïcisme qui inspire à Cicéron son *De finibus bonorum et malorum*, à Sénèque[3] ses *Lettres morales*, à Épictète les nobles enseignements consignés par Flavius Arrianus dans son *Encheiridion*, à l'empereur Marc-Aurèle ses douze livres *Ad se ipsum*, l'un des produits les plus admirables de la morale antique. Toutefois son influence ne peut se comparer à celle du christianisme[4]; elle demeura circonscrite à la sphère lettrée, et ne pénétra guère dans les masses. Le stoïcisme n'a rien de populaire; nourri de science et de méditation, il évite, lui aussi, « la foule profane » et se confond, en pratique, avec l'épicurisme[5].

---

[1] Mort en 112 avant J.-C. Voy. Suidas. — Cicéron, *De finibus; De officiis; De divinatione; De legibus.* — Sénèque, *Ép.* 116. — Diog. L., VII. — [2] Suidas et Diogène Laërce. — [3] On a depuis longtemps abandonné la supposition de relations d'amitié qui auraient existé entre Sénèque et l'apôtre saint Paul. Tout au plus les partisans quand même d'un lien de parenté entre le stoïcisme et le paulinisme ont-ils le droit d'invoquer ce fait, que Chrysippe, le principal fondateur du stoïcisme, et l'apôtre saint Paul (élevé d'ailleurs à Jérusalem) sont nés dans la même province et peut-être dans la même ville. — [4] Nous avons caractérisé ailleurs les traits distinctifs du stoïcisme et du christianisme (*De l'économie du salut. Étude sur les rapports du dogme et de la morale*, Strasb., 1863). Voy. aussi Dourif, *Du stoïcisme et du christianisme considérés dans leurs rapports, leurs différences et l'influence respective qu'ils ont exercée sur les mœurs*, Paris, 1863. — [5] Diog. L., X, IX. — Sextus Emp., *Hypot. Pyrrh.*, I. — R. et P., p. 333 ss. — Victor Brochard, *Les sceptiques grecs.* Ouvrage couronné par l'Académie des sciences morales et politiques, Paris, 1887.

§ 20. Réaction sceptique. — Le Pyrrhonisme.

Aristote a été à la fois zélé théoricien et dogmatique convaincu. Zénon et Épicure, quoique indifférents à la science abstraite, en ont reconnu l'importance au point de vue de la vie : selon les stoïciens, qui sur ce point se distinguent des cyniques, elle nous apprend à reconnaître la Providence dans la nature et dans l'histoire, à nous incliner devant son autorité et à suivre ses inspirations; selon les épicuriens, elle nous délivre de la superstition et des préjugés spiritualistes qui empoisonnent l'existence; selon les uns et les autres, il existe un critérium de la vérité. En regard du dogmatisme péripatéticien, l'opposition sceptique, inaugurée par Démocrite et Protagoras, reparaît dans Pyrrhon d'Élis[1], contemporain d'Aristote et lié d'amitié avec Alexandre-le-Grand. Lui aussi, comme les socratiques, comme Épicure et Zénon, ses contemporains plus jeunes, aspire à l'ataraxie; mais il doute que la métaphysique puisse nous la donner. Il n'y a pas, en effet, deux écoles de philosophie qui soient d'accord sur les questions essentielles. Loin donc de nous procurer le calme, source du vrai bonheur, la spéculation nous jette dans le trouble, dans l'incertitude, dans d'inextricables contradictions. Elle est inutile, parce qu'elle enfle et engendre des disputes sans fin; impossible, parce qu'en toutes choses on peut démontrer le pour et le contre ($\dot{\alpha}\nu\tau\iota\lambda o\gamma i\alpha$, $\dot{\alpha}\nu\tau i\vartheta\varepsilon\sigma\iota\varsigma$ $\tau\tilde{\omega}\nu$ $\lambda\acute{o}\gamma\omega\nu$). L'essence des choses est incompréhensible ($\dot{\alpha}\varkappa\alpha\tau\dot{\alpha}\lambda\eta\pi\tau o\varsigma$). Le sage selon le cœur de Pyrrhon évite de se prononcer dogmatiquement, soit dans un sens soit dans l'autre, réserve le plus possible son jugement ($\dot{\varepsilon}\pi\acute{\varepsilon}\chi\varepsilon\iota\nu$, $\dot{\varepsilon}\pi o\chi\acute{\eta}$) et se garde de la passion qu'engendrent les discussions. Il s'abstient de la négation absolue tout aussi bien que de l'affirmation catégorique et il se distingue

---

[1] Né vers 703.

à la fois des dogmatiques qui affirment la connaissance et des sophistes qui en démontrent l'impossibilité.

Le médecin Timon [1], admirateur et ami de Pyrrhon d'Élis, publia, entre autres écrits sceptiques, un poème satirique (οἱ σίλλοι) où il met en relief les contradictions des métaphysiciens depuis Thalès jusqu'à l'académicien Arcésilas, et dont Eusèbe, dans sa *Præparatio evangelica*, nous a conservé des fragments. Sa doctrine se résume en trois points : 1° les philosophes dogmatiques ne sont pas en état de prouver leur point de départ, qui, par suite, demeure forcément à l'état d'hypothèse ; 2° il n'est pas possible d'avoir une connaissance objective des choses : nous savons ce qu'elles nous paraissent, nous ne saurons jamais ce qu'elles sont indépendamment de nos sens et de notre intelligence ; 3° pour arriver au bonheur, il faut donc renoncer à des spéculations stériles et suivre, sans réserve, la loi de la nature.

Sous une forme piquante, le pyrrhonisme rappelait aux philosophes que le problème de la certitude est fondamental, et, à la faveur de la rivalité qui existait entre l'Académie et la jeune et dogmatique école stoïcienne, il ne tarda pas à s'installer dans la chaire de Platon. L'apparition du problème critique a inauguré l'âge de raison de la Grèce ; sa réapparition, au lendemain de la mort d'Aristote, ouvre la période de décrépitude de la philosophie hellénique.

§ 21. Le Scepticisme académique.

En devenant sceptique, l'Académie ne fit qu'exagérer son principe et retourner en quelque sorte à son berceau. On se rappelle, en effet, que le scepticisme a été le point de départ de Socrate et de Platon. A cette évolution se rattachent les noms d'Arcésilas et de Carnéade, fondateurs de la moyenne et de la

---

[1] Mullach, *Timonis Phliasii fragmenta*, p. 83 ss. — Wachsmuth, *De Timone Phliasio cæterisque sillographis græcis*, Leipz., 1859.

nouvelle Académie. Arcésilas de Pitane[1], successeur du scolarque Cratès, revient à la méthode socratique, n'enseigne pas de système, et, se bornant à développer l'intelligence de ses auditeurs, à leur apprendre à penser par eux-mêmes, à scruter, à discerner le vrai et le faux, ne professe d'autre dogme que celui-ci : ne rien admettre que sous bénéfice d'inventaire. Philosophe critique d'abord, il est entraîné, par l'opposition dogmatique de Zénon, à l'extrême scepticisme. Aux idées claires (φαντασίαι καταληπτικαί) dont Zénon faisait le critérium de la vérité, il oppose les illusions nombreuses où nous induisent les sens. Renchérissant sur le scepticisme de Socrate qui avait dit : je ne sais qu'une chose, c'est que je ne sais rien, cela même, dit Arcésilas, je ne le sais pas de science certaine. Il ne va pas cependant jusqu'aux dernières conséquences de son principe. La certitude, qu'il nie en métaphysique, il l'admet dans l'ordre moral, où il tombe d'accord avec les stoïciens. Mais la logique oblige ses successeurs d'étendre le scepticisme au domaine de l'éthique.

Le plus conséquent d'entre eux, Carnéade[2], ne se distingue plus en rien des sophistes du cinquième siècle, et combat les stoïciens sur le terrain moral et religieux, comme en matière d'ontologie et de critique. Avec un grand talent dialectique, il sait relever les contradictions où s'égare la théologie stoïcienne. Le Dieu du Portique est l'âme du monde : comme âme il possède le sentiment. Or une sensation est une modification (ἑτεροίωσις). Le Dieu des stoïciens peut donc se modifier. Mais ce qui se modifie peut se modifier en mal, dépérir et mourir. Le Dieu des stoïciens n'est donc pas éternel, leur Dieu à sensa-

---

[1] En Éolie, 318-244. — Sources : Diog. L., IV. — Sextus Emp., *Hyp. Pyrrh.*, I. — *Adv. math.*, VII. — R. et P., 404 ss. — [2] 215-130. — Sources : Diog. L., IV. — Sextus Emp., *Adv. math.*, VII. — R. et P., 408 ss. — Victor Brochard, ouvrage cité. — Constant Martha, *Le philosophe Carnéade* (*Revue des Deux-Mondes*, T. XXIX).

tions n'est pas Dieu. D'ailleurs, comme être sensible, le Dieu du Portique est un être corporel, et à ce titre déjà ce n'est pas un être immuable. Si Dieu existe, dit encore Carnéade, il est un être fini ou infini. S'il est fini, c'est qu'il fait *partie* de l'ensemble des choses, il est une partie du Tout et non l'Être complet, total, parfait. S'il est infini, il est immuable, immobile, sans modification ni sensation, c'est-à-dire que, dans ce cas, il n'est pas un être vivant et réel. Dieu ne peut donc être conçu ni comme être fini ni comme être infini. S'il existe, il est incorporel ou corporel : s'il n'a pas de corps, il est insensible; s'il a un corps, il n'est pas éternel. Dieu est vertueux ou sans vertu : mais qu'est-ce qu'un dieu vertueux, sinon un dieu qui reconnaît le bien comme une loi supérieure à sa volonté, c'est-à-dire un dieu qui n'est pas l'Être suprême? Et d'autre part, un dieu sans vertu ne serait-il pas un être inférieur à l'homme? L'idée de Dieu est donc contradictoire à tous les points de vue.

Carnéade en use de même à l'égard des idées de droit, de devoir, de responsabilité. Envoyé à Rome en mission politique, il y fit deux discours à effet, le premier jour en faveur de la justice, le lendemain contre. Il n'y a pas plus de certitude absolue en morale qu'en métaphysique. A défaut d'évidence, il faut, en théorie comme en pratique, nous contenter du probable (τὸ πιθανόν).

Le scepticisme néo-académique fait place, chez les scolarques, successeurs de Carnéade, à un éclectisme critique non sans originalité, puis à un syncrétisme amalgamant sans discernement les doctrines de Platon, d'Aristote, de Zénon, d'Épicure et d'Arcésilas.

§ 22. Le Scepticisme sensualiste.

En regard du scepticisme idéaliste, qui remonte aux éléates, le scepticisme sensualiste de Protagoras, d'Aristippe, de Timon, se continue dans une série de savants, la plupart médecins, dont les recherches aboutissent invariablement à cette conclusion : point de critérium de la vérité, point de connaissance des choses en elles-mêmes. Arcésilas et Carnéade empruntent leurs arguments à la dialectique et aux contradictions où elle s'égare inévitablement; le scepticisme empiriste, type du moderne positivisme, se fonde, en outre, sur une série de faits de l'ordre physiologique et expérimental. Un de ces douteurs, Énésidème de Cnosse[1], dans ses *Huit livres sur le Pyrrhonisme*, dont Sexte nous a conservé de précieux fragments[2], développe les motifs qui ont déterminé Pyrrhon et qui l'engagent lui-même à révoquer en doute la possibilité d'une science certaine. Ces motifs de doute (τρόποι ἢ τόποι ἐποχῆς) sont :

1° La diversité de l'organisation des êtres sensibles, et par suite les impressions différentes, quelquefois opposées, produites par le même objet. De même que celui qui a la jaunisse voit tout en jaune, il se peut que le même objet apparaisse à chaque animal sous des couleurs et dans des proportions différentes.

2° La diversité dans l'organisation humaine. Si nous percevions toutes choses de la même manière, nous aurions tous, ce qui n'est pas le cas, les mêmes impressions, les mêmes idées, les mêmes sentiments, les mêmes tendances.

3° Le désaccord des différents sens dans le même individu. Le même objet peut produire sur deux sens différents des impressions contraires. Voici un tableau qui impressionne agréablement l'œil, rudement le toucher; voilà un oiseau qui charme la vue et qui affecte désagréablement l'ouïe. D'ailleurs tout objet sensible nous apparaît comme un composé d'éléments très divers : une pomme, par exemple, est un composé du lisse,

---

[1] Né à Cnosse en Crète, Énésidème (Αἰνησίδημος) vécut probablement à Alexandrie vers le commencement de l'ère chrétienne. — [2] Sext. Emp., *Hypotyp. Pyrrhon.*, I. — Diog. L., IX. — R. et P., p. 453 ss. — Victor Brochard, ouvrage cité.

de l'odoriférant, du doux, du jaune ou du rouge. Or deux suppositions sont possibles. Il se pourrait que le fruit en question fût quelque chose de simple, qui en soi n'est ni lisse, ni doux, ni coloré, mais qui, pour chaque sens, détermine une impression *sui generis* dépendant de la nature particulière de l'organe sensible. Mais il se pourrait aussi que la pomme dont nous parlons, loin d'être chose simple, fût un objet bien plus complexe encore qu'il ne nous paraît; il serait possible qu'elle renfermât une infinité d'autres éléments très essentiels, mais dont nous n'avons aucune connaissance, parce que les sens correspondants nous font peut-être défaut.

4° Les circonstances et les états où se trouve le sujet sensible diversifient ses impressions à l'infini. Les choses nous apparaissent autrement dans l'état de veille que pendant le sommeil, dans la jeunesse que dans la vieillesse, dans l'état de santé que dans la maladie, dans l'état normal du cerveau que dans l'ivresse.

5° L'incertitude de la connaissance résultant de la situation des objets, de leur éloignement et, en général, de leurs conditions topiques. Un vaisseau vu de loin semble stationnaire; une lumière qui brûle en plein jour est invisible; un éléphant paraît énorme de près, petit à une certaine distance; le cou d'un pigeon change de couleur selon le point de vue de l'observateur. Les phénomènes sont donc toujours déterminés par la position relative de l'objet et par son degré d'éloignement, et, comme les objets que nous observons sont forcément dans une *certaine* position et à une *certaine* distance, nous pouvons bien dire ce qu'ils sont dans *telle* situation et à *telle* distance, mais non ce qu'ils sont indépendamment de ces relations. L'expérience ne donne jamais que le relatif.

6° Nulle sensation n'est pure; à chacune se mêlent des éléments étrangers, émanés soit du monde extérieur soit de nous-mêmes. Le son, par exemple, résonne autrement dans l'air dense que dans l'air raréfié. Les épices exhalent une odeur plus forte dans une chambre et au chaud qu'au grand air et au froid. Les corps sont plus légers dans l'eau que dans l'air. De même il faut tenir compte, dans la sensation, de ce que nous y ajoutons nous-mêmes soit comme corps soit comme entendement. Il faut noter l'influence que l'œil, ses tissus, ses humeurs, exercent sur la sensation : tel objet me paraît bleu que mon voisin voit vert ; et il faut tenir compte, enfin, de l'influence de notre entendement, des remaniements qu'il fait subir peut-être aux données des sens, pour les convertir en idées et en notions.

7° Les qualités varient selon les quantités. Une corne de chèvre (le tout) est noire, les fragments que j'en détache (les parties) sont blanchâtres. Le vin, pris en petite quantité, fortifie ; en grande quantité, affaiblit. Certains poisons tuent quand ils sont isolés, guérissent quand on y ajoute d'autres substances.

8° Nous ne percevons que des phénomènes et des relations ; nous ne percevons jamais les choses elles-mêmes. Nous savons ce qu'elles sont par rapport à autre chose et à nous, nous ignorons absolument ce qu'elles sont *par rapport à elles-mêmes*.

9° Un dernier motif de doute, et des plus forts, c'est l'influence de l'habitude, de l'éducation et du milieu social et religieux où elle a lieu. Le soleil, que nous sommes habitués à voir, nous laisse indifférents ; la comète, qui est l'exception, nous impressionne de la manière la plus vive. Nous estimons ce qui est rare, nous dédaignons ce qui est commun, bien que ce qui est commun ait plus de valeur réelle, peut-être, que ce qui est rare. Pour le Juif élevé dans le culte de Jéhova, Jupiter n'est qu'une idole ; pour le Grec élevé dans le culte de Jupiter, c'est Jéhova qui est le faux Dieu. Supposez le Juif né Grec, faites naître le Grec de la race d'Abraham, et les rôles se trouveront intervertis. Le Juif s'abstient du sang des animaux, parce que sa religion le lui commande ; le Grec s'en nourrit sans le moindre scrupule, parce que ses prêtres n'y trouvent pas d'inconvénients.

Autres pays, autres mœurs. Dire ce que Dieu est en soi et indépendamment des idées humaines, connaître le bien et le mal en soi et abstraction faite de nos conceptions, semble à jamais impossible.

Le même philosophe soumet l'idée de *cause* à une critique[1] dont D. Hume reproduira les traits essentiels. Le rapport de causalité ne se conçoit, selon Énésidème, ni dans le monde des corps, ni dans l'ordre immatériel, ni entre corps et esprits. La cause efficiente d'un corps ne peut être un corps : on ne peut concevoir, en effet, que de l'unité procède le deux, du deux le trois et ainsi de suite. Pour la même raison ce ne peut être une entité immatérielle. Un être immatériel ne peut d'ailleurs ni toucher la matière ni en être touché, ni agir sur elle, ni la subir. Ce qui est matériel ne peut produire l'immatériel et *vice versa*, puisque l'effet est nécessairement de même nature que la cause : jamais cheval ne produit un homme et *vice versa*. Or, en fait d'objets que nous qualifions de causes, il n'y a que des corps ou des êtres immatériels. Il n'y a donc pas de causes au sens propre du mot.

On arrive au même résultat en se plaçant au point de vue du mouvement et du repos. Il est impossible, en effet, que le repos produise le mouvement ou que le mouvement produise le repos. De même, il n'est pas possible que le repos produise le repos, que le mouvement produise le mouvement.

La cause est ou simultanée ou antérieure ou consécutive à son effet. Dans le premier cas, l'effet peut être cause et la cause peut être effet; dans le second, il n'y a point d'effet tant que la cause agit, et il n'y a plus de cause agissante sitôt que l'effet est produit. Le troisième cas est une hypothèse absurde.

Ce qu'on appelle cause agit par soi-même ou par un intermédiaire. Dans la première hypothèse, il faudrait que la cause

---

[1] Sextus Empiricus, *Adv. math.*, IX, 220 ss.

agît toujours et dans tous les cas, ce qui est démenti par l'expérience ; dans la seconde, l'intermédiaire peut être cause aussi bien que la soi-disant cause.

Ce qui est censé être cause possède une seule et même propriété ou en possède plusieurs. Dans le premier cas, il faudrait que la prétendue cause agît toujours et en toute circonstance de la même manière, ce qui n'est pas. Le soleil, par exemple, tantôt brûle, tantôt échauffe sans brûler, tantôt luit sans brûler ni échauffer ; il agit différemment sur l'argile, qu'il durcit ; sur la peau, qu'il brunit ; sur les fruits, qu'il rougit : le soleil a donc des propriétés diverses. Mais d'autre part on ne conçoit pas qu'il les ait, parce que, s'il les avait, du même coup il brûlerait tout, fondrait tout, durcirait tout.

Objecter que l'effet qu'il produit dépend de la nature de l'objet exposé à ses rayons, c'est donner raison au scepticisme ; c'est convenir que l'argile, qu'il durcit, et la cire, qu'il fait fondre, sont *causes* tout aussi bien que le soleil, que, par conséquent, ce qui est *véritablement* cause, c'est le contact des rayons solaires et de l'objet qu'ils sollicitent. Mais c'est précisément ce contact qui ne se conçoit pas : car ou il est indirect ou il est immédiat. S'il est indirect, c'est qu'il n'y a pas réellement contact, et dans le second cas, il n'y a pas contact non plus, mais union, fusion, identification des deux objets.

De même que l'action effectuante, l'action subie ou la passion est incompréhensible. Subir, souffrir, c'est être diminué, privé de l'être dans une certaine mesure. Pour autant que je suis passif, je n'existe point. Subir, c'est donc être et ne pas être dans le même instant : ce qui est contradictoire. Au surplus, l'idée de devenir renferme une contradiction évidente, et il est absurde de dire que l'argile *devient* dure, que la cire *devient* molle, car c'est prétendre que, dans le même moment, l'argile est dure et molle, la cire molle et dure ; c'est affirmer que ce qui n'est pas est, que ce qui est n'est pas. Donc, point de devenir. Donc enfin, point de causalité. L'impossibilité du rapport de causalité c'est l'impossibilité du devenir.

Agrippa, autre sceptique, postérieur à Énésidème d'un siècle environ, insiste de même sur le caractère relatif et subjectif de nos idées, sur le désaccord des philosophes, sur leur prédilection pour les hypothèses, sur leurs cercles vicieux [1], enfin sur ce fait que le raisonnement syllogistique ne saurait donner des résultats certains, attendu que toute majeure est la conclusion d'un syllogisme précédent, et ainsi de suite à l'infini (*regressus in infinitum*).

Le dernier et le plus intrépide des sceptiques grecs est Sexte l'Empirique, médecin d'une vaste érudition, qui vécut à Alexandrie vers l'année 300 de notre ère, et dont il nous reste deux ouvrages précieux : les *Hypotyposes pyrrhoniennes* et le traité *Contre les mathématiciens*. S'attaquant à la science qui, par l'évidence de ses principes, servait de dernier refuge au dogmatisme et à la métaphysique, il déclare incertaines non seulement la grammaire, la rhétorique, la musique, l'astronomie et les sciences philosophiques proprement dites, mais jusqu'à l'arithmétique et à la géométrie, où il trouve cette contradiction fondamentale que la ligne est à la fois étendue et composée de points inétendus. La certitude n'est donc le privilège d'aucune science quelconque, et, en mathématiques comme en physique, en logique comme en morale, tout est vague, douteux, contradictoire, dans les théories comme dans les méthodes. Cette assertion même, que toute science est incertaine, le vrai scepticisme, qui est celui de Pyrrhon, ne la donne que sous toutes réserves. Affirmer catégoriquement que la métaphysique au sens péripatéticien, c'est-à-dire la connaissance des choses en elles-mêmes, est impossible, c'est encore être dogmatique et

---

[1] Les stoïciens prouvaient, par exemple, l'existence de Dieu par la perfection du monde, et la perfection du monde par l'existence de Dieu.

métaphysicien. C'est, au gré des pyrrhoniens, le défaut du scepticisme de la nouvelle Académie, qui n'est qu'un dogmatisme négatif. Le vrai sceptique s'abstient de tout jugement absolu, quel qu'il soit. Par une neutralité complète (ἐποχή), il arrive, sinon à l'apathie absolue, du moins à cette mesure et à cet équilibre moral (μετροπάθεια) qui est le vrai bonheur. De même que le stoïcien et l'épicurien, le sceptique poursuit avant tout un but pratique, mais la voie qui l'y conduit est l'abstention en matière d'ontologie. Son système est de ne pas en avoir, et, s'il lui prenait fantaisie de s'ériger en dogme, de douter de lui-même.

Mais, en doutant de lui-même, le scepticisme radical abdiquait, de fait, en faveur du probabilisme académique.

§ 23. Le mouvement scientifique [1].

Pendant que la philosophie s'immobilisait dans un scepticisme stérile, les sciences qui tour à tour s'étaient détachées du tronc de la primitive σοφία, prenaient un essor merveilleux dans les îles grecques de la Méditerranée et en Égypte, où les mathématiques avaient fleuri lorsque la Grèce elle-même était encore barbare. La science expérimentale n'avançait, il est vrai, que très lentement. Ainsi que la philosophie, elle était comme paralysée par l'idée fixe que les sens sont trompeurs et que la raison n'a pas qualité pour les redresser. En toutes choses d'ailleurs, le génie impatient des Grecs les portait au raisonnement et à la spéculation *a priori*, de préférence au labeur minutieux et persévérant de l'observation et de l'expérience. Mais les sciences

---

[1] Montucla, *Histoire des sciences mathématiques*, notamment les deux premiers volumes, Paris, 1758. — Delambre, *Histoire de l'astronomie*, 7 vol., Paris, 1817-23. — Draper, *Histoire du développement intellectuel de l'Europe*, trad. Aubert, t. I, Paris, 1868. — Chasles, *Aperçu historique sur l'origine et le développement des méthodes en géométrie*, 2ᵉ éd., 1875.

où le raisonnement joue un rôle capital, les mathématiques et leurs applications à la physique, en un mot les sciences exactes, firent les progrès les plus rapides. Elles seules échappaient aux étreintes de l'universel scepticisme. En dépit des attaques de l'empirisme, on ne pouvait douter raisonnablement de la vérité, que deux fois deux font quatre, et que les trois angles d'un triangle égalent deux droits.

En Sicile, où se perpétuaient les traditions pythagoriciennes, Hikétas et Archimède de Syracuse professent dès le troisième siècle avant Jésus-Christ un système astronomique assez semblable à celui de Copernic. Le second de ces savants dota la physique du procédé de détermination des pesanteurs spécifiques, des miroirs ardents, de la vis sans fin, et créa la mécanique rationnelle par sa théorie du levier. Un compatriote de Pythagore, Aristarque de Samos, proposa, à la même époque, de mesurer la distance de la terre au soleil par la dichotomie de la lune, et, ce qui est plus important, — car cette méthode a été reconnue impraticable, — tenta de substituer au système géocentrique d'Aristote l'hypothèse du mouvement de la terre autour du soleil. Cette théorie, qui fut adoptée et développée par Séleucus, de Séleucie en Babylonie, mais traitée d'impie par les stoïciens et répudiée par Ptolémée lui-même, le plus célèbre sinon le plus distingué des astronomes d'Alexandrie, ne devait l'emporter sur sa rivale que dans les temps modernes, grâce à Copernic, à Kepler et à Galilée.

Sur la rive opposée de la Méditerranée, Alexandrie, fondée dans la seconde moitié du quatrième siècle par le conquérant qui lui a donné son nom, devint, sous les Ptolémées, un foyer de science en même temps que le centre de l'activité commerciale du monde. C'est là, bien plutôt que dans les écoles d'Athènes, qu'il faut chercher les légitimes descendants spirituels de Platon et d'Aristote. Athènes, qui avait banni le roi de la science, était supplantée pour toujours. L'esprit du Stagirite avait passé à son élève, et d'Alexandre à Ptolémée et ses successeurs. Le Musée qu'ils fondèrent dans la nouvelle capitale de l'Égypte est une institution merveilleuse, une tentative d'organisation de la science à laquelle rien ne se peut comparer ni dans l'antiquité ni dans les temps modernes. Des savants de toute nation y étaient entretenus aux frais de l'État, et des milliers d'étudiants y affluaient de tous les pays environnants. Les naturalistes y trouvaient un jardin botanique, une vaste collection zoologique, un amphithéâtre d'anatomie; les astronomes, un observatoire; les littérateurs, les grammairiens, les philologues, une splendide bibliothèque, qui, dans les premiers siècles de notre ère, atteignit le chiffre de sept cent mille volumes. C'est là que, vers 290, Euclide écrivit ses *Éléments de géométrie*, ses traités sur l'*Harmonie*, l'*Optique* et la *Catoptrique*, qu'Ératosthène, bibliothécaire royal sous Ptolémée Philadelphe, entreprit ses remarquables travaux astronomiques, géographiques et historiques, qu'Apollonius de Perga donna son traité *Des sections coniques*, qu'Arystille et Timocharus firent les observations qui servirent de base à la découverte de la précession des équinoxes par l'astronome Hipparque, que Ptolémée écrivit l'*Almageste* ($\mu\varepsilon\gamma\acute{\alpha}\lambda\eta$ $\sigma\acute{\upsilon}\nu\tau\alpha\xi\iota\varsigma$), qui demeura jusqu'à Copernic le code incontesté de l'astronomie, et sa *Géographie*, qui fut en usage dans les écoles de l'Europe pendant quatorze siècles. Dès cette époque, la sphéricité de la terre, ses pôles, son axe, l'équateur, les cercles arctique et antarctique, les points équinoxiaux, les solstices, l'inégalité des climats à la surface du globe, étaient des notions courantes parmi les savants. Le mécanisme des phases lunaires était parfaitement compris, et les distances intersidérales faisaient l'objet de calculs persistants, sinon couronnés d'un plein succès.

D'autre part, les lettres et les arts, protégés par la cour, étaient cultivés avec le plus grand soin. La littérature et son histoire, la philologie, la critique, devinrent des sciences. La

Bible hébraïque passa dans l'idiome grec, ainsi que d'autres livres d'origine orientale. Grâce au contact du bouddhiste et du juif, de l'Hellène et de l'Égyptien, les religions les plus diverses se connurent les unes les autres, et il en résulta, d'une part, une théologie comparée, de l'autre, une fusion des croyances, une sorte d'éclectisme religieux, qui prépara les voies à l'unité catholique.

§ 24. L'Éclectisme [1].

Le mouvement scientifique d'Alexandrie fut arrêté brusquement au deuxième siècle par la centralisation romaine. Le génie grec offrait dès lors les symptômes non équivoques de la décrépitude. Les lettres et les arts déclinèrent rapidement. La philosophie, souffrant du scepticisme comme d'un mal incurable, arrachée d'ailleurs au sol nourricier de la vie nationale, était frappée de stérilité. A partir du médecin Galien et de l'astronome Ptolémée, les sciences physiques demeurèrent stationnaires. D'une part, la religion des pères était un objet de scandale et de dérision; de l'autre, la morale, qui devait tenir la place de la religion, flottait incertaine entre les trivialités de l'épicurisme et les utopies du Portique; l'idéal où elle aspirait, l'ataraxie, semblait la fuir à mesure qu'elle pensait s'en rapprocher. Dans cet état de sénile prostration, la pensée grecque se reportait avec amour aux jours de sa force créatrice; elle prit goût pour l'histoire, pour l'archéologie, en un mot pour le passé. Devenue sceptique à l'égard du scepticisme lui-même, impuissante d'ailleurs à produire des systèmes originaux, elle se fit éclectique et vécut de souvenirs. Les anciennes écoles, dont chacune avait naguère encore son principe, son cachet propre, son individualité à part, l'Académie, le Lycée, le Portique, après une lutte trois

---

[1] Sources : Suidas. — Les *Traités* de Philon le Juif, de Plutarque et d'Apulée. — Eusèbe, *Præp. evangelica*, XI, XV, etc.

fois séculaire, se réconcilièrent peu à peu pour se fondre en un syncrétisme incolore.

L'impuissance, d'ailleurs, n'était pas la cause unique de cette fusion des partis. Tant que le judaïsme conservait sa forme nationale et exclusive, il n'était pas à craindre. Mais, quand Philon d'Alexandrie[1] eut essayé de concilier le mosaïsme et Platon, quand Jésus et son apôtre, Paul de Tarse, l'eurent dégagé de son enveloppe nationale, rien ne s'opposait plus à ses progrès dans le monde gréco-romain. Depuis longtemps l'opinion était au monothéisme. Le péripatétisme et le stoïcisme romain l'affirmaient hautement, mais ne s'adressaient guère qu'au public lettré. Le christianisme était une religion dans le vrai sens du mot. Éminemment populaire, il s'adressait de préférence aux ignorants, aux pauvres, aux petits, à tous ceux qui désiraient l'avènement d'un monde meilleur ($\beta\alpha\sigma\iota\lambda\epsilon\iota\alpha\ \tau o\tilde{u}\ \vartheta\epsilon o\tilde{u}$). C'était donc un adversaire redoutable, en présence duquel il fallait serrer les rangs et réunir en faisceau les *disjecta membra* de l'ancienne philosophie.

A la révélation biblique, on opposa Pythagore et Platon; au Dieu des juifs et des chrétiens, le Dieu de Xénophane, de Socrate et d'Aristote. A l'exemple des stoïciens, l'on chercha à concilier le polythéisme traditionnel et le monothéisme au moyen de l'idée panthéiste d'un principe suprême et unique se personnifiant dans une série de divinités secondaires : idée qui, en passant dans le camp monothéiste, se traduisit dans les *éons* des gnostiques chrétiens, dans les *sephiroth* des cabalistes juifs et dans les *hypostases* de la théologie catholique. Conformément au génie grec et en opposition à la tendance chrétienne, on

---

[1] Théologien juif, contemporain de Jésus. Il nous reste de lui de nombreux écrits, dont la plupart sont des commentaires sur l'Ancien Testament. Pour concilier les textes sacrés avec la philosophie de son siècle, il se sert, ainsi que les stoïciens, de l'*allégorie*. Sa théorie du λόγος (Verbe révélateur de Dieu, fils de Dieu, second Dieu) a passé dans le christianisme (*Évangile selon saint Jean*, chap. I). — *Philonis Judæi opera omnia*, éd. Richter, 4 vol., Leipz., 1828-30.

continuait d'identifier le beau et le bien, le laid et le mal, le mal métaphysique et le mal moral. On faisait dériver le bien de l'esprit, principe formel ou idéal, le mal, de la matière luttant contre les étreintes de l'Idée. Dieu était, pour les uns, un principe neutre, supérieur à l'intelligence comme à la matière et engendrant l'une et l'autre; pour les autres, il s'identifiait avec le principe spirituel ou idéal; il n'était plus l'unité des contraires, mais le contraire de la matière, qui dès lors n'était plus son produit, sa fille, mais une rivale coéternelle et égale en puissance : dualisme plus ou moins absolu, qui à son tour influence les adversaires et se reflète dans les hérésies gnostiques. Si Dieu seul, pensait-on, est sans péché, c'est que lui seul est sans matière, et, la matière étant la source du mal, tout être corporel est par là même pécheur. On en concluait soit à la nécessité du péché, soit à l'obligation, pour le sage, de mortifier le corps par les pratiques ascétiques et les abstinences. A la croyance chrétienne de la résurrection de la chair, on opposait le dogme platonicien de l'immortalité de l'âme séparée du corps; à la création *ex nihilo*, la préexistence des âmes et l'éternité de la matière.

On faisait du reste à l'ennemi les plus larges concessions. Pourvu qu'il consentît à mettre Orphée, Pythagore, Platon, sur la même ligne que Moïse, Ésaïe, saint Paul, et à reconnaître dans les penseurs de l'ancienne Grèce des organes du λόγος éternel, on était prêt à lui tendre la main. L'on déclarait toutes les religions sœurs, et filles d'une révélation primitive, que la différence des nationalités a modifiées dans des sens divers. Les plus libéraux, Modératus, Nicomaque, Numénius, se plaisaient à appeler Moïse le Platon israélite, et Platon le Moïse attique (Μωυσῆς ἀττικίζων). Mais, à l'exception de quelques docteurs chrétiens, la plupart des adversaires refusèrent le compromis que leur offrait l'éclectisme. Bien que disposés à s'incliner devant les vérités éparses dans le platonisme, ils contestaient l'originalité de Platon et prétendaient qu'il les avait puisées dans la Bible.

En présence des arguments chrétiens, la philosophie grecque fut obligée de changer les habitudes séculaires de sa polémique. Excepté quelques Pères de l'Église aussi tolérants qu'érudits, les chrétiens, imitant le judaïsme, n'admettaient d'autre philosophie que l'exégèse des Saints-Livres, d'autre critérium de la vérité d'une doctrine que sa conformité à la révélation, consignée dans les Écritures. Donc, vis-à-vis du christianisme, il fallait invoquer des textes ou baisser pavillon; les arguments tirés de la raison pure, une discussion qui ne se basait pas sur des textes, n'étaient plus de mise. De là, chez les philosophes de cette époque, une ardeur extraordinaire à étudier les textes de leurs prédécesseurs, notamment ceux de Platon et d'Aristote, ardeur qui dégénéra en un vrai fétichisme de la lettre, non moins exclusif que la littérolâtrie de leurs adversaires[1]. Les écrits des grands philosophes attiques devinrent une sorte de Bible, de révélation surnaturelle pour le fond comme pour la forme. On les déclara des chefs-d'œuvre inimitables et l'on s'y affectionna au point de considérer chaque phrase, chaque mot comme inspiré. Les philologues, les grammairiens, les critiques se coalisèrent pour analyser, épurer, fixer, commenter les textes. On affectait d'imiter non seulement la manière de penser, mais le style de Platon, qui pour ces Grecs amoureux de la forme valait presque le contenu. Alcinoüs, Atticus, commentèrent Platon; Alexandre d'Aphrodisias — pour ne nommer que le plus marquant de ces commentateurs — consacra son érudition et sa sagacité à l'interprétation d'Aristote.

Chez plusieurs, le littéralisme enfanta les plus étranges superstitions. Prenant la forme pour le fond, l'allégorie pour le

[1] Les écrits authentiques des anciens philosophes ne suffisant pas, on fabriqua les *Orphiques*, les *Livres d'Hermès*, les *Oracles chaldéens*, etc. C'est l'âge d'or de la littérature apocryphe.

sens intime, Plutarque de Chéronée et Apulée faisaient de Platon un apôtre du plus vulgaire polythéisme. Mais d'autre part, Ammonius Saccas, le fondateur, d'ailleurs peu connu, de l'école néoplatonicienne d'Alexandrie[1], Longin, auteur présumé du traité *Du sublime*, Érennius, le successeur d'Ammonius, et surtout Plotin de Lycopolis, surent pénétrer plus avant dans l'esprit de l'illustre Athénien et donner à sa pensée cette forme systématique et définitive qui lui faisait défaut. Dans le néoplatonisme, et en particulier dans la philosophie de Plotin, l'esprit grec semble se recueillir une fois encore, afin de formuler d'une manière définitive et solennelle le résultat de ses réflexions dix fois séculaires et de dire son dernier mot sur Dieu, le monde et l'âme humaine.

§ 25. Plotin et le Néoplatonisme.

Plotin, de Lycopolis en Égypte, disciple d'Ammonius Saccas d'Alexandrie, se rendit à Rome vers 244 et y professa la philosophie pendant vingt-cinq ans. L'école qu'il y fonda comptait des hommes de tous pays et de toute condition, des médecins, des rhéteurs, des poètes, des sénateurs, voire même un empereur et une impératrice, Gallien et Salonine, et devint le rendez-vous de ce que le public demeuré païen possédait encore de philosophie, de science, de talent littéraire. On y commentait sans relâche les philosophes attiques, et on leur vouait même un culte analogue à celui dont Jésus, les apôtres et les martyrs étaient les objets de la part de la communauté chrétienne, dès lors nombreuse et influente. Plotin, qui ne se décida à écrire qu'à cinquante ans, laissa en mourant (270) cinquante-quatre traités

---

[1] Voy. Jules Simon, *Histoire de l'école d'Alexandrie*, 2 vol. in-8, 1844-45. — Vacherot, *Histoire critique de l'école d'Alexandrie*, 3 vol. in-8. — C. H. Kirchner, *la Philosophie de Plotin*, Halle, 1854 (en allemand).

que son disciple Porphyre publia en six *Ennéades* ou séries de neuf traités[1].

L'idée-mère de cet ouvrage capital est un panthéisme émanatiste envisageant le monde comme un *épanchement*, une diffusion de la vie divine, et sa *résorption* en Dieu comme le but final de l'existence. Les degrés de l'épanchement sont : la spiritualité, l'animalité, la corporéité; ceux de la résorption sont : la perception sensible, le raisonnement, l'intuition mystique. Considérons, avec l'auteur, la hiérarchie des êtres, 1° dans son principe, et 2° à ses trois degrés.

I. DIEU. — Tout être se compose d'une matière et d'une forme : Dieu (le Un, la Forme) et la matière ($ὕλη$) sont les principes constitutifs et comme les deux pôles de l'univers. Dieu est la $δύναμις$ qui produit tout, la puissance active; la matière est la $δύναμις$ qui subit tout, devient tout, se modifie à l'infini, l'opposé de l'absolue $ἐνέργεια$. Toutefois, subissant la forme, elle ne constitue pas, à son égard, une antithèse absolue, et il n'y a, en dernière analyse, qu'un seul principe suprême, Forme, Unité, Dieu.

L'unité divine n'a rien de numérique, l'unité de nombre supposant le deux, le trois et ainsi de suite, tandis que l'unité divine égale l'infini et renferme toutes choses. Elle n'est pas divisible comme l'unité numérique avec ses fractions sans fin; elle est au-dessus de notre conception; elle est le miracle des miracles. Elle produit toutes choses et n'est produite par rien; elle est la source de toute beauté sans être belle elle-même, la source de toute forme sans avoir elle-même aucune forme, la source de toute pensée et de toute intelligence sans être elle-même un être pensant et intelligent, le principe, la mesure et la fin de toutes choses ($πάντων\ μέτρον\ καὶ\ πέρας$), sans être elle-

---

[1] Édition complète des *Ennéades*, Oxford 1835, 3 vol. in-4, par Creutzer, avec la traduction de Marsile Ficin. — M. Bouillet en a donné une traduction française en 3 vol., Paris, 1856-1867.

même une chose à proprement parler. Elle est la pensée pure, mère de toute pensée concrète, la pure lumière qui nous fait voir toutes choses et que, par suite, nous ne distinguons pas, d'ordinaire, des choses elles-mêmes; elle est le principe de ce qui est bon, le bien suprême, sans être *bonne*, comme peut l'être une créature participant à la bonté. Elle *n'a* ni bonté, ni beauté, ni intelligence, mais elle *est* la bonté, la beauté, la pensée même. Attribuer à Dieu l'aperception interne et en faire un être individuel, c'est le rapetisser. La conscience que nous avons de nous-mêmes est un bien pour nous, elle ne serait pas un bien pour Dieu. Ce qui est ténébreux recherche la lumière moyennant la vue; mais la lumière elle-même a-t-elle besoin de voir? Non que l'Être suprême soit inconscient et aveugle à la manière d'une pierre ou d'une plante; il est au-dessus de l'inconscience comme au-dessus de la conscience; cette opposition de conscience et d'inconscience n'existe pas pour lui. Dieu n'a pas davantage une volonté au sens humain de ce mot; il ne tend vers aucun but; il ne veut et ne désire que lui-même, parce qu'en dehors de lui rien n'est désirable; il est la paix, le repos, la satisfaction suprême. Il n'est ni libre comme le sont les âmes, ni esclave à la manière des corps; il est au-dessus du libre arbitre flottant entre des déterminations contraires, comme au-dessus de la condition des êtres corporels, qui reçoivent leurs impulsions d'une puissance étrangère. Toute qualification que nous lui donnons le limitant, il faut nous abstenir de lui donner des attributs; il est à la fois tout et rien de tout ce que nous pouvons imaginer; lui attribuer, lui *donner* quoi que ce soit, c'est l'en priver.

Voilà pourquoi les déterminations que Plotin lui a données plus haut (le Un, le Bien, la Pensée pure, l'Acte pur), il est obligé lui-même de les déclarer inadéquates : tout ce que nous pouvons dire de Dieu, c'est qu'il est au-dessus de tout ce qui se peut concevoir et dire. Strictement parlant, on ne peut même pas affirmer qu'il existe, car il est au-dessus de l'être même. Abstraction suprême, nous ne pouvons nous élever à lui qu'au moyen d'une abstraction absolue, radicale. Déjà, pour concevoir les Idées, il faut que nous fassions abstraction des données des sens; or, Dieu étant aussi élevé au-dessus des Idées que celles-ci le sont au-dessus des choses sensibles, il faut, pour atteindre à Dieu, faire abstraction de toute Idée; il faut que la pensée, arrivée à ce sommet des choses, rejette l'échelle qui lui a servi pour le gravir, renonce à elle-même et devienne contemplation, adoration. Vouloir fixer Dieu soit par la pensée soit par le langage, c'est le perdre.

La Divinité de Platon est supérieure à l'être[1], mais non pas à l'Idée; reine des Idées et Idée elle-même, elle est accessible à la raison : le Dieu du néoplatonisme, étant supérieur à l'Idée elle-même[2], échappe à la pensée (ἐπέκεινα νοήσεως). C'est là une différence entre les deux systèmes, qu'il faut constater sans l'exagérer toutefois au point d'opposer Plotin le mystique à Platon le rationaliste. L'union de l'esprit humain avec l'absolu n'est possible, selon Plotin, qu'à ceux qui, par un travail intellectuel assidu, ont gravi préalablement tous les degrés intermédiaires entre la vulgaire opinion (δόξα) et la connaissance philosophique (γνῶσις). Pour admettre que la pensée ne saurait pénétrer dans le sanctuaire, il ne l'en considère pas moins comme indispensable pour nous mener jusqu'au seuil du temple; et si, arrivé au but, il remercie l'intermédiaire qui l'y a conduit, ce n'est pas à dire qu'il le dédaigne. D'un autre côté, Platon, nous l'avons vu, renferme tous les éléments de ce qu'on a appelé le mysticisme alexandrin : l'amour philosophique,

---

[1] *Républ.*, VI, 509. — [2] Plotin, il faut l'ajouter, n'est pas toujours conséquent, et, de même que son moderne imitateur Schelling, il considère Dieu tantôt comme l'unité supérieure à tous les contrastes, partant à celui de l'esprit et de la matière, tantôt comme l'esprit par opposition au corps. C'est surtout sa morale qui est dominée par ce second point de vue, dont les conséquences naturelles sont l'ascétisme et le *nirvana*.

l'enthousiasme, le ravissement du sage dans le monde des Idées [1].

L'univers émane de l'absolu, comme la lumière, du soleil; comme la chaleur, du feu; la conséquence, de l'axiome. Dieu est la bonté, le Père qui souhaite à toutes choses l'existence [2]. Mais en toutes choses émanées de lui, il y a un désir vague ou conscient de revenir à lui (ἐπιστροφή). Tout gravite autour de lui et tend à se rapprocher de lui. L'individualité n'est pas l'existence définitive : elle n'est que la transition de Dieu, principe des choses, à Dieu, leur but idéal; de Dieu, l'infinie δύναμις, à Dieu, l'absolue ἐνέργεια. Si le monde est un système harmonieux, c'est grâce à ce fait que toutes choses convergent vers le même absolu. Ce *retour* de l'être à sa source divine, c'est la pensée, la contemplation, l'intuition (θεωρία), qui seule donne à l'âme la satisfaction suprême qu'elle réclame. Apercevoir, voir, contempler, est le but de toute action, de toute tendance, de tout mouvement. Chacun recherche l'absolu à sa manière. Il y a des natures méditatives et des natures pratiques; mais les premières, selon Platon, sont supérieures aux autres. Les unes et les autres aspirent au même but; mais les premières y tendent par la voie la plus directe, la pensée; les autres, par des détours infinis : car l'action est une aberration de la pensée et dénote une impuissance relative de l'entendement (ἀσθένεια θεωρίας). Voir n'est pas seulement le but final de la vie, c'est la vie elle-même (ἐκ θεωρίας καὶ θεωρία ἐστί). L'animal, la plante, tout ce qui existe, est doué de perception. Toute vie se réduisant, en dernière analyse, à la pensée, et Dieu étant le créateur de toutes choses, on peut dire avec Aristote, et sous les réserves faites plus haut, que Dieu est la pensée pure, sans autre objet qu'elle-même, l'intelligence en principe, la puissance d'intuition qui, sans voir elle-même, nous fait voir toutes choses.

---

[1] *Ennéades*, I, 8, 2; III, 9, 3; V, 3-5. — [2] *Timée*, 29 E.

II. Les trois degrés de l'être. 1. *L'intelligence*. — Émanation première de Dieu, l'intelligence est ce qu'il y a de plus grand dans le monde; les émanations suivantes sont de plus en plus imparfaites : la création est une déchéance, une dégradation progressive du divin. Dans l'intelligence, l'unité absolue de Dieu se dédouble en intelligence proprement dite (νοῦς) et monde intelligible (νοητὸς κόσμος), sujet et objet (style moderne). Toutefois, comparée aux corps, l'intelligence est encore une unité presque absolue; du moins, le monde intelligible et la raison qui le contemple ne sont-ils séparés encore ni quant au temps, ni quant à l'espace; le νοῦς et le κόσμος νοητός sont *l'un dans l'autre*. Les Idées sont immanentes à l'intelligence qui les conçoit; l'intelligence, inséparable des Idées.

Le passage de l'unité divine à cette première dualité, le *comment* de l'émanation, est un mystère au même titre que Dieu lui-même. Toute explication rationnelle qu'on pourrait en donner serait insuffisante. Si la dyade, a-t-on dit, sort de la monade, c'est qu'elle y est déjà renfermée en germe. Mais alors la monade serait déjà dyade et non monade au sens absolu. D'autres identifient le Un avec le Tout. Mais si Dieu n'est que la somme des choses existantes, c'est qu'il est un simple mot pour désigner le résultat d'une addition, et non le principe souverainement réel d'où les choses dérivent. En dignité sinon quant à la durée, Dieu est antérieur au Tout (πρὸ πάντων), bien qu'on puisse l'appeler πᾶν, en tant qu'il est l'essence de tout ce qui existe. On prétend expliquer l'émanation en l'appelant un partage de la primitive unité; mais l'unité divine, qui n'a rien de numérique, est indivisible. On l'a comparée au rayonnement d'un corps brillant (περίλαμψις), à l'irradiation solaire, à une coupe qui éternellement déborde, parce que son contenu est infini et ne peut y tenir. Ces images, si belles qu'elles soient, sont empruntées au monde matériel et ne sauraient expliquer l'immatériel. L'émanation est donc bien réellement un miracle (θαῦμα) comme Dieu lui-même.

Les Idées[1] sont de deux sortes : il y a, d'une part, les genres (γένη) ou formes générales de toutes les existences, savoir l'être (ὄν), l'identité (ταυτότης), la différence (ἑτερότης), le repos (στάσις), le mouvement (κίνησις), et d'autre part, les types spécifiques des êtres individuels (εἴδη[2]). On peut considérer tous les genres comme des modifications de l'être unique, et tous les types spécifiques comme se résumant en un seul : le Type universel ou l'Idée d'univers (κόσμος νοητός). Tout ce qui existe dans le monde visible a son Idée correspondante, son prototype, dans le monde intelligible. Il n'y a pas seulement l'Idée d'homme, mais il y a l'Idée de Socrate, de Platon et ainsi de suite, c'est-à-dire autant d'Idées que d'individus. Chacun de nous réalise une Idée distincte. L'Idée n'est donc pas l'espèce se résolvant en une totalité d'individus passagers, mais elle est l'individu considéré comme éternel. De ce qu'il y a autant d'Idées que d'individus, il ne s'ensuit pas que le nombre des Idées soit illimité. Infini au gré de notre imagination, le nombre des individus existants ne l'est pas en soi, sans quoi l'univers ne serait pas un être parfait, c'est-à-dire au sens grec, parachevé (ζῷον παντελές) : de même aussi les Idées, types des individus, existent, dans l'intelligence, fille de Dieu, en nombre déterminé et invariable.

2. *L'âme.* — L'intelligence à son tour est créatrice, comme l'absolu dont elle émane, mais sa force de production est moindre. Ce qui émane d'elle, son rayonnement, c'est l'âme (ψυχή[3]), semblable mais inférieure au νοῦς. En effet, la raison trouve en elle-même ses Idées, qui sont sa propriété immanente et sa substance : l'âme est obligée de les chercher, de s'élever à elles par la réflexion (διάνοια), et ce qu'elle obtient par ce travail, ce ne sont pas les Idées elles-mêmes, mais leurs images plus ou moins adéquates, de simples notions (λόγοι). Elle n'a

---

[1] *Ennéades*, VI, 1-3. — [2] *Ibid.*, VI, 2, 8. — [3] *Ibid.*, IV.

pas, comme l'intellect, l'intuition immédiate et totale, elle est réduite à la pensée discursive, à l'analyse.

Subordonnée à l'intellect, elle tend vers lui, comme la raison elle-même tend à Dieu. Sa mission est de *devenir* ce que l'intellect *est a priori*, c'est-à-dire intelligente (*νοερά*). De même qu'il n'y a qu'*un* absolu, *une* raison et *un* monde intelligible, de même il n'y a, au fond de toutes les âmes individuelles, qu'une seule âme se manifestant sous des formes infiniment variées : l'âme du monde (*ψυχὴ τοῦ κόσμου*). Semblable au *νοῦς*, qui d'un côté regarde l'absolu et de l'autre produit la *ψυχή*, l'âme a une double activité, l'une contemplative et dirigée vers son for intérieur, où elle trouve les Idées et l'absolu, l'autre expansive et créatrice. Son émanation, moins parfaite qu'elle-même, c'est le corps[1].

3. *Le corps.* — Si distant qu'il soit de la source de toutes choses (Dieu est le Un, le corps est le multiple par excellence), le corps porte encore l'empreinte de l'absolu. L'intelligence a ses Idées, l'âme a ses notions, le corps a ses formes. Par celles-ci, le corps tient encore aux sphères supérieures de l'être; elles sont au corps ce que les perceptions sont à l'âme et ce que les Idées sont à la raison : un reflet de l'absolu, une trace du divin. La forme des corps représente ce qu'ils ont d'être réel; leur matière, ce qui leur manque de réalité; leur forme, c'est leur être; leur matière, c'est leur non-être. La nature corporelle (*φύσις*) flotte indécise entre l'être et le néant; elle est l'éternel devenir et tout y est changement perpétuel.

Au delà des corps est la matière pure, le néant, comme un abîme obscur et sans fond (*ἄπειρον*) sur lequel le monde idéal projette ses clartés. La matière n'est pas le corps, tout corps étant composé d'une matière et d'une forme; elle n'en est que le substratum, le principe de son inertie; elle n'a ni forme, ni

---

[1] *Ennéades*, III.

dimension, ni couleur, ni rien de ce qui caractérise le corps, toutes ces déterminations procédant du principe formel, l'absolu ; elle n'a d'autre attribut que la privation (στέρησις). Toute force et toute vie ayant sa source dans l'intellect et en Dieu, la matière est l'impuissance, l'indigence sans bornes, la négation de l'unité, la cause de la multitude illimitée des corps, l'incohérence, la diffusion, l'absence absolue de la forme, c'est-à-dire la laideur même ; l'absence du bien, c'est-à-dire le mal même[1]. Au point de vue de Plotin comme de l'hellénisme en général, le un, la forme, l'intelligence, le beau, le bien sont des termes synonymes, comme le sont d'autre part le multiple, la matière, le laid, le mal.

Non qu'il considère la matière et le mal comme n'existant pas. Prétendre qu'il nie l'existence de la matière et du mal équivaudrait à lui faire dire que la pauvreté, étant l'absence de la richesse, n'est rien, qu'elle n'existe point et que par suite la charité est inutile. La matière est si bien une réalité que son influence s'exerce non seulement sur la sphère corporelle, mais encore sur l'âme et sur la raison elle-même. Nous avons vu que le corps ressemble encore, quoique vaguement, à l'esprit, par la forme qu'il revêt, et qui n'est autre chose qu'une Idée incarnée dans la matière ; réciproquement, dirons-nous, l'esprit, si élevé qu'il soit au-dessus de la nature corporelle, n'est pas *absolument* immatériel. La matière se retrouve dans l'esprit, quoique sous un autre mode que dans la nature ; elle s'y trouve comme *notion* de la matière (ὕλη νοητή), c'est-à-dire intelligiblement, à l'état de concept, non corporellement. Mais il y a plus. Non seulement la matière est dans l'esprit en tant qu'il la pense : elle est mêlée à chacune de ses pensées, indissolublement liée à toutes ses conceptions, et sans elle il ne serait pas distinct de l'absolu. En effet, Dieu seul est l'unité au sens absolu ; l'intellect ne l'est

---

[1] *Ennéades*, II.

plus au même titre : en lui l'unité s'est épanouie en une pluralité d'Idées distinctes les unes des autres, bien qu'aperçues par une seule et même intuition intellectuelle. S'il est vrai que les Idées, telles qu'elles sont dans notre esprit, ne sont pas séparées corporellement, il n'en est pas moins certain qu'elles y sont au pluriel. Or le principe de la pluralité c'est précisément la matière. A ce titre, elle se trouve à la base même de l'intellect, qui, sans elle, s'abîmerait dans l'unité absolue de Dieu.

Pour comprendre ce paradoxe essentiellement platonicien, il faut se rappeler que la *matière* de Platon, d'Aristote et de Plotin n'est pas la matière des matérialistes, mais bien ce que Schelling et Schopenhauer appelleront la *volonté*, le vouloir être : elle n'est pas le corps, mais le *substratum transcendant*, le *principe* de la corporéité, ce qui fait que le corps est corps, mais qui lui-même est chose incorporelle au même titre que l'esprit. Elle est même au-dessus de l'intelligence, elle la dépasse comme un mystère impénétrable, qui défie la raison même des dieux. Aussi Plotin ne place-t-il pas la matière parmi les *genres*, mais au delà des Idées, dans la région surintelligible où la raison ne peut atteindre, bien qu'on puisse retrouver l'Idée de matière dans celles d'*altérité* et de mouvement. Si l'on appelle intelligible ce qui peut être l'objet de l'intelligence, ce que l'intelligence peut fixer, saisir, embrasser dans une formule précise, évidemment la matière n'est pas intelligible; car elle est le contraire de la forme, elle est ce qui résiste à toute délimitation, et par suite, à toute compréhension. Comprendre la matière, c'est voir l'obscurité; voir l'obscurité, c'est ne rien voir : comprendre la matière, c'est donc ne rien comprendre.

La matière est-elle un second absolu? On est tenté parfois de voir dans Plotin un dualiste déterminé, et sa morale surtout encourt le reproche de dualisme. Le métaphysicien cependant ne saurait admettre deux absolus, et se souvenant de cette affirmation d'Aristote, que la première matière et la forme première sont identiques[1], il conçoit, à son tour, la matière surintelligible ou, en d'autres termes, la cause première des corps, comme identique à Dieu. La matière, que du reste le platonisme aime à appeler l'infini, n'est autre chose, en dernière analyse, que l'infinie virtualité, la productivité illimitée, le pouvoir créateur de Dieu. La suprême ἐνέργεια est aussi la suprême δύναμις. Comment cela se peut-il? Cette question n'est autre que celle déjà soulevée plus haut : comment se peut-il que de l'unité divine émane le multiple? Comment expliquer l'émanation, la création? C'est-à-dire qu'elle nous ramène au mystère.

III. MORALE. — L'âme, intermédiaire entre l'intellect et le corps, tient de l'un et de l'autre et résume l'univers. Elle est comme le rendez-vous de toutes les puissances cosmiques. Dans la sphère intellectuelle règne la nécessité logique ; dans le monde des corps, la nécessité physique : l'âme est le domaine du libre arbitre. Placée entre les sollicitations du corps et celles de l'intelligence, elle peut, en se tournant vers la raison, vivre d'une vie purement intellectuelle, mais elle peut aussi se tourner vers la matière, déchoir et s'incarner dans un corps grossier et terrestre[2]. De là trois catégories d'âmes : 1° celles qui vivent pour la raison et pour Dieu, les âmes divines; 2° celles qui flottent indécises entre l'esprit et le corps, le ciel et la terre, les démons, génies plus ou moins bons, plus ou moins mauvais; 3° celles qui vivent dans la matière et habitent des corps grossiers. Les âmes célestes, comme l'âme du monde elle-même, sont souverainement heureuses. Leur félicité consiste dans l'*apathie*, dans l'obéissance à la raison divine et dans la contemplation de l'absolu. Leur corps, tout de lumière, n'a rien de matériel, à prendre ce terme au sens de *terrestre*[3]. Éternellement parfaites et toujours les mêmes, elles n'ont ni mémoire, ni

---

[1] *Métaphysique*, VIII, 6, 19. — [2] *Ennéades*, II, 3, 9; III, 5, 6; IV, 3, 8. — [3] Comp. saint Paul, *Première aux Corinthiens*, XV, 40.

prescience, ni espérance, ni regret; car il n'y a de souvenir et d'espérance que pour les êtres qui changent d'état, soit en bien soit en mal. Elles n'ont même pas, comme l'âme humaine, conscience d'elles-mêmes, absorbées qu'elles sont par la contemplation des Idées et de l'absolu ; c'est cette inconscience d'elles-mêmes, cette aperception exclusive des choses divines, qui constitue leur souveraine félicité.

Les âmes humaines n'ont pas toujours été enfermées dans des corps grossiers; elles ont commencé par être des âmes célestes, conscientes de Dieu seul et non d'elles-mêmes; mais elles ont séparé leur vie de la vie universelle, pour devenir des individus égoïstes et revêtir des corps grossiers, qui les isolent les unes des autres. La chute, la personnification et le revêtement d'un corps terrestre sont un seul et même acte, dont les misères de la vie présente sont le juste châtiment[2] : acte libre, en ce sens qu'aucune puissance autre que nous-mêmes ne nous y a contraints; acte nécessaire, en ce sens que nous y avons été déterminés par notre propre nature. Chacun est l'auteur de sa destinée, et réciproquement, il la fait conformément à son caractère individuel. Sans doute, nous ne choisissons que la destinée que nous *pouvons* choisir, mais si nous ne choisissons que celle-ci, c'est que nous n'en *voulons* pas d'autre.

Du reste, et en ceci le néoplatonisme se distingue à son avantage du pessimisme moderne, l'incarnation n'est qu'un malheur relatif, et elle est même un bien, à condition que l'âme ne s'abaisse à la matière que pour la transformer, et qu'elle reprenne aussi vite que possible son essor vers le ciel. L'âme profite même à entrer en contact avec le corps, car ainsi, non seulement elle apprend à connaître le mal, mais elle est à même de déployer ses forces cachées, de produire des œuvres qu'elle n'aurait pu accomplir autrement. D'ailleurs, même étroitement liée

---

[1] Comp. § 38, la note.

au corps, elle en demeure distincte. La preuve, c'est que le corps contrarie, au lieu de les servir, nos aspirations vers le monde idéal, c'est que le philosophe se réjouit de la mort[1]. Semblable à l'Olympe, dont la cime baigne encore dans l'azur alors que ses flancs sont battus par l'orage, l'âme humaine, loin de se confondre avec le corps, échappe à ses étreintes par la meilleure partie d'elle-même, l'intelligence.

La morale de Plotin relève à la fois de Platon et du stoïcisme. Le but de la vie humaine est la purification de l'âme et son assimilation de plus en plus complète à la Divinité. Trois chemins conduisent à Dieu[2] : la musique (l'art), l'amour et la philosophie; trois chemins, ou plutôt un seul à trois étapes. L'artiste recherche l'Idée dans ses manifestations sensibles; l'homme qui aime, la recherche plus haut, dans l'âme humaine; enfin, le philosophe la recherche dans la sphère où elle se trouve pure de tout alliage : dans le monde intelligible et en Dieu. L'homme qui a goûté les délices de la méditation et de la contemplation se passe et de l'art et de l'amour : tel le voyageur qui a traversé et admiré un palais de roi, oublie la beauté des appartements sitôt qu'il a aperçu le souverain. La beauté dans l'art, la beauté vivante elle-même, ne lui semblent plus qu'un pâle reflet de la beauté absolue. Il méprise le corps et ses plaisirs pour concentrer toutes ses pensées sur la seule chose qui demeure éternellement. Les jouissances du philosophe sont ineffables. C'est un ravissement qui lui fait oublier, non seulement la terre, mais sa propre individualité, pour ne lui laisser que l'intuition pure de l'absolu; c'est une véritable unification ($ἕνωσις$) de l'âme humaine et de l'intellect divin, une extase, un délogement de l'âme, transportée dans sa patrie céleste[3]. Tant qu'il vit dans le corps, le philosophe ne jouit de cette *vue* de Dieu qu'à certains

---

[1] Comp. saint Paul, *Ép. aux Philippiens*, I, 23. — [2] *Ennéades*, I, 3. — [3] *Ibid.*, V, 5, 10.

moments de courte durée, — Plotin a eu quatre ravissements de ce genre, — mais ce qui est l'exception dans cette vie sera la règle et l'état normal de l'âme dans la vie à venir. La mort, il est vrai, ne nous fait point passer directement à la perfection. L'âme qui s'est purifiée ici-bas par la philosophie, continue de se purifier au delà de la tombe jusqu'à ce qu'elle se dépouille de l'individualité elle-même, dernier vestige de sa captivité terrestre[1].

§ 26. Les derniers néoplatoniciens polythéistes. Porphyre, Jamblique, Proclus.

1. Plotin eut pour successeur, dans l'école néoplatonicienne de Rome, son ami Malchus ou Porphyre[2], Phénicien d'origine, qui publia les *Ennéades*. Plus encore que le maître, Porphyre insiste sur l'identité des doctrines de l'Académie et du Lycée. Bien qu'inférieur, et de beaucoup, à Plotin, dont il relève dans les doctrines essentielles, il n'en a pas moins influencé la marche de la philosophie dans les siècles suivants, grâce à la netteté avec laquelle, dans son *Introduction aux Catégories* d'Aristote[3], il pose le problème des universaux. La question de savoir si les genres et les espèces sont des réalités indépendantes de la pensée qui les conçoit sera, en effet, la préoccupation capitale du moyen âge.

---

[1] *Ennéades*, IV, 3, 32. — — [2] Décédé à Rome en 301. — [3] Porphyrii *de quinque vocibus, s. in Categorias Aristotelis introductio* (εἰσαγωγή), Paris, 1543. Traduction latine, Venise, 1546, 1566. On a aussi de Porphyre une *Vie de Pythagore*, une *Vie de Plotin*, une *Épitre à Anébon* (fragments réunis par Gale), etc. Plusieurs de ses traités, et les plus importants peut-être, sont perdus. — Sources : Suidas. — Eunape, *Vit. Soph.* — Augustin, *De civ. Dei*, X. — Le *De mysteriis Ægyptiorum* attribué à Jamblique. — N. Bouillet, *Porphyre, son rôle dans l'école néoplatonicienne etc.*, Paris, 1864. — Adrien Naville, *Julien l'Apostat et la philosophie du polythéisme*, Paris et Neuchâtel, 1877. — Voy. en outre les ouvrages cités (p. 147) de M. Jules Simon et de M. Vacherot.

Sans modifier essentiellement le fond de ses doctrines, le néoplatonisme change de caractère à partir du quatrième siècle. Tandis que Plotin et Porphyre, tous deux antérieurs à Constantin et au triomphe définitif du christianisme, sont encore les adversaires déclarés de la superstition, ainsi que l'ont été tous les grands penseurs depuis Xénophane, la recherche de la vérité se subordonne de plus en plus, chez leurs successeurs, à l'intérêt religieux et apologétique. Après dix siècles de lutte contre la religion traditionnelle, elle s'effraye de son œuvre de destruction; elle se prend à croire que son opposition obstinée n'a fait que les affaires d'une religion étrangère au génie grec, hostile à la culture classique et dont les représentants officiels seront mille fois plus intolérants que le sacerdoce grec et romain. D'ennemie jurée des croyances populaires, la philosophie, repentante et convertie, devient le palladium des dieux persécutés, *ancilla Panthei*, en attendant qu'elle soit *ancilla Ecclesiæ*. Relever le polythéisme, le relever à tout prix, telle est la tâche désespérée qu'elle s'impose. Désormais, tout dans le paganisme lui paraît bon; les plus étranges superstitions, les évocations du spiritisme, les pratiques de la sorcellerie, de la magie, de la théurgie, non seulement elle les excuse et les tolère, mais elle les recommande et elle s'y livre elle-même avec une fiévreuse ardeur. Littéralement, et de plus en plus, l'esprit grec tombe en enfance.

Il y a néanmoins, dans cette agonie, quelques moments lucides, et parmi les défenseurs toujours plus rares du polythéisme mourant nous trouvons deux hommes qui, tout en pactisant avec la crédulité païenne et tout en se décorant du titre fastueux d'hiérophantes, clôturent avec distinction l'histoire de la philosophie ancienne : Jamblique de Chalcis en Cœlésyrie (mort vers 330), le champion le plus marquant de ce qu'on appelle le néoplatonisme syrien, pour distinguer entre cette tendance ultra-mystique et la philosophie encore si profondément grecque de Plotin, et Proclus de Byzance (412-485), qui professe à Athènes et représente un point de vue intermédiaire entre l'école de Rome et Jamblique, dont il est d'ailleurs l'admirateur enthousiaste.

2. S'inspirant de tout ce que la littérature non chrétienne lui offre d'idées spéculatives, de Pythagore, de Platon, des traditions religieuses de l'Orient et de l'Égypte, et notamment de son triple ternaire sacré, Jamblique[1] entreprend une reconstruction philosophique du Panthéon païen, dont son génie mathématique et sa brillante imagination se partagent les frais. Du sein de l'ineffable unité les dieux procèdent par séries ternaires et forment comme une triple auréole autour de la Monade des monades. Par opposition au Dieu-homme du christianisme, il renchérit sur le spiritualisme théologique de Plotin et déclare l'absolu *incommunicable* ($ἀμέθεκτος$). Le Dieu suprême se dérobe non seulement à toute intelligence, mais à toute relation quelconque. Les êtres réels ne participent donc pas à l'unité absolue, mais aux unités secondes ($ἑνάδες$), transcendantes encore ($ὑπερουσίαι$) mais multiples, qui en émanent. La hiérarchie de ces dieux dérivés a trois échelons : les dieux intellectuels ($νοεροί$), les dieux supra-mondains ($ὑπερκόσμιοι$) et les dieux immanents au monde ($ἐγκόσμιοι$). C'est avec ces dieux (les Idées de Platon, les Nombres de Pythagore, les Formes substantielles d'Aristote) que nous soutenons des rapports, ce sont eux qui sont notre Providence. L'absolu n'entre pour rien dans la direction des choses.

3. Proclus[2] relève à la fois de Jamblique, dont il a les allures

---

[1] *De vita Pythagoræ*. — *Protrepticæ orationes ad philosophiam*. — *De mysteriis Ægyptiorum*, gr. et lat. ed. Thom. Gale, Oxford, 1678. — Autres sources : Proclus *In Timæum* et Suidas. — Hebenstreit, *De Jamblichi philosophi syri doctrina*, Leipz., 1764. — [2] Ouvrages de Proclus : *In theologiam Platonis*, libri VI. — *Institutio theologica*. — *In Platonis Timæum*, etc. — *Procli opera omnia*, éd. V. Cousin, Paris, 1819-1827 et 1864. — Voy. sur Proclus : Marinus, *Vita Procli*. — Suidas. — Berger, *Proclus, Exposition de sa doctrine*, Paris, 1840. — J. Simon, *Du Commentaire de Proclus sur le*

sacerdotales, et de Plotin, dont il partage les tendances systématiques et scolastiques. Prenant pour base de son système la triple Triade de Jamblique, il fait dériver de l'Unité absolue et incommunicable ($ἀμέθεκτος$), en première ligne : l'être ($ὄν$), c'est-à-dire l'*infini* ($ἄπειρον$), la *fin* ou forme ($πέρας$) et leur unité, le *fini* ($μικτόν, πεπερασμένον$); en seconde ligne : la *vie* ($ζωή$), c'est-à-dire : la puissance ($δύναμις$), l'existence ($ὕπαρξις$) et leur unité, la vie intelligible ($ζωὴ νοητή$); en troisième ligne : l'intelligence ($νοῦς$), c'est-à-dire la pensée statique ($μένειν$), la pensée en mouvement ou perception ($προιέναι$) et leur unité, la pensée réfléchie ($ἐπιστροφή$). Chacune de ces trois triades[1] révèle aux initiés de la philosophie ($μυστικῶς$) une des faces de la cause première et surintelligible : la première, son ineffable unité, la seconde, son inépuisable fécondité ($ὑπεροχή$), la troisième, son infinie perfection. Tel est l'absolu dans son épanouissement. Quant à l'absolu en lui-même, étant supérieur à l'être et à la pensée même comme le principe l'est à sa conséquence et la cause à son effet, il est à jamais inconnaissable. Ce qui de son essence est surnaturel n'est accessible qu'aux moyens surnaturels, et la théurgie[2] seule le révèle à ses initiés. Confinée à la sphère intelligible, la science a besoin, pour atteindre au surintelligible, des réalités de la religion.

C'est là, dégagé d'un texte plein de sénile pédantisme, le dernier mot de la métaphysique néoplatonicienne, le « testament de mort » de la pensée antique. Au point de vue ontologique et comparé au platonisme primitif, le néoplatonisme serait un progrès dans le sens moniste, s'il se contentait de subordonner l'Idée à un principe supérieur contenant à la fois l'être et la

---

Timée de Platon, Paris, 1839. — C. H. Kirchner, *De Procli neoplatonici metaphysica*, Berlin, 1846. — Voy. en outre sur Jamblique et Proclus, les histoires de l'école d'Alexandrie, citées p. 147.

[1] Comp. la triple triade du système de Hegel. — [2] $Θεουργία, ἔργον τοῦ θεοῦ$, manifestation de la puissance divine.

pensée¹. Mais, poussé par son opposition au christianisme, dont le dogme fondamental² suppose la *communicabilité* du divin, il exagère comme à plaisir la transcendance de ce principe suprême, c'est-à-dire précisément le défaut capital du platonisme. Et de combien ne lui est-il pas inférieur sous le rapport moral et religieux! Pour Proclus, les réalités de la religion, ce sont *les pratiques* de la magie; pour Platon, c'était *la pratique de la justice*. Il y a, entre ces deux interprétations, toute la distance qui sépare l'âge mûr, éclairé et fort, de la vieillesse décrépite et superstitieuse.

En 529, le dernier asile du néoplatonisme polythéiste, l'école d'Athènes, où avait enseigné Proclus³, est fermée par ordre de l'empereur Justinien, et telle est l'indifférence du public pour ce débris du passé, que la mesure passe presque inaperçue. Depuis deux siècles, l'empire était gagné au christianisme; les concrètes et palpitantes questions de la religion, fille de la volonté, et les préoccupations créées par l'invasion des barbares, avaient pris le pas sur la sereine et pacifique ϑεωρία.

---

¹ La *volonté* du spiritualisme concret. — ² Le dogme de *l'incarnation*. — ³ Les derniers scolarques sont: Marinus, de Flavia Néapolis en Palestine, successeur de Proclus, Isidore d'Alexandrie, Zénodote et Damascius de Damas (*Quæstiones de primis principiis*, éd. Kopp, Francf., 1826). C'est sous ce dernier que l'école fut frappée. A cette école d'Athènes se rattache le nom du Cilicien Simplicius, l'excellent commentateur d'Épictète et d'Aristote (*Catégories, De anima, De cœlo* et *Physique*), qui fut le condisciple, puis l'élève et le compagnon d'exil de Damascius.

II

PHILOSOPHIE DU MOYEN AGE

PREMIÈRE PÉRIODE

Règne de la théologie platonico-chrétienne.

§ 27. Le Platonisme chrétien [1].

Le souffle de l'hellénisme expirant passa sur le christianisme. Les doctrines de Platon et de ses récents interprètes continuèrent d'influencer les meilleurs esprits parmi les disciples de l'Évangile, et la philosophie de l'Église, à travers le moyen âge tout entier, n'est qu'un long écho de l'enseignement des grands philosophes d'Athènes.

Dans la cosmopolite Alexandrie, où s'étaient rencontrés l'esprit grec et le génie sémitique, il s'était formé, dès le troisième siècle, une sorte d'école néoplatonicienne chrétienne. A la différence des Pères latins, Tertullien [2], Arnobe, Lactance [3], qui rejettent

---

[1] Consulter sur la spéculation patristique, outre les histoires générales de la philosophie et de l'Église : E. de Pressensé, *Histoire des trois premiers siècles de l'Église chrétienne*, 5 t., Paris, 1861-70, et sur les systèmes hérétiques connus sous le nom générique de *gnosticisme* : J. Matter, *Histoire critique du gnosticisme*, 3 vol., Paris, 1828 et 1843. — Néander, *Histoire de l'Église* (all.). — F. Chr. Baur, *La Gnose chrétienne* (all.), Tub., 1835. —
[2] Tertull., *De præscript. hær.*, c. 7. Apol., c. 47. Adv. Marcion., V, 19. — Le *Credo quia absurdum* de Tertullien est à prendre au pied de la lettre. Si la raison est devenue menteuse par suite de la chute, il est évident qu'une doctrine qui la contredit (une doctrine absurde) a plus de chances d'être vraie qu'une autre qui lui est conforme. Rien de plus *logique* que ce défi jeté à la raison par le célèbre théologien. — [3] Lact., *Div. instit.*, III, 1.

la philosophie comme une païenne dont il faut éviter le contact, les Pères d'origine grecque et égyptienne ne cessaient de la cultiver. Ils y étaient forcés, du reste, par la philosophie elle-même et ses attaques contre l'Évangile. Sous cette pression féconde, la foi des chrétiens s'était constituée en doctrine (*δόγμα*), formulée, systématisée. Les auteurs de ce travail de fixation *philosophent* malgré eux et en quelque sorte à leur corps défendant. Quelques-uns vont jusqu'à voir dans les enseignements des sages païens une révélation divine analogue à l'Évangile. Parmi les philosophes, Platon seul était pris en considération sérieuse. Contrairement aux autres écoles, la plupart sceptiques, celle d'Alexandrie professait une philosophie essentiellement religieuse. On ne pouvait ne pas reconnaître certaines affinités entre Platon et le christianisme, mais cette parenté qui parfois touche à l'identité, comment l'expliquer? Les uns — et c'était la majorité — pensaient que Platon avait puisé dans les écrits de l'Ancien Testament. La minorité éclairée conclut que les philosophes dignes de ce nom devaient être inspirés par cette même raison divine (*λόγος*) qui s'était manifestée en Jésus de Nazareth. D'autres encore recouraient à l'une et à l'autre hypothèse. Justin Martyr, auteur d'une *Apologie* du christianisme, admet une action universelle du *λόγος* et réclame la félicité éternelle pour Socrate, Héraclite et en général pour les païens qui, sans connaître Jésus, ont vécu selon la Raison[1]. Athénagore, auteur du traité *De la résurrection des morts*, Tatien l'apologète, saint Clément d'Alexandrie, son disciple Origène, reflètent tour à tour, dans leurs écrits, les idées néoplatoniciennes. Les apôtres, dit Origène[2], ont exposé les doctrines fondamentales de la foi

---

[1] *Apologie*, II, p. 83 : Τὸν Χριστὸν πρωτότοκον τοῦ θεοῦ εἶναι ἐδιδάχθημεν, καὶ προεμηνύσαμεν λόγον ὄντα οὗ πᾶν γένος ἀνθρώπων μετέσχε· καὶ οἱ μετὰ λόγου βιώσαντες χριστιανοί εἰσι, κἂν ἄθεοι ἐνομίσθησαν, οἷον ἐν Ἕλλησι μὲν Σωκράτης καὶ Ἡρακλεῖτος καὶ ἄλλοι πολλοί. — [2] *De principiis*, préface. — J. Denis, *De la philosophie d'Origène*, Paris, 1884.

de manière à être compris des ignorants comme des savants, abandonnant à ceux de leurs successeurs qui seraient doués de l'Esprit, de rechercher les raisons de leurs assertions. Origène distingue donc entre une manière populaire et une manière scientifique d'exprimer la foi chrétienne, entre la forme qu'elle revêt dans les écrits des apôtres et celle qu'elle doit prendre dans la pensée du philosophe chrétien : distinction qui renferme en germe le rationalisme scolastique. Enfin, Athanase, Basile le Grand, Grégoire de Nysse, Grégoire de Nazianze, et parmi les Pères latins, la plupart hostiles à la philosophie, Augustin, subissent l'influence soit directe soit indirecte des doctrines académiques et alexandrines.

Nous ne pourrions entrer dans le détail des doctrines patristiques sans empiéter sur le domaine de la pure théologie : il suffira, pour notre but spécial, de caractériser la philosophie d'Augustin, dont les écrits servent de trait d'union entre la pensée grecque et la spéculation scolastique.

§ 28. Saint Augustin.

Converti, après une jeunesse orageuse, à la religion de sa mère, le rhéteur Aurelius Augustinus, de Thagaste en Afrique (354-430), unit dans sa personne l'amour du Christ et le culte de la philosophie, bien que, devenu évêque d'Hippone, il incline de plus en plus vers une soumission absolue à l'autorité religieuse qu'il représente. Ses écrits, parmi lesquels les *Confessions* et la *Cité de Dieu* intéressent en première ligne [1], ont marqué la doctrine de l'Église romaine et sa littérature tout entière d'une empreinte ineffaçable.

[1] Autres écrits de saint Augustin : *De libero arbitrio, De vera religione, De trinitate, De immortalitate animæ, De prædestinatione et gratia, Retractationes,* etc. — *Œuvres* de saint Augustin, Paris, 1835 ss. — Ferraz, *La Psychologie de saint Augustin*, Paris, 1863.

Pour lui, comme pour Platon, la science est une vie plus pure, plus sereine, plus élevée, que le penseur seul connaît [1]. La raison est *capable* de Dieu : car Dieu nous l'a donnée pour connaître toutes choses, pour connaître Dieu par conséquent [2]. Philosopher, c'est *voir* la vérité directement et sans l'intermédiaire des yeux du corps. La raison est l'œil de l'âme. La suprême vérité où nous devons tendre, c'est la sagesse. Or la sagesse qu'est-elle autre chose que Dieu? Avoir la sagesse, c'est posséder Dieu. La vraie philosophie est donc identique à la vraie religion [3]; l'une et l'autre se confondent en une même aspiration vers l'Éternel. Dieu mépriserait-il la Raison, qui est son premier-né, la Raison qui est Dieu même! En nous la donnant, il a voulu nous créer plus parfaits que les autres êtres. La foi elle-même, qu'on oppose à la raison, n'est possible qu'à un être doué de raison. Chronologiquement, la foi précède l'intelligence : pour comprendre une chose, il faut préalablement l'admettre — *credo ut intelligam;* mais la foi, pour être la condition du savoir, n'en est pas moins un état provisoire, un échelon inférieur à la science, dans laquelle elle finit par se résoudre.

La théodicée de saint Augustin est essentiellement platonicienne et confine même çà et là aux doctrines les plus hardies de l'école d'Alexandrie. Dieu est l'être au-dessus duquel, en dehors duquel et sans lequel rien n'existe; il est l'être au-dessous duquel, dans et par lequel existe tout ce qui existe réellement, le principe, le milieu et la fin de toutes choses [4]. La bonté, la justice, la sagesse ne sont pas des accidents en Dieu, mais sa substance même. Il en est de même de ses attributs métaphysiques. La toute-puissance, l'omniprésence, l'éternité ne sont pas de simples appendices de l'Être divin, mais son essence

---

[1] *De libero arbitrio*, 1, 7. — [2] *Ibid.*, II, 3, 6. — [3] *De vera religione*, 5. — [4] *Soliloq.*, I, 3-4.

même. Dieu est substantiellement présent partout, sans être pour cela toutes choses; tout est en lui, sans qu'il soit le Tout. Il est bon et il est sans qualité; il est grand sans être une quantité; il est le créateur de l'intelligence et il est au-dessus d'elle; il est présent partout sans être lié à aucun lieu; il existe et il n'est nulle part; il vit éternellement et il n'est point dans le temps; il est le principe de tout changement et il est immuable. La raison, en spéculant sur Dieu, aboutit nécessairement à une série d'antinomies; elle constate ce qu'il n'est pas, sans arriver à aucune donnée positive sur sa nature; elle le conçoit, — dans ce sens elle est *capable* de lui, — mais elle ne saurait le comprendre dans la plénitude de ses perfections. Ce qui importe, c'est de distinguer avec soin entre Dieu et le monde. Saint Augustin qui, dans ce qui précède, a été très près du panthéisme, évite d'y aboutir en insistant sur la doctrine de la création *ex nihilo*[1]. Si l'univers est émané de Dieu, il est lui-même d'essence divine et il s'identifie avec Dieu; il n'est donc pas *émané*, mais *créé* par un acte de la liberté divine. Dieu n'est pas l'âme du monde, le monde n'est pas le corps de Dieu, comme le veulent les stoïciens. L'immanence de Dieu dans le monde serait contraire à la majesté divine[2].

Quelques-uns exagèrent la doctrine de la Trinité dans le sens du trithéisme, c'est-à-dire du polythéisme. C'est un autre danger. Les trois hypostases, tout en étant distinctes, ne constituent qu'un seul et même Dieu, de même que la raison, la volonté, le sentiment ne forment qu'un seul et même être humain[3]. Les critiques adressées par saint Augustin à l'arianisme sont pleines de profondeur : Qu'est-ce à dire, objecte-t-il aux ariens, quand vous prétendez que le Fils a créé le monde sur l'ordre du Père? N'est-ce pas affirmer que Dieu le

---

[1] *De libero arbitrio*, I, 2. — [2] *De civitate Dei*, IV, 12. — [3] *De trinitate*, IX, 3; X, 11.

Père n'a pas créé le monde, mais s'est contenté d'ordonner qu'il fût créé par un démiurge? Qu'est-ce que le Fils sinon la *parole* de Dieu et qu'est-ce qu'ordonner sinon parler? Dieu aurait donc ordonné *par le Fils au Fils* de créer le monde: conclusion étrange et absurde! L'erreur de l'arianisme, c'est de vouloir se *figurer* la Trinité. A cet effet, il imagine deux êtres placés très près l'un de l'autre, mais dont chacun occupe néanmoins son lieu particulier, et dont l'un commande et l'autre obéit. L'arianisme devrait comprendre que l'ordre par lequel Dieu a tiré le monde du néant n'est autre chose que le Verbe créateur même. Dieu est esprit, et ce qui est immatériel ne doit ni ne peut se figurer [1].

Puisque Dieu a créé le monde par un acte de sa liberté, il faut admettre que le monde a commencé d'être; car une création éternelle, telle que l'admettent Origène et les néoplatoniciens, est synonyme d'émanation. Les philosophes objectent que la création dans le temps impliquerait pour le Créateur une éternité d'inaction; mais à tort. Leur erreur est de considérer l'éternité qui a *précédé* la création comme une durée infiniment longue. Le temps, c'est la durée. Or, en dehors de la création, il n'y a ni espace ni temps, ni par conséquent durée [2]. Le temps, la durée, est la mesure du mouvement: où il n'y a pas mouvement, il n'y a pas durée. Comme dans l'éternité et en Dieu il n'y a pas de mouvement, il n'y a pas en lui de durée, et le temps, comme l'enseigne très bien Platon, ne commence qu'avec ce qui se meut, c'est-à-dire avec l'existence des choses finies. Il est donc inexact de dire que le Dieu des chrétiens n'a créé les choses qu'après une série infinie de périodes infiniment longues durant lesquelles il a langui dans une inaction absolue. Saint Augustin reconnaît d'ailleurs qu'il est difficile de concevoir Dieu sans l'univers. Sur ce point, comme sur bien d'autres, il y a

---

[1] *Contra serm. arian.* — [2] *Confess.*, XI, 10 ss. — *De civ. Dei*, XI, 4-6.

conflit entre le philosophe et le chrétien. Du choc incessant de sa foi et de sa pensée, les inconséquences et les contradictions jaillissent en abondance. Dieu, par exemple, a créé le monde par un acte de sa libre volonté, et d'autre part, la création procède, non d'un caprice, mais d'un décret éternel et immuable [1]. Mais que l'immuable volonté de Dieu l'oblige de créer le monde à une époque donnée ou qu'elle l'y oblige d'éternité, il y a détermination absolue dans les deux cas. Saint Augustin le comprend et finit par proclamer, sans restriction, la liberté divine comme le principe et la norme suprême des choses. La volonté divine étant le principe ultime au delà duquel il n'y a rien, il est inutile et absurde de s'enquérir de la cause finale de la création [2]. Dieu a donné l'existence à des êtres autres que lui, parce qu'il l'a voulu. La raison humaine n'a pas le droit d'aller au delà. Ce qu'à la rigueur elle peut se demander, c'est : pourquoi Dieu a créé les choses si différentes et si inégales entre elles. Saint Augustin répond, avec Platon, que la diversité dans les parties est la condition de l'unité dans l'ensemble.

L'existence de l'âme se prouve par la pensée, la conscience, la mémoire. Vous doutez de votre existence! Mais douter, n'est-ce pas penser? Et penser, n'est-ce pas exister [3]? Il est plus difficile de dire ce qu'est l'âme. Selon les uns, elle est un feu ou un air subtil, ou un cinquième élément qui a la propriété de penser, de comprendre, de se souvenir; selon d'autres, elle s'identifie avec le cerveau ou avec le sang, et la pensée est un effet de l'organisation du corps. Mais ce ne sont là que des hypothèses, infirmées par le simple fait que nous n'avons conscience d'aucune de ces substances comme constituant l'âme. Si nous étions du feu ou de l'air, ou toute autre matière, nous

---

[1] *De civ. Dei*, XII, 17. — [2] *Quæst. div.*, quæst. 28. — Le panthéiste Spinosa, l'athée Schopenhauer (*Welt als Wille*, II, *Epiphilosophie*), Claude Bernard (cité par la *Revue chrétienne*, mars 1869, p. 138), sont du même avis. —
[3] C'est le *Cogito ergo sum* de Descartes.

le saurions par une aperception immédiate, inséparable de la conscience que nous avons de nous-mêmes. L'âme est une substance distincte de toute matière connue, et distincte de la matière en général, parce qu'elle renferme les idées de point, de ligne, de longueur, de largeur et autres, toutes choses au fond incorporelles [1].

Cela posé, que dire de l'origine de l'âme ? Il est des penseurs, même parmi les chrétiens, qui la font émaner de Dieu. C'est lui faire beaucoup trop d'honneur. Elle est une créature de Dieu, qui a commencé d'être, comme toute autre créature [2]. Toutefois, parmi ceux-là même qui admettent en principe que l'âme est une créature, les avis sont partagés sur le mode de sa création. Les uns prétendent que Dieu n'a créé directement que l'âme d'Adam, et que les âmes des autres hommes sont engendrées *per traducem*. Cette théorie (favorable, il est vrai, à la doctrine de saint Augustin sur la transmission du péché d'Adam à ses descendants) est matérialiste, car elle considère l'âme comme pouvant être communiquée, partagée, divisée. D'autres admettent que les âmes, créées d'ailleurs, ont préexisté aux corps et n'y ont été introduites qu'à la suite de la chute, pour y expier, captives, les fautes d'une vie antérieure. Cette doctrine, qui est celle de Platon, est réfutée par le fait que nous n'avons pas le moindre souvenir d'une préexistence quelconque. De ce que par des questions bien posées l'on peut faire énoncer même à des personnes illettrées de hautes vérités mathématiques, Platon conclut que ces personnes ont préexisté à leur vie actuelle, et que les idées réveillées dans leur esprit par nos questions ne sont que des réminiscences. Mais son hypothèse est infirmée par le fait que ces idées peuvent naître, par la méthode socratique, dans tous les esprits doués de sens commun. Si elles étaient des réminiscences, il faudrait admettre que, dans la vie

---

[1] *De quantitate animæ*, 13. — [2] *Épitre* 157.

antérieure à l'existence actuelle, tous les hommes étaient géomètres et mathématiciens, induction peu vraisemblable à en juger par le petit nombre de mathématiciens transcendants que compte l'espèce humaine. L'argument de Platon en faveur de la préexistence aurait plus de poids peut-être, si les grandes vérités mathématiques ne pouvaient s'extraire que d'un petit nombre d'esprits. Enfin, suivant une troisième manière de voir, les âmes sont créées au fur et à mesure de la création des corps. C'est la théorie la plus conforme aux principes spiritualistes, bien qu'elle soit moins apte que les autres à étayer le dogme du péché originel.

L'immortalité de l'âme est une conséquence de sa nature raisonnable. Par la raison, l'âme est en communion immédiate avec l'éternelle vérité, si bien que l'âme et la vérité ne forment en quelque sorte qu'une seule et même substance. Mourir, pour l'âme, ce serait être séparée violemment de la vérité; mais cette rupture violente, quel être fini serait assez puissant pour l'opérer? et Dieu, c'est-à-dire la vérité elle-même, pourquoi l'opérerait-il? La pensée, la méditation, la contemplation des choses divines n'est-elle pas indépendante de la vie des sens, indépendante du corps et de la matière? Si donc le corps s'en va en poussière, pourquoi ce qui est indépendant de lui périrait-il avec lui [1]?

En renonçant à l'idée de la préexistence, saint Augustin abandonne également la théorie des idées innées, ou plutôt, il la modifie. Il admet, avec Platon, que Dieu, en formant l'âme humaine, lui a implanté les idées éternelles, principes et normes de la raison et de la volonté; dans ce sens, saint Augustin enseigne les idées innées. Ce qu'il nie, c'est que ces idées soient les réminiscences et en quelque sorte les restes d'une existence antérieure à la vie actuelle, et il le nie, parce que, à ses yeux, cette doctrine nous enlève notre caractère d'êtres créés, et nous

---

[1] *De immortalitate animæ*, 1, 4, 6.

divinise outre mesure. S'il rejette la doctrine de la préexistence comme pouvant être comprise dans le sens d'une existence sans commencement, il se défie de plus en plus de la théorie des idées innées, parce qu'on pourrait fort bien en conclure que les idées existent *primitivement* dans l'âme humaine et n'y ont pas été implantées *a posteriori* par un être autre que l'âme. L'idée dominante de saint Augustin, c'est de grandir Dieu en abaissant l'homme ; c'est de représenter ce dernier comme un être exclusivement passif, qui ne doit rien à lui-même et tout à Dieu, selon ces paroles de l'apôtre : Qu'avez-vous que vous n'ayez reçu, et si vous l'avez reçu, pourquoi vous en glorifiez-vous[1]? L'homme, par lui-même, est l'impuissance, l'indigence, le néant en personne. Tout ce qu'il a, il le tient d'ailleurs.

Subir, recevoir, voir, voilà toute l'âme humaine. La connaissance des choses sensibles, elle la *reçoit* par le canal des sens ; les notions morales et religieuses, elle les *reçoit* encore par l'organe de l'Esprit. Elle doit la notion du monde extérieur à la lumière terrestre qui l'enveloppe corporellement, et la connaissance des choses célestes, à la lumière céleste qui l'environne spirituellement. Toutefois cette lumière intérieure, qui n'est autre chose que Dieu lui-même, n'est pas hors de nous, sans quoi Dieu serait un être étendu et matériel ; elle est en nous sans être nous-mêmes. C'est en elle et par elle que nous apercevons les formes éternelles des choses, ou comme les appelle Platon, les Idées, essences immuables des réalités passagères. Dieu lui-même est la forme de toutes choses, c'est-à-dire la loi éternelle de leur genèse, de leur développement, de leur existence. Il est l'Idée des idées et partant la réalité par excellence, car la réalité n'est pas dans ce qui est visible, mais dans l'invisible ; elle n'est pas dans la matière, mais dans l'Idée[2].

---

[1] Saint Paul, 1 *Corinthiens*, IV, 7. — [2] *De civ. Dei*, XIII, 24. — *De lib. arbitr.*, II, 3, 6. — *De immort. anim.*, 6.

L'idéalisme de saint Augustin, qui procède de Platon et prélude à la *vision en Dieu* de Malebranche et à l'*intuition intellectuelle* de Schelling, dut subir, comme sa philosophie en général, l'influence du système théologique dont il se fit le champion dans la seconde moitié de sa vie. Cette lumière intérieure, où le penseur a trouvé Dieu et les types éternels, lui paraît de plus en plus terne, à mesure que se développe dans sa conscience la conviction de la chute et de la corruption radicale de la nature humaine. La raison, qui, avant la chute, était l'organe de Dieu et la révélatrice infaillible des choses célestes, est obscurcie par le péché ; la lumière intérieure est devenue ténèbres. Aussi bien, si elle était demeurée intacte, Dieu n'aurait-il pas dû s'incarner en Jésus-Christ, pour se révéler à l'humanité. La raison aurait pleinement suffi pour ramener le genre humain égaré. Mais le Verbe a été fait chair, et, la lumière intérieure étant obscurcie, le Père des lumières s'adresse à nos sens pour transmettre, par leur entremise, ce que la raison est devenue impuissante à nous donner. Ainsi, l'idéalisme du philosophe passe au sensualisme sous la plume du théologien.

Les idées morales de saint Augustin subissent les mêmes péripéties. Quand c'est Platon qui l'inspire, elles sont de beaucoup supérieures au niveau général de la morale patristique. Lactance, dans sa polémique contre la morale philosophique, avait dit en véritable épicurien : *Non est, ut aiunt, propter seipsam virtus expetenda, sed propter vitam beatam, quæ virtutem necessario sequitur* [1], et Tertullien avait écrit ces mots : *Bonum atque optimum est quod Deus præcepit. Audaciam existimo de bono divini præcepti disputare. Neque enim quia bonum est, idcirco auscultare debemus, sed quia Deus præcepit* [2]. A Lactance, saint Augustin répond que c'est la vertu, non la félicité, qui est le but suprême de l'activité libre, le souverain bien. A l'eudémonisme, il oppose

---

[1] *Inst. Div.*, III, 12. — [2] *De pœnitentia*, IV.

l'idéalisme éthique. A l'indéterminisme de Tertullien, il objecte que la loi morale ne dépend de personne, mais qu'elle est elle-même l'absolu[1]. Ce n'est pas la volonté divine qui constitue le bien, le beau, le vrai; mais c'est le bien absolu, le beau absolu, le vrai absolu qui constituent la volonté de Dieu. Est-ce parce que Dieu est le législateur suprême que la loi morale est bonne? Non. C'est parce que la loi morale est bonne que nous tenons Celui qui l'a promulguée pour le législateur suprême. Une chose n'est pas mauvaise parce que Dieu l'a défendue, mais Dieu la défend parce qu'elle est mauvaise. Saint Jérôme et saint Chrysostome excusaient et autorisaient même le mensonge officieux. Mensonge permis, péché permis! répond l'évêque d'Hippone[2].

Saint Augustin ne se fait pas illusion sur les insolubles difficultés que présentent la question de la liberté humaine dans ses rapports avec la prescience divine, et la question de l'origine du mal. Si Dieu prévoit nos actions, celles-ci perdent leur caractère fortuit et deviennent nécessaires. Que penser dès lors du libre arbitre, de la responsabilité, du péché? Si Dieu est la source de toutes choses, comment ne pas admettre que le mal aussi procède de sa volonté? Et si même le mal n'était que privation, absence du bien, ce défaut de vertu ne serait-il pas la conséquence de la volonté divine, refusant d'éclairer l'âme et de la diriger vers le bien!

Aux raisons philosophiques qui portent saint Augustin au déterminisme, viennent se joindre les motifs religieux[3]. Il se sent pécheur et incapable d'arriver au salut par ses propres efforts. L'homme naturel est *esclave* du mal, et la grâce divine seule peut le faire parvenir à la liberté. Or la grâce divine n'est motivée en aucune façon de la part de l'homme; elle est uniquement le fait de la liberté de Dieu. Dieu sauve l'homme

---

[1] *De lib. arbitr.*, I, 3. — [2] *Contra mendacium*, c. 15. — [3] *De civ. Dei*, XX. — *De gratia Dei et lib. arbitr.*, 6. — *De prædestinatione sanctorum*, 18. — *De præd. et gratia*, 2.

parce qu'il le veut, mais il ne sauve pas tous les hommes. Il choisit parmi eux un certain nombre qu'il destine au salut. Cette *élection* est de sa part un acte éternel, antérieur à la création de l'homme, c'est-à-dire que parmi les hommes les uns sont *prédestinés* au salut, les autres ne le sont pas. Saint Augustin évite autant que possible de parler d'une prédestination à la damnation, mais logiquement il ne peut échapper à cette conséquence forcée de sa prémisse.

Quelque supérieure que soit sa doctrine à celle de Pélage, son adversaire, on conçoit qu'une fois engagée dans la voie du fatalisme théologique, sa pensée s'abaisse insensiblement au niveau de la morale de Lactance et de Tertullien. Le déterminisme auquel ont abouti les spéculations du métaphysicien est une doctrine absolue, embrassant dans son cadre l'homme et Dieu; le déterminisme que postule sa conscience religieuse ne se rapporte qu'à l'homme et implique, pour Dieu, l'indéterminisme le plus complet. C'est, aux yeux du penseur, le bien absolu qui constitue la volonté divine; c'est, pour le champion de la prédestination, le bon plaisir divin qui fait que le bien est bien, et le mal, mal. C'est en vertu d'une nécessité interne que le Dieu du penseur platonicien s'est manifesté au monde en Jésus-Christ; selon le docteur de l'Église, l'incarnation n'est qu'un des mille moyens que Dieu aurait pu employer pour arriver à ses fins. Le philosophe s'est incliné avec respect devant les vertus antiques; le théologien n'y voit plus que des vices déguisés, *splendida vitia*[1].

Nul mieux que saint Augustin ne personnifie la crise intellectuelle et morale qui termine l'époque classique et inaugure le moyen âge.

---

[1] *De civitate Dei*, XIX, 25.

§ 29. Agonie du monde romain. — Barbarie. — Premiers symptômes d'une philosophie nouvelle.

Quand saint Augustin mourut, l'empire d'Occident était, lui aussi, sur le point de succomber. De toutes parts les peuples du Nord avaient entamé ses frontières. La Gaule et l'Espagne étaient en leurs mains, l'Italie était menacée. En même temps que l'État, la civilisation gréco-romaine tout entière tombait en ruines. De toutes ses institutions, l'Église seule avait chance de durer sans passer par une transformation profonde. D'une part, elle ouvrait les portes d'un monde meilleur à la foi juvénile des hommes du Nord comme au scepticisme blasé des gréco-latins ; mais elle les fermait aux indignes, et ce *pouvoir des clefs*, elle le tenait de Dieu même : elle disposait ainsi d'un moyen tout-puissant pour gouverner Romains et barbares. D'autre part, elle représentait, outre les idées anciennes que l'avenir devait élargir ou transformer, le principe essentiellement nouveau et fécond de l'égalité des nations et des individus devant Dieu, la doctrine de l'unité et de la solidarité du genre humain, en un mot l'idée d'humanité. Aussi, quand la catastrophe arriva, l'Église demeura debout et prit la succession de l'empire. Héritière de la culture classique en même temps que dépositaire des moyens de salut, elle dispensera désormais aux barbares l'éducation terrestre et tout ensemble le pain du ciel. Elle sera l'institutrice des nations nouvelles, et c'est dans son sein et sous ses auspices que la civilisation néo-latine et germanique donnera les premiers signes de vie.

Cependant l'agonie de l'antiquité et l'enfantement d'un monde nouveau durèrent des siècles. Les traditions littéraires de la Grèce et de Rome se continuèrent çà et là en Italie et dans l'empire d'Orient. Pendant que les derniers penseurs du paganisme se consumaient en efforts impuissants pour galvaniser la religion du passé, un chrétien, caché sous le pseudonyme de Denys l'Aréopagite [1], dépassant les timides spéculations des Pères grecs, christianisa le système néo-platonicien et déposa dans la pensée chrétienne les germes qui se développeront dans Scot Érigène, Hugues et Richard de Saint-Victor, Eckart, Bœhme, Bruno. Marcianus Capella, vers 450, tenta une exposition encyclopédique des sciences [2]. Jean Philopon [3], contemporain du néoplatonicien Simplicius, commenta les ouvrages d'Aristote en même temps qu'il écrivait pour la défense du christianisme. Vers la même époque, le Romain Boëce [4] traduisait Platon et Aristote et écrivait son délicieux traité *De consolatione philosophiæ*, où règne un souffle d'Épictète et de Marc-Aurèle; Cassiodore [5], également Italien, mort en 575, publiait le traité *De artibus ac disciplinis liberalium literarum*, qui, conjointement avec les traités de Marcianus Capella et de Boëce, devint la base de l'enseignement au moyen âge [6]. Citons encore Isidore de Séville et ses vingt livres d'*Étymologies*; saint Jean de Damas, distingué à la fois comme théologien et comme érudit; Photius, patriarche de Constantinople, auteur de la *Bibliotheca* ou *Myriobiblion*, sorte d'anthologie philosophique.

On le voit, c'est dans le sein de l'Église que les lettres se réfugient de plus en plus. En Occident surtout, la vie intellectuelle s'y concentra tout entière. Mais ce fut à peine si le

---

[1] Dionysii Areopagitæ *Opera*, gr. et lat., Paris, 1615, 1644 (2 vol. in-fol.). — Engelhardt, *De origine scriptorum Areopagiticorum*, Erlangen, 1823. — [2] *Satyricon*, éd. Kopp, Francf., 1836. — [3] Ses commentaires sur les *Analytiques*, la *Physique*, la *Psychologie*, etc., ont été imprimés à différentes reprises au seizième siècle. — [4] Homme d'État exécuté sous Théodoric en 525. *Opera*, Bâle, 1546, 1570, in-fol. Gervaise, *Histoire de Boëce, sénateur romain*, Paris, 1715. — [5] *Opera omnia*, Rouen, 1679; Venise, 1726. — Sainte Marthe, *Vie de Cassiodore*, Paris, 1695. — [6] D'après cet enseignement, il y a sept arts libéraux, dont trois, la grammaire, la rhétorique et la dialectique, forment le *trivium*, et les quatre autres, la musique, l'arithmétique, la géométrie et l'astronomie, le *quadrivium*, c'est-à-dire le triple et le quadruple chemin qui mène à la science par excellence, la théologie.

lumignon fumant de la culture savante ne s'éteignit pas complètement au sein d'un clergé recruté en grande partie parmi les barbares. L'ignorance était générale. La langue latine, dont l'Église continua de faire usage, formait l'unique et mince trait d'union entre le monde classique et les générations nouvelles. Au milieu du déchaînement de toutes les passions brutales, alors que le clergé séculier lui-même est livré à un grossier réalisme et montre une indifférence absolue à l'égard des choses de l'esprit, ce sont les couvents qui deviennent l'asile de la pensée et de l'étude. Dans la vie monastique, l'esprit, absorbé partout ailleurs par les choses du dehors, trouve l'occasion et le loisir de s'occuper de lui-même et de ses vrais trésors. En attendant les travaux indépendants, l'activité des religieux se porte sur la copie des manuscrits, et c'est à leur zèle que nous devons la connaissance d'un nombre considérable de chefs-d'œuvre antiques.

Mais ils firent plus : ils fondèrent des écoles et se firent les précepteurs de la jeunesse (*scholæ, scholastici, doctrina scholastica*). Les écoles monastiques rivalisaient avec celles des évêchés. C'est la Grande-Bretagne qui possédait les monastères modèles. On en vit sortir des savants tels que Bède le vénérable[1], Alcuin[2], élève de l'école d'York, qui, devenu le conseiller et l'ami de Charlemagne, contribua à la création de l'Académie palatine et d'un grand nombre d'écoles épiscopales et monastiques; enfin et surtout Scot Érigène, le premier et tout ensemble le plus profond des philosophes du moyen âge chrétien, le créateur de la scolastique.

La patrie de Scot, d'Occam et des deux Bacon ne se vante pas sans raison d'être l'Ionie de la philosophie moderne.

---

[1] 673-735. — *Opera*, Bâle, 1563; Cologne, 1612. — [2] 726-804. — *Opera*, Ratisb, 1773, 2 vol. in-fol.

§ 30. La Scolastique[1].

Légataire universelle de l'empire romain, l'Église est la grande puissance qui domine le moyen âge. Hors d'elle, point de salut; hors d'elle, point de science. Le dogme, tel qu'elle le formule, est la vérité. Il ne s'agit donc pas de la *chercher*. La philosophie, dans le sens de recherche de la vérité, n'existe pas pour l'Église. Philosopher, au point de vue du moyen âge, c'est expliquer le dogme, c'est en développer les conséquences, c'est en démontrer la vérité. La philosophie se confond donc avec la théologie positive : hors de là, elle serait hérétique. Rivée à la loi de l'Église, la pensée chrétienne ressemble à un fleuve resserré entre des rives à pic, mais d'autant plus profond que son lit est plus étroit. Ne pouvant sortir du dogme qui l'enserre, elle l'approfondit, le creuse, le mine, si bien et si longtemps qu'elle finira par l'ébranler.

Ainsi surgit et se constitue peu à peu la philosophie de l'École chrétienne, la scolastique. Scot Érigène en est le fondateur; saint Anselme, Abélard, saint Thomas, Duns Scot en sont les représentants les plus marquants. La scolastique est la science moderne à l'état embryonnaire[2]; c'est la philosophie des nations européennes, se développant dans le sein maternel de l'Église, sous forme de théologie. Elle n'est plus, comme la spéculation des Pères de l'Église, fille de l'antiquité classique, dont la sépare la chute du monde romain. Née sur le sol vigoureux du monde germanique et néo-latin, elle appartient à d'autres races et à une nouvelle civilisation[3]. C'est la France, l'Angleterre, l'Es-

---

[1] Rousselot, *Études sur la philosophie du moyen âge*, 3 vol. in-8, Paris, 1841. Hauréau, *Histoire de la philosophie scolastique*, 2 vol., Paris, 1850. — Cousin, *Fragments philosophiques. Philosophie scolastique*. Ritter, *Philosophie du moyen âge*. — K. Fischer, *Histoire de la philosophie moderne, Introduction*. — [2] Hegel, *Histoire de la philosophie*, Tome III, p. 118. — [3] *Ibid.*, p. 139.

pagne, l'Allemagne, c'est en un mot l'Europe occidentale qui est sa patrie. Elle a sa période juvénile, son âge mûr, sa décadence. D'abord sous l'influence du platonisme, qui l'inspire par l'organe de saint Augustin, la philosophie scolastique subit de plus en plus, à partir du treizième siècle, l'ascendant d'Aristote. De là les deux grandes périodes de l'histoire de la scolastique : la période platonicienne et la période péripatéticienne. Cette dernière se divise en deux sous-périodes, dont la première explique Aristote dans le sens réaliste, la seconde, dans le sens du nominalisme. La scolastique s'épuise, à partir du quatorzième siècle, dans la lutte des *réalistes* et des *nominalistes*, et succombe, vers le milieu du quinzième, à la réaction laïque et libérale inaugurée par la Renaissance. Du moins cesse-t-elle, à partir de cette époque, de constituer une grande puissance intellectuelle, pour se réfugier corps et biens dans le giron de l'Église, dont elle est aujourd'hui encore la philosophie officielle[1].

Quelle est sa pensée dominante, sa doctrine fondamentale? Le « dernier des scolastiques », tout en traversant d'ailleurs le moyen âge « en bottes de sept lieues[2] », la formule mieux que personne en ces termes : « La philosophie et la religion ont même contenu, même but, même intérêt... En expliquant la religion, la philosophie s'explique elle-même, et en s'expliquant elle-même, elle explique la religion[3]. » Tel est, en effet, le principe qui est à la base de tous ses systèmes. Ce qui distingue essentiellement la période où nous entrons, c'est l'alliance qui s'y contracte entre ce qui, avant et après, se trouve en état de guerre : la théologie et la philosophie, la foi et la raison, la « grâce » et la « nature ». Pour les Pères latins, comme pour les libres penseurs qui ont fondé la philosophie moderne, il y a

---

[1] Le plus notable de ses représentants postérieurs à la Renaissance est le Jésuite François Suarès, de Grenade (1548-1617), partisan de Thomas d'Aquin, auteur des *Disputationes metaphysicæ* (Paris, 1619), etc. — [2] Hegel, *Hist. de la philosophie*, T. III, p. 99. — [3] *Philosophie de la religion*, T. I, p. 21.

antagonisme entre les deux sphères. Les Pères prennent parti pour la « grâce »; les philosophes, pour la « nature »: dans la conviction des scolastiques, de ceux du moins de la première période, le dogme révélé et la raison naturelle ne sauraient se contredire. Mais, comme il y a désaccord apparent sur un grand nombre de points de doctrine, il s'agit, pour eux, de *réfuter* ce faux-semblant, de *démontrer* la vérité du dogme, de *prouver* que le christianisme ecclésiastique est une religion rationnelle. Faire accepter le dogme à la raison, dit un continuateur éminent du philosophe que nous venons de citer[1], tel est le programme de la scolastique. Le dogme affirme le Dieu-homme; la scolastique pose la question : Pourquoi un Dieu-homme? Pour la résoudre, la théologie fait alliance avec la philosophie, la foi avec la science. Cette alliance forme l'essence même de la scolastique. Celle-ci est si bien un compromis entre la philosophie et la foi, qu'elle décline du moment où les docteurs nominalistes, d'une part, et les humanistes, de l'autre, reconnaissent la nécessité de séparer les deux domaines.

§ 31. Scot Érigène.

Le premier des grands scolastiques, Jean Scot Érigène, originaire d'outre-Manche, dirigeait, vers le milieu du neuvième siècle, l'Académie palatine, où l'avait appelé la munificence de Charles le Chauve. Son traité *De divina prædestinatione*, écrit à propos de l'hérésie de Gottschalk, et sa traduction latine de Denys l'Aréopagite, qu'il négligea de soumettre à l'approbation du pape, lui aliénèrent les sympathies de l'Église, sans le priver toutefois de la haute protection de l'empereur. La date de sa mort est incertaine comme celle de sa naissance.

Par la largeur de son esprit, très supérieur à son siècle, Scot

[1] K. Fischer, ouvrage cité, T. I, 2ᵉ éd., p. 67.

rappelle Origène dont il partage le sort : la disgrâce de l'Église, qui ne l'a pas élevé au rang de ses saints. Sa science, eu égard à son époque, est prodigieuse. Outre le latin, il sait le grec et peut-être l'arabe. De là sa connaissance parfaite de Platon, d'Aristote, des Pères grecs et du néoplatonisme. Il y joint une puissance de spéculation et une hardiesse de jugement qui dépassent tout ce qu'a produit le moyen âge catholique, et on ne peut le comparer qu'à ces pics volcaniques qui se dressent isolés dans une plaine uniforme. Sa philosophie, telle qu'il l'expose dans le *De divisione naturæ* [1], n'est pas sans doute une nouveauté, si nous la comparons aux doctrines néoplatoniciennes : à l'instar de Pseudo-Denys l'Aréopagite, elle reproduit, sous forme chrétienne, le système émanatiste de l'école d'Alexandrie. Mais au neuvième siècle et de ce côté-ci des Pyrénées, comprendre Plotin et Proclus était presque un miracle.

L'objet de la philosophie est identique, selon Scot, à celui de la religion [2]. La philosophie est la science de la foi, l'intelligence du dogme. La spéculation et la religion, qui ont le même contenu divin, se distinguent uniquement par la forme, en ce que la religion se soumet et adore, tandis que la philosophie étudie, discute, approfondit, moyennant la raison, l'objet que la religion se contente d'adorer : Dieu ou la Nature incréée et créatrice.

Dans le sens le plus général, le mot *nature* embrasse la totalité des existences, ce qui est incréé comme ce qui est créé. Dans ce sens, la nature comprend quatre catégories d'existences : 1° ce qui est incréé et qui crée ; 2° ce qui est créé et qui crée ; 3° ce qui est créé et ne crée point ; 4° ce qui est

---

[1] Éditions Thomas Gale, Oxf., 1685 ; Schlüter, Münster, 1838 ; H. J. Floss, Paris, 1853 (collection Migne). — Saint-René-Taillandier, *Scot Érigène et la philosophie scolastique*, Strasb., 1843. — [2] *De divina prædestinatione. Proœmium* (dans Gilbert Mauguin, *Auct. qui nono sæc. de præd. et grat. scripserunt opera*, Paris, 1850).

incréé et ne crée point. L'existence n'est possible que sous ces quatre modes.

Toutefois cette division des êtres peut se simplifier. La première catégorie, en effet, se confond avec la quatrième, toutes deux comprenant ce qui est incréé et se rapportant par conséquent l'une et l'autre au seul être qui existe, au sens absolu du mot : à Dieu. La première renferme Dieu, en tant qu'il est le principe créateur, le commencement, la source des choses ; la quatrième contient également Dieu, mais en tant qu'il est la fin, le consommateur et le couronnement des choses, au delà duquel il n'y a plus rien. En comparant de même la deuxième et la troisième catégorie, on trouve qu'elles se confondent en une seule, embrassant toutes les choses créées, l'univers, en tant qu'il est distinct de Dieu. Les choses créées et à leur tour productives (la deuxième catégorie), ce sont les Idées-types qui se réalisent dans les individus[1]. Les choses créées et ne produisant plus rien, ce sont les individus ; car ce ne sont pas les individus, mais les types ou espèces qui possèdent la puissance reproductrice. Donc, au lieu des quatre catégories primitives, il en reste deux : Dieu et l'univers.

Mais, à leur tour, ces deux catégories ou modes de l'existence s'identifient[2]. En effet, le monde est en Dieu et Dieu est en lui, comme son essence, son âme, sa vie. Tout ce qu'il y a, dans le monde, de force vive, de lumière, d'intelligence, c'est Dieu, immanent au cosmos, et celui-ci n'existe qu'en tant qu'il participe à l'être divin. Dieu est l'être dans sa totalité, l'être sans division ni partage, sans limite ni mesure ; le monde est l'être partagé, divisé, limité. Dieu est l'être inexpliqué ; le monde est l'être expliqué, révélé, manifesté ($\vartheta \varepsilon o \varphi \acute{\alpha} \nu \varepsilon \iota \alpha$) ; Dieu et l'univers sont un seul et même être, l'être unique et infini, sous deux modes ou manières d'être différentes ; ou plutôt, c'est le monde

---

[1] *De divisione naturæ*, II, 2. — [2] III, 22.

seul qui est une manière d'être, une modification et une limitation de l'être, tandis que Dieu est l'être sans manière d'être ni détermination aucune[1].

Le mot θεός, que Scot rattache soit à θεωρᾶ, *video*, soit à θέω, *curro*[2], désigne, d'après la première étymologie, la vision ou l'intelligence absolue, et d'après la seconde, le mouvement éternel. Mais dans l'une et l'autre signification, l'expression n'est que figurée. Car, Dieu étant l'être en dehors duquel il n'y a rien ni à côté de lui ni en lui-même, on ne peut dire, strictement parlant, que Dieu voie ou comprenne quoi que ce soit; et quant au mouvement divin, il ne ressemble en rien au mouvement de translation propre à la créature, mais il procède *de* Dieu *en* Dieu *vers* Dieu; c'est-à-dire qu'il est synonyme de repos absolu. Dieu, étant l'être élevé au-dessus de toutes les différences et de tous les contrastes, ne peut être désigné par aucun terme impliquant un contraire. Nous l'appelons bon, mais à tort, puisque la différence du bien et du mal n'existe pas en lui (ὑπεράγαθος, *plus quam bonus est*[3]). Nous l'appelons Dieu, mais on vient de voir que l'expression est impropre. Nous l'appelons la Vérité; mais la vérité est opposée à l'erreur, et cette antithèse n'existe pas pour l'Être infini. Nous l'appelons l'Éternel, la Vie, la Lumière; mais la différence entre l'éternité et le temps, la vie et la mort, la lumière et son contraire n'existant pas en Dieu, tous ces termes sont inexacts. Il n'y a pas jusqu'au terme d'*être* qui ne le soit : car à l'être est opposé le non-être. Dieu est donc l'ineffable, comme il est l'incompréhensible. Il est au-dessus de la bonté, au-dessus de la vérité, au-dessus de l'éternité; il est plus que la vie, plus que la lumière, plus que Dieu (ὑπέρθεος), plus que l'être même (ὑπερούσιος, *superessentialis*); aucune des catégories d'Aristote ne saurait le com-

---

[1] *De divisione naturæ*, III, 10 : Dieu est tout et tout est Dieu; III, 17-18 : Nous ne devons donc pas considérer Dieu et la créature comme une dualité, mais comme une seule et même chose; cf. 22-23. — [2] I, 14. — [3] I, 14.

prendre, et, pour autant que comprendre c'est renfermer un objet dans une catégorie, Dieu lui-même ne saurait se comprendre. Il est l'absolu Néant, l'éternel Mystère[1].

L'essence intime de l'âme humaine est aussi mystérieuse et aussi impénétrable que Dieu, puisque cette essence est Dieu même[2]. Tout ce que nous en savons, c'est qu'elle est mouvement et vie, et que ce mouvement, cette vie a trois degrés : la sensation, l'intelligence, la raison : image humaine de la Trinité divine. Le corps est créé en même temps que l'âme; mais il est déchu, par suite du péché, de sa beauté idéale. Cette beauté, latente dans l'organisme actuel, ne se manifestera dans sa pureté que dans la vie à venir. L'homme résume en lui toutes les créatures terrestres et célestes. Il est le monde en abrégé, et comme tel, le roi des créatures. Il ne se distingue des anges que par le péché, et, par la pénitence, il s'élève au rang des êtres divins. Le péché tient à la nature corporelle de l'homme; il est l'effet nécessaire de la prépondérance de la vie des sens sur la vie intellectuelle en voie de développement.

La chute de l'homme n'est pas seulement la conséquence, mais aussi la cause de son existence corporelle. Les imperfections et les maladies de son corps actuel, sa lourde matérialité, le combat de la chair contre l'esprit, la différence des sexes, tout cela est déjà péché, chute, séparation d'avec Dieu, démembrement de l'unité universelle[3]. D'autre part, comme il n'y a pas d'être réel en dehors de Dieu, ce que nous appelons séparation d'avec Dieu, chute, péché, n'est qu'une réalité négative, un manque, une privation. Le mal n'existe pas substantiellement. Une chose n'existe *réellement* qu'en tant qu'elle est bonne, et son excellence est la mesure de sa réalité. Perfection et réalité sont synonymes. L'imperfection absolue est donc

---

[1] *De divisione naturæ*, I, 16; III, 19. — [2] I, 78. — [3] Comp. les §§ 10, 15, 25 et 68.

synonyme de non-réalité absolue : ce qui implique l'impossibilité de l'existence d'un Diable personnel, c'est-à-dire d'un être *absolument* mauvais. Le mal est l'absence du bien, de la vie, de l'être. Enlevez à un être tout ce qu'il a de bon et vous l'anéantissez[1].

La création est un acte éternel et continu, sans commencement ni fin. Dieu précède le monde quant à la dignité, non quant à la durée[2]. Dieu est absolument éternel, le monde l'est relativement. Il procède de Dieu, comme la lumière procède du soleil, comme la chaleur émane du feu. Pour Dieu, penser, c'est créer (*videt operando et videndo operatur*[3]), et de même que sa pensée, son activité créatrice est sans commencement. Toute créature est virtuellement éternelle; tous nous plongeons dans l'éternité par les racines de notre être; tous nous avons préexisté d'éternité dans la série infinie des causes qui nous ont produits. Dieu seul est éternel *actu*; lui seul n'a jamais existé comme simple germe. Le néant d'où le monde est tiré, selon l'Écriture, n'est pas = 0, mais il est l'ineffable et incompréhensible splendeur de la nature divine, l'essence suressentielle et surnaturelle de Dieu, inaccessible à la pensée et inconnue même des anges[4].

De l'Être infini procèdent, par un épanouissement successif, les genres, les espèces, les individus. La création est cette analyse éternelle du général. La généralité la plus vaste, c'est l'être; de l'être, qui est commun à toutes les créatures, se dégage, comme spécialité, la vie, qui n'appartient qu'aux êtres organisés; de la vie procède la raison, qui constitue une classe d'êtres encore plus restreinte (hommes et anges); enfin, de la raison dérive la sagesse et la science, qui est l'apanage du plus petit nombre. La création est un ensemble harmonieux de cercles concentriques, où se croisent incessamment l'essence divine qui s'épanche, s'explique, s'épanouit, et le monde ou la circonfé-

---

[1] *De divisione naturæ*, III, 1, 4. — [2] III, 6. — [3] III, 17 ss. — [4] III, 19.

rence, qui tend à se replier, à se concentrer, à revenir à Dieu[1]. La science humaine a pour but de savoir exactement comment les choses dérivent des causes premières et comment elles se divisent et se sous-divisent en espèces et en genres. La science ainsi comprise s'appelle dialectique[2], et se divise en physique et éthique. La vraie dialectique n'est pas, comme celle des sophistes, l'œuvre de l'imagination humaine ou d'un caprice de notre raison, mais elle est fondée, par l'auteur de toute science et de tout art, dans la nature même des choses. Par la science et la sagesse qui est son point culminant, l'âme humaine s'élève au-dessus de la nature et s'identifie avec Dieu. Ce retour à Dieu s'opère, pour la nature en général, dans l'homme; pour l'homme, en Christ et dans le chrétien; pour le chrétien, dans son union surnaturelle et essentielle avec Dieu par l'esprit de sagesse et de science. De même que tout procède de Dieu, tout est destiné à rentrer en Dieu. Il y a prédestination, mais prédestination universelle au salut. Tous les anges déchus, tous les hommes déchus, tous les êtres, en un mot, retourneront à Dieu. Les châtiments de l'enfer sont purement spirituels. Il n'y a d'autre récompense de la vertu que la *vue* ou connaissance immédiate de Dieu, d'autre peine attachée au péché, que le remords. Les châtiments n'ont rien d'arbitraire, mais sont la conséquence naturelle des actes que condamne la loi divine[3].

§ 32. Saint Anselme.

Scot Érigène s'éteint comme un météore dans une nuit profonde. Tandis que les écoles arabes[4] continuent avec distinction

---

[1] *De divisione naturæ*, I, 16. — [2] I, 29, 46; V, 4. — [3] *De div. prædestinatione*, 2-4. — [4] Les plus célèbres étaient Bagdad, Bassora, Boukhara, Koufa, pour l'Orient; Cordoue, Grenade, Tolède, Séville, Murcie, Valence, Alméric, etc., pour l'Espagne. Les Arabes sont, en fait de sciences, les élèves intelligents des Grecs, des Perses, des Indiens. Leur philosophie est un prolongement du

les traditions philosophiques et scientifiques de la Grèce et de l'Orient, l'alliance de la pensée et de la foi n'est représentée, dans l'Europe chrétienne du dixième et du onzième siècle, que par quelques noms isolés : Gerbert[1] (Sylvestre II), qui doit sa science aux Arabes, Bérenger de Tours[2], Lanfranc, abbé du Bec en Normandie et archevêque de Cantorbéry[3], Hildebert de Lavardin, évêque de Tours et auteur d'un traité de morale[4]. Les grandes questions qui sollicitaient l'esprit de Scot ne les occupent guère. Raisonneurs subtils, ils se plaisent aux sujets les plus mesquins, aux problèmes les plus puérils : une prostituée peut-elle, par la toute-puissance divine, redevenir vierge? La souris qui mange l'hostie consacrée, mange-t-elle le corps du Seigneur? Mais si la philosophie chrétienne, encore enfant, se plaît aux jeux de l'enfance, ces jeux mêmes sont significatifs et préfigurent les combats que lui réserve l'avenir.

Le premier esprit d'une réelle valeur spéculative qui se ren-

---

péripatétisme et du néoplatonisme. Plus érudite qu'originale, elle est surtout de l'exégèse, et de l'exégèse d'Aristote, que son strict monothéisme recommandait aux disciples de l'islam. Les coryphées de la pensée arabe sont, en Asie : Alkendi à Bassora, contemporain de Scot Erigène, Alfarabi à Bagdad (même siècle), auteur entre autres d'une *Encyclopédie* très appréciée par les scolastiques chrétiens, Avicenne (Ibn-Sina, mort à Ispahan en 1036), célèbre en Europe comme médecin et érudit interprète d'Aristote, Algazel à Bagdad, mort en 1111, philosophe sceptique et musulman orthodoxe ; en Espagne : Avempace (Ibn-Badja), de Saragosse, mort en 1138, Ibn-Tophaïl, de Cadix (1100-1185), Averroès (Ibn-Roschd), de Cordoue, le « Commentateur » par excellence (1126-1198), tous savants médecins, mathématiciens, philosophes et féconds écrivains. Après Averroès, la philosophie arabe décline rapidement pour ne plus se relever, mais elle laisse sa trace sur la pensée juive (Avicébron ou Ibn-Gebirol au onzième siècle, auteur de « Source de Vie » ; Moïse Maimonide, 1135-1204, auteur plus célèbre encore du « *Guide des Égarés* », etc.) et, par son intermédiaire, sur la pensée chrétienne. — Voy. Schmœlder, *Les Écoles philosophiques chez les Arabes* (Paris, 1842); Munck, *Mélanges de philosophie juive et arabe* (Paris, 1859); E. Renan, *Averroès et l'Averroïsme* (Paris, 1852); etc.

[1] Mort en 1003. — [2] Mort en 1088. *De sacra cœna adversus Lanfr.*, Berlin, 1844. — [3] Mort en 1089. *Opera*, éd. Giles, Oxford, 1854. — [4] Mort en 1134. *Opera*, éd. Beaugendre.

contre après Scot, c'est le disciple de Lanfranc, saint Anselme[1]. Né à Aoste (1033), religieux au monastère du Bec en Normandie (1060), successeur de Lanfranc comme abbé (1078) et comme archevêque de Cantorbéry (1093), il mourut en 1109, laissant un grand nombre d'écrits. Les plus importants sont le *Dialogus de grammatico*, le *Monologium de divinitatis essentia sive Exemplum de ratione fidei*, le *Proslogium sive Fides quærens intellectum*, le *De veritate*, le *De fide Trinitatis*, et le *Cur Deus homo?*

Le second Augustin, comme on a désigné saint Anselme, part du même principe que le premier : il veut que la foi précède toute réflexion et toute discussion relative aux choses de la religion. Les incrédules, dit-il[2], cherchent à comprendre parce qu'ils ne croient pas; nous au contraire, nous cherchons à comprendre parce que nous croyons. *Eux et nous, nous cherchons la même chose;* mais, ne croyant pas, ils n'arrivent pas à leur but : l'intelligence du dogme. Qui ne croit pas, ne comprendra jamais. Dans les choses de la religion, le rôle de la foi correspond à celui de l'expérience dans l'intelligence des choses de ce monde. L'aveugle qui ne voit pas la lumière ne la comprend pas; le sourd-muet, qui n'a jamais perçu le son, ne saurait avoir du son une idée claire : de même, ne pas croire, c'est ne pas percevoir, et ne pas percevoir, c'est ne pas comprendre. Ce n'est donc pas pour arriver à la foi que nous réfléchissons, c'est au contraire pour arriver à l'intelligence que nous croyons. Un chrétien ne doit, à aucun prix, mettre en doute ce que la sainte Église catholique croit de cœur et confesse de bouche. Tout ce qu'il se permettra, c'est de chercher, aussi humblement que possible, à s'en rendre compte, en continuant d'y croire, de l'aimer et de l'observer dans la vie, avec une persévérance iné-

---

[1] *Œuvres*, dans la collection Migne, Paris, 1852. — Charles de Rémusat, *Anselme de Cantorbéry, tableau de la vie monastique, etc.*, Paris, 1854. —
[2] *Cur Deus homo?* I, 2.

branlable. S'il arrive à comprendre la doctrine chrétienne, qu'il en rende grâces à Dieu, source de toute intelligence! S'il n'y arrive pas, ce n'est pas un motif de baisser la tête pour donner des coups de corne, mais c'est une raison pour l'incliner en signe d'adoration. La foi ne doit pas être seulement le point de départ, — le chrétien n'entend pas *partir* de la foi, mais bien y demeurer, — mais aussi la règle permanente et le point d'arrivée de la pensée, le principe, le milieu et la fin de toute philosophie[1].

Il semble, d'après les citations presque textuelles que nous venons de faire, que le nom de saint Anselme appartienne exclusivement à l'histoire de la théologie; et cependant il n'en est rien. Saint Anselme est plus indépendant, plus chercheur et philosophe qu'il ne le sait lui-même. Type accompli du docteur scolastique et vraie personnification de cette alliance entre la raison et la foi, qui est le trait le plus saillant de la philosophie du moyen âge, il admet *a priori* l'accord complet de la révélation et de la raison. Entre ces deux manifestations d'une même Intelligence suprême, une contradiction lui paraît impossible. Son point de vue est donc aux antipodes du *credo quia absurdum*. Au surplus, il connaît les atteintes du doute. Dans l'ardeur même qu'il met à rechercher de partout des arguments en faveur du dogme, il y a l'aveu que ce dogme a besoin d'être étayé, qu'il est discutable, que l'évidence, critérium de la vérité, lui fait défaut. Déjà comme moine, son unique préoccupation est la recherche d'un raisonnement simple et concluant à l'appui de l'existence de Dieu et de tout ce que l'Église enseigne au sujet de l'Être suprême. La seule affirmation ne le satisfait pas, il lui faut la démonstration. Cette pensée l'obsède jour et nuit, lui fait oublier le manger et le boire et le poursuit jusque dans les moments solennels du culte. Il en conclut que c'est une tentation de Satan, et il cherche à s'en délivrer. Mais

---

[1] *De fide Trinitatis.* Cf. *Monologium*, Préface.

en vain. Dans le silence d'une nuit passée en méditation, il découvre enfin ce qu'il a cherché pendant des années : l'argument irréfragable en faveur du dogme chrétien, et il se sent heureux d'avoir trouvé, avec la preuve de l'existence de Dieu, la paix de l'âme. Ses démonstrations sont comme les prémices du rationalisme moderne.

Tout ce qui existe, dit-il[1], a sa cause, et cette cause peut être une ou multiple. Si elle est une, nous avons ce qu'il nous faut : Dieu comme l'être unique de qui tous les autres êtres tiennent l'existence. Si elle est multiple, trois cas sont possibles : il se peut 1° que le multiple ait pour cause le un et en dépende ; ou 2° que chaque chose composant le multiple soit cause d'elle-même ; ou 3° que chacune existe grâce à toutes les autres. Le premier de ces trois cas se confond avec l'hypothèse que tout ce qui est procède d'une cause unique : car relever de plusieurs causes, qui dépendent toutes d'une cause unique, c'est relever de cette cause unique. Dans le second cas, il faut admettre qu'il y a une puissance, force ou faculté d'exister par soi, commune à toutes les causes individuelles admises par l'hypothèse, puissance à laquelle toutes participent et dans laquelle toutes sont comprises : ainsi que dans le premier cas, nous aboutissons à une cause unique et absolue. La troisième supposition, qui fait dépendre chacune des « causes premières » de toutes les autres, est absurde ; car on ne peut admettre qu'une chose ait pour cause et condition d'existence ce dont elle est elle-même cause et condition. Donc, de toutes manières nous sommes amenés à croire à un être qui est cause de tout ce qui existe, sans être causé lui-même par quoi que ce soit, et qui par cela même est infiniment plus parfait que tout le reste : être souverainement réel (*ens realissimum*), souverainement puissant et souverainement bon. Ne relevant d'aucun autre être et ne dépendant d'au-

---

[1] *Monologium*, c. 3.

cune condition d'existence autre que lui-même, il est *a se* et *per se*; il existe, non parce qu'il existe autre chose, mais il existe parce qu'il existe; c'est-à-dire qu'il existe nécessairement, qu'il est l'être nécessaire[1].

Il ne faudrait pas trop presser le raisonnement du *Monologium* pour en faire sortir le panthéisme. Anselme, il est vrai, se défend de cette interprétation de sa théologie. Avec saint Augustin, il admet que le monde est créé *ex nihilo*. Mais en adoptant cette doctrine, il la fait sienne, c'est-à-dire qu'il l'a modifie et la transforme. Les choses, avant la création, dit-il, n'existent pas *pour elles-mêmes* indépendamment de Dieu : voilà le néant d'où elles sont tirées. Mais elles existent d'éternité, *pour Dieu* et en Dieu, à l'état d'idées; elles préexistent à leur création en ce sens que le créateur les prévoit et les prédestine à l'existence[2].

L'existence de Dieu, cause unique et absolue du monde, étant prouvée, il s'agit de déterminer sa nature et ses attributs. Les perfections humaines sont aussi les perfections de Dieu, mais avec cette différence qu'elles lui sont essentielles, ce qu'elles ne sont pas pour nous. L'homme a reçu en partage certaines perfections, mais il n'y a pas corrélation nécessaire entre lui et ces perfections; il pourrait ne les avoir pas reçues; il pourrait exister sans elles. Dieu au contraire ne tient pas ses perfections d'ailleurs; il ne les a pas reçues, et en général il ne les *a* pas, il les *est*, et il faut qu'il les soit; ses attributs s'identifient avec son essence. La justice, attribut de Dieu, et Dieu ne sont pas deux choses distinctes. On ne peut dire de Dieu qu'il ait de la justice, de la bonté; on ne peut même dire qu'il soit juste; car être juste, c'est participer à la justice à la manière de la créature : il faut dire de Dieu qu'il est la justice même, la bonté même, la sagesse même, la félicité même, la vérité même, l'être même. De plus, tous les attributs de Dieu n'en font qu'un seul,

---

[1] *Monologium*, c. 3. — [2] *Ibid.*, c. 9.

en vertu de l'unité de son essence (*unum est quidquid essentialiter de summa substantia dicitur*[1]).

Tout cela est du pur platonisme. Mais, non content de spiritualiser le théisme, Anselme va jusqu'à le compromettre, quand, nouveau Carnéade, il énumère les difficultés qu'il y découvre. Dieu est l'être simple, et il est en même temps éternel, c'est-à-dire répandu sur tous les points de la durée infinie, et partout présent, c'est-à-dire répandu sur tous les points de l'espace. Dirons-nous que Dieu est partout et toujours? Mais cette proposition répugne à la simplicité de l'essence divine. Dirons-nous qu'il n'est nulle part et jamais? Mais ce serait nier son existence. Disons donc, pour concilier ces deux thèses extrêmes, que Dieu est partout et toujours, sans être limité par aucun lieu ni par aucun temps. Une difficulté non moins grave est celle-ci : en Dieu il n'y a pas de changement, ni par conséquent d'accident. Or il n'est pas de substance sans accidents. Dieu n'est donc pas une substance, mais au-dessus de toute substance. Effrayé cette fois de l'abîme où le mène la dialectique, Anselme ajoute prudemment que, pour être inexacte, l'expression de substance est encore la meilleure qu'on puisse appliquer à Dieu — *si quid digne dici potest* — et que l'éviter ou la condamner serait compromettre, peut-être, la foi en la réalité de l'Être divin.

La plus redoutable des antinomies théologiques, c'est la trinité des personnes dans l'unité de l'essence divine[2]. Le Verbe est l'objet de la pensée éternelle, c'est Dieu en tant qu'il est pensé, conçu, compris par lui-même. L'Esprit saint, c'est l'amour de Dieu pour le Verbe, et du Verbe pour Dieu, l'amour que Dieu se porte à lui-même. Mais cette explication est-elle satisfaisante? Et le dogme qu'elle prétend expliquer, ne se trouve-t-il pas sacrifié à l'idée unitaire? Dans la trinité comme dans l'idée de Dieu, saint Anselme trouve des difficultés inso-

---

[1] *Monologium*, c. 17. — [2] *Ibid.*, c. 38 ss.

lubles, des contradictions que l'esprit humain ne saurait lever, et, découragé, il est obligé de convenir, avec Scot Érigène, saint Augustin et les néoplatoniciens, que nul vocable humain ne saurait exprimer convenablement l'essence du Très-Haut. Il n'y a pas jusqu'aux mots de sagesse (*sapientia*) et d'être (*essentia*) qui n'expriment imparfaitement ce que son esprit soupçonne être l'essence de Dieu. Tout dans le langage théologique est analogie, figure, approximation[1].

Le *Proslogium sive Fides quærens intellectum* poursuit le même but que le *Monologium* : la démonstration de l'existence de Dieu. Empruntant ici encore les éléments de son argumentation à saint Augustin et au platonisme, il part de l'idée de l'être parfait, de laquelle il conclut à l'existence de cet être. Nous avons en nous, dit-il, l'idée d'un être souverainement parfait. Or perfection implique existence. Donc Dieu existe. Cet argument, qui a reçu le nom d'*argument ontologique*, trouva un adversaire digne d'Anselme dans Gaunilon, religieux de Marmoutiers en Touraine[2]. Gaunilon insiste sur la différence entre la pensée et l'être, et sur le fait que nous pouvons concevoir et nous figurer un être sans que cet être existe. Autant vaudrait conclure de l'idée d'une île enchantée en plein Océan à l'existence réelle de cette île. Le critique a raison, et en effet, l'argument ontologique ne serait concluant que dans l'hypothèse de l'identité de l'idée de Dieu et de l'existence de Dieu dans l'esprit humain. Si notre idée de Dieu est Dieu même, il est évident que cette idée est la preuve immédiate, directe, irréfragable de l'existence de Dieu ; mais ce n'est pas l'existence du Dieu-Idée de Platon et de Hegel, c'est bien celle du Dieu personnel que le théologien entend démontrer. Quoi qu'il en soit, on ne sait qu'admirer davantage, de la large et profonde conception de

---

[1] *Monologium*, c. 65. — [2] La réfutation de la preuve ontologique par Gaunilon se trouve dans les œuvres d'Anselme sous ce titre : *Liber pro insipiente adversus S. Anselmi in Proslogio ratiocinationem.*

saint Anselme, ou de la sagacité de son contradicteur, préludant, du fond de sa cellule, à la dialectique transcendantale de Kant.

La tendance rationaliste que nous venons de constater dans le *Monologium* et le *Proslogium* se retrouve dans le *Cur Deus homo?* Pourquoi Dieu est-il devenu homme? Le premier mot du titre indique suffisamment, à lui seul, la tendance philosophique du traité en question. Ce sont *les causes* du fait de l'incarnation qu'il s'agit de rechercher. La nécessité de l'incarnation résulte, selon saint Anselme, de la nécessité de la rédemption. Le péché est une injure faite à la majesté divine. Dieu, malgré sa bonté, ne peut la pardonner sans transiger avec l'honneur et la justice. D'autre part, il ne peut venger sur les hommes son honneur offensé; car le péché, étant une offense infiniment grande, exige une satisfaction infiniment grande aussi : c'est-à-dire qu'il lui faudrait ou anéantir l'humanité ou lui infliger les peines éternelles de l'enfer; or, dans les deux cas, le but de la création, la félicité des créatures, serait manqué et l'honneur du créateur compromis. Il n'y a pour Dieu qu'un moyen de sortir de cette alternative sans porter atteinte à son honneur : c'est d'organiser une *satisfaction*. Ce devra être une satisfaction d'une valeur infinie, puisque l'offense est incommensurable. Or l'homme, en tant qu'être fini, se trouvant incapable de satisfaire à la justice divine dans une mesure infinie, il faut que l'être infini lui-même s'en charge: il faut qu'il recoure à une *substitution*. De là la nécessité de l'*incarnation*. Dieu devient homme en Christ; le Christ souffre et meurt à notre place; il acquiert par là un mérite infini et le droit à un salaire équivalent. Mais comme il est le créateur à qui appartient le monde et que rien ne peut être ajouté à ses trésors, le salaire qui de droit revient à Christ bénéficie au genre humain auquel il s'est incorporé : l'humanité est pardonnée, grâciée, sauvée.

La critique théologique a répudié la théorie d'Anselme, marquée au coin de l'esprit chevaleresque et des mœurs féodales.

Mais ce qui en restera, en dépit des attaques d'un rationalisme superficiel, c'est cette vérité que, au-dessus de toute volonté personnelle et variable, il y a une volonté absolue, immuable et incorruptible, qui, selon les époques et les mœurs, s'appelle la justice, l'honneur, le devoir.

Il nous reste à parler de la part prise par le grand scolastique à la discussion qui, vers l'époque de sa promotion au siège de Cantorbéry, s'éleva entre les *réaux* et les *nominaux*, c'est-à-dire — car sous cette « querelle de moines » il y avait une opposition de principes métaphysiques — entre les idéalistes et les matérialistes [1].

§ 33. Réalisme et Nominalisme.

L'Église catholique, c'est-à-dire *universelle*, n'entend pas être seulement l'ensemble des communautés chrétiennes particulières et des fidèles qui les composent : elle se considère comme une puissance supérieure, comme une réalité distincte et indépendante des individus qu'elle renferme dans son sein. Si l'*Idée*, c'est-à-dire le général, l'universel (τὸ καθόλου) n'était pas une *réalité*, l'Église ne serait qu'un simple *mot* collectif, et les églises particulières, ou plutôt les individus dont elles se composent, seraient seuls *réels*. L'Église devait donc être réaliste [2], et dire

---

[1] Nous dirions *réalistes* si au moyen âge ce terme ne désignait précisément le parti contraire. Il est question, en effet, d'un parti qui insiste d'une manière exclusive sur le principe réel ou matériel, et qui, dans l'histoire philosophique du moyen âge, représente l'ionisme et le péripatétisme par opposition à l'idéalisme académique. — [2] Nous rappelons au lecteur que *réaliste*, au moyen âge, signifie *idéaliste*, c'est-à-dire le contraire de son sens moderne. Même observation pour les mots *objectif* et *subjectif*. Ce que nous appelons *objectif*, la philosophie scolastique l'appelle *subjectif* (c'est-à-dire qui existe comme sujet, substance, réalité indépendante de ma pensée); au contraire, ce que nous nommons *subjectif*, elle le désigne comme *objectif* (c'est-à-dire qui n'existe que comme *objet* de la pensée et non comme sujet réel). Cette terminologie, inverse de la nôtre, se trouve encore chez Descartes et chez Spinosa.

avec l'Académie : *Universalia sunt realia*. Catholicisme était synonyme de réalisme. Le sens commun tend, au contraire, à voir dans les universaux de simples notions de l'esprit, des signes désignant une collection d'individus, des abstractions sans réalité objective. Pour lui, les individus seuls sont réels, et il a pour devise : *Universalia sunt nomina;* il est **nominaliste**, **individualiste**.

Cette seconde opinion fut émise et développée vers 1090 par Roscelin, chanoine de Compiègne. Selon lui, les universaux sont de simples noms, *vocis flatus*, et l'existence réelle n'appartient qu'aux choses individuelles. Très anodine en apparence, cette thèse était grosse d'hérésies. Si l'individuel seul est réel, l'Église n'est qu'un *flatus vocis* et les individus qu'elle renferme sont seuls des réalités. Si l'individuel seul est réel, le catholicisme n'est plus qu'un cadre pour les convictions individuelles, et il n'y a de réel, de solide, de positif, que la foi personnelle du chrétien. Si l'individuel seul est réel, le péché originel n'est qu'un mot, et le péché individuel et personnel est seul réel. Si l'individuel seul est réel, il n'y a de réel en Dieu que les trois personnes, le Père, le Fils et l'Esprit saint, et l'essence commune qui, suivant l'Église, les unit en un seul Dieu, n'est qu'un *nomen*, un *flatus vocis*. Roscelin, qui insiste surtout sur ce dernier point, ne se contente pas de défendre son hérésie trithéiste, mais, prenant à son tour l'offensive, il accuse ses adversaires d'hérésie. C'est en effet une hérésie, condamnée par l'Église sous le nom de patripassianisme, que d'admettre qu'en Christ le Père éternel lui-même soit devenu homme pour souffrir et mourir sur le Calvaire. Or si le Père, le Fils et le Saint-Esprit ont la même essence, et que cette essence soit une réalité objective, il s'ensuit que c'est l'essence du Père, c'est-à-dire le Père lui-même, qui est devenu homme en Christ : ce qui est formellement contredit par l'Écriture et par l'Église elle-même.

Roscelin venait de dévoiler une difficulté dans le dogme, et l'Église ne le lui pardonna pas. Le concile de Soissons condamna son hérésie et l'obligea de la rétracter (1092). Le nominalisme, frappé d'anathème, se tut pendant plus de deux siècles et ne reparut que vers 1320, dans la doctrine d'Occam.

Dans la discussion soulevée par le chanoine de Compiègne, les champions les plus ardents du réalisme avaient été saint Anselme et Guillaume de Champeaux, professeur à Paris, puis évêque de Châlons[1]. Saint Anselme combattait non seulement l'hérésie dogmatique, mais aussi l'hérésie philosophique, la négation de l'idéalisme platonicien, l'antithèse de la philosophie spéculative. Dans leur âme, dit-il[2] (il s'agit des nominalistes), la raison est à ce point mêlée d'idées corporelles, qu'il leur est impossible de l'en dégager, et de distinguer d'avec ces idées matérielles ce qui doit être considéré en soi et indépendamment de toute concrétion corporelle . . . . Ils ne peuvent comprendre que *l'homme soit autre chose encore qu'un individu.*

De son côté Guillaume de Champeaux pousse le réalisme jusqu'à ses dernières limites. Il n'admet de réel que l'universel, et ce sont les individus qui, pour lui, ne sont que des *flatus vocis*. Au point de vue anthropologique, par exemple, il n'existe réellement, selon Champeaux, qu'*un* homme, l'homme universel, l'homme-type, l'homme-espèce. Tous les individus sont identiques au fond et ne diffèrent entre eux que par des modifications accidentelles de leur commune essence. Champeaux n'a qu'un pas à faire pour être en plein panthéisme, et il est le défenseur de l'orthodoxie, l'adversaire passionné de l'hérésie de Roscelin! Étrange confusion des idées et des intérêts! Chaos intellectuel dont la théologie catholique de nos jours commence à peine à se dégager!

Entre le nominalisme extrême qui dit : *Universale post rem*,

---

[1] Mort en 1121. — [2] *De fide Trin.*, c. 2. — Nous avons donc eu raison de traduire *nominalisme* par *matérialisme* (p. 220).

et le réalisme extrême qui a pour devise : *universale ante rem*, il y avait place pour une doctrine de juste-milieu qui peut se résumer ainsi : *Universale neque ante rem nec post rem, sed* IN RE. C'est le *conceptualisme* d'Abélard.

§ 34. Abélard.

Pierre Abélard ou Abailard[1], né à Palais près Nantes, en 1079, suivit à Paris les leçons de Guillaume de Champeaux, le plus habile disputeur de l'époque. Brouillé avec son maître, dont le talent brillant de l'élève excitait la jalousie, Abélard ouvre à 22 ans une école à Melun, puis à Corbeil. Sa réconciliation avec Champeaux le ramène à Paris, où il enseigne dès lors avec un succès inouï. Victime de la rancune du chanoine Fulbert, dont il a séduit la nièce, il se retire dans l'abbaye de Saint-Denis, tandis qu'Héloïse prend le voile à Argenteuil. Il profite de sa retraite pour écrire son traité *De Trinitate*, mais il attire ainsi sur sa tête les foudres de l'Église, qui, à Soissons, le condamne à livrer lui-même son livre aux flammes (1122). Il fonde à Nogent-sur-Seine un oratoire qu'il dédie à la Trinité et spécialement au Paraclet, et qu'il abandonne plus tard à Héloïse, pour exercer les fonctions d'abbé de Saint-Gildas de Ruys. Dénoncé comme hérétique par saint Bernard de Clairvaux, il est condamné derechef, cette fois aux fers (1140); mais il trouve un refuge inespéré dans l'abbaye de Clugny, et un noble protecteur dans Pierre le Vénérable, dont les efforts réussissent à fléchir saint Bernard. Il meurt, épuisé par la lutte, en 1142. Outre son *De Trinitate* il faut citer ses *Lettres*, son *Introductio ad theologiam* et sa *Theologia christiana*, son *Éthique (Nosce te ipsum)*, le *Dialogue entre un philosophe, un juif et un chrétien*,

---

[1] Abælardi *Opera*, éd. Cousin, 1850-59. — *Introduction* de V. Cousin aux *Ouvrages inédits* d'Abélard, Paris, 1836. — Cousin, *Fragments de philosophie scolastique*, Paris, 1840. — Charles de Rémusat, *Abélard*, Paris, 1845.

publié par Reinwald (Berlin, 1831), et le traité intitulé *Sic et non*, publié par V. Cousin dans les *Ouvrages inédits d'Abélard* (Paris, 1836).

Abélard est à la fois trop spéculatif pour embrasser les idées de Roscelin, et trop positif pour souscrire à la théorie de Guillaume de Champeaux. Selon lui, l'universel existe dans l'individuel, mais il n'existe pas en dehors de l'individuel, autrement que comme *concept*. De plus, s'il existe réellement dans l'individu, il n'y existe pas *essentiellement*, mais *individuellement*. S'il y existait essentiellement, en d'autres termes, s'il épuisait l'essence de l'individuel, où serait la différence entre Pierre et Paul? La théorie d'Abélard, sans être le nominalisme, s'en rapproche évidemment. Elle est à la doctrine ultra-idéaliste de Champeaux ce que l'idéalisme concret d'Aristote est à l'idéalisme abstrait de Platon. Abélard, qui ne connaît pas la *Métaphysique* d'Aristote, la devine par les quelques traits que l'*Organon* lui en a révélés. Cela seul suffirait à lui assurer un rang éminent parmi les docteurs du moyen âge.

Abélard est, d'ailleurs, le plus indépendant, le plus hardi, le plus tranchant des scolastiques. Respectueux envers l'Église, il ne craint pas, à l'occasion, d'encourir son blâme. Il est d'accord avec l'auteur du *Cur Deus homo* sur l'identité de la vérité révélée et de la vérité rationnelle, mais il ne souscrit plus avec Anselme au *credo ut intelligam* de saint Augustin. Dans son *Introduction* il condamne, avec une étonnante franchise, *cette crédulité présomptueuse qui s'accommode au plus vite et sans discernement de la doctrine qu'on lui offre, avant d'avoir examiné ce qu'elle vaut et si elle mérite créance*. Il parle avec enthousiasme de la philosophie grecque, que du reste, et de son propre aveu, il ne connaît que d'après saint Augustin [1]. Il re-

---

[1] *Theologia christiana*, l. II : *Quæ ex philosophis collegi testimonia, non ex eorum scriptis, quæ nunquam fortasse vidi, imo ex libris B. Augustini collegi.*

trouve chez les grands penseurs de l'antiquité toutes les doctrines essentielles du christianisme : Dieu, la Trinité, l'Incarnation, et de l'antiquité païenne à l'Évangile, la distance lui paraît moindre que de l'Ancien au Nouveau Testament. C'est notamment au point de vue moral que la philosophie grecque l'emporte, à ses yeux, sur la doctrine des livres sacrés d'Israël. Et s'il en est ainsi, pourquoi refuser aux penseurs païens la félicité éternelle parce qu'ils n'ont pas connu le Christ? L'Évangile est-il donc autre chose qu'une réforme de la loi morale naturelle, *legis naturalis reformatio?* Peuplerions-nous l'enfer d'hommes *dont la vie et la doctrine révèlent une perfection tout évangélique et apostolique et qui ne s'écartent en rien, ou à peu près, de la religion chrétienne*[1]*?*

Comment Abélard arrive-t-il à découvrir dans les philosophes grecs des doctrines telles que la Trinité? C'est que les *trois personnes* se réduisent pour lui à trois attributs (*proprietates non essentiæ*) de l'Être divin : la puissance, la sagesse et la bonté. Séparées, dit-il[2], ces trois propriétés : pouvoir, savoir et vouloir, ne sont rien, mais unies, elles constituent la souveraine perfection (*tota perfectio boni*). La Trinité est l'Être qui peut ce qu'il veut et qui veut ce qu'il sait être le meilleur. Au point de vue théologique, c'est le monarchisme, hérésie opposée au trithéisme de Roscelin. Métaphysiquement, c'est le spiritualisme concret, niant que la force et la pensée soient des entités séparées, et affirmant leur unité dans le *vouloir*.

Si les temps de ferveur religieuse confondent la moralité avec la piété, la morale avec la théologie, les époques éclairées et sceptiques tendent à les séparer. C'est donc un symptôme important que la première apparition d'une morale distincte de la dogmatique. Tel est le traité de morale populaire de Hildebert de Lavardin : *Moralis philosophia*[3], imité de Cicéron ; tel est

---

[1] *Theologia christiana*, l. II. — [2] *Ibid.* — [3] Voy. § 32.

surtout le traité beaucoup plus profond et plus scientifique d'Abélard : *Nosce te ipsum*.

Ce n'est pas qu'Abélard songe à séparer la morale de l'ontologie, à la manière de nos moralistes indépendants. Mais le ὄν dont il fait dépendre la loi morale, ce n'est plus le bon plaisir déifié des Pères latins. Dieu étant l'Être souverainement bon et parfait, tous ses actes sont nécessaires : car, où il est bien qu'une chose se fasse, il est mal qu'elle ne se fasse pas, et celui qui ne fait pas ce que la raison exige, n'est pas moins en faute que celui qui fait ce qu'elle défend. Et de même que Dieu est déterminé dans ses actes par la raison, nous autres créatures nous sommes déterminées à notre tour par la volonté divine. Dieu étant la cause absolue, l'Être en qui nous avons la vie, le mouvement, l'existence, et par conséquent aussi le pouvoir et le vouloir, il s'ensuit qu'en un sens Dieu est aussi l'auteur de nos actes quels qu'ils soient, et que c'est lui qui fait ce qu'il nous fait faire (*quod nos facere facit*[1]).

La tendance au mal n'est pas le péché, mais la condition de la vertu, en tant que la vertu est un combat, et que tout combat suppose un adversaire. Ce n'est pas non plus l'acte en lui-même, la *matière* du péché qui est péché; l'acte en lui-même est indifférent. Le péché réside dans la *forme* de l'acte, c'est-à-dire dans la volonté qui le dicte. Ce n'est ni la tendance au mal ni l'acte en lui-même qui est péché, mais c'est *l'intention* bien arrêtée de satisfaire un mauvais désir, d'assouvir une passion. Il s'ensuit que l'homme qui, ayant consenti à une mauvaise action, a été empêché par une circonstance quelconque de l'accomplir, est aussi coupable que s'il l'avait accomplie. L'intention est tout aussi digne de châtiment que l'acte, et celui qui consent à faire le mal a déjà mal fait. Ce n'est pas à l'apparence et aux dehors, mais à l'esprit, que regarde le Juge suprême. En distinguant

---

[1] Comp. l'*Éthique* de Geulinx (§ 54).

entre le désir et l'intention de s'y livrer, entre le penchant naturel et la volonté de le suivre, Abélard condamne les exagérations d'un pessimisme qui voit dans la vie de l'homme un péché perpétuel; en déclarant indifférent l'acte extérieur, il flétrit le formalisme croissant de la morale catholique. Nous avons trouvé dans la théorie conceptualiste les premières traces de l'influence d'Aristote au moyen âge : c'est encore Aristote et sa morale de juste-milieu que rappelle l'éthique d'Abélard.

L'influence d'Abélard fut considérable. Nous la trouvons dans Bernard de Chartres dit *Sylvestris*[1], dans Guillaume de Conches[2], le savant professeur de Paris qui, dans sa *Philosophia minor*[3], proteste contre l'intolérance ecclésiastique, dans Gilbert de la Porrée, évêque de Poitiers[4], Jean de Salisbury, évêque de Chartres[5], et jusque dans son adversaire, Hugues de Saint-Victor. Gilbert est traité d'athée par saint Bernard, parce qu'il distingue entre Dieu et la déité, entre la personne et l'essence de l'Être suprême; l'Esprit divin, dit Jean de Salisbury dans son *Polycraticus*[6], créateur et dispensateur de la vie, ne remplit pas seulement l'âme humaine, mais toute créature dans l'univers... Car en dehors de Dieu il n'y a pas de substance de la créature, et les choses n'existent qu'en tant qu'elles participent à l'essence divine. Par sa toute-présence, Dieu enveloppe sa créature, la pénètre et la remplit de lui-même... Toutes choses, même les moindres, révèlent Dieu, mais chacune le révèle à sa manière. De même que la lumière du soleil est autre dans le saphir, autre dans l'hyacinthe et autre dans la topaze, de même Dieu se révèle sous des aspects infiniment divers dans les différents ordres de la création.

---

[1] *Megacosmus* et *Microcosmus*, fragm. publ. par Cousin. — [2] *Magna de naturis philosophia*. — *Pragmaticon philosophiæ*, etc. — *Philosophia minor*. [3] *Phil. minor*, I, 23. — [4] Mort en 1154. — *Comm. in Boëth. de Trin.* — *De sex principiis*. — [5] Mort en 1180. — *Opera*, éd. Giles, 5 vol., Oxf., 1848. — [6] *Polycraticus*, l. I, 1, 5; III, 1; VII, 17.

Le même libéralisme pour la forme, et pour le fond la même tendance moniste, mais alliée au sentiment religieux le plus vif et le plus pur, se retrouvent chez Hugues de Saint-Victor, le premier des grands mystiques du moyen âge.

§ 35. Hugues de Saint-Victor.

Hugues[1], moine de Saint-Victor à Paris (1096-1140), contraste de la manière la plus frappante avec son illustre contemporain. Abélard est Français : il a la passion de la clarté, de la précision, de la perfection formelle; sa foi est affaire d'intelligence; sa « déesse » c'est la logique. Hugues est d'origine germanique. Éloigné, par goût autant que par devoir, de la scène brillante où s'épanouit le génie d'Abélard, il s'adonne, au fond de sa retraite, à l'étude, à la méditation, à la contemplation. Non moins indépendant qu'Abélard, il l'est par sentiment plutôt que par réflexion, et quoique dialecticien habile, il répugne au rationalisme formaliste de l'École. Mais, si son libéralisme diffère profondément de celui d'Abélard, il aboutit à des résultats analogues. Le rationalisme et le mysticisme tendent également à l'unité moniste. De là vient qu'au moyen âge le mysticisme exerce sur le dogme une influence non moins délétère que la critique rationnelle; de là vient aussi qu'en France mysticisme et panthéisme sont des termes synonymes[2].

Le point de vue de Hugues, tel surtout qu'il se dessine dans son ouvrage capital : *De sacramentis christianæ fidei*, étonne par sa hardiesse. Une orthodoxie absolue ne lui paraît ni nécessaire pour le salut, ni même possible. On peut être, selon lui, parfaitement d'accord sur la vérité des dogmes, sans l'être sur leur interprétation, et l'unité de la foi n'implique nullement l'identité des vues sur la foi[3]. L'uniformité des idées sur Dieu

---

[1] *Opera*, Venise, 1588; Rouen, 1648. — [2] Comp. p. 86. — [3] *De sacramentis*, l. I, p. X, c. 6.

est d'autant moins possible que Dieu échappe à toute conception humaine. C'est ici un trait caractéristique du mysticisme, et qui le distingue essentiellement du rationalisme d'Abélard, sinon de celui d'Anselme. Tout en admettant avec ce dernier que la Trinité n'est autre chose que la souveraine puissance (le Père), la souveraine intelligence (le Fils ou le Révélateur), et la souveraine bonté (le Saint-Esprit), Hugues enseigne l'incompréhensibilité absolue de l'Être infini.

Dieu n'est pas seulement surintelligible, mais nous ne pouvons même pas le concevoir par analogie. Qu'y a-t-il, en effet, d'analogue à Dieu? La terre? Le ciel? L'esprit? L'âme? Rien de tout cela n'est Dieu. Vous dites : Je sais que ces choses ne sont pas Dieu; mais elles ont quelque ressemblance avec lui, et peuvent ainsi servir à le désigner. C'est comme si, pour me donner une idée d'un esprit, vous me faisiez voir un corps. L'image serait assurément mal choisie, et cependant d'un esprit à un corps la distance est moins grande qu'entre Dieu et un esprit. Les choses créées les plus opposées entre elles diffèrent moins que le créateur et la créature. Impossible donc de comprendre Dieu, qui n'existe que pour la foi[1]. Pour Abélard, pur dialecticien, un Dieu incompréhensible est un Dieu impossible; pour Hugues, esprit intuitif et métaphysicien mystique, il n'en est pas moins la suprême réalité.

Le premier depuis saint Augustin, Hugues donne une attention sérieuse à la psychologie. Sur ce terrain, il est le champion convaincu de l'animisme. Le corps et l'âme sont, à ses yeux, des substances distinctes, sans être absolument opposées l'une à l'autre; car il y a entre elles un double trait d'union : d'une part, l'imagination, qui est pour ainsi dire l'élément corporel de l'âme, de l'autre, la sensibilité, qui est comme l'élément spirituel du corps. L'âme possède trois forces fondamentales:

---

[1] *De sacramentis*, l. I, p. X, c. 2.

la force naturelle, la force vitale et la force animale. La force naturelle a son siège dans le foie, où elle prépare le sang et les humeurs qu'elle distribue par les veines à travers tout le corps. Tour à tour appétitive, rétentive, expulsive et distributive, elle est commune à tous les animaux. La force vitale, qui réside dans le cœur, se manifeste dans l'acte respiratoire. Elle purifie le sang moyennant l'air aspiré, et le fait circuler à travers les artères. C'est elle enfin qui engendre la chaleur vitale[1]. La force animale ou psychique, dont le siège est le cerveau, engendre la sensation, le mouvement, la pensée. Chacune de ces manifestations de l'âme a pour organe une région différente du cerveau. La sensation est attachée à la partie antérieure, le mouvement à la partie postérieure, la pensée à la partie moyenne de cet organe. Il n'y a pas deux âmes différentes : une âme sensitive, principe de la vie corporelle, et une âme intelligente, principe de la pensée. L'âme (*anima*) et l'esprit (*animus sive spiritus*) sont un seul et même principe. L'esprit est ce principe considéré en lui-même et indépendamment du corps; l'âme est ce même principe en tant que le vivifiant[2].

Il y a dans ces lignes du *De anima* un sentiment de la réalité qui fait contraste avec les stériles arguties du spiritualisme dualiste; et quand, dans les *Libri didascalici*, Hugues de Saint-Victor retrace les progrès successifs de la vie psychique depuis la plante jusqu'à l'homme, il semble préluder à l'évolutionnisme et à la psychologie comparée.

---

[1] Hugues a une vague idée de la circulation du sang et de la différence entre le sang veineux et le sang artériel. C'est d'ailleurs au foie qu'il semble attribuer l'élaboration première du liquide vital. — [2] *De anima*, II, 4 : *Unus idemque spiritus ad seipsum dicitur spiritus, et ad corpus anima. Spiritus est in quantum est ratione prædita substantia ; anima in quantum est vita corporis... Non duæ animæ, sensualis et rationalis, sed una eademque anima et in semet ipsa vivit per intellectum et corpus sensificat per sensum.*

§ 36. Progrès de la libre pensée.

Le disciple de Hugues, l'Écossais Richard[1], prieur de Saint-Victor, esquissa dans son *De Trinitate* un système de philosophie religieuse non moins empreint que les écrits du maître de l'esprit du libre examen. On en jugera par ces lignes caractéristiques : J'ai lu fort souvent, dit-il, qu'il n'y a qu'un seul Dieu, que ce Dieu est *un* quant à la substance, triple quant aux personnes ; que les personnes divines se distinguent entre elles par une propriété caractéristique ; que ces trois personnes ne sont pas trois dieux, mais un seul Dieu. Tout cela se dit et se lit fréquemment ; mais je ne me souviens pas d'avoir lu quelque part comment cela se prouve. En ces matières les autorités abondent, mais ce qui n'abonde nullement, ce sont les démonstrations, les preuves, les raisons. Il importe donc de trouver une base solide, inébranlable, inaccessible au doute, sur laquelle le système puisse s'édifier[2].

Pour le dogme de la Trinité, Richard trouve cette base dans l'idée de l'amour divin, qui nécessairement se donne un objet. Mais cette démonstration ne semble point lui suffire, et si son *De Trinitate* est conçu dans l'esprit d'Abélard, son *De contemplatione* entre franchement dans les idées de Hugues. Renonçant à atteindre Dieu par le raisonnement, Richard substitue à la réflexion le sentiment, et distingue six degrés dans l'ascension mystique de l'âme vers Dieu. Aux degrés supérieurs, l'âme est dilatée, élevée au-dessus d'elle-même, enlevée à elle-même, délivrée d'elle-même (*dilatatio, sublevatio, alienatio, excessus*). Toutefois, mystique ou rationaliste, Richard professe une sorte d'émanatisme néoplatonicien et l'identité de la nature et de la grâce.

---

[1] Mort en 1174. — *Opera*, Venise, 1506 ; Paris, 1518. — [2] L. I, ch. 5-6.

Alain de Lisle[1], orthodoxe d'ailleurs, tente de construire le système dogmatique par une méthode strictement mathématique et aboutit à cette conclusion que tout est en Dieu et Dieu en tout.

Robert de Melun[2] distingue — symptôme grave! — entre *eventus qui secundum rerum naturam contingunt et eventus qui contingunt secundum Dei potentiam quæ supra rerum naturam est*. Du reste, sincèrement dévoué à l'Église et à ses doctrines, il s'en fait l'apologiste vis-à-vis de l'hérésie qui dès à présent la menace. Il est, dit-il, des gens qui nient la conception miraculeuse du Christ, parce que ce fait serait contre le cours naturel des choses. Mais Dieu, qui est l'auteur de la nature, n'est-il pas au-dessus d'elle, et n'a-t-il pas le pouvoir d'en modifier le cours ordinaire? Que ces douteurs nous expliquent donc la naissance d'Adam et d'Ève! De même que les protoplastes ont pu naître sans mère terrestre, Jésus a pu venir au monde sans père humain.

A ces essais de philosophie chrétienne viennent se joindre les *Huit livres de sentences* de l'Anglais Robert Pulleyn[3], et les *Quatre livres de sentences* de Pierre de Novare ou le Lombard (*Magister sententiarum*[4]). L'ouvrage de Pierre Lombard, dont le succès éclipsa bientôt celui de Pulleyn, forme une dogmatique complète. On y trouve traitées une foule de questions qui témoignent de la futilité des discussions de l'École, mais qui en partie aussi trahissent les progrès de la pensée, impatiente de la tutelle ecclésiastique : Comment concilier la prescience divine avec la création libre (si Dieu a prévu qu'il créerait, il a bien fallu qu'il créât, et la création dès lors n'a pas été un acte libre. Si Dieu ne l'a pas prévu, que devient sa toute-science)? Où était Dieu avant la création (il n'a pu être au ciel puisque le ciel aussi a

---

[1] *Alanus ab insulis*, prof. à Paris, mort en 1203. — *Opera*, éd. de Visch, Anvers, 1653. — [2] Mort en 1173. — *Summa theologiæ* (Hauréau, ouvrage cité, I, p. 332 ss.). — [3] Mort vers 1154. — [4] Mort en 1164, évêque de Paris. — *Libri quatuor sententiarum* (éditions de Venise, 1477; de Bâle, 1516, etc.).

été créé)? Dieu aurait-il pu faire les choses mieux qu'il ne les a faites? Où les anges étaient-ils avant la création du ciel? Les anges peuvent-ils pécher? Ont-ils un corps? Sous quelle forme Dieu et les anges apparaissent-ils aux hommes? Comment les démons pénètrent-ils dans les hommes? Quelle était la taille d'Adam lors de son apparition sur la terre? Pourquoi Ève a-t-elle été tirée d'une côte, et non d'une autre partie du corps d'Adam? Pourquoi a-t-elle été créée pendant qu'Adam dormait? L'homme eût-il été immortel s'il n'avait point péché? Et dans ce cas, comment les hommes se seraient-ils multipliés? Les enfants seraient-ils venus au monde à l'état d'hommes faits? Pourquoi est-ce le Fils qui est devenu homme? Le Père et l'Esprit saint n'auraient-ils pas pu le devenir? Dieu aurait-il pu devenir une femme aussi bien qu'il a pu s'incarner dans un homme? — Il y a, dans ces *comment* et ces *pourquoi* multipliés à l'infini, cette curiosité naïve, cette indiscrétion charmante qui est le propre de l'enfant, mais il y a aussi les symptômes non équivoques d'une pensée déjà mûrie et presque émancipée.

La piété mystique puisa dans les *Sentences* une antipathie nouvelle contre les subtilités de la dialectique. Abandonnant de plus en plus la théologie systématique, elle se donne au christianisme pratique, à la prédication, à la composition de traités d'édification; et, tandis que le *maître des sentences* prétend servir l'Église avec non moins de fidélité que Robert de Melun, Gauthier de Saint-Victor, mort vers 1180, dénonce le Lombard, son disciple Pierre de Poitiers, Gilbert de la Porrée et Abélard, comme les *quatre labyrinthes de France,* où il faut se garder de s'égarer[1]. Mais ces résistances ne contribuent qu'à développer l'hérésie. On ne distingue plus seulement entre les effets de la volonté divine et les effets de la nature, mais entre la vérité philosophique et la vérité religieuse. On commence à admettre

---

[1] Du Boulay, *Historia universitatis Parisiensis*, t. I, p. 404.

qu'une chose peut être vraie en philosophie sans l'être au point de vue religieux et *vice versa*. On se doute vaguement de la faillibilité de l'Église et de la possibilité d'une rupture entre la foi et la science, la théologie et la philosophie.

Déjà, sous l'influence du panthéisme arabe, quelques esprits frondeurs osent prendre parti pour la philosophie de l'immanence. Les trois personnes de la Trinité se réduisent pour eux soit à trois manifestations successives de l'Être infini, soit à trois degrés différents dans le développement de la notion humaine de Dieu. Le Père est le Dieu de l'Ancien Testament, Dieu localisé dans le ciel; le Fils est le Dieu du Nouveau Testament, Dieu franchissant l'abîme et se rapprochant de l'homme; l'Esprit saint est le Dieu de l'avenir, le vrai Dieu, conçu comme l'Être universel et partout présent. Dieu est tout et produit tout en toutes choses. Il est donc aussi bien présent dans le pain quotidien que dans l'hostie consacrée. Son Esprit a parlé par la bouche des grands hommes de la Grèce comme par les prophètes, les apôtres et les Pères. Il n'y a d'autre ciel que la bonne conscience, d'autre enfer que le remords, et l'adoration des saints est de l'idolâtrie.

Enseignées avec talent par Simon de Tournay, Amaury de Bène, David de Dinant[1], ces doctrines se répandent rapidement dans le clergé et dans la société laïque, et constituent, vers 1200, une opposition formidable, bien que clandestine, à l'autorité souveraine de la tradition. L'Église, sérieusement menacée dans son unité, conjura le péril en livrant au bûcher un grand nombre d'hérétiques, et en frappant d'anathème la *Physique* d'Aristote, où David de Dinant était accusé d'avoir puisé ses négations (1209).

---

[1] Pour l'hérésie panthéiste d'Amaury et de David, voy. Ch. Schmidt, *Histoire et doctrine de la secte des Cathares*, 2 vol., Paris, 1849.

DEUXIÈME PÉRIODE

Règne de la scolastique péripatéticienne[1].

A. Péripatétisme semi-réaliste.

§ 37. Influence croissante de la philosophie d'Aristote.

Nous avons insisté sur l'affinité qui existe entre le *réalisme* platonicien et le système catholique. Dans le platonisme comme dans le catholicisme, dans l'État de Platon comme dans l'Église, c'est l'universel qui prime l'individuel, c'est le tout qui précède, domine, absorbe les parties, c'est l'Idée qui est la réalité par excellence, la puissance supérieure à toute existence individuelle. La philosophie d'une époque donnée est le reflet de l'esprit qui la caractérise : aux temps héroïques du catholicisme, aux siècles de la foi qui a produit les croisades et construit les cathédrales gothiques, devait correspondre une philosophie essentiellement idéaliste, platonicienne, augustinienne. Scot Érigène et saint Anselme en sont les grands représentants. Mais déjà dans leurs écrits et plus encore dans ceux de leurs successeurs, on découvre, sous l'accord apparent de leur philosophie et de leur théologie, des contrastes, des disparates, des incompatibilités. Érigène aboutit au monisme; Guillaume de Champeaux, à la philosophie de l'identité; Abélard, au déterminisme; Alain, Gilbert, Amaury de Bène, au panthéisme. Les scolastiques de l'époque, s'il faut les en croire, sont parfaitement convaincus de l'accord entre la raison et le dogme, et leur philosophie ne veut être autre chose qu'une démonstration de cet accord et une justification de la foi. Mais il

---

[1] A. Jourdain, *Recherches critiques sur l'âge et l'origine des traductions latines d'Aristote*, Paris, 1819; 2ᵉ éd., 1843.

est certain que dès l'année 1200 cette conviction se trouve ébranlée chez plusieurs. Et du moment que la scolastique distingue entre la vérité philosophique et la vérité religieuse, c'est qu'elle se suicide pour se décomposer dans les éléments disparates qu'elle prétend unir. La scolastique n'a pas encore atteint le faîte de son développement, que déjà elle montre des symptômes de décadence. Pour continuer de vivre, il lui fallait une impulsion puissante, il était nécessaire qu'une nouvelle sève lui fût en quelque sorte infusée du dehors : elle la reçut d'Aristote.

Au commencement du treizième siècle, l'Europe chrétienne ne connaissait guère encore d'Aristote qu'une partie de l'*Organon*, dans la traduction latine attribuée à Boëce. A partir de cette époque les choses changèrent rapidement. Vers 1250, Robert, évêque de Lincoln, traduit en latin l'*Éthique à Nicomaque*. Les dominicains Albert de Bollstædt et saint Thomas d'Aquin écrivent de précieux commentaires sur le Stagirite, et encouragent de toutes manières la traduction de ses œuvres. Mais c'est avant tout aux Arabes[1] que le moyen âge chrétien doit la connaissance de ses écrits sur la physique et l'ontologie. Dès le onzième et le douzième siècle, Avicenne en Perse, Averroès en Espagne, les commentent, et propagent au loin, soit par l'enseignement oral, soit par leurs écrits, le goût de la philosophie péripatéticienne. Des princes amis des lettres, Roger II de Sicile et l'empereur Frédéric II, s'entourent de savants arabes et font faire, sous leur direction, des traductions latines d'Aristote et de ses exégètes, dont ils gratifient les universités de Bologne, de Paris et d'Oxford. Des milliers d'étudiants se familiarisèrent ainsi avec ses doctrines. On n'avait connu que le logicien, et encore ne l'avait-on connu que très superficiellement. On fit dès lors la connaissance du moraliste, du physicien, du métaphysicien.

---

[1] Voy. § 31, note 3.

Aristote était une nouveauté, et l'Église, de par son système conservateur, devait le combattre. N'était-il pas, et comme païen et comme protégé des disciples du faux prophète, l'incarnation de toutes les tendances antichrétiennes? N'était-il pas en partie la source des hérésies de David de Dinant et consorts? Aussi condamna-t-elle les écrits d'Aristote sur la physique en 1209 et la *Métaphysique* en 1215. Mais elle se ravisa peu à peu. Dès le milieu du siècle elle consentait à ce qu'il se fît, à Paris, des cours publics sur Aristote, et cinquante années plus tard le Stagirite était devenu son philosophe officiel, qu'il n'était guère possible de contredire sans se rendre suspect d'hérésie, *præcursor Christi in rebus naturalibus, sicut Joannes Baptista in rebus gratuitis*. Cette réaction n'a rien que de naturel. Aristote était un philosophe païen et par là même l'adversaire de la foi; mais si, malgré cela, sa doctrine se trouvait être d'accord avec l'Évangile, elle n'en servait que davantage à glorifier le Christ. Aristote enseignait un Dieu distinct de l'univers, et cela seul devait lui concilier les sympathies de l'Église au moment où elle se voyait débordée par l'hérésie panthéiste, qui se réclamait du nom de Platon.

Il y a plus. Aristote offrait à l'Église un système qu'elle avait le plus grand intérêt à s'approprier sous certaines réserves. Déjà l'on s'était familiarisé avec la notion de *nature*. On parlait de la nature et de son cours en regard de Dieu et des effets de sa volonté. La pensée chrétienne, en se développant, ne pouvait ne pas revenir à cette pierre angulaire de la science, et l'Église, de son côté, ne pouvait pas plus s'y opposer qu'elle n'avait pu empêcher la formation des États européens. Ne pouvant détruire ces États, elle se les était assujettis: ne pouvant extirper la notion de nature, il fallait qu'elle en fît sa vassale. Or, à cet effet, la métaphysique d'Aristote la servait à merveille. La nature, chez Aristote, n'est-elle pas un système hiérarchique dont Dieu — et par conséquent l'Église — est à la fois la base et le sommet? Avec ce tact admirable qui rarement s'est démenti, le catholicisme reconnut Aristote pour l'exploiter à son profit.

Mais voici l'avantage capital que lui offrait une alliance avec la philosophie péripatéticienne. Du moment que le système d'Aristote était reconnu comme l'expression seule authentique de la raison humaine, son autorité se substituait tout naturellement à celle de la pensée libre. L'adoption du péripatétisme donnait donc à l'Église le moyen de réglementer, mieux encore que par le passé, la philosophie scolastique. Pendant la période platonicienne, la pensée a joui d'une indépendance relative ; son but a été de prouver l'accord entre le dogme et la raison naturelle, et nous l'avons trouvée largement rationaliste dans l'accomplissement de cette tâche. Désormais il ne s'agira plus de prouver l'accord du dogme avec la raison, mais son accord avec la lettre des écrits d'Aristote, et cet accord prouvé, Aristote sera l'arbitre suprême ; son système, le critérium officiel de l'orthodoxie des philosophes. Aristote, c'est encore la raison, mais la raison disciplinée et réduite en un code invariable. Abandonnée à elle-même, la raison est une autorité changeante, dont l'accord avec la foi n'est pas nécessairement définitif. Ce qui était accord chez saint Anselme était désaccord chez Abélard, Gilbert, Amaury, David. L'esprit est mobile, révolutionnaire ; la lettre est éminemment conservatrice. En adoptant comme sienne la philosophie d'Aristote, l'Église se servait du plus illustre des penseurs pour enchaîner la pensée.

Aux avantages de l'alliance péripatéticienne se mêlaient, il est vrai, des inconvénients qui deviendront par la suite des dangers sérieux. D'une part, en démontrant la vérité du dogme par son accord avec Aristote, on plaçait involontairement l'autorité d'Aristote et de la philosophie au-dessus de l'autorité de l'Église, et de l'autre, l'influence du Stagirite devait introduire dans la scolastique un élément nouveau et peu favorable à l'omnipotence spirituelle de l'Église : le goût des sciences et l'esprit d'analyse.

§ 38. Les Péripatéticiens du treizième siècle.

La conversion de l'Église au péripatétisme est l'œuvre d'une série de penseurs éminents, moins originaux qu'Anselme et Abélard, mais plus savants, grâce aux sources plus abondantes où ils sont à même de puiser. A leur tête se trouve l'Anglais Alexandre de Hales, professeur de théologie à Paris [1], à qui ses commentaires sur les *Sentences* de Pierre Lombard et le *De anima* d'Aristote valent le titre de *docteur irréfragable*.

Non moins érudit qu'Alexandre, Guillaume d'Auvergne, évêque de Paris [2], écrit une série de traités inspirés par Aristote, et un ouvrage de plus longue haleine, *De universo*, sorte de métaphysique, dont l'appareil érudit prouve qu'il connaît à fond les commentaires arabes sur le Stagirite. Ses sympathies péripatéticiennes ne l'empêchent pas, du reste, de nier l'éternité du monde, ni de croire à la création, à la Providence et à l'immortalité de l'âme.

Le dominicain Vincent de Beauvais [3], précepteur des fils de saint Louis, entasse dans son *Speculum quadruplex naturale doctrinale morale et historiale*, des trésors d'érudition et de spéculation péripatéticienne. Il y cite presque tous les écrits d'Aristote, et déjà il parle triomphalement de la *nova logica* par opposition à la *logica vetus*. Dans la question des universaux, qui ne cesse d'être la grande préoccupation des scolastiques, il est franchement partisan du Lycée, et avec Abélard, il dit : *Universale in re*. L'universel est réel, plus réel même que l'individuel, sans exister toutefois indépendamment de l'individuel. De même que chez Abélard, l'universel et l'individuel ne sont plus juxtaposés, dans la métaphysique de Vincent, d'une manière abstraite

---

[1] Mort en 1245. — *Summa universæ theologiæ*, Venise, 1576. — [2] Mort en 1249. — *Opera*, éd. Blaise Leferon, Orléans, 1674. — [3] Mort en 1264. — *Speculum doctrinale*, Strasb., 1473. *Speculum quadruplex etc.*, 1624.

et mécanique, mais s'y trouvent reliés par l'idée d'individuation (*incorporatio*). Les idées dues à l'influence d'Aristote donnent lieu, chez ce scolastique, à une terminologie nouvelle. Le τί ἐστι d'Aristote, par exemple, devient la *quidditas*. Le langage philosophique se développe et s'enrichit au détriment de la latinité cicéronienne, que la Renaissance se chargera de venger des mépris de l'École.

Réaliste, puisque l'universel est pour lui une réalité, Vincent fait un pas important vers le nominalisme en distinguant entre *universale metaphysicum* et *universale logicum*, c'est-à-dire entre le type spécifique existant réellement dans les individus qui composent l'espèce, et la notion générale correspondant à ce type et qui n'est qu'une abstraction de la pensée. Cette distinction est une déviation du réalisme dans le sens nominaliste, car le pur réalisme de Champeaux et d'Anselme identifie d'une manière absolue le type spécifique et l'idée générale : ce n'est pas encore, il s'en faut, du nominalisme pur, puisque le nominalisme est la négation absolue de l'*universale metaphysicum*, comme réalité objective.

Un autre dominicain déjà mentionné[1], Albert de Bollstædt[2], commente la plupart des ouvrages d'Aristote, travaille avec une infatigable ardeur à la propagation de sa philosophie, et se fait remarquer par son goût pour les sciences naturelles. Sous ce dernier rapport, il est le précurseur de Roger Bacon, de Raymond Lulle et de la renaissance scientifique. Tant il est vrai que l'alliance péripatéticienne avait ses périls pour l'Église.

Moins érudit qu'Albert et moins épris de la nature, mais plus spéculatif, le franciscain Jean de Fidanza, connu sous le nom de saint Bonaventure[3], confond dans une même affection

---

[1] § 37. — [2] *Albertus Magnus*, mort en 1280 à Cologne. — *Opera*, éd. P. Jammy, Lyon, 1651 (21 vol. in-fol.). — [3] Mort en 1274. — Auteur d'un *Commentaire sur les Sentences du Lombard*, d'un *Itinerarium mentis in Deum*, conçu dans l'esprit des mystiques de Saint-Victor, etc. Éditions de Strasbourg, 1482, de Rome, 1588 ss., etc.

Aristote et Platon, la philosophie rationnelle et le mysticisme contemplatif, la piété et la science, réconciliant ainsi dans sa personne deux éléments qui tendent de plus en plus à se séparer et à vivre d'une vie distincte. L'Église reconnut ses services en l'admettant au nombre de ses saints, et l'École lui décerna le titre de *docteur séraphique*.

Enfin, deux rivaux illustres viennent compléter la pléiade péripatéticienne du treizième siècle, et achever l'œuvre de la conciliation entre l'Église et le Lycée : le dominicain saint Thomas d'Aquin et le franciscain Duns Scot.

§ 39. Saint Thomas d'Aquin.

Fils d'une famille noble du royaume de Naples, Thomas d'Aquin [1] (Aquino) préfère à la vie aventureuse du seigneur féodal les paisibles jouissances de l'étude, et se donne, malgré l'opposition formelle de son père, à l'ordre de saint Dominique. Enlevé par ses frères au moment où il quitte la terre italienne pour se rendre à Paris, il est retenu captif au château paternel. Au bout de deux ans, il parvient à s'échapper et à s'asseoir, à Cologne, aux pieds d'Albert le Grand, dont il devient le disciple enthousiaste, en même temps qu'il se passionne pour l'étude d'Aristote. Dès lors tous ses efforts tendent à faire connaître à l'Occident chrétien la philosophie du Stagirite d'après le texte grec, et notamment sa *Physique* et sa *Métaphysique*, dont on n'avait encore que des traductions latines, faites elles-mêmes sur des traductions arabes. Revenu plus tard dans la péninsule, il y meurt en 1274, à peine âgé de 50 ans.

La philosophie lui doit une série de traités relatifs à la méta-

---

[1] *Opera omnia*, Rome, 1570 (18 vol. in-fol.); Venise, 1594; Anvers, 1612; Paris, 1660; Venise, 1787; Parme, 1852. — Ch. Jourdain, *La philosophie de saint Thomas d'Aquin*, Paris, 1858. — Cacheux, *De la philosophie de saint Thomas*, Paris, 1858. — Son titre est *doctor angelicus*.

physique d'Aristote (*Opuscula de materiæ natura, de ente et essentia, de principiis naturæ, de principio individuationis, de universalibus*, etc.), et sa *Summa theologiæ*, éclipsant peu à peu les *Sentences* de Pierre Lombard, est devenue la base de l'enseignement dogmatique de l'Église.

La philosophie de saint Thomas n'a d'autre ambition que de reproduire fidèlement les principes du Lycée. Ce qui nous y intéresse, c'est donc moins le fond que la forme néo-latine dont elle revêt les idées du Stagirite, et d'où dérive en partie notre langage philosophique moderne.

La philosophie proprement dite ou première a pour objet l'être en tant qu'être (*ens in quantum ens* = τὸ ὄν ᾗ ὄν). Il y a deux sortes d'êtres (*entia*) : les êtres existant objectivement, réellement, essentiellement (*esse in re*), et ceux qui ne sont que des abstractions de la pensée ou des négations, tels, par exemple, que la pauvreté, la cécité, le défaut en général. La pauvreté, la cécité, la privation existent; ce sont des *entia* (ὄντα), mais non des *essentiæ* (οὐσίαι[1]). Les essences, substances ou êtres proprement dits (*essentiæ, substantiæ*) se divisent à leur tour en essences simples ou pures et en essences composées de forme et de matière. Il n'y a qu'*une* essence simple ou forme pure : c'est Dieu. Tout le reste se compose de matière et de forme.

La matière et la forme sont toutes deux des êtres (*entia*); elles se distinguent l'une de l'autre en ce que la forme est *in actu*, tandis que la matière n'est encore qu'*in potentia*. Dans un sens général, est matière tout ce qui peut être, tout ce qui existe en possibilité. Selon que la chose possible est une substance ou un accident, la métaphysique distingue entre *materia ex qua aliquid fit* (être substantiel en possibilité. Exemple : le sperme humain est *materia ex qua homo fit*, un homme en possibilité) et

---

[1] *Opusculum de ente et essentia.*

materia in qua aliquid fit (accident en possibilité. Exemple : l'homme est *materia in qua gignitur intellectus*). La *materia ex qua* n'existe pas en soi, la *materia in qua* existe comme sujet relativement indépendant (*subjectum*). La forme est ce qui donne l'être à une chose [1]. Selon que cette chose est une substance ou un accident, nous avons affaire à une forme substantielle ou à une forme accidentelle. L'union de la matière (*esse in potentia*) et de la forme (*esse in actu*) est la *generatio* (γίνεσθαι), qui est à son tour génération substantielle ou génération accidentelle. Toutes les formes, excepté Dieu, s'unissent à la matière, s'y individualisent et constituent les genres, les espèces, les individus [2].

Seule la forme des formes demeure immatérielle et ne connaît ni génération ni corruption. Plus une forme est imparfaite, plus elle tend à augmenter le nombre des individus qui la réalisent; plus une forme est parfaite, moins elle multiplie ses individuations; la forme des formes n'est plus une espèce, composée d'individus séparés les uns des autres, mais un être unique au sein duquel les différences des personnes se confondent incessamment dans l'unité de l'essence. Dieu seul étant forme pure (*actus purus*), sans matière et par conséquent sans imperfection (la matière étant ce qui n'est pas encore, c'est-à-dire le défaut d'être), Dieu seul est l'intelligence parfaite et complète des choses [3]. Il possède la vérité absolue, parce qu'il l'*est*. La vérité, en effet, est l'accord de la pensée avec son objet. Dans l'homme, cet accord existe plus ou moins, sans être jamais de l'identité : en Dieu, les idées non seulement reproduisent exactement les choses, mais *sont* les choses elles-mêmes. Au point de vue de l'homme, les choses *sont* d'abord, et puis il les pense : au point de vue de Dieu, la pensée précède les choses, qui n'existent

---

[1] *Opusc. de principiis naturæ.* — [2] *Ibid.*, c. 3. — [3] *Summa theologiæ*, I, question 4.

que *parce qu'*il les pense et *comme* il les pense. Il n'y a donc pas en lui de différence entre la pensée et l'être; et, cette identité de la connaissance et de son objet constituant la vérité, Dieu *est* la vérité même. De ce qu'il est la vérité, il s'ensuit qu'il existe; car il n'est pas possible de nier l'existence de la vérité : ceux-là mêmes qui la nient, prétendent avoir raison, et affirment ainsi qu'elle existe [1].

La démonstration de l'existence de Dieu est la première et principale tâche de la philosophie; mais il lui serait impossible de la remplir, impossible même de s'élever à l'idée de Dieu, sans la révélation primitivement faite aux hommes par le Créateur, et sans la révélation en Jésus-Christ. Pour que l'esprit humain fût en état de diriger ses efforts vers son vrai but, il a fallu que Dieu le lui indiquât, c'est-à-dire se révélât lui-même à l'humanité dès le principe. La philosophie n'est légitime qu'à la condition de prendre la révélation pour point de départ, et d'y aboutir comme à son but final : elle n'est dans le vrai qu'à la condition d'être *ancilla ecclesiæ* et, pour autant qu'Aristote est le précurseur du Christ dans le domaine scientifique, *ancilla Aristotelis*. L'Église de Dieu est le but où tendent toutes choses ici-bas.

La nature est une hiérarchie dans laquelle chaque ordre est la *forme* de l'ordre inférieur et la *matière* de l'ordre supérieur. La hiérarchie des corps s'achève dans la vie naturelle de l'homme, et cette vie devient à son tour la base et en quelque sorte l'étoffe d'une vie supérieure, la vie spirituelle, qui se développe à l'ombre de l'Église, et se nourrit de sa Parole et de ses sacrements, comme la vie naturelle se nourrit du pain de la terre. Le règne de la nature est donc au règne de la grâce, l'homme naturel au chrétien, la philosophie à la théologie, la matière au sacrement, l'État à l'Église et l'empereur au pape, ce que le

---

[1] *Summa theologiæ*, question 2, art. 1.

moyen est au but, l'ébauche à la consommation, la *potentia* à l'*actus*.

L'univers que constituent les deux règnes de la nature et de la grâce est le meilleur des mondes possibles; car Dieu, en concevant dans sa sagesse infinie le meilleur des mondes, n'aurait pu créer un monde moins parfait sans déroger à cette sagesse. Concevoir la perfection et réaliser un monde imparfait supposerait en Dieu une opposition entre savoir et vouloir, entre le principe idéal et le principe réel des choses, qui répugne à la pensée aussi bien qu'à la foi. La volonté divine n'est donc pas une volonté d'indifférence, et la liberté de Dieu, loin d'être synonyme de bon plaisir et d'arbitraire, est identique à la nécessité.

Malgré les apparences contraires, il en est de même de la volonté humaine. De même que l'intelligence a un principe (la raison) dont elle ne peut s'écarter sans cesser d'être elle-même, la volonté a un principe dont elle ne peut dévier sans cesser d'être libre : le bien. La volonté tend *nécessairement* au bien; mais la sensualité tend au mal, et paralyse ainsi les effets de la volonté. De là le péché, qui a sa source, non dans la liberté d'indifférence ou de choix, mais dans la sensualité[1]. Il y a prédétermination morale, mais non prédestination arbitraire, puisque la volonté divine elle-même est subordonnée à la raison. Étendu à Dieu, le déterminisme perd ce qu'il a de blessant pour la conscience dans la théologie de saint Augustin.

Le système de saint Thomas marque à la fois l'apogée du développement de la métaphysique catholique et le commencement de sa décadence. Dès avant saint Thomas, la philosophie scolastique offrait des symptômes d'épuisement; en lui elle se relève et brille d'un éclat qui fait pâlir les noms les plus illustres. Par son dévouement à l'Église et à ses intérêts, par le talent

---

[1] *Summa theologiæ*, quæst. 82. — *Contra gentiles*, III.

philosophique qu'il met au service du catholicisme, par sa foi en la conformité parfaite du dogme et de la vérité philosophique personnifiée dans Aristote, il est, après saint Augustin et saint Anselme, le type le plus accompli du docteur de l'Église. Mais sa foi, toute ardente qu'elle soit, n'a plus la fraîcheur des convictions intactes; c'est plutôt une foi voulue, c'est l'effort constant d'une volonté énergique en lutte avec les mille difficultés que lui suscite la réflexion. Dès l'époque de saint Thomas la raison et la foi catholique, la théologie officielle et la philosophie se distinguent l'une de l'autre, et arrivent à la conscience plus ou moins claire de leurs principes et de leurs intérêts respectifs. La métaphysique sera longtemps encore subordonnée à la théologie; mais, quoique vassale, elle a désormais une existence à part, une sphère d'activité propre.

Cette apparition de la philosophie proprement dite reçoit sa sanction pour ainsi dire officielle par l'organisation des quatre facultés parisiennes, qui a lieu du vivant de saint Thomas. A cette date commence la décadence de la scolastique. Les théologiens eux-mêmes, et à leur tête Jean Duns Scot, se chargeront de la précipiter.

§ 40. Duns Scot.

Jean Duns Scot, de Dunston (Northumberland), religieux de l'ordre de saint François, professeur de philosophie et de théologie à Oxford et à Paris, fut le plus laborieux des scolastiques. Quoique mort à 34 ans (1308), ses ouvrages forment douze lumes in-folio [1].

Nous venons de voir la philosophie reconnue officiellement comme science distincte de la théologie. A l'époque de Duns Scot, c'est-à-dire vers la fin du treizième siècle, la philosophie

---

[1] *Opera om. a*, Lyon, 1639. — Voy. le système de Duns Scot dans Ritter, T. VIII.

existe si bien comme science à part, à côté de la théologie, qu'elle ose faire à celle-ci une sérieuse opposition. Les philosophes, dit Duns Scot, sont en désaccord avec les théologiens sur la question de savoir si l'homme a besoin d'acquérir par voie surnaturelle une science où sa raison ne peut atteindre par les moyens naturels. Ainsi constate-t-il non seulement l'existence d'une philosophie qui n'est pas de la théologie, mais le désaccord qui dès cette époque existe entre les philosophes et les théologiens.

Duns Scot, en vrai scolastique, occupe entre les deux camps une position mitoyenne. Il reconnaît avec les théologiens la nécessité d'une révélation, mais il accorde aux philosophes que saint Augustin a tort de prétendre que l'homme ne peut *absolument* rien savoir de Dieu sans révélation surnaturelle. Il déclare, avec les théologiens, la Bible et la doctrine de l'Église normes suprêmes de la pensée philosophique; mais il est, d'autre part, à ce point philosophe et rationaliste, qu'il ne croit à l'autorité de la Bible et de la tradition ecclésiastique que parce que *les doctrines de la Bible et de l'Église sont conformes à la raison*. C'est donc la raison qui est, à ses yeux, l'autorité suprême, et les textes sacrés n'ont pour lui qu'une autorité dérivée, conditionnelle, relative. Il fait, à ce propos, ce que nul scolastique n'a fait avant lui : il essaie de prouver la crédibilité des Saintes-Écritures, et dans le choix des arguments, il donne manifestement la préférence aux preuves internes [1].

Qu'on se familiarise davantage avec la littérature scolastique et l'on sera moins disposé qu'on ne l'est généralement à exagérer les progrès qu'a faits la libre pensée depuis le treizième jusqu'au dix-neuvième siècle. Les historiens qui prétendent mettre les négations modernes au compte de la Réforme, ignorent ou affectent d'ignorer qu'au neuvième siècle le catho-

---

[1] D. S. *In Magistrum sententiarum*.

lique Scot Érigène nie les peines éternelles, qu'au douzième, le catholique Abélard déclare les doctrines des philosophes grecs supérieures à celles de l'Ancien Testament, qu'au treizième, un grand nombre de catholiques refusent de croire à l'engendrement surnaturel et à la résurrection du Christ, que dans ce même siècle, c'est-à-dire plus de deux cents ans avant la Réforme et à l'époque de la plus grande puissance du saint-siège, saint Thomas et Duns Scot se voient obligés de prouver, à grands frais de dialectique, la nécessité de la révélation et la crédibilité de la Parole divine; enfin, que ces docteurs de l'Église, si soumis, si dévoués, si orthodoxes, unissent à leurs convictions chrétiennes une liberté de pensée dont la théologie protestante du dix-septième siècle n'offre que de rares exemples.

Si le système thomiste confine au panthéisme, la philosophie de Duns Scot est décidément pélagienne, et, tandis que l'illustre dominicain sacrifie la liberté individuelle à la plus grande gloire de Dieu, le docteur franciscain croit rendre à Dieu un service non moins signalé en exaltant l'individu et le libre arbitre aux dépens de la grâce.

En même temps que Dieu et l'Église, Duns Scot sert l'ordre auquel il appartient. Les grands ordres du moyen âge sont les précurseurs des partis théologiques du protestantisme. Fondus, de nos jours, dans l'indivisible unité de l'orthodoxie romaine, c'étaient, à l'époque dont nous parlons, de véritables partis, opposés entre eux non seulement dans des questions d'ordre pratique, mais sur des points de doctrine qui aujourd'hui ne nous paraissent nullement secondaires. Pour la scolastique, la rivalité de ces ordres devient, à différentes reprises, un élément de vie. La lutte de Duns Scot et des scotistes contre le thomisme est en réalité le duel de deux ordres puissants qui l'un et l'autre aspirent à exercer, dans l'Église, l'influence prépondérante. La gloire qui de saint Bonaventure a rejailli sur l'ordre des franciscains se trouvait éclipsée par l'éclat des noms dominicains d'Albert le Grand et de Thomas d'Aquin. Jaloux de la rendre à son ordre, Duns Scot s'attache à dévoiler et à réfuter ce qu'il appelle les erreurs du thomisme. Thomas, fidèle à la mission toute dogmatique et didactique de son ordre, a été l'apôtre de la foi et de la grâce. Duns Scot, qui a également reçu l'esprit de son ordre, esprit de piété vivante et pratique, se fait l'apôtre de l'action, du mérite des œuvres, du libre arbitre humain, et avec une pénétration qui justifie largement son titre de *docteur subtil*, il entreprend la critique de saint Thomas.

Le déterminisme thomiste, supposant la prééminence de l'intellect sur la volonté, a les apparences de la vraie philosophie catholique. En courbant la volonté sous le joug d'un principe absolu, il humilie l'amour-propre de l'individu, détruit sa confiance en ses propres forces et lui fait voir son néant. Mais en mettant à nu les assises du système, on les découvre peu solides. D'une part, en effet, il fait de Dieu lui-même un être relatif, dont la volonté est l'esclave de l'intelligence. D'autre part, il fait plus que d'humilier l'individu : il le décourage et le réduit au désespoir ou à l'indifférence morale. Si l'Église adoptait ce système, elle cesserait infailliblement et bientôt d'être le sanctuaire de la vertu et la mère des saints. Donc, au *primat* de l'intelligence il faut opposer celui de la volonté [1], et au déterminisme il faut substituer la vraie philosophie et la véritable pensée d'Aristote : la doctrine de la liberté divine et humaine.

A moins de confondre le vrai Dieu avec le Fatum ou la *nature naturante* des néoplatoniciens, l'on ne peut admettre, avec les thomistes, que le monde soit le produit nécessaire de son essence, de son intelligence ou de sa volonté. Dieu a créé le monde librement. Il aurait pu ne pas le créer. Sa volonté n'y

---

[1] Le *volontisme* de Duns Scot est à l'*intellectualisme* de Thomas ce que le Kant de la *Critique de la raison pratique* sera au Kant de la *Critique de la raison pure*, et ce que le *panthélisme* de Schopenhauer sera au *panlogisme* de Hegel.

était inclinée par aucun principe supérieur, étant elle-même le principe suprême des actes divins. L'existence du monde, loin d'être nécessaire, est le libre effet de la libre volonté de Dieu [1]. C'est donc à tort qu'Abélard prétend que Dieu n'a pu créer que ce qu'il a créé, et que ce qu'il a créé, il l'a créé nécessairement, et c'est par erreur que Thomas enseigne que le monde est nécessairement le meilleur des mondes possibles. Dieu ne crée pas tout ce qu'il peut et sait créer; il ne crée que ce qu'il lui plaît d'appeler à l'existence.

Cause première des choses, la volonté divine est par suite aussi la loi suprême des esprits créés. Le bien, le juste, la loi morale, ne sont l'absolu qu'en tant qu'ils sont voulus de Dieu; s'ils l'étaient indépendamment de la volonté divine, Dieu, se trouvant limité dans sa puissance par une loi qui ne dépend pas de lui, ne serait plus la souveraine liberté, ni par conséquent l'Être suprême. En réalité, le bien n'est donc le bien que parce qu'il plaît à Dieu qu'il en soit ainsi [2]. En vertu de sa liberté souveraine, Dieu pourrait remplacer la loi morale qui nous régit maintenant, par une loi nouvelle, comme il a remplacé la loi mosaïque par celle de l'Evangile; il pourrait surtout — et qui sait s'il ne le fait réellement dans bien des cas? — il pourrait nous dispenser de l'accomplir, sans que nous cessions ainsi d'être dans le bien. Dans la création comme dans le gouvernement du monde, Dieu ne connaît d'autre loi, d'autre règle, d'autre principe que sa liberté. Et c'est parce qu'il est libre de nous dispenser, s'il le veut, d'accomplir telle ou telle loi du code moral, que l'Église a, de son côté, le droit d'accorder des dispenses. Si Dieu n'est pas la liberté souveraine en cette matière comme en toutes choses, s'il est, comme le veut Thomas d'Aquin, l'être absolument déterminé dans sa volonté par sa souveraine sagesse, que devient le droit des indulgences? De

---

[1] *In M. sentent.*, I, distinction 39, question 1. — [2] *Ibid.*, distinction 44.

même que Dieu, l'homme est libre; la chute ne l'a pas privé du libre arbitre; il a la liberté *formelle*, c'est-à-dire qu'il peut vouloir ou ne pas vouloir, et il a la liberté *matérielle*, c'est-à-dire qu'il peut vouloir A ou vouloir B (liberté de choix ou d'indifférence).

Ces doctrines, quoique diamétralement opposées à saint Augustin, ne pouvaient être désagréables à l'Église, dont elles reflétaient et encourageaient les tendances pélagiennes. Mais elles cachaient un danger, et l'Église, qui n'a pas béatifié Duns Scot, semble l'avoir compris. En insistant si fort sur la liberté individuelle, le docteur subtil évoquait un principe nouveau, une puissance anti-autoritaire, qui, grandissant de siècle en siècle, finira par proclamer l'affranchissement de la conscience religieuse et la déchéance de la tradition ecclésiastique, comme autorité souveraine en matière de foi et de science. Aussi, dans la question des universaux, Duns Scot se rapproche-t-il du nominalisme et de l'empirisme, tout en s'évertuant à demeurer fidèle au système réaliste et rationaliste, qui est le drapeau de l'Église. Au fond, toutes ses sympathies sont pour l'individu, car elles sont pour la volonté, et si la raison est commune à tous, c'est la volonté qui fait l'individu. L'individuation est pour lui un problème de prédilection. Tandis que son contemporain Henri Gœthals de Gand [1], à l'instar de Guillaume de Champeaux, voit dans le principe individuateur une simple négation, et que saint Thomas le trouve dans la matière (le non-être), Duns Scot le déclare principe positif et lui donne le nom d'*hœcceitas*. L'individu est, selon lui, l'ensemble de deux principes également positifs et réels : la *quidditas* (l'universel ou le type commun aux individus d'une même espèce) et l'*hœcceitas*, principe de l'indivualité ou de la différence des individus. La réalité ne se trouve ni dans la *quidditas* séparée de l'*hœcceitas*, ni dans

---

[1] 1217-1293. — *Quodlibeta theologica*, Paris, 1518. *Summa theol.*, ib., 1520; Ferrare, 1646.

l'*hœcceitas* séparée de la *quidditas*, mais dans l'union des deux principes, idéal et réel, c'est-à-dire précisément dans l'individu.

Par ses doctrines de la liberté individuelle et de l'*hæccéité*, Duns Scot prépare la voie au nominalisme de son disciple Occam. Par sa doctrine de la création-accident, il précipite la rupture entre la science et le rationalisme autoritaire de l'Église, et l'avènement de l'empirisme moderne ; car si les lois de la nature et la loi morale elle-même sont contingentes, toute science, et la morale elle-même, en est réduite à l'expérience comme l'unique base sur laquelle elle puisse s'édifier. Mettre en métaphysique la volonté au premier rang et la raison au second, c'était subordonner le raisonnement à l'observation et à l'expérience, comme méthode. Et non seulement Duns Scot hâte la rupture entre la science et le dogme, mais elle semble déjà un fait accompli dans sa pensée lorsque, dans ses *Quæstiones subtilissimæ*, il nie les idées innées et déclare impossible, au point de vue de la science, la démonstration de l'immortalité de l'âme et de l'existence de Dieu.

B. Péripatétisme nominaliste.

§ 41. **Réapparition du Nominalisme. Durand, Occam, Buridan, D'Ailly.**

Du conceptualisme de Vincent de Beauvais, de Thomas d'Aquin, de Duns Scot, il n'y avait pas loin au nominalisme. Déjà le semi-réalisme de Duns Scot ressemble plus à la doctrine de Roscelin qu'à celle de Champeaux. Guillaume Durand de Saint-Pourçain[1], d'abord disciple de saint Thomas, puis influencé par les doctrines de Scot, se rapproche plus encore du nominalisme en formulant cette thèse : *Exister, c'est être individuelle-*

---

[1] Né en Auvergne, mort en 1332, évêque de Meaux. — *Comment. in mag. sentent.*, Paris, 1508; Lyon, 1568.

ment. Enfin, le franciscain Guillaume d'Occam[1], précurseur et compatriote de John Locke, déclare ouvertement la guerre au réalisme comme à un système absurde. Selon les réaux, dit-il, l'universel existe en plusieurs choses à la fois ; or la même chose ne peut exister simultanément en plusieurs choses différentes ; donc l'universel n'est pas une chose, une réalité (*res*), mais un simple signe servant à désigner plusieurs choses semblables, un mot (*nomen*), et il n'y a de réel que l'individu[2].

La conséquence du principe nominaliste, déjà indiquée au § 33, c'est le scepticisme. La science a pour objet le général, l'universel, le nécessaire. La science de l'homme, disions-nous à propos de Platon, ne s'occupe pas de Pierre pour l'amour de Pierre, ni de Paul pour l'amour de Paul, mais elle étudie Pierre et Paul pour savoir ce que c'est que l'homme. C'est l'homme universel, l'homme-espèce qu'elle recherche dans les individus. Et ainsi en est-il de toutes les sciences. Or, du moment que l'universel n'est qu'un mot sans réalité objective et que l'individu seul existe réellement, il n'y a plus d'anthropologie, plus de science possible : nous pouvons savoir et constater ce qu'est Pierre et ce qu'est Paul, étudier telle plante, tel animal ; mais quant à l'homme, à l'animal et à la plante en général, impossible d'en faire l'objet d'une science puisqu'ils n'existent nulle part. Donc, vis-à-vis de la science, le nominalisme est sceptique, et sa devise est celle de Protagoras : *L'individu est la mesure de toutes choses.*

La science par excellence, la théologie, n'échappera point à la critique sceptique de Guillaume. D'accord avec ce qu'a déjà enseigné son maître, il déclare impossible la démonstration de

---

[1] Mort en 1343. *Quodlibeta septem*, Strasb., 1491. *Summa totius logicæ*, Paris, 1488 ; Oxf., 1675. *Quæstiones in libr. physic.*, Strasb., 1491. *Quæstiones et decisiones in quatuor libr. sent.*, Lyon, 1495. *Centilogium theol.*, Lyon, 1496. *Expositio aurea super totam artem veterem*, Bologne, 1496. — [2] Occam, *In l. I sententiarum*, dist. 2, quest. 8.

l'existence et de l'unité de Dieu[1]. L'argument ontologique et l'argument cosmologique lui paraissent également faibles, et la nécessité de l'existence d'une cause première lui semble une pure hypothèse, à laquelle il est toujours loisible à la raison d'opposer l'hypothèse non moins probable d'une série infinie de causes et d'effets. Il n'y a donc pas, pour lui, de théologie rationnelle ou scientifique possible; et avec cette science des Origène, des Augustin, des Anselme, des Thomas, la scolastique elle-même se réduit, sous sa critique, à un ramassis de stériles hypothèses. La science est pour Dieu, et pour l'homme, la foi.

Que les docteurs de l'Église reconnaissent l'inanité de leurs spéculations, et se fassent les interprètes de la vérité pratique, les propagateurs de la foi! Que l'Église se passe d'une vaine science terrestre! Qu'elle renonce à tous les éléments mondains dont l'a pénétrée son contact avec les choses de la terre, qu'elle se réforme et revienne à la simplicité, à la pureté, à la sainteté de l'âge apostolique! Si, dans le différend entre Philippe le Bel et le saint-siège, Occam prend fait et cause pour le roi; si, fuyant la France, il offre ses services à Louis de Bavière[2], qui, lui aussi, est en lutte avec le vicaire du Christ, ce n'est pas, de sa part, hostilité ni même indifférence à l'égard de l'Église. Au contraire, en vrai sectateur de saint François, il aime profondément sa mère spirituelle, et parce qu'il l'aime, il la veut grande, sainte, pure de l'influence délétère du monde, et il ne peut approuver l'immixtion de la papauté dans les affaires temporelles des États européens. C'est son dévouement à l'Église qui, sur ce point, l'oblige à tendre la main aux adversaires du souverain pontife.

En même temps donc qu'il compromet l'alliance entre la foi

---

[1] Occam, *In l. I sentent.*, dist. 3, qu. 4. — *Centilogium theologicum*, f. 1.
[2] On lui prête ce mot adressé à Louis: *Tu me defendas gladio, ego te defendam calamo.*

et la science, le nominalisme tend à rompre le lien dix fois séculaire qui unit l'Église au monde. Sa réapparition ne marque pas seulement le déclin de la scolastique, mais elle correspond chronologiquement aux premiers symptômes de la décadence du pouvoir papal, auquel les rois résistent désormais avec succès. Le nominalisme d'Occam, si convaincu, pour sa part, de tendre au bien de l'Église, est après tout, comme toute philosophie, le miroir où se reflète la préoccupation dominante de l'époque : la nécessité, pour les puissances laïques, les États, les nations, les langues, la culture intellectuelle, les arts, les sciences, la philosophie, de secouer le joug de la Rome chrétienne. C'est de la réapparition du nominalisme que datent les premiers développements de la vie nationale et des langues modernes, en opposition à l'unité politique, religieuse et littéraire que l'héritière des traditions césariennes avait imposée à l'Europe. Le nominalisme cachait donc, sous les apparences d'un profond dévouement à l'Église et d'une piété exclusive au point de mépriser la science, une foule de tendances hostiles au catholicisme, et l'Église l'accueillit comme cent ans auparavant elle avait accueilli Aristote : elle le condamna. Mais cette fois encore l'hérésie avait jeté des racines trop profondes, elle répondait trop bien aux tendances politiques, intellectuelles et religieuses de l'époque pour qu'il fût possible de la vaincre.

Les doctrines de Durand et d'Occam furent le signal de la lutte des réaux et des nominaux, qui remplit le quatorzième et le quinzième siècle, changea les universités en vrais champs de bataille, — l'expression n'est pas une métaphore, — et ne s'apaisa qu'à l'époque de la Renaissance et de la Réforme. Le réalisme eut, pendant le quatorzième siècle, des partisans distingués, tels que Walter Burleigh, qui le défend au nom de la science et de la philosophie, Thomas de Bradwardine[1], archevêque de Can-

---

[1] Mort en 1349.

torbéry, qui le maintient au nom de la foi et accuse Occam de pélagianisme, Thomas de Strasbourg[1] et Marsile d'Inghen[2], premier recteur de l'université de Heidelberg, qui tendent à concilier les doctrines adverses. Mais, même sous forme de conceptualisme, il n'attirait plus que les esprits spéculatifs; de plus en plus le nominalisme, doctrine nette et précise, se recommandait à ce qu'on appelle le sens commun. Malgré la résistance opiniâtre du parti réaliste et du gouvernement, que ce parti avait réussi à intéresser à sa cause, la doctrine d'Occam finit par se faire admettre en Sorbonne, où elle est professée avec talent par Jean Buridan[3] et, plus ou moins modifiée dans le sens dogmatique, par Pierre d'Ailly[4], l'*aigle de la France*.

Le nominalisme abritait sous son drapeau les tendances réformatrices de l'époque, et il devait triompher.

§ 42. Décadence de la Scolastique. — Réveil du goût pour la nature et les sciences expérimentales. — Roger Bacon. — Mysticisme.

En vain le nominaliste Pierre d'Ailly combat-il les conclusions d'Occam; en vain espère-t-il conserver ainsi à la scolastique une raison d'être que lui enlève le scepticisme. L'alliance entre les éléments constitutifs de la scolastique était irrémédiablement compromise. Occam, Durand, Buridan ne sont sceptiques, il est vrai, qu'à l'égard de la métaphysique; mais en affirmant que nous ne pouvons rien *savoir* de Dieu, de la providence, de la chute, de la rédemption, de la résurrection, du jugement, et qu'il faut nous contenter de *croire* toutes ces doctrines, ils les rendent incertaines, problématiques, et ils favorisent, malgré

---

[1] Mort en 1357. — [2] Mort en 1396. — [3] Mort vers 1360. — On a de lui : *Summa dialect*, Paris, 1487. *Comp. log.* Venise, 1480, et une série de commentaires sur Aristote, imprimés soit à Paris, soit à Oxford. — [4] Mort en 1425. — *Quæstiones super quatuor l. sent.*, Strasb , 1490. *Tractatus et sermones*, 1490.

eux, l'hétérodoxie. Dans leur esprit, la foi s'est séparée de la science; dans d'autres penseurs, moins dévoués à l'Église, c'est la libre pensée qui de plus en plus se passera de la foi. C'est ainsi qu'en 1347 Jean de Mercurie, de l'ordre de Cîteaux, est condamné pour avoir affirmé 1) que tout ce qui se fait dans le monde, le mal comme le bien, se fait par la volonté divine; 2) que le péché est plutôt un bien qu'un mal; 3) que celui qui succombe à une tentation irrésistible ne pèche point. C'est ainsi encore qu'en 1348 un bachelier en théologie, Nicolas d'Autricure, ose présenter à la Sorbonne les thèses suivantes : 1° Nous arriverions facilement et vite à une science certaine, si, laissant là le Stagirite et ses commentateurs, nous nous mettions à étudier la nature elle-même. 2° Nous concevons bien Dieu comme l'être réel par excellence, mais nous ne pouvons savoir si un pareil être existe ou non. 3° L'univers est infini et éternel; car un passage du non-être à l'être ne se conçoit pas. — Ces manifestations du libre-penser étaient rares encore, mais d'autant plus éclatantes.

A la philosophie spéculative et à ses tentatives anti-scolastiques vint se joindre un puissant auxiliaire : le goût des sciences expérimentales, réveillé par l'étude des ouvrages d'Aristote sur la physique et par l'influence des écoles arabes d'Espagne, à qui nous devons nos chiffres, les premières notions de l'algèbre et de la chimie, et la connaissance des traditions astronomiques de l'Orient. L'enseignement de l'École chrétienne était purement dialectique et formel; il dressait l'esprit à la discussion, mais le laissait vide. Dès le treizième siècle, le moine franciscain Roger Bacon[1], professeur à Oxford, en comprit l'immense imperfection, et conçut le projet de le réformer en y introduisant les sciences. Fruit de vingt années de recherches auxquelles il consacre toute sa fortune, ses trois ouvrages, *Opus majus*[2], *Opus minus* et

---

[1] *Doctor mirabilis*; 1214-1294. — [2] Éd. Jebb, Londres, 1833, in-fol.

Opus tertium[1], sont le monument scientifique le plus considérable du moyen âge. Non seulement il insiste sur la stérilité des logomachies scolastiques, sur la nécessité d'observer la nature et d'étudier les langues, mais il comprend, mieux encore que son homonyme du seizième siècle, l'importance capitale de la déduction mathématique comme complément de la méthode expérimentale. Bien plus, il enrichit la science, et en particulier l'optique, de théories nouvelles et fécondes. Mais en 1267, époque à laquelle l'*Opus majus* vit le jour, son plan de réforme scientifique était prématuré. Soumis à la cour de Rome, il échoua grâce aux intrigues du parti obscurantiste et valut à Roger douze années de réclusion. La semence que cet esprit, le plus clairvoyant du moyen âge, jetait dans une terre desséchée par le scolasticisme, ne leva que trois siècles plus tard.

Sans atteindre à la hauteur de Bacon, mais avec une prédilection significative, Albert le Grand (§ 38) s'adonne, lui aussi, à l'étude de la nature, que son siècle et lui-même confondent avec la magie. A la même époque un personnage étrange, à la fois théologien et naturaliste, missionnaire et troubadour, dom Raymond Lulle[2], de Palma, prend à tâche de vulgariser la science des Arabes au moyen d'une méthode universelle qu'il appelle *ars magna*. Sa doctrine, consignée dans de nombreux écrits, lui vaut, dans les siècles suivants, d'enthousiastes adeptes, dont la grande préoccupation est la découverte de la pierre philosophale et la fabrication de l'or. A la faveur de cet enfantillage, l'esprit revient peu à peu à l'observation de la réalité et s'habitue à voir dans la nature un sujet d'étude non moins important qu'Aristote, si bien que vers 1400 le médecin Ray-

---

[1] Dans *Rogeri Bacon Opera quœdam hactenus inedita*, éd. J. J. Brewer, Londres, 1859. — Charles, *Roger Bacon, sa vie, ses ouvrages, ses doctrines, d'après des textes inédits*, Bordeaux, 1861. — [2] 1234-1315. — *Raymundi Lulli Opera*, Strasb., 1508. — *Opera omnia*, éd. Salzinger, Mayence, 1721 ss.

mond de Sebonde[1], professeur à Toulouse, ose préférer aux livres écrits par la main des hommes *le livre de la nature, intelligible à tous puisqu'il est l'œuvre de Dieu.*

La philosophie officielle, avec son formalisme stérile, son ignorance de la réalité, sa désespérante immobilité, avait contre elle la pensée, fatiguée du joug de l'Aristote ecclésiastique, avide de progrès et de liberté; elle avait pour adversaire la science naturelle préludant à sa grandeur future sous la forme rudimentaire de magie; enfin, elle répugnait au sentiment religieux et à la piété mystique par son impuissance à donner à l'âme une nourriture substantielle, et à la vie chrétienne une impulsion sérieuse vers le bien. Le mysticisme a été pendant des siècles l'allié de la spéculation scolastique ; dans Scot Érigène, dans les sages de Saint-Victor, dans saint Bonaventure, il a tempéré les froides régions du raisonnement comme un souffle du midi, fécondé comme une bienfaisante rosée l'aride dialectique de l'École, élargi le cercle étroit d'une orthodoxie intolérante, en faisant insister ces hommes sur la *fides* QUA *creditur* bien plus que sur la *fides* QUÆ *creditur*, sur la foi elle-même, comme fait subjectif et vie de l'âme, bien plus que sur l'objet de la croyance. Mais à mesure que la scolastique s'absorbe dans les questions de forme et les discussions puériles, le sentiment religieux, qui veut vivre en Dieu et qui étouffe dans les catégories d'Aristote, se retire d'elle et la combat.

Quelques mystiques, comme Gauthier de Saint-Victor, en veulent à la dialectique parce qu'ils y voient un péril pour le dogme de l'Église. D'autres, moins scrupuleux à cet égard, mais non moins avides de posséder Dieu, se laissent entraîner par l'ardeur de leurs sentiments religieux aux conclusions extrêmes de la spéculation panthéiste. A leurs yeux la dialec-

---

[1] Mort en 1436. — Raimundi *liber naturæ sive creaturarum* (*theologia naturalis*), Strasb., 1496; Paris, 1509; Sulzbach, 1852. — Kleiber, *De Raimundi vita et scriptis*, Berlin, 1856.

tique est un labyrinthe où l'âme, au lieu d'arriver à Dieu, s'en éloigne et le perd. Par le sentiment ils vont droit à lui; d'un bond ils s'élancent, par-dessus les obstacles de la pensée discursive, vers le centre des choses et le foyer de l'être, où la conscience de soi et la conscience de Dieu s'identifient. Aux uns le sentiment suffit, qui les transporte par enchantement aux sommets de l'existence et aux sources de la vie. Tel est Eckart[1], provincial dominicain de Cologne et type achevé du mystique panthéiste. D'autres, tout en se proposant pour but l'identification avec Dieu, ne prétendent y arriver qu'au prix de longs et laborieux efforts, ajoutant ainsi à l'amour de Dieu la volonté du bien et la lutte morale comme condition indispensable du *nirvana* chrétien où ils aspirent. Ce sont les Jean Tauler[2], prédicateur dominicain à Cologne et à Strasbourg, les Jean Wessel[3], les Thomas à Kempis[4], auteur présumé de l'*Imitation*, qui doivent cet élément nouveau à l'influence toute pélagienne du nominalisme. Cette influence est plus marquée encore chez les Français Jean Gerson[5], chancelier, et Nicolas de Clémanges[6], recteur de l'université de Paris, dont le mysticisme n'est guère que de l'ascétisme moral, et se distingue essentiellement de son homonyme germanique. Mais sous ces formes diverses s'agite une même tendance anti-scolastique, un même esprit de réformation et de rénovation.

§ 43. Renaissance des lettres.

A chacun des éléments de progrès dont nous venons de parler, correspond un groupe de faits historiques d'une portée immense et qui donnent à ces tendances une impulsion décisive. La libre pensée s'empare avidement des chefs-d'œuvre littéraires de l'an-

---

[1] Mort vers 1300. — Voy. la monographie de Ch. Jundt. — [2] Mort en 1361. — [3] Mort en 1489. — [4] Mort en 1471. — [5] Mort en 1429. — Voy. Ch. Schmidt, *Essai sur Jean Gerson*, Strasb., 1839. — [6] Mort en 1440.

tiquité, que lui révèle l'émigration grecque, et dont l'invention de l'imprimerie vient à point lui faciliter l'accès. L'esprit scientifique et la tendance naturaliste, admirablement servis par l'invention de la boussole et du télescope, triomphent dans la découverte de l'Amérique et du système solaire, et puisent, dans la contemplation de ces horizons nouveaux et infinis, une ardeur et une assurance de plus en plus redoutables pour la scolastique et le système autoritaire de l'Église. En même temps le sentiment religieux se retrempe dans le grand mouvement réformateur du seizième siècle, dont le réveil littéraire du quinzième a été l'avant-coureur.

Sous les auspices du gouvernement byzantin, resté debout au milieu des ruines de l'ancien monde, la presqu'île hellénique conservait, dans des formes vieillies et pédantesques, les traditions littéraires et philosophiques de l'antiquité, le goût des études classiques, l'amour des grands noms de Platon et d'Aristote. On y étudiait ces penseurs dans le texte original de leurs ouvrages, à une époque où, en Occident, le grec était une langue non seulement morte, mais absolument ignorée; on les y entourait d'une sorte de culte, et on les admirait d'autant plus qu'on se sentait impuissant à les dépasser. Aussi longtemps que ces deux astres et leurs satellites brillaient au ciel de Byzance et d'Athènes, le goût des études savantes et la libre spéculation ne pouvaient disparaître du sol de la Grèce, et s'y conservaient en dépit du pédantisme théologique des empereurs. L'influence de l'Orient sur l'Occident était donc, malgré tout, bienfaisante et libérale.

Dans une certaine mesure, cette influence remonte jusqu'à l'époque des croisades. Par une de ces « ironies du sort » si fréquentes dans l'histoire, l'Église catholique recueillit de ces expéditions des fruits tout différents de ceux qu'elle en espérait. On s'était jeté sur l'Orient au nom de la foi romaine, et l'on en rapportait des hérésies. Les efforts inutiles que fit l'Église d'Occident, dans la première moitié du quinzième siècle, pour se concilier l'Église orientale, eurent des conséquences analogues. En entrant en contact avec l'Orient grec, elle en subit l'influence, bienfaisante pour l'Occident, mais contraire aux tendances hiérarchiques du catholicisme. Déjà dans les siècles antérieurs, les Calabrais Barlaam et Léonce Pilate, puis le Dante, Pétrarque et Boccace, avaient nourri, en Italie, le goût des lettres grecques; mais l'Orient n'exerça sur l'Europe une action directe et féconde qu'à partir de 1438, et ce sont les savants, députés à Florence par l'Église byzantine, qui en furent les premiers organes. Destinés à être les agents de la réconciliation des deux Églises, ils devinrent les missionnaires de la civilisation classique, envoyés par l'Orient dans l'empire des papes.

Les savants grecs affluèrent plus nombreux encore, et ce fut une véritable immigration orientale en Italie, quand Byzance et les derniers restes de l'empire d'Orient tombèrent aux mains des Turcs (1453). Par cet événement, l'Italie redevint, au point de vue littéraire, artistique et philosophique, ce qu'elle avait été deux mille ans auparavant : elle redevint Grande-Grèce. Dès 1440 le savant grec George Gémisthe Pléthon[1], député au concile de Florence, que les libéralités de Cosme de Médicis ont su retenir dans cette ville, y a fondé une académie platonicienne. Son compatriote Bessarion[2] lui succède dans la direction de l'école et dans son œuvre de propagande. Il défend l'Académie contre ses compatriotes Gennadius, Théodore de Gaza et George de Trébizonde, disciples du Lycée, et gagne, en dépit de la résistance des péripatéticiens soutenus par les orthodoxes, un grand nombre d'Italiens au culte de Platon.

La langue grecque exerçait sur les compatriotes du Dante un

---

[1] Περὶ ὧν Ἀριστοτέλης πρὸς Πλάτωνα διαφέρεται, Paris, 1540. — Νόμων συγγραφή (fragm. recueillis par C. Alexandre et trad. par A. Pellissier, Paris, 1858).
— [2] *Adversus calumniatores Platonis*, Rome, 1469.

prestige irrésistible. On l'étudiait avec cette ardeur passionnée qui caractérise la race italienne. La philologie devint la science capitale. Ermolao Barbaro de Venise, Laurent Valla de Rome, Ange Politien, furent les disciples empressés des exilés de Byzance. L'amour de la littérature ancienne et le dégoût du langage scolastique gagna jusqu'aux princes de l'Église. Le cardinal Nicolas de Cuse (Kuss[1]), en qui il y a l'étoffe d'un Bruno et d'un Descartes, ose critiquer ouvertement les erreurs de la scolastique et recommander, comme préférable de tout point au système régnant, la philosophie de Platon, qui, dans sa pensée, se combine avec la théorie pythagoricienne des nombres. Le flot du classicisme monta jusqu'au trône pontifical, et l'on sait combien Léon X et son secrétaire Bembo préféraient Cicéron à la Vulgate. Dans l'esprit des hauts dignitaires de l'Église, comme dans les préoccupations des savants laïques, des poètes, des artistes, la religion de Virgile et d'Homère se substituait à celle du Christ, le joyeux Olympe au sévère Golgotha; Jéhova, Jésus, Marie, devenaient Jupiter, Apollon, Vénus; les saints de l'Église se confondaient avec les dieux de la Grèce et de Rome; en un mot, l'on revenait au paganisme.

Marsile Ficin[2], disciple de l'Académie florentine, continue la lutte engagée par Bessarion en faveur de Platon. Pour lui, le platonisme est la quintessence de la sagesse humaine, la clef du

---

[1] Diocèse de Trèves. — Cusanus, dont le vrai nom est Krebs, est mort en 1464. Ses *Œuvres* ont paru en 3 vol. in-fol., Paris, 1514. Le plus connu de ses traités, *De doc... ignorantia*, se trouve dans le premier volume. Le second, renfermant ses traités d'astronomie et de mathématiques, nous le montre comme le précurseur de Copernic et de la réforme du calendrier. Sa doctrine de Dieu-unité absolue prélude à Bruno, et celle de la *coïncidence des contradictoires*, à Schelling et à Hegel. — Voy. Richard Falckenberg, *Esquisse de la philosophie de Nicolas de Cuse* (all.). — [2] Florentin ; 1433-1499. — C'est aussi Florence et le siècle de la renaissance littéraire qui donnent le jour au grand politique et patriote italien Nicolo Macchiavelli (1469-1527), auteur de : *Il principe*, etc., dont le système repose sur ce principe que : *la fin justifie les moyens* (séparation de la politique d'avec la morale).

christianisme et le moyen seul efficace de rajeunir et de spiritualiser la doctrine catholique. Éditeur, traducteur et commentateur de Platon et des alexandrins, Marsile Ficin est l'un des pères de la philologie classique moderne en même temps que de la renaissance philosophique. A ses côtés brille d'un éclat non moins vif le nom du comte Jean Pic de la Mirandole (1463-1494). A l'étude de la langue et de la littérature grecques, il joint celle de l'hébreu, persuadé que la Cabale juive[1] est une source de sagesse non moins importante que Platon et le Nouveau Testament. Il lègue son amour de la philologie en même temps que ses préjugés cabalistiques à son neveu Jean-François Pic de la Mirandole, moins doué que lui et d'une piété plus étroite, et à l'Allemand Reuchlin, qui, de retour dans l'Empire, y crée la philologie classique et hébraïque, et prépare, en combattant Hochstraten et les obscurantins, la délivrance spirituelle de sa patrie.

§ 44. Néoplatonisme. — Théosophie. — Magie.

Du mélange des idées nouvelles et des vieilles superstitions naquirent des théories bizarres, calquées en partie sur les doctrines néoplatoniciennes, et qui sont comme les échelons par lesquels l'esprit philosophique et scientifique s'élève à l'autonomie. Elles se résument dans le mot *théosophie*. La théosophie partage avec la théologie la croyance au surnaturel et avec la philosophie la foi en la nature. Elle est un entre-deux, une sorte de transition entre la théologie et la pure philosophie. Ce n'est pas encore la science expérimentale moderne; car elle se fonde sur une révélation interne, supérieure à l'expérience sensible et au raisonnement. Elle n'étudie pas la nature pour la nature, mais pour y découvrir les traces de l'Être mystérieux qu'elle

---

[1] Voy. sur la Cabale ou Kabbale, Munck, *Système de la Kabbale*, Paris, 1842. *Mélanges de philosophie juive et arabe*, Paris, 1859.

cache en même temps qu'elle le révèle. Or, pour le découvrir, il lui faut une clef de Sésame, un instrument non moins mystérieux que l'objet de ses études. Elle est donc à la recherche de doctrines secrètes. Ce qui s'offre à elle sous cette forme, elle le saisit avec avidité et en fait son profit. De là l'enthousiasme que les doctrines de la Cabale juive et du néoplatonisme inspirent à Pic de la Mirandole, qui les assimile à celles de la Bible, et à Reuchlin, qui les exalte dans son *De verbo mirifico* [1] et dans son *De arte cabalistica* [2].

La théosophie ne se contente pas de sonder le grand mystère; il ne lui suffit pas de connaître la nature; elle veut ce que voudra Francis Bacon : régner sur elle, la dominer, l'assujettir. Et de même qu'elle prétend parvenir à la connaissance des choses par une doctrine secrète, elle se flatte d'arriver à se les soumettre par un art secret, par des formules, des pratiques mystérieuses. C'est dire qu'elle passe nécessairement à la magie ou théurgie [3]. La magie se base sur ce principe néoplatonicien, que le monde est une hiérarchie de forces divines, un système d'agents échelonnés en une série ascendante et descendante, où les agents supérieurs commandent et les agents inférieurs obéissent. Pour pouvoir gouverner la nature et la transformer au gré de ses désirs, il faut donc que le théosophe s'assimile les forces supérieures dont relève la sphère sublunaire, et comme, au point de vue d'Aristote et de Ptolémée, ces forces supérieures sont les puissances célestes, les agents sidéraux, l'astrologie joue un rôle capital dans les élucubrations théosophiques.

Cette union du platonisme ou mieux du pythagorisme avec la théurgie et la magie se personnifie le plus complétement dans le disciple de Reuchlin, Agrippa de Nettesheim [4], auteur d'un traité

---

[1] Bâle, 1494. — [2] Haguenau, 1517. — [3] Comp. §§ 25 et 26. — [4] Né à Cologne en 1487, mort à Grenoble en 1535.

De vanitate scientiarum, dirigé contre le dogmatisme scolastique; dans Jérôme Cardan [1], médecin et mathématicien distingué, dont les doctrines, singulier mélange de superstitions astrologiques et d'idées libérales, sont traitées d'anti-chrétiennes par les orthodoxes de l'époque; dans le savant médecin suisse Théophraste de Hohenheim, dit Paracelse [2], qui partage avec Pic, Reuchlin et Agrippa la foi en la lumière interne « bien supérieure à la bestiale raison », et l'amour de la Cabale, dont les doctrines se confondent, dans sa pensée, avec le christianisme. De l'*Adam cadmon*, qui n'est autre que le Christ, procèdent, selon Paracelse, l'âme du monde et la multitude des esprits qu'elle gouverne, les sylvains, les ondines, les gnomes, les salamandres; et celui qui, par une obéissance absolue à la volonté divine, s'est uni à l'*Adam cadmon* et aux intelligences célestes, est le meilleur des médecins et possède la panacée universelle, la pierre philosophale. A beaucoup de superstition et à quelque peu de charlatanisme, les précurseurs de la réforme scientifique unissent un vif sentiment de la réalité et une profonde aversion pour le scolasticisme, que leurs dédains contribuent puissamment à battre en brèche.

§ 45. **Aristote contre Aristote ou Péripatéticiens libéraux. — Stoïciens. Épicuriens. — Sceptiques.**

En même temps que Pléthon et Bessarion prêchaient le culte de Platon, Gennadius, George de Trébizonde, Théodore de Gaza, péripatéticiens ardents et adversaires de l'Académie de Florence, initièrent l'Italie savante à l'étude des textes d'Aristote. A mesure qu'on se familiarisait avec la langue du grand philosophe,

---

[1] De Pavie, 1501-1576. — *Opera omnia*, Lyon, 1663. — Cardan marque dans l'histoire des mathématiques par sa règle pour la solution des équations du troisième degré (*Ars magna sive de regulis algebraicis*, publié en 1543, la même année que les *Révolutions célestes* de Copernic). — [2] 1493-1541. — *Opera*, Bâle, 1589; Strasb., 1616 ss.

on se persuada qu'entre le véritable Aristote et l'Aristote de la scolastique il y a des différences notables, et tandis que Platon, Plotin, Proclus séduisaient les imaginations ardentes, les esprits positifs, non moins ennemis de la philosophie traditionnelle que les académiciens de Florence, en appelèrent d'Aristote mal étudié et mal compris à l'Aristote authentique des textes grecs. Il arriva dès lors pour le Stagirite ce qui vers 1835 est arrivé pour Hegel. Le système qui passait pour le plus ferme soutien de l'Église se trouva en désaccord avec elle sur plusieurs points essentiels, et, en opposition au péripatétisme officiel, il se forma une école péripatéticienne libérale, composée en majeure partie d'éléments laïques. Tout en observant à l'égard de l'Église une prudente réserve, ces péripatéticiens de la gauche travaillent à la ruine de son système autoritaire en dévoilant une à une les hérésies du philosophe qu'elle protégeait avec une aveugle tendresse. Convaincre d'hérésie un auteur que l'Église a déclaré infaillible, c'était convaincre l'Église de faillibilité, c'était s'attaquer à son autorité souveraine dans le domaine de la pensée, c'était répondre, par l'affranchissement des intelligences, à l'affranchissement des consciences qui s'opérait au-delà des monts.

Dans son traité *De l'immortalité de l'âme*[1], le chef de la nouvelle école[2], Pierre Pomponat (Pomponazzi[3]), ose soulever la question de savoir si l'immortalité est un corollaire des principes d'Aristote, et la résout, avec Alexandre d'Aphrodisias[4], dans le sens négatif. C'était, d'une part, méconnaître l'autorité

---

[1] *Tractatus de immortalitate animæ*, 1534. Nombreuses éditions. — [2] Dite école de Padoue, d'après la ville où professait son chef Pomponat. — [3] Né à Mantoue en 1462, mort en 1525; professeur à Padoue. — Voy. sur Pomponat : Ad. Franck, *Moralistes et philosophes*, 2ᵉ édit., Paris, 1874. — [4] Voy. sur les alexandristes et les averroïstes : Marsile Ficin, *Préface à la traduction de Plotin*. Les uns interprétaient Aristote, avec Averroès, dans le sens panthéiste, les autres, avec Alexandre d'Aphrodisias, dans le sens déiste. Les uns et les autres niaient l'immortalité individuelle et le miracle.

de saint Thomas, qui a déclaré la philosophie du Stagirite favorable à ce dogme fondamental de la religion ; c'était, d'autre part, contester la doctrine elle-même, puisque la philosophie d'Aristote n'était pas, aux yeux de Pomponat comme aussi au point de vue ecclésiastique, un système entre plusieurs, mais la philosophie par excellence. Pomponat, qui a besoin de se concilier Léon X pour échapper à ses foudres, déclare que, quant à sa personne, il croit à l'immortalité, parce qu'il croit à l'autorité de l'Église en matière religieuse, mais d'après la manière dont il réfute les objections qu'on adresse à la doctrine contraire, il est évident qu'il n'y croit pas.

Quoi qu'on en dise, écrit-il, on ne saurait admettre que tous les hommes soient appelés à la perfection intellectuelle, et quant à la perfection morale, elle ne consiste pas en un idéal irréalisable sur la terre, mais dans l'accomplissement consciencieux des devoirs qu'impose à chacun sa tâche spéciale. Un magistrat consciencieux et intègre a atteint, dans sa sphère, la perfection dont il est capable et à laquelle il est destiné ; un fermier laborieux, un commerçant, un artisan honnête et actif, réalisent, chacun selon ses moyens, la perfection relative dont la nature leur a fourni les éléments. La perfection absolue n'appartient qu'à l'Être absolu.

Quant à l'argument qui conclut à l'immortalité de l'âme de la nécessité d'une récompense sans fin pour la vertu, d'un châtiment sans fin pour le crime, il repose sur une notion fausse, ou tout au moins imparfaite et mesquine, de la vertu et du vice, de la récompense et du châtiment. La vertu qui ne s'exerce qu'en vue d'une récompense autre qu'elle-même n'est pas la vertu, et ce qui le prouve, c'est que tous nous regardons un acte accompli d'une manière complètement désintéressée et sans espoir d'en retirer un profit matériel quelconque, comme plus méritoire qu'une action faite en vue d'un avantage ou d'un intérêt à satisfaire. Il faut distinguer entre la récompense *essentielle* et la rémunération *accidentelle* de la vertu. La récompense essentielle, inhérente à la vertu et qui par conséquent ne lui fait jamais défaut, c'est la vertu elle-même et la joie qui en est inséparable; et il en est de même du vice, qui recèle son propre châtiment, lors même qu'il n'est pas suivi de peines extérieures et accidentelles. Que le peuple pratique le bien en vue de la rémunération d'outre-tombe, qu'il s'abstienne du crime par peur de l'enfer, cela est incontestable, mais prouve que ses idées morales sont encore dans l'enfance et qu'il a besoin de hochets et d'épouvantails là où le philosophe agit uniquement d'après les principes.

Mais si l'âme n'est pas immortelle, toutes les religions sont dans l'erreur, et l'humanité tout entière s'abuse! Eh oui! Platon ne dit-il pas qu'en plusieurs choses tous les hommes sont dupes d'un même préjugé? Et ne réduit-il pas ainsi à bien peu de chose la valeur de l'argument tiré du *consensus gentium?* Pour ce qui est enfin des apparitions des morts, des résurrections et des revenants, ces sortes de preuves en faveur de la vie d'outre-tombe ne prouvent autre chose que la merveilleuse puissance de l'imagination secondée par la crédulité. Si, comme Aristote l'enseigne positivement, l'âme est la *fonction* du corps, il est évident qu'il ne saurait y avoir d'âme sans corps. Et que devient dès lors la sorcellerie, l'évocation des esprits? Que devient le surnaturel?

Dans son traité *Des enchantements*[1], Pomponat se prononce ouvertement contre le miracle comme suspension de l'ordre naturel des choses, et si, pour donner le change à l'Inquisition, il admet les miracles de Jésus et de Moïse, il les explique naturellement, c'est-à-dire qu'il les nie indirectement. Et il les nie de par l'autorité de celui que l'Église considérait comme le plus ferme soutien du surnaturel chrétien, de par l'autorité d'Aristote.

---

[1] *De naturalium effectuum admirandorum causis s. de incantationibus liber*, Bâle, 1556.

Enfin, dans son traité *Du Destin*[1], il s'étend avec une complaisance évidente sur les contradictions que renferment les doctrines de la prescience et de la providence divines, de la prédestination et de la liberté morale. Si Dieu ordonne tout à l'avance et prévoit tout, c'est que nous ne sommes pas libres ; si l'homme est libre, c'est que Dieu ne prévoit pas ses actes, et se trouve, quant à l'intelligence, dans la dépendance de la créature. Aristote lui-même — Pomponat ne le dit qu'à mots couverts, tant est grande encore l'autorité du philosophe de l'Église — Aristote lui-même se contredit dans cette grave question, dont la solution semble dépasser les capacités de la raison humaine. Quoi qu'il en soit, c'est le déterminisme qui a pour lui la logique, et c'est à lui qu'appartiennent les sympathies de Pomponat. Le mal vient donc de Dieu ! lui objecte le nominalisme scolastique. Il est obligé d'en convenir, mais il s'en console en pensant que, *s'il n'y avait pas tant de mal dans le monde, il n'y aurait pas non plus tant de bien.*

Porta[2], Scaliger[3], Cremonini[4], Zabarella[5] continuent, à travers le seizième siècle, le péripatétisme libéral de Pomponat, dont ils épousent les idées sur l'âme en même temps que la prudente réserve, recommandée par cette devise de Cremonini : *Intus ut libet, foris ut moris est.* L'Église cependant les surveillait de près et les soupçonnait d'athéisme. Un rejeton de cette école, Lucilio Vanini[6], esprit remuant et d'une excessive vanité, se fit brûler par l'Inquisition en dépit ou peut-être à cause de sa déclaration « qu'il ne dira son opinion sur l'immortalité de l'âme que quand il sera vieux, riche et Allemand[6]. »

---

[1] *De fato, libero arbitrio, prædestinatione, providentia Dei libri V*, Bâle, 1525. — [2] Mort en 1555. — *De rerum naturalibus principiis*, Florence, 1551. — [3] 1484-1558. — *Exerc. adv. Cardanum*. — [4] 1552-1631. Prof. à Ferrare et à Padoue. — [5] 1533-1589. Prof. à Padoue. — *Opera*, Leyde, 1587. — [6] Son vrai nom est Pompejo Ucilio. Dans ses ouvrages il s'appelle Julius Cæsar Vaninus. Né à Tauresano, près de Naples, en 1584, il fut brûlé vif à Toulouse, après avoir eu la langue coupée, le 9 février 1619. Il a laissé deux ou-

Déjà ces péripatéticiens de la gauche ne jurent plus, comme les péripatéticiens orthodoxes, sur la parole du maître. Ils vénèrent dans Aristote la personnification la plus complète de l'esprit philosophique, mais leur péripatétisme n'est plus une obéissance servile à la lettre de ses écrits, dont ils s'écartent à maintes reprises.

Quelques-uns, frappés de la similitude des doctrines authentiques d'Aristote et des doctrines platoniciennes et alexandrines, se rapprochent de l'Académie florentine, tout en portant haut le drapeau du Lycée, et d'autre part, les platoniciens, qu'une étude sérieuse a initiés aux secrets de la métaphysique d'Aristote, consentent à un compromis entre le platonisme et le péripatétisme. C'est, du côté platonicien, Jean Pic de la Mirandole, dont un travail sur l'accord de Platon et d'Aristote demeure inachevé; c'est, du côté néo-péripatéticien, André Césalpin[1], savant naturaliste, qui pressent la découverte de Harvey et crée un système artificiel de botanique. L'univers, selon Césalpin, est une unité vivante, un organisme parfait. Le « premier moteur » est la substance même du monde, substance dont les choses particulières sont les modes ou déterminations. Il est à la fois la pensée absolue et l'être absolu. Pour être un mode de la substance divine, l'âme humaine n'en est pas moins immortelle, puisque son essence, la pensée, est indépendante du corps.

D'autres encore, comme Bernardino Telesio[2], de Cosenza (1508-1588), le fondateur de l'*Academia Telesiana* ou *Cosentina* de Naples, et Francesco Patrizzi[3] (1527-1597), nourris tout

---

vrages: *mphitheatrum æternæ providentiæ*, Lyon, 1615, et *De admirandis naturæ arcanis*, Paris, 1616 (plus connu sous le titre de *Dialogues sur la nature*, trad. Cousin).

[1] 1509-1603. Médecin de Clément VIII. — *Quæstiones peripateticæ*, Venise, 1571. — *Dæmonum investigatio perip.*, Venise, 1593, comp. p. 256. — [2] *De natura juxta propria principia libri IX*, Naples, 1586. — [3] *Discussiones peripateticæ*, Venise, 1571 ss.; Bâle, 1581. — *Nova de universis philosophia*, Ferrare, 1491.

à la fois d'humanités et de la science secrète de Paracelse et de Cardan, se rapprochent, dans leurs conceptions cosmologiques, des systèmes naturalistes de l'école ionienne. A Telesio se rattachent les noms célèbres de Giordano Bruno (§ 49) et de Francis Bacon (§ 51), qui tous deux le connurent et subirent son influence.

De ce côté-ci des monts, tandis que le génie spéculatif de l'Italie méridionale ressuscitait le vrai Aristote, Platon, Parménide, Empédocle, l'esprit français et flamand, plus sympathique à la philosophie morale et à la science positive qu'à la spéculation métaphysique, faisait revivre le pyrrhonisme dans les *Essais*[1] de Michel de Montaigne[1] (1533-1592) et dans les écrits de Pierre Charron[2] (1541-1603), de Sanchez[3] (mort à Toulouse en 1632), de Lamothe-Levayer[4] (1586-1672), le stoïcisme dans Juste Lipse[5] (1547-1606), l'épicurisme dans le savant physicien Gassendi, l'adversaire de l'intellectualisme cartésien[6] (1592-1655). Si ces libres penseurs, à l'exception de Gassendi dont le dix-huitième siècle reprendra les doctrines, ne contribuent pas directement au renouvellement de la philosophie, du moins y travaillent-ils d'une manière indirecte en discréditant la métaphysique de l'École, encore très puissante, en dévoilant l'inanité de ses formules, la stérilité de ses disputes. Humanistes et naturalistes, dogmatiques et sceptiques, Italiens et Français, sont unis dans une même pensée d'affranchissement, de réforme, de progrès. *Nature* est leur mot d'ordre à tous, de même qu'à l'âge théologique de la Grèce succède l'ère des *physiciens*.

[1] *Ed. pr.*, Bordeaux, 1580. — *Étude sur Montaigne* par Prévost-Paradol, dans l'éd. V. Leclerc (Paris, 1865). — [2] *De la sagesse*, Bordeaux, 1601. — [3] *Tractatus de prima universali scientia, quod nihil scitur*, Lyon, 1581. — *Tractatus philosophici*, Rotterd., 1649. — [4] *Dialogues faits à l'imitation des anciens*, Mons, 1673; *Œuvres*, Paris, 1653. — [5] *Manuductio ad stoïcam philosophiam, etc.* — [6] *De vita, moribus et doctrina Epic.*, Leyde, 1647. — *Animadversiones in Diog. L. de vita et phil. Epic.*, ibid., 1649. — *Syntagma philos. Epic.*, La Haye, 1655. — *P. G. Opera*, Lyon, 1658; Florence, 1727.

§ 46. La Réforme religieuse.

Ce sont les idées qui éclairent l'humanité dans sa marche, mais c'est la volonté, ce sont les passions instinctives qui la font marcher[1]. L'humanisme démolissait pierre à pierre le système laborieusement construit par les docteurs de l'Église; mais, soit prudence excessive, soit indifférence, il évitait de s'attaquer à l'Église elle-même, et affectait à son égard une soumission respectueuse. Pomponat, Scaliger, Érasme, Montaigne étaient des hommes plus libéraux que les chefs de la Réforme; mais leur libéralisme même, en les rendant indifférents en matière de religion, les paralysait dans la grande œuvre de l'affranchissement des consciences. L'Église était si tolérante envers l'antiquité païenne, si éprise des études classiques! Les papes eux-mêmes étaient si lettrés, si libéraux, si mondains! L'omnipotence spirituelle de Rome n'en était pas moins un des principaux obstacles qui s'opposaient encore à la réforme philosophique, et pour ébranler le colosse, il fallait un levier plus fort que l'amour des lettres, de plus puissants mobiles que le goût de la libre pensée. Ce levier, ce fut la conscience religieuse de Luther et des réformateurs. Au nom de la puissance intérieure qui les subjugue, les entraîne, ils s'attaquent, non plus au système philosophique patroné par l'Église, mais à l'Église elle-même et au principe de son autorité souveraine.

On l'a vu, l'Église, au moyen âge, est à la fois Église et École, dépositaire des moyens de salut et dispensatrice de l'instruction profane. Aussi longtemps que les peuples étaient barbares, la puissance qu'elle exerçait en cette double qualité était bienfaisante, légitime, nécessaire. Mais, continuée au delà de l'époque où l'élève est devenu majeur, la meilleure des tutelles devient un

---

[1] § 4.

joug dont il tend à s'affranchir. La Renaissance a enlevé de fait à l'Église son caractère d'école unique et privilégiée, mais elle s'est inclinée devant l'Église comme suprême autorité religieuse et morale. La Réforme vient compléter l'œuvre du quinzième siècle en émancipant la conscience. Le trafic des indulgences est l'occasion qui la fait éclater. Ce commerce honteux se trouvait légitimé par le système catholique. L'Église représentant Dieu sur la terre, ce qu'elle commande, c'est Dieu même qui le veut. Si donc elle demande de l'argent aux fidèles et attache à cette contribution la promesse du pardon des péchés, le fidèle n'a qu'à s'incliner devant son autorité et à s'exécuter. Le procédé choque peut-être quelque peu le sens moral. Mais que sont nos impressions individuelles auprès de la révélation que l'Église tient de Dieu? Les voies de Dieu sont-elles donc nos voies, et la folie divine n'est-elle pas plus sage encore que la sagesse des hommes? La vérité révélée n'a-t-elle pas été dès le principe en scandale aux enfants du siècle?... La conscience de Luther fait justice de ces sophismes. En protestant contre le scandale des indulgences, elle se révolte contre le dogme qui le sanctionne, contre le pouvoir spirituel qui le préconise. A l'autorité d'une Église à ce point mal inspirée, elle substitue l'autorité souveraine de l'Écriture; au principe catholique du mérite des œuvres, elle oppose la justification par la foi.

Le principe proclamé par Luther et qui bientôt le sera par les Zwingle, les Calvin, les Farel, ne tarde pas à pénétrer, comme un réactif puissant, toutes les sphères de la vie humaine. Du moment que l'on tenait pour vrai que la foi seule sauve et non les œuvres, les abstinences imposées par l'Église perdaient leur prix. Si la grâce est tout, devait-on se dire, si le mérite n'est rien, Dieu ne saurait nous savoir gré de renoncer aux joies et aux devoirs de la vie, à la famille, à la société. Déjà Luther, qui est loin d'aimer la philosophie, mais qui a un sentiment très vif de la nature, travaille à bien des égards dans le sens humanitaire et moderne, en abolissant, du moins en principe, le dualisme du spirituel et du temporel, des clercs et des laïques, du ciel et de la terre. Mélanchthon, qui est à la fois disciple de la Renaissance et champion de la Réforme, a parfaitement conscience de la solidarité qui existe entre le réveil littéraire et le réveil religieux. Enfin, les deux courants se confondent dans Ulrich Zwingle[1], à la fois chrétien convaincu et penseur profond, dont la théologie est une protestation énergique contre le dualisme d'une nature athée et d'un Dieu contre nature.

§ 47. Scolastique et Théosophie dans les pays protestants. Jacques Bœhme.

La tendance progressiste de Zwingle fut loin cependant de prévaloir, au seizième et au dix-septième siècle, contre le zèle doctrinaire des théologiens du Nord. A l'autorité de l'Église et du pape succède, chez les protestants, celle des symboles de la Réforme. On ne pouvait passer d'un jour à l'autre du régime autoritaire à l'absolue liberté. La conscience religieuse, violemment secouée par une soudaine révolution, avait besoin d'un guide capable de remplacer celui qu'elle venait de perdre. De son côté la théologie, dans sa lutte contre le catholicisme, ne pouvait se passer d'une autorité extérieure, visible, normative en matière de science comme en matière de religion. La Réforme n'amena donc pas une transformation immédiate de la philosophie; en dépit des efforts de Nicolas Taurellus[2] de Montbéliard

---

[1] *Œuvres*, éd. Schuler et Schulthess, 8 vol., Zürich, 1828-42. — [2] *Philosophiæ triumphus*, Bâle, 1573. — *Alpes cæsæ* (contre Césalpin), Francf., 1597. — *Synopsis Arist. Metaph.*, Hanov., 1596. — *De mundo*, Amb., 1603. — *Uranologia*, ibid., 1603. — *De rerum æternitate*, Marb., 1604. — Schmid de Schwarzenberg, *Nicolas Taurellus, le premier philosophe allemand*, 2ᵉ éd., Erl., 1864 (all.).

(1547-1606) et de Pierre de la Ramée ou Ramus [1] (1515-1572), ardents ennemis de la routine et du système d'Aristote tel qu'on l'avait compris jusqu'alors, les universités continuèrent de professer le péripatétisme traditionnel, accommodé tant bien que mal aux exigences du dogme protestant.

L'opposition anti-scolastique de Reuchlin, d'Agrippa, de Paracelse, se continue du reste dans le pasteur saxon Valentin Weigel [2] (1533-1593), dans les deux Van Helmont [3] (morts en 1644 et 1699), dans l'Anglais Robert Fludd [4] (mort en 1637), qui, en vrai protestant, prend la Genèse pour base de sa cosmologie, dans le savant Coménius [5] (mort en 1671), dont la trinité de la matière, de la lumière et de l'esprit rappelle soit les trois degrés de l'être dans Plotin, soit les trois principes péripatéticiens de la matière, du mouvement et de l'acte, enfin, dans Jacques Bœhme, le théosophe de Gœrlitz (1575-1624).

Né de parents pauvres et voué de bonne heure à la profession de cordonnier, Bœhme manque absolument d'instruction. La Bible et les écrits de Weigel lui sont seuls familiers, mais suffisent à développer les germes puissants qui sommeillent dans cet enfant du peuple. Il devine que *les choses visibles recèlent un grand mystère*, et il brûle du désir de le pénétrer. Chrétien fervent, il sonde les Écritures en suppliant Dieu de l'éclairer de son Esprit, et de lui révéler ce qu'il n'est donné à nul mortel de découvrir par ses propres efforts : et il est exaucé. Dans trois révélations successives, Dieu lui montre *le centre intime de la mystérieuse nature* et lui permet de *pénétrer d'un*

---

[1] *Scholarum phys. libri VIII*, Paris, 1565. — *Schol. metaph. libri XIV*, Paris, 1566. — Voy. les monographies de M. Ch. Waddington (Paris, 1848) et de M. Ch. Demaze (Paris, 1864). — [2] Γνῶθι σεαυτόν, *nosce te ipsum*, ibid., 1618, etc. — [3] J. Bapt. Helmont, *Opera*, Amst., 1648. — Fr. Merc. Helmont, *Seder olam s. ordo sœculorum hoc est historica enarratio doctrinæ philosophicæ per unum in quo sunt omnia*, 1693. — [4] *Historia macro- et microcosmi metaphysica, physica et technica*, Oppenh., 1617. — *Phil. mosaica*, 1638. — [5] *Synopsis physices ad lumen divinum reformatæ*, Leipz., 1633.

coup d'œil rapide jusqu'au cœur des créatures. Cédant à l'avis pressant de quelques amis, il se décide à consigner ce qu'il a vu, dans un écrit qu'il intitule *Aurora* et qui lui vaut, de leur part, le titre de *philosophe teutonique*. Ce livre, ainsi que plusieurs autres qui suivent [1], est écrit en allemand, la seule langue qui soit familière à Bœhme, et par là déjà il appartient au monde moderne; il renferme, en outre, des hérésies dont l'auteur est loin de se douter, mais qui lui attirent, de la part du pasteur de Gœrlitz, une virulente admonestation *ex cathedra* et une surveillance jalouse pour le reste de ses jours.

Dès la préface, en effet, l'orthodoxie la plus sincère s'y rencontre avec les idées les plus avancées de la spéculation ancienne et moderne. Si vous voulez être philosophe et sonder la nature de Dieu et la nature des choses, demandez avant tout à Dieu le Saint-Esprit qui est en Dieu et dans la nature. Avec l'assistance du Saint-Esprit vous pouvez pénétrer jusque dans *le corps de Dieu, qui est la nature* [2], et jusque dans l'essence de la sainte Trinité : car l'Esprit divin est dans la nature entière comme l'esprit humain est dans le corps de l'homme.

Éclairé par cet Esprit, que découvre Bœhme au fin fond des choses? Une dualité constante, qu'il appelle tendresse et violence, douceur et amertume, bien et mal. Tout ce qui est vivant renferme ce duel. Ce qui est indifférent, ce qui n'est ni doux ni amer, ni chaud ni froid, ni bon ni mauvais, est mort. Ce duel, cette lutte de deux principes opposés qui s'identifient dans la mort, Bœhme l'aperçoit dans tous les êtres sans exception : dans les êtres terrestres, dans les anges et en Dieu [3], qui est

---

[1] *Description des trois principes de l'essence divine.* — *De la triple vie de l'homme.* — *De l'incarnation, des souffrances, de la mort et de la résurrection du Christ.* — *Du mystère divin et terrestre.* — *De la pénitence.* — *De la régénération.* — *De l'élection.* — *Mysterium magnum*, etc. (le tout en allemand). Éditions d'Amsterdam (1675, 1682, 1730) et de Leipzig (1831 et suiv., 7 vol.). — [2] *Aurora*, chap. 2, 12; 10, 56 et *passim*. — [3] *Ibid.*, chap. 2, 40.

l'essence de tous les êtres[1]. Dieu sans le Fils est une *volonté* qui ne veut rien parce qu'elle est tout et a tout, une volonté sans stimulant, un amour sans objet, une puissance impuissante, une ombre sans consistance, une essence muette sans intelligence et sans vie, un centre sans circonférence, une lumière sans clarté, un soleil sans rayons, une nuit sans étoiles, un chaos où nul éclair ne brille, où nulle couleur ne se détache, où nulle forme n'apparaît : abîme sans fond, mort éternelle, néant. Dieu Père et Fils est le Dieu vivant, l'esprit absolu ou concret, l'être complet. Le Fils est l'infini concentré en lui-même, le cœur du Père, le flambeau qui éclaire les immensités de l'Être divin, comme le soleil répand la lumière dans les immensités de l'espace, le cercle éternel que Dieu décrit autour de lui-même, le *corps de Dieu*, dont les astres sont les organes et dont leurs orbites sont les artères éternellement palpitantes, la totalité des formes que renferment le ciel et la terre, la mystérieuse nature qui vit, qui sent, qui souffre, qui meurt et qui ressuscite en nous. Mais le duel qui constitue Dieu et tous les êtres, n'est pas l'être primordial ; il procède de l'Unité ; le Fils procède du Père et vient en seconde ligne. D'abord les ténèbres, puis la lumière ; d'abord la nature, puis l'esprit ; d'abord la volonté sans objet ni conscience d'elle-même (*der ungründliche Wille*), puis la volonté consciente (*der fassliche Wille*[2]).

S'il est facile de dégager de ces métaphores les idées caractéristiques du spiritualisme concret, la forme qu'elles revêtent chez Bœhme est purement théologique. Ce précurseur de la philosophie allemande est un voyant, un prophète qui a l'air de ne

---

[1] *Aurora*, Préf., 97 ; 105 : *Gott, in dem Alles ist und der selber Alles ist;* chap. 1, 6 : *Gott ist der Quellbrunn oder das Herz der Natur;* 3, 12 : *Er ist von nichts hergekommen, sondern ist selber Alles in Ewigkeit;* 3, 14 : *Der Vater ist Alles und alle Kraft besteht in ihm;* 7, 20 : *Seine Kraft ist Alles und allenthalben;* 7, 25 : *Des Vaters Kraft ist Alles in und über allen Himmeln;* et passim. — [2] *Mysterium magnum*, chap. 6. — *De l'élection*, chap. 1. — *Aurora*, chap. 8-11.

pas se comprendre lui-même, tant il est encore imbu de la conception traditionnelle des choses. La pensée, dans le monde protestant, a changé de maître : mais elle est restée servante, *ancilla theologiæ*. Son affranchissement définitif est dû aux découvertes de Colomb, de Magellan, de Copernic, de Kepler, de Galilée, qui en réfutant les idées reçues sur la terre, le soleil, le ciel, viennent détruire du même coup le préjugé qui fait de l'Écriture ce qu'elle n'est ni ne veut être : un manuel infaillible des sciences physiques.

§ 48. Le mouvement scientifique [1].

Depuis le milieu du quinzième siècle, l'Europe occidentale allait de surprise en surprise. Guidée par les savants grecs qui se fixent en Italie, elle entre en plein dans la terre promise que les Arabes d'Espagne lui ont fait entrevoir en partie : l'antiquité, sa littérature, ses arts, sa philosophie. L'horizon historique de nos pères, limité d'abord à la période catholique, s'étend dès lors et se recule indéfiniment au delà des origines du christianisme. Cette Église catholique, en dehors de laquelle on ne voyait naguère que ténèbres et barbarie, n'apparaissait plus que comme la fille et l'héritière d'une civilisation plus ancienne qu'elle, plus riche, plus variée, plus conforme au génie des races occidentales. L'Europe romane et germanique se sentit une affinité naturelle et intime avec ces Grecs et ces Romains, placés en dehors de l'Église et supérieurs à tant d'égards aux chrétiens du quinzième siècle dans toutes les sphères de l'activité humaine. Le préjugé catholique en vertu duquel il n'y a hors de l'Église ni salut, ni civilisation réelle, ni religion, ni moralité, s'évanouit peu à peu. On cesse d'être catholique exclusif et l'on

---

[1] Voy. les ouvrages de Montucla, Delambre, Chasles, Draper, etc., cités p. 141. — Humboldt, *Cosmos*, T. I et II. — K. Fischer, *Introduction à l'histoire de la philosophie moderne*.

devient *homme,* humaniste, philanthrope dans le sens le plus large de ce terme. Ce ne sont plus seulement quelques rares échappées sur le passé, c'est l'histoire tout entière de l'Europe aryenne qui se déroule aux regards étonnés de nos ancêtres, avec ses mille problèmes politiques, littéraires, philologiques, archéologiques, géographiques. Désormais les sciences historiques, imparfaitement cultivées par l'antiquité et presque inconnues au moyen âge, seront une branche importante des études, en attendant qu'elles en soient le centre.

A peine l'homme a-t-il fait la découverte de l'humanité, qu'il lui est donné de constater la forme réelle de la maison qu'il habite, et dont il n'a connu jusqu'à présent que l'une des façades. L'univers catholique se réduisait au monde connu des Romains, c'est-à-dire au bassin de la Méditerranée et au sud-ouest de l'Asie, augmentés de l'Europe septentrionale. Mais voici Colomb qui découvre le nouveau-monde ; voici Vasco de Gama qui double le cap de Bonne-Espérance et trouve la route maritime des Indes ; voici surtout Magellan, qui réussit à faire le tour du monde. Ainsi se confirme par des faits évidents une hypothèse déjà familière aux anciens : notre terre est un globe isolé de toutes parts et flottant librement dans l'espace. N'était-il pas permis d'en inférer que les étoiles, elles aussi, flottent isolées? que les sphères d'Aristote ne sont qu'une illusion?

La terre est reconnue être un globe, mais elle forme encore, dans la conviction de tous, le centre immobile autour duquel gravitent les sphères célestes. Tycho-Brahé vient porter à la cosmographie traditionnelle et populaire un premier coup, en faisant du soleil le centre des orbites planétaires ; mais ce système avec le soleil comme centre, il le fait tourner encore autour de la terre. Copernic[1] fait le pas décisif, en plaçant la terre parmi les planètes et le soleil au centre du système. Cette théorie,

---

[1] *De orbium cœlestium revolutionibus libri VI*, Nuremb., 1543.

déjà émise par quelques anciens [1], et que Copernic ne donne qu'à titre d'hypothèse, est confirmée par les beaux travaux de Kepler [2], qui découvre la forme des orbites des planètes et la loi de leur mouvement, et de Galilée [3], qui enseigne le double mouvement de la terre, et qui, au moyen d'un télescope de sa propre construction, découvre les satellites de Jupiter et détermine la loi de leurs révolutions.

L'héliocentrisme jette l'alarme dans les deux Églises. Kepler est persécuté; Galilée, forcé de se rétracter. A en croire les conservateurs obstinés, le système de Copernic menaçait, s'il était accepté, de ruiner les bases mêmes du christianisme. Si le soleil est le centre des orbites planétaires, si la terre se meut, c'est, disaient-ils, que Josué n'a pas fait son miracle, c'est que la Bible se trompe, c'est que l'Église est faillible. Si la terre est une planète, c'est qu'elle se meut *dans le ciel même* et ne forme plus à son égard une antithèse, c'est que l'opposition traditionnelle des cieux et de la terre se résout dans l'univers un et indivisible. D'ailleurs, affirmer, au mépris d'Aristote, que le monde est infini, n'est-ce pas nier qu'il existe un ciel *distinct* de l'univers, un ordre de choses surnaturel, un Dieu *là-haut?* Ainsi raisonnait l'Église : confondant la foi et les conceptions de la foi, Dieu et nos idées sur Dieu, elle traitait d'athées les adhérents de Copernic.

Mais, en dépit de ses efforts, les théories nouvelles se répandent, les découvertes et les inventions se multiplient. C'était hier l'imprimerie, c'est aujourd'hui la boussole et le télescope. En attendant que Newton complète la cosmologie nouvelle par la théorie de l'universelle attraction et transforme en axiome ce qui jusqu'à lui n'est qu'une hypothèse, les sciences, secouant le joug du scolasticisme, avancent d'un pas timide

---

[1] § 22. — [2] *Astronomia nova*, Prague, 1609 ; etc. — *Œuvres complètes*, éd. Frisch, Francf., 1858 ss. — [3] *Œuvres complètes*, éd. Alberi, Florence, 1843 ss.

d'abord, puis de plus en plus ferme et sûr. Léonard de Vinci et son compatriote Fracastor continuent, en physique, en optique, en mécanique, Archimède et les savants d'Alexandrie. Le Français Viète élargit les cadres étroits de l'algèbre, qu'il applique à la géométrie, et l'Anglais Néper (Lord John Napier) invente les logarithmes. Dans la sphère des sciences biologiques, le Belge Vésale, par son *De corporis humani fabrica* (1553), crée l'anatomie humaine, et l'Anglais Harvey, dans son ouvrage publié en 1628[1], démontre la circulation du sang, admise dès avant lui par l'Espagnol Michel Servet[2] et par les Italiens Realdo Colombo[3] et André Césalpin[4].

De toutes ces nouveautés, la plus influente est la théorie de Copernic. L'apparition des *Révolutions célestes* est l'événement le plus considérable, l'*époque* par excellence dans l'histoire intellectuelle de l'Europe. C'est d'elle que date le monde moderne. En nous révélant l'*infini*, qui pour l'antiquité n'a guère été qu'un concept négatif, elle n'a pas ébranlé, sans doute, elle a augmenté, au contraire, et vivifié notre foi aux choses invisibles, mais elle a modifié profondément nos idées sur le rapport qu'elles soutiennent avec le monde : au transcendantalisme, qui est l'âme du moyen âge, elle a substitué définitivement le principe moderne de l'*immanence divine*[5].

---

[1] *De motu cordis et sanguinis*, Francf., 1628. — [2] La circulation pulmonaire (petite circulation) est affirmée dans un passage de: *Christianismi restitutio*, achevé dès 1546. — [3] 1494-1559; successeur de Vésale à Padoue (1544) et auteur de *De re anatomica* (1558). — [4] Dans ses *Quæstiones medicæ*, 1598. — [5] Hegel (o. c.), qui reconnaît dans l'*immanence* l'idée maîtresse du monde moderne, tout en le faisant dater d'ailleurs de la réforme de Luther, caractérise la transition du moyen âge à l'époque actuelle en ces termes : « C'était, aux yeux des hommes, comme si Dieu n'avait créé que tout à l'heure soleil, lune, astres, plantes et animaux, comme si les lois de la nature venaient seulement d'être établies ; car maintenant seulement ils prenaient intérêt à toutes ces choses, ayant reconnu leur propre raison dans la raison universelle. Au nom des lois naturelles on fit front à l'immense su-

Elle a eu pour conséquence obligée la réforme philosophique, qui, préparée par les libres penseurs du quinzième et du seizième siècle, éclata, aux environs de l'année 1600, dans une série de systèmes hardiment novateurs (Bruno en Italie, Bacon en Angleterre, Descartes en France).

perstition de l'époque et à toutes les idées régnantes au sujet des puissances formidables et lointaines dont on ne croyait pouvoir triompher que par la magie. Dans la lutte qui s'engageait, catholiques et protestants se trouvèrent d'accord. »

III

PHILOSOPHIE MODERNE

PREMIÈRE PÉRIODE

Age de la métaphysique indépendante.

(*De Bruno à Locke et à Kant.*)

§ 49. Giordano Bruno.

Né vers 1550 à Nola, près de Naples, Giordano Bruno[1] entre, jeune encore, dans l'ordre des dominicains; mais l'influence des écrits de Nicolas de Cuse, de Raymond Lulle, de Telesio, et son amour enthousiaste de la nature ne tardent pas à le brouiller avec la vie monastique et le catholicisme. Il se rend à Genève, où l'attendent d'amères déceptions, puis à Paris, à Londres, en Allemagne, promenant son esprit ardent et inquiet de Wittenberg à Prague, de Helmstædt à Francfort. Mais le protestantisme ne le satisfait pas plus que la religion de ses pères. De retour en Italie, il est arrêté à Venise, par ordre de l'Inquisition, et brûlé vif à Rome en 1600, après deux années de captivité. Sa vie aventureuse ne l'empêcha pas d'écrire de nombreux traités, dont les plus remarquables sont ceux *Della*

---

[1] *Opere*, publiées par Wagner, 2 vol., Leipz., 1830. — J. B. *scripta quæ latine confecit omnia*, éd. A. F. Gfrœrer, Stuttg., Londres et Paris, 1834 (incomplet). — Christian Bartholmèss, *Jordano Bruno*, 2 vol., Paris, 1846-47. — H. Brunhofer, *Bruno, sa philosophie et sa destinée d'après les sources*, Leipz., 1882 (all.).

causa, principio ed uno (Venise, 1584), ***Del infinito universo e dei mondi*** (ibid., 1584), *De triplici minimo et mensura* (Francfort, 1591), *De monade, numero et figura* (ibid., 1591), *De immenso et innumerabilibus s. de universo et mundis* (ibid., 1591).

Le premier parmi les métaphysiciens du seizième siècle, Bruno accepte sans réserve le système héliocentrique. Les sphères d'Aristote et ses divisions du monde sont de pures imaginations. L'espace n'a aucune limite de ce genre, aucune frontière infranchissable séparant notre monde à nous d'une région extra-mondaine, réservée aux esprits purs, aux anges et à l'Être suprême. Le ciel, c'est l'univers infini[1]. Les étoiles sont autant de soleils, qui peuvent avoir à leur tour leurs planètes munies de satellites. La terre n'est qu'une planète et n'occupe point dans le ciel une place centrale et privilégiée, non plus que notre soleil, puisque l'univers est un système de systèmes solaires.

Si l'univers est infini, voici le raisonnement qui s'impose : il ne peut y avoir deux infinis; or l'existence du monde ne peut être niée; donc Dieu et l'univers sont un seul et même être. Pour échapper au reproche d'athéisme, Bruno distingue entre l'univers et le monde : Dieu, l'Être infini ou l'*Univers* est le principe, la cause éternelle du *monde, natura naturans ;* le monde est la totalité de ses effets ou phénomènes, *natura naturata*. Ce serait, pense-t-il, de l'athéisme, que d'identifier Dieu avec le *monde,* car le monde n'est que la somme des êtres individuels, et une somme n'est pas un être, c'est un mot; mais identifier Dieu avec l'*univers*, ce n'est pas le nier, c'est au contraire le grandir; c'est élargir l'idée de l'Être suprême bien au delà des limites où le renferment ceux qui en font un être *à côté* d'autres êtres, c'est-à-dire un être fini. Aussi, pour bien distinguer entre sa doctrine et l'athéisme, affecte-t-il de s'appeler

---

[1] *De immenso et innumerabilibus*, p. 150.

Philotheos[1]. Précaution inutile et qui ne peut donner le change à ses juges.

En effet, le Dieu de Bruno n'est ni le créateur, ni même le premier moteur, mais l'*âme* du monde; il n'est pas la cause transcendante et momentanée, mais, comme dira Spinosa, la cause *immanente*, c'est-à-dire intérieure et permanente des choses, le principe matériel à la fois et formel qui les produit, les organise, les gouverne *du dedans au dehors :* leur éternelle substance. Ce que Bruno distingue par les mots univers et monde, *nature naturante* et *nature naturée*, n'est, en réalité, qu'une seule et même chose considérée tantôt au point de vue réaliste (style moyen âge), tantôt au point de vue nominaliste[2]. L'univers qui renferme, enveloppe, produit toutes choses, n'a ni commencement ni fin; le monde (c'est-à-dire les êtres qu'il renferme, enveloppe, produit) commence et finit. A l'idée de créateur et de libre création se substitue l'idée de nature et de production nécessaire. Liberté et nécessité sont synonymes; être, pouvoir, vouloir, ne sont en Dieu qu'un seul et même acte indivisible[3].

La production du monde ne modifie en rien l'Univers-Dieu, Être à jamais identique à lui-même, immuable, incommensurable, incomparable. En se déployant, l'Être infini produit l'innombrable multitude des genres, des espèces, des individus, l'infinie variété des lois cosmiques et des rapports qui constituent la vie universelle et le monde phénoménal, sans devenir lui-même genre, espèce, individu, substance, sans subir lui-même aucune loi, sans entrer, quant à lui, dans aucune relation. Unité absolue et indivisible, qui n'a rien de commun avec l'unité numérique, il est en toutes choses et toutes choses sont en lui. C'est en lui que tout ce qui existe a la vie, le mouvement et

---

[1] *Philotheus Jordanus Brunus Nolanus de compendiosa architectura et complemento artis Lullii*, Paris, 1582. — [2] *Della causa*, 72 ss. — [3] *De immenso et innumerabilibus*, 1, 11.

l'être. Il est présent dans le brin d'herbe, dans le grain de sable, dans l'atome qui se joue dans le rayon solaire, comme il l'est dans l'immensité, c'est-à-dire tout entier, puisqu'il est indivisible. Cette toute-présence substantielle et naturelle de l'Être infini explique à la fois et anéantit le dogme de sa présence surnaturelle dans l'hostie consacrée, cette pierre angulaire du christianisme tel que le conçoit l'ex-dominicain. Grâce à cette toute-présence réelle de l'Infini, tout dans la nature est vivant; rien ne s'anéantit; la mort elle-même n'est qu'une transformation de la vie. Les stoïciens ont le mérite d'avoir reconnu dans le monde un être vivant; les pythagoriciens ont celui d'avoir reconnu la nécessité mathématique et l'immutabilité des lois qui président à l'éternelle création[1].

Ce que Bruno nomme l'Infini, l'Univers ou Dieu, il l'appelle aussi la *matière*. La matière n'est pas le $\mu\grave{\eta}\ \breve{o}\nu$ de l'idéalisme grec et des scolastiques. Inétendue, c'est-à-dire immatérielle dans son essence, elle ne reçoit pas l'être d'un principe positif autre qu'elle-même (la forme); elle est, au contraire, la réalité mère de toutes les formes; elle les renferme toutes en germe et les produit successivement. Ce qui d'abord était semence devient herbe, ensuite épi, ensuite pain, puis chyle, sang, semence animale, embryon, puis un homme, puis un cadavre, et redevient terre ou pierre ou quelque autre matière, et de même, en recommençant toujours. Ainsi nous y reconnaissons quelque chose qui se transforme en toutes choses, et n'en demeure pas moins un et toujours le même en soi. Rien ne paraît donc stable, éternel et digne du nom de principe, si ce n'est la matière. En tant qu'absolue, elle comprend toutes les formes et toutes les dimensions, et l'infinie variété des figures sous lesquelles elle se présente, elle les tire d'elle-même. Où nous disons que quelque chose meurt, il n'y a en réalité que

---

[1] *De immenso et innumerabilibus*, VIII, 10.

production d'une nouvelle existence; toute dissolution d'une combinaison est la formation d'une combinaison nouvelle.

L'âme de l'homme est le suprême épanouissement de la vie cosmique. Elle procède de la substance de toutes choses par l'action de la même force qui du grain de froment fait jaillir l'épi. Tous les êtres, quels qu'ils soient, sont à la fois corps et âme : tous sont des *monades* vivantes reproduisant, sous une forme particulière, la Monade des monades ou l'Univers-Dieu. La corporéité est l'effet d'un mouvement vers le dehors, de la force d'expansion que possède la monade : la pensée est un mouvement de retour de la monade sur elle-même. C'est ce double mouvement d'expansion et de concentration qui constitue la vie de la monade. Elle dure autant que le mouvement de va-et-vient qui la produit, et s'éteint sitôt qu'il cesse, mais elle ne disparait que pour se reproduire aussitôt sous une forme nouvelle. La genèse de l'être vivant peut se décrire comme l'expansion d'un centre vital; la vie, comme la durée de la sphère; la mort, comme la contraction de la sphère et son retour au centre vital d'où elle est émanée[1].

Nous retrouverons toutes ces idées, et notamment l'évolutionnisme de Bruno, dans les systèmes de Leibniz, de Bonnet, de Diderot, de Hegel, que sa philosophie contient en germe, et en quelque sorte, à l'état d'indifférence. Synthèse du monisme et de l'atomisme, de l'idéalisme et du matérialisme, de la spéculation et de l'observation, elle est la souche commune des doctrines ontologiques modernes.

§ 50. **Tommaso Campanella.**

C'est également un Italien du midi et un dominicain, Tommaso Campanella[2], qui prélude aux *essays* anglais et allemands

---

[1] *De triplici minimo*, p. 10-17. — [2] *Opere di T. C.*, Turin, 1854 (*Campanellæ Philosophia sensibus demonstrata*, Naples, 1590. — *Philos. rationalis et realis partes V*, Paris, 1638. — *Universalis philosophiæ sive metaphysi-*

sur l'entendement humain, c'est-à-dire à la critique moderne. Ce vaillant champion de la réforme philosophique et de la liberté italienne, né près de Stilo en Calabre en 1568, mourut à Paris en 1639, après avoir passé vingt-sept ans dans un cachot de Naples, pour avoir conspiré contre la domination espagnole.

Campanella est le disciple des sceptiques grecs. A leur école il a appris que la métaphysique est édifiée sur le sable, si elle ne repose sur une théorie de la connaissance. C'est donc sur la question formelle que porte tout d'abord sa philosophie[1].

Nos connaissances procèdent de deux sources : l'expérience sensible et le raisonnement ; elles sont expérimentales ou spéculatives.

Les connaissances acquises par voie de sensation portent-elles en elles-mêmes le caractère de la certitude? La plupart des anciens sont d'avis qu'il faut nous défier du témoignage des sens, et les sceptiques résument leurs doutes dans l'argument qui dit: l'objet perçu par les sens n'est autre chose qu'une modification du sujet, et ce que les sens nous montrent comme se passant hors de nous, n'est, en réalité, qu'un fait qui se passe en nous-mêmes; les sens sont *mes* sens; ils font partie de moi-même; la sensation est un fait qui se produit en moi, fait que j'explique par une cause extérieure, alors que le *sujet* pensant pourrait en être, tout aussi bien qu'un *objet* quelconque, la cause déterminante mais inconsciente. Comment dès lors arriver à la certitude quant à l'existence et à la nature des choses extérieures? Si l'objet que je perçois n'est que ma sensation, comment prouver qu'il existe hors d'elle? — Par le sens interne, répond Campanella. C'est à la raison que la perception sensible

---

carum rerum juxta propria dogmata partes III, ibid., 1638. — *Atheismus triumphatus*, Rome, 1631. — *De gentilismo non retinendo*, Paris, 1636, etc.).

[1] Pour la théorie de la connaissance de Campanella, voy. surtout l'*Introduction* à sa *Philosophie générale ou Métaphysique*.

est obligée d'emprunter le caractère de certitude qu'elle ne porte pas en elle-même : c'est la raison qui la transforme en connaissance. En effet, le soupçon que le métaphysicien peut concevoir à l'égard des sens et de leur véracité, n'est pas possible à l'égard du sens interne. Or ce dernier me révèle mon existence directement et de manière à exclure jusqu'à l'ombre d'un doute : il me montre à moi-même comme un être qui est, qui peut, qui sait, qui veut, et en outre, comme un être qui est loin de tout pouvoir et de tout savoir. En d'autres termes, le sens interne me révèle du même coup mon existence et ses limites. J'en conclus forcément qu'il est un être qui me limite, un monde objectif, différent de moi, un non-moi, et j'arrive de cette manière à démontrer *a posteriori* ce qui est une vérité d'instinct, *a priori*, antérieure à toute réflexion : l'existence d'un non-moi qui détermine en moi la perception sensible [1].

Le scepticisme se trouve-t-il ainsi réfuté ? A vrai dire, il ne l'est encore qu'à moitié, et notre philosophe n'a garde de chanter victoire. En effet, de ce que les sens sont véridiques en nous montrant des objets, il ne s'ensuit pas nécessairement qu'ils les montrent *tels qu'ils sont*. La conformité que le dogmatisme présuppose entre notre manière de penser les choses et leur manière d'être, Campanella la déduit, comme une conséquence de l'analogie des êtres, conséquence à son tour d'une vérité indémontrable : leur unité d'origine. Au surplus, il n'admet pas, pour l'intelligence humaine, une connaissance absolue des choses. Notre science peut être exacte sans être jamais parachevée. Auprès de la science divine, ce que nous connaissons est peu de chose et comme rien. Nous connaîtrions les choses comme elles sont, si la connaissance était un acte pur (si percevoir était créer). Pour connaître les choses en elles-mêmes, c'est-à-dire absolument, il faudrait être l'absolu en tant qu'ab-

---

[1] *Universalis philos. sive Metaphys.*, Pars I, l. 1, c. 3.

solu, c'est-à-dire le créateur même. Mais, si la science absolue est un idéal où l'homme ne peut atteindre — preuve évidente qu'il n'est pas ici-bas dans sa vraie patrie, — les recherches métaphysiques n'en sont pas moins un devoir pour le penseur.

Considérée dans son objet, la philosophie universelle ou métaphysique est la science des principes ou conditions premières de l'existence (*principia, proprincipia, primalitates essendi*). Au point de vue de ses sources, de ses moyens, de ses méthodes, elle est la science de la raison, supérieure, comme certitude et autorité, à la science expérimentale.

Exister, c'est sortir de son principe pour y retourner[1]. Quel est ce principe, ou mieux, quels sont ces principes? car l'unité abstraite est inféconde. En d'autres termes : que faut-il pour qu'un être parvienne à l'existence? — Réponse : il faut 1° que cet être *puisse* exister; 2° qu'il y ait dans la nature une *Idée* dont cet être sera la réalisation (car sans la connaissance la nature ne produirait jamais rien); 3° qu'il y ait une *tendance*[2], un désir de la réaliser. Pouvoir (*posse, potestas, potentia essendi*), savoir (*cognoscere, sapientia*) et vouloir (*velle, amor essendi*), tels sont donc les principes de l'être relatif. La somme de ces principes, ou mieux, l'unité suprême qui les renferme, voilà Dieu. Dieu est l'absolu pouvoir, l'absolu savoir et l'absolu vouloir ou amour. Les êtres créés sont à leur tour pouvoir, perception et volonté, mais dans une mesure déterminée par leur rapprochement plus ou moins grand de la source des choses. L'univers est une hiérarchie comprenant : le monde mental, angélique ou métaphysique (anges, dominations, âme du monde, âmes immortelles), le monde éternel ou mathématique et le monde temporel ou corporel. Tous ces mondes, jusqu'au monde cor-

---

[1] *Univ. phil. s. metaph.*, P. I, l. 2, c. 1. — [2] Par cette affirmation catégorique de la volonté, comme *principium essendi*, Campanella se distingue à la fois des matérialistes et des purs idéalistes. Nul, avant Leibniz, n'a conçu avec plus de netteté l'idée fondamentale du spiritualisme concret.

porel lui-même, ont part à l'absolu et en reproduisent les trois éléments constitutifs : pouvoir, savoir, vouloir : si bien que la nature morte elle-même n'est pas morte, que le sentiment, l'intelligence, la volonté existent, à des degrés divers, dans tous les êtres, sans en excepter même la matière inorganique[1].

Tout être procédant de l'Être absolu tend à y retourner comme à son principe : en ce sens, tous les êtres finis, quels qu'ils soient, *aiment* Dieu ; tous sont religieux, tous tendent à vivre de la vie infinie du créateur, tous ont horreur du néant, et, en tant que tous portent en eux le néant à côté de l'être, tous aiment Dieu plus qu'eux-mêmes. La religion est un fait universel qui a sa source dans la dépendance de toutes choses à l'égard de l'Être absolu. La science religieuse ou théologie est d'autant plus excellente que la philosophie, que Dieu est plus grand que l'homme[2].

Malgré ces concessions faites au catholicisme, malgré son *Atheismus triumphatus*, malgré son rêve de monarchie universelle pour le Saint-Père, la tentative réformatrice de Campanella parut suspecte à l'Église et avorta. Le mouvement philosophique, étouffé en Italie, appartient désormais aux pays éclairés ou affranchis par la Réforme religieuse : à l'Angleterre et aux deux rives du Rhin[3].

§ 51. Francis Bacon.

En Angleterre, la réforme philosophique emprunte au génie de la race saxonne un caractère très différent de ce qu'elle a été

---

[1] *Univ. phil.*, P. I, l. 2, c. 5 ss. — [2] *Ibid.*, III. 16, 1-7. — [3] Parmi les philosophes italiens du dix-septième et du dix-huitième siècle, le plus marquant est Giovanni Battista Vico, mort en 1744 et célèbre par sa *Scienza nuova* (Naples, 1725), l'un des premiers essais d'une philosophie de l'histoire. Dans ce siècle, des penseurs de mérite, tels que Galuppi, Rosmini, Gioberti, Mamiani, Ferrari, etc. (§ 71), ont essayé de rendre à l'Italie son prestige philosophique de l'époque de la Renaissance (voy. Raphaël Mariano, *La philosophie contemporaine en Italie*, Paris, 1868).

en Italie. Sobre et positif, l'esprit anglais se défie tout à la fois de la tradition scolastique et des synthèses hâtives de la métaphysique indépendante. A la spéculation italienne, qui vite arrive au faîte, mais ne peut s'y maintenir et retombe découragée dans le scepticisme, il préfère la lente et graduelle ascension par la voie de l'expérience. Ce qui le frappe dans l'essor que les sciences viennent de prendre, c'est que l'École et ses méthodes n'y sont pour rien, c'est que ces conquêtes de l'intelligence se sont faites en dehors d'elle et malgré elle. Elles ne sont dues ni à Aristote, ni à telle autre autorité traditionnelle, mais à la nature directement consultée, au contact immédiat de la saine raison et de la réalité. Les vaillants chercheurs qui y avaient attaché leur nom raisonnaient sans doute, et avec non moins de virtuosité que les logiciens de l'École, mais leurs raisonnements se basaient sur l'observation des faits. Réciproquement, lorsqu'ils partaient d'une conception *a priori*, d'une hypothèse, ils la soumettaient, comme le fit Colomb, à la contre-épreuve de l'expérience, et ils ne la tenaient pour établie qu'après lui avoir procuré cette sanction indispensable. Ainsi, d'un côté, une philosophie officielle, parfaitement impuissante et stérile; de l'autre, des progrès surprenants dans les sciences positives. La conclusion qui s'imposait au bon sens anglais, c'était la nécessité de renoncer à la spéculation *a priori* et à l'abus du syllogisme, en faveur de l'observation et de l'induction.

Cette conviction, émise dès le treizième siècle par Roger Bacon, se fait jour dans les écrits de son homonyme Francis Bacon, baron de Vérulam, grand chancelier d'Angleterre (1561-1626): *De Dignitate et augmentis scientiarum*[1]; *Novum organum scientiarum*[2], etc.[3]

---

[1] Paru en anglais en 1605. — [2] Paru d'abord sous le titre de *Cogitata et visa* en 1612. — [3] *Œuvres complètes*, éd. Montague, Londres, 1825 ss.; éd. H. G. Bohn, Londres, 1846; éd. Ellis, Spedding et Heath, Londres, 1858-59, complétée par J. Spedding: *The letters and life of Francis Bacon, including*

Il s'agit aujourd'hui de refaire entièrement l'entendement humain, d'édifier la science sur une base absolument nouvelle (*instauratio magna*). Vous voulez connaître la nature des choses : eh bien, cessez d'en demander les secrets aux livres, aux autorités qui règnent dans l'École, aux idées préconçues et à la spéculation *a priori*. Renoncez surtout à l'antiquité, qu'on a trop imitée jusqu'ici et dont l'influence a tout gâté. A l'exception de Démocrite et de quelques rares positivistes, les philosophes grecs n'observaient que peu et superficiellement. La scolastique est leur digne élève. Il semble que, sous son empire, le monde ait perdu le sens de la réalité. Notre savoir est pétri de préjugés. Nous avons nos caprices, nos préférences, nos idoles (*idola tribus, fori, specus, theatri*), et nous les imposons à la nature. De ce que le cercle est une ligne régulière qui nous plaît, nous en inférons que les orbites planétaires sont des cercles parfaits. Nous n'observons pas ou nous n'observons qu'à moitié. Cinq fois nous voyons des personnes qui échappent à un grand malheur; nous en concluons à une protection surnaturelle, et nous ne tenons aucun compte des cas au moins aussi nombreux où elles n'y échappent point. C'est le cas de dire avec ce philosophe à qui l'on faisait voir, dans un temple, les *ex-voto* de ceux qui, ayant invoqué les dieux dans de grands périls, avaient été sauvés : « Qu'on me montre aussi les images de ceux qui ont péri malgré leurs prières! » Nous admettons des causes finales et, en les appliquant à la science, nous transportons dans

---

all his occasional works, newly collected, revised and set out in chronological order, with a commentary bibliographical and historical, Londres, 1852. — *Œuvres de F. Bacon*, trad. par Lasalle (Paris, 1800-03, 15 vol. in-8º) et par Riaux (*Œuvres philosophiques de F. Bacon* dans la collection Charpentier, 2 vol. in-12, 1842). — Ch. de Rémusat, *Bacon, sa vie, son temps, sa philosophie et son influence jusqu'à nos jours*, 2ᵉ éd., Paris, 1858. — Chaignet et Sedail, *De l'influence des travaux de Bacon et de Descartes sur la marche de l'esprit humain*, Bordeaux, 1865. — Kuno Fischer, *François Bacon et ses successeurs. Histoire du développement de la philosophie expérimentale*, 2ᵉ éd. entièrement remaniée, Leipzig, 1875 (all.).

la nature ce qui n'existe que dans notre imagination. Au lieu de nous entendre sur les *choses,* nous nous querellons sur les *mots,* auxquels chacun prête le sens qui lui plaît. Nous confondons à tout instant les choses de la science et celles de la religion, ce qui fait une philosophie superstitieuse et une théologie remplie d'hérésies. Jamais jusqu'ici la science de la nature ne s'est trouvée pure, mais toujours infectée et corrompue : dans l'école d'Aristote, par la logique; dans l'école de Pythagore et de Platon, par la théologie; dans le néoplatonisme, par les mathématiques, qui doivent terminer la philosophie naturelle et non la produire.

Dans ce chaos des opinions et des systèmes *a priori*, il n'y a de salut, pour la philosophie, que dans une rupture complète avec la tradition gréco-scolastique et dans une franche adhésion à la méthode inductive. Ce que la philosophie traditionnelle appelle induction n'est qu'une simple énumération aboutissant à une conclusion précaire, qu'une expérience contraire peut ruiner, et qui prononce le plus souvent sur un nombre de faits beaucoup trop restreint. La vraie induction, qui sera la méthode de la science moderne, ne se contente pas de quelques phénomènes isolés et mal constatés pour en inférer aussitôt aux lois les plus générales, mais patiente et scrupuleuse dans l'étude des faits, elle s'élève aux lois pas à pas, d'étape en étape. En établissant une loi générale, il faut examiner attentivement si elle n'embrasse que les faits d'où on l'a tirée et n'excède pas leur mesure; et, si elle a une grande portée, il faut examiner si elle confirme son étendue par l'indication de nouveaux faits qui puissent lui servir de caution. De cette manière, nous éviterons à la fois de nous immobiliser dans les connaissances déjà acquises et de saisir, dans un embrassement trop large, des ombres et des abstractions [1].

---

[1] *Novum Organum*, l. I, §§ 1, 2, 3, 14, 15, 19, 26, 31, 38-68, 71, 77, 79, 82, 89, 96, 100 et suiv.

On a exagéré le rôle de Bacon de Vérulam en le considérant comme le créateur de la méthode expérimentale et de la science moderne[1]. C'est au contraire l'essor pris par les sciences au seizième siècle qui a produit Bacon, et son manifeste n'est autre chose que la conclusion, nous pourrions dire la morale tirée du mouvement scientifique par le bon sens anglais. Mais s'il n'a pas créé la méthode expérimentale, du moins faut-il lui reconnaître la gloire de l'avoir tirée de la condition infime où la retenait le préjugé scolastique, de lui avoir assuré, en quelque sorte, une existence légale, par le plus éloquent plaidoyer qu'on ait écrit en sa faveur. Ce n'est pas un mince mérite de dire tout haut ce qu'un grand nombre pensent sans que personne ose s'en rendre compte ni l'avouer aux autres.

Il y a plus. S'il est vrai que l'origine de la *science* expérimentale et de ses méthodes remonte bien au delà du grand chancelier, Bacon n'en est pas moins le fondateur de la *philosophie* expérimentale, le père du positivisme moderne considéré comme philosophie, en ce sens que le premier il affirme en paroles claires et éloquentes la solidarité de la vraie philosophie et de la science, et l'inanité d'une métaphysique *séparée*. Adversaire déclaré de l'esprit métaphysique, il prie expressément ses lecteurs « de ne pas penser que son intention soit de fonder quelque secte en philosophie, à la manière des anciens Grecs ou de quelques modernes; ce n'est pas là son but, et *il importe fort peu aux affaires humaines que l'on sache quelles sont les opinions abstraites d'un esprit sur la nature et les principes des choses*[2]. » Il n'en veut donc pas seulement à Aristote, mais à « toute opi-

---

[1] Son mérite scientifique a donné lieu à une intéressante controverse. Voy. Ad. Lasson, *Les principes scientifiques de Bacon*. Berlin, 1860 (all.). — J. de Liebig, *F. Bacon de Vérulam et la méthode d'investigation scientifique*, Munich, 1863 (all.); trad. Tchihatchef, Paris, 1866. — Comp. les réponses d'Alb. Desjardins, *De jure apud Fr. Baconem*, Paris, 1862, de C. Sigwart (*Preussische Jahrbücher*, vol. XII, août 1863, et vol. XIII, janvier 1864), etc. — [2] *Novum Organum*, I, 116.

nion abstraite sur la nature», c'est-à-dire à toute métaphysique séparée des sciences.

Il distingue, du reste, entre la *philosophie première* et la *métaphysique*. La philosophie première est la science des notions et propositions générales qui servent de base commune aux sciences spéciales, c'est-à-dire (selon l'étrange classification de Bacon, basée sur nos « trois facultés fondamentales », la mémoire, l'imagination et la raison) à l'*histoire*, qui comprend à son tour l'*histoire civile* et l'*histoire naturelle*, à la *poésie* et à la *philosophie*, qu'il divise en *théologie naturelle, philosophie naturelle* et *philosophie humaine*. La métaphysique est la partie spéculative de la philosophie naturelle ; elle s'occupe des formes (style scolastique) et des fins, tandis que la partie *opérative* de la philosophie naturelle ou physique proprement dite ne traite que des forces et des substances. Mais Bacon fait très peu de cas de la métaphysique, et il semble que ce soit de l'ironie, quand, après avoir traité les causes finales de vierges stériles, il leur assigne cette science comme leur véritable place. Quant à la théologie naturelle, son but unique est de réfuter l'athéisme. Les dogmes sont les objets de la foi et non de la science[1].

Cette manière de distinguer entre la science et la théologie, la philosophie et la foi, la raison et la révélation, est diamétralement opposée aux errements de l'École. L'ancienne scolastique réaliste identifiait la philosophie et la théologie : Bacon de Vérulam, à l'exemple des nominalistes, ne peut assez les séparer. Il s'autorise de cette distinction absolue, et nombre de savants anglais s'en autoriseront à leur tour, pour être naturalistes en matière de science et surnaturalistes en théologie. Mais de l'exclusion des choses invisibles du domaine de la science à leur négation complète il y a si peu de chemin que déjà Thomas Hobbes, ami de Bacon, professe un matérialisme à peine déguisé par son conservatisme politique.

---

[1] *De dignitate et augm. sc.*, III.

§ 52. Thomas Hobbes.

Fils d'un ecclésiastique de Malmesbury, dans le comté de Wilt, Thomas Hobbes (1588-1679) fut le précepteur de lord Cavendish et, grâce à cette influence, l'ami dévoué des Stuarts. De retour dans son pays après treize années passées en France, il s'y consacra exclusivement à des travaux littéraires [1]. Le publiciste et le moraliste ont fait oublier quelque peu l'ontologiste et le psychologue. Cet oubli est injuste : Hobbes a préludé tout à la fois au matérialisme, au criticisme et au positivisme modernes.

La philosophie est définie par Hobbes : la connaissance raisonnée des effets par leurs causes et des causes par leurs effets [2]. Philosopher, c'est penser juste ; or penser c'est ou ajouter une notion à une autre ou les séparer, c'est additionner ou soustraire, c'est-à-dire compter, calculer ; penser juste, c'est donc unir ce qui doit être uni, distinguer ce qui doit être distingué. D'où il suit que la philosophie ne peut avoir d'autre objet que ce qui est *composable* et *décomposable*, c'est-à-dire les corps [3]. Les esprits purs, anges, âmes des morts, Dieu, ne sauraient être *pensés*. Ce sont des objets de foi relevant de la théologie, non des objets de science, relevant de la philosophie. Les corps se divisant en corps naturels et en corps artificiels, moraux ou sociaux, la philosophie se divise, elle aussi, en *philosophia naturalis* (logique,

---

[1] *Elementa philosophica de cive*, 1642 et 1647. — *Human nature or the fundamental elements of policy*, Londres, 1650. — *Leviathan sive de materia, forma et potestate civitatis ecclesiasticæ et civilis*, 1651 ; 1670 (en latin). — *De corpore*, 1655. — *De homine*, 1658. — *Opera*, Londres, 1750, in-fol. — *Œuvres philosophiques et politiques* de Th. Hobbes, etc., trad. en français par un de ses amis, 2 vol., in-8, Neuchâtel, 1787. — *Thomas Hobbes' complete works (english and latin) collected and edited by J. Molesworth*, 16 vol. in-8, Londres, 1839-45. — [2] *De corpore*, p. 2. — [3] *Ibid.*, p. 6 : *Subjectum philosophiæ sive materia circa quam versatur est corpus.*

ontologie, mathématique, physique) et *philosophia civilis* (morale et politique). La philosophie physique et la philosophie morale sont l'une et l'autre des sciences expérimentales, ayant pour objet des corps et pour instrument la sensibilité externe et interne. Hors la science d'observation, point de savoir réel [1].

De ces prémisses découle une théorie de la perception toute matérialiste. L'aperception interne, condition première et base de la vie intellectuelle, n'est autre chose que le sentiment que nous avons de l'activité cérébrale. Penser, c'est donc, en définitive, sentir. Connaître, c'est additionner des sensations. A son tour, la sensation n'est autre chose qu'une modification, un mouvement qui s'opère dans le corps sensible. La mémoire, auxiliaire indispensable de la pensée, n'est que la durée d'une sensation; se souvenir, c'est sentir qu'on a senti. La sensation ne peut s'expliquer, comme quelques anciens ont tenté de le faire, par des effluves émanant des corps et de même forme qu'eux. Ces *simulacra rerum*, qui sont devenus les *espèces sensibles et intelligibles* des scolastiques, valent, aux yeux de Hobbes, les *qualités occultes* et autres hypothèses du moyen âge. Il faut y substituer le simple mouvement produit par les objets dans la matière ambiante, et se communiquant au cerveau à travers les nerfs sensitifs.

Hobbes constate ici ce fait déjà connu des Démocrite, des Protagoras, des Aristippe, et qui est d'une importance capitale : le caractère tout subjectif de la perception. Ce que nous percevons, la lumière par exemple, n'est nullement un objet extérieur, mais un mouvement, une modification qui a lieu dans la substance cérébrale [2]. Nous n'en voulons pour preuve que la lumière aperçue quand l'œil reçoit un coup plus ou moins fort, et qui n'est autre chose que l'effet de la commotion du nerf

---

[1] *De corpore*. — [2] *Human nature*, p. 6: *The image or colour is but an apparition into us of the motion, agitation or alteration which the object works in the brain or spirits or some internal substance of the head.*

optique. Et ce qui est vrai de la lumière en général, l'est aussi de chaque couleur en particulier, qui n'est qu'une modification de la lumière. Les sens sont donc menteurs, et leur mensonge consiste à nous faire accroire que le son, la lumière, les couleurs, sont des objets extérieurs. L'objectivité du phénomène est l'effet d'un mirage, d'une illusion. Les qualités des choses sont les accidents de notre propre être, et il n'y a d'objectif que le mouvement des corps qui détermine en nous ces accidents. Hobbes raisonne comme raisonnera Berkeley; mais ce dernier ira jusqu'au bout et, parti de prémisses sensualistes, aboutira à la négation des corps et à l'idéalisme subjectif. Hobbes s'arrête à moitié chemin : la réalité de la matière demeure, à ses yeux, un dogme inattaquable [1].

C'est tantôt la vie cérébrale, tantôt la substance nerveuse qu'il appelle âme ou esprit. J'entends, dit-il, par esprit, un corps physique d'une ténuité assez grande pour qu'il ne tombe pas sous les sens. Il n'y a pas d'esprit incorporel [2]. La Bible elle-même n'en connaît pas. Êtres corporels l'un et l'autre, il n'y a entre l'animal et l'homme qu'une différence de degré, et nous n'avons sur la bête d'autre privilège réel que le langage. La liberté d'indifférence n'existe pas plus pour nous que pour les êtres inférieurs. Comme eux, nous sommes gouvernés par des instincts irrésistibles. La raison sans la passion, les principes moraux sans l'attrait matériel, n'exercent aucune action sur la volonté humaine; ce qui l'entraîne, ce sont les appâts de l'imagination, les passions, les émotions : l'amour, la haine, la crainte, l'espérance. Est volontaire l'action qui est précédée d'une volition; mais la volition elle-même n'est pas volontaire, elle n'est pas notre fait et nous n'en sommes pas les maîtres. Tout acte a une raison suffisante. Selon les indéterministes, un acte libre ou volontaire est celui qui, lors même qu'il y a raison suffisante pour

---

[1] *Human nature*, p. 9 et suiv. — [2] *Ibid.*, p. 71 et suiv.

qu'il se fasse, ne se fait pas nécessairement. L'absurdité de cette définition saute aux yeux. Si un fait ou un acte ne se produit pas, c'est qu'il n'y a pas raison suffisante pour qu'il se produise. Raison suffisante est synonyme de nécessité. L'homme, comme toute créature, est soumis à la loi de la nécessité, au destin, ou, si on le préfère, à la volonté de Dieu. Le bien et le mal sont des idées relatives. Le premier s'identifie avec l'agréable, le second avec le désagréable. Le juge suprême en morale comme en toutes choses, c'est l'intérêt. Le bien absolu, le mal absolu, la justice absolue, la morale absolue sont autant de chimères gratuitement inventées par l'esprit théologique et métaphysique [1].

La politique de Hobbes est conforme à ces prémisses ontologiques. La liberté en politique lui paraît aussi impossible qu'en métaphysique et en morale. Dans l'État comme dans la nature, c'est la force qui fait le droit. L'état naturel des hommes est le *bellum omnium contra omnes*. L'État est le moyen indispensable d'y mettre un terme. Il protège la vie et la propriété des individus au prix d'une obéissance passive et absolue de leur part. Ce qu'il ordonne est bien, ce qu'il défend est mal. Sa volonté est la loi suprême [2].

Sans insister sur cette théorie absolutiste, conséquence logique du matérialisme, relevons dans Thomas Hobbes les deux traits importants qui le distinguent de Bacon : c'est d'abord qu'il professe une métaphysique, la métaphysique matérialiste; c'est, en second lieu, que sa définition de la philosophie accorde au syllogisme une importance plus grande que ne le fait l'auteur du *Novum organum*. En proclamant l'induction méthode universelle, ce dernier a méconnu, d'une part, le rôle de la déduction dans les mathématiques, et de l'autre, le rôle de

---

[1] *Treat. of liberty and necessity*, Londres, 1656. — [2] *De cive*, 6, 19; 12, 8, *Leviathan*, c. 17.

l'élément mathématique et de la spéculation *a priori* dans les découvertes du quinzième siècle. Hobbes occupe donc une position intermédiaire entre le pur empirisme et le rationalisme cartésien.

§ 53. Descartes.

René des Cartes[1], né en 1596 à La Haye en Touraine et élevé par les Jésuites de La Flèche, passe la plus grande partie de sa vie à l'étranger : en Allemagne, où, en qualité de lieutenant, il combat sous le drapeau de l'empire; en Hollande, où il publie ses *Essais philosophiques* comprenant le *Discours de la méthode* (1637), ses *Meditationes de prima philosophia* (1641), ses *Principia philosophiæ* (1644); en Suède, où l'appelle son admiratrice, la reine Christine, et où il meurt en 1650, l'année même où paraît à Amsterdam son *Traité des passions de l'âme*. Il faut citer, en outre, comme caractéristiques de sa philosophie : *Le Monde ou traité de la Lumière* et le *Traité de l'homme ou de la formation du fœtus*, publiés après la mort de l'auteur.

Pour comprendre Descartes le philosophe, il faut nous rappeler que nous avons affaire à l'émule de Gassendi, de Galilée, de Pascal et de Newton, au continuateur de Viète, à l'un des coryphées de l'analyse géométrique. Descartes est avant tout mathématicien : c'est un géomètre qui fait de la métaphysique

---

[1] *Œuvres* de Descartes, éd. Victor Cousin, Paris, 1824-26. — *Œuvres philosophiques* de Descartes, par Garnier (4 t., Paris, 1835) et par Jules Simon, dans la *Bibliothèque Charpentier* (1 vol. in-12, 1842). — *Œuvres morales et philosophiques de Descartes*, par Amédée Prévost, Paris, 1855. — *Œuvres inédites de Descartes*, par Foucher de Careil, 1860. — A. Baillet, *La vie de Mr. des Cartes*, Paris, 1691. — Francisque Bouillier, *Histoire de la philosophie cartésienne*, Paris, 1854. — J. Millet, *Histoire de Descartes avant 1637 suivie de l'analyse du Discours de la méthode et des Essais de philosophie*, Paris, 1867. Bertrand de Saint-Germain, *Descartes considéré comme physiologiste et comme médecin*, Paris, 1870.

plutôt qu'un philosophe s'adonnant à la géométrie et à l'algèbre. Aussi sa philosophie ne veut-elle être qu'une mathématique généralisée; son ambition c'est d'appliquer la méthode géométrique à la science universelle, d'en faire la méthode de la métaphysique. Le *Discours de la méthode* ne nous laisse aucun doute à cet égard : Je me plaisais surtout, dit-il, aux mathématiques, à cause de la certitude et de l'évidence de leurs raisons; mais *je ne remarquais pas encore leur véritable usage*, et, pensant qu'elles ne servaient qu'aux arts mécaniques, je m'étonnais de ce que, leurs fondements étant si fermes et si solides, *on n'avait rien bâti dessus de plus relevé* [1]. Et ailleurs : Ces longues chaînes de raisons, toutes simples et faciles, dont les géomètres ont coutume de se servir pour parvenir à leurs plus difficiles démonstrations, m'avaient donné occasion de m'imaginer que *toutes les choses qui peuvent tomber sous la connaissance des hommes s'entresuivent en même façon,* et que, pourvu seulement qu'on s'abstienne d'en recevoir aucune pour vraie qui ne le soit, et qu'on garde toujours l'ordre qu'il faut pour les déduire les unes des autres, il n'y en peut avoir de si éloignées auxquelles enfin on ne parvienne, ni de si cachées qu'on ne découvre [2].

Si, d'après ces passages et bien d'autres, il est de toute évidence que la méthode cartésienne est la déduction mathématique généralisée, comment a-t-on pu faire de Descartes l'inventeur de l'observation intérieure ou méthode psychologique? C'est que Descartes, pour déduire, a besoin de principes premiers, et ces principes d'où il tirera tout le reste *more geometrico*, c'est en effet l'observation du moi qui les lui fournit. Ceux donc qui voient dans Descartes l'auteur de la méthode psychologique ont raison en ce sens que l'observation est l'un des côtés, et en quelque sorte la phase préparatoire de la méthode cartésienne; toutefois ils ont tort s'ils y voient autre chose qu'une

---

[1] *Discours de la méthode*, 1re partie, § 10. — [2] *Ibid.*, 2e partie, § 11.

introduction, une sorte d'échafaudage provisoire en vue du raisonnement déductif, qui est incontestablement l'âme du *cartésianisme de Descartes*. Ajoutons que Descartes ne pratique pas seulement l'observation interne, mais que, savant anatomiste, et physiologiste autant qu'on peut l'être au dix-septième siècle, il fait le plus grand cas de l'expérience; il étudie avec amour le *livre du monde*[1], et l'ignorance seule peut l'opposer, sous ce rapport, à Bacon de Vérulam. C'est avec raison que les historiens les plus récents du cartésianisme insistent sur l'impossibilité de séparer, dans Descartes, le philosophe et le savant; ce n'est même pas à tort que le positivisme français range parmi ses ancêtres celui qui tenta de faire de la philosophie une science *exacte*. Le défaut que Descartes partage avec un grand nombre de métaphysiciens, et qui est un effet de son éducation scolastique, c'est l'impatience de conclure et de systématiser, impatience qui l'empêche de distinguer suffisamment entre la méthode d'investigation scientifique et la méthode d'exposition.

Application de la méthode géométrique à la métaphysique dans le but d'en faire une science exacte : telle est donc l'idée maîtresse du cartésianisme. Partant d'un petit nombre d'axiomes et de définitions, le géomètre arrive, par voie de déduction, à des développements prodigieux. Ainsi procédera Descartes. Il lui faut tout d'abord des axiomes et des définitions; nous verrons, dans la première partie de notre exposé, comment l'observation intérieure, aidée du raisonnement, les lui fournit. Puis, de ces définitions il fera dériver une série de déductions, qui feront l'objet de la deuxième partie.

1. Ayant remarqué que tout ce qu'il sait ou croit savoir lui est arrivé par le canal des sens et de la tradition, et que les sens sont trompeurs, Descartes se prend à douter de toutes choses : il oppose à la science traditionnelle un *doute radical*. Mais il ne

---

[1] *Discours*, 1re partie, § 15.

doute point pour douter. Son scepticisme, quoique radical, est provisoire et a pour but d'arriver à une science certaine et acquise par lui-même. Il se sépare à la fois des philosophes de l'Église et des sceptiques proprement dits. Les scolastiques avaient dit : *Credo ut intelligam*, et il dit au contraire : *Dubito ut intelligam*. Pyrrhon, Sexte, Montaigne ont douté avant lui, mais ils n'ont su triompher du doute et, de guerre lasse, ils en ont fait un but, un système définitif et sans avenir. Pour Descartes, le doute n'est qu'un moyen, dont il a hâte de se défaire aussitôt qu'il a découvert une première vérité certaine. Et c'est par là, bien plus que par son scepticisme, c'est en ajoutant à la négation un principe positif, éminemment viable et fécond, qu'il devient le père de la philosophie rationaliste moderne.

Quel est ce principe et comment Descartes le découvre-t-il ? C'est le fait même de son doute qui le lui révèle. Je doute, dit-il, voilà qui est absolument certain. Or douter, c'est penser. Il est donc certain que je pense. Penser, c'est être. Il est donc certain que j'existe. *Cogito ergo sum* [1]. Si Descartes emprunte les éléments de son raisonnement à saint Augustin, au moins lui donne-t-il une forme nouvelle, un tour vif et précis, qui frappe l'esprit et du premier coup gagne son adhésion. C'est à la formule devenue classique du *cogito ergo sum* que la philosophie cartésienne doit une bonne partie de son succès. La devise de Descartes n'est pas d'ailleurs un raisonnement, et il ne veut pas que nous la considérions comme tel. Comme raisonnement, ce serait une pétition de principe, puisque la conclusion n'est pas autre, au fond, que la majeure. C'est un simple jugement analytique, une proposition évidente par elle-même.

Voilà donc une base certaine, sur laquelle il est possible d'édifier un système non moins certain que son principe fondamental : il est clair, en effet, que toutes les propositions découlant

---

[1] *Discours de la méthode*, IV. Comp. la IIe *Méditation*.

nécessairement d'un axiome sont aussi vraies que l'axiome lui-même.

Pour le moment, je ne sais encore autre chose que ceci : c'est que j'existe. Pour aller au delà et élargir le cercle de mes connaissances, il faut que j'use de la plus jalouse circonspection, me rappelant sans cesse que *ce qui est requis pour me rendre certain de quelque chose, c'est l'évidence et l'évidence seule*. Il est évident que je pense et que j'existe, mais il n'est pas évident que l'objet de ma pensée existe à son tour hors de moi : car enfin, la nature qui me trompe en me faisant croire au lever comme au coucher du soleil, pourrait bien aussi me payer d'illusion en me faisant admettre la réalité des choses sensibles. Mes idées pourraient être uniquement le produit de mon imagination. Le chaud, le froid, la maladie même, pourraient avoir leur source dans une hallucination. Et il faudrait renoncer à prouver le contraire, il faudrait s'enfermer à tout jamais dans le cercle étroit de la certitude du *sum quia cogito*, et demeurer sceptique à l'égard de tout le reste, si parmi les idées que le penseur découvre en lui il ne s'en trouvait une dont l'origine étrangère est évidente: l'idée de Dieu ou de l'Être infini et parfait[1].

Cette idée ne peut pas être le produit de ma pensée; car ma pensée est finie, limitée, imparfaite, et il est *évident* qu'une cause finie ne saurait produire un effet infini. Dira-t-on que l'idée d'infini est purement négative? Mais elle est, au contraire, la plus positive de toutes, l'idée qui précède toutes les autres et sans laquelle l'idée du fini ne serait pas possible. Objectera-t-on que le moi humain, si imparfait qu'il soit *actuellement*, est peut-être infini *virtuellement*, puisqu'il tend à la perfection, et qu'à ce titre il a pu produire l'idée de Dieu? Mais l'idée de Dieu n'est pas celle d'un être virtuellement parfait, c'est celle

---

[1] *Méditations* III et V.

de l'être actuellement infini. Une perfection qui se développe n'est pas la perfection que nous attribuons à Dieu. Notre entendement se développe, indéfiniment peut-être, par des additions successives, des conquêtes graduelles : Dieu, au contraire, est l'être auquel rien ne peut être ajouté, l'être éternellement absolu et complet. Si donc l'idée de Dieu ne peut venir de nous, il faut bien qu'elle vienne de Dieu, il faut que Dieu *existe*.

L'existence de Dieu découle, du reste, de l'idée même de l'Être parfait; car l'existence est un élément essentiel de la perfection, sans lequel Dieu serait le plus imparfait des êtres. Cet argument, développé par saint Anselme, a l'air de faire *dépendre* l'existence de Dieu de notre idée de l'Être parfait. Ce n'est pas ainsi qu'il faut l'entendre selon Descartes. L'on ne doit pas dire : Dieu existe parce que mon esprit le conçoit, mais bien : ma raison conçoit Dieu, parce que Dieu existe. Le vrai fondement de notre foi en Dieu, ce n'est pas notre conception à nous, — ce serait une base subjective et fragile, — mais c'est Dieu même s'affirmant en nous par l'idée innée de l'infini. L'objection qui dit que de la corrélation intime et nécessaire qui existe entre l'idée de montagne et l'idée de vallée, par exemple, il ne suit ni l'existence d'une montagne ni celle d'une vallée — cette objection est un sophisme. De ce que je ne puis concevoir de montagne sans vallée, ni de vallée sans montagne, il ne s'ensuit pas, sans doute, qu'il existe une montagne ou une vallée, mais il s'ensuit que les deux idées sont inséparables. De même, de ce que je ne puis concevoir Dieu sans existence, il s'ensuit que l'idée de Dieu implique l'existence de l'Être parfait [1].

Je sais donc 1° *que j'existe*, et 2° *que Dieu existe*. La certitude de l'existence de Dieu est d'une importance capitale; toute

---

[1] Au fond la preuve ontologique n'est pas plus un raisonnement que ne l'était le *cogito ergo sum*. C'est bien plutôt la constatation d'un axiome, d'une vérité que l'âme aperçoit immédiatement et antérieurement à toute réflexion.

vérité, toute certitude, toute science positive en dépend. Sans elle, je demeurerais captif dans le *cogito ergo sum*; je me connaîtrais moi-même sans jamais connaître le non-moi; par elle, je franchis l'abîme que le doute a creusé entre la pensée et les choses extérieures : j'apprends 3° *que le monde des corps existe.* C'est Dieu et Dieu seul qui me garantit la réalité de mes idées, c'est l'idée qu'il m'a implantée de lui, qui est la perpétuelle réfutation du scepticisme. Aussi longtemps, en effet, que je fais abstraction de l'idée de Dieu, je puis admettre que le monde sensible est une illusion causée par quelque génie malin ou par la nature de mon esprit. Mais, étant démontrée l'existence de Dieu, auteur de toutes choses, il devient évident que ma foi instinctive en l'existence du monde est fondée, puisque je la tiens d'un être parfait, c'est-à-dire incapable de tromper. Désormais le doute est impossible, et ce qui restait en moi de scepticisme fait place à une confiance inébranlable en la raison [1].

[1] *Méditation* V, 8 : Après avoir reconnu qu'il y a un Dieu ; pour ce qu'en même temps j'ai reconnu aussi que toutes choses dépendent de lui et qu'il n'est point trompeur, et qu'en suite de cela j'ai jugé que tout ce que je conçois clairement et distinctement ne peut manquer d'être vrai.... on ne peut apporter aucune raison contraire qui me le fasse jamais révoquer en doute, et ainsi j'en ai une vraie et certaine science. Et cette même science s'étend aussi à toutes les autres choses que je me ressouviens d'avoir autrefois démontrées, comme aux vérités de la géométrie et autres semblables : car qu'est-ce que l'on me peut objecter pour m'obliger à les révoquer en doute ? Sera-ce que ma nature est telle que je suis fort sujet à me méprendre? Mais je sais déjà que je ne puis me tromper dans les jugements dont je connais clairement les raisons. Sera-ce que j'ai estimé autrefois beaucoup de choses pour vraies et pour certaines que j'ai reconnues par après être fausses ? Sera-ce que je dors ? Mais quand bien même je dormirais, tout ce qui se présente à mon esprit avec évidence est absolument véritable. — Et ainsi je reconnais très clairement que la certitude et la vérité de toute science dépend de la seule connaissance de Dieu : en sorte qu'avant que je le connusse je ne pouvais savoir parfaitement aucune autre chose. Et à présent que je le connais, j'ai le moyen d'acquérir une science parfaite touchant une infinité de choses, non seulement de celles qui sont en lui, mais aussi de celles qui appartiennent à la nature corporelle.

Les trois réalités dont l'existence est à présent démontrée, Dieu, le moi, le monde corporel, se définissent de la manière suivante : Dieu est la substance infinie, dont tout dépend et qui elle-même ne dépend de rien ; l'âme est une substance qui pense[1] ; le corps est une substance étendue. Quant au mot « substance », il faut entendre par là une chose qui existe de telle manière qu'elle n'a pas besoin d'autre chose pour exister[2].

2. L'observation et le raisonnement ont jeté les bases du système cartésien. La déduction *a priori* fera le reste.

Et voici tout d'abord une déduction qui renferme en germe le système de Spinosa : La substance étant ce qui n'a pas besoin d'autre chose pour exister, il s'ensuit que *Dieu seul est substance au sens propre du mot*[3]. En effet, lorsque nous concevons la substance, nous concevons seulement une chose qui existe en telle façon qu'elle n'a besoin que de soi-même pour exister. En quoi il peut y avoir de l'obscurité touchant l'explication de ce mot : n'avoir besoin que de soi-même ; car, *à proprement parler, il n'y a que Dieu qui soit tel*, et il n'y a aucune chose créée qui puisse exister un seul moment sans être soutenue et conservée par sa puissance. C'est pourquoi on a raison dans l'École de dire que le nom de substance n'est pas *univoque* en égard de Dieu et des créatures[4]. Les créatures ne sont donc pas des substances au sens propre. Elles le sont les unes à l'égard des autres ; elles ne le sont point à l'égard de Dieu puisqu'elles en dépendent.

Descartes entendra donc par *substance relative et finie* ce qui a besoin de Dieu seul pour exister ; par *mode*, ce qui n'existe ni ne se conçoit sans autre chose qui en est la substance ; par *attribut*, la qualité essentielle de la substance, celle dont on ne peut faire abstraction sans supprimer du même coup la substance elle-même.

[1] *Principes*, I, 9-12. — [2] *Ibid.*, I, 51. — [3] *Ibid.* — [4] *Ibid.*

Les substances (relatives) sont les esprits et les corps. L'attribut, c'est-à-dire l'essence des esprits, c'est la pensée[1]; l'attribut, c'est-à-dire l'essence des corps, c'est l'étendue.

De ce que l'essence des corps consiste dans l'étendue il s'ensuit : 1° qu'il ne saurait y avoir dans l'univers d'étendue sans corps, c'est-à-dire, d'espace vide, ni de corps sans étendue, c'est-à-dire des atomes ; 2° que le monde des corps est illimité, puisque l'étendue ne peut se concevoir comme ayant des bornes (ici Descartes contredit Aristote et se trouve d'accord avec Bruno) ; 3° que le corps n'a pas de centre à proprement parler, que sa forme est naturellement excentrique et son mouvement centrifuge : car le centre est un point mathématique, et le point mathématique est inétendu.

L'étendue ayant pour propriétés la divisibilité, la figurabilité, la mobilité, mais la division n'étant autre chose qu'un mouvement de séparation, et la figurabilité, un mouvement de séparation et d'union, les propriétés de l'étendue, et par conséquent de la matière, se résument dans le mouvement.

Il n'y a d'autre mouvement que le mouvement dans l'étendue, le mouvement de translation ou changement de lieu.

Le mouvement d'ailleurs ne saurait avoir sa source dans les corps eux-mêmes : on ne peut dire qu'ils *se meuvent*, qu'ils se mettent en mouvement et qu'ils y persévèrent par eux-mêmes; car les corps sont étendus, rien qu'étendus jusque dans leurs dernières profondeurs, et le principe intérieur, le centre d'action et d'impulsion que nous appelons l'âme, le moi, leur fait absolument défaut. Ils sont entièrement passifs; ils ne *se meuvent* point, mais ils *sont mus* par des impulsions extérieures; on ne peut même pas dire qu'ils soient pesants, si l'on entend par

---

[1] *Principes*, I, 9 : Par le mot *penser* j'entends tout ce qui se fait en nous de telle sorte que nous l'apercevons immédiatement par nous-mêmes ; c'est pourquoi non seulement entendre, vouloir, imaginer, mais aussi sentir, est la même chose ici que penser.

pesanteur une *tendance* des corps vers le centre de la terre, c'est-à-dire, une espèce d'activité spontanée de la matière. Le monde matériel ne connaît d'autre loi que celle de la nécessité. Animées primitivement par le créateur d'un mouvement en ligne droite, les parties de la matière se distribuent en tourbillons et forment les étoiles, puis les planètes, qui sont des étoiles éteintes, et finalement tous les corps célestes. La science du monde est un problème de mécanique. Le monde matériel est une machine, une chaîne indéfinie — non infinie — de mouvements dont l'origine est en Dieu [1].

Il ne faut pas cependant mêler la théologie à l'interprétation de la nature, et la physique doit renoncer absolument à la recherche des causes finales, qui a trop longtemps entravé les progrès de cette science [2].

Les esprits sont, de tout point, le contraire des corps : c'est-à-dire essentiellement actifs et libres; et de même qu'il n'y a rien dans le corps qui ne soit étendu, il n'y a rien dans l'esprit qui ne soit pensée, inétendu, immatériel. Le corps est tout ce que l'esprit n'est pas, l'esprit est la négation absolue de tout ce qu'est le corps. Les deux substances sont entièrement exclusives l'une de l'autre, entièrement opposées entre elles : le corps est absolument inanimé; l'âme, absolument immatérielle (dualisme des substances, spiritualisme dualiste) [3].

Et de même que l'âme et le corps, la science des corps et la science de l'âme n'ont rien de commun entre elles. Si la phy-

---

[1] *Principes*, II-III. — [2] *Ibid.*, I, 28. — [3] *Méditation* VI. — C'est ici qu'éclate la différence profonde entre Descartes et Leibniz, le spiritualisme dualiste et le spiritualisme concret. Tandis que Descartes va jusqu'à nier que le corps *tende*, Leibniz attribue au corps (c'est-à-dire à ses monades constitutives) non seulement la tendance, mais aussi la *perception*, en ce sens qu'il contient, sans en avoir conscience d'ailleurs, l'*idée* qu'il tend à *réaliser*. C'est l'*aperception* et non la *perception*, c'est la conscience du but où l'on tend et non pas la tendance elle-même, qui est le trait distinctif de l'esprit comparé au corps.

sique doit se renfermer strictement dans les limites de l'interprétation mécanique, l'âme à son tour ne doit être expliquée que par elle-même.

Bien que la sensation semble être une action du corps sur l'âme, le mouvement volontaire, une action de l'âme sur le corps, cette influence n'est qu'apparente, car il ne peut y avoir influx physique entre substances dont les attributs s'entr'excluent. L'homme est un composé, un ensemble de l'âme et du corps. L'âme tire les idées sensibles de son propre fond à l'occasion des sensations correspondantes; le corps, à son tour, est un automate qui se meut à l'occasion des volontés de l'âme. Le corps a ses destinées, l'âme a les siennes; le corps est soumis à la nécessité, l'âme jouit du libre arbitre; indépendante du corps, elle survit à sa destruction. Les deux moitiés qui composent l'être humain s'excluent à ce point qu'il ne peut même être question, en principe, d'une *union entre l'âme et le corps* au sens propre du mot. « Ceux qui ne philosophent jamais, écrit Descartes[1] à la princesse palatine Élisabeth, ceux qui ne philosophent jamais et qui ne se servent que de leurs sens, ne doutent point que l'âme ne meuve le corps, et que le corps n'agisse sur l'âme, mais ils considèrent l'un et l'autre comme une seule chose, c'est-à-dire ils conçoivent leur union; car *concevoir l'union qui est entre les choses, c'est les concevoir comme une seule et même chose.* » Et quand elle objecte que l'action réciproque de l'âme et du corps est un fait patent, et qu'il est plus facile d'attribuer de l'extension à l'âme que de nier l'évidence, « je supplie, répond Descartes, je supplie V. A. de vouloir attribuer cette matière et cette extension à l'âme, car cela n'est autre chose que la concevoir unie au corps, et après avoir bien conçu cela et l'avoir éprouvé en soi-même, il lui sera aisé de

---

[1] *A Madame Élisabeth, princesse palatine* (Lettre XIX du Tome III de l'éd. Garnier).

considérer que la matière qu'elle aura attribuée à la pensée n'est pas la pensée même, et que l'extension de cette matière est d'autre nature que l'extension de la pensée, en ce que la première est déterminée à un certain lieu duquel elle exclut toute extension du corps, ce que ne fait pas la seconde, et V. A. ne laissera pas de revenir aisément à la connaissance de la distinction du corps et de l'âme, nonobstant qu'elle ait conçu leur union. »

La théorie n'empêche pas cependant Descartes de parler de l'action réciproque de l'âme et du corps, comme si cette action était réelle et directe. Son anthropologie, telle surtout qu'elle se formule dans le *Traité des passions*[1], suppose partout ce que nie sa métaphysique. Contrairement aux assertions très formelles que nous venons de citer, Descartes admet que l'âme est unie à toutes les parties du corps, que c'est dans la glande pinéale qu'elle exerce plus particulièrement ses fonctions, que c'est par l'intermédiaire de cette glande et des esprits animaux que l'âme et le corps agissent l'un sur l'autre. Toutefois, nulle part il ne va jusqu'à confondre « les deux substances ». Le *Traité de l'homme et de la formation du fœtus*[2] trace la limite qu'il établit entre elles : c'est le corps qui marche, qui se nourrit, qui respire ; c'est l'âme qui jouit, souffre, désire, a faim et soif, aime, espère, redoute ; perçoit les idées du son, de la lumière, de l'odeur, de la saveur, de la résistance ; veille, rêve, s'évanouit. Mais tous ces phénomènes sont les conséquences — les conséquences et non les effets — des mouvements causés dans les pores du cerveau, siège de l'âme, par l'entrée et la sortie des esprits animaux. *Sans le corps, et particulièrement sans le cerveau, tous ces phénomènes disparaissent, ainsi que la mémoire qui s'y applique, et il ne reste-*

---

[1] Amsterdam, 1650. — [2] Paris, 1664 (publié par Clerselier). — En latin. Amst., 1677, *cum notis Lud. de la Forge.*

rait plus à l'âme que la conception des idées pures de substance, de pensée, d'espace et d'infini, idées entièrement indépendantes de la sensation. Au surplus, *les idées* à la formation desquelles la collaboration des sens et par conséquent du cerveau est nécessaire, *sont tout autre chose que les objets dont nous les supposons être les représentations.* L'idée est immatérielle ; l'objet, matériel ; l'idée est donc le contraire, bien plutôt que l'image fidèle de l'objet. Nos idées des qualités matérielles ne ressemblent pas plus aux objets que la douleur ne ressemble à la pointe de fer qui la cause, ou le chatouillement à la plume qui le provoque [1].

On voit que, rationaliste et spiritualiste en principe, le fondateur de la philosophie française se rapproche, en fait, de l'empirisme et du matérialisme. Son animal-machine prélude à l'*Homme-machine* de La Mettrie. Dogmatique dans sa foi en la réalité de l'étendue, il est le précurseur de Locke, de Hume et de Kant par la distinction nette et absolue que nous venons de lui voir établir entre nos idées des qualités matérielles et leurs causes extérieures.

§ 54. L'École cartésienne [2].

La philosophie de Descartes exprimait en termes clairs et précis le vœu du siècle : déchéance des autorités traditionnelles en matière de science et autonomie de la raison. Son succès fut immense. Accusée de néologisme et d'athéisme par les jésuites de France et par les calvinistes rigides de Hollande, combattue au nom de l'empirisme, par Thomas Hobbes et par Pierre Gassendi, et au nom du scepticisme, par Huet, évêque

---

[1] *Traité du Monde ou de la lumière,* chap. 1, Paris, 1664 (publié par Clerselier). — [2] F. Bouillier, *Histoire de la philosophie cartésienne,* Paris, 1854. — Damiron, *Histoire de la philosophie du dix-septième siècle.* — E. Saisset, *Précurseurs et disciples de Descartes,* Paris, 1862.

d'Avranches[1] et par Pierre Bayle[2], elle rallia autour de son drapeau les Clerselier[3], les de la Forge[4], les Sylvain Régis[5], les Clauberg[6], les Arnauld[7], les Nicole[8], les Malebranche, les Geulinx, les Balthasar Bekker, les Spinosa. Les sommités mêmes du catholicisme militant, Bossuet et Fénelon, subirent son irrésistible influence[9].

Deux grandes questions dominent les spéculations de la nouvelle école. Quel est le rapport entre l'âme et le corps, l'esprit et la matière? telle était la question ontologique, à laquelle se rattachait intimement celle de l'origine des idées et de la certitude : le problème critique. Quel est le rapport entre l'âme et Dieu, entre la liberté humaine, d'une part, la toute-puissance et la toute-science divines, d'autre part? telle était la question morale, étroitement connexe à la précédente.

Il s'agissait, pour résoudre la première, de concilier le raisonnement et l'expérience. A ne consulter que les faits, la sensation est évidemment l'action exercée par le corps sur l'âme, l'action de la matière subie par l'esprit. Le mouvement volontaire est, évidemment aussi, l'action exercée par l'esprit sur le corps. Nous subissons la matière et nous réagissons sur elle. Il

---

[1] 1630-1721. — *Censura philosophiæ cartesianæ*, Paris, 1689, etc. — A la différence de Bayle, sceptique libre-penseur, Huet, ainsi que Pascal, représente le scepticisme théologique, c'est-à-dire qui veut servir de marche-pied à la foi religieuse. — [2] 1647-1706. Auteur du célèbre *Dictionnaire historique et critique* (Rotterdam, 1697 et nombreuses éditions) et précurseur de la critique religieuse du XVIIIe et du XIXe siècle. — [3] Mort en 1686. — Éditeur des *Œuvres posthumes* de Descartes. — [4] *Tractatus de mente humana, ejus facultatibus et functionibus*, Amst., 1669. — [5] 1632-1707. — *Système de philosophie*, Paris, 1690, 3 vol.; Amst., 1691. — [6] 1625-1665. — *Initiatio philosophi s. dubitatio cartesiana*, 1655. — *Opera philosophica*, Amst., 1691. — *Logica vetus et nova; ontosophia; de cognitione Dei et nostri*, Duisb., 1656. — [7] Mort en 1694. — *Œuvres*, Lausanne, 1777, 42 vol. in-4º. — *Œuvres philos.*, publiées par M. J. Simon dans la *Bibliothèque Charpentier*. — [8] Mort en 1695. — *Œuvres philosophiques* de Nicole, éd. Jourdain, 1845. — [9] L'un, dans son *Traité de la connaissance de Dieu et de soi-même*, l'autre, dans son *Traité de l'existence et des attributs de Dieu* et dans ses *Lettres sur la métaphysique*.

y a donc rapport, et rapport intime, entre les deux substances. Mais en comparant ce résultat de l'observation à la métaphysique dualiste du maître, les cartésiens se perdent dans d'insolubles difficultés et aboutissent partout au mystère. L'esprit est une substance pensante et sans étendue; le corps, une substance étendue et inconsciente. L'esprit n'est que pensant, la matière n'est qu'étendue. Or, si l'on conçoit qu'une substance étendue reçoive une impulsion d'une autre substance étendue, et la communique à son tour à une troisième substance également étendue, il n'est pas possible que la dite substance étendue soit mue par quelque chose d'absolument inétendu, ni, réciproquement, qu'une chose absolument inétendue transmette à cette substance étendue un mouvement quelconque. On conçoit une action mutuelle entre des substances analogues; on n'en conçoit pas entre des substances opposées. Il n'est donc pas possible d'admettre une influence réelle (*influxus physicus*) du corps sur l'âme et de l'âme sur le corps.

Selon Arnold Geulinx d'Anvers [1] et Nicolas Malebranche, Père de l'Oratoire [2], les représentants les plus notables de l'école cartésienne, l'action « apparente » qui s'exerce entre le corps et l'âme ne peut s'expliquer que par une assistance et un concours surnaturel de Dieu. Dieu intervient *à l'occasion* de chacune de nos volontés pour imprimer à notre corps le mouvement que

---

[1] 1625-1669. — Arnoldi Geulinx *Logica fundamentis suis a quibus hactenus collapsa fuerat restituta*, Leyde, 1660. — *Metaphysica vera et ad mentem peripateticorum*, Amst., 1695. — Γνῶθι σεαυτὸν sive *Ethica*, Amst., 1665. — *Physica vera*, 1698; etc. — [2] 1638-1715. — *De la recherche de la vérité, où l'on traite de la nature, de l'esprit de l'homme et de l'usage qu'il doit faire pour éviter l'erreur dans les sciences*, Paris, 1675; 1712. — *Conversations métaphysiques et chrétiennes*, 1677. — *Traité de la nature et de la grâce*, Amst., 1680. — *Traité de morale*, Rotterd., 1684. — *Méditations métaphysiques et chrétiennes*, 1684. — *Entretiens etc.*, 1688. — *De l'amour de Dieu*, 1697; etc. — *Œuvres*, Paris, 1712. — *Œuvres*, par Genoude, 2 vol., Paris, 1837. — *Œuvres de Malebranche*, publiées par M. Jules Simon dans la *Collection Charpentier*, Paris, 1842. — Blampignon, *Étude sur Malebranche d'après des documents manuscrits*, Paris, 1862. — Léon Ollé-Laprune, *La philosophie de Malebranche*, 2 vol., Paris, 1870.

l'âme ne peut lui communiquer par elle-même, et *à l'occasion* de chaque sensation corporelle, pour déterminer dans l'âme la perception correspondante. Nos volontés sont les *causes occasionnelles*, Dieu est la cause efficiente de nos mouvements; les objets des sens sont les causes occasionnelles, Dieu est la cause effective de nos perceptions.

L'occasionnalisme abritait, sous des apparences naïves, les plus hardies négations. Et d'abord, s'il n'y a pas d'influence directe des esprits sur les corps, si c'est Dieu, c'est-à-dire la sagesse et la bonté infinies, qui est l'intermédiaire nécessaire et unique des rapports entre la matière et l'âme, il faut en conclure, avec le cartésien hollandais Balthasar Bekker [1], que la sorcellerie, la magie, le spiritisme sous toutes ses formes est une superstition détestable et ridicule.

Il y a plus. Si Dieu est l'auteur effectif de toutes mes perceptions et de tous mes mouvements volontaires, je ne suis plus, moi, qu'un sujet nominal, apparent, fictif, et c'est Dieu qui est le sujet réel de mes actions et de mes pensées : c'est lui qui agit en moi ; c'est lui qui pense en moi. La première de ces conséquences de l'occasionnalisme (Dieu agissant en moi) est formulée par Geulinx, la seconde (Dieu pensant en moi), par Malebranche. Selon Geulinx, nous ne sommes pas, à proprement parler, des esprits, mais des *modes* de l'esprit. Faites abstraction du mode et il ne reste que Dieu [2]. Selon Malebranche, Dieu est le lieu des esprits comme l'espace est le lieu des corps. Il est à l'âme ce que la lumière est à l'œil. De même que cet organe baigne dans la lumière, l'esprit est en Dieu, pense en Dieu, voit en Dieu [3]. Ce que nous percevons des choses matérielles, ce ne

---

[1] 1634-1698. — *De philosophia cart. admonitio candida et sincera*, Wesel, 1668. — *De betoverte werld* (*le Monde enchanté*), 4 vol., Leuwarden, 1690; Amst., 1691 (ouvrage publié à l'occasion de la comète de 1680). — [2] *Metaphysica*, p. 56 not.: *Sumus igitur modi mentis, si auferas modum, remanet Deus*. Comp. p. 146. — [3] *De la recherche de la vérité*, III, 2, 6.

sont pas les choses elles-mêmes, mais ce sont les Idées-types des choses, c'est leur substance idéale telle qu'elle est en Dieu. Comment, en effet, l'œil de l'esprit verrait-il les choses matérielles? Voir un objet, n'est-ce pas se l'assimiler, se l'identifier? Et comment des substances qui s'excluent par leur essence même, comment l'esprit et la matière se pénétreraient-ils l'un l'autre? Comment l'œil spirituel s'assimilerait-il ce qui répugne à sa nature? L'esprit ne peut *voir* que ce qui est esprit.

Le cartésianisme, qui, de théiste qu'il était d'abord, aboutissait, dans Geulinx et dans Malebranche, à une sorte de panthéisme, devait tourner, en morale, au déterminisme absolu : car il faisait de Dieu, si nous osons le dire, l'acteur universel. C'est par là surtout qu'il impressionna les calvinistes hollandais et les catholiques, partisans des doctrines de Jansénius et de saint Augustin sur la prédestination et la grâce prévenante (Arnauld, Nicole, Lancelot, etc.). L'extrême rationalisme se confondait, dans une même thèse, avec le mysticisme de Pascal [1]. Mais il n'y eut qu'à le dépouiller de son enveloppe théologique pour en faire le naturalisme spinosiste.

---

[1] 1623-1662. — *Œuvres complètes*, publiées par Bossut, 1779; 1819. — *Pensées, fragments et lettres de Blaise Pascal*, publ. par Faugère, 2 vol., 1844. — *Pensées de Pascal avec un commentaire et une étude littéraire*, par M. Havet, 2e éd., 2 vol., 1866. — *Mémoire* de V. Cousin sur les Pensées de Pascal. — Vinet, *Études sur Blaise Pascal*, Paris, 1848; 3e éd. 1876. — Tissot, *Pascal, réflexions sur les Pensées*, Dijon et Paris, 1869. — Non moins grand que Descartes comme physicien et mathématicien, et surtout comme écrivain, l'auteur des *Pensées* et des *Provinciales* est partagé d'abord, comme philosophe, entre le dogmatisme cartésien, qui répond à son « esprit géométrique », et le pyrrhonisme renouvelé par Montaigne; puis, grâce à l'influence de Port-Royal et sous le coup d'un événement qui le remue au point de le transformer, il se donne corps et âme au christianisme augustinien. Ses *Pensées* sont comme les matériaux bruts d'une apologie qu'il rêvait de faire de sa nouvelle foi. La raison s'est montrée à lui dans toute son impuissance et l'a laissé sceptique; la nature lui est apparue dans toute sa laideur et l'a laissé pessimiste; c'est le « cœur », — nous dirions la conscience, — qui lui a révélé Dieu, le Dieu vivant et personnel de l'Évangile. Quant à la philosophie, il n'a désormais pour elle que des mépris. — Parmi les modernes qui se sont occupés

§ 55. Spinosa.

Baruch (Benoît) Spinosa [1], Spinoza ou Despinoza, naquit en 1632, à Amsterdam, de parents israélites, originaires du Portugal et jouissant, paraît-il, d'une certaine aisance. Destiné par son père à la carrière de rabbin, il étudia la théologie, mais ne tarda pas à lui préférer la libre spéculation philosophique. Excommunié par la synagogue, qui fit d'inutiles efforts pour le ramener à la foi de ses pères, il se retira à Rhynsbourg, puis à Vorbourg et finalement à La Haye, où il mourut pauvre et persécuté en 1677. Son amour de l'indépendance lui avait fait refuser une chaire de philosophie à l'université de Heidelberg, que Charles-Louis, électeur palatin, lui avait offerte. C'est à La Haye, entre 1660 et 1677, qu'il avait écrit ses principaux ouvrages. Il avait publié en 1663 le traité inti-

---

de Pascal, c'est Vinet qui a le mérite de nous l'avoir montré sous son vrai jour, c'est-à-dire comme précurseur de Schopenhauer, tout aussi bien que de Schleiermacher. Quant à Cousin, il n'a vu dans Pascal que le sceptique et le maniaque. Pour nous, sans méconnaître l'élément pathologique de son mysticisme, nous en dégagerons, au point de vue philosophique, une triple vérité : c'est d'abord que la raison et l'expérience, sans la conscience, ne sauraient nous donner la vérité vraie; c'est ensuite que l'expérience sans la conscience conduit forcément au pessimisme, et enfin, que la volonté, — car c'est elle que Pascal désigne par les mots de *cœur* et de *sentiment*, — prime en nous la raison et la plie à ses lois.

[1] Benedicti de Spinoza *Opera quæ supersunt omnia, iterum edenda curavit, præfationes, vitam auctoris nec non notitias, quæ ad historiam scriptorum pertinent addidit*, A. E. G. Paulus, Iéna, 1802-03. Éditions plus récentes : Gfrœrer, 1830; C. Riedel, *R. des Cartes et B. de Spinoza præcipua opera philos.*, Leipz., 1843; C. H. Bruder, ibid., 1843-46; complétées par J. van Vloten : *Ad B. de Sp. opera quæ supersunt omnia supplementum contin. tractatum de Deo et homine*, etc., Amst., 1862. — Œuvres de Spinosa, trad. par Saisset. — Biographies de Spinosa par Coler (1698 en hollandais, 1706 en français) et par Lucas (*La vie et l'esprit de Mr. Benoît de Spinosa*, 1719). — Armand Saintes, *Histoire de la vie et des ouvrages de Spinosa*, Paris, 1842. — J. van Vloten, *Baruch d'Espinoza, zyn leven en schriften*, Amst., 1862.

tulé: *Renati Descartes principiorum philosophiœ Pars I et II more geometrico demonstratæ*, et en 1670, un livre anonyme: *Tractatus theologico-politicus*, où il aborde et résout dans le sens rationaliste les questions de l'inspiration, de la prophétie, du miracle, du libre examen. Son chef-d'œuvre, *Ethica more geometrico demonstrata*, et quelques autres traités de moindre importance furent publiés, après sa mort, par les soins de son ami Louis Meyer. Son *Tractatus de Deo, homine, ejusque felicitate* n'est connu du public philosophique que depuis 1852[1].

Le spinosisme, tel qu'il se formule dans l'*Éthique*, est sorti de la définition cartésienne de la substance[2] et de l'application conséquente de la méthode du philosophe français[3]. L'auteur, non content de devoir ses doctrines au pur raisonnement déductif, les expose aussi *more geometrico*. Prenant pour point de départ un certain nombre de définitions, il en déduit par A + B un système rigoureusement lié dans ses parties. Cette méthode d'exposition n'est pas une forme indifférente et une charpente provisoire: elle fait corps avec le système et en est comme le squelette permanent. Si Spinosa traite du monde, de l'homme et de ses passions comme Euclide, dans ses *Éléments*, traite de la ligne, du plan, de l'angle, c'est que, en principe et en fait, il n'accorde pas plus de valeur à ces objets de la philosophie que le géomètre n'en accorde aux siens[4]. De même qu'en géométrie les conséquences découlent inévitablement des axiomes, de même les faits moraux et physiques dont s'occupe le philosophe dé-

---

[1] Édition Ed. Bœhmer. — [2] *Principes*, 1, 51. — [3] Nous n'entendons nullement nier l'influence exercée sur le développement intellectuel de Spinosa par la théologie juive du moyen âge, influence évidente et qu'il serait ridicule de mettre en doute. C'est cette influence qui lui a fait trouver dans Descartes ce qu'il y a trouvé; c'est en panthéiste qu'il a abordé l'étude du philosophe français. Mais nous n'en maintenons pas moins que le développement qu'il donne à son idée maîtresse, et surtout que sa méthode se soudent étroitement à la philosophie cartésienne. — [4] *Tractatus politicus*, c. 1, § 4. — *Éthique*, III, préface.

rivent avec une absolue nécessité de la nature des choses, telle qu'elle est exprimée par leurs définitions, et il ne s'enquiert pas plus de leurs causes finales que le géomètre ne se demande à quelle fin les trois angles d'un triangle quelconque égalent deux droits. Ce n'est pas sa méthode qui le mène au déterminisme mathématique : il s'en sert, au contraire, parce que, de prime abord, il considère le monde en géomètre, c'est-à-dire en déterministe. Comme pour Descartes, Platon, Pythagore, la philosophie est, à ses yeux, une *mathématique* généralisée.

I. DÉFINITIONS.

Les notions fondamentales du système de Spinosa sont la substance, l'attribut et le mode. J'entends, dit-il, par *substance* ce qui existe et se conçoit par soi seul, c'est-à-dire, ce qui, pour exister, n'a besoin d'aucune autre chose, et, pour se concevoir, n'a besoin d'aucune autre notion [1]. J'entends par *attribut* ce que la raison conçoit de la substance, comme en formant l'essence [2]. J'entends par *mode* les affections de la substance, c'est-à-dire ce qui existe dans autre chose, moyennant quoi il est conçu [3].

II. DÉDUCTIONS.

1. *Théorie de la substance.*

De la définition de la substance il suit : 1° que la substance est cause d'elle-même [4], sans quoi elle existerait par une cause autre qu'elle-même et ne serait plus substance ; 2° qu'elle est

---

[1] *Éthique*, I, Déf. 3: *Per substantiam intelligo id quod in se est et per se concipitur : hoc est id, cujus conceptus non indiget conceptu alterius rei, a quo formari debeat.* — [2] *Éth.*, I, Déf. 4: *Per attributum intelligo id quod intellectus de substantia percipit, tanquam ejusdem essentiam constituens.* — [3] *Éth.*, I, Déf. 5: *Per modum intelligo substantiæ affectiones sive id quod in alio est, per quod concipitur.* — [4] *Éth.*, I, Prop. 7.

infinie[1] (si elle était finie, elle serait en relation avec d'autres substances qui la limiteraient et dont par conséquent elle dépendrait); 3° qu'elle est unique[2]; car s'il y avait deux substances, elles s'entre-limiteraient et cesseraient d'être indépendantes, c'est-à-dire des substances. Il n'y a donc qu'une seule substance qui ne dépend de rien et de laquelle tout dépend[3]. C'est ici que Spinosa s'écarte de la philosophie cartésienne; mais il s'en écarte parce qu'elle-même l'y invite. En effet, Descartes a insinué que, d'après sa définition de la substance, « Dieu seul est substance à proprement parler, et que le mot *substance* appliqué aux créatures n'a pas le même sens que lorsqu'il se dit de l'Être infini[4]; » mais, au lieu de supprimer l'équivoque, il a continué de nommer les choses finies *substances*, et pour les distinguer de Dieu, *substances créées*, comme si, en vertu même de sa définition, une substance créée, relative et finie était autre chose qu'une substance qui n'est pas une substance. Il faut donc renoncer à appeler substance ce qui n'existe pas par soi-même, et réserver cette désignation pour l'être qui seul existe et se conçoit par lui-même, c'est-à-dire pour Dieu. Dieu seul est substance et la substance est Dieu.

La substance, étant unique et ne dépendant de rien, est absolument libre en ce sens qu'elle n'est déterminée que par elle-même. Sa liberté est synonyme de *nécessité*, mais non de *contrainte*[5]. Agir nécessairement, c'est se déterminer soi-même; agir par contrainte, c'est être déterminé, malgré soi, par une cause étrangère. Il est aussi nécessaire que Dieu agisse, et agisse comme il le fait, qu'il est nécessaire et naturel au cercle d'avoir des rayons égaux. Le cercle étant le cercle, ses rayons

---

[1] *Éth.*, I, Prop. 8. — [2] I, Prop. 11 et suiv. — [3] Le *monothéisme* devient ici *monisme*. Selon le monothéisme, Dieu est unique en tant que Dieu, mais il n'est pas l'être unique ; selon le monisme ou panthéisme, il est unique en tant qu'être et substance, il est le seul être existant (*Éth.*, I, Prop. 14. — Épitre XLI.) — [4] *Principes*, I, 51. — [5] *Éth.*, I, Prop. 17.

sont égaux entre eux : la substance étant la substance, elle subsiste sous des modes ; mais elle est libre parce que sa nature seule et nulle cause étrangère ne l'oblige à se modifier. L'absolue liberté exclut à la fois la contrainte et l'arbitraire[1].

La substance est éternelle et nécessaire, ou en langage scolastique, son essence implique l'existence. Elle ne saurait être un individu, une personne, comme le Dieu des religions ; car, à ce titre, elle serait un être déterminé, et toute détermination est une négation relative[2]. Elle est le fond commun de toutes les existences personnelles sans être limitée par aucune d'elles. *Elle n'a ni intellect ni volonté*[3] : car l'un et l'autre supposent la personnalité. N'étant pas intelligente, elle n'agit pas en vue de causes finales, mais elle produit les choses comme leur cause efficiente. J'avoue, dit Spinosa, que l'opinion qui soumet toutes choses au bon plaisir de Dieu et qui fait tout dépendre de son libre choix (Descartes, jésuites, scotistes) est moins éloignée de la vérité que celle qui le fait agir en vue du bien (*sub ratione boni*) ; car d'après cette dernière manière de voir — c'est celle de Platon — il semble y avoir en dehors et au-dessus de Dieu quelque chose de plus divin que lui, un je ne sais quoi dont il dépend, un modèle qu'il imite, un but auquel il tend. Cela ne revient-il pas à soumettre Dieu au Fatum ? Or nous avons fait voir que rien n'est plus absurde, et que Dieu est la cause première, unique et absolument libre, de l'essence et de l'existence des choses[4].

Tout en appelant Dieu la cause de l'univers, Spinosa prend le mot « cause » dans un sens très différent de sa signification habituelle. Son idée de cause se confond avec celle de substance ; son idée d'effet, avec celle d'accident, de mode, d'affection. Dieu, selon lui, est la cause de l'univers comme la pomme est cause de sa couleur rouge, comme le lait est cause du blanc,

---

[1] *Éth.*, Scholie. — [2] Voy. d'ailleurs p. 309, l. 18. — [3] *Éth.*, I, Prop. 32 et Corollaires. — [4] *Ibid.*, I, Prop. 33, Scholie, 2.

du doux, du liquide, et non comme le père est la cause de l'existence de l'enfant, ni même comme le soleil est la cause de la chaleur. Le père est la cause extérieure et transitoire de son fils, lequel a une existence distincte de la sienne. De même, la chaleur, bien que liée au soleil, a une existence différente de celle de l'astre qui la produit : elle existe à côté et en dehors du soleil. Il n'en est pas ainsi de Dieu à l'égard du monde ; il n'en est pas la cause transcendante et transitoire, mais la cause *immanente*[1] ; c'est-à-dire, si nous entendons bien Spinosa, que Dieu n'est pas du tout la cause du monde au sens propre et reçu du mot, cause agissant du dehors et le créant une fois pour toutes, mais bien le substratum permanent des choses, la substance même de l'univers[2]. Dieu n'est ni le créateur temporaire du monde, comme l'enseignent le dualisme et le christianisme, ni même son *père*, comme l'admet la spéculation cabalistique et gnostique : *il est l'univers même, considéré* SUB SPECIE ÆTERNITATIS, *l'univers éternel.* Les mots *Dieu* et *univers* désignent une seule et même chose : la Nature, qui est à la fois la source de tous les êtres (*natura naturans sive Deus*) et la totalité de ces êtres considérés comme ses effets (*natura naturata*).

Spinosa n'est, en somme, ni acosmiste ni athée, mais cosmothéiste ou panthéiste dans toute la rigueur du terme, c'est-à-dire que son cosmos est Dieu même, et son Dieu, la substance cosmique.

2. *Théorie des attributs.*

La substance a une infinité d'attributs, dont chacun exprime à sa manière l'essence de Dieu[3]. L'intellect humain en connaît

---

[1] *Éth.*, I, Prop. 18. — [2] L'idée spinosiste d'immanence implique donc à la fois la permanence et, si le mot est permis, l'*intériorité*, c'est-à-dire que le Dieu immanent est à la fois la cause intérieure et permanente de l'univers. — [3] *Éth.*, I, Déf. 6.

deux : l'étendue et la pensée. La substance cosmique est étendue et elle pense[1]; elle est à la fois la substance de tous les corps ou la matière, et la substance de tous les esprits. La matière et l'esprit ne constituent pas, comme dans le cartésianisme, deux substances opposées ; ce sont deux manières différentes de concevoir une même substance, deux noms différents pour une seule et même chose. Chacun des attributs de la substance est *relativement* infini. La substance est *absolument* infinie en ce sens qu'en dehors d'elle il n'y a rien : l'attribut ne l'est que relativement, c'est-à-dire dans son genre[2]. L'étendue est infinie en tant qu'étendue, et la pensée, en tant que pensée; mais l'étendue ni la pensée ne le sont absolument, attendu qu'*à côté* de l'étendue il y a la pensée, à côté de la pensée, l'étendue, sans compter les attributs de la substance qui nous sont inconnus. La substance, quant à elle, est la totalité de ce qui existe; l'étendue, quoique infinie comme étendue, ne résume pas en elle toutes les existences, puisqu'il y a, en outre, la pensée infinie et les esprits qu'elle constitue; la pensée, de même, ne forme pas la totalité des êtres, puisqu'à côté d'elle il y a l'étendue et les corps.

Il paraît difficile, au premier abord, de concilier la théorie de la substance avec celle des attributs. Selon la première, en effet, la substance est *ens absolute indeterminatum;* selon la seconde, elle a des attributs et même une infinité d'attributs. Le Dieu de Spinosa semble donc être à la fois l'être sans qualification aucune et l'être infiniment qualifié. On a pensé que Spinosa, à l'instar des philosophes néoplatoniciens et des théologiens juifs non-attributistes, pourrait bien entendre par attributs non pas des qualités inhérentes à Dieu, être suprarationnel, incompréhensible et innommable, mais les points de vue sous lesquels l'intelligence conçoit Dieu, des façons de penser et de parler purement subjectives et humaines; l'attribut serait donc, à la

---

[1] *Éth.*, II, Prop. 1 et 2. — [2] *Ibid.*, Explication.

lettre, ce que l'entendement humain *attribue*, prête, ajoute en quelque sorte à Dieu, et non ce qui est réellement et objectivement (ou comme dirait Spinosa, formellement) en Dieu; l'intellect concevrait la substance comme pensante et étendue sans qu'elle le soit en elle-même. La définition que Spinosa donne de l'attribut (*id quod intellectus de substantia percipit* TANQUAM *ejus essentiam constituens*) ne laisse pas que d'être favorable à cette interprétation; elle signifie, selon nous: ce que l'intellect conçoit de la substance *comme en constituant* l'essence; mais elle pourrait signifier aussi: ce que l'intellect conçoit de la substance *comme si cela en constituait* l'essence. Toutefois, si cette seconde interprétation était exacte, Spinosa n'aurait pu dire que la substance *est* étendue et pensante, ni surtout que nous avons d'elle une idée adéquate. D'ailleurs il est parfaitement inutile de traduire dans le sens subjectiviste et non-attributiste pour mettre d'accord les thèses en apparence contradictoires de Spinosa. En effet, le désaccord n'est qu'apparent et résulte d'un malentendu. Le célèbre *determinatio negatio est*[1] ne signifie pas: une détermination est une négation, mais: une *limitation* est une négation. En appelant Dieu *ens absolute indeterminatum*, Spinosa n'entend pas dire que Dieu soit l'être absolument indéterminé, l'être qui n'est rien, l'être négatif, le néant, mais au contraire, qu'il est l'être absolument *illimité* dans ses attributs, l'être aux perfections absolument *infinies*, l'être positif, concret, réel, par excellence, c'est-à-dire qui réunit en lui tous les attributs possibles, et qui les possède sans limite.

Il semble que ce soit pour prévenir l'objection des non-attributistes[2] que Spinosa donne à Dieu *infinita attributa*, ce qui semble vouloir dire à la fois *des attributs infinis* et *une infinité d'attributs*. De cette manière Dieu n'apparaît plus comme ayant

---

[1] *Épître* L. — [2] Qui prétendent que donner à Dieu des attributs, c'est le limiter.

des attributs à part et qui feraient de lui un être *particulier;* il est l'être réunissant en lui tous les attributs possibles, la totalité de l'être. Comme chaque attribut divin constitue un monde; l'étendue, le monde matériel; la pensée, le monde spirituel, il faudrait conclure du nombre infini des attributs divins à l'existence d'un nombre infini de mondes autres que les deux mondes à nous connus, mondes qui ne seraient ni matériels ni spirituels, qui ne seraient liés ni à l'espace ni au temps, mais à d'autres conditions d'existence absolument inaccessibles à l'entendement humain[1]. Cette idée ouvre à l'imagination un champ immense sans être absolument contraire à la raison. Toutefois, il faut l'ajouter, en langage correct *infinita attributa* signifie : attributs illimités, plutôt que : attributs innombrables. Si Spinoza était fixé sur la question de savoir si l'absolu a d'autres attributs que l'étendue et la pensée, il est clair qu'il ne se servirait pas d'une expression équivoque. En fait, sa « substance » n'est qu'étendue et pensante, mais elle l'est infiniment.

Autre difficulté : Spinoza refuse à Dieu l'intelligence et la volonté; d'autre part, il lui attribue la pensée, et il parle de l'*intelligence infinie* de Dieu. Pour voir dans cette double affirmation autre chose qu'une contradiction flagrante, il faut nous rappeler que la théologie juive et catholique (et Descartes lui-même) refuse à Dieu l'intelligence discursive, qui a besoin, pour arriver à ses fins, du raisonnement et de l'analyse, et lui attribue l'intelligence intuitive, le $νοῦς\ ποιητικός$ d'Aristote; il faut nous rappeler surtout que le Dieu de Spinoza n'est pas « l'auteur de la nature », mais la nature même : or la nature a, en effet, sa logique, mais sa logique inconsciente; l'araignée file sa toile sans la moindre notion géométrique; l'organisme animal se développe sans la moindre idée consciente de physiologie et d'anatomie; la nature pense, sans penser qu'elle pense; sa pensée est

---

[1] *Épitres* LXVI et LXVII.

inconsciente; c'est l'instinct, clairvoyance merveilleuse qui fait mieux que l'intelligence, mais qui n'est pas l'intelligence proprement dite. En distinguant entre *cogitatio* et *intellectus* [1], Spinosa pressent la distinction leibnizienne entre la perception et l'*aperception* ou perception consciente.

Le mérite de la métaphysique spinosiste, comparée au cartésianisme, est d'avoir compris que la pensée et l'étendue ne supposent pas nécessairement deux substances opposées, c'est l'idée féconde de leur consubstantialité, par laquelle elle prélude au spiritualisme concret de Leibniz. Affirmer qu'une même substance peut être à la fois le sujet de la pensée et le sujet de l'étendue, c'est, comme Leibniz le dira très bien, n'être ni matérialiste ni idéaliste au sens exclusif de ces termes; c'est réunir en une synthèse supérieure ce que ces théories extrêmes renferment de vrai. Ce n'est pas du matérialisme : car Spinosa n'admet pas que la pensée soit un *effet* du mouvement, ou pour rester dans sa nomenclature, un « mode de l'étendue ». Chaque attribut, étant infini et absolu dans son genre, ne peut s'expliquer que par lui-même. La pensée ne peut donc s'expliquer par la matière et le mouvement (cette thèse écarte le matérialisme); d'autre part, l'étendue et le mouvement, c'est-à-dire la matière, ne sauraient être le produit de la pensée (cette thèse écarte l'idéalisme de Malebranche). Mais, exclusives l'une de l'autre en tant qu'attributs, la pensée et l'étendue appartiennent à la même substance; considérés dans cette commune substance, l'esprit et la matière sont la même chose (*eadem res* [2]); il n'existe pas entre ces « attributs de la substance » un rapport de dépendance; la matière n'est pas supérieure et antérieure à l'esprit, mais aussi la pensée n'est en rien plus excellente que l'étendue; l'une vaut l'autre, puisque chacune est, en dernière analyse, la substance même. C'est cette identité de la substance, méconnue

---

[1] *Éth.*, I, Prop. 31. — [2] *Ibid.*, II, Prop. 7, Scholie.

par Descartes, qui explique la concordance des mouvements du corps et des « mouvements » de l'âme, dans l'homme et dans l'animal. Une même substance et, ce qui en dit plus encore, un même être s'épanouissant, en quelque sorte, dans l'ordre physique et dans l'ordre intellectuel, cette substance, cet être, s'épanouit, dans les deux sphères, d'après la même loi et suivant le même rythme : *ordo idearum idem est ac ordo rerum* [1].

3. *Théorie des modes.*

L'étendue, en se modifiant, devient mouvement et repos; la pensée, en se modifiant, devient intelligence et volonté : le mouvement, l'intelligence, la volonté, c'est-à-dire le monde relatif tout entier (*natura naturata*) sont des modes ou affections de la substance ou, ce qui revient au même, de ses attributs. Ces modes sont infinis comme les attributs qu'ils affectent. Le mouvement, l'intelligence, la volonté, l'univers physique et l'univers intellectuel n'ont ni commencement ni fin. Les modes infinis constituent chacun une série infinie de modes finis. Le mouvement, c'est-à-dire l'étendue infiniment modifiée, engendre cette infinité de modes finis que nous appelons les corps; l'intelligence et la volonté, en se diversifiant à l'infini, engendrent les esprits, intelligences et volontés particulières et finies. Les corps et les esprits (idées) ne sont ni des substances relatives, ce qui serait une contradiction *in adjecto*, ni des modes infinis, mais des modes ou modifications passagères de la substance cosmique ou, ce qui revient au même, de ses attributs [2].

En distinguant entre les modes infinis et les modes finis, Spinosa veut dire que le mouvement est éternel, tandis que les formes corporelles qu'il constitue commencent et finissent, que d'éternité il y a eu des intelligences et des volontés, mais que

---

[1] *Éth.*, II, Prop. 7. — [2] *Épître* LXXI.

chaque intelligence individuelle a une durée limitée. Les corps ou étendues limitées sont à l'étendue infinie, les intelligences individuelles à l'intelligence infinie, et les volontés particulières à l'éternelle volonté, ce que nos pensées sont à notre âme : de même que celles-ci n'existent que par l'âme, dont elles sont une modification temporaire, de même cette âme, ainsi que le corps, n'existe que par la substance, dont elle est une affection momentanée. Comparés à Dieu, les âmes et les corps ne sont pas plus des substances que nos idées ne sont des êtres distincts de nous-mêmes. Dans le langage rigoureusement philosophique il n'y a qu'un seul substantif, et tout le reste n'est qu'adjectif. La substance est cause d'elle-même, absolue, éternelle, nécessaire : le mode est contingent, passager, relatif et simplement possible. La substance est nécessaire, c'est-à-dire, elle existe parce qu'elle existe ; le mode est contingent et simplement possible, c'est-à-dire, il existe parce qu'autre chose existe, et il peut être conçu comme n'existant pas.

En présence de cette opposition entre la substance *immuable* et les *modes*, on se demande quelle est, dans la pensée de Spinosa, la mesure de réalité inhérente au mode. Le mode, en effet, ne se conçoit pas sans un sujet, une substance qui se modifie ; or la substance est invariable, elle ne se modifie pas ; donc le mode n'est rien ; le mouvement, le changement, le processus cosmique, l'être particulier, l'individu, le corps, l'âme, en un mot la *natura naturata* n'existe pas réellement. Et cependant cette conclusion, qui est celle de Parménide et de Zénon d'Élée, n'est pas celle de Spinosa. Au contraire, avec Héraclite, il déclare le mouvement co-éternel à la substance ; il en fait un *mode infini*. Au mépris du principe de contradiction, mais appuyé cette fois sur un fait d'expérience, il affirme à la fois l'immutabilité et le changement perpétuel de l'être. Dans ce conflit, aussi vieux que la métaphysique, entre le raisonnement et l'évidence des faits, il a le mérite de ne sacrifier ni la pensée à la réalité, ni l'expérience à la raison; mais il a le tort de glisser sur la difficulté, de ne pas s'apercevoir, ou de ne vouloir pas s'apercevoir de l'antinomie, abandonnant à la spéculation moderne le soin de la mettre en évidence et de la résoudre.

Comme tout mode intellectuel, l'âme humaine est une affection de la pensée infinie, le corps humain, une modification de l'étendue infinie. L'ordre intellectuel ou idéal et l'ordre réel ou corporel étant parallèles, toute âme correspond à un corps, comme aussi tout corps correspond à une idée. L'âme est donc l'image consciente du corps (*idea corporis*[1]). Ce n'est pas qu'elle soit le corps prenant conscience de lui-même; le corps ne saurait être le sujet conscient, car la pensée ne peut dériver de l'étendue, ni l'étendue de la pensée; chez Spinosa comme chez Descartes, le corps n'est qu'étendue et l'âme n'est que pensée; mais le corps est l'*objet* de la pensée ou de l'âme, et il n'y a pas de pensée, d'aperception, d'âme, sans corps. L'âme n'a conscience d'elle-même, elle n'est *idea mentis* qu'à condition d'être *idea corporis* ou mieux, *idea affectionum corporis*[2].

La sensation est un phénomène corporel; elle est le privilège du corps animal et du corps humain, et résulte de l'organisation supérieure de ces corps. En revanche, la perception est un fait mental, consistant pour l'âme à se faire, en même temps que le corps est affecté par une sensation, une image ou idée de cette sensation. La simultanéité des deux faits s'explique, comme nous l'avons dit, par l'identité de la substance de l'âme et de celle du corps. L'âme est toujours ce qu'est le corps, et à un cerveau bien organisé correspond nécessairement une âme bien faite[3]. De par la même loi (identité de l'ordre idéal et de l'ordre

---

[1] *Éth.*, II, Prop. 13. — [2] *Ibid.*, II, Prop. 23 : *Mens seipsam non cognoscit nisi quatenus corporis affectionum ideas percipit.* — Le lecteur remarquera que Spinosa ne dit pas: *corporis* AFFECTIONES, mais bien *corporis affectionum* IDEAS *percipit*, tant il est dominé encore, en psychologie, par le dualisme cartésien. — [3] *Éth.*, III, Prop. 2, Scholie.

réel), le développement intellectuel est parallèle au développement physique. Les sensations corporelles sont d'abord vagues, incertaines : à ces affections confuses de l'organisme inachevé répondent les idées confuses et *inadéquates* de l'*imagination*, mère du préjugé, de l'illusion, de l'erreur : c'est elle qui nous fait croire à des idées générales existant indépendamment de l'individu, à des causes finales présidant à la création des choses, à des esprits incorporels, à une divinité à forme et à passions humaines, au libre arbitre et autres idoles [1].

C'est le propre de la *raison* de concevoir des idées *adéquates* et totales, c'est-à-dire embrassant à la fois l'objet et ses causes. Le critérium de la vérité, c'est la vérité elle-même et l'évidence qui lui est propre. Celui qui a une idée vraie sait en même temps qu'elle est vraie et ne saurait en douter [2]. A l'objection que le fanatisme, lui aussi, est convaincu d'être dans la vérité et qu'à son tour il exclut l'incertitude et le doute, Spinoza répond que l'absence de doute n'est pas encore la certitude positive. La vérité est vraie par elle-même ; elle ne le devient pas par un argument quelconque, dont elle serait ainsi vassale ; elle ne tient sa royauté que d'elle seule. Ainsi que la lumière du même coup se révèle elle-même et révèle les ténèbres, la vérité est sa propre norme et tout ensemble la norme de l'erreur [3].

L'imagination représente les choses comme elles sont par rapport à nous : la raison les saisit telles qu'elles sont au point de vue de l'ensemble où elles se produisent, et dans leurs rapports avec l'univers. L'imagination prétend faire de l'homme le centre du monde, et de ce qui est humain la mesure de toutes choses : la raison s'élève au-dessus du moi ; son point de vue est l'universel, l'éternel, et c'est à Dieu qu'elle rapporte toutes choses. Toute idée est vraie qui se rapporte à Dieu [4], c'est-à-dire dont

---

[1] *Éth.*, II, Prop. 36 ; Prop. 40, Schol. ; Prop. 48 ; III, Prop. 2, Scholie. — *Ibid.*, II, Prop. 43. — [3] *Ibid.*, II, Scholie. — [4] *Ibid.*, II, Prop. 32.

l'objet est conçu comme un mode de l'Être infini. C'est aussi le propre de la raison d'exclure l'idée de hasard et de concevoir l'enchaînement des choses comme nécessaire. Le hasard, comme tant d'autres idées inadéquates, est un produit de l'imagination, choyé de ceux qui ignorent les causes réelles et la connexion nécessaire des faits. Nécessité est le premier postulé de la raison, le mot d'ordre de la vraie science [1]. L'imagination se perd dans le détail des phénomènes : la raison en saisit l'unité ; unité et consubstantialité, tel est le second de ses postulés. Enfin, elle répudie, comme filles de l'imagination, les causes finales et les *universaux* considérés comme des êtres réels.

Le seul *universale* existant *réellement*, en même temps que l'objet par excellence de la raison, c'est Dieu ou la substance infinie et nécessaire, dont tout le reste n'est qu'accident. A qui demande si la raison peut s'en faire une idée adéquate, Spinosa répond affirmativement, tout en refusant cette capacité à l'imagination [2].

La volonté ou faculté active n'est pas essentiellement distincte de l'entendement [3]. Elle n'est autre chose que cette tendance de la raison à retenir les idées qui lui agréent, et à se délivrer de celles qui lui répugnent. Une volition est une idée s'affirmant ou se niant elle-même.

Identiques dans leur essence, la volonté et l'intelligence sont parallèles dans leur développement. A l'imagination, qui représente les choses conformément à nos impressions, correspond, dans l'ordre pratique, la passion, le mouvement instinctif qui nous porte vers un objet ou nous en détourne. Quand ce que l'imagination nous montre est de nature à donner une intensité plus grande à notre vie physique et morale, ou en d'autres termes, quand cela est agréable et que nous y tendons, cette

---

[1] *Éth.*, I, Prop. 29. — [2] *Ibid.*, II, Prop. 47 et Scholie. — [3] *Ibid.*, II, 49, Coroll. : *Voluntas et intellectus unum et idem sunt.*

manière tout élémentaire de vouloir s'appelle désir, amour, joie, plaisir. Dans le cas contraire, elle s'appelle aversion, haine, frayeur, douleur.

A l'entendement supérieur correspond, dans l'ordre pratique, la volonté proprement dite, c'est-à-dire éclairée par la raison et déterminée non plus par l'agréable, mais par le vrai. A ce degré seulement la volonté, toute passive encore à l'état d'instinct, devient faculté active. Nous agissons, au sens philosophique, toutes les fois qu'en nous-mêmes ou hors de nous il se produit un fait dont nous sommes la cause complète (*adæquata*), ou en d'autres termes, toutes les fois que de notre nature dérive, soit en nous, soit hors de nous, quelque chose qui ne peut s'expliquer clairement et distinctement que par elle seule. Nous pâtissons, quand il se passe en nous ou hors de nous quelque chose dont nous ne sommes que la cause partielle[1]. Pâtir, subir, ce n'est donc pas ne pas agir du tout, c'est être limité dans son activité. Nous pâtissons en tant que nous sommes des parties de l'univers, des modes de l'Être divin. Dieu ou l'univers, par cela même qu'il n'est limité par rien, ne saurait pâtir. Il est acte pur, activité absolue.

Tout actif qu'il paraisse dans ses passions, l'homme y est en réalité passif au sens propre et primitif du mot, borné, impuissant, esclave des choses. Il ne peut s'affranchir et devenir actif que par l'intelligence. Comprendre l'univers, c'est s'en affranchir. Tout comprendre, c'est être souverainement libre. La passion disparaît sitôt que je m'en fais une idée claire[2]. La liberté se trouve donc dans la pensée et ne se trouve que là. La pensée, elle aussi, est relativement passive, en tant qu'elle est limitée par l'imagination, mais elle peut s'affranchir de ce joug par une application soutenue et des efforts persévérants. La liberté ne se trouvant que dans la pensée, notre intelligence des choses est la

---

[1] *Éth.*, III, Prop. 2. — [2] *Ibid.*, III, Prop. 59; V, Prop. 3.

mesure de notre moralité. Est bon au point de vue moral ce qui développe l'intelligence; est mauvais ce qui la trouble et la diminue[1].

La vertu est l'énergie de l'intelligence, ou encore, c'est la nature humaine en tant qu'elle a le pouvoir de produire certains effets qui ne s'expliquent que par elle[2]. Être vertueux, c'est être fort, c'est agir; être vicieux, c'est être faible, c'est pâtir. A ce point de vue, ce n'est pas seulement la haine, la colère, l'envie qu'il faut ranger au nombre des vices, mais aussi la crainte, l'espérance, la pitié même et le repentir. En effet, l'espérance est accompagnée d'un sentiment de crainte; la pitié et la sympathie, d'un sentiment de peine, c'est-à-dire d'une diminution de notre être, d'un affaiblissement de notre énergie, et quant à la repentance, elle est deux fois un vice, car celui qui regrette est faible et a le sentiment de sa faiblesse. L'homme qui règle sa vie sur la raison travaillera donc de toutes ses forces à s'élever au-dessus de la pitié et des vains regrets. Il viendra au secours de ses frères, et il s'amendera, mais ce sera au nom de la raison. C'est ainsi qu'il sera vraiment actif, vraiment fort, vraiment vertueux (au sens primitif du mot latin). Il sera fort parce qu'il ne se laissera abattre ni par les misères humaines, ni par ses propres fautes, et il ne se laissera pas abattre, parce qu'il sait que toutes choses procèdent de la nécessité inhérente à la nature de Dieu.

Pour le philosophe qui s'est convaincu de la nécessité des actions humaines, il n'y a plus rien qui mérite la haine, le rire, le mépris ou la pitié[3]. Au point de vue absolu de la raison où il est placé, les crimes mêmes d'un Néron sont des actes qui ne sont ni mauvais, ni bons, mais simplement nécessaires. Le déterminisme le rend optimiste et le conduit, de perfection en per-

---

[1] *Éth.*, IV, Prop. 26 et 27. Comp. § 14. — [2] *Ibid.*, IV, Déf. 8. — [3] *Tractatus politicus*, I, 4.

faction, à cet amour désintéressé de l'univers qui reconnaît à chaque chose sa valeur dans l'ensemble des existences, à cet *amor intellectualis Dei* — lisez amour philosophique de la nature, — qui est le faîte de la vertu. Ce sentiment diffère essentiellement de ce qu'on appelle amour de Dieu dans les religions positives. Ce dernier a pour objet un être fictif, et correspond à ce degré élémentaire de l'intelligence qui s'appelle l'opinion ou l'imagination. Le Dieu de l'imagination étant un individu, une personne comme nous, portée, comme toute personne vivante et réelle, à l'affection, à la colère, à la jalousie, l'amour que nous ressentons pour lui est lui-même un sentiment particulariste, mélange d'affection et de crainte, de félicité et d'inquiète jalousie, et le bonheur qu'il nous procure est très éloigné encore de la parfaite béatitude à laquelle nous aspirons. Au contraire, l'amour philosophique de Dieu est un sentiment tout désintéressé, dont l'objet n'est plus un individu agissant arbitrairement et dont nous attendons des faveurs, mais un être supérieur et à l'amour et à la haine. Ce Dieu-là n'aime point à la manière des hommes; car aimer, c'est éprouver du plaisir, et éprouver du plaisir, c'est se sentir augmenté, grandi, élevé à une plus haute puissance : or l'être infiniment parfait ne saurait être augmenté[1]. La haine de même lui est étrangère, puisque haïr c'est pâtir, et pâtir c'est se sentir diminué dans son être, ce qui ne saurait être le cas pour Dieu. Réciproquement, la haine que quelques-uns éprouvent contre Dieu, les murmures qu'ils se permettent à son égard, ne sont possibles qu'au point de vue de l'imagination, où Dieu est conçu comme une personne agissant arbitrairement. On ne hait que les personnes; on ne saurait donc sérieusement haïr Dieu considéré comme un ordre de choses nécessaire, comme la cause éternelle et involontaire de tout ce qui est. Le philosophe ne peut qu'aimer Dieu, ou du moins se trouver vis-

---

[1] *Éth.*, V, Prop. 17.

à-vis de lui dans un état de satisfaction, de paix, de résignation parfaites. C'est cet acquiescement complet du penseur à la loi suprême, cette réconciliation de l'âme avec les nécessités de la vie, cet abandon sans réserve à la nature des choses, que Spinosa, par accommodation sans doute, appelle amour intellectuel de Dieu [1], source de la béatitude éternelle.

Dans ce sentiment *sui generis*, la différence entre Dieu et l'âme, la substance et le mode, s'efface au point que l'objet aimé devient le sujet aimant et réciproquement. L'amour intellectuel de l'homme pour Dieu, c'est l'amour que Dieu a pour lui-même [2]. Grâce à cette « communication des idiomes », l'âme humaine, périssable en tant que liée dans ses fonctions à la vie du corps [3], est immortelle dans ce qu'elle a de divin : l'intellect. L'immortalité de l'âme n'est pas tant la durée infinie de la personne [4] que la conscience qu'elle a d'être éternelle dans sa substance. La certitude que la substance de notre personne est impérissable, parce qu'elle est Dieu, bannit de l'âme du philosophe toute crainte de la mort et la remplit d'une joie sans mélange.

Résumons. La substance étant ce qui existe par soi et par soi seulement, les corps ni les esprits ne sauraient être appelés des substances : car ils existent les uns et les autres par l'effet de l'activité divine. Dieu seul subsiste par lui-même et par lui seul : il n'y a donc qu'une seule substance, absolument infinie. Cette substance ou Dieu a deux attributs relativement infinis : l'étendue et la pensée. L'étendue, en se modifiant, constitue les corps : la pensée, en se diversifiant à l'infini, constitue les esprits. Telle est la métaphysique de Spinosa. Nécessité et résignation joyeuse, ces deux mots résument sa morale.

Nous avons constaté le progrès du spinosisme sur la philosophie cartésienne. En rattachant à une souche commune l'esprit

---

[1] *Éth.*, V, Prop. 32, Corollaire. — [2] *Ibid.*, V, Prop. 36. — [3] *Ibid.*, V, Prop. 21. — [4] *Ibid.*, V, Prop. 34, Scholie.

et la matière, l'âme et le corps, il supprime le dualisme d'un univers physique absolument dépourvu de contenu idéal, et d'un ordre de choses exclusivement intellectuel, monde d'entités abstraites, incorporelles, indifférentes au cosmos réel, comme celui-ci est censé l'être à la sphère de la pensée pure. L'univers est un : il renferme, il est vrai, deux éléments éternellement distincts et qui ne peuvent s'expliquer l'un par l'autre : la matière et la pensée; mais ces deux éléments, quoique distincts, sont inséparables, parce qu'ils sont, non des substances, mais des attributs d'une même substance. Tout mouvement, c'est-à-dire toute modification de l'étendue infinie, correspond à une idée, c'est-à-dire à une modification de la pensée infinie, et *vice versa*, toute idée a pour accompagnement obligé un fait parallèle dans l'ordre physiologique. La pensée n'est pas sans la matière, ni la matière sans la pensée. Le spinosisme constate l'intime corrélation des deux éléments de l'être, tout en évitant de les confondre, comme le font, à des points de vue opposés, le matérialisme et l'idéalisme.

Mais ce progrès est contrebalancé par une difficulté qui semble militer en faveur du dualisme cartésien. Spinosa affirme qu'une même chose (la substance) est à la fois *étendue* et pensante, c'est-à-dire *inétendue* : il viole ainsi, et d'une manière flagrante, le principe de contradiction. Prévoyant l'objection, il déclare, il est vrai, contradictoirement à Descartes, que la substance corporelle n'est pas plus *divisible*, comme substance, que la substance spirituelle[1], et prépare ainsi la solution leibnizienne, mais il continue, d'autre part, d'appeler, avec Descartes, la substance corporelle, *étendue* (*res extensa*)[2]. Or une étendue indivisible est une contradiction *in adjecto*.

Pour démontrer qu'il n'y a pas contradiction à admettre qu'une même chose peut être à la fois le sujet de la pensée et

---

[1] *Éth.*, I, Prop. 13, Coroll. : *Ex his sequitur nullam substantiam et consequenter nullam substantiam corpoream, quatenus substantia est, esse divisibilem.* — [2] *Ibid.*, II, Prop. 2.

le sujet de l'existence corporelle, et faire triompher ainsi le spiritualisme concret, il fallut que Leibniz vînt proclamer cette vérité, élémentaire aujourd'hui en physique, que l'essence de la matière n'est pas l'étendue, mais l'*effort*. Il y a contradiction à affirmer que la même chose est étendue et inétendue; il n'y en a plus à dire que la même chose est force et pensée, perception et tendance.

§ 56. Leibniz.

La vie de Geoffroi-Guillaume Leibniz, comme aussi sa doctrine, est la contre-partie de celle de Spinosa. Au contraire de l'illustre juif d'Amsterdam, pauvre, méconnu et persécuté jusqu'à son dernier jour, Leibniz ne connut de l'existence que le côté riant. Comblé de tous les dons de la nature et de la fortune, non moins avide, d'ailleurs, de titres et d'honneurs que de science et de vérité, il fournit, comme jurisconsulte-diplomate et comme savant universel, une carrière brillante, dont les splendeurs se reflètent dans cette devise de sa théodicée : *Tout est pour le mieux dans le meilleur des mondes possibles*. Né à Leipzig en 1646, il mourut bibliothécaire et conseiller intime du duc Jean-Frédéric de Hanovre, conseiller aulique, baron de l'empire, etc., etc., le 14 novembre 1716.

Ses principaux écrits philosophiques sont: *Meditationes de cognitione, veritate et ideis* (1684); *Lettres sur la question si l'essence du corps consiste dans l'étendue* (au *Journal des savants*, 1691); *Nouveaux Essais sur l'entendement humain* (en réponse à l'*Essay* de Locke); *Essai de Théodicée sur la bonté de Dieu, la liberté de l'homme et l'origine du mal*, dédiés à la reine Sophie-Charlotte de Prusse; *la Monadologie* (1714); *Principes de la nature et de la grâce, fondés en raison* (1714); enfin, sa *Correspondance*[1].

---

[1] Ces écrits, la plupart de peu d'étendue, ont été réunis et édités par Raspe (Amsterdam et Leipzig, 1765), par Louis Dutens (Genève, 1768), par J. Éd. Erdmann (Berlin, 1840), par M. Foucher de Careil (*Œuvres de Leibniz*, pu-

Au dualisme de la substance étendue et inconsciente et de la substance inétendue et consciente, Leibniz oppose sa théorie des *monades* ou substances inétendues et *plus ou moins* conscientes, dont le nom et l'idée semblent empruntés aux traités de Bruno *De Monade* et *De triplici minimo* (1591).

Dans l'ordre physique et dans l'ordre moral il est une série de phénomènes qui ne relèvent exclusivement ni de la pensée ni de l'étendue. Si l'esprit est la pensée consciente et s'il n'est que cela, comment expliquer ces mille *petites perceptions*[1] qui se refusent à toute analyse, ces sentiments vagues et confus qui ne sauraient se formuler, tout ce qui dans l'âme échappe à la conscience[2]? Il y a pour l'âme des états où elle n'a aucune perception distincte, comme lorsque nous tombons en défaillance ou que nous sommes accablés d'un profond sommeil sans aucun songe? Dans ces états, ou bien l'âme n'existe pas, ou elle existe, mais d'une manière analogue au corps, c'est-à-dire sans conscience d'elle-même. Il y a donc dans l'âme autre chose encore que la pensée consciente : une vie inconsciente, qui forme un trait d'union entre elle et le monde physique[3].

D'autre part, qu'est-ce que l'attraction, la répulsion, la chaleur, la lumière, si la matière est une étendue inerte et n'est *que cela?* Ces faits, le cartésianisme ne peut ni les nier, ni les expliquer. Pour être conséquent, il est obligé de nier résolument, d'une part l'ordre et la vie dans le monde des corps, d'autre

---

bliées pour la première fois d'après les manuscrits originaux, Paris, 1859 ss.), par M. Paul Janet (Paris, 1866, avec la *Correspondance de Leibniz et d'Arnauld*), par C. J. Gerhardt (Berlin, 1875 ss.). — Nourrisson, *La philosophie de Leibniz*, Paris, 1860. — Pour la doctrine leibnizienne sur la matière et les monades, voy. Hartenstein, *Commentatio de materiæ apud Leibnizium notione*, Leipz., 1846. — Pour sa théodicée, voy. J. Bonifas, *Étude sur la Théodicée de Leibniz*, Paris, 1863. — Pour la doctrine de l'harmonie préétablie, voy. Hugo Sommer, *De doctrina quam de harm. præst. L. proposuit*, Gœtt., 1864; etc., etc.

[1] *Nouveaux Essais*, Avant-Propos. — [2] *Monadologie*, § 14. — [3] *Nouveaux Essais*, l. II, ch. 9 et 19. — *Principes de la nature et de la grâce*, § 4.

part la présence, dans l'âme, de toutes les idées, de toutes les sensations, de toutes les volontés, qui échappent momentanément à la conscience et à l'attention pour réapparaître à la première sollicitation, soit extérieure, soit intérieure ; il faut qu'il affirme sans scrupule qu'il n'y a rien dans le monde matériel qui ne soit étendu, rien dans le monde spirituel qui ne soit conscient. Mais ce serait nier l'évidence et soutenir l'absurde. Non, l'étendue, telle que la conçoivent les cartésiens, ne saurait expliquer à elle seule les phénomènes sensibles. Elle est synonyme d'état passif, d'inertie, de mort, et tout dans la nature est action, mouvement et vie. A moins donc de prétendre expliquer la vie par la mort et l'être par le non-être, il nous faut admettre, de toute nécessité, que le corps, considéré dans son essence, est autre chose qu'étendu.

Et en effet, l'état d'étendue, qui constitue la corporéité, ne suppose-t-il pas un *effort*, une force qui s'étend, une puissance à la fois de résistance et d'expansion? La matière est essentiellement résistance, et qui dit résistance dit activité. Derrière l'état (l'étendue) il y a l'*acte*, qui sans cesse le produit, le renouvelle (l'extension). Si tel corps plus grand se meut plus difficilement qu'un autre de moins d'étendue, c'est que le corps plus grand a une plus grande force de résistance. Ce qui a l'air d'être de l'inertie, de l'impuissance, est en réalité le fait d'une vie plus intense, d'un effort plus considérable. L'essence de la corporéité n'est donc pas l'étendue, mais la force d'extension, la force active[1]. La physique cartésienne, n'ayant pour objet que des masses inertes et des corps morts, se confond avec la mécanique et la géométrie ; mais la nature ne peut s'expliquer que par une notion métaphysique supérieure à toute notion purement mathématique et mécanique, et les principes mêmes de la mécanique, c'est-à-dire les premières lois du mouvement, ont une

---

[1] *Lettre sur la question de savoir si l'essence du corps consiste dans l'étendue* (éd. Erdmann, p. 113).

origine plus sublime que celle que les pures mathématiques peuvent fournir[1]. Cette notion supérieure, c'est la FORCE. C'est cette force de résistance qui constitue la matière. Quant à l'étendue, elle n'est autre chose qu'une abstraction; elle suppose quelque chose qui *s'étende*, qui *se répande*, qui *se continue*. L'étendue est la diffusion de ce quelque chose. Le lait, par exemple, est une étendue ou diffusion de la blancheur, le diamant, une étendue ou diffusion de la dureté; le corps en général est l'étendue de la matérialité. Par là l'on voit qu'il y a dans le corps quelque chose d'antérieur à l'étendue[2] (la force de s'étendre). La vraie métaphysique ne connaît point ces masses vaines, inutiles et dans l'inaction, dont parlent les cartésiens. *Il y a de l'action partout. Point de corps sans mouvement, point de substance sans effort*[3].

La force n'est sensible que dans ses effets; en elle-même elle est chose insensible et immatérielle; or elle est l'essence de la matière : donc la matière est, au fond, d'essence immatérielle. Ce paradoxe, qui est commun à Leibniz, à Bruno et à Plotin, supprime en principe le dualisme du monde physique et du monde moral. Essence de ce qui est étendu, la force elle-même n'est pas étendue; elle est donc indivisible et simple; elle est de plus primitive; car les choses composées seules sont dérivées et devenues; enfin, elle est indestructible, puisque, étant simple, elle ne saurait se décomposer. Un miracle seul pourrait l'anéantir.

Jusqu'ici Leibniz parle de la force comme Spinosa fait de la substance, et il semble qu'entre lui et son devancier il n'y ait qu'une différence de mots. Mais voici venir la divergence. La « substance » de Spinosa est infinie et unique, la « force » de

---

[1] *Lettre sur la question de savoir si l'essence du corps consiste dans l'étendue* (éd. Erdmann, p. 113). — [2] *Examen des principes de Malebranche* (Erdmann, p. 692). — [3] *Éclaircissement du nouveau système de la communication des substances*, p. 132.

Leibniz n'est ni l'un ni l'autre. S'il n'y avait qu'une substance unique de toutes choses, cette substance unique serait aussi la force unique ; elle seule pourrait agir par elle-même, et tout ce qui ne serait pas elle, serait inerte, impuissant, passif, ou plutôt n'existerait pas. Or, dans la réalité, c'est le contraire qui a lieu. Nous voyons les esprits agir par eux-mêmes, avec la conscience de leur responsabilité individuelle; nous voyons de même que chaque corps résiste à tous les autres et constitue par conséquent une force à part. Dira-t-on, en faveur du spinosisme, que les forces inhérentes aux choses sont autant de parties de la force unique? Mais cela ne se peut, puisque la force est essentiellement indivisible. Le monisme abstrait de Spinosa, en passant l'éponge sur l'infinie diversité des forces individuelles, est *un renversement de la nature des choses, une doctrine de la pire espèce*[1]. Où il y a action, il y a force active ; or il y a action en toutes choses, chacune constitue un centre d'activité à part : il y a donc autant de forces simples, indivisibles et primitives qu'il y a de choses.

Ces forces primitives ou *monades* peuvent se comparer à des points physiques et à des points mathématiques ; mais elles se distinguent des premiers en ce qu'elles n'ont pas d'étendue, et des seconds en ce qu'elles sont des réalités objectives. Leibniz les appelle *points métaphysiques ou de substance*[2] (à la fois exacts comme le point mathématique et réels comme le point physique), *points formels, atomes formels, formes substantielles* (style scolastique), pour indiquer que chacune constitue un individu indépendant de toutes les autres monades, agissant par lui-même et ne relevant que de lui-même dans sa forme, dans son caractère, dans toute sa manière d'être.

Ce qui se passe dans la monade ne procède que d'elle seule :

---

[1] *De ipsa natura, sive de vi insita actionibusque creaturarum*, § 8. Cf. *Lettre II à M. Bourguet*. — [2] *Nouveau système de la nature*, § 11.

aucune de ses modifications intérieures n'est l'effet d'une action étrangère. Douée d'une activité spontanée, d'une originalité qui exclut toute influence du dehors, elle se distingue de toutes les autres monades, et elle s'en distingue *à jamais*. Elle ne peut se confondre avec quoi que ce soit, éternellement elle ne peut être qu'elle-même (*principium distinctionis*). *Elle n'a point de fenêtres par lesquelles quelque chose y puisse entrer ou sortir* [1]. Distincte et exclusive de toutes les autres monades, chacune est « comme un monde à part, se suffisant à lui-même, indépendant de toute autre créature, enveloppant l'infini, exprimant l'univers [2]. » Il s'ensuit qu'il n'y a pas dans le monde deux êtres parfaitement similaires.

Mais voici une objection grave : si chaque monade constitue un monde à part, indépendant de tous les autres êtres, si aucune n'a de « fenêtres » par lesquelles elle puisse subir ou exercer une influence quelconque, s'il n'y a pas l'ombre d'action réciproque entre les individus, que devient l'univers et son unité? Spinosa a sacrifié à cette unité la réalité des individus; Leibniz ne tombe-t-il pas dans l'extrême contraire? N'y a-t-il pas, d'après ses prémisses, autant d'univers que d'atomes? Cette difficulté où tout atomisme se heurte nécessairement, Leibniz la tourne plutôt qu'il ne la résout. L'univers monolithe de Spinosa, il l'a brisé, fractionné, pulvérisé : d'où prendra-t-il le ciment pour rejoindre ces fragments infinitésimaux, pour reconstruire le ἕν καὶ πᾶν?

Ce principe synthétique, il le trouve dans l'*analogie* des monades et dans l'*harmonie préétablie*. Si chaque monade diffère de toutes les autres, il y a néanmoins entre elles une analogie et comme un air de famille. Toutes se ressemblent en ce que toutes sont douées de *perception* et de *tendance* ou d'*appétition* — Schopenhauer dira *volonté*. Celles qui sont aux derniers degrés

---

[1] *Monadologie*, § 7. — [2] *Nouveau système de la nature*, § 16.

de l'échelle universelle comme les plus élevées et les plus parfaites, sont des forces, des énergies, des *âmes*[1]. *Il n'y a que des âmes*, et ce que nous appelons l'étendue, le corps, n'est que perception confuse, phénomène, manifestation sensible de l'effort, c'est-à-dire de l'immatériel. Ainsi se trouve écarté à jamais le dualisme d'une matière stupide et d'un esprit *dénaturé*. «Ce qu'il y a de bon dans les hypothèses d'Épicure et de Platon, des plus grands matérialistes et des plus grands idéalistes, se réunit ici[2].» La matière est un rapport, mais un rapport d'exclusion, n'exprimant aucune manière d'être positive de la monade, comme le dit très bien l'expression négative d'impénétrable; la pensée (perception), au contraire, et la tendance (appétition) sont les attributs positifs, les manières d'être permanentes, non seulement des monades supérieures, mais de toutes sans exception. Leibniz insiste avec force sur l'universalité de la perception[3], et à qui objecte que les êtres inférieurs à l'homme ne *pensent* pas, il répond qu'«il y a une infinité de degrés dans la perception, et qu'il n'est pas nécessaire que cette perception soit une sensation[4]». Sa prédilection pour ce paradoxe est d'autant plus grande que les cartésiens s'obstinent davantage à nier toute analogie entre la pensée humaine et les phénomènes intellectuels chez les animaux. Les perceptions des êtres inférieurs sont infiniment petites, obscures, inconscientes, celles de l'homme sont claires et conscientes: voilà toute la différence entre l'âme et l'*esprit*, la perception et l'*aperception*.

Les perceptions de la monade ne vont pas, il est vrai, au delà d'elle-même. N'ayant point de «fenêtres par lesquelles quelque chose y puisse entrer ou sortir», elle ne peut que se percevoir elle-même. Nous-mêmes, monades supérieures, nous ne perce-

---

[1] *Monadologie*, §§ 19, 66, 82. — [2] *Réplique aux réflexions de Bayle*, p. 186. — [3] *Ad Des Bosses Epist. III*: Necesse est omnes entelechias sive monades perceptione præditas esse. — [4] *Lettre à M. des Maizeaux.*

vons pas autre chose que notre propre être, et nous ne connaissons directement que lui seul. Le monde proprement dit nous est parfaitement inaccessible, et ce que nous appelons monde n'est que la projection involontaire de ce qui se passe en nous. Si néanmoins nous connaissons ce qui se passe hors de nous, si nous avons une perception (indirecte) du monde extérieur, c'est parce que nous sommes, ainsi que toutes les monades, des représentants de l'univers, et que, par suite, ce qui se passe en nous est la reproduction en miniature de ce qui se passe en grand dans le macrocosme. La monade ne percevant directement qu'elle-même et son propre contenu, il s'ensuit qu'elle aura de l'univers une perception d'autant plus complète qu'elle-même en sera une image plus adéquate. Mieux une monade représente l'univers, mieux aussi elle *se* le représente. Si l'âme humaine *a* du monde une idée claire et distincte, c'est qu'elle *est* une image (*idea*) plus exacte et plus fidèle de l'univers que l'âme de l'animal et l'âme de la plante[1].

Toutes les monades représentent et perçoivent, ou, en un mot, reproduisent l'univers, mais à différents degrés et chacune à sa manière. En d'autres termes, il y a gradation dans la perfection des monades. Dans la hiérarchie ainsi formée, les monades plus parfaites règnent, les monades moins parfaites obéissent. D'après cela, il faut distinguer entre les individus physiques tels que la nature nous les offre, et les individus métaphysiques ou monades qui les composent. Une plante, un animal, n'est pas une monade, un individu au sens métaphysique, mais un agrégat de monades dont l'une règne et les autres obéissent. La monade-reine est ce que nous appelons l'âme de la plante, de l'animal, de l'homme; les monades servantes qui se groupent autour d'elle forment ce que nous appe-

---

[1] *Réplique aux réflexions de Bayle*, p. 184. — *Monadologie*, §§ 56-62. — *Principes de la nature et de la grâce*, § 3.

lons le corps. Chaque corps vivant, dit expressément Leibniz[1], a une entéléchie dominante, qui est l'âme dans l'animal, et les membres de ce corps vivant sont pleins d'autres vivants, plantes, animaux, dont chacun a encore son entéléchie ou âme dominante. Chaque monade, dit-il encore[2], est un miroir de l'univers selon son point de vue, accompagnée d'une multitude d'autres monades qui composent son corps organique, dont elle est la monade dominante[3].

Toutefois, en vertu de l'autonomie des monades, cette domination de la monade-reine n'est qu'idéale, et n'est pas une action réelle subie par les monades servantes[4]. De son côté, l'obéissance des monades servantes est toute spontanée. Elles ne se subordonnent pas à la monade dominante parce que celle-ci les y force, mais parce que *leur propre nature les y oblige*[5]. Dans la formation de l'organisme, les monades inférieures viennent se grouper spontanément autour des monades plus parfaites, lesquelles se groupent à leur tour et spontanément autour de la monade-reine. Cette formation peut se comparer à la construction d'un temple dont les colonnes viendraient se mettre spontanément à la place voulue, le chapiteau tourné vers le haut et le socle vers le bas. Un corps inorganique, un rocher, une masse liquide, est également un agrégat de monades, mais sans monade dominante. Ces corps ne sont pas inanimés; car chacune des monades qui les composent est tout à la fois une âme et un corps; mais ils paraissent inanimés parce que leurs monades constitutives, égales entre elles, n'obéissent point à une monade directrice et se tiennent en quelque sorte en équilibre.

---

[1] *Monadologie*, § 70. — [2] *Lettre à M. Dangicourt*, p. 746. — [3] *Extrait d'une lettre à M. Dangicourt*, p. 746. — *Monadologie*, § 70. — [4] *Monadologie*, § 51. — [5] *Ad Des Bosses Epist. XXX*: *Substantia agit quantum potest, nisi impediatur; impeditur autem etiam substantia simplex, sed naturaliter non nisi intus a se ipsa.*

D'après ces prémisses, on s'attend à voir le problème de l'action réciproque de l'âme et du corps se résoudre, chez Leibniz, de la manière la plus simple et la plus aisée. La pensée et l'étendue ne sont pas des substances qui se repoussent et s'excluent, mais les attributs distincts d'une même substance. Donc, semble-t-il, rien de plus naturel que d'admettre une connexion directe entre les faits intellectuels et les faits de l'ordre physiologique. Il n'en est rien cependant, et la métaphysique de Leibniz se trouve aussi impuissante que le cartésianisme en présence de ce problème capital. En effet, la connexion dont nous venons de parler n'aurait rien que de naturel si l'individu humain était une monade unique dont l'essence immatérielle fût l'âme, et la manifestation sensible, le corps. Si par le corps on entendait l'élément matériel inhérent à la monade-reine (car il faut se rappeler que chaque monade et par conséquent aussi la monade-reine ou l'âme par excellence est à la fois âme et corps), rien de plus légitime que de parler d'une action mutuelle de l'âme et du corps. Mais, nous venons de le constater, l'individu physique n'est pas une monade isolée, c'est une monade-reine entourée d'autres monades, et ce sont ces dernières, c'est ce groupe d'âmes subordonnées, qui constituent, à proprement parler, le corps de l'individu. Or les monades n'ont point de fenêtres; si au sein d'une même monade, de la monade dominante par exemple, il peut et doit y avoir rapport de causalité entre ses états successifs, ce rapport est impossible entre deux monades distinctes.

Non plus donc que chez Descartes, il ne peut être question chez Leibniz d'une action réelle et directe de la monade-reine sur les monades subordonnées, de l'âme sur le corps. Cette action n'est qu'apparente. Dans la sensation, l'âme a l'air de subir l'influence du corps, et de leur côté les parties du corps se remuent comme si elles étaient déterminées dans leurs mouvements par les volontés de l'âme. En fait, il n'y a ingérence étrangère ni de part ni d'autre. Rien de ce qui est dans l'âme, nulle volonté par exemple, ne saurait « pénétrer » dans les monades constituant le corps : donc point d'action directe de l'âme sur le corps, point de bras remué par un acte de volonté. Rien de ce qui est dans le corps ne saurait « pénétrer » dans la monade-reine : donc, point d'impressions venues dans l'âme par la voie des sens, mais innéité de toutes nos idées. Si le corps et l'âme ont l'air d'agir l'un sur l'autre, si l'un se meut quand l'autre le veut, si l'un perçoit et conçoit quand l'autre reçoit une impression physique, cela se fait en vertu d'une *harmonie préétablie*, grâce à laquelle les monades constitutives du corps et la monade-reine s'accordent nécessairement, comme deux horloges parfaitement réglées marchent invariablement d'accord [1].

La théorie de l'harmonie préétablie diffère sur un point important du système occasionaliste. Ce dernier admet une intervention spéciale de la Divinité toutes les fois qu'il s'agit de mettre d'accord l'âme et l'organisme physique, intervention consistant à régler l'âme sur le corps ou le corps sur les volontés de l'âme, comme un horloger réglant sans cesse une horloge sur l'autre. Selon Leibniz, la concordance des mouvements du corps et des états de l'âme est l'effet de la perfection de l'œuvre du créateur, comme l'accord perpétuel de deux horloges bien faites résulte de la sagesse du mécanicien qui les a construites. Ceux qui admettent une intervention perpétuelle du créateur dans son œuvre font de Dieu un horloger maladroit, incapable de construire un mécanisme parfait et obligé de remettre sans cesse la main à ce qu'il a fait. Non seulement Dieu n'intervient pas à tout moment, mais il n'intervient jamais. « M. Newton et ses sectateurs, dit Leibniz [2], ont une bien plaisante opinion de

---

[1] *Second éclaircissement du système de la communication des substances*, p. 133-134. — [2] *Lettre à Clarke*, p. 746.

Dieu et de son ouvrage. Selon eux, Dieu a besoin de remonter de temps en temps sa montre, autrement elle cesserait d'agir. Il n'a pas eu assez de vue pour en faire un mouvement perpétuel. Cette machine de Dieu est même tellement imparfaite selon eux, qu'il est obligé de la décrasser de temps en temps par un concours extraordinaire et même de la raccommoder comme un horloger son ouvrage, qui sera d'autant plus mauvais maître qu'il sera plus souvent obligé d'y retoucher et d'y corriger. . . . Mon système fait que les corps agissent comme s'il n'y avait point d'âmes, et les âmes, comme s'il n'y avait point de corps, et que tous deux agissent comme si l'un influait sur l'autre[1]. »

Peut-être[2], au point de vue théologique, l'harmonie préétablie de Leibniz est-elle préférable à l'hypothèse de l'assistance ou du concours perpétuel de la Divinité, mais elle ne satisfait pas plus que la théorie cartésienne la *curiosité* du philosophe. Dire que le corps et l'âme concordent dans leurs états respectifs en vertu d'une harmonie préétablie, c'est dire qu'une chose est parce qu'elle est; c'est l'ignorance de l'explication d'un fait, qui se cache sous les dehors d'une science supérieure à toutes les théories du passé; et en présence des éloges que les amis de Leibniz et Leibniz lui-même décernent à son système, on ne sait de quoi s'étonner davantage, ou de l'illusion dont se berce notre philosophe ou de la simplicité de ses admirateurs.

Nous avons constaté avec Leibniz une gradation dans la manière dont les monades réfléchissent l'univers : telle monade le réfléchit mieux que telle autre. Cela suppose une monade infime

---

[1] *Monadologie*, § 81. — [2] Nous disons *peut-être*; car on peut objecter à Leibniz que le miracle perpétuel affirmé par les cartésiens n'est pas un miracle au sens d'une interruption violente de la marche naturelle des choses, et ne l'est pas, précisément parce qu'il est perpétuel. Envisagée sous ce point de vue, l'harmonie préétablie, miracle accompli une fois pour toutes à l'origine des choses, est une conception philosophiquement inférieure à l'hypothèse cartésienne.

reproduisant l'univers de la façon la plus élémentaire possible, et une monade suprême, qui le réfléchit d'une manière parfaite : un positif et un superlatif. Entre ces deux termes extrêmes se développe la chaîne infinie des monades intermédiaires. Sur la ligne qui conduit de l'un à l'autre, chaque monade intermédiaire est un *point* différent et, par suite, un *point de vue* différent. Chacune, comme telle, se distingue de toutes les autres. Mais les monades sont en nombre infini. Il y a donc, sur la ligne idéale qui mène de la monade infime à la monade suprême, c'est-à-dire sur une ligne limitée de part et d'autre et *non infinie*, une *infinité* de points de vue différents. D'où il suit que les distances qui séparent ces points de vue sont *infiniment* petites, que la différence entre deux monades contiguës est insensible (*discrimen indiscernibile*).

A la lumière du principe de *continuité*[1] disparaissent les hiatus qu'on suppose exister entre le règne minéral et le règne végétal, le règne végétal et le règne animal[2], les distances infranchissables, les oppositions absolues : le repos apparaît désormais comme un mouvement infiniment petit, l'obscurité comme une clarté infiniment petite, la parabole comme une ellipse dont l'un des foyers est infiniment éloigné, la perception dans la plante comme une pensée infiniment confuse[3]. L'abîme creusé par le cartésianisme entre l'animal et l'homme se comble, et l'animal n'est plus qu'un homme imparfait, la plante, un animal imparfait. Leibniz ne songe pas, sans doute, à faire de l'homme un animal perfectionné. Chaque monade demeure éternellement elle-même, et l'âme de la plante ne peut se transformer, par conséquent, en une âme d'animal, ni une âme animale en une âme humaine. Mais il est certain que sa doctrine de la préexistence des monades, combinée avec celle de

---

[1] *Théodicée*, § 248. — [2] *Lettre IV à M. Bourguet*. — [3] *Nouveaux Essais*, Avant-propos.

leur développement indéfini, aboutit logiquement à la théorie transformiste. « J'accorde, écrit-il[1] à Des Maizeaux[2], une existence aussi ancienne que le monde, non seulement aux âmes des bêtes, mais généralement à toutes les monades ou substances simples, dont les phénomènes composés résultent.... » et quelques lignes plus haut : « Je crois que les âmes des hommes ont préexisté, *non pas en âmes raisonnables, mais en âmes sensitives seulement*, qui ne sont parvenues à ce degré supérieur, c'est-à-dire à la raison, que lorsque l'homme que l'âme devait animer a été conçu. » On ne peut dire plus clairement que l'homme a préexisté dans l'animal. Il semble même que les « âmes » de Leibniz préexistent, comme autant de germes, dans le monde inorganique. Dans l'état de préexistence, dit-il en effet, la monade qui sera l'âme est *toute nue*[3], sans corps, c'est-à-dire sans ce groupe de monades servantes qui seront ses organes, et par suite, dans une sorte d'étourdissement. C'est donc dans un état de tout point analogue à celui des corps inanimés que se trouvent, depuis l'origine des choses jusqu'à leur incarnation, les monades destinées à devenir soit des âmes animales, soit des âmes humaines.

L'entrée dans la vie actuelle (l'incarnation) n'est pas une métempsycose ou métasomatose, si l'on entend par ces termes l'introduction de l'âme dans un corps formé sans son concours. La vie future ne peut pas davantage être considérée à ce point de vue. En vertu de l'harmonie préétablie, le développement de l'âme et celui du corps sont parallèles, et, bien qu'il n'y ait pas communion réelle et immédiate entre la monade-reine et les monades servantes formant son corps, il y a entre ce dernier et l'âme corrélation idéale. Sous la réserve faite plus haut[4], il est exact d'appeler l'âme l'architecte du corps. Une âme

---

[1] Éd. Erdmann, p. 676. — [2] Biographe de Bayle et éditeur de son *Dictionnaire historique et critique*. — [3] *Monadologie*, § 24. — [4] Page 317.

quelconque ne peut se donner un corps quelconque, ni un corps quelconque lui servir d'organe[1]. A chaque âme son corps. Mais s'il n'y a pas métasomatose dans le sens d'un passage de l'âme dans un corps tout formé, il y a *métamorphose* et métamorphose perpétuelle[2]. L'âme change de corps, mais peu à peu et par degrés[3]. En vertu du principe de continuité, rien ne se fait par bonds, mais il y a en tout et partout des transitions insensibles.

La vie future ne saurait être incorporelle. Les âmes humaines et toutes les autres ne sont jamais sans quelque corps; Dieu seul, étant acte pur, en est entièrement exempt[4]. La monade-reine étant « primitive » comme toutes les monades, il n'y a pour elle ni création *ex nihilo* à l'entrée de la vie actuelle, ni destruction à la sortie. « Ce que nous appelons générations sont des développements et des accroissements; ce que nous appelons morts sont des enveloppements et diminutions. Il n'y a ni génération ni mort prise à la rigueur, et l'on peut dire que non seulement l'âme est indestructible, mais encore l'animal même, quoique sa machine périsse souvent en partie[5]. » Pour ce qui est des âmes raisonnables, il est permis d'admettre qu'elles passeront, à la sortie de la vie actuelle, « à un plus grand théâtre ». Leur immortalité d'ailleurs n'est pas l'effet d'une faveur divine particulière, un privilège de la nature humaine, mais une nécessité métaphysique, un fait universel embrassant tous les règnes de la nature. De même que chaque monade est aussi vieille que le monde, de même chacune « est aussi durable, aussi subsistante et aussi absolue que l'univers même des créatures[6] ». La plante, le vermisseau, n'est pas moins *incessable* que

---

[1] Cette expression ne peut jamais avoir chez Leibniz qu'un sens figuré, attendu qu'il n'y a entre le corps et l'âme aucun rapport effectif. — [2] *Principes de la nature et de la grâce*, § 6. — [3] *Monadologie*, § 72. — [4] *Nouveaux Essais*, II, 12. — [5] *Monadologie*, § 77. — [6] *Nouveau système de la nature*, § 16.

l'homme, l'ange et l'archange[1]. La mort n'est qu'une crise de la vie éternelle, une étape dans le développement sans fin de la monade.

Nous avons retrouvé chez Leibniz la substance étendue et pensante de Spinosa devenue force d'extension et de perception, et multipliée à l'infini : nous y rencontrons de même sa notion de *mode* et son déterminisme, mais sous une forme mitigée par la doctrine de la substantialité des individus. Nonobstant son inaliénable identité, la monade se développe continuellement. Notre auteur prend « pour accordé que tout être est sujet au changement, et par conséquent la monade créée aussi, et même que ce changement est continuel dans chacune[2] ». L'état de l'âme, comme du corps, est un état de changement, de tendance, d'appétition. Ce changement perpétuel, c'est la vie. Dans la série des états qui la composent, chacun est la conséquence logique de celui qui le précède et la source de l'état suivant. « Tout présent état d'une substance simple est naturellement une suite de son état précédent, tellement que le présent y est gros de l'avenir[3]. »

Il ne peut donc être question, pour l'âme humaine, d'une liberté d'indifférence. Dans le système de Leibniz, chaque substance ou monade est libre au même titre que la substance unique de Spinosa, c'est-à-dire qu'elle n'est déterminée par aucune puissance autre qu'elle-même ; mais, libre de toute détermination étrangère, elle n'est pas pour cela indépendante de sa propre nature, libre à l'égard d'elle-même. Le déterminisme de Leibniz est à celui de Spinosa ce que le déterminisme de

---

[1] *Ad Wagnerum*, p. 467 : *Qui brutis animas, aliisque materiæ partibus omnem perceptionem et organismum negant, illi divinam majestatem non satis agnoscunt, introducentes aliquid indignum Deo et incultum, nempe vacuum metaphysicum... Qui vero animas veras perceptionemque dant brutis, et tamen animas eorum naturaliter perire posse statuunt, etiam demonstrationem nobis tollunt, per quam ostenditur mentes nostras naturaliter perire non posse.* — [2] *Monadologie*, § 10. — [3] *Ibid.*, § 22.

saint Thomas est au prédestinatisme de saint Augustin : en permettant à chaque esprit d'être « comme une petite divinité dans son département », il atténue ce que le fatalisme a d'antipathique au sentiment moral, sans cesser d'appliquer aux faits moraux, comme aux phénomènes physiques, la loi de causalité et le principe de la raison suffisante. « Je suis très éloigné, dit-il, des sentiments de Bradwardine, de Wiclef, de Hobbes et de Spinosa, mais il faut toujours rendre témoignage à la vérité[1] », et cette vérité, c'est le déterminisme autonome : rien ne détermine les actes de l'âme, si ce n'est elle-même et ses actes antérieurs.

Si chaque monade est « comme une *petite* divinité dans son département », si chacune est un petit absolu, qu'est-ce que la Divinité par excellence, l'absolu proprement dit? A en juger par ce que nous avons vu jusqu'ici de la théorie des monades, il semble qu'elle substitue au monothéisme de Descartes et au panthéisme de Spinosa une sorte de polythéisme, à la conception monarchique de l'univers une sorte de république cosmique gouvernée par la loi de l'harmonie. Mais si telle est peut-être l'arrière-pensée de Leibniz, ce n'est pas du moins sa doctrine exotérique. L'harmonie qui gouverne l'univers est une harmonie *préétablie par Dieu :* elle n'est pas elle-même l'absolu. Les monades, qui « sont les véritables Atomes de la nature et les Éléments des choses[2] », n'en sont pas moins créées[3]. Elles sont indestructibles, mais un miracle peut les annihiler[4]. C'est-à-dire qu'elles ne sont ni absolument primitives et incessables, ni, en un mot, l'absolu ; mais elles dépendent d'une Divinité, « unité primitive ou substance simple originaire, dont toutes les monades créées ou dérivatives sont des productions et naissent, pour ainsi dire, par des fulgurations continuelles, de moment en moment[5] ». Il y a donc des monades créées d'une part, une

---

[1] *Théodicée*, II. — [2] *Monadologie*, § 3. — [3] *Ibid.*, § 47. — [4] *Ibid.*, § 6. — [5] *Ibid.*, § 47.

monade incréée, la Monade des monades, de l'autre; les unes finies et relatives, l'autre, infinie et absolue.

Cette Monade des monades n'est pas, comme chez Bruno, l'univers même, considéré comme infini; elle est un Dieu réel, c'est-à-dire distinct de l'univers; et la preuve de son existence, Leibniz la tire du principe de la raison suffisante. « Cette raison suffisante de l'existence de l'univers ne se saurait trouver dans la suite des choses contingentes, c'est-à-dire des corps et de leurs représentations dans les âmes; parce que, la matière étant indifférente en elle-même au mouvement et au repos, et à un mouvement tel ou autre, on n'y saurait trouver la raison du mouvement, et encore moins d'un tel mouvement. Et quoique le présent mouvement, qui est dans la matière, vienne du précédent, et celui-ci encore d'un précédent, on n'en est pas plus avancé, quand on irait aussi loin que l'on voudrait; car il reste toujours la même question. Ainsi, il faut que la raison suffisante, qui n'ait plus besoin d'une autre raison, soit hors de cette suite des choses contingentes, et se trouve dans une substance qui en soit la cause ou qui soit un être nécessaire, portant la raison de son existence avec soi; autrement on n'aurait pas encore une raison suffisante où l'on pût finir. Et cette dernière raison des choses est appelée Dieu. Cette substance simple primitive doit renfermer éminemment les perfections contenues dans les substances dérivatives qui en sont les effets; ainsi elle aura la puissance, la connaissance et la volonté parfaites, c'est-à-dire, elle aura une toute-puissance, une omniscience et une bonté souveraines [1]. » Tout en protestant contre l'anthropomorphisme, Leibniz parle de Dieu comme ayant « *choisi*, en produisant l'univers, le meilleur plan possible.... et surtout les lois du mouvement les mieux ajustées et les plus convenables aux raisons abstraites ou métaphysiques.... » celle par exemple en

---

[1] *Principes de la nature et de la grâce*, §§ 8-9.

vertu de laquelle « il s'y conserve toujours la même quantité de la force totale et absolue », et cette autre en vertu de laquelle « l'action est toujours égale à la réaction [1] ».

La difficulté où se heurte la théologie leibnizienne est la même que chez Descartes. Ce dernier a dû convenir que le mot « substance » appliqué à Dieu n'a pas la même signification que pour la créature et que, par conséquent, cette dernière n'est pas une substance au sens propre : remarque d'où était sorti le système de Spinosa. De même la théologie de Leibniz semble provoquer ce dilemme : ou bien Dieu est une monade, et dans ce cas les êtres finis ne sont pas des monades au sens strict du mot (ce qui renverse la monadologie); ou bien les êtres créés sont des monades, et alors, à moins d'assimiler Dieu aux créatures, on ne peut dire de lui qu'il soit une monade. Mais le génie souple et prévoyant de Leibniz sait tirer parti même de ses défaites. Si pour notre intelligence l'idée de Dieu est confuse et contradictoire, elle ne l'est pas en elle-même. Le fait qu'en considérant l'absolu nous nous perdons dans d'insolubles difficultés, prouve seulement que l'âme humaine n'est pas la monade des monades, qu'elle occupe sur l'échelle des substances un rang distingué, mais non le rang suprême. Forcément donc, et par la nature même des choses, nous n'avons de l'Être suprême qu'une idée confuse. De même que la plante a une perception confuse de l'animal, l'animal une perception confuse de l'homme, de même l'homme n'a des êtres supérieurs et de l'Être suprême qu'une perception indistincte et un vague pressentiment. Pour avoir de Dieu une notion adéquate, il faudrait être Dieu, et le fait que cette notion nous fait défaut trouve son explication naturelle dans la transcendance de l'Être suprême. Dieu est surnaturel ou transcendant par rapport à l'homme, comme

---

[1] *Principes de la nature et de la grâce*, §§ 10-11. — Comp. *Théodicée*, III, 345.

l'homme est un être surnaturel à l'égard de l'animal, l'animal un être surnaturel à l'égard de la plante et ainsi de suite. Si l'on entend par raison la mesure de l'entendement humain, Dieu, en tant que dépassant la nature humaine (surnaturel), est aussi supra-rationnel, c'est-à-dire qu'il dépasse l'intelligence humaine d'autant que sa perfection dépasse la nôtre.

On voit avec quelle habileté le philosophe de l'universelle conciliation s'acquitte de son rôle de médiateur entre la science et le christianisme. Au contraire des philosophes anglais, ses contemporains, qui, en nominalistes convaincus, tendent de plus en plus à isoler l'une de l'autre la religion et la philosophie, il reprend en sous-œuvre la tâche des saint Anselme et des saint Thomas. Négocier une alliance entre la philosophie et la foi, et, si possible, entre le luthéranisme et le catholicisme, telle est sa suprême ambition. Sa devise est celle des scolastiques : accord absolu entre le dogme de l'Église et la raison humaine[1]. Il s'indigne contre ceux qui distinguent entre la vérité philosophique et la vérité religieuse, distinction à la faveur de laquelle les libres penseurs de la Renaissance échappaient à l'anathème, et il en veut à Descartes de ce qu'il évite habilement de parler des mystères de la foi, comme si on pouvait admettre une philosophie inconciliable avec la religion, ou comme si une religion pouvait être vraie qui répugne à des vérités démontrées ailleurs[2].

Il est facile, au surplus, de voir percer le rationalisme à travers son apparente orthodoxie. S'il proclame le théisme, c'est au nom de la philosophie; s'il affirme le surnaturel, c'est au nom de la raison et, en quelque sorte, par rationalisme. Il

---

[1] Rien ne caractérise mieux la tendance essentiellement scolastique de Leibniz que ce titre d'une de ses dernières compositions : *Principes de la nature et de la grâce, fondés en raison* (1714), et cet autre titre : *Discours de la conformité de la foi avec la raison* (Introduction à la *Théodicée*). —
[2] *De vera methodo philosophiæ et theologiæ*, p. 111.

admet si peu une transcendance absolue de l'Être divin que ce qui dépasse la raison humaine ne saurait, selon lui, la contredire. Ainsi que d'ailleurs l'ancienne scolastique l'a déjà fait, il ne cesse de rappeler que ce qui est supra-rationnel n'est pas pour cela *contre* la raison, que ce qui est décidément contradictoire à la raison ne saurait être vrai en religion. En vertu de l'analogie universelle, il faut qu'il y ait analogie, accord, harmonie, entre la raison divine et la raison humaine, et un antagonisme radical entre le créateur et la créature ne se conçoit pas. Grâce à cet accord, l'homme possède *naturellement* la foi en Dieu et en l'immortalité de l'âme, ces deux doctrines centrales de toute religion, et la révélation ne fait que hâter l'éclosion des vérités dont le germe a été déposé dans l'esprit humain par le créateur. Il est évident que dans la pensée de Leibniz le christianisme se réduit aux proportions mesquines du déisme, et la révélation, à une simple sanction des principes de la religion naturelle.

Pouvait-il d'ailleurs ne pas incliner au rationalisme théologique, pouvait-il admettre sérieusement l'illumination de l'âme par une révélation surnaturelle, celui qui niait que les âmes eussent des « fenêtres par lesquelles quelque chose pût entrer ou sortir » ? Pouvait-il admettre au sens propre une intervention spéciale de Dieu dans l'histoire, celui qui plaisantait les cartésiens et Newton au sujet des interventions de leur Dieu dans la marche du monde? Si l'on croit à la révélation, il faut admettre aussi que Dieu a donné ou peut donner à l'âme des moyens de communiquer avec le monde extérieur, des fenêtres, pour nous servir de l'expression de Leibniz. Or si Dieu peut donner à la monade intelligente des fenêtres, c'est qu'il ne répugne pas à la nature de celle-ci d'en avoir, c'est qu'elle *peut* en avoir. Ce qui veut dire qu'elle peut cesser d'être une force absolument spontanée, reine absolue dans son domaine, et, pour tout dire, cesser d'être une monade. Leibniz n'a que le choix entre sa théorie des monades et de l'harmonie préétablie, excluant, selon sa déclaration formelle [1], toute intervention spéciale du créateur, et l'abandon de son système au profit de la foi de l'Église.

Un trait caractéristique du rationalisme leibnizien, c'est l'insistance avec laquelle l'auteur de la *Théodicée* subordonne, avec saint Thomas, la volonté de Dieu à la raison divine et à ses lois éternelles, contrairement à la doctrine de Descartes et de ses maîtres, les scotistes et les jésuites, qui font dépendre de la volonté divine non seulement les vérités métaphysiques et morales, mais même les axiomes mathématiques. « Il ne faut pas, dit-il [2], s'imaginer avec quelques-uns que les vérités éternelles, étant dépendantes de Dieu, sont arbitraires et dépendent de sa volonté, comme Descartes paraît l'avoir pris et puis M. Poiret [3]... Il n'y a rien de si déraisonnable... Car si la justice (par exemple) a été établie arbitrairement et sans aucun sujet, si Dieu y est tombé par une espèce de hasard, comme lorsqu'on tire au sort, sa bonté et sa sagesse n'y paraissent pas, et il n'y a rien aussi qui l'y attache. Et si c'est par un décret purement arbitraire, sans aucune raison, qu'il a établi ou fait ce que nous appelons la justice et la bonté, *il les peut défaire et en changer la nature*, de sorte qu'on n'a aucun sujet de se promettre qu'il les observera toujours... Il n'est guère plus contraire à la raison et à la piété de dire (avec Spinosa) que Dieu agit sans connaissance, que de vouloir qu'il ait une connaissance qui ne trouve point *les règles éternelles de la bonté et de la justice* parmi ses objets ; ou enfin qu'il ait une volonté qui n'ait pas d'égard à ces règles [4]. »

Le Dieu de Leibniz n'est donc pas un monarque à l'orientale, c'est un souverain lié par des lois qu'il ne peut défaire, une sorte

---

[1] *Principes de la nature et de la grâce*, § 13. — [2] *Monadologie*, § 46. — [3] Pasteur à Hambourg, originaire de Metz (1646-1719). Aux idées *innées* de Descartes, dont il est d'abord le disciple, et aux idées *acquises* de Locke, il oppose sa théorie mystique des idées *infuses*, c'est-à-dire communiquées par une inspiration d'en haut (*Œconomie divine*, 7 vol., Amsterdam, 1687 ; etc.). — [4] *Théodicée*, II, 176-177.

de roi constitutionnel et de premier fonctionnaire de l'univers plutôt que l'autocrate tout-puissant de Tertullien et de Duns Scot. Il ressemble au Dieu de Montesquieu qui « a ses lois », plutôt qu'à celui des théologiens indéterministes. La puissance suprême, ce n'est pas la *seule* volonté de Dieu, c'est sa volonté régie par les lois éternelles de son intelligence, lois qui déterminent son action sans lui faire violence, puisqu'elles constituent le fond même de sa nature. Au lieu de dire *la nature de Dieu*, Spinosa avait dit *la nature* tout court. Selon Leibniz, l'Être suprême est une nature se manifestant à travers une volonté personnelle; selon Spinosa, il est une nature agissant sans cet intermédiaire, ou si mieux on l'aime, une volonté inconsciente : il y a donc déterminisme de part et d'autre, quelque indignées que soient d'ailleurs les protestations de Leibniz contre le juif d'Amsterdam.

Déterminé, dans la création des choses, par sa raison infinie, Dieu a nécessairement créé le meilleur des mondes possibles. Le mal n'est que dans le détail des choses et sert à rehausser l'éclat du bien : l'ensemble est souverainement parfait. La *Théodicée*, qui traite de la question du mal physique, métaphysique et moral, et qui a pour but de réfuter ceux qui en font un argument contre la Providence, est un livre populaire plutôt que scientifique. Ce qui étonne, c'est la manière presque familière dont l'auteur parle de Dieu, qui a l'air de l'avoir initié aux plus intimes secrets de sa nature. Leibniz, qui sait de science certaine que Dieu n'est pas l'auteur libre des lois de la nature et de la morale, que sa volonté dépend de son intelligence, qu'il a créé nécessairement le meilleur des mondes possibles, n'a-t-il pas déclaré Dieu supra-rationnel? Et n'est-il pas étrange de le voir, ainsi que tant de théologiens, commencer par reléguer l'Être des êtres dans le domaine du mystère, et puis, le caractériser, le portraiter, dresser l'inventaire complet de ses attributs, comme on décrit une plante ou un minéral? En ceci, comme aussi par la position qu'il prend à l'égard de l'empirisme, Leibniz, si grand, si neuf, si moderne dans sa monadologie, appartient encore à la lignée des scolastiques.

Mais le temps était venu pour l'ontologie de passer par le crible de la critique : le débat entre Leibniz et l'Anglais Locke sur l'origine des idées fut le prélude de cette évolution capitale dans l'histoire de la philosophie moderne.

Par suite de son principe « que la monade n'a point de fenêtres » il ne peut admettre que nos connaissances procèdent d'ailleurs que de l'âme elle-même. Rien ne peut y entrer; donc, à dire vrai, point d'observation directe des faits extérieurs, point d'expérience possible. L'expérience par la voie des sens est une illusion; elle n'est au fond qu'une spéculation confuse. C'est toujours l'âme, et l'âme seule, qui est à la fois le sujet et l'objet de la sensation. Ce que nous percevons et expérimentons, c'est toujours nous-mêmes. Tout dans l'esprit est production spontanée, pensée, spéculation. C'est le degré de clarté ou de confusion de la pensée qui la fait apparaître soit comme le résultat d'une impression du dehors, soit comme éclose du propre fonds de l'esprit. La pensée, d'ailleurs, pour être autonome, n'est pas arbitraire et sans loi. Les règles souveraines suivant lesquelles elle opère sont le principe de la contradiction et celui de la raison suffisante. Mais elle est indépendante de toute influence étrangère à la monade pensante, autour de laquelle le *principium distinctionis* élève comme un mur infranchissable. Aussi, à l'Anglais Locke et à sa négation des idées innées [1] Leibniz répond-il que rien n'est inné à l'entendement *excepté l'entendement même*, et avec lui, le germe de toutes les idées [2].

---

[1] *Essai sur l'entendement humain*, ch. I. — [2] *Nouveaux Essais*, Avant-propos : Nous sommes innés à nous-mêmes pour ainsi dire. — *Ibid.*, II, 1 : *Nihil est in intellectu, quod non fuerit in sensu, excipe: nisi ipse intellectus.*

La divergence entre Leibniz et Locke semble minime : Locke, en effet, ne nie en aucune façon le pouvoir inné à l'esprit de former des idées, et Leibniz accorde que les idées ne préexistent pas *actuellement* dans l'esprit, mais virtuellement, comme les veines du marbre préfigurent la statue qui en sortira. Ou bien donc cette expression : existence virtuelle ou potentielle des idées dans l'esprit, n'a pas de sens, ou elle est synonyme de puissance (*potentia, virtus*), faculté de l'esprit de former des idées, faculté que Locke est le premier à reconnaître. Mais sous ce débat de peu d'importance apparente il y avait la lutte suprême du moyen âge et de la philosophie moderne, du spéculativisme qui va des conceptions aux faits, et de la méthode positive qui procède des faits aux conceptions. Ce que Locke combat ce n'est pas seulement le principe idéaliste, c'est surtout le préjugé qu'il abrite, savoir que le raisonnement *a priori* dispense le philosophe de l'observation directe des faits. En se déclarant contre l'auteur de l'*Essai sur l'entendement humain*, Leibniz, plus profond d'ailleurs et plus spéculatif, prend parti pour l'École, c'est-à-dire pour le passé contre l'avenir.

Il ne manquait à ses doctrines que la forme scolastique. Le mathématicien Christian Wolf[1] se chargea de la leur donner. Mais elles renfermaient une perle précieuse entre toutes : l'idée de la force active, substituée au dualisme de la pensée et de l'étendue, et cette perle disparut dans le laborieux remaniement que le professeur de Halle leur fit subir. Esprit net et systéma-

---

[1] 1679-1754. Professeur à Halle, d'où l'influence piétiste réussit à l'éloigner, mais où le rappelle Frédéric II. — Œuvres latines : *Oratio de Sinarum philosophia*, Halle, 1726. — *Philosophia rationalis sive logica methodo scientifica pertracta*, Francf. et Leipz., 1728. — *Philosophia prima s. ontologia*, ibid., 1730. — *Cosmologia generalis*, ibid., 1731. — *Psychologia empirica*, ibid., 1732. — *Psychologia rationalis*, ibid., 1734. — *Theologia naturalis*, 1736-37. — *Jus naturæ*, 1740. — *Philosophia moralis sive ethica*, Halle, 1750. — *Philosophia civilis sive politica*, ibid., 1746. — *Jus gentium*, 1750; et un nombre considérable de traités en langue allemande.

tique, mais de moindre envergure, il ressuscite les substances étendues et les substances pensantes du cartésianisme, sans se douter qu'il supprime du même coup l'idée centrale et vraiment féconde de la *Monadologie*. Ainsi remaniée et divisée en ontologie, psychologie, cosmologie et théologie rationnelles, la métaphysique leibnizo-wolfienne domine dans les écoles allemandes jusqu'à l'avènement du kantisme [1].

[1] Les principaux disciples de Leibniz-Wolf sont : Ludovici (*Précis de l'Histoire de la philosophie de Wolf*, all., 1725), Bilfinger (1693-1750; auteur de nombreux et lucides commentaires sur la philosophie de Wolf et de Leibniz), Thümming (*Institutiones philosophiæ Wolfianæ* etc.), Baumgarten (1714-1762), qui, dans ses *Æsthetica*, 2 vol., 1750-58, ajoute aux sciences philosophiques, sous le nom d'*esthétique*, la théorie du beau dans les arts; etc. Kant lui-même est le disciple de Wolf avant d'être son adversaire, et c'est encore à Wolf qu'il faut rattacher les nombreux porte-voix de l'*Aufklärung* allemande, antérieure à l'apparition des *Critiques* (Reimarus, Moyse Mendelssohn, Lessing, Nicolaï, etc.)

DEUXIÈME PÉRIODE

Age de la critique.

§ 57. John Locke.

L'auteur du livre critiqué par Leibniz, John Locke[1], était né à Wrington dans le Sommersetshire. Compatriote d'Occam et des deux Bacon, il continuait la tendance antimystique et positiviste, qui est le trait dominant de la philosophie anglaise. L'étude de la médecine lui avait révélé l'inanité de la science scolastique. Ce qui, selon lui, perpétuait les traditions d'*a priori* et l'ignorance de la réalité, c'était la doctrine platonicienne de l'innéité des vérités métaphysiques, morales et religieuses, doctrines dont Ralph Cudworth[2] et Descartes lui-même s'étaient constitués les défenseurs. En effet, si la vérité est innée à l'esprit, inutile de la chercher au dehors par l'observation et l'expérimentation de la nature; par la spéculation *a priori*, la méditation, le raisonnement, nous la tirons de notre propre fonds, comme l'araignée tire de sa propre substance la matière de sa toile. Dans cette hypothèse, Descartes est conséquent lorsqu'il « ferme les yeux, se bouche les oreilles », fait abstraction de tout ce qui lui est venu par le canal des sens, et il cesse de l'être quand il se livre à d'assidues études d'anatomie et de phy-

---

[1] 1632-1704. — Ses *Œuvres complètes* ont été publiées en 9 volumes, Londres, 1853, et ses *Œuvres philosophiques*, dans la même ville, même date. — Après l'*Essai sur l'entendement humain*, le plus remarquable de ses écrits sont ses *Pensées sur l'éducation* (*Thoughts on education*) Londres, 1693, en anglais, et Amst., 1705, en français. — V. Cousin, *La philosophie de Locke*, 4ᵉ éd, Paris, 1861. — [2] 1617-1688. — Son ouvrage capital, *The true intellectual system of the universe* (Londres, 1678) oppose aux conclusions matérialistes de Th. Hobbes un platonisme christianisé dont on retrouve l'influence chez les Malebranche, les Leibniz, les Bonnet, les Herder.

siologie. Fermer les yeux, se boucher les oreilles, faire abstraction du monde réel, telle était bien la méthode favorite de la métaphysique des monastères et des universités. Et on la pratiquait aussi longtemps qu'on était convaincu que la source de nos idées jaillit au dedans de nous. Pour déterminer les philosophes à « ouvrir les yeux au monde réel », il fallait donc leur prouver que c'est bien de là que nous viennent toutes nos idées par le moyen de la sensation : il fallait démontrer que nos idées ne sont pas innées, mais acquises.

C'est ce qu'entreprit J. Locke, dans son *Essay concerning human understanding* (Londres, 1690), traduit par Coste (1700) avec d'importantes additions de l'auteur anglais : ouvrage capital, qui ouvre la série des recherches dont la *Critique* de Kant sera le couronnement. Son but est : 1° de rechercher quelle est l'origine de nos idées; 2° de montrer quelle est la certitude, l'évidence et l'étendue de notre connaissance; 3° d'obliger la philosophie à renoncer à ce qui dépasse la compréhension humaine, *en marquant nettement les limites de sa compétence*[1].

Il n'y a pas de connaissance innée : telle est la thèse révolutionnaire qu'il oppose, dès l'abord, à l'idéalisme.

Comme il est évident que les enfants nouveau-nés, les idiots et même la masse des hommes illettrés n'ont pas la moindre aperception des axiomes prétendus innés, les partisans de l'innéité sont obligés d'admettre que l'esprit peut avoir des idées sans en avoir conscience[2]. Mais dire qu'une notion est gravée dans l'âme et soutenir en même temps que l'âme ne la connaît pas, c'est faire de cette perception un pur néant. Si ces

---

[1] *Essai*, trad. Coste, Avant-propos, p. 3-4. — [2] C'est ainsi que Leibniz parle de perceptions inconscientes, et Leibniz a raison, quoi qu'en pense le philosophe anglais; son seul tort est de méconnaître que les perceptions inconscientes ont besoin, pour devenir conscientes, d'une sollicitation extérieure, sollicitation que son système préconçu lui défend d'admettre.

mots, *être dans l'entendement*, emportent quelque chose de positif, ils signifient *être aperçu et compris par l'entendement* : si donc l'on soutient qu'une chose est dans l'entendement, et qu'elle n'est pas conçue par l'entendement, qu'elle est dans l'esprit sans que l'esprit l'aperçoive, cela revient à dire qu'*une chose est et n'est pas dans l'entendement*. Il est vrai qu'il y a certaines idées, dont la connaissance est dans l'esprit de fort bonne heure. Mais si nous y prenons garde, nous trouverons que ces sortes de vérités sont composées de vérités acquises, et nullement innées[1]. C'est par degrés que nous acquérons des idées, que nous apprenons les termes dont on se sert pour les exprimer et que nous venons à en connaître la véritable liaison[2]. Le consentement universel des hommes touchant certaines vérités ne prouve pas que celles-ci nous soient innées; car personne ne connaît ces vérités avant d'en avoir ouï parler. Or si elles étaient innées, quelle nécessité y aurait-il de les proposer pour les faire recevoir? Une vérité innée et inconnue est une contradiction *in adjecto*.

Les principes de morale ne sont pas plus innés que les autres, à moins qu'on n'appelle ainsi l'envie d'être heureux et l'aversion pour la misère, tendances véritablement innées, mais qui ne sont pas les expressions de quelque vérité gravée dans l'entendement[3]. Sur ce terrain, le consentement universel ne peut être invoqué dans aucun cas : car les idées morales varient de peuple à peuple, de religion à religion. L'observation des contrats, par exemple, est sans contredit l'un des plus incontestables devoirs de la morale. Mais si vous demandez à un chrétien qui croit à des récompenses et des peines après cette vie, pourquoi l'on doit tenir sa parole, il en rendra cette raison, c'est que Dieu, qui est l'arbitre du bonheur et du malheur éternel, nous le commande. Un disciple de Hobbes à qui vous ferez la même question, vous

---

[1] P. 21. — [2] P. 20. — [3] P. 40.

dira que le public le veut ainsi et que le *Léviathan* vous punira, si vous faites le contraire. Enfin un philosophe païen aurait répondu que violer sa promesse c'est faire une chose déshonnête, indigne de l'excellence de l'homme et contraire à sa destination, qui est la vertu parfaite.

On oppose à Locke le fait que la conscience nous reproche l'infraction des règles de la morale. Mais la conscience n'est que *l'opinion que nous avons nous-mêmes de ce que nous faisons*[1], et si la conscience était une preuve de l'existence de principes innés, ces principes pourraient être opposés les uns aux autres, puisque certaines personnes font par principe de conscience ce que d'autres évitent par le même motif. Les sauvages ne commettent-ils pas, sans aucun remords, des actions énormes? De ce qu'une règle de morale est violée il ne s'ensuit pas, sans doute, qu'elle est inconnue. Mais ce qui est impossible, c'est d'admettre qu'une nation tout entière rejetât publiquement ce que chacun de ceux qui la composent reconnaîtrait certainement et infailliblement être une loi morale. Une règle de pratique violée en quelque endroit du monde *d'un consentement général*, ne saurait passer pour innée. Admettre que les principes de pratique sont innés, c'est déclarer inutile toute éducation morale.

Ce n'est pas à dire qu'il n'y ait que des lois positives. Il y a une grande différence entre une loi innée et une loi de nature, entre une vérité gravée originairement dans l'âme et une vérité que nous ignorons, mais dont nous pouvons acquérir la connaissance en nous servant comme il faut de nos facultés naturelles. Voyez d'ailleurs l'origine d'une foule de doctrines qui passent pour des axiomes indubitables : sans autre source que la superstition d'une nourrice ou l'autorité d'une vieille femme, elles deviennent souvent, par la longueur du temps et le consentement des voisins, autant de principes de religion et de morale.

---

[1] P. 44.

L'esprit de l'enfant reçoit les impressions qu'on veut lui donner, semblable à du papier blanc sur lequel vous écrivez tels caractères qu'il vous plaît. Instruit de cette manière et venant à faire réflexion sur lui-même lorsqu'il est parvenu à l'âge de raison, il ne trouve rien dans son entendement de plus vieux que ces opinions, et en conséquence il s'imagine que ces *pensées, dont il ne peut découvrir en lui-même la première source, sont des impressions de Dieu et de la nature, et non des choses que d'autres hommes lui ont apprises* [1].

Comment du reste une vérité, c'est-à-dire une proposition, serait-elle innée, si les idées dont elle se compose ne le sont pas? Pour qu'une proposition fût innée, il faudrait que certaines idées le fussent; mais, excepté peut-être quelques faibles idées de faim, de chaleur et de douleur qu'ils peuvent avoir senties dans le sein de leur mère, il n'y a nulle apparence que les enfants nouveau-nés aient aucune idée établie. L'idée de Dieu elle-même n'est pas innée; car, sans parler des individus qui se disent athées et qui le sont en effet, il y a des peuples entiers qui n'ont aucune idée de Dieu, ni aucun terme pour l'exprimer. De plus, cette idée varie à l'infini, depuis l'anthropomorphisme grossier jusqu'au déisme des philosophes. D'ailleurs elle serait universelle et partout la même, qu'elle n'en serait pas plus innée pour cela que l'idée du feu; car il n'y a personne qui ait quelque idée de Dieu, qui n'ait aussi l'idée du feu [2].

L'âme est originairement *table rase*. La source de toutes nos idées, le fondement de toutes nos connaissances, c'est l'expérience, c'est-à-dire les observations que nous faisons sur les objets extérieurs et sensibles, ou sur les opérations intérieures de notre âme. La *sensation*, pour les objets extérieurs, la *réflexion*, pour les faits internes : il n'y a pas, dans l'esprit, une seule idée qu'il ne reçoive de l'un de ces deux principes. C'est de la

---

[1] P. 62. — [2] P. 73.

sensation que viennent les premières idées de l'enfant, et ce n'est qu'à un âge plus avancé qu'il fait une réflexion sérieuse sur ce qui se passe au dedans de lui. L'étude du langage vient à l'appui de cette thèse. En effet, tous les mots dont nous nous servons dépendent des idées sensibles, et ceux qu'on emploie pour désigner des actions et des notions tout à fait éloignées des sens, tirent leur origine de ces mêmes idées sensibles, d'où ils sont transférés à des significations plus abstraites. Ainsi les mots *imaginer, comprendre, s'attacher, concevoir, dégoûter, trouble, tranquillité*, etc., sont tous empruntés des opérations des choses sensibles et appliqués à certains modes de penser. Le mot *esprit* dans sa première signification, c'est le *souffle*, et celui d'*ange* signifie *messager*. Si nous pouvions conduire tous les mots jusqu'à leur source, nous trouverions certainement que, dans toutes les langues, les mots employés pour les choses qui ne tombent pas sous les sens, ont tiré leur première origine d'idées sensibles [1]. Suivez un enfant depuis sa naissance, observez les changements que le temps produit en lui, et vous trouverez que l'âme, venant à se fournir de plus en plus d'idées par le moyen des sens, se réveille pour ainsi dire de plus en plus, et pense davantage à mesure qu'elle a plus de matière pour penser.

Si donc on demande quand nous commençons à penser, Locke répond que c'est depuis que la sensation nous en fournit les matériaux. Nous ne pensons pas avant de sentir. *Nihil est in intellectu quod non antea fuerit in sensu.* Selon les idéalistes, la pensée est l'essence de l'âme et l'âme ne peut ne pas penser; elle pense avant et indépendamment de toute sensation; elle pense toujours, alors même qu'elle n'en a pas conscience. Mais l'expérience, qui seule peut trancher la question, ne le prouve en aucune manière, et *il n'est pas plus nécessaire à l'âme de penser qu'il ne l'est au corps d'être en mouvement* [2]. La conti-

---

[1] P. 498. — [2] P. 99-104.

nuité absolue de la pensée est une de ces hypothèses qui ne reposent sur aucun fait d'expérience. On ne saurait penser et ne pas s'apercevoir qu'on pense. Autant vaudrait soutenir que l'homme a toujours faim, mais qu'il ne le sent pas toujours[1]. La pensée dépend entièrement de la sensation. Dans ses plus sublimes idées, dans ses plus hautes spéculations, elle ne dépasse pas le cercle des idées que la sensation et la réflexion lui présentent. L'esprit est, à cet égard, purement passif. Les idées particulières des objets sensibles s'introduisent dans notre âme, soit que nous voulions, soit que nous ne voulions pas. Quand elles se présentent à l'esprit, l'entendement n'a pas plus la puissance de les refuser, de les altérer ou de les effacer qu'un miroir ne peut refuser, altérer ou effacer les images des objets placés devant lui[2].

Il y a deux sortes d'idées, les unes *simples*, les autres *composées*. Les idées simples, qui sont comme la matière première de toutes nos connaissances, ne sont suggérées à l'âme que par les deux voies indiquées plus haut: la sensation et la réflexion. Passive dans la formation des idées simples, l'âme est active, au contraire, dans la formation des idées complexes. Elle *reçoit* les premières, elle *fait* les secondes. Lorsqu'une fois elle a reçu les idées simples, elle a la puissance de les répéter, de les composer, de les unir ensemble avec une variété presque infinie, et de former par ce moyen de nouvelles idées complexes. Mais l'esprit le plus fécond ne saurait former aucune nouvelle idée simple qui ne vienne par voie de sensation et de réflexion. L'empire que l'homme a sur ce petit monde qu'on appelle son entendement est le même que celui qu'il exerce dans ce grand monde d'êtres visibles, et qui, malgré tout l'art et toute l'adresse imaginables, ne s'étend au fond qu'à composer et à décomposer les matériaux mis à sa disposition par la nature, *sans pouvoir*

---

[1] P. 109. — [2] P. 112.

faire la moindre particule de nouvelle matière ou détruire un seul atome de celle qui existe déjà.

Les idées simples nous viennent soit par un seul sens, soit par plus d'un sens, soit par la seule réflexion, soit enfin par toutes les voies de la sensation aussi bien que par la réflexion [1].

Parmi les idées qui nous viennent par un seul sens (couleurs, sons, saveurs, odeurs, etc.), il n'y en a pas que nous recevions plus constamment que celle de *solidité* ou d'impénétrabilité. C'est l'attouchement qui nous la fournit. De toutes les idées simples, c'est la plus essentielle et la plus étroitement liée aux corps. La solidité n'est ni l'espace, avec lequel les cartésiens la confondent à tort, ni la dureté. Elle diffère de l'espace autant que la résistance diffère de la non-résistance. Un corps est solide en tant qu'il remplit l'espace qu'il occupe de manière à en exclure absolument tout autre corps; dur, en tant qu'il ne change que difficilement de figure. Ce n'est pas d'ailleurs une définition proprement dite de la solidité que Locke prétend nous donner. Si nous lui demandons de nous dire plus clairement encore ce que c'est que la solidité, il nous renvoie à nos sens pour nous en instruire. Les idées simples sont telles précisément que l'expérience nous les fait connaître; mais si, non contents de cela, nous voulons nous en former des idées plus nettes, nous n'avancerons pas davantage.

Les idées qui viennent à l'esprit par plus d'un sens (vue et attouchement) sont celles de l'espace ou de l'étendue, de la figure, du mouvement et du repos. Par la réflexion nous viennent les idées de la perception ou puissance de penser et de la volonté ou puissance d'agir. Enfin, les idées de plaisir, de douleur, de puissance, d'existence, d'unité nous viennent par sensation et par réflexion.

Pour ce qui est des causes extérieures de nos sensations, les

---

[1] P. 115 et suiv.

unes sont réelles et positives, d'autres ne sont que des privations dans les objets d'où les sens tirent ces idées, comme celles, par exemple, qui produisent les idées de froid, de ténèbres, de repos. Lorsque l'entendement perçoit ces idées, il les considère comme aussi distinctes et aussi positives que les autres, sans songer à examiner les causes qui les produisent : examen qui ne regarde point l'idée en tant qu'elle est dans l'esprit, mais la nature même des choses qui existent hors de nous. Or ce sont deux choses bien différentes et qu'il faut distinguer exactement, de peur que nous ne nous figurions que nos idées sont de véritables images ou ressemblances de quelque chose d'inhérent à l'objet qui les produit; car *la plupart des idées de sensation qui sont dans notre esprit, ne ressemblent pas plus à quelque chose qui existe hors de nous, que les noms qu'on emploie pour les exprimer ne ressemblent à nos idées*, quoique ces noms ne laissent pas de les exciter en nous, dès que nous les entendons [1].

A choses distinctes il faut des noms distincts : Locke appellera donc *idée* tout ce que l'esprit aperçoit en lui-même, toute perception qui est dans l'esprit lorsqu'il pense, et *qualité* du sujet (nous dirions plutôt : de l'objet), la puissance ou faculté qu'il a de produire dans l'esprit une certaine idée.

Cela posé, Locke distingue dans les corps, à l'instar de Hobbes, deux sortes de qualités [2]. Les unes, telles que la solidité, l'étendue, la figure, le mouvement, sont inséparables des corps en quelque état qu'ils soient, de sorte qu'ils les conservent toujours, quelques altérations qu'ils viennent à subir : ce sont les qualités *originales*, *premières* ou *réelles* des corps [3]. Les autres, comme les couleurs, les sons, les odeurs, n'affectent pas

---

[1] P. 132. C'est ici le principe fondamental du *criticisme*, que nous avons trouvé énoncé chez Aristippe, Pyrrhon, Énésidème, Hobbes, Descartes. Le chapitre VIII du livre II de l'*Essay* que nous résumons, et, dans ce chapitre, le § 7 est l'expression classique de la philosophie à laquelle Kant donnera son vrai nom. — [2] P. 143 et suiv. — [3] P. 139.

les corps eux-mêmes et ne sont autre chose que la puissance qu'ils ont de produire *en nous* diverses sensations par le moyen de leurs qualités premières, c'est-à-dire, par la grosseur, la figure, la contexture et le mouvement de leurs parties insensibles. Locke les appelle *qualités secondes* : *qualités*, pour s'accommoder, dit-il, à l'usage communément reçu de considérer le blanc, le rouge, le doux, comme quelque chose d'inhérent aux corps; *secondes,* pour les distinguer de celles qui y sont réellement.

Quelque réalité qu'on leur attribue faussement, les couleurs, les odeurs, les sons, les goûts, ne sont autre chose que des sensations produites *en nous* par les qualités premières ou réelles des corps, sensations qui ne ressemblent en aucune façon à ce qui existe *dans les objets.* Le doux, le bleu, le chaud, ne sont autre chose, dans les corps auxquels on donne ces noms, qu'une certaine grosseur, une certaine figure et un certain mouvement des atomes dont ils sont composés. Otez le sentiment que nous avons de ces qualités, faites que les yeux ne voient point la lumière ou les couleurs, que les oreilles n'entendent aucun son, que le palais ne soit frappé d'aucun goût, ni le nez d'aucune odeur, et dès lors, toutes les couleurs, tous les goûts, toutes les odeurs et tous les sons s'évanouiront et cesseront d'exister. Dans l'hypothèse contraire, le résultat sera le même : supposez à l'homme des sens assez fins pour discerner les petites particules des corps et la constitution réelle d'où dépendent leurs qualités sensibles, et ils produiront en lui de tout autres idées. Les effets du microscope en sont la preuve : le sang, par exemple, nous paraît tout rouge, mais par le moyen de cet instrument, qui nous en découvre les plus petites parties, nous n'y voyons que quelques globules rouges en fort petit nombre; et nous ne savons de quelle manière paraîtraient ces globules rouges, si l'on pouvait trouver des verres qui les pussent grossir mille ou dix mille fois davantage.

La formation des idées suppose, dans l'entendement, les facultés suivantes : 1° la *perception*, qui est le premier degré vers la connaissance, l'entrée à tout ce qui en est le sujet; 2° la *rétention*, qui conserve les idées introduites dans l'esprit (*contemplation*) et ramène devant lui celles qui, après y avoir été imprimées, en avaient disparu (*mémoire*); 3° le *discernement*, ou faculté de distinguer nettement les différentes idées; 4° la *comparaison*, qui forme les nombreuses idées comprises sous le nom de relation; 5° la *composition*, par laquelle l'esprit joint ensemble plusieurs idées simples qu'il a reçues par sensation et réflexion, pour en faire des idées complexes; enfin 6° l'*abstraction*[1]. Si chaque idée particulière que nous recevons devait être marquée par un terme distinct, le nombre des mots serait infini. Pour prévenir cet inconvénient, l'esprit rend générales les idées particulières qu'il a reçues par l'entremise des objets particuliers : il les sépare (*abstrahere*) de toutes les circonstances qui font qu'elles représentent des êtres particuliers actuellement existants, comme le temps, le lieu et autres idées *concomitantes*. C'est cette opération de l'esprit qu'on appelle *abstraction*. Elle est le privilège de l'esprit humain, tandis que les facultés précédentes sont communes à l'homme et à l'animal.

Passif dans la perception proprement dite, il devient de plus en plus actif aux degrés suivants : la comparaison, la composition d'idées complexes et l'abstraction, voilà les trois grands actes de l'esprit. Mais quelque actif que soit l'esprit dans la formation des idées composées, elles ne sont, en dernière analyse, que des modes ou modifications de matériaux qu'il reçoit d'une manière toute passive de la sensation et de la réflexion.

C'est ainsi que les idées de lieu, de figure, de distance, d'immensité, sont des complications, des modes de l'idée simple d'espace, acquise par la vue et par l'attouchement; les idées

---

[1] P. 147 et suiv.

d'époque, d'heure, de jour, d'année, de temps, d'éternité, des modifications de l'idée de durée ou de succession, que nous acquérons en observant la suite constante des idées qui paraissent et disparaissent dans notre esprit; les idées de fini et d'infini, des modifications de l'idée de quantité[1].

Si l'on objecte que les idées d'infini, d'éternité, d'immensité ne sauraient avoir la même source que les autres, puisque les objets qui nous environnent n'ont aucune affinité ni aucune proportion avec une étendue ou une durée infinie, Locke répond que ces idées sont purement négatives, que nous n'avons *actuellement* dans l'esprit aucune idée positive d'un espace infini ou d'une durée sans bornes[2] (Aristote). Toutes nos idées positives ont toujours des bornes. L'idée négative d'un espace et d'une durée infinies vient de la puissance qu'a l'esprit d'étendre sans fin ses idées d'espace et de durée par de nouvelles additions.

L'idée de puissance active et de puissance passive (réceptivité) nous vient quand nous observons d'une part les altérations continuelles dans les choses, de l'autre, le perpétuel changement de nos idées causé tantôt par l'impression des objets extérieurs sur nos sens, tantôt par une détermination de notre volonté.

En réfléchissant sur la puissance qu'a notre esprit de disposer de la présence ou de l'absence d'une idée particulière, ou de préférer le mouvement de quelque partie du corps au repos de cette même partie et *vice versa*, nous acquérons l'idée de volonté. *Volonté* n'est pas opposé à *nécessité*, mais à *contrainte*. La liberté n'est pas un attribut de la volonté. La volonté est une puissance ou faculté; la liberté en est une autre; de sorte que demander à un homme si sa volonté est libre, c'est demander si une puissance a une autre puissance, ou si une faculté a une autre faculté[3]. Parler d'une volonté libre revient à parler d'un sommeil rapide ou d'une vertu carrée. Nous ne sommes pas libres de

---

[1] P. 238 et suiv. — [2] P. 251. — [3] P. 281.

vouloir. Nous ne sommes pas libres de vouloir ou de ne pas vouloir une chose qui est en notre puissance, quand une fois nous y faisons attention. La volonté est déterminée par l'esprit [1], et l'esprit est déterminé par le désir du bonheur. Sur ce point, accord complet entre Locke, Leibniz, Spinosa, et commune opposition des trois philosophes à l'indéterminisme cartésien.

Les notions qu'on vient d'analyser sont des combinaisons d'idées simples de même espèce (*modes simples*). D'autres, comme obligation, amitié, mensonge, hypocrisie, se composent d'idées simples de différentes espèces (*modes mixtes*). Ainsi, le mode mixte exprimé par le mot *mensonge* comprend ces idées d'espèce toute différente : 1° des sons articulés; 2° certaines idées dans l'esprit de celui qui parle; 3° des mots qui sont les signes de ces idées; 4° l'union de ces signes par affirmation ou par négation, différente dans l'esprit de celui qui parle de celle qui est entre les idées mêmes qu'ils représentent.

Nous acquérons l'idée de ces modes mixtes : 1° par l'expérience et l'observation des choses (en voyant deux hommes lutter ou faire des armes, nous acquérons l'idée de ces sortes d'exercice); 2° par l'invention ou l'assemblage volontaire des différentes idées simples que nous joignons ensemble dans notre esprit (celui qui le premier inventa l'imprimerie ou la gravure en avait l'idée dans l'esprit avant qu'aucun de ces arts eût jamais existé); 3° par l'explication qu'on nous donne des termes exprimant des actions que nous n'avons jamais vues ou que nous ne saurions voir. Les coutumes, les mœurs et les usages d'un peuple sont la source de nombreuses combinaisons d'idées, familières et nécessaires à ce peuple, et qu'un autre n'a jamais eu occasion de former. A ces combinaisons spéciales à un peuple on attache, dès lors, des noms spéciaux, afin d'éviter les longues périphrases pour des choses dont on parle tous les jours (l'*ostra-*

---

[1] P. 292.

cisme des Grecs, la *proscription* chez les Romains), de sorte qu'il y a dans chaque langue des termes particuliers qu'on ne peut rendre mot pour mot dans une autre.

Voilà pour les idées complexes exprimant les modes.

Les idées complexes de *substances* (homme, cheval, arbre) se forment comme suit : l'esprit, remarquant qu'un certain nombre d'idées simples, fournies par différents sens, vont constamment ensemble, s'habitue à considérer ce complexus d'idées comme une seule chose et le désigne par un seul nom. Une substance n'est donc autre chose qu'une collection d'un certain nombre d'idées simples, considérées comme unies en une seule chose. La substance appelée *soleil,* par exemple, n'est autre chose que l'assemblage des idées de lumière, de chaleur, de rondeur, de mouvement constant et régulier. Sous le nom de substance, la philosophie de l'École, et Descartes à sa suite, ont imaginé un sujet inconnu, qu'ils supposent être le soutien (*substratum*) des qualités capables d'exciter des idées simples dans notre esprit, qualités qu'on nomme dès lors des accidents. Mais cette substance considérée comme *autre chose* que l'ensemble de ces qualités, comme quelque chose de caché derrière elles, n'est qu'un fantôme de l'imagination. Nous n'avons aucune idée claire d'un pareil substratum sans qualités. Demandez à quelqu'un ce que c'est que la substance dans laquelle existent le poids ou la couleur, et il n'aura autre chose à répondre sinon que ce sont des parties solides et étendues. Mais demandez-lui ce que c'est que *la chose à laquelle la solidité et l'étendue sont inhérentes* : il ne sera pas moins en peine que cet Indien qui, ayant dit que la terre était soutenue par un grand éléphant, répondit à ceux qui lui demandèrent sur quoi s'appuyait cet éléphant, que c'était sur une grande tortue, et qui, pressé de dire ce qui soutenait la tortue, répliqua que c'était quelque chose d'inconnu[1]. Notre

---

[1] P. 351.

connaissance ne s'étend pas au delà des prétendus *accidents*, c'est-à-dire de nos idées simples, et en prétendant pénétrer plus avant, la métaphysique s'engage dans des difficultés inextricables.

La troisième catégorie d'idées complexes exprime la *relation*. La plus étendue des relations, celle à laquelle toutes choses ont part, est la relation de la cause et de l'effet. Nous en acquérons l'idée en considérant, par le moyen des sens, la constante vicissitude des choses, et en observant qu'elles commencent et finissent d'exister par l'action de quelque autre être. Locke ne creuse pas d'ailleurs l'idée de cause aussi profondément que le fera son continuateur D. Hume. Nous verrons que, selon ce critique, elle n'est pas moins illusoire que l'idée de substance, au sens de substratum.

En passant de l'étude des idées à la question de la connaissance et de la certitude, Locke est amené à des considérations philologiques, en partie déjà reproduites plus haut et qui nous le montrent comme l'un des pères de la philosophie du langage.

Tout ce qui existe réellement est individuel. Pourtant tous les mots (à l'exception des noms propres) sont des termes généraux. Ceci n'est pas arrivé par hasard, mais par raison et nécessité. En quoi consistent les *espèces* et les *genres*, exprimés par les noms communs, et comment viennent-ils à être formés? Nos idées commencent par être particulières. Les idées qu'ont les enfants de leur nourrice et de leur mère représentent uniquement ces individus. Les noms qu'ils leur donnent d'abord, se terminent également à ces individus et ne désignent qu'eux. Lorsque le temps et une plus grande connaissance du monde leur a fait observer qu'il y a plusieurs autres êtres qui ressemblent à leur père, à leur mère et aux autres personnes qu'ils sont habitués à voir, ils forment une idée à laquelle ils trouvent que tous ces êtres particuliers participent également, et ils lui donnent, comme tout le monde, le nom d'*homme*. Voilà comment ils viennent à avoir un nom général et une idée générale. En cela, ils ne forment rien de nouveau, mais écartant seulement de l'idée complexe qu'ils avaient de Pierre et de Jacques, de Marie et d'Élisabeth, ce qui est particulier à chacun d'eux, ils ne retiennent que ce qui leur est commun à tous. Par la même voie, ils acquièrent toutes les idées générales. Ce procédé d'abstraction et de généralisation est une nécessité : car il serait impossible que chaque chose eût un nom particulier. Retenir des idées distinctes de toutes choses particulières qui se présentent à nous, de chaque arbre, de chaque plante, de chaque animal qui frappe nos yeux, serait au-dessus de la capacité humaine. Encore moins serait-il possible d'en retenir les noms. Supposé, d'ailleurs, que cela se pût, cela n'avancerait que fort peu nos connaissances ; car, bien que fondée sur des observations particulières, notre science s'étend par des vues générales qu'on ne peut former qu'en réduisant les choses à certaines *espèces* sous des noms généraux.

Les notions générales (*universalia*) ne sont donc autre chose que des idées abstraites et partielles d'autres idées plus complexes, déduites de quelque existence particulière. Elles sont de simples produits de notre esprit. *Ce qu'on appelle général et universel n'appartient pas à l'existence des choses : c'est uniquement l'ouvrage de l'entendement*[1]. Il est vrai que, dans la production des choses, la nature en fait plusieurs semblables ; rien n'est plus ordinaire dans les races des animaux et dans tout ce qui se perpétue par semence. Mais la réduction de ces choses en *espèces* est l'œuvre de l'entendement. La doctrine platonicienne, qui voit dans les universaux les essences ingénérables et incorruptibles des choses, méconnaît, faute de connaissance approfondie de la nature, ce fait d'expérience que *toutes choses qui existent, excepté leur auteur, sont sujettes au changement :* ce qui hier était herbe est demain la chair d'une brebis, et peu de

---

[1] P. 512.

jours après fait partie d'un homme. Dans le monde organique, comme ailleurs, les genres, les espèces, les essences, les formes substantielles, rêvés par les métaphysiciens, loin d'être des choses formées régulièrement et constamment par la nature, et qui existent réellement dans les êtres mêmes (Aristote) ou séparément (Platon), se réduisent, en dernière analyse, à un artifice de l'esprit, imaginé pour exprimer plus aisément, par un terme général, les collections d'idées dont il a souvent occasion de s'occuper. Voyez, du reste, comme la signification du mot *espèce* est douteuse et combien il est difficile de classifier les êtres organisés [1]. Les bornes des espèces animales sont incertaines au point qu'aucune des définitions qu'on a données jusqu'ici du mot homme, ni aucune description qu'on a faite de cette espèce d'animal, ne sont assez exactes pour contenter une personne de bon sens qui approfondit tant soit peu les choses [2]. On peut trouver que les savants multiplient trop les espèces, mais on peut aussi prétendre le contraire. Pourquoi un bichon et un lévrier, par exemple, ne formeraient-ils pas des espèces aussi distinctes qu'un épagneul et un éléphant? Qu'on observe avec soin les individus rangés sous un même nom général, et l'on ne doutera plus que plusieurs d'entre eux ne soient aussi différents les uns des autres que bien des individus rangés sous différents noms spécifiques [3].

Remarquons, en passant, que la théorie moderne de la transmutation des espèces n'est qu'une application de la doctrine de Locke, refusant toute réalité objective à l'idée d'espèce. Notons encore ce fait important : c'est que ce nominalisme extrême se rapproche visiblement de l'extrême réalisme. Le nominalisme scolastique nie l'espèce au profit de l'individu : il est l'affirmation exclusive, absolue, de la réalité individuelle. C'est dans ce sens que Leibniz est nominaliste. Le nominalisme anglais,

---

[1] P. 539. — [2] P. 569. — [3] P. 633.

d'où est sortie la théorie transformiste, s'attaque, au fond, non seulement à l'espèce, mais encore à l'individu lui-même, dont il nie la stabilité. Toutes choses, dit Locke, excepté leur auteur, sont sujettes au changement. Or c'est là précisément la doctrine de Spinosa, qui, non content de nier les universaux au profit de l'Être universel unique, considère les individus eux-mêmes comme des modes passagers de ce qu'il appelle la substance, de ce que les matérialistes appellent la matière, de ce que Locke et les positivistes appellent le grand inconnu.

L'espèce, le genre, l'universel, ne sont donc que des mots (*flatus vocis*). Or c'est le défaut traditionnel des métaphysiciens *de prendre des mots pour des choses* [1]. Élevés dans la philosophie péripatéticienne, ils sont persuadés que les *dix catégories* d'Aristote, les *formes substantielles*, les *âmes végétatives*, l'*horreur du vide*, sont quelque chose de réel. Les platoniciens ont leur *âme du monde*, et les épicuriens leur *tendance des atomes vers le mouvement* : jargon qui, vu la faiblesse de l'entendement humain, sert à pallier notre ignorance et à couvrir nos erreurs [2]. Il faut nous y résigner : notre connaissance a des limites infranchissables.

Qu'est-ce, en effet, que la connaissance?

Elle n'est autre chose que la perception de la liaison et de la convenance ou de l'opposition et de la disconvenance qui se trouvent entre deux de nos idées. Il résulte de cette définition que la connaissance ne va pas au delà de nos idées, et elle est même plus bornée que le domaine de celles-ci, par la raison que nous ignorons la connexion qui existe entre la plupart de nos idées simples. On peut donc affirmer que, bien que notre science puisse être portée beaucoup plus loin qu'elle ne l'a été jusqu'ici, nous ne saurons jamais tout ce que nous pouvons désirer connaître, ni résoudre toutes les questions qui se rattachent à nos idées. Par exemple, nous avons des idées de la matière et de la

---

[1] P. 626. — [2] P. 627.

pensée; mais *peut-être ne serons-nous jamais capables de savoir si un être purement matériel pense ou non, par la raison qu'il nous est impossible de découvrir si Dieu n'a point donné à quelque amas de matière, disposé à propos, la puissance d'apercevoir et de penser* [1]. Nous avons parfaitement conscience de l'existence de notre âme, sans savoir exactement ce qu'elle est; et qui voudra se donner la peine d'examiner librement les embarras suscités par l'hypothèse spiritualiste comme par l'hypothèse matérialiste, n'y trouvera *guère de raisons capables de le déterminer pour ou contre la matérialité de l'âme*. De même que nous ignorons absolument s'il y a opposition ou liaison entre l'étendue et la pensée, la matière et la perception, de même nous ne pouvons rien savoir de la liaison ou de l'incompatibilité qui se trouve, d'une part, entre les qualités secondes d'un objet (entre sa couleur, sa saveur, son odeur), et d'autre part, entre les qualités secondes et les qualités primaires dont elles dépendent.

Si la connaissance ne s'étend pas au delà de nos idées et de la perception de leur convenance ou de leur incompatibilité, si *nous n'avons aucune connaissance de ce que les choses qu'elles représentent sont en elles-mêmes*, ce n'est pas à dire que tout, dans notre savoir, soit illusoire et chimérique.

Nous avons une connaissance intuitive et immédiate de notre propre existence, tout en ignorant quelle est l'essence de notre âme au point de vue métaphysique. Nous connaissons Dieu par démonstration, bien que notre entendement ne puisse comprendre l'immensité de ses attributs. Enfin, nous connaissons les autres choses par sensation. Il est vrai que nous ne les connaissons pas immédiatement, et par conséquent, notre connaissance n'est réelle qu'autant qu'il y a conformité entre nos idées et la réalité des choses [2]. Mais nous ne manquons pas absolument de critérium pour savoir si nos idées conviennent avec les choses mêmes.

---

[1] P. 686. — [2] P. 707.

Il est certain que nos idées simples correspondent à des réalités extérieures; car puisque l'esprit ne saurait en aucune façon se les former à lui-même sans le concours des sens, témoins les aveugles-nés, il s'ensuit qu'elles ne sont point des fictions de l'imagination, mais les effets naturels et réguliers de choses existant hors de nous, et qui opèrent réellement sur nous. Ce qui prouve encore la réalité des choses extérieures, c'est que deux idées, dont l'une vient d'une sensation actuelle et l'autre de la mémoire, sont des perceptions fort distinctes, et que le plaisir ou la douleur, accompagnant une sensation actuelle, n'accompagnent pas le retour de ces idées, lorsque les objets extérieurs sont absents. Enfin, nos sens se rendent témoignage l'un à l'autre touchant l'existence des choses extérieures. Celui qui *voit* le feu peut le *sentir*, s'il doute que ce soit autre chose qu'une hallucination, et il peut s'en convaincre en mettant dans le feu sa propre main, qui certainement ne pourrait ressentir une douleur aussi vive à l'occasion d'une pure idée ou d'un simple fantôme[1].

En résumé : point d'idées innées; point de connaissances, de maximes, de principes innés; point d'autre source de connaissance que la sensation pour les choses extérieures, et la réflexion pour ce qui se passe au-dedans de nous. Par conséquent, impossibilité de rien connaître en dehors de ce que nous fournit l'expérience, soit extérieure, soit interne, et nécessité pour la philosophie de renoncer aux problèmes transcendants de la substance, de l'essence, de la constitution intime des choses, ainsi qu'à toute méthode autre que l'observation, l'induction et l'expérience. Existence de l'âme, mais impossibilité de savoir si son essence est matérielle ou immatérielle, et négation de la liberté d'indifférence. Existence de Dieu, mais sous les mêmes réserves touchant sa nature. Existence, en dehors de nous, de la solidité,

---

[1] P. 816.

de l'étendue, de la figure, du mouvement, comme qualités inhérentes aux corps mêmes ou premières. La substance des corps identifiée avec l'ensemble de ces qualités. Distinction entre ces qualités et les qualités secondes (couleurs, sons, saveurs, odeurs, etc.), qui ne sont que des sensations de l'âme provoquées par les qualités premières des corps, et n'existent pas telles quelles dans les objets eux-mêmes. Enfin, négation absolue de la réalité des espèces.

Ces doctrines sont comme la conclusion et le dernier mot du mouvement nominaliste inauguré par Roscelin et renouvelé par Occam, en même temps qu'elles fondent définitivement la philosophie scientifique moderne. On a pu constater dans les paragraphes qui précèdent la similitude des doctrines de Descartes et de Bacon sur une série de questions et notamment sur les causes finales : un fait non moins remarquable, et qui à son tour peut servir d'argument contre un scepticisme uniquement basé sur le désaccord perpétuel des philosophes, c'est l'accord qui existe entre Locke et Spinoza, c'est-à-dire encore entre l'empirisme et le rationalisme. En effet, Locke se rencontre avec son contemporain d'Amsterdam, non seulement dans la négation de l'espèce, mais aussi dans le rejet de la liberté d'indifférence et dans la conviction que la morale est susceptible de démonstration au même degré que les mathématiques.

A l'empirisme de Locke, doublé de la spéculation mathématique, se rattache le nom le plus illustre du dix-septième siècle : Isaac Newton (1642-1727), le créateur de la mécanique céleste, dont les *Principes mathématiques de la philosophie naturelle* [1] sont, après les *Révolutions célestes* de Copernic, le monument le plus considérable de la science moderne. Son calcul des fluxions, le pendant et peut-être le type du calcul intégral et différentiel de Leibniz, son analyse de la lumière et, avant toute autre chose,

---

[1] *Naturalis philosophiæ principia mathematica*, Londres, 1687.

sa théorie de la gravitation universelle, en vertu de laquelle les corps s'attirent en raison directe des masses et en raison inverse du carré des distances, ont exercé sur ce qu'il appelle la philosophie naturelle une influence incalculable.

C'est aussi de Locke et de l'esprit d'observation et d'analyse personnifié en lui, que procèdent les nombreux moralistes dont s'honore la littérature anglaise, les Shaftesbury [1], les Clarke [2], les Hutcheson [3], les Ferguson [4], les Adam Smith [5], bien d'autres encore, sans compter les *freethinkers* que la Grande-Bretagne et le continent voient surgir à partir de cette époque, et les philosophes proprement dits qu'il nous reste à passer en revue. A peu d'exceptions près, la philosophie anglaise est demeurée jusqu'à ce jour ce que l'ont faite F. Bacon et J. Locke : empiriste et positive. On peut même affirmer d'une manière générale que l'Angleterre, si riche d'ailleurs en penseurs de premier ordre, n'a guère eu qu'une seule école, ou plutôt qu'elle n'en a jamais eu, puisque sa philosophie est la protestation permanente contre l'esprit scolastique.

§ 58. Berkeley.

Après ce qui a été dit de la conformité des vues de Locke et de Spinosa, l'on s'étonnera moins de voir un disciple du philosophe anglais tendre la main, par dessus la mer, aux champions de l'intellectualisme et des idées innées : Leibniz et Malebranche. Opposés sur plusieurs points essentiels, Locke et ses contradicteurs ne différaient pas absolument dans leurs conclusions relatives au monde sensible. Malebranche et Leibniz spiritualisent la matière, en font une idée confuse et ne reconnaissent, en dernière analyse, que l'être doué d'appétition et de perception,

---

[1] 1691-1713. *Œuvres compl.*, trad. fr., 3 vol., Genève, 1769. — [2] 1675-1729. *Œuvres philos.*, trad. fr., 2 vol., Amst., 1744; n^lle éd., Paris, 1843. — [3] 1694-1747. — [4] 1724-1816. — [5] 1723-1790. *Works*, 5 vol., Édimbourg, 1812.

c'est-à-dire l'esprit. Quant à Locke, sa critique laisse subsister le monde extra-spirituel, mais en partie seulement et, en quelque sorte, de moitié : l'étendue, la forme, le mouvement, existent hors de nous; mais il n'y a, indépendamment de nos sensations, ni couleurs, ni sons, ni saveurs, ni odeurs. De plus, Locke s'attaque à l'idée traditionnelle de substance au sens de substratum, et définit la substance réelle un ensemble ou complexus de qualités. Ne va-t-il pas jusqu'à déclarer que *l'idée d'une substance corporelle dans la matière est évidemment aussi éloignée de nos conceptions que celle de la substance spirituelle*[1]! Il n'y avait donc qu'à supprimer la distinction qu'il fait entre les qualités premières et les qualités secondes, qu'à déclarer *secondes* toutes les qualités sensibles sans exception, pour arriver à la négation de la matière et au spiritualisme absolu.

C'est ce que fit Georges Berkeley, rentrant ainsi dans un domaine dont Locke avait vainement déconseillé l'accès. Né en Irlande (1685) d'une famille d'origine anglaise, évêque de Cloyne à partir de 1734, mort à Oxford en 1753, il est l'auteur d'une *Théorie de la vision*[2], d'un *Traité sur les principes de la connaissance humaine*,[3] de *Dialogues entre Hylas et Philonoüs*[4], d'*Alciphron ou le petit philosophe*[5], etc. [6]

Locke, à la suite de Descartes et de Hobbes, a reconnu que la couleur n'est rien indépendamment de la sensation de celui qui la voit, que le son n'existe que pour l'ouïe, que la saveur, l'odeur, n'existent que comme sensations et ne sont pas inhé-

---

[1] *Essai sur l'entendement humain*, II, 23, 6. — [2] *Theory of vision*, Londres, 1709; 1860. Ce remarquable traité anticipe, avec une netteté parfaite, les principes modernes de la physiologie des sens. — [3] *Treatise on the principles of human knowledge*, Londres, 1710. — [4] *Three dialogues between Hylas and Philonous*, Londres, 1713; en français, Amsterdam, 1750. — [5] *Alciphron or the minute philosopher*, Londres, 1732; en français, La Haye, 1734. — [6] *Works*, Londres, 1784; 1820; 1843; 1871. — Cette dernière édition, publiée en 4 volumes par M. A. Campbell Fraser, est la plus complète.

rentes aux choses elles-mêmes. Mais, à côté de ces qualités secondaires, inhérentes non aux objets mais au sujet sensible, il admet des qualités primaires existant hors de nous et affectant une substance distincte de l'esprit : l'étendue, la figure, le mouvement. C'est en quoi il a tort. De même que la couleur n'existe que pour celui qui voit, l'odeur pour celui qui flaire, la saveur pour celui qui goûte, de même l'étendue, la forme, le mouvement n'existent que pour celui qui les perçoit. Supprimez le sujet sensible et vous supprimez le monde sensible. *Exister, c'est percevoir ou être perçu.* Ce qui n'est pas perçu et ne perçoit pas, n'existe pas. Les *objets* n'existent pas indépendamment des *sujets* qui les perçoivent. Suivant l'opinion vulgaire, ces objets, maisons, fleuves, montagnes, ont une existence réelle et distincte de l'acte par lequel nous les percevons, et les idées que nous en avons sont les représentations, les copies de toutes ces choses placées hors de nous. Or, dit Berkeley [1], de deux choses l'une : ces objets extérieurs, types de nos idées, sont perceptibles ou ne le sont pas. Si vous les dites perceptibles, vous en faites des idées (car idée = chose perçue). Vous supprimez ainsi la prétendue différence entre les objets supposés hors de nous et les idées que nous en avons; en un mot, vous souscrivez à notre thèse. Si vous les dites imperceptibles par les sens, vous énoncez cette énormité, qu'une couleur est l'image de quelque chose d'invisible, que le dur et le mou ressemblent à quelque chose d'impalpable, et ainsi de suite. Il n'y a donc pas de différence réelle entre les choses et les idées que nous en avons. Les mots *chose sensible* et *idée* sont synonymes.

Les idées ou choses que nous percevons sont essentiellement passives. Il est impossible qu'une idée produise quelque chose, soit cause de quelque chose. La cause qui produit les idées (les choses sensibles) ne peut donc être que l'esprit, la substance

---

[1] *Principes de la connaissance humaine*, § 8.

pensante. L'esprit est un être simple, indivisible et actif, qui s'appelle *intelligence* en tant qu'il perçoit des idées, *volonté* en tant qu'il les produit. De ce que l'idée (la chose perçue) est essentiellement passive et l'esprit éminemment actif, il résulte que nous ne pouvons pas avoir, à proprement parler, une *idée* de l'esprit, de la volonté, de l'âme; en tout cas, nous ne saurions nous en former une idée aussi claire que d'un triangle, par exemple. L'idée étant toute passive et l'esprit, l'activité même, l'*idée d'esprit* est une contradiction *in adjecto*, et ne représente pas plus l'esprit que la nuit n'est l'image du jour[1].

C'est l'esprit qui, en percevant les idées, *produit* les choses; et ce ne sont pas là deux opérations distinctes : percevoir, c'est produire, et *les idées sont les choses mêmes*. Néanmoins, nous remarquons que les objets que nous percevons ne sont pas également dépendants de notre volonté. Il en est même un très grand nombre qui n'en relèvent en aucune façon. Quand nous ouvrons les yeux en plein midi, il ne dépend pas de notre volonté de voir ou de ne pas voir tels et tels objets. Nous en inférons — c'est ainsi que Berkeley démontre l'existence de Dieu — nous en inférons qu'il est une volonté différente de la nôtre, qui les produit, un esprit plus puissant que nous, qui nous les impose. Les « lois de la nature » sont les règles fixes ou modes déterminés suivant lesquels l'Esprit tout-puissant dont nous dépendons produit en nous les idées sensibles, et ces règles, c'est par l'expérience que nous arrivons à les connaître. Ce que le vulgaire appelle choses réelles, ce sont les idées que l'Auteur de la nature produit en nous; ce qu'il appelle idées ou images des

---

[1] Berkeley revient à différentes reprises sur l'impossibilité où nous sommes de nous faire une idée adéquate des choses spirituelles, esprit, âme, volonté, et il l'explique par l'opposition radicale qu'il découvre entre l'esprit, la chose active par excellence, et l'idée, chose essentiellement passive (*Principes de la connaissance humaine*, §§ 27, 89, 135). Il insiste, en outre, sur la nécessité de distinguer nettement entre le mot *esprit* et le mot *idée*, contrairement à Spinosa, qui les tient pour synonymes (*Ibid.*, § 139).

choses, ce sont celles que nous produisons de nous-mêmes et qui, par suite, sont moins régulières, moins vives et moins constantes que les autres. Mais de ce que les choses sensibles nous apparaissent plus régulières et plus réelles que les produits de notre imagination, il ne s'ensuit pas qu'elles existent en dehors de l'esprit.

Au reproche de faire de l'univers sensible, avec son soleil, ses étoiles, ses montagnes, ses fleuves, un rêve ou une hallucination, Berkeley répond qu'il ne doute pas le moins du monde de l'existence de ces choses. Il est tout disposé même à accepter l'expression de substance corporelle, si l'on entend par ce terme un complexus de qualités sensibles (étendue, solidité, poids, etc.). Mais ce qu'il rejette absolument, c'est l'idée scolastique, qui fait de la matière un *substratum* ou support d'accidents ou de qualités existant en dehors de l'esprit qui les perçoit, un je ne sais quoi d'inconscient et de stupide, qui n'est ni capable, ni susceptible de perception, existant à côté de la substance pensante et au même titre qu'elle[1]. L'objection que, selon ses principes, nous mangeons des idées, nous buvons des idées, nous nous vêtons d'idées, n'est pas plus sérieuse. Le fait où elle puise sa force apparente, c'est que le mot *idée*, adopté par lui dans le sens de chose perçue, n'est pas usité dans cette acception. Mais il est positif que nos aliments comme nos vêtements sont des objets que nous percevons directement par nos sens, c'est-à-dire des idées. Enfin, l'on prétend que, selon sa doctrine, le soleil, la lune, l'arbre qui ombrage notre demeure, n'existent qu'aussi longtemps que nous les percevons et se trouvent anéantis par le fait que nous ne les percevons plus. Sans doute, ils cesseraient d'exister s'ils n'étaient plus perçus par personne; car exister, c'est être perçu ou percevoir. Mais à défaut de notre esprit, d'autres esprits peuvent les percevoir et leur continuer ainsi

---

[1] *Principes de la connaissance humaine*, § 75.

l'existence; car pour nier l'existence objective des corps, Berkeley n'en admet pas moins une pluralité d'êtres spirituels.

Si les hommes et les philosophes eux-mêmes croient obstinément à l'existence de la matière, cela vient de ce qu'ils ont conscience de n'être pas les auteurs de leurs perceptions sensibles, et reconnaissent avec évidence qu'elles leur viennent d'ailleurs. S'ils recourent à l'hypothèse de la matière comme source extérieure de leurs idées, au lieu de les faire dériver directement de l'Esprit créateur, qui seul peut les produire, c'est que 1° ils ne remarquent pas qu'il y a contradiction à admettre l'existence, en dehors de l'esprit, de choses semblables à nos idées; c'est 2° que l'Esprit suprême ne se révèle pas au moyen d'un groupe déterminé d'idées sensibles, comme c'est le cas des êtres finis, des hommes par exemple, qui se font connaître à nous par la grandeur, l'expression de leur visage, leurs membres et leurs mouvements; c'est 3° que son action sur nos sens est régulière et uniforme. En effet, toutes les fois que le cours de la nature se trouve interrompu par un événement extraordinaire, nous sommes tout disposés à croire à l'action d'un être supérieur, au lieu que la régularité du cours ordinaire des choses nous la fait oublier.

La négation de la matière, comme substance distincte de l'esprit, a pour conséquence de supprimer nombre de problèmes d'une obscurité désespérante : une substance corporelle est-elle capable de sensation? La matière est-elle divisible à l'infini? Comment agit-elle sur l'esprit? Ces questions et bien d'autres se trouvent écartées. La division des sciences est simplifiée, et la connaissance humaine réduite à deux grandes classes : connaissance d'idées et connaissance d'esprits[1]. De plus, cette philosophie est seule capable de triompher du scepticisme. Si l'on admet,

---

[1] *Principes de la connaissance humaine*, § 86. Plus loin (§ 89) Berkeley y ajoute un troisième groupe de connaissances : celle des relations existant soit entre les esprits soit entre les idées (sciences physiques et mathématiques).

avec les anciennes écoles, une substance existant indépendamment de l'esprit et dont les idées sont les images, le scepticisme est inévitable. Dans cette hypothèse, nous ne voyons que les phénomènes et nullement les qualités réelles des choses. Ce que l'étendue, la figure et le mouvement d'un objet quelconque sont réellement, absolument ou *en soi*, nous sommes condamnés à l'ignorer éternellement; nous ne connaissons des choses que les rapports qu'elles soutiennent avec nos sens; ce que nous voyons, ce que nous entendons, ce que nous touchons n'est qu'un fantôme. Ces doutes sont inévitables du moment qu'on distingue entre les idées et les choses [1].

Le spiritualisme absolu de Berkeley est une philosophie une, homogène, incontestablement supérieure aux systèmes hybrides de Descartes et de Wolf. Il est même, dans notre conviction, la seule métaphysique qu'on puisse opposer avec succès au matérialisme, car lui seul tient compte de la vérité partielle de ses objections [2]. En supprimant le dualisme des substances, il satisfait au plus fondamental des besoins de l'esprit philosophique, au besoin d'unité. Il a, sous ce rapport, les avantages du matérialisme radical sans en avoir les difficultés. Très ressemblant au système de Leibniz, il s'en distingue par la netteté, par la conséquence, par ses allures plus franches et plus décidées. Leibniz, en parlant de la matière, de l'espace, du temps, est indécis, conciliant, et par cela même obscur. Chez Berkeley, nulle trace d'hésitation. Penseur convaincu et profondément honnête, il nous dit sans détour que l'existence de la matière est une illusion, que le temps n'est rien si l'on fait abstraction de la suite des idées dans l'esprit [3], que l'espace ne

---

[1] Les conclusions de Kant viendront confirmer pleinement ces profondes remarques de Berkeley (*Principes*, § 85 ss.). C'est pour avoir maintenu le dogme combattu par le philosophe irlandais (la *chose-en-soi* considérée comme existant indépendamment du phénomène), que la *Critique de la raison pure* aboutit au scepticisme. — [2] Comp. d'ailleurs nos conclusions (§ 71). — [3] *Principes*, § 98.

saurait exister en dehors de l'esprit[1], qu'il n'y a que des esprits percevant des idées soit par eux-mêmes, soit par l'action de l'Esprit tout-puissant dont ils dépendent[2].

Mais à côté des avantages de sa philosophie il y a les inconvénients. Sans répéter la chicane de ses adversaires supposés, qui lui font dire que nous mangeons, buvons, revêtons des idées, l'on peut se demander ce que devient, dans son hypothèse, le règne végétal et animal, dont Leibniz, plus réaliste en ceci que Berkeley, respecte l'objectivité. S'il est vrai que ce qui ne perçoit pas et n'est pas perçu n'existe pas, que devient l'âme dans le sommeil profond? Si le tableau suspendu vis-à-vis de mon lit n'existe que par le fait que je le vois, quels sont les esprits qui le perçoivent après que je me suis endormi et l'empêchent ainsi de cesser d'être? Comment se figurer une pluralité d'individus humains, si l'espace n'existe que dans l'esprit? Comment Berkeley sait-il qu'il y a des esprits autres que le sien? Comment d'ailleurs l'Esprit créateur produit-il *en nous* les idées sensibles? Tous ces points, et bien d'autres, demeurent inexpliqués, car son *deus ex machina* n'explique rien, et la manière dont il le fait intervenir dans sa métaphysique du monde sensible ne vaut pas mieux que l'occasionnalisme et l'harmonie préétablie. C'est que, théologien tout ensemble et philosophe, ses préoccupations sont à la fois scientifiques et religieuses, et dans le matérialisme[3] il ne combat pas seulement une erreur théorique, mais « une source des plus graves hérésies [4] ».

[1] *Principes*, § 116. — [2] *Ibid.*, § 155. — [3] Par ce terme Berkeley n'entend pas seulement la négation de la substance spirituelle, mais l'opinion d'après laquelle il existe, indépendamment de l'esprit, une substance ou substratum des qualités sensibles qu'il perçoit. Pour être matérialiste au sens berkeleyen, il suffit d'admettre la réalité de la matière. — [4] § 133 et ss.
— Un système de tout point semblable à celui de Berkeley est professé par son contemporain et collègue, l'ecclésiastique Arthur Collier (1680-1732), disciple de Malebranche et auteur d'une *Clavis universalis ou Nouvelle recherche de la vérité, contenant une démonstration de la non-existence ou de l'impossibilité d'un monde extérieur*, publiée en 1713 (anglais).

§ 59. Condillac.

Importée en France par Voltaire[1], la philosophie de Locke y trouve un continuateur original dans l'abbé Étienne Bonnot de Condillac[2], le fondateur du sensualisme absolu.

Tandis que Locke distingue deux sources de nos idées, la sensation et la réflexion, Condillac, dans son *Traité des sensations*, n'en reconnaît plus qu'une, et fait de la réflexion elle-même un produit de la sensibilité. Sa démonstration est ingénieuse. Il imagine une statue intérieurement organisée et vivante comme nous, mais empêchée par son enveloppe de marbre d'avoir des sensations, et arrivant à la vie intellectuelle et morale au fur et à mesure qu'on enlève les diverses parties de cette enveloppe.

Le marbre couvrant ses organes olfactifs est enlevé d'abord. La statue n'a dès lors que le sens de l'odorat et ne peut encore percevoir autre chose que des odeurs. Elle ne peut acquérir encore aucune idée d'étendue, de forme, de son, de couleur. On lui présente une rose. De l'impression qu'elle en reçoit naît en elle une sensation : une odeur. Elle sera dès lors, par rapport

---

[1] 1694-1778. — *Lettres sur les Anglais*, 1728. — *Éléments de la philosophie de Newton, mis à la portée de tout le monde*, Amst., 1738. — *La métaphysique de Newton ou parallèle des sentiments de Newton et de Leibniz*, Amst., 1740. — *Candide ou sur l'optimisme*, 1757. — *Le philosophe ignorant*, 1767. — En même temps que ces écrits de Voltaire, les *Entretiens sur la pluralité des mondes* de Fontenelle (1657-1757) et les ouvrages de Maupertuis (1698-1759) font connaître à la France l'œuvre de Copernic et de Newton, qui sera continuée dans ce pays par les Lagrange et les Laplace (p. 9). — [2] Né à Grenoble en 1715 ; gouverneur du prince de Parme ; abbé de Mureaux ; mort en 1780. — Outre le *Traité des sensations* (1754) on a de lui les ouvrages suivants : *Essai sur l'origine des connaissances humaines* (1746) ; *Traité des systèmes* (1749) ; *Traité des animaux* (1755) ; la *Logique* ; la *Langue des animaux* (posthumes). *Œuvres complètes*, Paris, 1803, 32 volumes in-12. — F. Réthoré, *Condillac ou l'empirisme et le rationalisme*, Paris, 1864.

à nous, une statue qui sent une rose, mais elle ne sera encore, quant à elle, que l'*odeur même* de cette fleur. N'ayant pas encore et ne pouvant pas avoir la moindre notion d'un *objet*, la statue s'ignore encore elle-même comme sujet de la sensation ; sa conscience, son « moi » n'est encore autre chose que cette sensation même, c'est-à-dire l'odeur de la rose, ou mieux, ce que *nous* appelons odeur de rose.

Comme cette impression, et la sensation qui en résulte, est encore la seule que reçoive notre statue, la seule qui la sollicite, cette sensation unique et exclusive devient *attention*.

Nous retirons la rose. Il restera dans notre statue une trace et comme un écho de l'odeur perçue. Cette trace, cet écho, c'est la *mémoire*.

Nous lui présentons une violette, un jasmin, de l'assa-fœtida. Sa première sensation, l'odeur de rose, n'a été pour elle ni agréable ni désagréable, puisqu'elle était unique et qu'il n'y avait pas pour elle matière à comparaison. Mais voici d'autres impressions, d'autres sensations. Elle les compare à celles que la mémoire lui rappelle. Elle trouve les unes agréables, les autres désagréables. Dès lors elle désire les premières et repousse les autres. Elle éprouve pour celles-ci de l'aversion, de la haine, de la crainte, pour celles-là de la sympathie, de l'affection, de l'espérance. C'est-à-dire que des sensations qu'elle éprouve et de leur comparaison naissent les passions, appétitions, les *volitions*. *Je veux* signifie *je désire*. La volonté n'est pas une faculté nouvelle qui s'ajoute à la sensibilité : elle est une transformation de la sensation, devenue désir et tendance après avoir été attention, mémoire, comparaison, plaisir et douleur.

De la comparaison, c'est-à-dire de la sensation multiple, naissent d'autre part le jugement, la réflexion, le raisonnement, l'abstraction, en un mot l'*intelligence*. En sentant une odeur qui lui cause de la peine, notre statue a conservé le souvenir d'autres odeurs qui lui ont causé du plaisir; ses sensations passées reparaissent en opposition à la sensation présente, non plus comme sensations immédiates, mais comme des copies, des images de ces sensations, c'est-à-dire comme des *idées*. En portant son attention sur deux idées différentes, elle les compare; dès qu'il y a double attention, il y a comparaison; être attentif à deux idées ou les comparer, c'est la même chose. Or elle ne peut comparer deux idées sans apercevoir entre elles quelque différence ou quelque ressemblance : apercevoir de pareils rapports, c'est *juger*. Les actions de comparer et de juger ne sont que l'attention même, et c'est ainsi que la sensation devient successivement attention, comparaison, jugement.

Quelques odeurs, c'est-à-dire quelques-uns des états par lesquels la statue a passé successivement, lui ont procuré du plaisir, d'autres lui ont causé de la peine. Elle conservera donc dans sa mémoire les idées de plaisir et de peine, comme étant communes à plusieurs états ou sensations. Le plaisir est un caractère commun à la sensation-rose, à la sensation-violette, à la sensation-jasmin; la douleur, un caractère commun à la perception de l'assa-fœtida, de la pourriture, etc. Ces caractères communs, elle les distingue des sensations particulières auxquelles elles sont liées, elle les en sépare, elle fait de l'*abstraction*, et elle obtient ainsi les *notions* abstraites de plaisir, de peine, de nombre, de durée, etc. Ce sont des *idées générales*, puisqu'elles sont communes à plusieurs états ou manières d'être de la statue. Pour les expliquer, il n'est besoin d'aucune faculté spéciale. L'abstraction elle-même, la plus haute fonction de l'intelligence, est un prolongement, une transformation de la sensation, qui contient par conséquent et résume toutes les facultés de l'âme. L'*aperception interne* ou le *moi* n'est pas autre chose que *la somme de nos sensations présentes et de celles que la mémoire nous rappelle*.

Que toutes les fonctions psychologiques se réduisent à la sensation, Condillac l'a démontré en n'accordant à sa statue qu'un seul sens, l'odorat [1]. Il aurait pu faire la même démonstration en se servant d'un quelconque des cinq sens.

Que maintenant on ajoute à l'odorat le goût, l'ouïe, la vue, en en débarrassant successivement les organes de leur enveloppe de marbre, et aux odeurs perçues par la statue viendront s'ajouter les goûts, les sons, les couleurs : sa vie intellectuelle en sera d'autant plus riche, plus variée, plus compliquée.

Il est toutefois une idée essentielle que ni l'odorat, ni le goût, ni l'ouïe, *ni la vue elle-même* ne peuvent donner à la statue, c'est l'idée d'*objet*, l'idée d'un *monde extérieur*. Les couleurs, comme les sons, les odeurs, les saveurs, ne sont encore, pour elle, que des sensations, des états à elle, que rien ne l'amène encore à rapporter à des objets extérieurs. Pour qu'elle arrive à supposer à des sensations qui ne se trouvent qu'en elle-même, des causes extérieures et distinctes d'elle-même, il faut que nous lui accordions le plus important de tous les sens : le *toucher*. Ce n'est que le toucher qui nous révèle le monde objectif, en nous donnant les idées d'étendue, de forme, de solidité, de corps. La vue elle-même est à ce point incapable de nous les suggérer qu'un aveugle-né, après l'opération qui lui a donné la vue, n'est pas capable de distinguer entre un dé et une boule, un cube et une sphère, et ne le peut qu'après avoir *touché* ces objets [2]. Ce n'est qu'après avoir touché que nous rapportons les impressions reçues par nos autres sens, couleurs, sons, saveurs, odeurs, à des objets existant hors de nous. Le toucher est donc le sens par excellence et en quelque sorte le précepteur des autres sens : c'est lui qui enseigne à l'œil à distribuer les couleurs dans la nature entière.

---

[1] Notez qu'en choisissant le moins important des cinq sens, Condillac veut nous dire : si l'odorat déjà suffit à faire une âme complète, à plus forte raison la réunion des cinq sens, la sensibilité totale, y suffira-t-elle. — [2] Allusion à la célèbre opération de l'Anglais Cheselden.

Conclusion et résumé : toutes nos idées, sans exception, nous viennent des sens *et surtout du toucher*.

Si Condillac est sensualiste, et sensualiste au sens absolu du mot, il ne conclut pas toutefois au matérialisme [1]. A la différence de Locke, qui admet la possibilité d'une matière pensante, il affirme, avec l'école cartésienne, que le composé ne saurait sentir, que par conséquent le sujet de la sensation ne saurait être de nature corporelle. Les mouvements du corps ne sont, selon lui aussi, que les causes occasionnelles des faits de l'âme. D'un autre côté, sans doute, il n'est pas sûr que le corps soit une substance étendue, comme le veut Descartes. Mais *supposé même qu'il n'y eût pas d'étendue réelle, il n'y aurait pas là de raison suffisante pour nier l'existence des corps*. La négation de l'étendue en soi n'implique donc pas, selon Condillac, l'adhésion à l'immatérialisme de Berkeley. Il se pourrait, pense-t-il avec Leibniz, que les corps, tout en existant réellement, ne fussent pas étendus en eux-mêmes, que leur essence fût autre chose que l'étendue et que celle-ci ne fût qu'un phénomène subjectif, une manière de les percevoir. En tout cas il y a autre chose que nous : le doute à cet égard est impossible. Mais quant à la nature de cette « autre chose », la statue n'en sait rien et nous n'en savons pas davantage. C'est-à-dire que Condillac, en disciple conséquent de Locke, est sceptique à l'égard de la métaphysique, mais d'un scepticisme qui, l'on vient de le voir, n'exclut ni la certitude de l'existence de la matière, ni par conséquent le matérialisme au sens que donne à ce mot la philosophie de Berkeley. Si l'on est matérialiste pour admettre la réalité des

---

[1] On confond généralement, mais à tort, le sensualisme et le matérialisme. Le sensualisme est une théorie sur l'origine de nos idées, une explication du phénomène intellectuel (*eine Erkenntnisstheorie*, comme disent les Allemands), tandis que le matérialisme est une ontologie, un système de métaphysique. Sans doute, le sensualisme et le matérialisme se tiennent de près, puisque le matérialisme est nécessairement sensualiste. Mais la réciproque ne serait pas vraie.

corps, il est assurément matérialiste, mais à ce compte Descartes l'est également. Il a d'ailleurs, comme Descartes, sa manière de se mettre bien avec l'Église, qu'en sa qualité de prêtre il ne peut contredire ouvertement. Si l'âme humaine n'est qu'un récipient pour des impressions sensibles, si, privée de toute faculté de connaître autre que la sensation, elle n'est en quelque sorte qu'une sensation prolongée et infiniment modifiée, ce n'est pas à dire, insinue-t-il, qu'elle ait été bornée *de tout temps* à l'impression sensible, comme source du vrai : elle ne l'est que par suite de la chute. Peut-être, avant la chute, était-elle douée d'une faculté supérieure. Tout ce que nous affirmons, c'est que ce n'est plus le cas dans son état présent.

Il est difficile de prendre au sérieux ces réserves de l'abbé de Mureaux.

§ 60. Progrès du matérialisme[1].

Les dédains de l'école empiriste à l'endroit de la métaphysique ne s'adressent, en réalité, qu'à la métaphysique dualiste, et nullement au système de Hobbes, de Gassendi, de Démocrite. De plus en plus la philosophie se détourne du dualisme. Elle pouvait adopter dès lors l'immatérialisme de Berkeley et de Collier; mais ce système, qui donnait satisfaction à l'instinct moniste, avait contre lui l'évidence des faits et le réalisme natif de l'esprit anglo-français. Elle persiste donc, malgré Berkeley, à reconnaître aux corps des qualités *primaires*. A la vérité, les saveurs, les odeurs, les couleurs, les sons, la température ne sont que les sensations du sujet qui les perçoit, et n'existent pas tels quels dans les choses mêmes et hors de nous, mais l'étendue, l'impénétrabilité, la figure, le mouvement, etc., sont bien des

---

[1] Voy. Damiron, *Mémoires pour servir à l'histoire de la philosophie au dix-huitième siècle*, § 8 ss.

qualités premières, c'est-à-dire inhérentes à une réalité extérieure et indépendante de notre perception, et ce sont ces qualités qui constituent les corps, la matière. Celle-ci existe donc à titre de réalité objective et ne tient pas l'existence de notre sensation, c'est-à-dire de l'esprit, comme le veut Berkeley.

Et non seulement l'on continue de croire à l'existence objective et absolue des corps, mais cette affirmation d'Hobbes : *Toute substance est corporelle*, et l'hypothèse de Locke suivant laquelle la matière pourrait bien être le sujet de la pensée, parurent moins osées depuis que Leibniz, rompant avec le dogme cartésien, avait substitué à la matière-étendue la matière-effort[1], sorte de réalité intermédiaire et de trait d'union entre le corps brut et le pur esprit. Grâce à ce moyen terme, on ne craignait plus de parler d'une action réelle et physique du corps sur l'âme au risque de matérialiser l'esprit. L'expérience, d'ailleurs, sur le terrain de laquelle la philosophie nouvelle se trouvait établie solidement et pour toujours, proclamait trop hautement cette action du corps sur l'âme et cette dépendance du moral à l'égard du physique pour que le matérialisme n'en reçût de sérieux encouragements.

Un compatriote de Berkeley, dont le génie, le caractère et les destinées rappellent Bruno et Vanini, John Toland (1670-1721), se fit l'interprète de la pensée matérialiste dans ses *Lettres à Séréna*[2] et dans son *Pantheisticon* (1710). La matière n'est pas, selon lui, la « substance étendue » de Descartes, inerte, sans vie propre, et recevant le mouvement d'une divinité transcendante : elle est substance *active*, c'est-à-dire *force*. Étendue, impénétrabilité, activité sont trois notions distinctes sans être pour cela

---

[1] Comp. p. 312. — [2] *Lettres à Séréna* (il s'agit de la reine Sophie-Charlotte de Prusse, l'amie de Leibniz, auprès de laquelle Toland séjourna de 1701 à 1702), suivies d'une *Réfutation de Spinosa* et d'une dissertation *sur le mouvement comme propriété essentielle de la matière* (Londres, 1704). Ardent *freethinker*, Toland est aussi l'auteur de *Christianity not mysterious*, Londres, 1696.

trois *choses* différentes; ce ne sont que trois façons diverses de concevoir une seule et même matière[1]. Originairement et nécessairement active, la matière ne tient pas son mouvement d'ailleurs; le mouvement est sa propriété essentielle et inaliénable, aussi essentielle et inaliénable que l'étendue et l'impénétrabilité. La matière étant en elle-même force, mouvement et vie, il n'y a plus lieu d'admettre à côté d'elle ni une âme du monde pour expliquer la vie universelle, ni une âme individuelle comme source de la vie psychique et principe vital du corps organisé. L'hypothèse hylozoïste et vitaliste repose uniquement sur cette erreur, que la matière est inerte, qu'elle n'est que le théâtre et le milieu, jamais la source de l'activité. Cette erreur reconnue, la prétendue dualité des substances tombe d'elle-même. Le corps cesse d'être une substance incapable de penser, et l'âme ou l'esprit n'est plus qu'une de ses fonctions. La pensée n'est pas, d'ailleurs, inhérente à la substance en général, comme l'admet Spinosa[2]; la matière, tout active qu'elle soit, est inconsciente en elle-même, et ne devient consciente que dans le cerveau (c'est déjà l'avis de Démocrite). La pensée sans le cerveau est impossible; *elle est la fonction de cet organe, comme le goût est une fonction de la langue*[3].

Les conclusions des *Observations on man*[4] du médecin et naturaliste David Hartley (1704-1757), pour être moins hardies dans la forme, sont les mêmes quant au fond : sans le cerveau, point de pensée. Le sujet pensant n'est pas le cerveau même, c'est l'âme; mais celle-ci, toute distincte qu'elle soit du corps, ne saurait être considérée comme une substance essentiellement autre que la substance corporelle. L'action du cerveau sur la pensée est le mieux constaté des faits, et prouve avec la dernière évidence qu'entre la matière et l'esprit il y a différence de degré,

---

[1] *Lettres à Séréna*, etc., p. 230 ss. — [2] *Deus est res cogitans* (*Éth.* II, Prop. 2). — [3] *Pantheisticon*, p. 15. — [4] *Observations on man, his frame, his duty and his expectations*, Londres, 1749.

non d'essence, car entre substances opposées d'essence il n'y a pas d'influence réciproque possible. Le monde dit matériel ne nous offre-t-il pas une échelle de substances, ou mieux, de forces, qui vont s'affinant et se spiritualisant depuis la masse minérale jusqu'à la lumière? De la pierre à l'agent lumineux la distance est si grande qu'on est tenté d'opposer celle-ci à celle-là comme chose spirituelle à chose matérielle, et cependant nul penseur sérieux ne prétendra soustraire les phénomènes optiques à la compétence du physicien. La lumière, cette chose infiniment déliée, raffinée, insaisissable, n'en est pas moins de la matière. Pourquoi dès lors ne pas admettre que l'échelle en question se prolonge au delà de l'agent lumineux et aboutit finalement à l'agent intellectuel, à la pensée, à l'âme, comme échelon suprême : agent qui, par la mobilité, la finesse, est aussi distant de la lumière elle-même que celle-ci l'est de la pierre et du bois, *sans cesser pour cela d'être de même essence, c'est-à-dire matière* ?

C'est la substance médullaire du cerveau et la moëlle proprement dite qui sont le siège de la sensation et la source du mouvement volontaire. A chaque modification de cette substance correspond une modification de notre vie psychique. Ces modifications de la substance cérébrale et nerveuse correspondant à celles de l'âme, consistent en vibrations, sorte de frémissement provoqué par des excitations extérieures et qui se continuent, à travers les nerfs sensitifs, jusqu'aux parties centrales du cerveau. La substance nerveuse perceptible à nos sens et accessible à l'expérimentation, renferme très probablement un fluide infiniment délié et mobile, qui pourrait bien être identique à l'électricité [1] et à l'agent lumineux. Ce sont les vibrations de ce fluide ou éther qui déterminent nos sensations. Que ces vibrations se

---

[1] Cette identité a été démontrée dans notre siècle par le savant berlinois E. du Bois-Reymond.

reproduisent un certain nombre de fois, et elles laisseront des *traces* : ces traces sont nos *idées*. Notre vie spirituelle repose tout entière sur l'*association* de ces idées, laquelle repose à son tour sur l'association des sensations, c'est-à-dire des vibrations de l'éther ou fluide nerveux. Sans doute, ces vibrations ne sont pas encore des sensations : elles affectent le corps et les sensations affectent l'âme, elles sont du ressort de la physiologie et les sensations sont du ressort de la psychologie ; mais le fait que les unes sont les effets des autres démontre sans réplique l'analogie, sinon l'identité, de la substance corporelle et de la substance pensante.

Joseph Priestley (1733-1804), à la fois théologien, philosophe et naturaliste, à qui l'on doit la découverte du gaz oxygène[1], résume, dans ses *Disquisitions relating to matter and spirit*[2], les preuves de ses prédécesseurs tant anciens que modernes en faveur de la corporéité de l'âme, en y ajoutant quelques arguments originaux :

1. Si l'âme est une substance inétendue, c'est qu'elle n'est pas réellement dans l'espace ; car être dans l'espace, c'est en occuper une partie, si petite soit-elle ; l'âme n'est donc pas dans le corps : conclusion absurde à laquelle le spiritualisme cartésien aboutit forcément.

2. *Principia non sunt multiplicanda præter necessitatem* : or il n'y a aucune nécessité d'admettre, pour la pensée, un principe nouveau et essentiellement distinct de ceux au moyen desquels la science explique le phénomène de la lumière, le phénomène électrique, etc., qui offrent des analogies évidentes avec les phénomènes psychiques.

3. Le développement de l'âme est de tout point parallèle à celui du corps, dont elle dépend entièrement.

---

[1] Ainsi appelé par Lavoisier, qui le reconnut comme l'un des éléments constitutifs de l'air atmosphérique. — [2] Londres, 1777.

4. Nous n'avons pas une seule idée qui ne nous ait été fournie par la sensation, c'est-à-dire qui ne soit d'origine corporelle.

5. Nos idées des objets matériels, l'idée d'arbre par exemple, se décomposent en parties tout aussi bien que leurs objets : comment donc ces idées existeraient-elles dans une âme indivisible et absolument une ?

6. L'âme grandit et décroît : comment l'être absolument simple, un, sans parties, peut-il augmenter, se modifier, diminuer ?

7. Si l'homme a une âme immatérielle, comment l'animal qui sent, perçoit, se souvient, combine, juge, n'en aurait-il pas ?

8. A quoi bon d'ailleurs le corps et pourquoi l'âme s'y trouverait-elle associée, si elle peut sentir, penser, agir indépendamment de lui ?

9. Le spiritualisme prétend que ce qui est étendu ne saurait penser, mais ne voit-il pas que ce qui est bien plus inconcevable encore, c'est qu'une entité inétendue, un simple point mathématique puisse renfermer une pluralité infinie d'idées, de sentiments, de volitions, comme c'est le cas de l'âme humaine ? L'âme est une réalité non moins multiple que l'univers qu'elle réfléchit.

10. La volonté est déterminée par des motifs, des raisons, des arguments ; si donc, objecte le spiritualisme, l'âme est matérielle, cela revient à dire que la matière est mue par des motifs, des raisons, des arguments ! — Mais la matière à laquelle le matérialisme accorde la faculté de penser, ce n'est pas la masse inerte et grossière qu'on est tenté de se représenter tout d'abord sous ce nom, c'est l'éther, cet agent mystérieux que nous ne connaissons que par ses manifestations, mais dont nous prétendons qu'il est la base des phénomènes intellectuels comme il l'est de l'étendue, de l'impénétrabilité, du mouvement. Et d'ailleurs, on peut répondre aux spiritualistes que si la

« matière influencée par des motifs » les choque, leur « substance simple influencée par la substance étendue » (dans le fait de la sensation et de la perception) n'est pas moins choquante pour le penseur matérialiste.

11. Si l'âme, dit le spiritualisme, est un composé de parties, d'atomes (ou, comme on dit aujourd'hui, si elle est la somme des cellules vivantes de la substance grise corticale), comment peut-elle se sentir une unité? Comment arrive-t-elle à la conscience du *moi*[1]? Ce sentiment, cette aperception de l'unité qui se dit *moi* ne se conçoit que dans un individu véritable, dans une unité, monade ou atome, et non dans une *somme* de monades, d'atomes, d'individus, non dans la totalité du système nerveux; car une somme, une totalité n'est qu'une idée, un être mental, dont les parties seules existent *réellement* (nominalisme) : celles-ci donc (les monades, les atomes, les individus constitutifs du tout nerveux) peuvent bien se sentir, chacune pour son compte et séparément, des unités, des « moi »; le système nerveux, le tout, ne le peut en aucune façon : car le tout n'est pas un individu, une réalité objective et existante. Cet argument, Priestley ne s'en cache point, est fort, c'est le plus fort et, au fond, le seul sérieux, que le spiritualisme ait à lui opposer[2]. Comment le *un* peut-il sortir du multiple? Il avoue qu'il ne saurait l'expliquer, mais, si la difficulté est réelle, elle existe au même degré pour le spiritualisme. La conscience psychologique, en effet, n'est autre chose que le multiple ramené à l'unité, ou l'unité procédant du multiple, ou en un mot, la synthèse de l'un et du multiple, c'est-à-dire un fait mystérieux, inexpliqué. Le spiritualisme étant aussi incapable de nous dire comment une multitude d'idées, de sentiments, de volitions peuvent constituer l'unité du moi, que le matérialisme est im-

---

[1] En un mot : comment le *un* peut-il sortir du multiple ? — [2] C'est aussi l'avis d'Albert Lange, qui, dans son *Histoire du matérialisme*, y voit avec raison le talon d'Achille de ce système.

puissant à expliquer comment une multitude d'atomes arrivent à former une unité, le matérialisme n'a rien à envier à son adversaire sous le rapport de la clarté.

12. On objecte encore que l'âme lutte contre le corps, qu'elle est un principe d'activité spontanée, tandis que le corps a besoin d'une impulsion étrangère, que le corps seul se fatigue, et jamais l'âme; enfin que, si l'âme humaine est matérielle, Dieu aussi cesse d'être pur esprit. Priestley répond qu'il y a aussi lutte entre les diverses tendances de l'âme sans que le spiritualisme songe à en inférer que chacune de ces tendances ait un principe ou substratum différent, que le corps n'est pas inerte, comme on le croyait avant Leibniz, et qu'« il n'y a pas de substance sans effort », que la pensée fatigue, épuise le cerveau, qui a besoin de sommeil pour réparer ses forces, enfin, pour ce qui concerne Dieu, qu'il n'est pas permis d'inférer de l'être fini à l'être infini, et qu'au surplus la « corporéité » de Dieu s'accorde mieux que la doctrine contraire avec le dogme de sa toute-présence.

Si Priestley en appelle à la Bible et croit pouvoir allier son système au christianisme et même à l'orthodoxie calviniste[1], le matérialisme de langue française est loin de partager ces illusions. Déjà dans le *Testament de Jean Meslier*[2], que Voltaire révéla au public, nous retrouvons toutes les hardiesses de Toland. Il en est de même des écrits du médecin Julien Offroy de la Mettrie[3] (1709-1751), qui, l'un des premiers en France, professe le matérialisme sans phrase. Chose curieuse, ce coryphée des adversaires du spiritualisme procède, non de Toland, mais de

---

[1] Il y a en effet un trait d'union entre le système de Priestley et le dogme réformé : nous voulons parler de leur commune opposition à l'*indéterminisme*. Le catholicisme indéterministe et pélagien n'offrait au matérialisme aucune anse de ce genre. — [2] Curé d'Étrépigny en Champagne, mort en 1733. — Le *Testament de J. Meslier* a été publié en 3 vol. avec préface et introduction biographique par R. Charles, Amst., 1865. — [3] *Histoire naturelle de l'âme*, La Haye (Paris), 1745. *L'Homme-machine*, Leyde, 1748. — *L'Homme-plante*, Paris, 1748. — *Œuvres* de La Mettrie, Londres (Berlin), 1751.

celui-là même que le spiritualisme français considère comme son chef : de Descartes. C'est que Descartes n'est pas seulement l'auteur des *Méditations* et de la théorie des deux substances, mais aussi celui du traité *Des passions de l'âme,* le créateur du mécanisme moderne. Descartes n'a pas seulement démontré l'existence de Dieu et la spiritualité de l'âme[1], il a aussi fait voir *comment tous les membres peuvent être mus par les objets des sens et par les esprits* SANS L'AIDE DE L'AME[2], que celle-ci réside dans la glande pinéale, que la mémoire suppose des empreintes cérébrales, que l'animal est une machine et que les phénomènes intellectuels que nous constatons en lui peuvent et doivent s'expliquer mécaniquement. De l'animal machine de Descartes à l'homme machine il n'y a donc qu'un pas, et c'est La Mettrie qui le franchit. Si l'animal sent, perçoit, se souvient, compare et juge même sans l'aide d'une âme immatérielle et par le simple fait de son organisation nerveuse et cérébrale, il n'y a pas de raison pour en accorder une à l'homme, dont la sensibilité, la volonté, l'intelligence ne sont que les fonctions correspondantes de l'animal à une puissance plus élevée. L'homme n'est pas une exception, une caste à part et privilégiée dans la nature universelle. Les lois de la nature sont les mêmes pour tous. Nulle différence, sous ce rapport, entre l'homme, l'animal, la plante, le minéral. L'homme est une machine, mais une machine plus compliquée que l'animal : « il est au singe, aux animaux les plus spirituels, ce que le pendule planétaire d'Huygens est à une montre de Julien Leroy. »

Cet animal perfectionné n'est ni tombé du ciel, ni sorti parachevé des entrailles de la terre; il n'est point l'œuvre d'un créateur surnaturel, la réalisation d'une idée : il doit son origine

---

[1] Ces « erreurs » ne sont, aux yeux de La Mettrie, qu'une « ruse de style pour faire avaler aux théologiens le poison du mécanisme. C'est l'animal machine qui est la grande découverte de Descartes. » — [2] *Passions de l'âme*, I, Art. 16.

à une *évolution* naturelle, qui, des organismes les plus élémentaires fait sortir, par degrés, des organismes de plus en plus élevés. Non plus que les autres espèces animales et végétales, l'espèce humaine ne s'est faite d'une pièce, mais telle que nous la voyons aujourd'hui elle s'est dégagée lentement, progressivement, de l'animalité. L'idée évolutionniste et transformiste, familière à la philosophie ancienne[1], reparaît, sous des aspects divers, mais parfaitement consciente d'elle-même, dans les *Pensées sur l'interprétation de la nature* de Denis Diderot[2], dans le livre *De la Nature* de Robinet[3], dans la *Palingénésie philosophique* de Charles de Bonnet[4], précurseurs de Lamarck et de Darwin. Une fermentation sans relâche, un échange incessant de substance, une circulation perpétuelle de la vie, telle est, selon Diderot, l'existence universelle. Rien ne demeure, tout change, *les espèces comme les individus*. Les animaux n'ont pas toujours été tels que nous les voyons. De même que dans les règnes animal et végétal un individu commence, s'accroît, dure, dépérit et passe, n'en serait-il pas de même des espèces entières? Il y a contiguïté entre les règnes comme il y a contiguïté entre les espèces et peut-être identité. Saura-t-on jamais, par exemple, fixer les frontières entre la plante et l'animal? La définition de l'animal et de la plante est la même. On parle de trois règnes, mais l'un pourrait bien émaner de

[1] Nous l'avons trouvée chez Anaximandre, Empédocle, Anaxagore, Démocrite. — [2] Né à Paris en 1713, mort en 1784. — Fondateur de l'*Encyclopédie* (*Dictionnaire raisonné des arts, des sciences et des métiers. Par une société de gens de lettres, mis en ordre et publié par M. Diderot*, Paris, 1751-1763). — Ses écrits philosophiques les plus importants sont: ses *Pensées sur l'interprétation de la nature* (Paris, 1754), son *Rêve de d'Alembert*, sa *Lettre sur les Aveugles*, ses *Éléments de physiologie*, longtemps inédits. M. Assézat a édité les *Œuvres complètes* de Diderot, revues sur les éditions originales, comprenant ce qui a été publié à diverses époques et les manuscrits inédits conservés à la bibliothèque de l'Hermitage (Paris, 1875). — [3] 1723-1789. — *De la Nature*, 4 vol. in-8, Amsterdam, 1763-68. — [4] Genevois, 1720-1793. — *La palingénésie philosophique ou idées sur l'état passé et sur l'état futur des êtres vivants*, Genève, 1769.

l'autre, et les règnes animal et végétal, *émaner de la matière universelle hétérogène*. L'évolution est d'ailleurs toute mécanique. La nature, avec ses cinq ou six propriétés essentielles, la force morte ou vive, la longueur, la largeur, la profondeur, l'impénétrabilité et *la sensibilité qui est en puissance dans la molécule inerte*, la matière suffit à expliquer le monde. Qu'on ne vienne pas chercher des *intentions*, là où il n'y a que des faits accidentels. Les spiritualistes disent : Voyez l'homme, cette démonstration vivante des causes finales. De quoi parlent-ils? Est-ce de l'homme réel ou de l'homme idéal? Ce ne peut être de l'homme réel, car il n'y a pas sur toute la surface de la terre un homme parfaitement constitué, parfaitement sain. L'espèce humaine n'est qu'un amas d'individus plus ou moins contrefaits, plus ou moins malades. Or quel éloge peut-on tirer de là en faveur du prétendu créateur ? Ce n'est pas à l'éloge, c'est à l'apologie qu'il faut penser. Et ce qui vient d'être dit de l'homme, il n'y a pas un seul animal, une seule plante, un seul minéral, dont on n'en puisse dire autant. A quoi servent les phalanges au pied fourchu du pourceau? A quoi servent les mamelles au mâle?... Le monde actuel est un éphémère pour les millions de mondes réels ou possibles dans le passé et dans l'avenir, comme l'insecte de l'Hypanis en est un pour l'homme qui le voit naître et mourir dans la même journée. La journée d'un monde est plus longue, voilà tout.

Même conception du monde et de l'homme dans Helvétius[1], qui, à l'instar de Thomas Hobbes, considère l'égoïsme et l'intérêt personnel comme le véritable et unique mobile de nos actions; dans le mathématicien D'Alembert[2]. dont la pensée a une nuance

---

[1] Claude-Adrien, 1715-1771. — *De l'esprit*, Paris, 1758 (anonyme). — *De l'homme, de ses facultés et de son éducation*, Londres (Amst.), 1772 (anonyme). — *Les progrès de la raison dans la recherche de la vérité*, Londres, 1775. — *Œuvres complètes*, Amst., 1776; Deux-Ponts, 1784; Paris, 1794; 1796 (cette dernière édition forme 10 vol. in-12). — [2] 1717-1783; co-fondateur et auteur du magistral *Discours préliminaire* de l'*Encyclopédie*. — *Mélanges de littérature, d'histoire et de philosophie*, Paris, 1752.

sceptique et délicate qui la distingue avantageusement de son entourage et la rapproche du criticisme ; dans les économistes Turgot[1] et Condorcet[2], qui conçoivent une philosophie positive de l'histoire, basée sur la nécessité des actions humaines et la loi du progrès continu; dans le baron d'Holbach[3], dont le *Système de la nature,* publié à Londres en 1770 sous le pseudonyme de Mirabaud, est une théorie complète du matérialisme ontologique et psychologique. Matière et mouvement, ces deux mots résument toutes choses. La matière et le mouvement n'ont ni commencement ni fin. L'univers n'est gouverné ni par un Dieu, ni par le hasard, mais par des lois immuables et nécessaires. Ces lois ne relèvent point d'un pouvoir personnel capable de les modifier ; elles ne constituent point, d'autre part, une nécessité brutale, un Fatum planant au-dessus des choses, un joug s'imposant à elles du dehors : elles ne sont autre chose que leurs *propriétés*, l'expression de leur nature même. L'univers n'est ni une monarchie absolue à la Duns Scot, ni une monarchie constitutionnelle à la Leibniz, mais une république. Le théisme est l'ennemi-né de la science. Le panthéisme n'est qu'un théisme honteux ou un athéisme déguisé. Le mécanisme suffit à expliquer toutes choses. La nature ne connaît point la finalité. L'œil n'est pas organisé *pour* voir ni le pied *pour* marcher, mais la vision et la marche sont les effets d'un certain groupement des atomes, qui, s'il était autre, déterminerait d'autres phénomènes. Il n'y a pas d'âme distincte de la substance nerveuse. La pensée est une fonction du cerveau. La matière seule est immortelle, l'individu ne l'est point. Le libre arbitre des indéterministes est la négation de l'ordre universel. Il n'y a pas deux ordres de choses et deux séries de lois, des lois physiques et des lois morales, mais un univers un et indivisible,

---

[1] *Discours sur les progrès de l'esprit humain;* etc. — [2] *Esquisse d'un tableau historique des progrès de l'esprit humain* (ouvrage posthume). — [3] 1723-1789.

soumis dans toutes ses parties et à toutes les époques aux mêmes nécessités.

Enfin, au lendemain de la Révolution, le médecin Cabanis (1757-1808), dans ses *Considérations générales sur l'étude de l'homme et sur les rapports de son organisation physique avec ses facultés intellectuelles et morales*[1], formule les principes du matérialisme psychologique avec un franc-parler et une verdeur de langage qui n'ont guère été dépassés. Le corps et l'esprit ne soutiennent pas seulement entre eux le rapport le plus intime : ils sont une seule et même chose. L'âme c'est le corps se sentant lui-même. C'est le corps, c'est la matière qui sent, qui pense et qui veut. La physiologie et la psychologie sont une seule et même science. Les nerfs, c'est tout l'homme. Le cerveau est destiné à la pensée, comme l'estomac à la digestion et le foie à la sécrétion de la bile. Les impressions entrant dans le cerveau le mettent en action, comme les aliments entrant dans l'estomac mettent en action cet organe. La fonction propre du cerveau est de produire une image de chaque impression particulière, de grouper ces images et de les comparer entre elles pour former des jugements et des idées, comme la fonction de l'estomac est d'agir sur les aliments introduits, pour les dissoudre et en faire du sang. Les phénomènes intellectuels et moraux sont, *comme tous les autres,* les conséquences nécessaires des propriétés de la matière et des lois qui régissent les êtres[2].

Ces derniers mots marquent le terrain sur lequel les *philosophes*, modérés ou radicaux, dogmatiques ou sceptiques, juristes et littérateurs ou naturalistes et médecins, se trouvaient d'accord. Montesquieu, en disant que la Divinité même a ses lois, ne fait autre chose, en réalité, que de la nier en tant que

---

[1] Dans les *Mémoires de l'Institut* an IV et an VI (1796 et 1798); réimprimés, Paris, 1802. — [2] Au système de Cabanis est étroitement liée la physiologie intellectuelle ou cérébrale de Gall, Spurzheim et Broussais, connue sous le nom de *phrénologie*.

pouvoir personnel absolu. Son Dieu, c'est bien *la nature des choses* d'où dérivent ces *rapports nécessaires* qu'on appelle les lois[1]. Voltaire est déiste, mais il admet, avec Locke, que la matière peut penser[2]. J. J. Rousseau est spiritualiste à sa manière, mais son Dieu à lui aussi c'est au fond la *nature, que nous avons délaissée et à laquelle il nous faut revenir*[3]. Les coryphées de la littérature allemande, Lessing, Herder, Gœthe, joignent à l'idéalisme le plus élevé cette même tendance naturaliste et moniste sinon matérialiste. Ce qui unit entre eux tous ces penseurs si divers, c'est leur opposition, avouée ou secrète, au dualisme de Descartes, comme consacrant sous le nom de substance spirituelle et libre un ordre de choses qui échappe aux lois de la nature, une sorte de caste ou d'aristocratie privilégiée. L'égalité devant la loi de la nature et, à défaut d'une liberté d'indifférence que ni l'observation sensible ni la spéculation ne réussissent à établir, le déterminisme *pour tous*, sans en excepter l'Être suprême, telle est la commune devise des philosophes, en attendant que 1789 en fasse la devise de la Révolution.

§ 61. David Hume.

Il n'y a pas de corps, disaient dogmatiquement les idéalistes; il n'y a pas de substance spirituelle, affirmaient dogmatiquement les matérialistes. Aux uns et aux autres l'Écossais David Hume (1711-1776), à la fois penseur pénétrant[4] et historien

---

[1] *De l'esprit des lois*, l. I, ch. 1: Les lois, dans la signification la plus étendue, sont les rapports nécessaires qui dérivent de la nature des choses; et, dans ce sens, tous les êtres ont leurs lois: la divinité a ses lois, etc. — [2] Voy. la note, p. 377. — [3] 1712-1778. — *Discours sur l'origine et les fondements de l'inégalité parmi les hommes*, Paris, 1753. — *Le contrat social*, 1762. — *Émile ou de l'éducation*, 1762. — [4] *Treatise on human nature*, Londres, 1739. — *Enquiry concerning human understanding*, Londres, 1748. — *Essays and treatises on several subjects*, 1749. — *Œuvres philoso-*

classique de l'Angleterre[1], oppose le doute de Protagoras et de Locke : l'esprit humain a-t-il qualité pour résoudre le problème ontologique? la métaphysique, considérée comme science de l'essence intime et des causes premières des choses, est-elle possible? Dans ses *Essays*, chefs-d'œuvre inimitables de finesse et de clarté, la philosophie moderne rentre dans la voie tracée par l'empirisme anglais. Elle se replie sur elle-même pour se rendre compte des conditions dans lesquelles elle s'exerce, de l'origine des idées métaphysiques, des limites de sa compétence. Elle devient décidément criticisme et positivisme.

A l'ancienne métaphysique, c'est-à-dire à la prétendue science de l'essence des choses, *science creuse, mélange de superstition et de jargon, qui, en remplissant de ses ténèbres les esprits superficiels, se donne un air important et philosophique*[2], il faut substituer, selon Hume, la *critique*. En d'autres termes, il faut *faire un examen sérieux de la nature de l'entendement humain* et nous convaincre, par une analyse exacte de ses facultés, qu'il n'est point fait pour atteindre aux matières abstraites et transcendantes dont la métaphysique traditionnelle prétend s'occuper. C'est un travail dont il faut essuyer la fatigue pour vivre désormais en repos : *il faut cultiver la vraie métaphysique avec soin pour n'être plus dupe de la fausse.*

Si la critique est plus modeste que l'ontologie, ce n'en est pas moins une science déjà très estimable que de connaître les

---

phiques de M. D. Hume, trad. de l'anglais, 6 tomes, Londres, 1764. — *Les mêmes* (texte anglais) ont été rééditées à Édimbourg, 1827 et 1836, et à Londres, 1856 et 1870.

[1] *History of England from the invasion of Julius Cæsar*, etc., Londres, 1754-63, 6 vol. — L'œuvre historique de Hume impressionna bien plus son siècle que ses travaux philosophiques, et lui-même y voit le principal honneur de sa vie (voy. *Letters of David Hume to William Strahan*. Now first edited by G. Birkbeck Hill, Oxf. 1888). Aujourd'hui, c'est au contraire le père spirituel de Kant qui prévaut de plus en plus, dans l'opinion, sur l'émule de Robertson et de Gibbon. — [2] *Œuvres philosophiques* (trad. franç.), T. I, p. 12.

diverses opérations de l'esprit, de savoir les distinguer les unes des autres, les ranger sous certaines classes et corriger le désordre apparent qui y règne lorsqu'elles deviennent les objets de nos recherches. Cette science a sur la métaphysique l'avantage immense de la certitude : car *nous ne saurions la soupçonner d'être chimérique, sans tomber dans un scepticisme qui détruirait en même temps toute spéculation et toute morale*[1]. *Il y aurait plus d'imprudence, de précipitation et même de dogmatisme à renoncer à la philosophie ainsi comprise qu'il n'y en aurait à se jeter dans la spéculation la plus téméraire*[2]. Nous considérons comme bien employé le temps qu'un savant emploie à nous tracer le vrai système planétaire, à déterminer la position et l'ordre qu'observent ces corps éloignés : à plus forte raison devons-nous faire cas de ceux qui réussissent à marquer les régions de notre entendement et à décrire des choses qui nous touchent de si près. On a réussi à fixer les lois des révolutions planétaires : pourquoi faudrait-il désespérer de réussir dans les recherches qui concernent l'économie spirituelle et les facultés de l'entendement? Le tout est de faire ces investigations avec une application soutenue et une attention pénétrante[3].

Il résulte de ces déclarations formelles, appuyées d'ailleurs d'une série d'assertions analogues[4], que si D. Hume aime à se dire sceptique et s'il l'est en effet à l'égard de la métaphysique dogmatique, sa philosophie n'est en réalité que du criticisme. Il ne s'agit pas, dans sa pensée, de renoncer à la philosophie ni même à la métaphysique, mais bien de donner à cette science une autre direction et un autre objet, de la détourner de spéculations sans issue et de l'établir sur le terrain solide et positif de l'expérience[5]. Sceptique absolu, D. Hume n'aurait pu produire Emmanuel Kant. Or, quelque différence qu'il y ait entre les

---

[1] *Œuvres philosophiques*, p. 14. — [2] P. 18. — [3] P. 16-17. — [4] P. 51, 81, 83. — [5] P. 85.

résultats obtenus par ces deux penseurs, il est certain que l'esprit de leur philosophie théorique, l'idée-mère de leurs investigations, le but que l'un et l'autre se proposent, sont parfaitement identiques : cet esprit, c'est l'esprit critique ; ce but, c'est le savoir positif. Revendiquer pour Kant seul l'honneur d'avoir fondé le criticisme, est une erreur que l'étude de la philosophie britannique tend de plus en plus à réfuter.

Voici, en somme, le résultat des recherches de Hume sur l'entendement humain :

Toutes nos perceptions se divisent en deux classes : les *idées* ou *pensées* et les *impressions*. Les idées sont les perceptions les moins vives, que l'âme éprouve lorsqu'elle se replie sur ses sensations ; sous le terme d'impressions Hume comprend les perceptions qui ont un certain degré de force, comme celles de l'ouïe, de la vue, du toucher, et il y joint aussi l'amour, la haine, le désir, la volition[1]. Au premier aspect, dit-il, rien ne paraît plus libre que la pensée ; mais un examen plus mûr nous la montre resserrée dans des bornes très étroites et réduite à composer, à déplacer, à augmenter et à diminuer les matériaux qui lui sont fournis par les sens et par l'expérience. *L'étoffe de nos pensées est prise tout entière ou des sens extérieurs ou du sentiment interne ; la fonction de l'âme consiste à en faire l'assortiment et le mélange*[2], ou, en d'autres termes, *les idées sont les copies des impressions et chaque perception languissante est l'affaiblissement de quelque perception plus vive.* L'idée de Dieu elle-même nous vient quand nous réfléchissons sur les opérations de l'âme et que nous donnons une étendue illimitée aux qualités de sagesse et de bienfaisance que nous remarquons en

---

[1] *Œuvres phil.*, p. 21. — [2] P. 22. C'est déjà, mot pour mot, la doctrine de Kant, qui toutefois ajoutera que cet assortiment et ce mélange se font suivant des formes *a priori*, inhérentes à la pensée. Hume admet, lui aussi, qu'ils se font d'après des principes, mais, sensualiste absolu, il dérive ces principes eux-mêmes de la sensation, de l'expérience et de l'habitude.

nous. Qu'on pousse cet examen jusqu'où l'on voudra, l'on trouve toujours que l'idée vient d'une impression correspondante. Un aveugle-né n'a point la notion des couleurs, ni un sourd celle des sons[1]. D'ailleurs, toutes les idées, comparées aux sensations, ont quelque chose d'obscur[2].

Après avoir établi que toutes nos idées dérivent de la sensation, Hume constate qu'elles se suivent dans un certain ordre, et qu'il y a entre elles une certaine liaison. Cet ordre, cette liaison supposent certains principes d'après lesquels nos pensées se suivent, se groupent, se lient entre elles et qui sont : la *ressemblance,* la *contiguïté de temps ou de lieu* et la *causalité*. La question qui se présente ici, c'est de savoir si ces principes, et notamment la causalité, le plus important de tous, sont des notions *a priori*, innées, antérieures à toute impression, comme le veut l'idéalisme, ou s'ils ne sont pas à leur tour des idées au sens que le sensualisme attache à ce terme, c'est-à-dire des sensations affaiblies, des copies d'impressions correspondantes. La première solution sera celle de Kant, la seconde est celle de Hume.

C'est sur l'idée de causalité, de force, d'énergie, de liaison nécessaire, et sur l'explication de son origine que se concentre tout l'effort de sa critique. Cette idée découle de la sensation, comme toutes les autres. C'est l'expérience qui nous apprend qu'une bille de billard touchée par une autre se meut à son tour et se meut dans telle direction. Nous ne connaissons *a priori* ni le fait de son mouvement ni la direction de ce mouvement. Entre ce que nous appelons la cause et ce que nous appelons l'effet il n'y a jamais de liaison nécessaire qui puisse être reconnue *a priori*; la cause et l'effet sont choses absolument différentes et qui ne se rencontrent jamais ensemble. L'examen le plus approfondi ne nous peut donc faire lire un effet dans sa

---

[1] P. 23. — [2] P. 26.

prétendue cause, et dans tous les cas où l'expérience nous fait voir tel effet succéder à telle cause, notre entendement conçoit un grand nombre d'effets tout aussi naturels[1]. Il n'y a pas un seul cas où, sans l'aide de l'expérience, on puisse déterminer les événements soit en qualité de causes, soit en qualité d'effets. En un mot, l'idée de cause ne fait pas exception à la règle d'après laquelle toutes nos idées proviennent de la sensation.

Reste à savoir comment elle en provient, quelle est l'impression d'où elle découle.

Notons d'abord — et c'est là pour l'explication sensualiste une difficulté dont Hume a parfaitement conscience — notons que ce qu'on appelle pouvoir, force, énergie, liaison nécessaire, n'est jamais perçu directement. Les objets se suivent dans une succession continuelle, mais c'est tout ce que nous voyons : le pouvoir, la force qui anime la machine entière, se dérobe à nos regards. Nous savons, par le fait, que la chaleur est la compagne inséparable de la flamme ; nous ne saurions conjecturer, ni même imaginer ce qui les lie. Si les objets extérieurs ne nous donnent pas cette idée, nous vient-elle peut-être en réfléchissant sur les opérations de l'âme? On alléguera que nous sentons à chaque instant un pouvoir au-dedans de nous, puisque nous nous sentons capables de mouvoir les organes du corps et de diriger les facultés de l'esprit par un simple acte de la volonté. Mais l'influence de nos volitions sur les organes corporels est un fait connu par expérience, comme le sont toutes les opérations de la nature; nous sentons à chaque instant que les mouvements du corps obéissent aux ordres de la volonté, mais en dépit de nos recherches les plus profondes nous sommes condamnés à ignorer éternellement les moyens par lesquels cette opération s'effectue : tant s'en faut que nous en ayons le sentiment immédiat[2]. Un homme vient d'être frappé de paralysie au

---

[1] P. 51. — [2] P. 99.

bras ou à la jambe, ou vient de perdre tout récemment un de ses membres ; il fait, dans le commencement, des efforts réitérés pour le mouvoir ; il se sent le même pouvoir de commander à ses membres que sent un homme en pleine santé. Or le sentiment ne trompe jamais. Concluons donc que ni l'un ni l'autre ne sentent jamais rien de semblable : l'expérience nous apprend que la volonté exerce une influence ; mais tous ses enseignements se réduisent à nous montrer des événements qui se succèdent constamment les uns aux autres ; et pour ce qui est de ce lien secret qui les rend inséparables, c'est de quoi elle ne nous instruit pas.

L'idée que nous analysons ne dérive d'aucune conscience interne. Or elle ne nous est pas donnée non plus par les sens. D'où vient-elle donc en définitive? Comme nous ne pouvons nous former aucune idée de choses qui n'ont jamais affecté ni nos sens externes, ni notre sentiment intérieur, il paraît inévitable de conclure que nous manquons absolument de toute idée de connexion causale ou de pouvoir, et que ces termes ne signifient rien, soit qu'on les emploie dans les spéculations philosophiques, soit qu'on en fasse usage dans la vie commune.

Il reste un moyen d'éviter cette conclusion : c'est d'expliquer l'idée de cause par la *coutume* ou l'habitude que nous avons de voir certains faits dans une liaison constante. Un objet ou un événement naturel étant donné, l'esprit du monde le plus pénétrant ne saurait découvrir, ni conjecturer même, ce qui en résultera ; il ne peut porter sa vue au delà de ce qui est présent à ses sens ou à sa mémoire. Mais, dès que des événements d'une certaine espèce ont été toujours et dans tous les cas aperçus ensemble, nous ne nous faisons plus le moindre scrupule de présager l'un à la vue de l'autre[1]. Nous observons, par exemple, une liaison constante entre la chaleur et la flamme,

---

[1] P. 112.

entre la solidité et la pesanteur, et nous sommes déterminés par l'habitude à conclure de l'existence de l'une à l'existence de l'autre. Alors, nommant l'un de ces objets *cause* et l'autre *effet*, nous les supposons dans un état de connexion : nous supposons au premier un pouvoir par lequel le second est infailliblement produit, une force qui opère avec la certitude la plus grande et avec la nécessité la plus inévitable.

Ce n'est donc pas d'une impression isolée, de la perception d'un objet individuel, que naît l'idée de cause : elle procède de notre habitude de voir plusieurs impressions et plusieurs objets se suivre dans un certain ordre. Cette liaison à laquelle l'expérience nous accoutume, cette transition habituelle qui fait passer l'imagination de l'objet qui précède à celui qui a coutume de suivre, est le seul sentiment, la seule impression d'après laquelle nous formons l'idée de pouvoir, de causation, de liaison nécessaire.

En résumé : chaque idée est la copie d'une impression ou d'un sentiment qui a précédé; et là où il n'y a pas d'impression, nous sommes assurés qu'il n'y a point d'idée. Or il ne se fait aucune opération, ni dans les corps ni dans les esprits, qui, prise isolément, produise la moindre impression de pouvoir ou de liaison nécessaire. Donc il n'y en a aucune qui en fasse naître l'idée. Ce n'est qu'après plusieurs expériences uniformes où le même objet se montre toujours suivi du même événement, que nous commençons à prendre les idées de cause et de liaison. Le nouveau sentiment que nous éprouvons alors est celui d'un rapport habituel entre les objets qui se suivent, et ce sentiment est l'archétype de l'idée, que nous cherchons.

Hume, dont la critique tend à ébranler le principe de causalité comme ne nous étant donné ni *a priori*, ni par aucune expérience prise en particulier, n'en est pas moins déterministe au premier chef en morale et en histoire. Il est même, avec Hobbes et Spinosa, l'un des fondateurs de la science historique *positive*, c'est-à-dire basée sur le principe de la nécessité des actions humaines. C'est un fait universellement reconnu, dit-il[1], que, chez toutes les nations et dans tous les siècles, les actions humaines ont une grande uniformité, et que la nature de l'homme ne s'est point écartée jusqu'ici de ses principes et de sa marche ordinaire. Les mêmes motifs produisent toujours la même conduite : les mêmes événements résultent des mêmes causes. L'ambition, l'avarice, l'amour-propre, la vanité, l'amitié, la générosité, le patriotisme, ces diverses passions ont été, dès l'origine du monde, et sont encore les sources de toutes nos entreprises, les ressorts de toutes nos actions. Voulez-vous connaître les sentiments, les inclinations de la vie des Grecs et des Romains? Étudiez le tempérament et la conduite des Français et des Anglais d'aujourd'hui : vous pouvez transporter à ceux-là les observations que vous aurez faites sur ceux-ci, sans courir grand risque de vous tromper. L'histoire ne nous apprend là-dessus rien de nouveau ni de singulier : tant il est vrai que le genre humain demeure le même dans tous les temps et dans tous les lieux. Tout au contraire, *la principale utilité de l'histoire consiste à découvrir les principes constants et universels de la nature de l'homme.*

S'il n'y avait point d'uniformité dans les actions de l'homme, si les expériences que nous faisons dans ce genre étaient pleines d'irrégularités et d'anomalies, il serait impossible de faire aucune observation générale sur le genre humain... Le vulgaire qui ne juge que sur les apparences, attribue l'incertitude des événements à une incertitude dans les causes : il croit qu'une cause peut manquer son effet ordinaire sans qu'aucun empêchement vienne traverser son opération. Les philosophes, réfléchissant à la grande variété de ressorts et de principes que la nature renferme, et que leur petitesse ou leur éloignement nous

---

[1] *VIIIe Essai, ibid.*, p. 123.

cache, soupçonnent d'abord que la contrariété des événements, au lieu de résulter de la contingence des mêmes causes, pourrait bien venir de l'action secrète de quelques causes contraires; *ce soupçon devient certitude* lorsqu'un examen ultérieur leur fait connaître qu'une contrariété d'effets indique toujours une opposition mutuelle entre les causes. Une horloge s'arrête : le paysan vous dira pour toute raison qu'elle n'a pas coutume d'aller bien; mais l'artiste s'aperçoit aisément que, la même force du pendule ou du ressort ayant toujours la même influence sur les roues, elle ne peut manquer son effet qu'à cause d'un obstacle, d'un grain de poussière peut-être, qui suspend tout le mouvement de la machine. C'est sur des observations de ce genre que repose cette maxime des philosophes : *Toutes choses sont dans une liaison nécessaire avec leurs effets, et toute incertitude apparente procède toujours de l'action secrète de causes contraires...* La volonté humaine est gouvernée par des lois non moins stables que celles qui régissent les vents, la pluie, les nuages (Spinosa); la liaison des motifs avec ses actes n'est ni moins régulière, ni moins uniforme que celle des autres causes naturelles avec leurs effets[1].

Cette vérité est universellement reconnue : c'est elle qui est la source de toutes les conclusions que nous formons touchant les actions humaines, le fondement de toutes nos inductions pour l'avenir. La nécessité physique et la nécessité morale sont deux *noms différents*, mais leur nature est la même : l'évidence naturelle et l'évidence morale viennent des mêmes principes. Malgré la répugnance qu'ont les hommes à professer la doctrine de la nécessité, ils la professent tous tacitement... Je me trompe fort, si elle a jamais été ou pu être rejetée d'aucun philosophe... On ne peut donc entendre par liberté que le pouvoir d'agir ou de n'agir pas conformément aux déterminations de la volonté

---

[1] *VIIIe Essai*, p. 130.

(Locke)... On convient universellement que rien n'existe sans cause et que le mot hasard n'est qu'un terme négatif; mais on prétend qu'il y a des causes nécessaires et des causes non nécessaires. C'est ici que paraît la merveilleuse utilité des définitions. Qu'on me définisse une cause sans faire entrer dans la définition sa *liaison nécessaire* avec l'effet. Quiconque entreprendra de le faire, sera réduit ou à parler un langage inintelligible, ou à employer des termes synonymes de celui qu'il veut définir. Or, notre définition étant admise, la liberté, autant de fois qu'on l'oppose, non à la contrainte, mais à la nécessité, sera la même chose que le hasard, c'est-à-dire le néant.

L'expérience réfute le dualisme de la volonté et des agents physiques : elle renverse de même celui de l'intelligence et de l'instinct. Les animaux s'instruisent par l'expérience aussi bien que l'homme, et comme lui, ils infèrent les mêmes événements des mêmes causes. C'est à l'aide de ce principe qu'ils se familiarisent avec les propriétés les plus communes des objets extérieurs, et que dès leur naissance ils accumulent peu à peu des connaissances sur la nature du feu, de l'eau, de la terre, des pierres, des hauteurs, des profondeurs, et sur les effets qui en résultent. L'ignorance et l'inexpérience des jeunes animaux se distinguent manifestement de la ruse et de la sagacité des vieux, à qui de longues observations ont appris à éviter ce qui blesse et à poursuivre ce qui donne du plaisir. Un cheval exercé à la campagne connaît les hauteurs qu'il peut franchir et ne hasardera jamais un saut qui excède ses forces. Le vieux lévrier, laissant la fatigue de la chasse au jeune, se poste de manière à couper le lièvre au passage : *ce n'est pas sur des conjectures qu'il agit ainsi; c'est d'après l'observation et l'expérience...* Sans doute, ces inductions des animaux ne sont pas le fruit du raisonnement, mais celles des enfants ne le sont pas davantage, et il en est de même des conclusions ordinaires du gros des hommes, sans en excepter les philosophes. Sans doute encore, les animaux doivent beaucoup de leurs connaissances à ce que nous appelons l'instinct. Mais *la raison expérimentale elle-même, que nous avons en commun avec les animaux, n'est autre chose qu'une espèce d'instinct ou de puissance mécanique, qui agit en nous à notre insu* [1].

Pour ce qui est de l'idée de Dieu, le penchant que nous avons tous à la former, s'il n'est pas un instinct primitif, est du moins « un résultat de l'usage de notre esprit, inséparable de la nature humaine [2] ». C'est à cette thèse que se réduit la théologie de Hume. Adversaire déclaré de toutes les religions positives, il a de la peine à les considérer comme « autre chose que des rêves d'un homme en délire ou des imaginations capricieuses de singes travestis [3] ». La doctrine de l'immortalité de l'âme lui paraît obscure et pleine de mystères [4]. Aux miracles il oppose les arguments suivants : l'on ne trouve pas dans toute l'histoire un seul miracle attesté par un nombre suffisant de témoins de bon sens et d'un savoir généralement reconnu, pour pouvoir nous rassurer contre toutes les illusions qu'ils auraient pu se faire à eux-mêmes, de témoins d'une intégrité assez incontestable pour les mettre au-dessus de tout soupçon d'imposture, d'une réputation assez accréditée aux yeux de leurs contemporains pour avoir eu beaucoup à perdre en cas qu'on les eût convaincus de fausseté, et dont, en même temps, le témoignage roule sur des faits arrivés d'une manière assez publique et dans une partie du monde assez célèbre pour qu'il eût été possible d'en découvrir l'abus. La passion pour le surprenant et le merveilleux nous prédispose à croire les événements qui sont de nature à la satisfaire. Les récits surnaturels abondent surtout parmi les nations ignorantes et barbares, et si l'on en trouve chez les peuples civilisés, il est visible qu'ils leur ont été transmis

---

Essai sur la raison des bêtes. — [2] *Histoire naturelle de la religion*, p. 90. — [3] *Ibid.*, p. 91. — [4] *Ibid.*

par leurs ancêtres encore incultes, avec cette sanction et cette autorité qui accompagnent toutes les opinions anciennes. Règle générale : il n'y a point de témoignage assez fort pour établir un miracle, à moins que ce témoignage ne soit de telle nature que sa fausseté serait plus miraculeuse encore que le fait qu'il doit établir [1].

Si, en théologie comme en morale et en psychologie, les conclusions de Hume sont de tout point conformes, d'une part aux doctrines du rationaliste Spinosa, de l'autre à celles des matérialistes français, le philosophe écossais n'en maintient pas moins jusqu'au bout son point de vue sceptique, comme il aime à l'appeler, critique ou positiviste, comme on l'appelle de nos jours, pour le distinguer du scepticisme des anciens. Le vrai scepticisme, comme il l'entend, consiste non pas à douter perpétuellement de toutes choses, mais à « limiter nos recherches aux sujets les mieux assortis à l'étroite capacité de notre entendement [2]. Cette limitation de nos recherches est chose si raisonnable à tous égards que le moindre examen des facultés naturelles de l'esprit, comparées à leurs objets, suffit pour nous en recommander la nécessité [3]. »

Le trait le plus saillant de ce scepticisme, comparé soit au dogmatisme métaphysique, soit à l'objectivisme naïf du *sens commun*, c'est qu'il distingue entre les choses telles qu'elles sont et les choses telles qu'elles nous paraissent. Sans philosophie, dit Hume [4], nous supposons un univers indépendant de nos perceptions, et qui n'en existerait pas moins quand nous serions absents ou anéantis avec toutes les créatures douées de sensibilité... Cette même table dont nous voyons la blancheur et dont nous touchons la solidité, nous la jugeons existante indépendamment de notre perception : nous la croyons quelque

---

[1] *Essai sur les miracles.* — [2] *Essai sur la philosophie académique*, p. 85.
— [3] *Ibid.*, p. 87. — [4] *Essai sur la philosophie sceptique*, p. 70 ss.

chose d'extérieur à l'âme qui l'aperçoit; notre présence ne la réalise point, notre absence ne l'anéantit point; elle conserve son être dans sa totalité, et cet être ne relève en aucune façon de l'état des intelligences qui l'aperçoivent ou le considèrent. Cette opinion, bien qu'elle soit la première en date et la plus universellement reçue, se détruit bientôt à l'aide de la plus légère teinte de philosophie... Jamais il n'est arrivé à un homme qui réfléchit, de douter que les existences que nous considérons en disant *cet homme, cet arbre*, fussent quelque chose de plus que des perceptions de l'esprit, des copies d'autres êtres conservant leur uniformité et leur indépendance... Les qualités prétendues *premières* même, l'étendue, la solidité, sont des perceptions de l'esprit (Berkeley).

Ces perceptions sont-elles produites par des objets extérieurs qui leur ressemblent? L'expérience, qui seule peut décider cette question de fait, se tait ici et doit se taire. Existe-t-il au moins des objets extérieurs? Elle ne le dit pas davantage. Cependant, douter de l'existence des corps est d'un scepticisme outré, que l'action, le mouvement, la vie et nos occupations suffisent à réfuter. Ce scepticisme excessif ou pyrrhonisme, le vrai scepticisme le rejette puisqu'il est stérile [1]. Toutes les fois qu'il essaiera de reparaître, la nature se chargera d'en avoir raison. Néanmoins l'existence des corps, étant une question de fait, n'est pas susceptible de démonstration : les seuls objets d'une *vraie science* et d'une démonstration réelle, ce sont les quantités et les nombres. S'agit-il de choses de fait ou d'existence, c'est l'expérience qui décide, et l'expérience n'arrive jamais qu'à la probabilité [2] (Carnéade).

Les doctrines de Hume furent vivement combattues, au nom du sens commun (*common sense*) et de la morale, par Thomas

---

[1] *Essai sur la philosophie sceptique*, p. 83. — [2] En excluant la physique de la science pure, l'idéaliste Platon ne dit pas autre chose.

Reid[1], chef de l'école dite écossaise, et par ses disciples, les Oswald[2], les Beattie[3], les Dugald Stewart[4], psychologues de mérite, mais, à l'exception de Reid, médiocres métaphysiciens[5]. Pour réfuter Hume, il fallait se mettre sur son terrain, le terrain critique, se servir de ses propres armes, reprendre à nouveau et, si possible, d'une manière plus approfondie et plus complète, l'examen de l'entendement humain. C'est ce que comprit Kant, le continuateur le plus illustre en même temps que le critique le plus sagace du philosophe écossais. Le sens commun, dit-il, est un des dons les plus précieux du ciel. Mais encore faut-il le montrer par des actes, et non s'en servir comme d'un oracle quand on manque de raisons sérieuses. Avec l'arme du bon sens ainsi employée, le plus insipide discoureur peut, en toute sécurité, entrer en lice avec le plus solide et le plus profond esprit. Qu'est-ce au fond que cet appel au sens commun, sinon un appel à la foule et à son approbation, appel dont rougit le philosophe? Hume, après tout, n'avait-il pas autant de bon sens que Beattie?... On ne redresse la raison que par la raison[6].

---

[1] 1704-1796. Professeur à Glasgow. — *Inquiry into the mind on the principles of common sense*, 3ᵉ éd., Londres, 1769. — Son ouvrage principal : *Essays on the powers of the human mind*, en 3 vol., Londres, 1763, a été traduit par Jouffroy, 6 vol. in-8, Paris, 1825-1835. — [2] *Appeal to common sense in behalf of religion*, Édimb., 1766. — [3] 1735-1803. Professeur à Édimbourg. — *Essay on the nature and immutability of truth in opposition to sophistry and scepticism*, Édimb., 1770. — *Theory of the language*, Londres, 1778. — *Elements of science of moral* (1790-1793). — [4] 1753-1828. — *Elements of the philosophy of the human mind*, Londres, 1792, trad. en français par L. Peisse, 3 vol., Paris, 1843. — Ses *Outlines of moral philosophy* ont été traduits par Jouffroy, 1 vol., 3ᵉ éd., Paris, 1826. — [5] Dans la philosophie de William Hamilton (1788-1856), l'école écossaise, comme jadis l'Académie, aboutit au scepticisme qu'elle avait commencé par combattre dans D. Hume. Sir W. Hamilton s'est fait connaître surtout par ses *Discussions on philosophy*, 3ᵉ éd., Édimbourg et Londres, 1866, traduites en partie par L. Peisse sous le titre de *Fragments de philosophie*. Ses *Leçons de métaphysique* et ses *Leçons de logique* ont été publiées après sa mort. — Voy. J. Stuart Mill, *Examen de la philosophie de William Hamilton*, trad. par Cazelle, Paris, 1869. — [6] *Prolégomènes à toute métaphysique future*, Introd., p. 9.

Au surplus, la philosophie de Hume n'était pas inattaquable. Sa critique offrait des lacunes, des difficultés éludées plutôt que résolues. Si l'expérience est la source unique de nos connaissances sans exception, d'où vient le caractère exceptionnel de certitude absolue que Hume lui-même reconnaît aux mathématiques? S'il n'y a rien dans l'entendement qui ne soit d'abord dans les sens, comment expliquer les idées de cause, de liaison nécessaire, de nécessité? On se rappelle que le critique écossais explique l'origine de l'idée de liaison nécessaire par l'habitude que nous avons de voir certains faits se produire toujours dans le même ordre. Mais cette explication est insuffisante. L'idée de nécessité ne peut venir de la seule expérience; car l'expérience la plus prolongée ne nous fait jamais voir qu'un nombre restreint de cas; elle ne nous dit pas ce qui se fait *dans tous les cas,* ni ne nous donne par conséquent aucune vérité nécessaire. Il n'est pas exact d'ailleurs que l'idée de cause soit celle d'une contiguïté nécessaire dans le temps[1]. Causalité signifie connexité et implique, par conséquent, un élément que l'idée de contiguïté ne renferme pas. Or Hume affirme expressément que *les événements se suivent à la vérité, mais sans que nous remarquions la moindre liaison entre eux : que nous les voyons pour ainsi dire en conjonction, mais jamais en connexité*[2]. Si donc l'expérience ne nous montre *jamais aucune cause*, mais seulement des événe-

---

[1] Y a-t-il, demande à bon droit Thomas Reid, y a-t-il succession plus ancienne et plus régulièrement observée que celle du jour et de la nuit? Or personne ne s'est jamais avisé de considérer la nuit comme un *effet* du jour, le jour comme la *cause* de la nuit. Au surplus, les vérités d'expérience ont cela de particulier que la certitude que nous en avons est susceptible d'augmentation et de diminution. Après une seconde épreuve réussie, le médecin est plus convaincu de l'efficacité de sa médication qu'il ne l'était après la première, et ainsi de suite, jusqu'à ce qu'une longue série de cas probants ait transformé en certitude ce qui n'était d'abord que présomption et simple soupçon. Or il en est tout autrement de cette vérité qu'il n'y a pas de fait sans cause. L'enfant, dont l'expérience ne fait que commencer, y croit avec la même force instinctive que l'homme fait et le vieillard, et les expériences accumulées par myriades ne peuvent ni l'augmenter ni la diminuer. — [2] P. 112.

ments en *continuité* (car c'est ce que Hume veut dire par l'expression mal choisie de conjonction, synonyme de connexité), n'en faut-il pas conclure ou à la négation de l'idée de cause ou à une origine de cette idée, autre que l'expérience?

C'est sur ce point que la critique de Kant vient compléter et rectifier celle de Hume.

§ 61. Kant.

Emmanuel Kant naquit en 1724 à Kœnigsberg, en Prusse, d'une famille bourgeoise originaire de la patrie de D. Hume. Après avoir fait ses études à l'université de sa ville natale, il y enseigna, depuis 1758, la logique, la morale, la métaphysique, les mathématiques, la cosmographie, la géographie générale. Professeur titulaire depuis 1770, il continua ses leçons jusqu'en 1797 et mourut, chargé de gloire et d'années, en 1804. Il n'avait jamais quitté sa province et ne s'était point marié. D'une santé robuste, d'une régularité absolue dans ses habitudes de tous les jours, libre des soucis qui naissent de la vie de famille, adonné pendant trois quarts de siècle à la science et aux plaisirs de l'esprit, Kant a réalisé, dans une certaine mesure, l'idéal rêvé par les philosophes d'Athènes et de Rome, mais il a su tempérer ce que le sage stoïcien a d'extravagant et de faux par une gaîté de bon aloi et un aimable instinct de sociabilité. Ajoutons qu'il a été novateur en philosophie, et nous ne trouverons que naturel le rapprochement que l'histoire a fait entre lui et Socrate.

Ses écrits philosophiques[1] se divisent en deux groupes dis-

---

[1] *Œuvres complètes*, éd. Hartenstein, 10 vol., Leipz., 1838-39. Nouvelle édition, 1867 ss. — Éd. Rosenkranz et Schubert, 12 vol., Leipz., 1838-40. — Traductions françaises : *Critique de la raison pure*, 2 vol. in-8, par Tissot (3ᵉ édition, Paris, 1864), et par M. Jules Barni, 2 vol. in-8, 1869. — *Principes métaphysiques de la morale, Principes métaphysiques du droit*

tincts. Ceux de son époque dogmatique[1] nous le montrent disciple de Leibniz et de Wolf, mais préludant, notamment dans ses *Rêves d'un visionnaire* (1766), aux chefs-d'œuvre de sa maturité. Ceux de sa seconde période (1770-1804), où, sous l'influence de Hume, il a rompu en visière au dogmatisme, professent résolument une philosophie nouvelle. Les principaux sont : *De mundi sensibilis atque intelligibilis forma et principiis* (1770); la *Critique de la raison pure* (1781; 2ᵉ édition remaniée, 1787), ouvrage capital auquel les suivants se rattachent comme les branches à leur tronc commun; les *Prolégomènes à toute métaphysique future* (1783); les *Principes fondamentaux de la métaphysique des mœurs* (1786); les *Éléments métaphysiques de la science de la nature* (1786); la *Critique de la raison pratique* (1788); la *Critique du jugement* (1790); la *Religion dans les limites de la raison* (1793).

Notre âge, dit Kant à différentes reprises, est l'âge de la *critique*; et par ce mot il entend la philosophie qui, avant d'affirmer, pèse, et avant de prétendre connaître, cherche à se rendre compte des conditions de la connaissance. Si la philosophie de Kant est du criticisme dans ce sens général, elle l'est aussi

---

et *Logique*, par M. Tissot. — M. Barni a traduit, outre la *Critique de la raison pure*, la *Critique de la raison pratique*, la *Critique du jugement*, etc.; M. Trullard, la *Religion dans les limites de la raison*. — Charles Villers, *Philosophie de Kant*, Metz, 1801. — Amant Saintes, *Histoire de la vie et de la philosophie de Kant*, Paris, 1844. — V. Cousin, *Leçons sur Kant*, Paris, 1842, 4ᵉ éd., Paris, 1864. — Émile Saisset, *Le scepticisme, Énésidème, Pascal, Kant*, Paris, 1865. — D. Nolen, *La critique de Kant et la métaphysique de Leibniz*, Paris, 1875. — M. Desdouits, *La philosophie de Kant d'après les trois Critiques*, Paris, 1876. — Willm, *Histoire de la philosophie allemande*, tome I. — Parmi les nombreuses études sur la philosophie kantienne qui ont paru en Allemagne dans ces dernières années, il faut citer notamment celles de MM. Cohen, Benno Erdmann, Laas, Paulsen, et le savant *Commentaire* (all.) de M. H. Vaihinger *sur la Critique de la raison pure*, Stuttgart, 1881 ss.

[1] A cette première période appartient son *Histoire naturelle du ciel*, un des chefs-d'œuvre de la physique générale.

au point de vue spécial de la théorie des idées : elle est *critique* par opposition aux théories extrêmes de Leibniz et de Locke, en ce qu'elle distingue (κρίνειν, *discernere*) ce qui, dans la formation des idées, est le fait de la sensation et ce qui est le fait de l'activité spontanée de la raison. Elle reconnaît avec le sensualisme que la *matière* ou l'étoffe de nos idées nous est fournie par les sens ; avec l'idéalisme, elle constate que leur *forme* ou façon est l'œuvre de la raison, que c'est la raison qui, de par ses lois à elle, transforme en idées les données de la sensation. Elle ne veut être ni sensualiste ni intellectualiste au sens exclusif de ces termes, mais *transcendantale*, c'est-à-dire que, remontant (*transcendens*) au delà des doctrines sensualiste et idéaliste, elle entend constituer un point de vue supérieur, d'où elle soit à même d'apprécier la vérité et l'erreur relatives des théories du dogmatisme. Elle est une méthode plutôt qu'un système, une introduction à la philosophie plutôt qu'une philosophie parachevée. Sa devise est le γνῶθι σεαυτόν de Socrate, qui pour elle signifie : nécessité pour la raison, avant d'édifier un système quelconque, de se rendre compte des ressources dont elle dispose pour le construire.

Dans l'examen qu'elle fait de la raison, elle démêle avec soin les éléments divers qui constituent cette faculté, et, fidèle à l'esprit critique dont elle émane, elle *distingue* entre l'ordre théorique, l'ordre pratique, l'ordre esthétique. La raison ressemble à une reine qui gouverne, sous des noms différents, trois États distincts, dont chacun a ses lois, ses mœurs, ses tendances particulières ; elle se manifeste, dans l'ordre théorique, comme faculté de connaître ou sens du *vrai* ; dans l'ordre pratique, comme faculté active ou sens du *bien* ; dans l'ordre esthétique, comme sens du *beau* et de la convenance finale. La philosophie kantienne fait la part de chacune de ces sphères diverses, examinant l'une après l'autre sans parti pris ni préoccupation dogmatique.

I. Critique de la raison pure.

Et d'abord, elle se demande ce que c'est que la connaissance.

Une idée prise isolément (l'homme, la terre, la chaleur) ne constitue pas une connaissance; pour qu'il y ait connaissance, il faut que les idées d'homme, de terre, de chaleur s'unissent respectivement à d'autres idées, il faut qu'il y ait sujet et attribut, c'est-à-dire jugement. Exemples : l'homme est un être responsable, la terre est une planète, la chaleur dilate les corps. Toute connaissance se formule donc en une proposition, toute connaissance est un jugement, sans que réciproquement tout jugement constitue une connaissance.

Il y a des jugements *analytiques* et des jugements *synthétiques*[1]. Les premiers ne font que décomposer ($\dot{\alpha}\nu\alpha\lambda\acute{\upsilon}\varepsilon\iota\nu$) une idée sans rien y ajouter de nouveau. Exemple : les corps sont étendus. L'attribut *étendu* n'ajoute rien au sujet qui d'emblée n'y soit déjà contenu. Ce jugement ne me dit rien de nouveau, n'enrichit en rien ma connaissance. Par contre, en disant: la terre est une planète, j'énonce un jugement synthétique, c'est-à-dire que je joins ($\sigma\upsilon\nu\tau\acute{\iota}\vartheta\eta\mu\iota$) à l'idée de terre une détermination nouvelle, l'idée de planète, si peu inséparable de l'idée de terre que l'homme a été des milliers d'années sans l'y rattacher. Le jugement synthétique enrichit donc, étend, augmente mon savoir et constitue seul une connaissance, ce qui n'est pas le cas du jugement analytique.

Mais voici venir une restriction importante. Tout jugement synthétique ne constitue pas nécessairement une notion *scientifique*. Pour qu'un jugement constitue une connaissance au sens scientifique, la seule dont il soit ici question, il faut qu'il soit vrai dans tous les cas, que la liaison qu'il établit entre l'attribut

---

[1] *Critique de la raison pure* (éd. Rosenkranz), p. 21. — *Prolégomènes à toute métaphysique future*, p. 16.

et le sujet ne soit pas fortuite, mais nécessaire. Il fait chaud, voilà un jugement synthétique sans doute, mais d'un contenu tout accidentel et contingent, puisque demain il peut faire froid; il n'est donc pas question ici d'une proposition scientifique. Dites au contraire : la chaleur dilate, et vous énoncez un fait qui ne sera pas moins vrai demain et dans mille ans qu'il ne l'est aujourd'hui, une proposition nécessaire et une notion proprement dite.

Mais de quel droit affirmerai-je que cette proposition est nécessaire, universelle, vraie dans tous les cas? L'expérience me montre-t-elle donc tous les cas et n'y a-t-il pas, en dehors de notre observation, de cas possibles où la chaleur ne dilaterait pas les corps qu'elle dilate d'habitude? Sur ce point Hume a raison. L'expérience, ne fournissant jamais qu'un nombre restreint de cas, ne saurait donner le nécessaire et l'universel. Donc un jugement *a posteriori*, c'est-à-dire basé uniquement sur l'expérience, ne saurait constituer une connaissance scientifique. Pour être nécessaire, c'est-à-dire scientifique, il faut qu'un jugement repose sur une donnée rationnelle, qu'il ait ses racines dans la raison non moins que dans l'observation, que ce soit un jugement *a priori*. En effet, mathématiques, physique et métaphysique se composent de jugements synthétiques *a priori*[1]. Donc en résumé la connaissance doit se définir : un *jugement synthétique a priori*. Telle est la réponse de Kant à sa question préliminaire : qu'est-ce que la connaissance?

Comment pouvons-nous former des jugements synthétiques *a priori?* En d'autres termes : à quelles conditions la connaissance est-elle possible? Telle est la question capitale que la critique kantienne se chargera de résoudre[2].

Elle est possible, répond Kant, à condition que les sens four-

---

[1] *Prolégomènes*, p. 22 ss. — Avant Kant on considérait les propositions mathématiques comme analytiques. — [2] *Prolégomènes*, p. 28 ss.

nissent les matériaux d'un jugement, et la raison, le ciment destiné à les unir. Soit la thèse déjà citée : la chaleur dilate les corps. Cette proposition renferme deux sortes d'éléments distincts : d'une part, des éléments fournis par la sensation : la chaleur, la dilatation, les corps; de l'autre, un élément qui échappe à la sensation et dérive uniquement de l'intelligence : le lien de causalité que la thèse en question établit entre la chaleur et la dilatation des corps. Ce qui est vrai de la proposition qui nous sert d'exemple est vrai de tout jugement scientifique. Tout jugement d'ordre scientifique se compose nécessairement d'éléments sensibles et d'éléments purs ou rationnels. En niant les premiers, l'idéalisme méconnaît le fait que l'aveugle-né n'a aucune idée de la couleur, ni par conséquent, aucune notion touchant la lumière; en niant l'élément rationnel, inné, *a priori*, le sensualisme oublie que les sens les plus raffinés de l'idiot sont impuissants à lui suggérer une notion scientifique. La philosophie critique se place entre ces deux théories extrêmes et reconnaît tout à la fois le rôle de la sensibilité et celui de la raison pure dans la formation de nos jugements.

Mais il faut pénétrer plus avant dans l'analyse de la faculté de connaître, et puisqu'elle se décompose, comme on vient de voir, en deux sous-facultés, dont l'une fournit l'étoffe de nos connaissances et dont l'autre la façonne et en fait des notions, l'examen de la raison au sens étendu de faculté de connaître sera successivement : examen de la sensibilité (raison intuitive) et examen de l'entendement proprement dit [1].

1. *Critique de la sensibilité ou esthétique transcendantale.*

Nous savons dès à présent d'une manière générale que la connaissance résulte de la collaboration de la sensibilité et de

[1] *Critique*, p. 28.

l'entendement. Mais à quelles conditions y a-t-il perception sensible, ou pour parler le langage de Kant, intuition (*Anschauung*)?

La sensibilité, avons-nous dit, fournit à l'entendement l'étoffe de ses connaissances. Mais l'étoffe dont sera fait le vêtement a déjà elle-même une certaine façon; ce n'est plus absolument la matière première, celle-ci ayant passé, pour devenir étoffe, par les opérations préparatoires de la filature et du tissage. En d'autres termes et sans figures, la sensibilité n'est pas purement passive; elle ne transmet pas à l'entendement les matériaux dont il a besoin, sans y mettre du sien; elle a sa signature qu'elle imprime aux choses, ses formes à elle, on pourrait dire ses tentacules, dont elle marque l'objet perçu, de même que la trace de nos mains s'imprime à une poignée de neige; elle est en particulier ce que la faculté de connaître est en général : réceptive à la fois et active; elle *reçoit* du dehors un aliment mystérieux et elle en *fait* une intuition. Dans chaque intuition il y a donc deux éléments : un élément *pur* ou *a priori* et un élément *a posteriori*, une forme et une matière, quelque chose que la raison intuitive produit spontanément et un je ne sais quoi qu'elle tire d'ailleurs.

Quelle est cette forme? Quels sont ces éléments *a priori* que la sensibilité ne reçoit pas, mais tire de son propre fonds pour les ajouter à chacune de ses intuitions, semblable à l'appareil digestif ajoutant ses sucs aux matériaux ingurgités, pour collaborer à la formation du chyle? Ces intuitions *a priori* que le sensualisme n'admet pas et dont la *Critique de la raison pure* démontre l'existence, c'est l'*espace,* forme de la sensation externe, et le *temps,* forme de la sensibilité interne. *L'espace et le temps sont des intuitions primitives de la raison, antérieures à toute expérience :* telle est l'immortelle découverte de Kant et l'une des doctrines capitales de la philosophie critique[1].

Ce qui prouve que les idées d'espace et de temps sont dues

---

[1] *Critique*, p. 31-54.

à la raison et non à l'expérience, c'est : 1° que le petit enfant, quoique n'ayant encore aucune idée précise sur les distances, tend déjà à s'éloigner des objets qui lui sont désagréables et à s'approcher de ceux qui lui font plaisir. Il sait donc *a priori* que ces objets se trouvent devant lui, à côté de lui, hors de lui, ailleurs que lui. Antérieurement à toute autre intuition il a l'idée de *devant*, d'*à côté*, de *hors de*, c'est-à-dire l'idée de l'espace, dont ce ne sont là que des applications particulières. Et il en est de même du temps. Antérieurement à toute perception, l'enfant a le sentiment d'*avant*, d'*après*, sans quoi ses perceptions se confondraient en une masse indistincte, sans ordre ni suite; c'est-à-dire qu'antérieurement à toute intuition quelconque, *a priori,* il a l'idée du temps.

2° Autre preuve que l'espace et le temps sont des intuitions *a priori* : la pensée peut faire abstraction de tout ce qui remplit l'espace et le temps; elle ne saurait faire abstraction dans aucun cas de l'espace et du temps lui-même. Cette impossibilité prouve que ces intuitions, loin de nous venir du dehors, font corps pour ainsi dire avec la raison, qu'elles lui sont *innées,* selon l'expression, inexacte d'ailleurs, de la philosophie dogmatique, qu'elles sont en dernière analyse la raison même.

3° Mais la preuve décisive de l'apriorité des idées d'espace et de temps, ce sont les mathématiques qui la fournissent. L'arithmétique est la science de la durée, dont les moments successifs constituent le nombre; la géométrie est la science de l'espace. Or les vérités arithmétiques et géométriques ont un caractère de nécessité absolue. Personne ne dira sérieusement : D'après l'expérience que j'ai faite jusqu'ici, trois fois trois font neuf, les trois angles d'un triangle quelconque égalent deux droits, etc.; car chacun sait que ces vérités subsistent indépendamment de toute expérience. L'expérience, étant limitée à un nombre de cas restreint, ne saurait donner une vérité d'un caractère aussi absolu et aussi indubitable que le sont les axiomes mathématiques; ces vérités ne dérivent pas de l'expérience, mais de la raison : de là l'autorité souveraine qui les caractérise, de là l'impossibilité d'en douter un seul instant. Mais ces vérités se rapportent à l'espace et au temps. Donc l'espace et le temps sont des intuitions *a priori*.

Dira-t-on que ce sont des idées générales, formées par comparaison et abstraction? Mais une idée ainsi formée renferme nécessairement moins de caractères que l'idée individuelle, l'idée d'homme est infiniment moins compréhensive et plus pauvre que l'idée individuelle de Socrate, Platon, Aristote; or qui oserait soutenir que l'espace universel contient moins que tel espace particulier, le temps infini, moins que telle époque déterminée? Les idées d'espace et de temps ne sont donc pas le résultat d'une opération intellectuelle, d'une comparaison des différents espaces, d'où serait tirée l'idée générale d'espace, d'une comparaison des moments de la durée, d'où sortirait l'idée générale de temps; elles ne sont pas des résultats, mais des principes, des conditions *a priori* et *sine quibus non* de la perception. Le vulgaire s'imagine qu'il *aperçoit* l'espace et le temps, que l'espace et le temps sont, tout comme leur contenu, des *objets* de la perception. Mais le fait est qu'ils s'aperçoivent tout aussi peu que l'œil, par exemple, ne peut se voir lui-même (l'image que lui montre le miroir n'est plus l'œil lui-même). Nous voyons toutes choses *dans* l'espace, nous percevons toutes choses *dans* le temps, mais nous ne saurions voir l'espace lui-même, ni percevoir la durée indépendamment de son contenu. Toute perception suppose les idées d'espace et de temps, et si nous n'avions ces idées *a priori*, si la raison ne les créait pas antérieurement à toutes ses intuitions, si elles n'y préexistaient comme des formes primitives et inaliénables, la perception sensible n'aurait jamais lieu.

Nous sommes fixés désormais sur les conditions dans lesquelles s'opère la perception sensible. Elle a lieu moyennant les idées *a priori* d'espace et de temps, qui sont comme les organes de préhension de la sensibilité. Ces idées ne sont pas des images correspondant à des objets extérieurs. Il n'y a pas d'objet qui s'appelle le temps et il n'y a pas d'objet non plus qui s'appelle l'espace. Le temps et l'espace sont, non des *objets* de la perception, mais des *manières de percevoir les objets*, des habitudes instinctives, inhérentes au sujet pensant.

Affirmation de l'*idéalité transcendantale* de l'espace et du temps, telle est l'importante conclusion de l'examen critique de la sensibilité, le *mené thekel* du dogmatisme. Voyez en effet ce que cette conclusion implique. S'il n'y a ni temps ni espace indépendamment de la raison et de son activité intuitive, les choses, considérées en elles-mêmes et indépendamment de la raison qui les pense, n'existent ni dans le temps ni dans l'espace. Si donc la sensibilité, par suite d'une habitude instinctive et inévitable, nous montre les choses dans le temps et dans l'espace, c'est qu'elle ne nous les montre pas comme elles sont en elles-mêmes, mais comme elles lui apparaissent à travers ses lunettes, dont l'un des verres s'appelle le temps, et l'autre, l'espace. Comme elles lui apparaissent! c'est-à-dire qu'elle nous donne des apparences ou du moins des $\varphi\alpha\iota\nu\acute{o}\mu\varepsilon\nu\alpha$ et qu'elle est incapable de nous donner la *chose en soi*, les $\nu oo\acute{\iota}\mu\varepsilon\nu\alpha$. Et puisque l'entendement ne tient les matériaux dont il a besoin que de la sensibilité, puisqu'il n'y a pas d'autre canal par où ces matériaux puissent lui parvenir, il est évident qu'il opère toujours et fatalement sur des phénomènes, et que le mystère caché sous le phénomène lui échappe à tout jamais, comme il échappe à tout jamais aux sens.

2. *Critique de l'intelligence ou logique transcendantale*[1].

Dans la faculté de connaître en général, Kant a distingué entre la sensibilité, qui produit les intuitions ou idées sensibles,

---

[1] *Critique*, p. 55 ss.

et l'intelligence, qui les élabore. Dans l'intelligence, il distingue de nouveau entre la faculté de juger, c'est-à-dire de relier entre elles les intuitions suivant certaines lois *a priori* (*Verstand*), et la faculté de grouper nos jugements sous une série d'idées universelles (*Vernunft*, raison dans le sens le plus spécial du mot). L'examen de l'entendement se sous-divise donc pour lui en critique de la faculté de juger (*Verstand*) et critique de la raison proprement dite (*Vernunft*), ou pour parler son propre langage, en *analytique* et en *dialectique transcendantales*.

A. ANALYTIQUE TRANSCENDANTALE.

De même que la faculté intuitive perçoit toutes choses dans le temps et dans l'espace, de même la raison moule ses jugements sur certaines formes ou notions générales que depuis Aristote la philosophie appelle catégories. Kant est d'accord avec Hume sur ce point que la reine des catégories, l'idée de *cause*, conçue comme relation nécessaire entre deux phénomènes, ne nous est pas donnée par l'expérience ; mais au lieu d'y voir le résultat de l'habitude que nous avons de voir certains faits se suivre toujours dans le même ordre, au lieu d'en faire, par conséquent, un préjugé utile à la science, mais sans valeur métaphysique, il la maintient dans toute sa portée, et de l'impossibilité de la faire dériver de l'expérience il conclut à son innéité. L'idée de cause, ainsi que les autres catégories, sont, selon Kant, des fonctions *a priori* de l'intelligence, des *moyens de connaître et non des objets de la connaissance*, de même que le temps et l'espace sont, selon le même philosophe, des *manières de voir* (*intuendi*) et *non des objets de l'intuition*.

Non content de démontrer, contre l'empirisme, l'innéité des catégories, Kant veut en dresser l'inventaire, en les déduisant d'un principe. Quant à l'inventaire, il nous le donne complet, trop complet même, puisque l'amour de la symétrie lui fait imaginer une catégorie de la limitation, que Schopenhauer appelle spirituellement une fenêtre postiche, et une catégorie de l'être et du non-être (*Dasein und Nichtsein*), qu'il distingue à tort des concepts de réalité et de négation. Quant à la déduction logique des idées *a priori*, elle ne se trouve chez lui, de fait, qu'à l'état de *pium desiderium*, et elle ne sera tentée sérieusement que par Hegel.

C'est la théorie du jugement, telle qu'il la trouve dans la logique traditionnelle, qui sert à Kant de fil conducteur pour la découverte et la classification des catégories. En effet, dit-il, l'opération par excellence de l'intellect, c'est le jugement. Or les catégories sont les notions-types suivant lesquelles nous jugeons. Il y a donc autant de catégories qu'il y a de catégories ou espèces de jugements. La logique en constate douze : 1° le jugement universel (tous les hommes sont mortels); 2° le jugement particulier (plusieurs sont philosophes); 3° le jugement individuel (Pierre est mathématicien); 4° le jugement affirmatif (l'homme est mortel); 5° le jugement négatif (l'âme n'est pas mortelle); 6° le jugement limitatif (l'âme est immortelle); 7° le jugement catégorique (Dieu est juste); 8° le jugement hypothétique (si Dieu est juste, il punit les méchants); 9° le jugement disjonctif (les Grecs ou les Romains sont le premier peuple de l'antiquité); 10° le jugement problématique (les planètes sont peut-être habitées); 11° le jugement assertorique (la terre est ronde); 12° le jugement apodictique (il faut que Dieu soit juste). Les trois premiers expriment la totalité, la pluralité, l'unité, c'est-à-dire en un mot, l'idée de *quantité;* les 4°, 5° et 6° expriment la réalité, la négation et la limitation, en un mot l'idée de *qualité;* les 7°, 8° et 9° expriment la substantialité et l'inhérence, la causalité et la dépendance, et la réciprocité, ou en un mot, l'idée de *relation;* enfin, les 10°, 11° et 12° expriment la possibilité et l'impossibilité, l'être et le non-être, la nécessité et la contingence, c'est-à-dire en un mot, l'idée de *modalité* ou mesure de réalité inhérente à une notion.

Il y a donc, en définitive, douze catégories, qui se groupent trois à trois sous quatre rubriques ou catégories cardinales : la quantité, la qualité, la relation, la modalité ; et parmi ces quatre il en est une qui les domine et les résume toutes : la *relation*, catégorie par excellence, puisque tout jugement, quel qu'il soit, exprime un rapport[1].

A ces quatre catégories cardinales se rattachent quatre règles ou principes, qui en découlent nécessairement et qui par suite sont également *a priori*[2] :

1° Au point de vue de la quantité, tout phénomène, c'est-à-dire tout ce qui nous est donné par la faculté intuitive comme étant dans l'espace et dans le temps, est une quantité, c'est-à-dire une étendue et une durée déterminée. Ce principe exclut l'hypothèse des *atomes*.

2° Au point de vue de la qualité, tout phénomène a un certain contenu, un degré d'intensité déterminé. Ce principe exclut l'hypothèse du *vide*.

3° Au point de vue de la relation, tous les phénomènes sont reliés entre eux par le lien de la causalité, ce qui exclut l'hypothèse du *hasard* ; et de plus, il y a, entre les effets et leurs causes, action réciproque et solidarité, ce qui exclut l'idée du *fatum*.

4° Au point de vue de la modalité, est *possible* tout phénomène qui concorde avec les lois de l'espace et du temps, et *nécessaire*, tout phénomène dont l'absence impliquerait la suspension de ces lois, ce qui exclut le *miracle*.

Le premier et le second de ces principes constituent la loi de *continuité* ; les principes 3 et 4, la loi de *causalité*.

Ces catégories et ces principes qui en découlent forment l'élément *pur*, inné, *a priori* et comme le patrimoine de l'intelligence (*Verstand*) ; elle ne les reçoit pas, elle les tire de son propre fonds ; elle ne les trouve pas dans le monde phénoménal,

---

[1] *Critique*, p. 79. — [2] *Ibid.*, p. 131 ss.

elle les lui impose[1]. Ces conclusions de la logique transcendantale sont d'une extrême importance; mais, avant de les développer, nous devons expliquer en deux mots ce que Kant appelle le *schématisme de la raison pure*[2].

L'analyse de la faculté de connaître a tracé la limite entre la sensibilité et l'intelligence (la sensibilité reçoit les impressions, les coordonne et en fait des intuitions; l'intelligence synthétise les intuitions, c'est-à-dire juge et raisonne). Dans la sensibilité, elle a distingué entre les intuitions *a posteriori* et les intuitions *a priori* de l'espace et du temps; dans l'intelligence, elle a découvert une série de concepts *a priori* qui sont comme autant de cases où la raison emmagasine et élabore les produits de l'expérience. Mais, pour renfermer des éléments multiples, la faculté de connaître n'en est pas moins *une*. Cette unité essentielle de la raison dans la diversité de ses opérations, c'est le *moi*, dont le sentiment ou l'aperception accompagne tous les phénomènes intellectuels et en forme comme le lien commun. Aussi Kant ne se contente-t-il pas de l'analyse, il ne fait pas que démonter, pour ainsi dire, la machine à connaître, il veut aussi en expliquer le jeu, constater le mode suivant lequel ses parties engrènent les unes dans les autres. C'est dans cet ordre d'idées qu'il arrive à imaginer les catégories de la limitation, de la réciprocité ou concurrence, de la réalité, comme traits d'union entre l'affirmation et la négation, entre la substantialité et la causalité, entre la possibilité et la nécessité : imaginations d'où sortiront les triades de Fichte et de Hegel (thèse, antithèse, synthèse). C'est dans le même ordre d'idées et au nom du même besoin de synthèse qu'il soulève la question de savoir comment la raison peut opérer sur les données de la sensibilité, par quel moyen, par quelle anse en quelque sorte, elle se saisit des intuitions sensibles pour en faire des notions.

---

[1] *Prolégomènes*, p. 84-85. — [2] *Critique*, p. 122 ss.

Cette opération s'effectue, selon lui, moyennant l'idée de temps, intermédiaire naturel entre les intuitions et les notions. Le temps, quoique appartenant, comme l'espace, à la sphère des choses sensibles, est moins matériel cependant que l'espace et tient davantage de la nature tout abstraite des catégories. Grâce à sa ressemblance avec les catégories, l'idée de temps sert d'image ou de symbole pour exprimer les notions *a priori* d'une manière sensible, et devient une sorte d'interprète entre la faculté intuitive et l'intelligence, qui, sans elle, ne sauraient coopérer dans la formation du jugement.

Considéré comme série de moments ou comme nombre, le temps figure l'idée de quantité : l'image de l'universel, c'est la totalité des moments du temps ; le particulier est figuré par un certain nombre de moments ; l'individuel, par *un* moment. L'idée de qualité a pour symbole le contenu du temps (la réalité est figurée par un temps rempli d'événements, la négation, par un temps où rien ne se passe). Le temps symbolise de même l'idée de relation : comme durée, il rappelle l'idée de substance ; comme succession de moments, l'idée de cause et d'effet ; comme simultanéité, l'idée de réciprocité et de concurrence. Enfin, le temps est l'image des catégories de la modalité : le possible est ce qui répond aux conditions du temps ; le réel ou l'actuel est ce qui existe dans un temps déterminé; le nécessaire est ce qui est éternel. L'idée de temps sert donc de cadre aux notions *a priori* de l'intelligence, elle est comme la charpente des constructions idéales dont les sens fournissent les moellons, et la raison le ciment. C'est cet usage que la raison fait de l'idée de temps, comme interprète entre elle et la sensibilité, qui s'appelle, dans la pédantesque langue du criticisme, le schématisme de la raison pure.

La conclusion de la critique de l'intellect ne fait que corroborer le résultat sceptique et subjectiviste de l'*esthétique transcendantale*.

La critique de la faculté intuitive a démontré que nous voyons les choses à travers des verres colorés (le temps et l'espace), c'est-à-dire autrement qu'elles ne sont en elles-mêmes; l'examen de l'intellect constate que c'est à travers tout un système de verres que nous communiquons avec elles. La sensibilité les aperçoit, mais, par le fait même de la perception, elle leur imprime ses formes à elle, c'est-à-dire qu'elle les transforme. Nous ne les percevons pas telles qu'elles sont, mais telles qu'elles nous apparaissent, c'est-à-dire *telles que nous les faisons*. Sitôt que nous les percevons, elles sont déjà moulées, par l'acte même de la perception, sur les formes inhérentes à la sensibilité (espace et temps). Ce ne sont plus les choses, ce n'en sont plus que les *phénomènes*. Le phénomène peut donc se définir la chose transformée au moule de la faculté intuitive. Ce qui le constitue, c'est d'une part la chose qui fait impression sur les sens, mais c'est avant tout la sensibilité elle-même, c'est la raison au sens étendu du mot : c'est nous, c'est le moi, le sujet apercevant et pensant, *qui fait le phénomène. Le phénomène est un produit de la raison ; il n'a pas lieu hors de nous, mais en nous; il n'existe pas en dehors des limites de la raison intuitive* [1].

Or, si l'*Esthétique* déjà nous a conduits jusqu'aux confins de l'idéalisme subjectif, la *Logique transcendantale* nous y fait entrer décidément, quoi qu'en dise Kant pour nous empêcher de le confondre avec Berkeley. Non seulement, nous dit-elle, c'est la raison qui, comme intuition, constitue, produit, crée le phénomène, c'est aussi la raison qui, sous forme d'intellect, détermine les relations réciproques des phénomènes sensibles, c'est elle qui, en les déclarant *a priori* quantités, qualités, causes, effets, leur imprime le sceau de sa puissance législative; c'est de par la raison que les choses sont des quantités, des qualités, des effets, des causes; elles ne le sont pas en elles-

---

[1] *Critique*, p. 389. — *Prolégomènes*, p. 44, 51.

mêmes; c'est donc, sans exagération, *la raison qui dicte ses lois à l'univers sensible, c'est la raison qui fait le cosmos.*

C'est Kant qui parle[1], et nous insistons sur ces thèses mémorables parce que c'est d'elles que procèdent directement les systèmes de Fichte, de Schelling, de Hegel. Qu'on appelle ces derniers les apostats du criticisme, que Kant lui-même les désavoue! Celui qui a dit que c'est la raison — et la raison humaine, notez-le bien — qui dicte ses lois à l'univers, n'en est pas moins le père du panlogisme hégélien. Cela dit, nous avons hâte d'accorder qu'il l'est malgré lui, que sa tendance est essentiellement différente de celle de ses successeurs, que, loin de déifier l'entendement humain, il prétend au contraire le limiter, le ramener, fleuve débordé, dans son lit naturel, le monde phénoménal, et l'exclure à jamais de la sphère de l'absolu. Si Kant dit que la raison crée l'univers, ou du moins coopère à sa création, c'est de l'univers phénoménal, de l'ensemble des phénomènes, qu'il entend parler, et il admet très sincèrement, par de là le monde phénoménal, un monde de noumènes ou de réalités inaperceptibles, inaccessibles et supérieures par conséquent à la raison[2]. Kant est si peu panlogiste au sens hégélien que toute la seconde partie de sa critique de l'intelligence, la *Dialectique transcendantale*, a pour but de démontrer l'incompétence de la raison théorique dans la sphère extra-expérimentale, et l'inanité de la métaphysique considérée comme science de l'absolu.

B. DIALECTIQUE TRANSCENDANTALE[3].

De la faculté de juger (*Verstand*) Kant distingue celle de ramener la totalité de nos jugements à certains points de vue

---

[1] *Prolégomènes à la métaphysique de l'avenir*, p. 81. — [2] Le rationalisme absolu de ses successeurs n'admet, au contraire, aucune espèce de transcendance. — [3] *Critique*, p. 298 ss.

généraux qu'il appelle par excellence les *Idées* : cette faculté, la plus élevée de toutes dans l'ordre intellectuel, c'est la raison au sens restreint du mot, le νοῦς des anciens. Les concepts de la « raison » ou Idées[1] sont la *chose en soi* ou l'*absolu*, l'*univers*, l'*âme, Dieu*. Leur rôle est analogue à celui des intuitions *a priori* (espace et temps) et à celui des catégories. De même que celles-là servent à coordonner les impressions sensibles, et celles-ci, à coordonner les intuitions, les Idées servent à coordonner la masse infinie des jugements et à la réduire en système. La « raison » qui les forme est donc la faculté synthétique par excellence, la faculté systématique et scientifique. C'est ainsi que de la coopération de la sensibilité, du jugement et de la « raison » naissent les sciences. Par exemple : la sensibilité externe, au moyen de ses intuitions *a priori* d'espace et de temps, nous fournit un ensemble de phénomènes ; l'intelligence, à l'aide de ses catégories, en fait des notions, des jugements, des propositions scientifiques ; enfin, la « raison » réunit ces *disjecta membra* sous la rubrique commune de cosmos et en fait une science, la cosmologie. De même, la sensibilité interne nous fournit une série de faits, l'intelligence en fait des notions, la « raison », ramenant ces notions à l'Idée d'âme, en fait la psychologie. En envisageant la totalité des phénomènes au point de vue de l'absolu ou de Dieu, elle crée la *théologie*.

Les « Idées » et la « raison » comme faculté distincte de l'intelligence semblent une superfétation du système kantien. L'Idée de cosmos n'est autre, en effet, que la catégorie de totalité ; l'Idée d'âme et l'Idée de Dieu sont des applications des catégories de substance et de cause aux faits internes (âme) et à l'universalité des phénomènes (Dieu). La « raison », par conséquent, n'est pas une faculté distincte de l'intelligence, elle n'en est que le

---

[1] Le terme est emprunté au platonisme, mais les Idées de Kant ne sont pas, comme celles de Platon, des *réalités* qui existent indépendamment de notre pensée.

complet épanouissement. Mais nous n'insistons pas sur ce détail critique et nous avons hâte de relever le point important de la *Dialectique* : la doctrine de l'apriorité des Idées[1].

De même que l'espace et le temps sont, non des *objets* perceptibles, mais des *manières* de percevoir les objets, de même que les catégories de quantité, de qualité, de relation, sont des *moyens*, non des *objets* de connaissance, de même l'univers, l'âme, Dieu, sont des synthèses *a priori* de la raison et non des êtres existant indépendamment du sujet pensant. Du moins est-il impossible à la raison d'en démontrer l'existence objective. La raison, Kant y insiste, ne connaît en réalité que des phénomènes, et la *matière* de toutes ses opérations, elle ne la tient que de la sensibilité : or l'univers comme totalité absolue, l'âme, Dieu, ne sont pas des phénomènes; les Idées — c'est en quoi, dit Kant, elles diffèrent des catégories — ne reçoivent aucun contenu de la part de la sensibilité; ce sont des normes suprêmes, des points de vue directeurs, ni plus ni moins. C'est l'erreur de l'ancienne métaphysique d'y voir autre chose.

L'illusion dont se berce le dogmatisme, qui prétend connaître l'absolu, ressemble à celle de l'enfant qui, voyant le ciel toucher à l'horizon, s'imagine atteindre le ciel en s'avançant vers cette ligne d'intersection apparente. Le ciel ici, c'est la chose en soi, l'absolu, qui, par une sorte d'illusion d'optique, nous semble un objet susceptible d'être étudié, expérimenté; l'horizon qui fuit à mesure que l'enfant avance, c'est l'expérience qui semble atteindre l'absolu et qui, en réalité, ne saurait y arriver; l'enfant lui-même, c'est le métaphysicien dogmatique. Disons, pour être juste, que l'illusion est commune à toutes les intelligences, comme l'illusion du ciel confinant à la terre est le partage de tous. Mais il y a entre le philosophe dogmatique et le philosophe critique cette différence que le premier, semblable

---

[1] *Critique*, p. 252 ss.

à l'enfant, est dupe de son illusion, tandis que le second s'en rend compte et la prend pour ce qu'elle vaut. Kant aurait pu résumer ainsi sa critique tout entière : la connaissance est un rapport, une relation ; qui dit absolu connu dit absolu relatif, ce qui est contradictoire.

Ce qui est vrai de l'ontologie traditionnelle en général est vrai de la psychologie, de la cosmologie, de la théologie.

La psychologie rationnelle, ainsi que l'ont conçue Descartes, Leibniz, Wolf, est édifiée sur un paralogisme[1]. Je pense, dit Descartes, donc je suis — et il ajoute mentalement : une substance. Or, c'est ce qu'il n'a pas le droit de faire. *Je pense* revient à dire : je suis le sujet logique de ma pensée. Mais ai-je le droit d'en inférer que je suis une substance au sens qu'y attache la métaphysique cartésienne? Autre chose est le sujet logique et autre chose le sujet métaphysique. Quand j'énonce ce jugement : la terre est une planète, le sujet logique de cette proposition, c'est *moi*, qui la formule; le sujet réel, c'est la terre. Ce qui fait que la thèse célèbre de Descartes est un paralogisme, c'est la confusion du *je*, sujet logique, et du *je*, sujet réel. Métaphysiquement, je ne connais le moi et ne le connaîtrai jamais que comme sujet logique, comme une Idée inséparable de mes jugements, comme la prémisse et l'accompagnement obligé de toutes mes opérations intellectuelles. Je n'en saurai jamais davantage. Du moment que j'en fais une substance, j'en fais l'objet d'un jugement, ce qui, selon Kant, est aussi absurde que de prétendre *voir* l'espace et le temps. L'espace et le temps sont des idées *a priori* servant de cadre aux idées sensibles, sans tomber elles-mêmes sous les sens : de même le *cogito* est un jugement *a priori*, précédant tout autre jugement comme condition *sine qua non*, sans rien préjuger toutefois sur la nature du moi. Je ne puis juger métaphysique-

---

[1] *Critique*, p. 275 ss.

ment du moi, parce que c'est moi qui juge : on ne peut être juge et partie, comme on dit en matière de droit, sujet du discours et sujet réel, comme on dit en logique.

S'il n'est pas possible de prouver que le moi existe à titre de substance, les doctrines de la simplicité, de l'immatérialité et de l'immortalité de l'âme humaine se trouvent par là même compromises.

De l'existence des idées simples il ne ressort pas nécessairement que l'âme soit une substance simple, puisqu'il y a aussi des idées collectives. Conclure de la simplicité des idées à la simplicité de la « substance spirituelle », reviendrait à inférer de la simplicité de la pesanteur la simplicité de la substance cosmique, ou de la simplicité de ce qu'en mécanique on appelle la résultante, l'unité de la force motrice.

Supposé d'ailleurs que l'âme soit une substance simple, la simplicité n'est pas encore l'immatérialité. Rappelons-nous qu'au point de vue de Kant, les corps sont des phénomènes, c'est-à-dire des faits produits par la sensibilité, par le sujet sensible, par le moi, sous l'action d'une cause absolument inconnue. Le phénomène — il faut toujours en revenir à cette thèse fondamentale du criticisme — le phénomène n'est rien d'extérieur au sujet sensible; la chaleur, la lumière, la couleur, bien que provoquées par une sollicitation extérieure toute mystérieuse, sont des produits de la sensibilité, des faits internes et, en définitive, des idées.

Kant cherche, il est vrai, à tracer une ligne de démarcation entre le phénomène et l'intuition ou l'idée, entre ce qui se passe à la limite du non-moi et du moi et ce qui est décidément subjectif, mais il n'y réussit que très imparfaitement. Le phénomène a lieu en nous et s'identifie, par conséquent, avec l'idée. Donc, en tant que phénomènes, *les corps sont des idées*. Pourquoi, dès lors, les corps d'une part, les intuitions proprement dites, les catégories, les jugements, de l'autre, n'auraient-ils pas une substance commune? Pourquoi ce que nous appelons la matière ne serait-il pas chose immatérielle et ce que nous appelons l'esprit ou l'âme, chose matérielle[1]?

Dès lors, l'immortalité cesse également d'être une doctrine évidente. Selon les adhérents de ce dogme, l'âme non seulement est une substance indestructible, mais conserve, dans la mort, la conscience d'elle-même. Or on peut constater, dans l'aperception interne, une infinité de degrés d'intensité, et l'on conçoit une échelle descendante aboutissant à sa destruction complète.

En nous faisant entrevoir comme chose possible ce que le dogmatisme a déjà affirmé dans Spinosa, l'identité de la substance spirituelle et de la substance matérielle, le criticisme fait justice des hypothèses de l'*influxus*, de l'assistance divine, de l'harmonie préétablie. Ces théories n'ont plus de raison d'être du moment qu'il est prouvé que les « substances » de Descartes et les « monades » de Leibniz ne sont que des phénomènes, procédant *peut-être* d'une source commune. Il ne s'agit plus désormais d'expliquer l'action réciproque de l'âme et du corps, mais de savoir comment la même raison, le même moi, peut produire des phénomènes aussi diamétralement opposés que le sont les faits matériels et les faits intellectuels, l'étendue et la pensée. Sous cette forme nouvelle, la question conserve pour Kant toute son importance et tout son mystérieux prestige. Nous l'avons vue abordée par lui à propos de l'idée de temps et de son rôle intermédiaire entre les intuitions et les catégories, mais il ne pouvait pénétrer plus avant sans se mettre en contradiction

---

[1] *Critique*, 1ʳᵉ édition, p. 676 : *Dieses unbekannte Etwas welches den äusseren Erscheinungen zu Grunde liegt, was unsern Sinn so affizirt, dass er die Vorstellungen von Raum, Gestalt, Materie, bekommt, dieses Etwas könnte doch wohl zugleich das Subject der Gedanken sein... Demnach ist selbst durch die eingeräumte Einfachheit der Seele, ihre Natur von der Materie, in Anschauung des Substrati nicht hinreichend unterschieden, wenn man sie (wie man soll) blos als Erscheinung betrachtet.*

avec ses prémisses. Essayer de la résoudre, c'était prétendre dire ce que la sensibilité est *en soi*, ce que l'intelligence est *en soi*, c'était faire de la chose en soi un objet de connaissance métaphysique.

Après la psychologie rationnelle, c'est la cosmologie rationnelle au sens de Wolf que Kant entreprend de démolir[1]. Au lieu de se restreindre au domaine expérimental, cette prétendue science fait d'une Idée, du cosmos, l'objet de ses spéculations. Or, qu'elle envisage cette Idée au point de vue de la quantité, de la qualité, de la relation ou de la modalité, elle aboutit forcément à des antinomies, c'est-à-dire à des théories contradictoirement opposées entre elles et pouvant se démontrer à titre égal.

ANTINOMIE DE LA QUANTITÉ.

On peut démontrer avec la même apparence de raison que l'univers est une quantité limitée, et qu'il est illimité dans l'espace et dans le temps, c'est-à-dire infini et éternel.

1° *L'univers est limité dans le temps et dans l'espace.* Admettons, par hypothèse, qu'il ne le soit pas. Comme totalité, l'univers se compose de parties qui existent simultanément. Or je ne puis le concevoir comme un tout que par une addition mentale, une synthèse successive de ses parties. Mais, dans notre hypothèse, ces parties sont en nombre infini. Leur addition successive demandera donc un temps infini. Par conséquent, l'idée d'univers, résultat de cette addition, suppose qu'il s'est écoulé, pour la former, un *temps infini*. Mais un temps *écoulé* n'est pas un temps infini. Pour arriver à un total il faut que le nombre des parties à additionner soit limité : on ne peut additionner des parties en nombre infini. Or l'idée d'univers est une synthèse, le résultat d'une addition. L'univers a donc une étendue

---

[1] *Critique*, p. 325 ss.

limitée (Aristote). Supposons pareillement qu'il n'ait pas de limite dans le temps, qu'il n'ait pas commencé. Dans cette hypothèse, il se serait écoulé jusqu'au moment actuel un nombre infini de moments. Mais un temps infini écoulé (c'est-à-dire fini) est une contradiction *in adjecto*. L'univers a donc ses limites dans le temps comme dans l'espace (Platon).

2° *L'univers est sans limites dans l'espace et dans la durée.* Si non, il y aurait, par delà ses limites, un espace infini (car l'idée d'espace ne comporte pas de limites); il y aurait donc un espace *à côté* des choses, et il pourrait être question d'un rapport entre l'univers et l'espace infini qui l'encadre, c'est-à-dire d'un rapport entre les objets et quelque chose qui n'est pas un objet; car nous savons désormais que l'espace n'est pas un objet. Mais un rapport entre un objet et ce qui n'en est pas est impossible; il y a rapport entre les choses dans l'espace, il ne saurait y en avoir entre les choses et l'espace où elles existent. L'univers est donc illimité. — S'il avait commencé d'être, il eût été précédé d'un temps sans contenu, c'est-à-dire de *rien*, car le temps sans contenu équivaut au néant. Or *ex nihilo nihil*. Donc l'univers est éternel (Parménide, Aristote).

ANTINOMIE DE LA QUALITÉ.

Considérée au point de vue de la qualité (c'est-à-dire de sa nature intime), la matière cosmique se compose-t-elle d'atomes ou d'éléments à leur tour composés? On peut démontrer avec des raisons également fortes la thèse et l'antithèse.

Thèse : *La matière se compose d'éléments simples ou atomes.* Supposons que la théorie contraire soit vraie et que la matière se compose de parties composées à leur tour de parties divisibles en parties et ainsi de suite à l'infini. Si, dans cette hypothèse, nous faisons abstraction de l'idée de composition et de décomposition, il se trouve qu'il ne reste rien du tout; or avec rien on ne compose rien. Tout composé suppose des éléments constitutifs simples. Donc la matière se compose de substances élémentaires indivisibles, monades ou atomes.

L'antithèse, en vertu de laquelle *la matière est divisible à l'infini*, n'est pas plus difficile à prouver. Les prétendus atomes, en tant que matériels, sont étendus; or ce qui est étendu est divisible. Des particules inétendues ne seraient plus de la matière. Il n'y a donc pas d'éléments matériels simples.

ANTINOMIE DE LA RELATION.

L'univers, considéré comme un ordre de choses, renferme-t-il des causes libres, ou est-il régi, sans exception aucune, par la nécessité? Les métaphysiciens ont démontré la thèse et l'antithèse.

La thèse, qui affirme qu'*il y a des causes libres*, se démontre comme suit : Supposons que toutes choses se tiennent par un enchaînement nécessaire et fatal. Si, dans cette hypothèse, nous voulions remonter d'un effet à sa cause première, il se trouverait que cette cause première n'existe pas, que du moins la cause qui nous paraît *première* ne l'est pas en réalité, mais qu'elle n'est qu'un chaînon dans la série infinie des événements. Or, en vertu du principe de la raison suffisante, il faut, pour qu'un événement se produise, que toutes les causes nécessaires à sa production existent, que toutes les conditions qu'il suppose soient remplies. Que l'une de ces conditions manque et le fait ne se produira pas. Mais, dans l'hypothèse de la chaîne infinie, il n'y a pas de cause ou condition première d'un fait donné. Cette cause faisant défaut, le fait ne peut se produire. Or il se produit : donc il y a une cause première, c'est-à-dire une cause qui n'est plus à son tour l'effet fatalement prédéterminé d'une cause antérieure, c'est-à-dire enfin, une cause libre. Il y a donc, dans le monde, à côté des faits nécessaires, des faits libres et des causes libres.

D'après l'antithèse, *tout est enchaînement nécessaire*, et la liberté n'est qu'une illusion. Supposons une cause libre. Cette cause préexiste nécessairement à ses effets, et de plus, elle préexiste dans un état différent de celui où elle se trouve en produisant l'effet : vierge d'abord, elle est mère quand l'effet se produit. De cette manière nous avons, dans la cause en question, deux états successifs sans lien de causalité, ce qui est contraire à ce principe reconnu par la critique : tout phénomène est un effet. Il ne saurait donc être question de liberté au sens indéterministe.

ANTINOMIE DE LA MODALITÉ.

Suivant la thèse, *il existe, soit dans le monde soit par delà, un être nécessaire, cause absolue de l'univers*. La démonstration est analogue à la preuve de l'existence des causes libres. Le monde est une série d'effets. Chaque effet, pour se produire, suppose une série déterminée de causes ou conditions, par conséquent une cause ou condition première, une existence non plus contingente mais nécessaire.

Suivant l'antithèse, *il n'y a d'être nécessaire ni* DANS *l'univers, comme partie intégrante du cosmos, ni au delà, comme cause du monde*.

En effet, supposé qu'il y ait *dans le monde et en faisant partie* quelque chose de nécessaire, ce quelque chose ne peut se concevoir que sous deux formes : soit 1° comme se trouvant au commencement du monde, soit 2° comme coïncidant avec la série totale des phénomènes qui le constituent. Or tout commencement est un moment de la durée. Un commencement absolu serait donc un moment de la durée sans moment précédent : ce qui ne se peut concevoir, puisque l'idée de durée ne comporte pas de limites. Donc, point d'être nécessaire à *l'origine des choses*. Mais il est tout aussi inexact de parler, avec Spinosa et les panthéistes, de l'ensemble des choses et de la totalité des moments de la durée, c'est-à-dire de l'univers, comme de l'être nécessaire et absolu. Car, pour incommensurable qu'on la conçoive, une totalité d'êtres relatifs et contingents ne constitue pas plus un être nécessaire et absolu que cent mille idiots ne constituent un homme intelligent. Donc rien de nécessaire *dans le monde.*

Rien de nécessaire non plus *au delà de l'univers.* Car si l'être nécessaire existe en dehors du monde, il existe en dehors du temps et de la durée. Or il est, par hypothèse, le principe, la source, le commencement des choses. A titre de commencement il constitue un moment de la durée. Mais il est en dehors de la durée. C'est à-dire que l'être nécessaire ne peut être conçu ni sous la forme de l'immanence, ni sous celle de la transcendance.

La quatrième antinomie concerne moins la cosmologie que la théologie rationnelle, dont elle montre d'avance l'inanité. Kant n'en consacre pas moins quatre-vingt-huit pages à la critique de la théodicée et des preuves de l'existence de Dieu[1].

La preuve ontologique (Anselme, Descartes), en concluant de l'idée de Dieu à l'existence objective d'un être suprême, n'a pas plus de valeur que ce raisonnement d'un pauvre : J'ai l'idée de cent écus, donc ces cent écus existent — dans ma bourse. C'est l'objection que déjà Gaunilon de Marmoutiers opposait à saint Anselme.

La preuve cosmologique (*a contingentia mundi*) suppose à tort qu'il ne saurait y avoir une série indéfinie de causes et d'effets sans cause première[2]. En rattachant la série des choses contingentes à une cause première et nécessaire, elle pense la clore, tandis qu'en réalité il reste, entre cette cause prétendue première et la cause suivante, l'abîme béant qui sépare le nécessaire du contingent et l'absolu du relatif. Mais supposé même qu'elle eût force probante, il ne s'ensuivrait pas que l'être néces-

---

Critique, p. 456 et suiv. — [2] Voy. la IVe antinomie.

saire dont elle prétend établir l'existence soit l'être personnel que la théologie appelle Dieu.

La preuve téléologique ou physico-théologique conclut de la finalité qui se révèle dans la nature à l'existence d'un créateur intelligent. Cet argument a le privilège de faire sur l'âme humaine une impression profonde, et libre au prédicateur de s'en servir de préférence à tout autre raisonnement; mais au point de vue scientifique il ne saurait faire autorité : car 1° il conclut de données sensibles à quelque chose qui ne tombe pas sous les sens ; 2° il prétend établir l'existence d'un Dieu créateur de la matière, et n'aboutit en réalité qu'au Dieu architecte du déisme; 3° de quel droit, du reste, compare-t-il l'univers à une horloge ou à un bâtiment? Le monde est-il nécessairement *une œuvre* supposant un ouvrier? Pourquoi, au lieu d'une machine commencée à une époque donnée, ne serait-il pas plutôt une réalité éternelle? 4° Qu'est-ce d'ailleurs que la finalité? Est-elle inhérente aux choses elles-mêmes, ou n'est-ce pas plutôt notre caprice individuel qui leur confère le caractère téléologique, selon qu'elles nous agréent ou nous déplaisent (Spinosa)?

La preuve morale, qui se fonde sur la finalité dans l'ordre moral, sur l'existence de la loi morale, sur le fait de la conscience morale et le sentiment de la responsabilité, est péremptoire au point de vue de la raison pratique, mais au point de vue de la pure théorie elle partage la faiblesse de la preuve téléologique, dont elle n'est, au fond, qu'une variante[1].

En somme, la critique de la faculté de connaître n'aboutit pas à l'athéisme, mais elle ne mène pas non plus au théisme;

---

[1] La critique du théisme est aussi celle du monothéisme, du polythéisme et du panthéisme. Le tort du théisme est de subsumer une Idée de la raison sous une catégorie, l'être; la faute du monothéisme, du polythéisme et du panthéisme consiste à appliquer à cette même Idée les catégories de la quantité : l'unité, la pluralité, la totalité.

elle ne conduit pas au matérialisme, mais elle ne conclut pas davantage à la spiritualité de l'âme et à la liberté : c'est dire que son dernier mot est l'$ἐποχή$ en matière de métaphysique. Enfermés dans le cercle magique de nos intuitions, de nos concepts, de nos Idées *a priori*, nous sentons, nous percevons, nous jugeons, nous connaissons, mais ce que nous apprenons ainsi à connaître, ce ne sont, en définitive, que des phénomènes, c'est-à-dire des rapports existant entre un objet totalement inconnu en lui-même et un sujet pensant, que nous ne connaissons non plus que dans ses phénomènes, et dont l'essence est un éternel mystère. Ce que nous appelons le monde n'est pas le monde en soi, c'est le monde remanié et transformé par la sensibilité et par la pensée, c'est le résultat des fonctions combinées de nos facultés intellectuelles et d'un je ne sais quoi qui les sollicite et les féconde, c'est le rapport de deux inconnues, l'hypothèse d'une hypothèse, le « rêve d'un rêve ».

II. Critique de la raison pratique.

Si la *Critique de la raison pure* nous confine dans un scepticisme d'autant plus absolu qu'il est raisonné, prouvé, scientifiquement fondé et légitimé, ce serait une grave erreur de considérer le sage de Kœnigsberg comme un sceptique au sens convenu, et de lui supposer des tendresses pour le matérialisme de son siècle. Le scepticisme est le dernier mot de la *Critique de la raison pure* : il ne l'est pas du kantisme. Affirmer le contraire, c'est méconnaître complètement l'esprit de la philosophie de Kant et l'intention finale de sa critique. Cette intention, loin d'être hostile à la foi morale et à son objet transcendant, est toute en sa faveur. Elle consiste, non sans doute à « humilier » la raison comme l'ont voulu les Tertullien et les Pascal, mais à lui assigner sa vraie place dans l'ensemble de nos facultés, son vrai rôle dans le jeu compliqué de la vie spirituelle. Or cette place, selon Kant, est une place subordonnée ; ce rôle est *régulateur* et modérateur, nullement *constituant* et créateur. *C'est la* VOLONTÉ, *non la raison, qui est à la tête de nos facultés et au sommet des choses* : telle est la pensée dominante de la philosophie kantienne; et tandis que la raison nous jette dans le doute en se perdant dans d'inévitables antinomies, la volonté est l'alliée de la foi, la mère et, par suite, la tutrice naturelle de nos croyances morales et religieuses. Remarquez, en effet, que Kant ne nie en aucune façon l'existence de la chose en soi, de l'âme, de Dieu, mais seulement la possibilité de démontrer la réalité de ces Idées au moyen du raisonnement. S'il combat le dogmatisme spiritualiste, du même coup il renverse le matérialisme et, en attaquant le théisme, il démolit par là même les prétentions dogmatiques des athées. Ce qu'il combat à outrance et accable sans pitié, c'est le dogmatisme de la raison *théorique*, sous quelque forme qu'il se présente, théiste ou athée, spiritualiste ou matérialiste; ce sont ses prétentions à l'hégémonie dans le système de nos facultés, c'est le préjugé qui attribue à l'intelligence, *isolée de la volonté et réduite à ses propres ressources,* la capacité métaphysique. En revanche, — et ici se révèle le fond de sa foi philosophique, — il reconnaît une certaine capacité métaphysique à la *raison pratique*, c'est-à-dire à la *volonté*.

De même que l'intelligence, la volonté a son caractère propre, ses formes primitives, sa législation particulière, législation que Kant appelle la « raison pratique ». Dans ce domaine nouveau, les problèmes soulevés par la critique de la raison pure changent d'aspect, les doutes se dissipent, les points d'interrogation font place à la certitude pratique. La loi morale diffère essentiellement de la loi physique, telle que la conçoit la raison théorique. La loi physique est irrésistible et fatale; la loi morale ne force pas, elle oblige : *elle implique donc la liberté.* Si, théoriquement, la liberté ne peut se prouver, elle ne fait plus l'objet du moindre doute pour la volonté : elle est un *postulé* de la raison pratique, une donnée immédiate de la conscience morale[1].

Ici surgit une des grandes difficultés qui se rencontrent en philosophie : comment concilier le postulé de la raison pratique avec cet axiome de la raison pure, que, dans l'ordre phénoménal, tout fait est un effet nécessaire, que le monde phénoménal est régi par un déterminisme absolu? Kant, dont la foi au libre arbitre n'est pas moins vive que son amour du vrai, ne peut admettre d'incompatibilité absolue entre la nécessité naturelle et la liberté morale. Le conflit de la raison et de la conscience, à propos de la liberté, ne peut être qu'apparent; l'antinomie doit pouvoir se résoudre sans que les droits de l'intelligence ni ceux de la volonté en soient lésés.

La solution serait impossible, sans doute, si la critique de la raison pure concluait à la négation absolue de la liberté; mais le fait est qu'elle n'exclut la liberté que du monde phénoménal, et nullement de ce monde intelligible et transcendant qu'elle laisse subsister derrière le phénomène, tout en le déclarant inconnaissable. La liberté, impossible dans l'ordre phénoménal, est possible dans l'ordre absolu; elle se conçoit comme noumène, elle est intelligible : tel est l'arrêt de la raison théorique, et la raison pratique ajoute : elle est certaine. Il n'y a donc pas contradiction réelle entre la faculté de connaître et la volonté. Nos actes sont déterminés, pour autant qu'ils se produisent dans le temps et dans l'espace, indéterminés et libres, en tant que la source d'où ils émanent, notre *caractère intelligible*, est indépendant de ces deux formes de la sensibilité[2].

Cette solution n'en serait pas une, si le temps et l'espace étaient des réalités objectives, comme elles le sont au point de vue de la philosophie dogmatique. Aussi bien, *à ce point de*

---

[1] *Principes fondamentaux de la métaphysique des mœurs*, p. 80. — *Critique de la raison pratique*, p. 274. — [2] *Ibid.*, p. 225 et suiv.

vue, Spinosa a-t-il raison de nier la liberté. Toutefois, du moment qu'avec le criticisme on considère l'espace et surtout le temps comme des manières de voir les choses, qui ne les affectent pas elles-mêmes, le déterminisme, à son tour, se réduit à une simple théorie ou conception générale des choses, théorie, conception à laquelle la raison ne peut renoncer sans abdiquer, mais qui n'exprime en aucune façon leur essence réelle.

La solution kantienne du problème de la liberté soulève, à première vue, une objection des plus graves. Si l'âme, en tant que caractère intelligible, n'existe pas *dans le temps*, si elle n'est pas un phénomène, on ne saurait la subsumer non plus sous la catégorie de cause, puisque les catégories ne s'appliquent qu'aux phénomènes et non aux « noumènes ». Elle cesse donc d'être cause, et cause libre. On ne peut pas davantage lui appliquer la catégorie d'unité. Elle cesse donc d'être un individu distinct des autres individus : elle se confond avec l'universel, l'éternel, l'infini. Fichte sera donc conséquent en déduisant des prémisses kantiennes sa doctrine du Moi absolu. Quant à notre philosophe, il semble si peu se douter de cette conclusion logique de sa théorie, qu'il postule, toujours au nom de la raison pratique, l'immortalité individuelle[1], comme condition nécessaire de la solution du problème moral, et l'existence d'un Dieu[2] distinct du moi intelligible, comme garantie suprême de l'ordre moral et du triomphe définitif du bien. Il est vrai que la théologie de Kant, simple appendice de sa morale, n'a pas l'air bien sérieuse. Ce n'est plus, comme au moyen âge, la reine des sciences, c'est l'humble servante de la morale indépendante. Ce Dieu personnel, postulé après coup par la *Critique de la raison pratique*, ne rappelle que trop le vers célèbre d'un contemporain du philosophe :

Si Dieu n'existait pas, il faudrait l'inventer.

---

[1] *Critique de la raison pratique*, p. 261. — [2] *Ibid.*, p. 264.

Le vrai Dieu de Kant, c'est la Liberté au service de l'idéal, c'est la Volonté tendant au bien (*der gute Wille*[1]).

Sa conviction à cet égard se traduit le plus clairement possible dans la doctrine du *primat de la raison pratique*[2], c'est-à-dire de la *volonté*[3]. La raison théorique et la raison pratique, sans se contredire positivement, sont en délicatesse à propos des questions les plus importantes de l'ordre éthique et religieux, l'une tendant à faire de la liberté, de Dieu, de l'absolu, des idéaux sans existence objective démontrable, l'autre affirmant la réalité de l'âme autonome, de la responsabilité, de l'immortalité, de l'Être suprême. Les conséquences de ce dualisme seraient désastreuses si la raison théorique et la raison pratique étaient égales en dignité, plus désastreuses encore si la seconde était subordonnée à la première. Mais l'autorité de la raison pratique est supérieure à celle de la raison théorique, et dans la vie réelle, c'est elle qui tient le sceptre. Il faut donc que nous agissions, en tout état de cause, *comme s'il était démontré* que nous sommes libres, que l'âme est immortelle, qu'il existe un juge suprême et un suprême rémunérateur.

A certains égards le dualisme de l'intelligence et de la volonté est un fait heureux. Si les réalités de l'ordre religieux, Dieu, la liberté, l'immortalité de l'âme, étaient des vérités évidentes ou susceptibles d'être démontrées théoriquement, nous ferions le bien en vue de la rémunération future, notre volonté cesserait d'être autonome, nos actes ne seraient plus strictement moraux : car tout autre mobile que l'*impératif catégorique* de la conscience et le respect qu'il inspire, serait-ce l'amitié, serait-ce même l'amour de Dieu, rend la volonté *hétéronome* et enlève à ses actes le caractère éthique. Aussi bien la religion n'est vraie que

---

[1] *Principes fondamentaux de la métaphysique des mœurs*, p. 11 : *Es ist überall nichts in der Welt, ja überhaupt auch ausserhalb derselben zu denken möglich, was ohne Einschränkung für gut könne gehalten werden, als allein ein* GUTER WILLE. — [2] *Ibid.*, p. 258. — [3] *Ibid.*, p. 116 et suiv.

lorsqu'elle s'identifie complétement avec la morale. La religion, dans les limites de la raison, c'est la morale ni plus ni moins. L'essence du christianisme c'est la morale éternelle, le but de l'Église c'est le triomphe du bien dans l'humanité. Si l'Église poursuivait un autre but, elle perdrait sa raison d'être [1].

III. Critique du jugement.

Tandis que la *Critique de la raison pratique,* avec son impératif catégorique, son primat de la conscience et son absolue indépendance de la morale, est comme une satisfaction que se donne le sentiment moral de Kant et son immense amour de la liberté, froissés par les conclusions de la *Critique de la raison pure,* il y a quelque chose comme une revanche de l'instinct philosophique dans son esthétique et dans sa téléologie, consignées dans la *Critique du jugement.* Dans la *Critique de la raison pure* nous l'avons vu ajouter partout la synthèse à l'analyse, souder ensemble, en quelque sorte, les parties hétérogènes de l'appareil cognitif; entre les fonctions de la sensibilité et celles de la raison il a découvert le rôle intermédiaire de l'idée de temps, moitié intuition et moitié catégorie; entre les concepts *a priori* contradictoirement opposés il a inséré des catégories moyennes : en vertu du même instinct synthétique, il essaie, dans la *Critique du jugement,* de jeter un pont sur l'abîme qui sépare la raison théorique et la conscience [2].

Le sens esthétique et téléologique est comme une faculté

---

[1] *La religion dans les limites de la raison,* p. 130 ss., 205 ss. — A ces principes se rattache la *morale indépendante* du socialiste P. J. Proudhon (1809-65), fondée sur cette thèse, que « la morale doit cesser de s'appuyer sur la théologie, se rendre indépendante de tout dogme prétendu révélé et se baser uniquement sur la conscience et le principe inné de la justice, sans avoir besoin, pour l'étayer, de la croyance en Dieu et en l'immortalité de l'âme ». Cette thèse de Proudhon a été reproduite et vulgarisée par un journal hebdomadaire, la *Morale indépendante* de MM. Massol, Morin et Coignet (1865 et années suivantes). — [2] *Critique du jugement,* p 14.

moyenne, comme un trait d'union entre l'intelligence et la volonté. L'intelligence a pour objet le vrai, pour élément la nature et la nécessité naturelle; la volonté tend au bien, son élément c'est la liberté : le sens esthétique et téléologique (ou jugement au sens restreint) se rapporte à ce qui est intermédiaire entre le vrai et le bien, entre la nature et la liberté : nous voulons parler du beau et de la convenance finale. Le nom que Kant lui donne est dû à l'analogie qui existe entre ses manifestations et ce qui, dans l'ordre logique, s'appelle le jugement : comme le jugement, le sens du beau et de la finalité établit une relation entre deux choses qui en elles-mêmes n'ont rien de commun : entre ce qui doit être et ce qui est, entre la liberté et la nécessité naturelle.

1. *Esthétique*. — Le sens esthétique se distingue à la fois de l'intelligence et de la volonté; il n'a ni le caractère théorique ni le caractère pratique, il est un fait *sui generis*, mais il a cela de commun avec la raison et la volonté qu'il opère sur une base essentiellement subjective. De même que c'est la raison qui constitue le vrai, la volonté qui constitue le bien, de même c'est le sens esthétique qui constitue le beau. La beauté n'est pas inhérente aux objets, elle n'existe pas indépendamment du sens esthétique, elle est le *produit* de ce sens, comme le temps et l'espace sont le produit de la sensibilité théorique. Est beau ce qui plaît (qualité), ce qui plaît à tous (quantité), ce qui plaît indépendamment de tout intérêt et de toute notion (relation), ce qui plaît nécessairement (modalité) [1].

Ce qui caractérise le beau et le distingue du sublime, c'est le sentiment de paix, de calme, d'harmonie qu'il nous communique, grâce à l'accord parfait qu'il établit entre l'intelligence et l'imagination. Le sublime, au contraire, nous saisit, nous remue, nous transporte. C'est dans la forme qu'est la beauté; c'est dans la

---

[1] *Critique du jugement*, p. 45 ss.

disproportion entre la forme et le contenu que réside le sublime. Le beau nous calme, nous tranquillise, le sublime porte le trouble dans nos facultés; il met en désaccord la raison qui conçoit l'infini et l'imagination qui a ses limites infranchissables. L'émotion que nous causent le ciel étoilé, l'orage, la mer en courroux, n'a d'autre source que le conflit provoqué par ces divers aspects entre notre raison, qui peut *mesurer* les forces de la nature et les distances célestes sans reculer devant les zéros accumulés à la droite d'un chiffre, et notre imagination, qui ne peut suivre la raison dans les profondeurs de l'infini. Si l'homme a le sentiment du grandiose, c'est que lui-même est grand par la raison. Si l'animal, en présence des grands spectacles de la nature, demeure impassible, c'est parce que son intelligence ne dépasse pas le niveau de son imagination. C'est donc à juste titre qu'on dit du sublime qu'il élève l'âme (*das Erhabene ist erhebend*). Dans le sentiment du sublime, l'homme se révèle comme un être infini dans sa raison, fini dans son imagination. Infini et fini tout à la fois, est-ce possible? Kant ne peut sonder ce mystère sans franchir les limites qu'il a tracées à la science[1].

2. *Téléologie*[2]. — Il y a deux sortes de convenances finales. L'une réveille en nous instantanément et sans l'aide d'une notion quelconque un sentiment de plaisir, de satisfaction, d'harmonie intérieure: c'est la finalité subjective, qui constitue le beau. L'autre provoque aussi le plaisir, mais médiatement, à la suite d'une expérience ou d'un raisonnement intermédiaire: c'est la finalité objective, qui constitue l'utile (*das Zweckmässige*). C'est ainsi qu'une fleur peut être à la fois l'objet d'un jugement esthétique de la part de l'artiste et d'un jugement téléologique de la part du naturaliste, qui en a expérimenté la vertu officinale. Seulement le jugement qui la déclare belle sera immédiat,

---

[1] *Critique du jugement*, p. 97 ss.; 399 ss. — [2] *Ibid.*, p. 239 ss.

spontané, tandis que celui du naturaliste repose sur une expérimentation préalable.

La *Critique de la raison pure*, en déclarant tout phénomène effet nécessaire, a exclu la finalité du monde phénoménal. La physique ne connaît autre chose qu'une série infinie de causes et d'effets. La téléologie introduit entre la cause et l'effet, considéré comme but, le moyen, la cause instrumentale. Théoriquement, la téléologie est sans valeur. Toutefois nous ne pouvons y échapper sitôt que nous appliquons à l'étude de la nature notre sens téléologique. A moins de renoncer à une de nos facultés, non moins réelle et imprescriptible que la raison et la volonté, nous ne pouvons ne pas reconnaître la convenance finale dans la structure de l'œil, de l'oreille, de l'organisme en général. Si le mécanisme explique pleinement le monde inorganique, la téléologie s'impose irrésistiblement quand il s'agit d'anatomie, de physiologie, de biologie.

L'antinomie du mécanisme affirmé par la raison théorique et du finalisme réclamé par le sens téléologique, n'est pas plus insoluble que celle de la nécessité et de la liberté[1]. La téléologie n'est qu'une théorie sur les phénomènes. Non plus que le mécanisme, elle n'exprime l'essence même des choses. Pour la *Critique du jugement* comme pour la *Critique de la raison pure*, cette essence demeure inconnaissable. Les choses en soi ne sont pas dans le temps, il n'y a pas pour elles de succession, de durée. La cause et son effet, selon le mécanisme; la cause libre, le moyen et la fin qu'elle poursuit, selon la téléologie, se succèdent, c'est-à-dire se distinguent dans le temps; mais le temps n'est qu'une forme *a priori* de l'intuition, une façon de concevoir les choses; *en soi* et abstraction faite de ma pensée, de ma théorie, la cause et l'effet du mécaniste, l'agent créateur, le moyen et le but du finaliste sont l'un dans l'autre, inséparables,

---

[1] *Critique du jugement*, p. 302 ss.

simultanés. Supposez une intelligence qui ne soit pas liée, comme la nôtre, aux formes *a priori* du temps et de l'espace, une intuition intellectuelle libre et absolue : cette intelligence apercevrait du même coup la cause, le moyen et la fin ; la fin se confondrait pour elle avec le principe ; elle ne suivrait pas la cause efficiente, elle lui serait immanente et s'identifierait avec elle. La *téléologie immanente*, qui assimile les fins de la nature aux causes agissantes, est la solution naturelle de l'antinomie du mécanisme et du finalisme.

On le voit, la subjectivité du temps et de l'espace est la plus originale et tout ensemble la plus fructueuse des doctrines de Kant. Il n'est question si délicate, ni problème si obscur qui n'en reçoive une lumière inattendue. L'espace et le temps sont comme les yeux de l'esprit, les organes qui lui révèlent son inépuisable contenu. Ces organes sont en même temps les limites de sa connaissance. Mais en dépit de cette barrière infranchissable il se sent libre, immortel, divin, et il affirme son indépendance dans la sphère de l'action. C'est l'esprit qui impose ses lois au monde phénoménal, c'est de l'esprit que procède la loi morale, c'est de par l'esprit et son jugement que le beau est beau : c'est, en un mot, au spiritualisme absolu qu'aboutissent les trois *Critiques*. Kant a comparé son œuvre à celle de Copernic : de même que l'auteur des *Révolutions célestes* met le soleil à la place de la terre comme centre de notre système planétaire, de même l'auteur de la *Critique* met l'esprit au centre du monde phénoménal et en fait dépendre celui-ci. Elle est, en tout cas, l'effort le plus considérable et le plus fécond de la pensée moderne. A une seule exception près [1], les systèmes

---

[1] Nous voulons parler du système de Comte, étroitement apparenté à la philosophie française du dix-huitième siècle. Encore Comte dit-il, dans une lettre à Gustave d'Eichthal du 10 décembre 1824 : « J'ai toujours considéré Kant non seulement comme une très forte tête, mais comme le métaphysicien le plus rapproché de la philosophie positive. »

de premier ordre que notre siècle a vus naître, sont des prolongements du kantisme. Ceux-là mêmes — et ils sont nombreux depuis trente ans — qui ont repris en sous-œuvre la philosophie anglo-française du dix-huitième siècle, s'inclinent avec respect devant le nom d'Emmanuel Kant.

§ 63. Kant et l'idéalisme allemand.

L'école de Leibniz et de Wolf au nom du dogmatisme[1], le sceptique G. E. Schulze[2], l'éclectique Herder[3], Jacobi[4] et Hamann[5], interprètes du sentiment religieux, relèvent tour à tour le gant jeté par Kant à toutes les traditions. Quelques « indépendants » (Salomon Maimon[6], Bardili[7], etc.) font leurs réserves ou protestent, tout en subissant son influence. Mais il est accueilli avec empressement, sinon parfaitement compris, par de nombreux disciples, dont plusieurs (Bouterwek[8], Krug[9],

---

[1] Son principal organe est Eberhard, professeur à Halle (1738-1809). — [2] 1761-1833. Auteur d'*Ænesidemus*, 1792. — [3] 1744-1803. Le théologien Herder, une des gloires de la littérature allemande, prélude, par une sorte de spinosisme christianisé, à la philosophie de Schelling et à la théologie de Schleiermacher. A la *Critique* de Kant il oppose sa *Métacritique*, etc., Leipz., 1799. Ses *Idées sur la philosophie de l'histoire de l'humanité* (Riga, 1784-1791) ont été traduites par Edgar Quinet, 3 vol., Paris, 1827. — [4] 1743-1819. *Œuvres complètes* (all.) en 6 vol., Leipz., 1812-25. — [5] 1730-1788. *Œuvres*, publiées par Roth, Berlin, 1821-43. — [6] 1754-1800. Maimon rejette la notion kantienne de la *chose en soi* et se rapproche de Fichte. — [7] 1761-1808. Bardili prélude, par son *réalisme rationnel*, à la logique de Hegel. — [8] 1766-1828. Prof. à Goettingue, connu surtout par son *Esthétique* (all.), Leipz., 1806. — [9] 1770-1842. Successeur de Kant dans sa chaire de Kœnigsberg en 1805, puis (1809) prof. à Leipzig. — *Essai d'un nouvel organum de la philosophie* (all.), Meissen, 1801. — *Philosophie fondamentale* (all.), 2e éd., 1819. — *Système de la philosophie théorique* (all.), 3 vol., 2e éd., Kœnigsb., 1819-23. — *Système de la philosophie pratique* (all.), 3 vol., ibid., 1817-19. — *Manuel de philosophie* (all.), 2 vol., Leipz., 1820-21. — *Dictionnaire général des sciences philosophiques* (allgemeines Handwörterbuch der phil. Wissenschaften), Leipz., 2e éd., 1832-1838. — Krug, qui admet qu'*être* et *connaître* se trouvent liés en nous *a priori* par une synthèse primitive et inexplicable, appelle son système : *synthétisme transcendantal*.

Fries[1], etc.) sont des penseurs originaux. Schiller, le poète national de l'Allemagne[2], Reinhold[3] et Fichte, sont ses principaux apôtres, et font de l'université d'Iéna le brillant foyer de la philosophie nouvelle, en même temps que le creuset où elle ne tarde pas à se transformer.

Le criticisme primitif et authentique a pris une position intermédiaire entre le sensualisme de Locke, de Hume, de Condillac, et l'intellectualisme de Leibniz. Le sensualisme avait dit : toute idée, et par conséquent toute vérité, à quelque ordre qu'elle appartienne, nous vient par les sens (et la réflexion); la raison ne les fait pas, elle les reçoit. L'intellectualisme, au contraire, avait dit : toutes nos idées, et par suite, toutes les vérités quelconques, sont le produit de la raison; la perception dite externe n'est elle-même qu'une spéculation élémentaire; le sujet pensant est exclusivement actif, et alors même qu'il pense recevoir, il crée. Le criticisme donne raison au sensualisme en démontrant que nos idées, sans exception aucune, nous sont *données* dans la sensation; mais, ajoute-t-il, elle ne nous sont données que quant à leur *matière*, à leur *étoffe*; considérées dans leur *forme* ou *façon*, elles sont le produit de la raison : en quoi l'intellectualisme est dans le vrai. En d'autres termes, il distingue dans toute idée un élément *matériel* fourni *a posteriori* par les sens, et un élément *formel* fourni *a priori* par la pensée, et par consé-

---

[1] 1773-1843. Prof. à Heidelberg et à Iéna. — Fries entend faire rentrer la critique dans le domaine de la psychologie et lui donner pour base l'observation interne : sa philosophie est un trait d'union entre le kantisme et l'école écossaise. On a de lui : *Système de la philosophie comme science évidente* (all.), Leipz., 1804; *Science, foi et pressentiment*, 3ᵉ éd., 1837, et de nombreux manuels justement estimés. C'est de lui que procèdent, entre beaucoup d'autres, le philosophe Apelt, le naturaliste Schleiden et le théologien De Wette. — [2] *Lettres sur l'éducation esthétique*, etc. — [3] 1758-1823. — *Essai d'une nouvelle théorie de l'entendement humain* (all.), Iéna; etc. Cette théorie, que Reinhold appelle *élémentaire*, fait dériver les éléments *a priori* et les éléments *a posteriori* de la connaissance, d'un principe commun : la faculté représentative (*Vorstellungsvermögen*). Elle prélude à l'idéalisme subjectif de Fichte, qui appellera ce principe commun le *Moi*.

quent, dans toute science, dans la philosophie en un mot, deux parties, une partie *pure*, rationnelle, spéculative, et une partie expérimentale; il reconnaît ainsi la vérité partielle des deux systèmes et des deux méthodes, mais il condamne, par cela même, la prétention qu'on a, de part et d'autre, de posséder la vérité complète et de pratiquer la seule méthode possible, à l'exclusion de la méthode opposée; il est idéaliste et réaliste à la fois, et il n'est, absolument parlant, ni l'un ni l'autre.

Mais cet équilibre ne dura pas. Déjà Reinhold le compromettait par sa *théorie élémentaire*[1], et Kant vécut assez pour le voir rompre avec éclat dans le sens de l'intellectualisme absolu, qui, par réaction, amena la restauration du pur sensualisme. Il protesta autant qu'il put, mais il faut reconnaître que sa *Critique de la raison pure*, non moins que sa *Critique de la raison pratique* et *du jugement*, contenait, et en grand nombre, les germes des systèmes idéalistes du dix-neuvième siècle. Grâce à Spinosa, que Lessing et Herder venaient de révéler à l'Allemagne, ces germes ne tardèrent pas à fructifier.

Kant avait insinué que la mystérieuse inconnue cachée sous les phénomènes sensibles pourrait bien n'être autre que l'inconnue qui est en nous-mêmes. Cette simple observation, à laquelle d'ailleurs il n'a pas donné suite, était grosse de la philosophie de Fichte.

Mais il n'aurait jamais émis l'hypothèse de l'identité du moi et du non-moi, que sa critique n'en porterait pas moins un cachet idéaliste très prononcé. Tout en constatant un ordre de choses existant indépendamment de la raison, un objet transcendant, qui, en faisant impression sur nos sens, nous fournit le matériel de nos idées, elle fait à la raison pure la part on ne peut plus belle. C'est la raison, le sujet pensant, qui *crée* l'espace et le temps, c'est elle qui, avec les matériaux fournis par

---

[1] Voy. p. 450, note 3.

les sens, fait, construit, constitue le phénomène. Le phénomène est son œuvre, sinon sa création. C'est elle qui, en appliquant aux phénomènes les catégories de la relation, les relie par le lien de la causalité ; c'est de par elle, de par sa puissance législative, que les phénomènes sont des effets et des causes, et si l'on entend par *nature*, non l'ensemble des choses elles-mêmes, mais seulement la totalité des phénomènes sensibles et internes considérés dans leur enchaînement *légal*, c'est la raison qui *fait la nature*, qui la *produit*, car c'est elle qui légifère[1]. C'est d'elle enfin qu'émanent les Idées de cosmos, de Dieu, d'absolu.

Si c'est la raison qui fait le temps et l'espace, si c'est elle qui détermine et règle le phénomène, elle qui constitue la nature et l'ordre universel, que reste-t-il en définitive de ce qui, d'après l'empirisme, est *donné* à la raison ? La matière première du phénomène, ou ce qui revient au même, de l'intuition et de la pensée, le je ne sais quoi qui fait la différence entre le son, la lumière, l'odeur, le goût, la température, le plaisir, la douleur, le je ne sais quoi qui fait que l'aveugle-né, même excellent mathématicien et parfaitement apte à comprendre les lois de l'optique, ne peut se faire une idée exacte de la lumière. Voilà ce qui, dans le phénomène, nous est donné, tout le reste étant d'ailleurs notre propre œuvre. Donné par qui ? Donné par quoi ? Par un autre je ne sais quoi qui s'appelle *la chose en soi*, objet transcendant qui, par suite, ne peut être *connu*, agent mystérieux qui provoque la sensation et coopère à la formation de l'idée, mais au sujet duquel je n'ai pas le droit de rien affirmer, de rien nier.

Mais comment dès lors affirmez-vous qu'il est un *agent*, qu'il *provoque* la sensation[2] ? L'objet transcendant de l'intuition (la chose en soi) n'est ni dans l'espace ni dans le temps. L'espace et le temps ne renferment que les phénomènes, c'est-à-dire ce

---

[1] *Prolégomènes à toute métaphysique future*, p. 84-85. — [2] Cette contradiction est surtout relevée par J.-Sigismond Beck (1761-1842), qui ne réussit guère d'ailleurs à en débarrasser le kantisme.

qui paraît, et la chose en soi est ce qui ne paraît pas. Nous ne pouvons lui appliquer aucune des formes de l'entendement; nous ne pouvons la concevoir, Kant le dit expressément[1], ni comme grandeur, ni *comme réalité*, ni comme substance. Nous ne pouvons donc pas la concevoir non plus *comme cause* de nos impressions, bien que Kant, par une contradiction flagrante, la regarde comme telle[2]. Mais si la chose en soi ne peut être conçue ni comme une grandeur, ni comme une cause, ni comme une *réalité*, elle ne peut pas être considérée comme *quelque chose*, elle n'est rien, ou plutôt elle n'existe que dans le sujet pensant; comme l'espace, le temps, les catégories, elle se confond, elle *s'identifie*[3] avec le sujet qui la conçoit. Cette *matière* de nos idées, ce substratum transcendant des phénomènes sensibles n'est autre chose que le substratum des phénomènes internes, l'âme, le moi, la raison se donnant à elle-même non seulement la *forme*, mais aussi la *matière* de ses idées. La raison n'est pas seulement collaboratrice dans la production du phénomène, elle est la créatrice — et la créatrice unique — du monde phénoménal. C'est donc, en définitive, par une inconséquence que la philosophie kantienne laisse subsister une chose en soi, en dehors et pour ainsi dire *à côté* de la raison. La *vraie* conséquence de la Critique de la raison pure, c'est le monisme du moi, l'idéalisme absolu.

Mais, si la *Critique de la raison pure* nous conduit jusqu'au seuil du panlogisme, système et méthode, le résultat de la *Critique de la raison pratique*, le dualisme des « deux raisons » ne nous empêche-t-il pas absolument de le franchir? Les kantiens spéculatifs, Fichte en tête, loin d'y voir un obstacle à leur interprétation du criticisme, y trouvèrent au contraire un motif de plus pour faire le pas décisif.

---

[1] *Critique de la raison pure*, p. 234. — [2] *Ibidem.* — [3] De là le nom de philosophie de *l'identité*.

Et d'abord, en subordonnant la raison théorique à la raison pratique, en affirmant le primat de la conscience morale, Kant proclame, non pas le dualisme des « deux raisons », mais le monisme de la raison pratique, dont la raison théorique et le jugement téléologique ne sont que des modes, des dépendances. Ce primat, d'ailleurs, il ne pourrait l'affirmer, s'il avait découvert, entre la raison pratique et la raison théorique, des contradictions absolues, des antinomies insolubles. Mais tel, à vrai dire, n'est point le cas. Entre la raison théorique et la raison pratique il y a un trait d'union, et ce trait d'union, c'est précisément la *chose en soi*, le noumène, l'ordre intelligible, soupçonné par la raison théorique, postulé et hautement affirmé par la conscience.

Il y aurait contradiction entre les « deux raisons », si l'une niait ce que l'autre affirme : l'invisible, l'idéal, l'absolu. En réalité, la raison théorique ne rejette pas l'absolu; elle se sait seulement incapable de le connaître et de le démontrer. Il en est de même de la liberté, qui n'est qu'un synonyme de l'absolu. Ce que nie la *Critique de la raison pure*, c'est la liberté dans l'ordre phénoménal; elle ne reconnaît, *dans la nature,* que la loi de causalité, le mécanisme, le déterminisme des faits, mais elle conçoit la liberté comme apanage et privilège de la *chose en soi*, tout en maintenant l'impossibilité d'une démonstration théorique. La chose en soi *peut* être considérée comme libre. Or la raison pratique affirme catégoriquement la liberté du sujet agissant, la liberté du *moi*. Donc la *Critique de la raison pratique*, loin de contrarier les conclusions idéalistes, les confirme : la chose en soi (la chose libre), c'est le *moi* lui-même; l'*objet* qui semble nous déterminer du dehors n'est autre que le *sujet* qui agit en nous; l'objet et le sujet, l'être et la pensée, la nature et l'esprit sont identiques. Si le moi était déterminé par un objet *en soi*, c'est alors qu'il y aurait contradiction absolue entre les « deux raisons »; le moi dès lors serait esclave en théorie et en pratique, et la liberté morale serait une inexplicable illusion. Mais la chose en soi, la chose qui nous détermine « du dehors » étant en réalité l'âme *en soi*, le sujet se déterminant lui-même, le moi, même déterminé, est libre et autonome, puisqu'il se détermine lui-même sous la forme d'un objet extérieur.

La morale de Kant, loin de prévenir le monisme idéaliste, y aboutit au contraire. Elle postule, sans doute, l'immortalité de l'âme et l'existence d'un Dieu personnel distinct du moi. Mais cette double affirmation n'est qu'un accident dans le système : ce qui y est essentiel, c'est l'affirmation de la liberté absolue du *moi*, c'est la doctrine de l'absolu pratique du moi. Or le moi qu'elle affirme être absolument libre, c'est-à-dire l'absolu même, ce n'est pas le moi empirique, le moi-phénomène, le moi qui existe sous la forme du temps, c'est le moi-noumène, c'est-à-dire le moi élevé au-dessus de l'espace et de la durée. Parler de l'immortalité d'un moi qui n'existe pas dans le temps, pour qui, par suite, il n'y a ni *avant* ni *après*, c'est une inconséquence semblable à la doctrine de la chose en soi distincte du sujet personnel, inconséquence qui est sans lien organique avec le fond du système. Il en est de même de la doctrine théiste ; car Dieu est distinct sans doute du moi empirique et phénoménal, mais il ne saurait être autre chose que le moi absolu, le moi intelligible, sans quoi il y aurait deux *absolus*.

Plus encore que la *Critique de la raison pure* et *de la raison pratique*, la *Critique du jugement* ouvrait la voie où allaient s'engager les plus marquants parmi les disciples de Kant. Ils y trouvaient non seulement une certaine tendance générale au panthéisme, étrangère aux autres écrits du maître, mais des théories qui, pour peu qu'on les pressât, devaient y aboutir nécessairement. Nous voulons parler de sa théorie du sublime, de sa *téléologie immanente*, et notamment de son hypothèse d'une intelligence capable d'une intuition immédiate et totale des choses. Par la première il faisait de l'homme un Dieu-homme ; par la seconde il substituait à l'idée de création celle d'évolution ;

par la troisième il faisait au rationalisme dogmatique une concession grave, quoique indirecte : il n'accordait pas, sans doute, l'*intuition intellectuelle* à l'intelligence humaine, mais il ne la refusait pas à l'intelligence en général, et Schelling n'eut qu'à généraliser l'hypothèse kantienne pour ériger l'intuition intellectuelle en méthode philosophique.

Telle est la filiation entre le kantisme et les systèmes de Fichte, de Schelling, de Hegel. Ces trois philosophies, ou mieux ces trois phases d'une même doctrine, tout en procédant du criticisme, réagissent contre lui par le fait qu'elles s'occupent avec prédilection de ce que Kant a déclaré « fruit défendu », c'est-à-dire de l'absolu. Leur but commun est de rétablir l'ancienne métaphysique, mais de la rétablir sur la base du criticisme : à peu près comme les monarchies nées de la tourmente révolutionnaire restaurent le passé sur la base des principes de 1789. Kant et Fichte, dans sa première phase, sont les philosophes de la révolution; Schelling et Hegel sont les philosophes de la restauration.

§ 64. Fichte.

Le sensualisme anglais et la philosophie du relatif procèdent des études médicales et de l'esprit laïque : l'idéalisme allemand et la philosophie de l'absolu procèdent de la théologie. Jean-Gottlieb Fichte, son fondateur (1762-1814), ainsi que Schelling et Hegel, commence par les études préparatoires au saint ministère. Nommé professeur à Iéna en 1793 pour son *Essai d'une critique de toute révélation* (1792), il publie en 1794 son ouvrage capital : *Principes fondamentaux de la science et de la connaissance*, remanié depuis et réédité sous différents titres, et en 1796 ses *Principes fondamentaux du droit naturel*. Accusé d'athéisme, il renonce à sa chaire en 1799, subit durant dix ans, avec sa jeune famille, les tribulations d'une vie plus ou moins nomade, et meurt professeur à l'université de Berlin, créée en 1809. Les ouvrages qui ont fondé sa renommée sont suivis de traités sur la *Destination de l'homme* (1800), sur le *Caractère essentiel du savant et ses manifestations dans le domaine de la vérité* (1806), sur la *Méthode pour arriver à la vie bienheureuse* (1806); de *Discours à la nation allemande* (1808), etc.[1] Le soulèvement de l'Allemagne contre Napoléon est en partie son œuvre.

Si sa pensée, comme celle de tant d'Allemands contemporains de la république et de l'empire, offre deux phases très distinctes, l'une rationaliste, humanitaire et sympathique à la révolution, l'autre mystique, panthéiste, patriotique, l'idée centrale de son système n'a pas varié. Cette idée, disons mieux, cette vérité, la plus élevée à la fois et la plus paradoxale que la philosophie ait formulée, c'est le *monisme de la volonté morale*[2].

Fichte est à Kant ce qu'Euclide-Platon est à Socrate, et à Spinosa ce qu'Euclide-Platon est à Parménide. Avec Kant, il affirme l'idéal moral, et avec Spinosa, l'unité des « deux mondes ». Sa philosophie est donc une synthèse, unique en son genre dans les temps modernes, de ce qui paraît à jamais inconciliable : le monisme et la liberté. Identité du principe éthique et du principe métaphysique : telle en est la pierre angulaire.

---

[1] Son fils, Emmanuel-Hermann Fichte, a publié: *J. G. Fichte's nachgelassene Werke*, 3 vol., Bonn, 1834, et *Fichte's sämmtliche Werke*, 8 vol., Berlin, 1845-46. — M. Grimblot a traduit la *Wissenschaftslehre* sous ce titre: *Doctrines de la science, principes fondamentaux de la science et de la connaissance*. — Le traité *De la destination de l'homme* a été traduit par M. Barchou de Penhoën; le *Wesen des Gelehrten*, par M. Nicolas, doyen de la faculté de théologie de Montauban; enfin, la *Méthode pour arriver à la vie bienheureuse*, par M. Francisque Bouillier (avec une introduction de Fichte fils). — Willm, Histoire de la phil. all., T. II. — [2] Tout en reconnaissant pour vraie l'idée maîtresse de la philosophie de Fichte, nous n'admettons d'ailleurs ni sa théorie *du moi absolu*, dont Schelling a fait justice, ni surtout sa méthode de construction *a priori*, qui repose sur une confusion de la volonté et de l'entendement, commune à la plupart des penseurs antérieurs à Schopenhauer.

La réalité *réelle*, selon Fichte, c'est le Bien, c'est la Raison agissante, la Volonté pure, le Moi moral : ce que le vulgaire tient pour réel n'est que phénomène, manifestation, traduction fidèle ou manquée, portrait ou caricature. Le principe ultime et suprême d'où nous venons et où nous tendons n'est pas l'*être*, mais le *devoir ;* c'est un idéal qui n'*est* pas, mais qui *doit* être. L'être, en tant qu'être, est sans valoir et, à proprement parler, n'existe nulle part. La fixité, l'immobilité de ce que nous appelons substance, substratum, matière, n'est qu'une apparence (Héraclite et Platon). Marcher, tendre, *vouloir,* tout est là. L'univers est le phénomène de la Volonté pure, le symbole de l'Idée morale, qui est la véritable *chose en soi,* le véritable absolu[1]. Philosopher, c'est se convaincre que *l'être n'est rien,* que *le devoir est tout ;* c'est reconnaître l'inanité du monde phénoménal, séparé de son essence intelligible; c'est voir dans le monde objectif, non l'effet de causes étrangères à notre raison pratique, mais le produit du moi, le moi objectivé. Il n'y a donc d'autre science que celle du moi, la *conscience.* La connaissance n'est, ni en totalité (Hume, Condillac), ni en partie (Kant), le produit de la sensation, elle est l'œuvre exclusive, la *création* du moi. Il n'y a d'autre philosophie que l'idéalisme, d'autre méthode que la méthode *a priori*. La philosophie n'a rien à découvrir, elle n'a pas à trouver des vérités toutes faites, à constater des faits préexistants : philosopher, savoir, connaître, c'est *produire* ces faits, c'est *créer* ces vérités[2].

La pensée spéculative commence non par un *fait*, une donnée reçue, acceptée, subie par le moi, mais par un *acte* spontané de son énergie créatrice (*nicht Thatsache, sondern Thathandlung*[3]), et la série de ses thèses est une suite régulière d'actes intellectuels s'engendrant les uns les autres suivant la loi d'opposition et de conciliation entrevue par Kant, dans sa division ternaire

---

[1] *Œuvres complètes*, II, p. 657. — [2] V. p. 381. — [3] *Ibidem*.

des catégories (affirmation, négation, limitation). L'acte primitif de l'entendement et tout acte intellectuel en général, est triple : 1° affirmation du moi par le moi : c'est l'acte par lequel le moi prend possession de lui-même, ou mieux, l'acte par lequel *il se crée lui-même* (car la prise de possession supposerait un moi préexistant au moi, une *donnée*) ; 2° affirmation du non-moi ou négation du moi ; 3° affirmation de la limite du moi et du non-moi.

Éléments constitutifs d'une même réalité concrète, ces trois actes primitifs (*thèse* du moi, *antithèse* du non-moi et *synthèse* du moi et du non-moi) n'en font qu'un seul. Par cela même que le moi s'affirme comme sujet, il se distingue d'un objet qui n'est pas lui : en se produisant, du même coup il produit son *vis-à-vis*, sa limite : le monde objectif. Ce dernier n'est pas, comme le veulent le « sens commun » et l'empirisme, un obstacle que le moi *rencontre* : c'est une limite qu'il *se donne*. Le monde sensible a l'air d'être quelque chose d'existant en dehors du sujet qui le perçoit et le pense. C'est une illusion dont Kant n'a pu se débarrasser complètement. La limite du moi, le monde objectif existe, mais de par l'activité du sujet. *Supprimez le moi et vous supprimez le monde*. La création est la raison se limitant elle-même, c'est la volonté identique à la pensée pure, qui se circonscrit, se détermine, se personnifie[1].

Toutefois, Fichte est obligé d'en convenir, le moi se donne cette limite par une nécessité interne dont il ne peut s'affranchir par la seule pensée : car il ne peut penser sans penser un objet ; il ne peut percevoir sans affirmer l'existence de quelque chose qui n'est pas lui. Avec Kant, Fichte reconnaît que, en fait, la *chose en soi* est irréductible à la pensée, mais il n'en maintient pas moins, en principe, l'hypothèse que la *chose en soi* n'est autre que le principe pensant lui-même. La dualité du sujet

---

[1] *Œuvres*, I, 83 ss. ; V, 210.

pensant et de l'objet pensé est une illusion inévitable de la raison théorique, dont, à défaut de la pensée, l'action peut et doit nous affranchir. L'activité pratique est donc le vrai triomphe de la raison, l'affirmation de son omnipotence. Sans doute, dans la réalité des faits, la volonté, non plus que l'entendement, ne triomphe jamais complètement des résistances de la matière; dans le monde phénoménal où la pensée nous retient captifs, nous ne saurions échapper entièrement au déterminisme des faits, à la fatalité; l'autonomie absolue de la raison est un idéal que le moi poursuit, sans l'atteindre jamais. Mais ce conflit même entre la réalité empirique et l'idéal démontre que nous sommes faits pour une destinée immortelle : il est la source de nos progrès, le principe moteur de l'histoire[1].

Fichte confirme ainsi le « primat de la raison pratique » proclamé par Kant, et de plus, il s'attache à faire entrer cette doctrine essentielle, mécaniquement surajoutée au système kantien, dans l'organisme même de sa philosophie.

La liberté est le principe suprême, l'essence des choses[2]; elle est supérieure même à la vérité, considérée au point de vue purement théorique, ou plutôt, elle est la suprême vérité. Par cela même elle n'est pas une abstraction, mais la réalité par excellence. Toutefois cette réalité mère de toutes les autres, précisément parce qu'elle est la liberté, ne saurait être une *donnée* empirique, un *fait* immédiat, brutal et fatal. La liberté donnée, faite, imposée comme s'imposent les faits de l'ordre physique, ne serait pas la liberté. La vraie liberté est celle qui *se fait, se réalise* elle-même et d'elle-même. Se réaliser, c'est se développer dans une série de moments, c'est entrer dans les conditions de la durée et du temps. Le temps est la forme sous laquelle la liberté se réalise. Or le temps, ainsi que l'espace, est

---

[1] *Principes fondamentaux du droit naturel* (*Œuvres*, III). — [2] *Œuvres*, I, 489.

une intuition *a priori* de la raison théorique, une forme de l'entendement; le temps, c'est la faculté intuitive elle-même, c'est l'entendement dans sa fonction élémentaire et primordiale. Et comme il est, nous venons de le constater, l'instrument nécessaire de la liberté, nous concluons que l'entendement, la raison théorique, la faculté qui scinde le moi en sujet et en objet, est l'auxiliaire de la raison pratique, l'organe de la volonté, la servante de la liberté.

Ou encore : la liberté se réalise dans le temps; le temps est son moyen, son auxiliaire indispensable. Mais le temps est la faculté intuitive elle-même, la raison théorique, en tant que percevant *successivement* les choses. La raison théorique, l'entendement, est donc le moyen, l'organe dont la raison pratique se sert pour se réaliser. Loin d'être, comme il y paraît chez Kant, une puissance étrangère et forcément hostile à la raison pratique, la raison théorique rentre ainsi naturellement et nécessairement sous la domination de la volonté, se range en servante docile sous la bannière de l'idée morale. Le dualisme des « deux raisons » disparaît : *l'entendement se réduit à un moment dans le développement de la* LIBERTÉ[1]; connaître, savoir, sont le moyen, la chose secondaire ; agir est le principe et le but final de l'être. Le non-moi est, selon le langage d'Aristote, la matière dont la forme a besoin pour se réaliser comme suprême énergie; il est la limite que le moi s'impose pour la supprimer et réaliser ainsi son essence : la liberté. S'affirmer, se réaliser, c'est lutter; la lutte suppose un obstacle : cet obstacle c'est le monde phénoménal, le monde des sens et ses tentations[2].

La liberté, avons-nous dit, se réalise dans le temps et moyennant la pensée, c'est-à-dire moyennant la distinction entre un sujet qui perçoit et pense et un objet qui est aperçu et pensé.

---

[1] Lisez *volonté* et vous aurez mot pour mot la doctrine de Schopenhauer moins son pessimisme. — [2] *Œuvres*, V, 210.

Mais cet objet que la magicienne Raison montre au moi, le monde extérieur, le non-moi, se compose à son tour d'une multitude de *moi*, de personnes distinctes de la mienne. La liberté se réalise donc, non dans l'individu isolé (le moi empirique), mais dans la société humaine. Le moi idéal, pour devenir une réalité, se scinde en une pluralité de sujets historiques, et se réalise dans les rapports moraux qui s'établissent entre eux, rapports qui sont la source du droit naturel, pénal, politique.

Considéré indépendamment des individus qui le réalisent, le moi absolu ou idéal n'est qu'une abstraction[1]. Le Dieu réel et vivant, c'est le Dieu-Homme. « Toute conception religieuse, dit Fichte, qui personnifie Dieu, je l'ai en horreur et la considère comme indigne d'un être raisonnable. » Et pourquoi? Parce qu'un être personnel, un sujet, n'existe pas sans un objet qui le limite. Cette limitation est, sans doute, le fait du sujet lui-même; mais, limité par lui-même ou par autre chose, le sujet est l'être limité, et Dieu ne peut être conçu comme tel. Dieu est l'ordre moral du monde, la liberté qui s'y réalise progressivement : il n'est que cela.

L'opposition de Fichte à l'idée d'un Dieu personnel est la critique de son propre système, ou du moins de la forme subjectiviste qu'il revêt sous l'influence de Kant et qu'il dépouille peu à peu, sous l'influence de Spinosa. En niant la personnalité de Dieu, il condamne à la fois l'idée d'un moi absolu, créateur du non-moi, et sa méthode de construction *a priori*.

C'est Schelling, le plus brillant de ses disciples, qui le rend attentif à cette contradiction.

---

[1] *Critique de toute révélation* (Œuvres, V).

§ 65. Schelling.

Frédéric-Guillaume-Joseph Schelling, né en 1775, à Léonberg en Souabe, à 17 ans *magister* de l'université de Tubingue, puis élève de celle de Leipzig, professa, dès 1798, la philosophie à Iéna, où il connut Fichte et où il retrouva Hegel, son compatriote et ami de Tubingue. Professeur de philosophie à Wurzbourg à partir de 1803, puis tour à tour à Munich, comme secrétaire général de la classe des beaux-arts de l'Académie munichoise, à Erlangen, à Munich et à Berlin comme professeur, il mourut en 1854 dans sa quatre-vingtième année. Écrivain précoce et fécond[1], mais penseur inconsistant, Schelling passe de Fichte à Spinosa, de Spinosa au néoplatonisme, du néoplatonisme à J. Bœhme, que lui a révélé son ami et collègue de Munich, François Baader[2]. A sa phase spinosiste et néaplatonicienne, qu'il appelle sa « philosophie négative », appartiennent les ouvrages suivants[3] : *Idées sur une philosophie de la nature*[4] (1797); *De l'âme du monde* (1798); *Système de l'idéalisme transcendantal*[5] (1800); *Bruno ou du principe divin et naturel des choses* (1802); *Leçons sur les études académiques* (1803); *Philosophie et religion* (1804). A sa phase « positive », marquée par l'influence de Bœhme et un retour plus ou moins sérieux à l'orthodoxie, se rattachent : ses *Recherches philosophiques sur l'essence de la liberté humaine* (1809); son *Essai sur les divinités de Samothrace* (1816); ses *Leçons sur la philosophie de la mythologie et de la révélation*, publiées par son fils[6].

[1] Du moins dans sa première phase. — [2] Voy. § 71. — [3] Nous ne citons que les principaux. — [4] Il s'y sépare de Fichte. — [5] Le plus homogène et le plus systématique de ses écrits. — [6] *Fr. Wilhelm Joseph von Schelling's sämmtliche Werke*, en deux séries, la 1re de 10, la 2e de 4 vol. in-8, Stuttg., 1856-61. — Traductions: *Écrits philosophiques de Schelling ou Morceaux propres à donner une idée générale de son système*, trad. de l'allemand par

1. — Le non-moi, avait dit Fichte, est le produit inconscient du moi ou, ce qui revient au même, le produit du moi inconscient. Mais, objecte Schelling, le moi inconscient n'est pas réellement le moi; ce qui est inconscient n'est pas encore *moi*, n'est pas encore sujet, mais sujet et objet à la fois, ou plutôt, il n'est encore ni l'un ni l'autre. Le moi n'existant pas sans le non-moi, on ne peut dire qu'il produit le non-moi, à moins d'ajouter la réciproque: le non-moi produit le moi. Il n'y a pas d'objet sans sujet, — Berkeley déjà l'a constaté, — et en ce sens Fichte dit à bon droit que c'est le sujet qui fait l'objet; mais il n'y a pas non plus de sujet sans objet. L'existence du monde objectif est donc autant la condition *sine qua non* de l'existence du moi que réciproquement. Fichte, qui l'a reconnu implicitement dans sa profession de foi panthéiste, ne voit d'issue à sa pensée que dans la distinction entre le moi empirique et le moi absolu; mais de quel droit parle-t-il d'un moi absolu, s'il est constant que le moi, c'est-à-dire le sujet, n'est *jamais* absolu, limité qu'il est nécessairement par un objet? Il faut donc renoncer à faire du moi l'absolu.

Le non-moi est-il l'absolu? Pas davantage; car il n'existe pas sans condition; il n'est rien sans le sujet pensant. Il faut donc ou nier l'absolu ou le chercher *au delà du moi et du non-moi*, au delà de toute opposition. Si l'absolu est, — et comment ne serait-il pas! — il ne peut être que la synthèse de tous les contraires, il ne peut être qu'*en dehors et au-dessus* de toutes les conditions d'existence[1], étant lui-même la condition suprême et première, la source et la fin de toute existence subjective, comme de toute existence objective.

M. Charles Bénard, 1 fort vol. in-8. — *Système de l'idéalisme transcendantal*, traduit par Grimblot. — *Bruno*, traduit par Husson. — Consulter Willm, o. c., t. III. — Mignet, *Notice historique sur la vie et les travaux de M. de Schelling*, Paris, 1858.

[1] Comp. §§ 25 et 31.

D'après cela, il ne faut dire ni que le moi produit le non-moi (idéalisme subjectif), ni que le non-moi produit le moi (sensualisme); *le moi et le non-moi, la pensée et l'être dérivent l'un et l'autre d'un principe supérieur qui n'est ni l'un ni l'autre,* bien qu'il soit la cause de l'un et de l'autre : principe neutre, indifférence et identité des contraires[1]. Ceci nous ramène au point de vue de Spinoza; sous des dénominations différentes, nous nous retrouvons en face de la Substance infinie et du double ordre de choses qui en émane: la pensée (le moi) et l'étendue (le non-moi).

La philosophie est la science de l'absolu dans sa double manifestation : la nature et l'esprit. Elle est philosophie de la nature et philosophie transcendantale ou de l'esprit. En ajoutant à la science du moi la science de la nature, Schelling comble la grande lacune du système de Fichte. Sa méthode, du reste, ne diffère pas essentiellement de celle de son prédécesseur. Schelling, il est vrai, reconnaît que l'univers n'est pas, à proprement parler, la création du moi, qu'il a, par conséquent, une existence relativement distincte du sujet pensant. Penser n'est pas produire, mais *reproduire*. La nature est pour lui ce qu'elle n'est nullement pour Fichte : une donnée, un fait. Il ne peut donc échapper à la nécessité de reconnaître l'expérience et l'observation dans une certaine mesure, et il va jusqu'à la déclarer la *source* de la connaissance.

Mais, que le lecteur veuille bien le remarquer, si Schelling nie que le moi fasse le non-moi, il nie tout aussi formellement que le non-moi fasse le moi, que la perception sensible constitue la pensée (Locke, Hume, Condillac). La pensée, la connaissance, la science ne procèdent pas du non-moi et de la perception externe ou interne ; elles ont leur source et leur principe dans ce qui est aussi la source et le principe du non-moi, dans l'absolu. L'expérience n'est que le point de départ de la spécu-

---

[1] *Œuvres*, 1re série, t. X, p. 92-93.

lation, et point de *départ* au pied de la lettre : la spéculation *a priori* demeure la méthode philosophique. La spéculation opère sur des faits d'expérience, mais ces faits ne sauraient contredire la pensée *a priori* et doivent, par conséquent, se plier à ses décrets, parce que l'ordre des faits (l'ordre réel) et l'ordre des pensées (l'ordre idéal), étant identiques dans leur source commune, l'absolu, ne sauraient se contredire. La nature est la raison *existante*, l'esprit est la raison *pensante*. Il faut que la pensée s'habitue à dégager l'idée de raison de l'idée d'esprit, à concevoir une *raison impersonnelle* et à ne plus voir dans cette formule une contradiction *in adjecto*; il faut qu'elle conçoive la Substance de Spinosa comme raison impersonnelle enveloppant le moi et le non-moi, qu'elle voie dans les choses l'image de la pensée et dans la pensée la sœur jumelle des choses. Entre la nature et la pensée il ne peut y avoir que parallélisme complet de développement, comme aussi communauté d'origine : *l'une se développe suivant la même loi que l'autre*[1].

La pensée, ainsi que l'a constaté Fichte inspiré par Kant, est invariablement thèse, antithèse et synthèse. La nature, image de la pensée, est 1° matière ou pesanteur (thèse, affirmation brutale d'elle-même), 2° forme ou lumière (antithèse, négation de la matière, principe de l'organisation et de l'individuation, principe idéal), 3° matière organisée (synthèse de la matière et de la forme). Pas plus que les trois actes primitifs dans la pensée, les trois degrés de l'évolution matérielle ne se trouvent séparés dans la nature. La nature tout entière est organisée jusque dans ses moindres détails (Leibniz), et ce que nous appelons inorganique, la terre elle-même et les corps célestes sont des organismes vivants. Si elle n'était pas vivante, elle ne pourrait produire la vie. Le règne dit inorganique est le règne végétal en germe, le règne animal est le règne végétal élevé à

---

[1] *Œuvres*, IV, p. 105 ss.

une plus haute puissance. Le cerveau humain est le couronnement de l'organisation universelle, le terme final de l'évolution organique[1]. Le magnétisme, l'électricité, l'irritabilité, la sensibilité sont les manifestations de la même force à différents degrés (corrélation et équivalence des forces). Rien n'est mort, rien n'est stationnaire dans la nature, tout y est vie, mouvement, devenir, oscillation perpétuelle entre deux termes extrêmes, *productivité*[2] et produit, polarisation (électricité, magnétisme, vie intellectuelle), expansion et contraction, action et réaction, lutte de deux principes à la fois contraires et corrélatifs[3], dont la synthèse est l'âme du monde[4].

La philosophie de l'esprit ou transcendantale[5] a pour objet l'évolution de la vie psychique, la genèse du moi, et pour but de démontrer le parallélisme des deux évolutions, physique et morale.

Les phases de l'évolution de l'esprit sont : la sensation, la perception externe et interne (moyennant les intuitions *a priori* et les catégories), l'abstraction rationnelle. La sensation, la perception et l'abstraction constituent le moi théorique, l'entendement et ses degrés. Par l'abstraction absolue, c'est-à-dire la distinction absolue que fait l'intelligence entre elle-même et ce qu'elle produit, l'entendement devient volonté, le moi théorique devient moi pratique. De même que le magnétisme et le principe de la sensibilité, l'intelligence et la volonté sont la même chose à des puissances différentes[6]. Elles se confondent dans la notion de *productivité*, d'activité créatrice. L'intelligence est créatrice sans le savoir, sa fécondité est inconsciente et fatale; la volonté est consciente d'elle-même, elle produit avec la conscience d'être la source de ce qu'elle produit : de là le sentiment de la liberté qui accompagne ses manifestations.

---

[1] Giordano Bruno. — [2] *Wille* de Schopenhauer. — [3] Πόλεμος d'Héraclite. — [4] Platon, stoïciens. — [5] *Œuvres*, III, p. 327 ss. — [6] Spinosa, Fichte.

De même que la vie dans la nature est le jeu de deux forces contraires, la vie de l'esprit jaillit de l'action réciproque de l'intelligence, qui affirme le non-moi, et de la volonté, qui s'en affranchit. Ce ne sont pas des forces nouvelles, ce sont les mêmes agents qui, après avoir été pesanteur et lumière, magnétisme et électricité, irritabilité et sensibilité, se manifestent, dans la sphère de l'esprit, comme intelligence et volonté. Leur antagonisme constitue la vie de l'espèce : l'*histoire*.

Parallèlement aux trois époques de l'évolution organique, époques correspondant aux trois règnes, l'histoire se déroule en trois âges. L'âge primitif est caractérisé par la prédominance de l'élément fataliste (thèse, matière, pesanteur, intelligence sans volonté); le second, inauguré par le peuple romain et qui dure encore, nous offre la réaction de l'élément actif et volontaire contre le Fatum antique; le troisième enfin, qui appartient à l'avenir, sera la synthèse des deux principes. De plus en plus l'esprit et la nature se confondront en une harmonieuse et vivante unité. L'idée deviendra de plus en plus une réalité, la réalité sera de plus en plus idéale; en d'autres termes : l'absolu, qui est l'identité de l'idéal et du réel, se manifestera, se réalisera de plus en plus.

Toutefois, comme l'histoire se développe dans le temps et que le temps est sans limites, elle est nécessairement un progrès *à l'infini*, et l'absolu réalisé demeure pour elle un idéal qu'elle ne saurait atteindre définitivement et complètement. Si le moi n'était que théorique et pratique, il serait donc à jamais incapable de l'absolu, la réflexion, comme l'action, demeurant nécessairement assujettie à la loi de la dualité du sujet et de l'objet, de l'idéal et du réel. La pensée, il est vrai, peut et doit s'élever au-dessus de la réflexion et de la dualité qu'elle constitue; par l'*intuition intellectuelle*[1] nous nions le dualisme de

---

[1] Platon, Plotin, saint Augustin, mystiques.

l'idéal et du réel, nous affirmons que le moi et le non-moi dérivent d'une unité supérieure où s'absorbent toutes les antithèses; nous nous élevons en quelque sorte au-dessus de la pensée personnelle et au-dessus de nous-mêmes; nous nous identifions avec la raison impersonnelle, qui s'objective dans le monde et se personnifie dans le moi ; en un mot, nous rentrons, jusqu'à un certain point, dans l'absolu d'où nous sommes issus.

Mais cette intuition elle-même ne peut s'affranchir complètement de la loi d'opposition ; forcément elle est encore une polarisation constituant, d'un côté un sujet qui aperçoit, de l'autre un objet aperçu du dehors. Le moi demeure d'un côté, Dieu de l'autre ; la dualité subsiste ; l'absolu n'est pas pour l'esprit une réalité possédée, assimilée, savourée. L'esprit n'atteint, ne réalise l'absolu ni comme intelligence ni comme activité, mais comme sentiment du beau dans la nature et dans l'art[1]. Art, religion, révélation sont une seule et même chose, supérieure à la philosophie elle-même. La philosophie *conçoit* Dieu, l'art *c'est* Dieu ; la science est la présence idéale, l'art est la présence réelle de la Divinité[2].

2. — Le mysticisme dont les sentences qu'on vient de lire portent l'empreinte, s'accentue dans la philosophie « positive », inaugurée dès 1809 par la dissertation sur la liberté humaine. Sous l'influence de Bœhme, le philosophe devient théosophe ; le panthéiste, monothéiste. Il insiste sur la *réalité* de l'idée divine, sur la personnalité de Dieu, sur l'importance capitale du dogme de la Trinité. Toutefois, sous les formes étranges de son romantisme, le fond de sa pensée a moins changé qu'on ne serait tenté de le croire : ce fond, c'est toujours le monisme, mais un monisme qui s'est précisé nettement comme *volontisme* au contact de Bœhme[3]. L'absolu, indifférence ou identité absolue,

---

[1] Kant. — [2] Néoplatonisme. — [3] Le volontisme se trouve déjà, il est vrai, dans les *Abhandlungen zur Erläuterung des Idealismus der Wissenschaftslehre*, insérées par Schelling au *Journal philosophique* en 1796 et

de la philosophie « négative », subsiste, mais sous le nom, emprunté au théosophe saxon, de *volonté primitive (ungründlicher Wille)*. Le fondement, le principe premier de l'être divin et de tout être, n'est pas la pensée ou la raison, mais la volonté tendant à l'être, à l'existence individuelle et personnelle, le *désir d'être*. Avant d'être (*ex-istere*), tout être, Dieu lui-même, désire d'être. Ce désir ou vouloir inconscient est antérieur à toute intelligence et à toute volonté consciente. Pour Dieu, l'évolution par laquelle il se réalise, se personnifie, *se fait Dieu*, est éternelle, et les moments qu'elle traverse (les personnes ou hypostases de la Trinité) se confondent; mais ils se distinguent les uns des autres pour la conscience humaine, où ils font successivement leur apparition et forment les étapes du développement religieux de l'humanité. Le mal dans le monde a sa source non pas en Dieu considéré comme personne, mais dans ce qui précède sa personnalité, dans ce qui, en Dieu, n'est pas Dieu lui-même, c'est-à-dire dans ce *desiderium essendi* que nous venons de reconnaître comme la cause première de toutes choses, et que Schelling ne craint pas d'appeler l'égoïsme divin. En Dieu, ce principe s'absorbe éternellement dans l'amour; dans l'homme, il devient un principe indépendant et la source du mal moral. Mais quelque grand que puisse être ce dernier, il sert aux fins de l'absolu au même titre que le bien.

Nous n'insisterons pas ici sur la *philosophie de la mythologie et de la révélation*, que nous avons résumée ailleurs[1] et qui

---

1797, ainsi que dans de nombreux passages de Fichte, dont la philosophie en est tout imprégnée (voy. § 64). Mais dans le traité *De la Liberté* il s'affirme avec une pleine et entière conscience de lui-même : *Es giebt in der letzten und höchsten Instanz gar kein anderes Sein als Wollen. Wollen ist Ursein, und auf dieses allein passen alle Prädicate desselben: Grundlosigkeit, Ewigkeit, Unabhängigkeit von der Zeit, Selbstbejahung. Die ganze Philosophie strebt nur dahin, diesen höchsten Ausdruck zu finden* (Œuvres, 1re série, t. VII, p. 350).

[1] *Examen critique de la philosophie religieuse de Schelling*, Strasbourg, 1860.

intéresse l'historien de la religion plutôt que celui de la philosophie. Qu'il nous suffise d'avoir esquissé rapidement le contenu des principaux traités écrits par Schelling de 1795 à 1809, et d'avoir mis en lumière : 1° sa magistrale critique de l'*égoïsme* (*Ichlehre*) de Fichte ; 2° sa conception de l'absolu comme volonté, souche commune de l'objet et du sujet (Kant), du moi et du non-moi (Fichte), de la pensée et de l'étendue (Spinoza) ; 3° sa philosophie de la nature, qui, bien qu'abandonnée par la science positive, a formé des naturalistes tels que Burdach, Oken, Carus, Oersted, Steffens, G. H. Schubert, et, en rappelant la spéculation sur un terrain d'où les préoccupations idéologiques l'avaient bannie, a préparé la fusion de la métaphysique et de la science, à laquelle nous assistons aujourd'hui ; 4° sa philosophie de l'histoire, heureux prélude de la philosophie de l'esprit de Hegel.

La philosophie de Schelling, dont l'influence fut contrariée et absorbée en partie par la concurrence hégélienne[1], se compose, en réalité, de deux systèmes très distincts, bien que reliés entre eux par un principe commun[2] : selon le premier, qui est son point de départ, la pensée précède l'être (idéalisme); selon l'autre, c'est l'être (en puissance) qui est l'antécédent de la pensée (réalisme). C'est au nom du premier qu'il parle d'intuition intellectuelle et conçoit sa *Transcendentalphilosophie*; c'est sous l'empire du second qu'il exalte l'expérience et la philosophie de la nature. L'un mène à Hegel et à la construction *a priori* de l'univers et de l'histoire, l'autre à Schopenhauer et à l'empirisme contemporain.

---

[1] Cette influence n'en est pas moins considérable. Sans compter même les disciples proprement dits, elle se fait sentir chez la plupart des penseurs énumérés au § 71. Notons que le plus renommé des philosophes allemands contemporains, M. de Hartmann, procède au moins autant de Schelling que de Schopenhauer, et que le plus original de nos métaphysiciens de langue française, M. Charles Secrétan, est le disciple avoué de la « philosophie positive ». — [2] Nous avons constaté le même dualisme chez Plotin.

§ 66. Hegel.

George-Guillaume-Frédéric Hegel, né à Stuttgart en 1770, mort professeur à l'université de Berlin en 1831, avait passé comme Schelling, son ami, par le séminaire théologique de Tubingue. Iéna, où se resserra, puis se rompit, le lien spirituel qui l'unissait à son compatriote, plus jeune que lui de cinq années, Nuremberg, dont il dirigea le collège, Heidelberg et la capitale prussienne furent les étapes successives de sa carrière académique. Nous avons de lui : 1° la *Phénoménologie de l'esprit* (1807), 2° la *Logique*, en 3 volumes (1812-1816), 3° l'*Encyclopédie des sciences philosophiques* (1817), 4° les *Éléments de la philosophie du droit* (1821), sans compter ses *Cours sur la philosophie de la religion*, l'*Histoire de la philosophie*, l'*Esthétique*, etc., publiés après sa mort[1].

Selon Fichte, la *chose en soi* de Kant (l'absolu), c'est le moi lui-même produisant le monde phénoménal par une création inconsciente et involontaire, pour le vaincre ensuite par un effort conscient et libre. Selon Schelling, l'absolu n'est ni le moi ni le non-moi, mais leur racine commune, où l'opposition d'un sujet pensant et d'un objet pensé disparaît dans une parfaite indifférence, c'est le neutre antérieur et supérieur à tous les contrastes, l'identité des contraires. L'absolu de Fichte est l'un des termes de l'opposition, celui de Schelling est la source transcendante, mystérieuse, impénétrable de cette opposition.

---

[1] *Œuvres complètes*, 18 t. et supplément renfermant la biographie de Hegel par Rosenkranz, Berlin, 1832-44. — Les ouvrages les plus importants de Hegel ont été traduits par feu M. Auguste Véra, professeur à Naples, à qui l'on doit en outre une *Introduction à la philosophie de Hegel*, 2° éd., Paris, 1864. — Consulter aussi P. Janet, *Études sur la dialectique dans Platon et dans Hegel*, Paris, 1860. — Edm. Schérer, *Hegel et l'hégélianisme* (dans ses *Mélanges d'histoire religieuse*, Paris, 1864; 2° éd., 1865). — J. H. Stirling, *The secret of Hegel. — The Hegelian system in origin, principle, form and matter*, 2 vol., Londres, 1865. — Willm, o. c. t. III et IV.

La conception de Fichte pèche en ce qu'elle réduit l'absolu à ce qui n'est qu'une de ses faces : l'absolu de Fichte est le moi limité par un non-moi théoriquement inexplicable; c'est un prisonnier, ce n'est pas réellement l'absolu. L'absolu de Schelling est une entité transcendante et qui, en définitive, n'explique rien, puisqu'on ne sait ni comment ni pourquoi en déduire les oppositions constituant le monde réel. L'indifférence absolue, loin d'être la réalité concrète par excellence, n'est au fond qu'une abstraction.

Selon Hegel, la source commune du moi et de la nature n'est pas transcendante à la réalité : elle lui est immanente. L'esprit et la nature ne sont pas les faces de l'absolu, sorte d'écran derrière lequel se cache un Dieu indifférent et sans vie : c'en sont au contraire les modes successifs. L'absolu n'est pas immobile : il circule; il n'est pas le principe de la nature et de l'esprit : il est lui-même nature et esprit, et il l'est successivement. C'est cette succession, ce processus, cette perpétuelle génération des choses, qui est l'absolu même. Dans Schelling, *les choses procèdent de l'absolu*, qui par cela même demeure en dehors d'elles; dans Hegel, *l'absolu est le processus même*; il n'engendre pas le mouvement et la vie : il est le mouvement même. Il n'excède en rien les choses, il y est tout entier. Et, de même, il n'excède en rien la capacité intellectuelle de l'homme. Si l'on entendait par Dieu l'*être transcendant à la raison humaine*, Hegel serait le plus athée des philosophes, puisque nul n'affirme aussi catégoriquement l'immanence et la parfaite intelligibilité de l'absolu. Spinosa lui-même, le *philosophe de l'immanence*, semble ne pas aller jusque là, puisque, tout en reconnaissant à l'intellect une idée adéquate de Dieu, il admet pour la Substance *des attributs infinis*.

En même temps qu'il modifie l'idée schellingienne de l'absolu, Hegel impose à la trop féconde imagination de son ami une discipline intellectuelle sans merci. Pour arriver à comprendre les choses dans leur principe et dans leur enchaînement logique, il faut penser, sans doute, mais avec suite et méthode. A ce prix seulement le résultat se trouvera identique à celui de la pensée infinie dans la nature et dans l'histoire. L'absolu, disions-nous, est mouvement, processus, évolution. Ce mouvement a sa règle et son but. Cette loi, cette fin, ne lui sont pas imposées d'ailleurs : elles lui sont immanentes, elles sont l'absolu même. Or le code qui gouverne à la fois la pensée humaine et la nature inconsciente, c'est la *raison*; la fin où tendent les choses, c'est encore la raison, mais la raison consciente d'elle-même. Absolu et raison sont donc des termes synonymes. L'absolu est la raison se personnifiant dans l'homme, en passant par les degrés successifs de la nature inorganique et vivante.

La raison n'est plus ici, comme chez Kant, l'entendement humain, une faculté de l'âme, un ensemble de principes, de formes, de règles suivant lesquelles nous pensons les choses : elle est le code selon lequel l'être se produit, se constitue, s'épanouit; ou plutôt, elle est à la fois faculté subjective et réalité objective : elle est *en moi* comme essence et norme de ma pensée, et elle est *dans les choses* comme essence et loi de leur évolution. Il s'ensuit que ses catégories ont une importance bien autrement grande que ne le suppose le kantisme. Elles ne sont pas seulement des façons de *penser* les choses : elles sont les manières d'*être* des choses elles-mêmes. Elles ne sont pas des cadres vides, qui reçoivent leur contenu d'ailleurs: elles sont des *formes substantielles*, comme disait le moyen âge, des cadres qui se donnent à eux-mêmes leur contenu, des actes créateurs de la raison divine et humaine. Elles sont à la fois les formes où se moule ma pensée et les étapes de l'éternelle création [1].

---

[1] *Logique*, t. I, Introduction. — *Encyclopédie des sciences philosophiques*, Introduction.

Il importe donc essentiellement au progrès de la métaphysique d'approfondir l'étude des catégories, de leur nature et surtout de leur enchaînement. Déjà Kant a entrevu ce fait que les catégories, loin d'être des individus isolés, indifférents entre eux, des cases juxtaposées dans notre intelligence comme celles d'un meuble, se tiennent entre elles d'une manière intime. Elles ne sont autre chose, en effet, que les transformations successives d'une même catégorie fondamentale, l'idée d'être. Il ne suffit donc pas de les prendre au hasard : il faut les considérer dans leur liaison, les surprendre, pour ainsi dire, sur le fait de leur mutuelle génération. Kant a compris l'importance d'une pareille déduction *a priori* des catégories et il l'a tentée, mais la déduction qu'il donne n'est, en réalité, qu'une énumération tout empirique et d'ailleurs incomplète, des concepts purs. Il faut revenir à l'idée de Kant, mais substituer à sa table des catégories une déduction véritable, un vrai tableau généalogique.

Cette tâche est la plus élevée et tout ensemble la plus ardue de la métaphysique. Pour y réussir, il faut nous effacer nous-mêmes avec tous nos préjugés, toutes nos idées sensibles, et ne donner la parole qu'à la raison seule ; il faut la laisser déployer elle-même son contenu et ne faire autre chose, quant à nous, que de la suivre dans ses développements, penser *à sa suite* (*nach-denken*), sténographier en quelque sorte ses oracles au fur et à mesure qu'ils se produisent. Laisser la pensée à elle-même, l'abandonner à son mouvement propre, spontané (*Selbstbewegung des Begriffs*), telle est la vraie méthode philosophique : la méthode *immanente* ou *dialectique*.

La science qu'elle constitue, c'est la *logique*, c'est-à-dire au sens de Hegel, la généalogie des concepts purs. Mais comme, dans l'hypothèse panlogiste, le λόγος, objet de la logique, est à la fois le principe qui en nous pense les choses et la cause objective qui les produit, la *chose en soi*, la généalogie de ses concepts est en même temps la généalogie des choses, l'explication de l'univers, la métaphysique. La logique spéculative de Hegel est à la fois ce que l'école appelle la logique (*Denklehre*) et ce qu'elle nomme la métaphysique ou l'ontologie (*Seinslehre*). Elle s'intitule *spéculative* pour se distinguer de la première et dire qu'elle enveloppe la seconde. Elle est si bien métaphysique qu'elle parle mécanisme, chimisme, organisme, et elle comprend de même la morale puisqu'elle traite du bien. En ceci elle est conséquente à sa prémisse panlogiste : si la raison ne *conçoit* pas seulement l'être, mais le *produit*, si elle est la créatrice des choses, si elle est tout, la science de la raison (λογική) est la science universelle, qui embrasse et résume toutes les sciences particulières.

Par une inconséquence [1] que nous avons relevée ailleurs [2], Hegel fait suivre sa *Logique* d'une *Philosophie de la nature* et d'une *Philosophie de l'esprit*. La logique traite de la raison *in abstracto*, la philosophie de la nature et de l'esprit nous la montre se réalisant dans l'univers et dans l'histoire.

I. Logique ou généalogie des concepts purs.

1. *Qualité, quantité, mesure* [3].

La souche commune des catégories ou concepts purs, c'est la notion d'*être*, la plus vide à la fois et la plus compréhensive, la plus abstraite et la plus réelle, la plus élémentaire et la plus élevée. Elle est la substance identique et l'étoffe de toutes les idées, le thème fondamental qui les traverse. En effet, la qualité est une manière d'*être*, la quantité une manière d'*être*, la proportion, le phénomène, l'action, des manières d'*être*. Tous nos

---

[1] En effet, la philosophie de la nature et la philosophie de l'esprit sont déjà implicitement contenues, l'une dans la première et la seconde, l'autre dans la troisième partie de la logique. — [2] *Introduction historique à la philosophie hégélienne*, Paris et Strasbourg, 1866, p. 16. — [3] *Logique*, t. I. — *Encyclopédie*, § 84 ss.

concepts expriment des manières d'être et ne sont donc que des transformations de l'idée d'être.

Mais d'où viennent ces transformations? Comment l'*être* qui est tout, devient-il *autre chose?* En vertu de quel principe, de quelle force intérieure, se modifie-t-il? Ce principe, cette force, c'est la *contradiction* qu'il renferme. Être est la notion la plus universelle, mais par cela même aussi la plus pauvre et la plus nulle. Être blanc, être noir, être étendu, être bon, c'est être quelque chose : être sans détermination aucune, c'est n'être rien, c'est ne pas être. L'être pur et simple équivaut donc au non-être. Il est à la fois lui-même et son contraire. S'il n'était que lui-même, il demeurerait immobile, stérile; s'il n'était que le néant, il serait synonyme de zéro, et, dans ce cas encore, parfaitement impuissant et infécond. C'est parce qu'il est *l'un et l'autre* qu'il *devient* quelque chose, autre chose, toutes choses. La contradiction même qu'il renferme se résout dans le *devenir*, le développement. Devenir, c'est à la fois être et n'être pas encore (ce qu'on sera). Les deux contraires qui l'engendrent, l'être et le néant, se retrouvent en lui, fondus, réconciliés. Une nouvelle contradiction s'en dégagera, qui se résoudra en une nouvelle synthèse, et ainsi de suite, jusqu'à l'avènement de l'idée absolue.

Ainsi donc, contradiction se résolvant dans l'unité, reparaissant sous une forme nouvelle, pour disparaître et reparaître jusqu'à ce qu'elle se résolve dans l'unité définitive : tel est le principe moteur et tel est le rythme de la logique hégélienne. Répudiant le *principe de contradiction* d'Aristote et de Leibniz, en vertu duquel une chose ne peut être à la fois et ne pas être, elle se met, sur ce point, du côté des sophistes, sans conclure d'ailleurs au scepticisme. La contradiction, selon Hegel, n'existe pas seulement dans la pensée, elle existe dans les choses mêmes; l'être lui-même est contradictoire. Lorsqu'avec les systèmes réalistes et dualistes, on sépare la pensée d'avec son objet et qu'on accorde à chacun une existence indépendante, les antinomies de la pensée deviennent forcément une cause de découragement et de scepticisme. Au contraire, du moment qu'on voit dans la nature une pensée qui se développe, et dans la pensée, la nature prenant conscience d'elle-même, qu'on reconnaît que le monde, étant la pensée objectivée, ne renferme pas autre chose que la pensée, la contradiction où se meut le philosophe cesse d'être à ses yeux un obstacle à l'intelligence des choses, et lui apparaît comme leur essence même se réfléchissant dans les antinomies de sa pensée.

Connaissant le principe moteur et la forme invariable de la dialectique hégélienne, nous n'insisterons plus désormais sur le mécanisme invariable et monotone de ses déductions, et il nous suffira de relever, dans la *Logique*, les points de métaphysique les plus saillants.

La contradiction qui se trouve dans l'idée d'être s'est résolue dans le *devenir*. L'être devient, c'est-à-dire se fixe, se détermine, se définit. Mais l'être déterminé ou *fini* se continue *à l'infini*; le fini est infini; rien n'oblige la pensée à lui assigner des bornes: nouvelle contradiction, qui se résout dans l'idée d'*individualité*. L'individu est l'unité du fini et de l'infini. Considérer ces deux termes comme exclusifs l'un de l'autre, c'est oublier que l'infini, exclu par le fini, serait limité par le fini et fini lui-même. Si l'infini commençait où finit le fini et si le fini commençait où finit l'infini, de manière à ce que l'infini fût *au delà* du fini, le fini *en deçà* de l'infini, il n'y aurait plus réellement d'infini: car l'infini limité par le fini n'est plus l'infini. L'infini est l'essence du fini, et le fini est la manifestation de l'infini, l'infini existant. L'infini se détermine, se délimite, se distingue, s'impose des bornes, en un mot, devient le fini, par le fait même qu'il se donne l'existence. On n'existe qu'à de certaines conditions, d'une certaine manière et dans de certaines limites. Exister, c'est se définir. On n'existe que comme être fini[1]. L'être fini, l'individu, l'atome, c'est l'infini existant d'une certaine manière, l'infini défini, la qualité devenue *quantité*.

La quantité est quantité *extensive* (*nombre*) ou quantité *intensive* (*degré*). Le nombre, qui est la quantité dispersée pour ainsi dire, et le degré, qui est la quantité ramassée, concentrée, se concilient dans la *mesure* et la *proportion*.

La mesure est l'être devenant *essence* (*Wesen*).

2. *Essence et phénomène. Substantialité et causalité. Réciprocité*[2].

L'essence est l'être déployé, dédoublé, de manière que ses faces se réfléchissent l'une l'autre. Aussi les catégories qui suivent se présentent-elles par couples : essence et phénomène, force et fonction, fond et forme, substance et accident, cause et effet, principe et conséquence, action et réaction. Cette réflexion en soi, ou si mieux on aime, ce reflet, c'est le *phénomène*. Essence et phénomène sont à ce point inséparables que le phénomène est l'essence même de l'essence, ou en d'autres termes, il est *essentiel* à l'essence d'apparaître (φαίνεσθαι), à la vie de se manifester, au principe de produire ses conséquences, comme il est essentiel au phénomène d'impliquer une essence. Le phénomène sans essence n'est qu'une *apparence*.

A l'essentiel est opposé l'*accidentel*, qui devient essentiel à son tour, en ce sens que l'idée d'essentiel a besoin de lui pour se produire : tant il est vrai que nulle catégorie n'est indépendante de ses voisines. Tout en s'excluant, elles ont besoin les unes des autres, elles s'appellent et s'engendrent mutuellement.

L'essence s'affirmant dans une série de phénomènes constitue la *chose* ou l'*objet*, lequel est une totalité de faits reliés entre eux par une même essence. Considérés dans leur rapport à

---

[1] Comp. § 50. — [2] *Logique*, t. II. — *Encycl.*, § 112 et suiv.

l'objet, ces faits ou phénomènes prennent le nom de *propriétés*. De même qu'il n'y a pas d'essence sans phénomène, il n'y a pas de chose, abstraction faite de ses propriétés. Une chose est ce que sont ses qualités, pas *autre chose*. Séparez la chose de ses propriétés essentielles et il ne reste rien : les qualités *sont* la chose même.

Principe générateur du phénomène, l'essence est la *force* ou l'*agent* dont le phénomène est l'*acte* ou la *fonction*. Une force n'étant autre chose qu'un ensemble de phénomènes considérés dans leur identité, et l'acte n'étant que la force agissante elle-même en tant qu'elle *se produit*, c'est une tautologie que d'expliquer une action par un agent (*cur opium facit dormire? — quia, etc.*). Tel fond, telle forme ; tel agent, tel acte ; tel le caractère, telles ses manifestations ; tel l'arbre, tels ses fruits.

La dualité : essence et phénomène, principe et conséquence, force et fonction, agent et acte, fond et forme, se résout dans l'idée d'*activité*, synthèse et résumé des notions qui précèdent. Cette catégorie correspond dans l'ordre logique à ce qui, dans l'ordre métaphysique, s'appelle la nature[1]. En effet, agir, produire, créer, voilà la nature. Tous les trésors que renferme son sein fécond, elle les manifeste, elle les produit et les reprend à elle pour les reproduire, pour les reprendre et les reproduire éternellement.

Activité est synonyme de *réalité* (*Wirklichkeit*). Il n'y a d'actif que ce qui est réel, et il n'y a de réel que ce qui est actif[2]. Le repos absolu n'existe pas[3]. La réalité, comparée à la simple *possibilité*, devient *nécessité*. Ce qui est réel est *nécessairement* actif. Activité, réalité, nécessité sont synonymes. Un être existe pour autant qu'il agit, et il agit pour autant qu'il existe.

---

[1] On se rappelle que pour Hegel ces deux ordres n'en font qu'un. — [2] De ce qu'« il n'y a de réel que la raison » (p. 498), Hegel conclut à cette devise célèbre : *ce qui est réel est rationnel*. — [3] Πάντα χωρεῖ καὶ οὐδὲν μένει (§ 8).

L'essence ou réalité, considérée comme un principe nécessaire d'activité, devient *substance*. La substance n'est pas un substratum au sens propre, mais la totalité de ses *modes*. Ainsi se trouvent écartées : en théologie, l'idée d'un Dieu existant *en dehors* de l'univers; en psychologie, l'idée d'une âme existant indépendamment des faits constitutifs du moi; en physique, le préjugé qui suppose aux phénomènes une sorte de base mystérieuse, un je ne sais quoi d'inqualifié et d'inqualifiable, sans étendue, sans couleur, sans forme et qui n'en serait pas moins quelque chose de réel. Une *substance de la matière* qui échapperait à l'observation scientifique serait une pure chimère. Si, par une illusion particulière au dualisme, le poète a pu dire que

> Nul mortel n'a sondé le fond de la nature,

c'est que la nature *n'a pas de fond*, c'est que les dehors de la matière sont la matière elle-même, c'est qu'il est de son essence d'être épanchée, de manquer de centre, de vie intérieure (*das Wesen der Natur ist die Æusserlichkeit*).

Pour être la totalité de ses modes, la substance n'est pas, comme la conçoit le spinosisme, un agrégat purement mécanique, une simple somme, mais une totalité *vivante*, unie à ses modes par un lien organique : elle est la *cause* de ses modes et les modes, les *effets* de la substance. Ici encore nous avons non des idées indifférentes entre elles, mais un couple d'idées corrélatives. La cause est inséparable de son effet; l'effet, indissolublement *un* avec sa cause efficiente; celle-ci lui est immanente comme l'âme l'est au corps. Si les modes sont la substance déployée, épanouie, traduite, l'effet est la cause effectuée, expliquée, manifestée. Il n'y a rien dans l'effet qui ne soit aussi dans la cause, mais il n'y a rien non plus dans la cause qui ne s'effectue, s'affirme, se réalise. L'idée d'effet est si peu séparable de l'idée de cause que tout effet est à son tour cause et toute cause à son tour effet d'une cause préexistante. Dans une série quelconque de causes et d'effets, A, B, C, D..., l'effet B n'est autre chose que la cause A se faisant valoir, s'affirmant comme cause et devenant en B la cause de C, en C la cause de D et ainsi de suite.

La série des causes et des effets n'est pas, comme l'entend la logique formelle, une série indéfinie, un *progressus in infinitum*, où chaque effet engendre un nouvel effet sans réagir sur la cause qui l'a engendré. Dans la vérité des choses, l'effet B n'est pas seulement cause de C, mais aussi cause de A. En effet, A ne serait pas une *cause*, s'il n'effectuait B; c'est donc grâce à B, c'est *à cause de* B que A est cause; donc B n'est pas seulement l'effet, mais aussi la cause de la cause A. Par une réaction nécessaire, tout effet est la cause de sa cause, et toute cause, l'effet de son effet. La pluie, par exemple, est une cause d'humidité, et l'humidité est à son tour une cause de pluie; ou bien encore, le caractère d'un peuple dépend de la forme de son gouvernement, mais aussi du caractère d'un peuple dépend la forme du gouvernement qui le régit. Puisque donc l'effet n'est pas fatalement prédéterminé par sa cause, mais réagit à son tour sur elle, la série des causes et des effets que nous offre la nature n'est pas une ligne droite se prolongeant à l'infini, mais une ligne qui se replie sur elle-même et revient à son point de départ, c'est-à-dire un *cercle*. La série en ligne droite est une idée vague, qui, avec son objet même, se perd dans les nuages de l'indéfini : le cercle est une idée précise, déterminée, un tout parachevé (*absolutum*).

Cette réaction de l'effet sur la cause (*action réciproque, Wechselwirkung*) rehausse l'importance de l'effet, et lui donne un cachet de liberté qui lui fait défaut dans le système de Spinosa. Chez ce philosophe, l'effet dépend fatalement de la cause préexistante : en réalité, il n'est effet que *dans une certaine mesure* et il n'est déterminé que *relativement*. Il n'y a ni au commencement, ni au milieu ou à la fin de la série des causes, une cause distincte de toutes les autres et qui serait absolue à leur détriment. Dans la chaîne des causes, l'absolu n'est ni ici, ni là, mais il réside dans la totalité des causes individuelles et relatives. Celles-ci ne suivent pas en esclaves le char de triomphe d'une cause première, exclusive de toute autre causalité et vis-à-vis de laquelle les causes relatives se perdent dans le néant, mais chaque cause individuelle a part à l'absolu. Chacune est relativement absolue, aucune ne l'est absolument. La toute-puissance n'est le monopole de *personne* : c'est la totalité des énergies individuelles qui constitue *toute puissance* existante ou, pour plus de clarté encore, tout ce qui existe en fait de puissance causale.

Dans l'action réciproque, les deux hémisphères dans lesquels s'est scindé l'être en devenant essence et phénomène, se rejoignent et deviennent totalité logique.

3. *Concept ou totalité subjective, objective et absolue*[1].

Hors de la totalité, les idées qui se sont produites jusqu'ici n'ont pas de réalité. Une qualité, une quantité, une force, une cause n'est rien, abstraction faite de l'ensemble où elle se produit. Rien dans la nature n'existe isolément; rien non plus dans le domaine de la pensée ne peut prétendre à l'autonomie, celle-ci n'existant que dans l'ensemble des catégories. Dans la totalité seulement est la *liberté*. De là le retour que l'être, devenu essence, fait sur lui-même dans la *totalité logique* ou *concept* (*Begriff*[2]).

L'idée de totalité se dédouble en totalité *subjective* (concept proprement dit) et totalité *objective*.

Les éléments constitutifs de l'idée de vie, l'essence, le phéno-

---

[1] *Logique*, t. III. — *Encyclopédie*, § 160 ss. — [2] *Begriff* chez Hegel est synonyme d'*Inbegriff*, ensemble, totalité.

mène et l'action réciproque, se retrouvent dans la totalité subjective ou concept sous les noms de l'*universel*, du *particulier* et de l'*individuel*. Dans le *jugement*, qui est la pensée ou le sujet en action, l'universel et l'individuel, le général et le particulier ont l'air d'être distingués et séparés, mais en réalité le jugement n'est que l'affirmation de leur identité. Quand je dis que l'homme est mortel, ou que Paul est mortel, j'affirme qu'à l'être particulier (homme) revient le caractère commun à tous les êtres créés, la mortalité, et que l'individu Paul à son tour s'identifie, comme mortel, avec l'universalité des créatures. En tant qu'affirmant l'identité de l'universel et de l'individuel, du général et du particulier, le jugement est contradictoire. La solution de la contradiction se trouve dans le raisonnement ou *syllogisme*. La notion universelle ou générale s'y développe en majeure, la notion individuelle en conclusion, et la mineure, placée comme trait d'union entre la majeure et la conclusion, en explique l'identité.

Le *concept subjectif* est une forme sans fond, un contenant sans contenu. Il existe en principe comme *but* ou *cause finale*, et il n'existe pas en réalité. De là sa tendance à s'objectiver, source éternelle de vie dans la nature, de progrès dans l'histoire. Le concept objectivé c'est l'univers, la *totalité objective* ou *des objets*. Le général, le particulier, l'individuel s'objectivent tour à tour dans le *mécanisme* (simple juxtaposition extérieure des objets), dans le *chimisme* (pénétration mutuelle des objets), dans l'*organisme* (totalité-unité).

Toutefois le concept qui n'est plus concept, la pensée qui est devenue corps, est à son tour contradictoire. De même que la pensée n'est pas faite pour demeurer vide, mais pour se donner un contenu objectif, de même le monde, l'ensemble des choses n'est pas fait pour demeurer étranger à la conscience, mais pour être pensé, compris. Si le concept subjectif est un contenant sans contenu, l'univers inconscient de lui-même est un contenu sans contenant. Cette dernière contradiction est levée par la pénétration mutuelle des deux sphères dans l'*Idée absolue*, qui, au point de vue de la théorie, s'appelle la *Vérité*, et au point de vue pratique, le *Bien* : catégorie suprême et dernier mot du développement de l'être.

En résumé : être, c'est devenir, se développer. La contradiction inhérente à l'être, tel est le principe, la force impulsive du développement. Être, s'épanouir (se dédoubler) et se concentrer (se comprendre), tel en est le rythme invariable. Qualité, quantité, mesure ; essence et phénomène, substantialité et causalité, action réciproque ; subjectivité, objectivité, absolu, telle est la série de ses étapes.

Sachant ce principe, ce rythme et ces étapes, nous connaissons *a priori* l'ordre que suivent, dans leurs créations, la *nature* (la raison épanouie) et l'*esprit* (la raison concentrée et comprise).

II. Philosophie de la nature[1].

1. *Le monde inorganique.*

Ainsi que la pensée reproductrice de l'homme, la pensée créatrice commence par ce qu'il y a de plus abstrait, de plus vague, de plus insaisissable, l'*espace* et la *matière*, pour aboutir, à travers une longue série de progrès, à ce qu'il y a de plus concret, de plus parfait, de plus accompli : l'organisme humain.

Comme l'*être* qui figure en tête de la logique, l'espace existe et n'existe pas, la matière est quelque chose et n'est rien. Cette contradiction est le principe même de l'évolution physique, le ressort qui la met en jeu : elle se résout dans le *mouvement* qui divise la matière en unités distinctes (*Für sich sein*) et en fait le système

---

[1] *Encyclopédie*, § 245 ss. — Nous tenons compte, dans ce résumé de la *Philosophie de la nature*, des modifications, peu importantes d'ailleurs, que l'école lui a fait subir.

sidéral. La formation des corps célestes est comme un premier pas que fait la nature dans la voie de l'individuation. La tendance individuatrice, qui la traverse comme un immense désir, se manifeste comme *attraction*. La gravitation universelle est l'unité idéale d'où procèdent les choses et où elles tendent, s'affirmant au sein de leur séparation. Elle est l'individualité, l'âme, le ciment du monde, et c'est elle qui en fait un organisme, une vivante unité (*universum*).

La matière primitive et informe, berceau commun des corps célestes, correspond à ce que la logique appelle l'être indéterminé. La distribution de cette matière, son organisation en monde sidéral, répondent aux catégories de la quantité. Enfin, la gravitation universelle réalise l'idée de proportion.

Le cosmos astronomique est une société élémentaire, qui préfigure la collectivité humaine. Mais les lois qui la régissent ne sont encore que des lois mécaniques; les rapports que les astres soutiennent entre eux se résument dans l'attraction. Aussi la science qui a pour objet cette phase primordiale de l'être, l'astronomie, s'occupe des dimensions des astres, de leurs distances, de leurs rapports extérieurs, plutôt que de leurs qualités essentielles, de leur composition, de leur physiologie.

2. *Le chimisme.*

Par une seconde évolution, la matière se différencie qualitativement; à l'indifférence primitive succède la variété des agents (lumière, électricité, chaleur), l'action réciproque des éléments, ce travail intérieur d'opposition et de conciliation, de séparation et de combinaison, de polarisation et d'union, qui fait l'objet de la physique et de la chimie.

Le mouvement sidéral n'affecte encore que la surface des corps : le chimisme est une transformation interne, un changement non seulement de lieu, mais d'essence, préludant à cette transformation définitive de la « substance » en « sujet », de la matière en esprit, de l'être en conscience, de la nécessité en liberté, qui est le but final de la création.

Si, dans le flux de ses métamorphoses, rien d'abord ne ressemble à l'individualité, si rien encore n'y est stable, fixé, concentré, le reflux ne tarde pas à se faire, et, ainsi qu'en logique la pensée pure s'est repliée sur elle-même et constituée en cercle ou totalité (*Begriff*), de même la nature, *cette logique réalisée,* nous montre, à un moment donné, le processus chimique faisant retour sur lui-même pour former ces totalités centralisées que nous appelons des organismes, des vivants.

3. *Le monde organique.*

L'apparition de la vie est toute spontanée, et il n'est besoin, pour l'expliquer, d'aucun *deus ex machina*. Elle est l'effet de la même puissance à la fois supérieure et immanente qui de la matière primitive a dégagé les groupes stellaires et les éléments du chimisme, comme attraction et affinité. Assurément, le seul mécanisme ne la saurait produire, et si la matière n'était que matière, le flux de ses transformations serait à jamais rectiligne et centrifuge. Mais sous le processus physique il y a l'évolution de l'Idée, qui n'est le dernier mot des choses que parce qu'elle en est aussi le principe créateur.

Déjà la terre est une sorte d'organisme, ébauche naïve du chef-d'œuvre que la nature tend à réaliser. En ce sens, Schelling et son école ont le droit de parler d'une *âme* des corps célestes, d'une *vie* de la terre. Cette vie a ses péripéties, ses révolutions, son histoire, objet de la géologie, et si elle s'éteint par degrés, c'est pour devenir une source inépuisable de vie nouvelle, véritablement organique et individuelle.

Des cendres de l'organisme terrestre surgit le règne végétal. Mais la plante elle-même n'est encore qu'un organisme imparfait, sorte d'association ou de confédération dont les membres sont à leur tour des individus plus ou moins autonomes. L'individualité proprement dite ne se réalise que dans le règne animal. L'animal est décidément une totalité indivisible dont les parties sont réellement des *membres*, c'est-à-dire des serfs de l'unité centrale. Il affirme son individualité en assimilant sans interruption, en respirant, en se mouvant librement. Il est doué de sensibilité, voire même de chaleur interne et de voix dans ses représentants les plus parfaits. Toutefois, ici encore il y a des transitions insensibles. Si le règne inorganique se relie au règne végétal par les individualités stellaires et par les cristallisations, le règne végétal passe au règne animal dans le zoophyte. Puis l'animalité se développe par degrés. Une même idée, un même plan fondamental, mais de mieux en mieux exécuté, se poursuit à travers les crustacés, les mollusques, les insectes, les poissons, les reptiles, les oiseaux, les mammifères. Enfin, dans l'organisme humain, la plus parfaite des formations animales, l'idée créatrice trouve le foyer capable de la réfléchir dans sa plénitude. Ici elle s'arrête. Dans l'ordre matériel elle ne produit rien de plus parfait. Dans l'ordre matériel, disons-nous; car, loin de s'épuiser dans la création de l'homme, elle ne prodigue ses trésors les plus précieux que dans la sphère de l'*esprit*, c'est-à-dire au sein de l'humanité.

III. Philosophie de l'esprit.

1. *L'esprit subjectif ou l'individu.*

L'homme est par essence esprit, c'est-à-dire conscience et liberté. Mais, au sortir des mains de la nature, il ne l'est encore qu'en principe. L'esprit, comme la nature, est soumis à la loi du développement. La conscience et la liberté n'existent ni au berceau de l'individu ni au berceau de l'espèce : elles sont le fruit de l'évolution qui s'appelle par excellence l'*histoire*.

L'individu, à l'état de nature, est dominé par l'instinct aveugle, par les passions brutales et par cet égoïsme qui est le trait caractéristique de la vie animale. Mais à mesure que sa raison se développe, il reconnaît dans les autres des semblables; il se persuade que la raison, la liberté, la spiritualité — ces termes sont synonymes — n'est pas son apanage exclusif, mais le bien commun de tous : il cesse dès lors d'en revendiquer le monopole. Le fait de la liberté de son semblable devient la loi, le frein, la limite de sa propre liberté. En s'inclinant devant cette puissance supérieure à l'individu, l'esprit subjectif cède le pas à

2. *L'esprit objectif ou la société*[1].

Ce qui, à l'état de nature, s'est manifesté comme force aveugle, l'instinct de la propagation de l'espèce, l'instinct de la vengeance, continue à se produire, mais change de forme : c'est désormais le mariage, c'est la vindicte légale, c'est l'instinct réglé, discipliné, ennobli par la loi.

L'esprit objectif se manifeste tout d'abord sous la forme du *droit*, qui est la liberté reconnue et garantie à tous. L'individu reconnu libre est une *personne*. La personnalité se réalise et s'affirme par la *propriété*. Toute personne légale a, par le fait de sa libre activité, le droit de posséder et, par suite aussi, celui d'aliéner sa propriété. Cette aliénation se fait sous forme de *contrat*. Le contrat, c'est l'*État* en germe.

Le droit n'apparaît dans la plénitude de sa puissance que lorsque le caprice individuel se met en opposition avec la volonté générale ou légale (l'esprit objectif).

Du conflit entre la volonté individuelle et la volonté légale résulte le délit (*injuria*, c'est-à-dire le *non-droit*, la négation du

---

[1] *Encyclopédie*, § 482 ss.

droit). Mais pour être nié par l'individu, le droit n'en demeure pas moins le droit, la volonté de tous. Ressort comprimé pour un moment, il se redresse sous forme de *pénalité*. L'injustice, le délit, le crime ne servent ainsi qu'à faire éclater la puissance de la justice, et à prouver que la raison et le droit sont supérieurs au caprice individuel. La punition infligée par la loi n'est pas un châtiment, une correction, mais une juste rémunération; elle n'est pas un moyen, mais un but. C'est le droit qui se fait droit, la justice qui se fait justice, et le pénitent est l'instrument involontaire de sa glorification. La peine de mort n'est que juste et doit être maintenue. Le beau moyen de corriger le coupable que de le tuer! Cette objection, trop souvent répétée de nos jours, repose, selon Hegel, sur une idée fausse de la vindicte légale, dont le but n'est pas l'amendement de l'individu, mais l'affirmation solennelle du principe violé [1].

Ce qu'il y a de vrai dans l'objection, c'est que le point de vue juridique est unilatéral, exclusif. Le droit ne porte, en effet, que sur la loi et son accomplissement, sans se préoccuper du mobile intérieur de l'acte légal. Or l'individu peut se conformer en tout point aux prescriptions de la loi; il peut être parfaitement honnête dans la vie extérieure, sans que la volonté générale soit devenue *sa* volonté et le vrai mobile de ses actes. Il y a donc dans la sphère du droit et de la légalité, sous une apparente conformité, un antagonisme caché mais très réel, entre l'esprit subjectif et l'esprit objectif.

Il faut que cet antagonisme disparaisse, que cette volonté impersonnelle qui s'appelle le droit, la justice, devienne la volonté personnelle de l'individu, la loi intérieure de ses actes, que la légalité devienne *moralité*; ou encore, pour parler le langage de Hegel, que l'esprit objectif redevienne sujet.

[1] C'est en hégélien conséquent que feu M. Véra a pris, comme député, la défense de la peine de mort.

La moralité est la légalité du cœur, la loi qui s'est identifiée avec la volonté de l'individu. Dans la sphère morale, le code devient *loi morale, conscience, idée du bien*. La morale ne s'enquiert plus seulement de l'acte comme tel, mais de l'intention qui l'a dicté. Si l'ordre légal règle les intérêts matériels de la vie sans atteindre la conscience, s'il façonne la volonté d'après un certain type sans lui révéler un but plus élevé que l'intérêt matériel, la morale vise plus haut : elle subordonne l'utile au bien.

La moralité se réalise dans une série d'institutions qui ont pour but d'unir les volontés individuelles dans le service commun de l'idée.

L'institution morale fondamentale, la base de toutes les autres, c'est le *mariage*, la *famille*. C'est sur cette institution que s'édifient la *société civile* et l'*État*. L'État ne pouvant exister sans la famille, il s'ensuit que le mariage est un devoir sacré et doit avoir pour base première et principale la conscience du devoir, la raison. Il n'est un acte moral que s'il se conclut en vue de la société et de l'État. Dans toute autre condition, il équivaut presque au concubinage. C'est à ce point de vue aussi que doit se résoudre la question du *divorce*. Le divorce ne pourrait se justifier que si l'union matrimoniale était exclusivement une affaire de sentiment. La morale rationnelle le condamne en principe et ne peut le tolérer, en pratique, que dans des cas exceptionnels prévus par la loi. La sainteté du mariage et l'honneur des corporations sont la base indispensable de la société et de l'État, la source de la prospérité des peuples ; la prostitution et l'égoïsme individuel, une cause infaillible de décadence.

La société civile, née de la famille, n'est pas encore l'État. Elle a pour but la protection des intérêts individuels. De là le particularisme qui règne dans les petits pays, où la société civile et l'État se confondent, et qui disparaît avec la formation des grands États unitaires. L'État se distingue de la société civile en ce qu'il poursuit, non plus exclusivement le bien des individus, mais la réalisation de l'idée, à laquelle il n'hésite pas à sacrifier les intérêts privés. L'égoïsme et le particularisme qui se prélassent dans la commune trouvent ainsi leur contrepoids et leur châtiment. L'État est le règne de l'idée, de l'universel, de l'esprit *objectif*, le but dont la famille et la société civile ne sont que les moyens.

La *république* n'est pas, selon Hegel, la plus parfaite des formes de gouvernement. Reposant, en dernière analyse, sur une confusion de la société civile et de l'État, elle exagère l'importance et le rôle de l'individu. C'est pour avoir sacrifié l'idée à l'individu, à la famille et à la caste, que les républiques de l'antiquité ont fini par la dictature. La tyrannie chez les Grecs, le césarisme à Rome, sont la condamnation, prononcée par la raison souveraine elle-même, du vice radical de la forme républicaine, démocratique ou aristocratique.

La forme politique normale est la *monarchie* : c'est dans la libre et souveraine action d'un chef unipersonnel que l'idée nationale trouve son expression adéquate. L'État n'est guère qu'une abstraction s'il ne se personnifie dans un monarque, dépositaire de sa puissance, de ses traditions politiques, de l'idée qu'il est appelé à réaliser. Le prince, c'est l'État fait homme, c'est la raison impersonnelle devenue raison consciente, la volonté générale devenue volonté personnelle. C'est là, selon notre philosophe, le côté vrai de la devise de Louis XIV : *l'État c'est moi*.

Si Hegel condamne le libéralisme politique, en revanche il est favorable au libéralisme *national* et au principe des nationalités. Au point de vue utilitariste de la société civile, il peut y avoir, à la rigueur, union ou confédération entre éléments hétérogènes. La Suisse nous en donne l'exemple. Mais qui dit État, dit nationalité, et qui dit nationalité, dit unité de langue, de religion, de mœurs, d'idées. L'État qui s'incorpore une nationalité différente de la sienne à tous ces points de vue et la maintient, malgré elle, sous un joug détesté, commet un attentat contre la nature, et dans ce cas, mais dans ce cas seulement, l'opposition, la rébellion même, est chose légitime. Pour vivre en communauté politique, il faut être en communion d'idées.

Ici cependant il faut distinguer. L'annexion n'est un crime autorisant la révolte que lorsque le peuple annexé représente une idée aussi grande, aussi féconde et viable que l'idée personnifiée par le conquérant. Il y a des nationalités qui, ne représentant plus aucune idée et ayant perdu leur raison d'être, sont décidément condamnées. Telle est la nationalité bretonne en France, la nationalité basque en France et en Espagne.

En dépit des apparences contraires, c'est toujours la nationalité la plus vigoureuse, c'est l'État représentant l'idée la plus viable qui finit par l'emporter. L'histoire n'est qu'une lutte incessante entre les États du passé et ceux de l'avenir. A travers ces défaites et ces victoires, l'idée d'État se réalise graduellement. Les États historiques sont les vêtements éphémères dont elle se couvre et qu'elle rejette sitôt que le temps les a usés, pour revêtir des formes nouvelles. L'absolu n'étant pas limité à une existence particulière, mais se trouvant toujours dans la totalité, on ne peut dire de l'État idéal qu'il soit ici ou là. L'État idéal est partout et nulle part : partout, parce qu'il tend à se réaliser dans les États historiques ; nulle part, car en tant qu'idéal, il est un problème à résoudre par l'avenir. L'histoire est la solution progressive du problème politique. Chaque peuple apporte sa pierre à l'édification de l'État idéal, mais chaque peuple aussi a son péché originel, par lequel il se met en opposition avec l'idée et qui tôt ou tard entraîne sa ruine. Chacun représente l'idéal par quelque côté, aucun ne le réalise dans sa plénitude, aucun par conséquent n'est immortel. Semblables aux notions logiques, absorbées l'une après l'autre par une rivale plus puissante, et en vertu de la même loi, les nations succombent tour à tour, et se transmettent, développée et grandie, l'idée politique dont elles ont été les dépositaires, la civilisation dont elles ont été le foyer.

Ce passage de la civilisation d'un peuple à l'autre constitue la *dialectique de l'histoire*, expression qui chez Hegel n'a rien de figuré. La logique ou dialectique sans épithète est l'évolution de la raison dans la pensée individuelle : la dialectique de l'histoire est le développement de cette même raison sur la scène du monde. C'est un même principe qui s'épanouit dans des milieux différents, mais suivant une loi identique. Dans la logique pure, c'étaient des idées abstraites qui tour à tour paraissaient sur la scène de la pensée et en disparaissaient, pour se continuer dans des idées plus compréhensives et concrètes. Dans la logique de la nature, c'étaient des idées devenues massives, des organismes matériels, qui se succédaient dans une série ascendante de formes, réalisant avec une perfection croissante le type idéal des créations physiques. Dans la logique de l'histoire, ce sont encore des idées, incarnées dans des peuples, qui filent, invisibles, la trame des destinées humaines. Que les idées se déroulent sous le regard spirituel du philosophe, qu'elles se succèdent sous forme de corps ou qu'elles s'incarnent dans les nations historiques, elles sont toujours les mêmes et leur ordre de succession est invariable. La raison est la substance même de l'histoire, qui est une logique en action. Aux yeux de l'historien superficiel, ce sont des empires qui naissent, fleurissent et succombent, des peuples qui luttent, des armées qui s'entre-détruisent; mais, derrière ces nations et leurs armées il y a les principes qu'elles représentent; derrière les remparts et les batteries il y a les idées qui s'entre-combattent.

Il en est de la guerre comme de la peine de mort : elle changera d'aspect. Dès aujourd'hui, l'art militaire et la civilisation s'unissent pour en modifier les allures barbares. Mais, adoucie et transformée, elle subsistera comme un des moyens indispensables du progrès politique. C'est la gloire de notre temps de la considérer sous son vrai jour et d'y voir, non plus la satisfaction passagère d'un caprice de souverain, mais une crise inévitable dans le développement de l'idée. La guerre véritable, légitime, nécessaire, c'est la guerre pour les idées, la guerre au service de la raison, comme le dix-neuvième siècle a appris à la faire. Ce n'est pas que l'antiquité et le moyen âge n'aient déjà combattu pour des idées, mais ils n'ont point encore conscience de l'essence morale de la guerre. Les idées s'entre-choquaient jadis comme des forces aveugles : l'humanité moderne a conscience de la cause pour laquelle elle verse son sang. C'étaient des passions, ce sont aujourd'hui des principes qui sont en lutte.

L'État vainqueur est plus vrai, plus rapproché de l'État idéal, meilleur en un mot que l'État qui succombe. Son triomphe même en est la preuve : il est la condamnation du principe représenté par les vaincus, le jugement de Dieu. Ainsi comprise, l'histoire nous apparaît comme la série des représailles divines qui frappent inévitablement tout ce qui est fini, exclusif, incomplet, comme l'éternelle *dies iræ*, à laquelle rien de ce qui est terrestre ne saurait échapper.

A toutes les époques, il est un peuple en qui l'esprit s'incarne plus complètement que dans les autres, et qui marche à la tête de la civilisation générale. C'est ainsi que le Dieu de l'histoire a « élu » successivement les Égyptiens, les Assyriens, les Grecs, les Romains, les Français. Groupés autour de l'Esprit infini dont l'histoire est le temple, les *esprits nationaux* sont tour à tour ses organes privilégiés. Tels les archanges entourent le trône de l'Éternel.

Les trois phases de toute évolution, être, s'épanouir, se concentrer, se retrouvent dans les trois grandes époques de l'histoire.

Dans les monarchies orientales, l'État personnifié dans le souverain domine l'individu au point de l'anéantir. L'Océan a-t-il souci des vagues qui se jouent à sa surface !

Dans les États de la Grèce, la vie politique et ses luttes fécondes succèdent à l'immobilité asiatique; la république, à la monarchie absolue. Les individus n'y sont plus de simples modes, dont la *substance* de l'État n'a que faire, mais les parties intégrantes d'un tout qui n'existe que par eux; comme tels ils ont le sentiment de leur importance et du besoin qu'a l'État de leur coopération. Les républiques classiques subsistent aussi longtemps que l'équilibre entre l'élément individuel et l'État. Elles périclitent du moment où le régime démagogique substitue à l'intérêt national les vues égoïstes de l'ambition individuelle. Par la réaction césarienne, l'individu rebelle est ramené de force à l'obéissance, la terre habitable est soumise, les nationalités les plus opposées sont jetées dans un même moule et réduites en une masse inerte et impuissante.

L'équilibre entre l'État et l'individu se rétablit dans la monarchie chrétienne et parlementaire, dont la constitution anglaise offre à Hegel le type accompli[1].

3. *L'esprit absolu*[2].

Quelque parfait que soit l'édifice moral appelé l'État, il n'est pas le but suprême où tend l'évolution de l'idée, et la vie politique, si riche d'ailleurs de passion et d'intelligence, n'est pas le dernier mot de l'activité spirituelle. La liberté est l'essence de l'esprit, l'indépendance est sa vie. Or, en dépit des assertions contraires du libéralisme politique, le plus parfait même des États ne saurait la lui donner. Qu'il soit république, monarchie constitutionnelle ou monarchie absolue, aristocratie ou démocratie, il ne cesse d'être l'État, puissance extérieure, armée,

---

[1] Il faut ajouter que ce qui séduit Hegel, c'est bien moins le parlementarisme que le conservatisme qui est à la base de la constitution anglaise. — [2] *Encyclopédie*, § 553 ss. — Comp. les leçons de Hegel sur l'*Esthétique*, la *Philosophie de la religion* et l'*Histoire de la philosophie*.

murée, cuirassée, sorte de prison où ce qui par essence est infini se trouve privé de son élément vital. *L'esprit ne peut se soumettre sans réserve qu'à ce qui est esprit.* Ne trouvant point dans la vie politique la satisfaction suprême qu'il recherche, il s'élève au-dessus d'elle dans les libres régions de l'*art*, de la *religion*, de la *science*.

Est-ce à dire que, pour accomplir ses destinées, l'esprit soit obligé de détruire les échelons par lesquels il y monte, de renverser l'État, la société, la famille? Loin de là, les créations de l'art, les institutions religieuses, les travaux de la science ne sont possibles qu'au sein d'un État fortement constitué et à l'abri d'un gouvernement ferme et stable. L'artiste, le chrétien, le philosophe, ne peuvent pas plus se passer de la société et de l'État que le végétal et l'animal ne peuvent exister sans le règne minéral. Aussi bien l'Idée, qu'elle travaille sous forme de nature ou sous forme d'esprit, ne détruit-elle jamais ses créations; elle les développe et les perfectionne, mais, alors même que leur conservation peut nous sembler inutile, elle maintient intactes les prémices de son travail. La nature, où tout semble destruction et révolution sans fin, est éminemment conservatrice : à côté du règne végétal continue d'exister le règne minéral; à côté du règne animal, le règne végétal, et, dans le règne animal, les types les plus élémentaires, les plus grossières ébauches subsistent à côté des types les plus perfectionnés : la nature les conserve et s'en sert comme d'un piédestal pour y placer son chef-d'œuvre. Au surplus, les créations supérieures ne sont possibles que grâce à la durée de celles qui les précèdent. Le règne minéral fait vivre les végétaux, l'animal vit aux dépens du végétal ou de l'animal qui lui est inférieur; enfin le végétal et l'animal nourrissent l'homme, qui ne peut s'en passer. Ainsi en est-il des créations de l'esprit : des profondeurs de l'âme surgit le besoin de liberté; du fait de la liberté revendiquée par tous, naît le droit, la propriété, la loi pénale; sur les fortes assises du droit s'établissent les institutions morales, la famille, la société, l'État. Tous ces développements s'enchaînent étroitement et n'existent chacun que moyennant tous les autres. Supprimez l'une des pierres essentielles, et l'édifice universel s'écroulera tout entier. Étages suprêmes de cet édifice, les arts, les lettres, la philosophie, la religion supposent les étages inférieurs et leur parfaite stabilité.

L'homme a été tout d'abord un individu (esprit subjectif) qui s'est renfermé dans son égoïsme natif; puis, sortant de lui-même et se reconnaissant dans les autres hommes, il s'est constitué en collectivité, société, État (esprit objectif); enfin, rentrant en lui-même, il trouve, au fond de son être, l'idéal de l'art ou le beau, l'idéal religieux ou Dieu, l'idéal philosophique ou le vrai, et, dans la réalisation de ce triple idéal, l'indépendance souveraine où il aspire : il devient *esprit absolu*.

Dans l'*art*, l'esprit jouit par anticipation de la victoire sur le monde extérieur, que lui réserve la science. La pensée de l'artiste et son objet, l'âme humaine et l'infini s'identifient; le ciel descend dans l'âme et l'âme est ravie dans le ciel. Le génie est le souffle de Dieu, *afflatus divinus*.

La *religion* réagit contre le panthéisme anticipé de l'art, en nous montrant en Dieu l'Être transcendant où le génie de l'homme ne saurait atteindre. En proclamant le dualisme de l'infini et du fini, la religion est, en apparence, une rechute, une sorte de retour de l'esprit sous un joug extérieur : elle est, en réalité, une crise nécessaire de l'esprit, qui développe ses forces et le rapproche du Dieu sous les étreintes duquel il se débat. Elle est si bien un progrès que, dans le christianisme, sa forme parfaite, elle proclame elle-même l'unité du fini et de l'infini en Jésus-Christ, préludant ainsi au développement suprême de l'esprit : à la *philosophie*.

Ce que l'art et le dogme chrétien préfigurent, la philosophie le réalise. L'art et la foi religieuse procèdent du sentiment et de l'imagination : la science est le triomphe de la raison pure, l'apothéose de l'esprit. En comprenant le monde, il s'en affranchit. La nature et ses forces, l'État et ses institutions, qui lui apparaissaient naguère sous les traits d'un impitoyable Fatum, changent d'aspect sitôt qu'il reconnaît dans les œuvres de la nature les œuvres de la raison, c'est-à-dire ses propres œuvres; dans les institutions sociales et politiques, le reflet de l'autorité morale qui réside en lui-même. Si la nature, la loi, le droit, l'État, sont l'esprit lui-même sous une autre forme (l'esprit *objectif*), toutes ces barrières tombent; si tout ce qui est réel se trouve être rationnel, c'est que la raison n'a plus d'autre loi qu'elle-même. A ce sommet de la vie universelle, le moi et le monde se confondent dans un embrassement sans fin.

Il nous reste à résumer les théories de Hegel sur l'art, la religion, la philosophie, et notamment la première d'entre elles, qui n'a pas été dépassée.

1. L'art est le triomphe anticipé de l'esprit sur la matière; c'est l'idée pénétrant la matière et la transformant à son image. Mais la matière dont se sert l'idée pour prendre corps est une servante plus ou moins docile ou rebelle : de là les différentes formes de l'art, les *beaux-arts*.

Dans l'*architecture*, degré élémentaire de l'art, l'idée et la forme sont choses très distinctes : l'idée ne peut encore réduire la matière dont elle se sert à une obéissance complète, et la matière demeure rebelle. L'architecture n'est qu'un art symbolique, où la forme *rappelle* l'idée sans l'exprimer directement. La pyramide, la pagode, le temple grec, la cathédrale chrétienne, sont d'admirables symboles, mais « autant les cieux sont élevés au-dessus de la terre », autant la distance est grande entre ces édifices et l'idée qu'ils symbolisent. Aussi les matériaux de l'architecture sont-ils ce qu'il y a de plus *matériel* dans le monde physique. Cet art est à la sculpture, à la peinture, à la musique, ce que le minéral est au végétal et à l'animal. Semblable à l'univers astronomique aux proportions vertigineuses et à l'écrasante majesté, il exprime le sérieux, l'austère, la muette grandeur, le repos inaltérable de la force, l'inébranlable *statu quo* de l'infini; mais il est impuissant à rendre les mille nuances de la vie, les beautés infiniment variées de la réalité.

Le dualisme de la forme et de l'idée, qui caractérise l'architecture, tend à disparaître dans la *statuaire*. L'art du sculpteur a cela de commun avec l'architecture qu'il se sert, comme sa sœur aînée, de la matière grossière, du marbre, de l'airain; mais il sait beaucoup mieux les transformer, les spiritualiser. Dans l'œuvre purement symbolique de l'architecte, il est des détails et des accessoires qui ne servent en rien à l'expression de l'idée : dans la statue, rien n'est indifférent, rien n'échappe au service de l'idée, dont elle est la révélation directe, l'expression immédiate. Mais ce que la statuaire est incapable de rendre, c'est l'âme elle-même, telle qu'elle réside dans le regard. Ce progrès est réalisé par la *peinture*.

La matière dont se sert la peinture est, en quelque sorte, moins matérielle que celle de la sculpture et de l'architecture; ce n'est plus le corps aux trois dimensions, c'est la surface plane. La profondeur s'y trouve réduite à une simple apparence, simulée par la perspective, spiritualisée. Toutefois la peinture ne peut rendre qu'un moment de la vie, moment qu'elle est obligée de stéréotyper et par là même de matérialiser; l'idée s'y trouve encore rivée à la matière et à l'étendue. Par ce caractère commun, l'architecture, la sculpture et la peinture forment ensemble l'*art objectif*. Aussi sont-elles inséparables, s'unissant et se combinant entre elles de mille manières diverses. Le caractère extérieur, visible, matériel de ces trois formes premières de l'art fait place à l'*art subjectif*, invisible, immatériel, dans la *musique*.

La musique est l'art spiritualiste, l'art qui, avec une vérité saisissante, sait reproduire ce qu'il y a de plus intime dans l'âme humaine : le sentiment et ses nuances infinies. Extrême opposé à l'architecture, à la statuaire et à la peinture, elle est à son tour un art incomplet. L'art parfait n'aura plus rien d'exclusif; il sera la synthèse de tous les contraires, l'union harmonieuse du monde où se plaît la musique et du monde de l'art objectif : cet art des arts, c'est la *poésie*.

La poésie est l'art doué de la parole, l'art qui sait tout dire, tout exprimer, tout créer à nouveau, l'art universel. Elle est à la musique ce que la statuaire est à l'architecture. La statuaire, comme l'architecture, se sert de la matière sous sa forme la plus grossière, mais elle spiritualise le marbre, elle donne la vie et l'intelligence à ce bloc dont l'architecture n'a su faire qu'un symbole plus ou moins éloquent : de même, la poésie et la musique se servent l'une et l'autre du son, mais celui-ci, vague en musique et indéfini comme le sentiment qu'il exprime, devient, au service du poète, son articulé et déterminé, parole, langage. La musique en fait un symbole, — un morceau de musique, ainsi qu'un édifice, est susceptible des interprétations les plus diverses, — la poésie le réduit tout entier sous le joug de l'idée. L'architecture se contente de rappeler la Divinité qui trône par delà les astres; la sculpture la fait descendre sur la terre. La musique localise l'infini dans le sentiment, la poésie lui rend le domaine sans limites qui lui revient de droit : la nature et l'histoire. Elle est toute-puissante et inépuisable comme le Dieu qui inspire le poète.

La sculpture et la poésie d'une part, l'architecture et la musique de l'autre, sont à l'art ce que le panthéisme et le théisme sont à la pensée religieuse. L'architecture et la musique sont empreintes de l'idée théiste : la statuaire et la poésie, qui font descendre l'idéal tout entier dans le réel, sont des arts panthéistiques. De là vient que l'architecture et la musique sont les suivantes fidèles de la religion, tandis que la sculpture, la peinture, la poésie, elles aussi au service de la foi religieuse, sont loin de la servir avec une égale soumission. La statuaire est une païenne, et c'est à cause de l'idée panthéiste qu'elle recèle, que les images de la Divinité sont condamnées par le mosaïsme et par le protestantisme rigide. De son côté la poésie a célébré ses grands triomphes en dehors de la sphère religieuse. Shakespeare, Molière, Gœthe, Byron ne sont pas plus des chrétiens que Sophocle, Pindare, Euripide. La poésie religieuse moderne semble frappée de stérilité. C'est que la grande poésie est une union du divin et de l'humain à ce point intime que le dogme de la transcendance divine est de fait abrogé par elle.

Résumé et quintessence de tous les arts, la poésie construit, sculpte, dessine, peint, chante; elle est architecture, statuaire, peinture et musique à la fois, et ces formes diverses qu'elle sait revêtir tour à tour se retrouvent dans ce qu'on appelle ses *genres.*

A l'art objectif représenté par l'architecture, la sculpture et la peinture, correspond l'*épopée,* qui est à la poésie ce que la pyramide est à l'art. Le genre épique est l'enfance de la poésie. L'épopée est bavarde, imagée, saturée de merveilleux comme l'imagination enfantine, indéfiniment longue comme les premières années de la vie.

A la musique correspond en poésie, le *genre lyrique.* L'épopée, comme les arts objectifs, se plaît à peindre la nature et ses merveilles, l'histoire et ses gloires : la poésie lyrique se replie sur le monde invisible et non moins vaste que l'autre, qui s'appelle l'âme humaine. Elle est donc, à son tour, un genre exclusif et incomplet.

Le genre parfait, unissant les deux mondes dans une même sympathie, la poésie de la poésie, c'est le *genre dramatique.* Le drame, qui ne fleurit que chez les peuples les plus civilisés, reproduit tout à la fois l'histoire, la nature et l'âme humaine avec ses passions, ses émotions, ses combats.

L'art n'a pas seulement ses formes diverses, il a en outre,

ainsi que chacune de ses formes, son développement historique à trois époques.

L'art oriental est essentiellement symbolique. Il se plaît dans l'allégorie, dans la parabole. Au contraire du chef-d'œuvre grec, qui s'explique de lui-même, ses produits ont besoin d'être interprétés et peuvent l'être de différentes manières. Il est impuissant encore à soumettre la matière, et le sentiment de cette impuissance se montre dans toutes ses œuvres. Dédaigneux de la forme, du fini, du modelé, du détail, il affectionne en revanche la caricature, l'exagéré, le colossal, et trahit, dans toutes ses créations, ses préférences pour l'infini et l'incommensurable.

Dans l'art grec, le symbole fait place à l'expression immédiate, l'idée descend tout entière dans la forme. Mais la perfection même de cet art sublime et presque surhumain est un revers et une imperfection. L'idée pénètre si complètement la matière qu'elle finit par ne plus s'en distinguer, par se trouver sacrifiée à la forme extérieure et à la beauté physique.

Ce défaut, non moins capital que le spiritualisme informe de l'art asiatique, s'amende dans l'art chrétien. Le christianisme rappelle l'art du monde visible où il s'est perdu, dans la sphère idéale, sa vraie patrie. Sous l'influence de l'Évangile, l'idée du beau se spiritualise, l'adoration de la beauté physique fait place au culte de la beauté morale, de la pureté, de la sainteté : au culte de Vénus succède le culte de la Vierge. L'art chrétien ou romantique n'exclut pas la beauté physique, mais la subordonne au beau transcendant.

Or la forme matérielle est inadéquate à l'idéal moral. Les chefs-d'œuvre les plus accomplis ne peuvent satisfaire l'artiste chrétien. La Vierge qu'il rêve, les demeures éternelles qu'entrevoit son œil spirituel, la musique céleste dont son âme perçoit les accords, la vie divine qu'il voudrait rendre, en un mot, son idéal est encore plus beau, si beau que ni le burin, ni le pinceau, ni l'archet, ni la plume, ni rien de matériel ne saurait le traduire. Aussi l'art chrétien, désespérant de lui-même, finit-il par retomber dans ce mépris de la forme et ce spiritualisme excessif qui est le trait caractéristique en même temps que le défaut du romantisme.

2. Si, sous le souffle de l'inspiration, l'homme a pu se croire identique au Dieu qui l'inspire, il ne s'aperçoit que trop aisément de son néant sitôt qu'il s'agit de donner à son idéal une forme matérielle. C'est ainsi que de l'art procède la *religion*. L'art primitif est essentiellement religieux; la religion naturelle, essentiellement artiste. L'idolâtrie est le trait d'union qui rattache la religion à l'art.

En prenant conscience d'elle-même, la religion se distingue de l'art en rejetant les idoles. Ce progrès se réalise dans le mosaïsme. La Bible condamne l'idolâtrie parce qu'elle a conscience de l'impossibilité pour l'homme d'exprimer l'infini moyennant la matière; elle proscrit les images taillées parce que l'Idée n'a de forme adéquate qu'elle-même. Mais si elle nous défend de *figurer* l'invisible, elle ne nous interdit pas de *nous* le figurer : pour défendre l'image extérieure, elle ne va pas jusqu'à proscrire l'imagination elle-même et les idées dont celle-ci peuple l'esprit. Elle le fait si peu qu'elle est par essence représentation (*Vorstellung*). Représenter l'infini : voilà l'art; se le représenter comme un être personnel et distinct du monde : voilà la religion. Son trait caractéristique est l'anthropomorphisme. Dans la pensée religieuse, le fini et l'infini, la terre et le ciel, confondus dans le sentiment du beau, se disjoignent de nouveau. L'homme est *ici-bas* et Dieu *là-haut*, si haut et si loin qu'il a besoin du ministère des anges pour communiquer avec le monde. La religion est dualiste, mais son dualisme n'a rien de définitif. Elle sépare le ciel et la terre, mais pour les unir; elle sépare Dieu et l'humanité, mais pour les réconcilier.

Les éléments constitutifs de l'idée religieuse, le Dieu infini, l'homme mortel et leur rapport, prédominent tour à tour dans l'histoire de la religion.

Dans les religions de l'Orient, ce qui domine, c'est l'idée d'infini. Leur trait saillant est le panthéisme, mais un panthéisme ultra-religieux, synonyme d'acosmisme, et qui se résume en ces mots : Dieu est tout, l'homme n'est rien. Le brahmanisme est l'expression la plus complète du panthéisme asiatique. Le monothéisme mosaïque, si distinct d'ailleurs des religions indiennes, porte la même empreinte. Le Dieu de l'Orient, comparé à l'homme, est ce que sont les princes de l'Orient vis-à-vis de leurs sujets. Il est le créateur et les hommes sont ses *créatures* : il peut donc en disposer, il peut les faire naître et les faire mourir, les abaisser et les élever, selon son bon plaisir ; l'homme est à Dieu ce que le vase de terre est au potier, ni plus ni moins. De liberté et de spontanéité humaine il ne peut être question. C'est de Dieu que vient non seulement l'exécution, mais même la volonté ; c'est lui qui éclaire et c'est lui qui endurcit les cœurs ; c'est lui qui prédestine et au bien et au mal. *Toute puissance* étant du côté de Dieu, il ne reste à l'homme qu'impuissance radicale et morne résignation. L'infini, comme tel, ne peut tolérer à côté de lui une existence indépendante ; Çiva, Moloch, Saturne dévorent leurs propres enfants, et s'ils ne le font, ceux-ci, convaincus que leur existence déplaît à Dieu, sont portés à s'anéantir soit par une mort violente ou par un lent martyre, soit par une abdication absolue de leur personnalité.

Autant l'Asie est religieuse, autant la Grèce est amoureuse du fini et de la forme, éprise de la nature et des choses de la terre. Sa religion est sereine comme son ciel, radieuse et transparente comme l'atmosphère qui la caresse ; les nuées qui ailleurs dérobent Dieu à l'œil de l'homme disparaissent pour elle au souffle de l'esprit ; le divin et l'humain s'embrassent et se confondent ; la religion s'identifie avec l'art, et l'art avec le culte de l'humanité. L'énigme du Sphinx est celle du polythéisme hellénique. Le mot de l'énigme, c'est l'homme. Le dieu que le Grec adore sous les traits de Zeus, d'Apollon, d'Athéné, d'Aphrodite, c'est l'homme, c'est sa force, son intelligence, sa beauté. Ses divinités sont si bien des êtres relatifs qu'au fond de ce ciel mythologique tout radieux d'éternelle jeunesse, se dresse le Fatum, puissance mystérieuse qui règne sur les dieux comme sur les mortels. Ce Destin, dont les poètes exaltent à l'envi le pouvoir suprême, est comme un remords dont l'antiquité ne peut se délivrer : c'est l'infini des religions orientales, qui vient troubler, comme un spectre de Shakespeare, l'enivrement sensuel du culte polythéiste.

Si l'Orient professe la religion de l'infini et de l'abstrait, si la Grèce réserve tout son encens pour l'être fini, les deux termes du rapport religieux sont conciliés par le christianisme, en qui le génie oriental se marie au génie hellénique. Pour l'Indien Dieu est tout, l'homme rien; pour le Grec, Dieu n'est rien ou peu de chose, l'homme est tout; pour le chrétien, l'important n'est ni Dieu considéré *in abstracto*, le Père, ni l'homme *in abstracto*, mais l'unité concrète du divin et de l'humain, telle qu'elle est réalisée en Jésus-Christ. Le Dieu que Jésus nous révèle est celui-là même qui le révèle; ce n'est ni un être infini comme le Dieu des religions orientales, ni un être fini, comme le sont les divinités païennes; c'est l'Être qui est à la fois Dieu et homme, l'Homme-Dieu. Entre le ciel chrétien et la terre, entre le Dieu de l'Évangile et l'humanité, la distance est si peu infranchissable que ce Dieu descend de son trône, entre dans la sphère du fini, vit de notre vie, souffre et meurt comme nous pour ressusciter et entrer dans sa gloire. Le christianisme est aux religions qui le précèdent ce que la poésie est aux beaux-arts: il les résume en même temps qu'il les épure et les complète. Il est la synthèse des religions, la religion absolue.

3. Le dogme chrétien est la vérité sous forme de *représentation* (*Vorstellung*). Les trois moments de l'évolution de la raison immanente, l'idée, la nature et l'esprit, il en fait trois personnes; l'union de l'infini et du fini dans la conscience humaine, c'est-à-dire un processus embrassant l'histoire universelle tout entière, il y voit un événement arrivé une fois pour toutes en Palestine, il y a dix-huit siècles. Sous cette forme, le dogme est inadéquat à la vérité qu'il exprime. Il s'impose d'ailleurs comme une autorité extérieure, alors que l'esprit, libre par essence, ne peut ne pas se réaliser comme tel. Pour atteindre à ce point culminant de son évolution, il ne lui reste qu'à dépouiller la doctrine religieuse de sa forme *représentative* et à lui donner la forme *rationnelle*. Ce dernier progrès est réalisé par la *philosophie*. L'Évangile et la vraie philosophie ont le même *contenu*. Mais les *contenants* ne sont pas les mêmes : c'est chez le chrétien l'*imagination*, c'est chez le philosophe, la *raison*. La vérité philosophique est la vérité religieuse sous forme de *concept*, la vérité comprise, l'idée absolue devenue esprit absolu, conscience absolue d'elle-même.

L'histoire de la philosophie, comme toute histoire, est un développement régulier, reproduisant la série tout entière des catégories : l'éléatisme est la philosophie de l'être; Héraclite est le philosophe du devenir; Démocrite et l'atomisme correspondent à l'idée d'individu (*Für sich sein*) et ainsi de suite[1]. Elle atteint son suprême épanouissement dans l'idéalisme absolu, c'est-à-dire dans le système que nous venons d'esquisser.

Dans cette prétention finale qu'y a-t-il de vrai? Quelle y est la part de l'illusion?

L'hégélianisme est sans contredit la synthèse la plus vaste et la plus complète que l'esprit humain ait tentée, une véritable

---

[1] *Histoire de la philosophie*, I, 43.

encyclopédie, vivifiée par une idée centrale et supportée par la puissante charpente d'une méthode sûre d'elle-même. Si donc la philosophie est ce que la définit notre paragraphe initial, il faut reconnaître à Hegel le mérite d'avoir approché l'idéal de la science de plus près qu'aucun de ses devanciers. Aussi nul, après Kant, n'a donné à la pensée moderne une impulsion comparable à la sienne, nul ne l'a plus complètement dominée, fascinée. Le droit, la politique, la morale, la théologie, l'esthétique ont subi son influence. Bien plus, en démontrant que l'être est devenir, développement logique, histoire, que l'histoire n'est pas seulement une science au même titre que les autres, mais la science des sciences, il a puissamment secondé, sinon créé le mouvement historique du dix-neuvième siècle, tout en lui imprimant le cachet d'impartiale objectivité qui lui est propre et que le dix-huitième siècle n'a pas connu. David Strauss et sa *Vie de Jésus*, Baur, le célèbre historien de l'Église primitive et fondateur de l'école historique de Tubingue ; Michelet, Rosenkranz, Erdmann, Prantl, Zeller, Kuno Fischer, lumineux interprètes de la pensée ancienne et moderne[1], procèdent de Hegel. La conception des philosophies et des religions comme degrés d'un même développement; l'hypothèse d'une raison inconsciente

---

[1] Pour la littérature, voy. § 3. — En dehors de l'Allemagne et des pays du Nord, où elle est professée par MM. Monrad et Lyng à Christiania et par M. Borelius à Lund (Suède), la philosophie hégélienne a été surtout appréciée en Italie, où elle a eu pour principal interprète M. Véra, professeur à Naples. En France, elle a influencé les théories sociologiques de Proudhon et de Pierre Leroux, la première *manière* de V. Cousin (§ 71), et surtout l'idéalisme de M. Vacherot (*La métaphysique et la science*, Paris, 1852 ; 2ᵉ éd., 1862. — *La science et la conscience*, Paris, 1872 ; etc.). M. Vacherot, qui en quelques points se rattache à l'école éclectique (§ 71), s'en distingue profondément par sa négation de la personnalité en Dieu. Pour M. Vacherot, Dieu est l'*idéal* où les choses aspirent et n'existe qu'en tant qu'il est pensé, tandis que l'infini *réel*, c'est le monde... « Si l'on supprime l'homme, ajoute-t-il, Dieu n'existe plus ; point d'humanité, point de pensée, point d'idéal, point de Dieu, puisque Dieu n'existe que pour l'être pensant. » (*La métaphysique et la science*, 2ᵉ éd., t. III. Conclusion.)

créant et transformant les langues; les idées et jusqu'aux expressions de *genèse*, d'*évolution*, de *processus*, de *logique de l'histoire* et bien d'autres, devenues des lieux communs de la presse politique, religieuse et scientifique, se rattachent au mouvement hégélien.

Ce qui a compromis l'hégélianisme et la philosophie elle-même — car il fut un temps où les deux termes passaient pour synonymes — ce sont les erreurs matérielles qu'entraîne forcément sa méthode exclusivement aprioriste, c'est le ton d'autorité dont il use à l'égard des sommités de la science moderne, Copernic, Newton, Lavoisier; c'est sa prétention de soustraire les hypothèses de la métaphysique à la juridiction suprême des faits. Si le génie philosophique (*die speculative Vernunft*) aperçoit le vrai par une intuition immédiate et instinctive, alors que l'expérience ne le découvre que pas à pas, ses oracles, précisément parce qu'ils sont *immédiats*, c'est-à-dire indémontrés et en quelque sorte tombés du ciel, ont besoin, pour avoir force de loi dans le domaine scientifique, du contre-seing de l'expérience. L'immédiat et le spontané, Hegel lui-même nous le dit, n'est jamais le définitif, mais le point de départ d'une évolution. La spéculation *a priori*, telle qu'il la conçoit et la pratique, ne saurait donc être la forme définitive de la science, et doit être suivie à tout le moins d'un travail de vérification expérimentale et, au besoin, de critique rectificative. Au surplus, le défaut de la méthode de Hegel et les erreurs de fait qui en découlent tiennent au préjugé rationaliste dont son système est l'expression classique. Selon Hegel, l'absolu est idée, pensée, raison et n'est *que cela*, d'où il conclut que l'idée, ou, comme dit l'École, la *forme* est aussi le fond, la *matière* des choses; s'il admet que le *monde idéal de la science* peut se déduire de la seule raison, c'est parce que, selon lui, le *monde réel*, le *monde des êtres*, procède de la raison et de la raison seule. Or l'absolu ou du moins — puisque l'absolu est inconnaissable en tant qu'absolu

— le phénomène premier (*das Urphænomen*) n'est pas la pensée, l'intelligence, la raison, mais bien la volonté[1]. La pensée est un *mode* de l'activité créatrice des choses, elle n'en est pas le *principe*[2]. Il s'ensuit que la *science des choses* ne procède pas non plus de la pensée pure, mais de la pensée nourrie et contrôlée par l'expérience.

§ 67. Herbart.

Kant, le premier, protesta contre l'idéalisme absolu de ses « faux disciples » et lui opposa l'idéo-réalisme, qui, distinguant entre la forme et la matière de nos connaissances, considère la forme seule comme donnée *a priori*, et le contenu, la matière, comme fournie nécessairement et uniquement par les sens soit extérieurs, soit interne. La raison produit *a priori* les catégories de qualité, de quantité, de causalité, de mesure, indispensables pour la connaissance de la nature ; mais elle ne saurait produire *a priori* les idées de fer, de lumière, de plaisir, de douleur, que l'expérience seule nous fournit. L'expérience a ses conditions *a priori*, que le sensualisme pur a le tort de nier ; mais l'expérience seule nous donne des idées proprement dites, complètes et concrètes, tandis que les catégories, que la raison produit *a priori*, ne sont pas à proprement parler des idées, mais de simples cadres pour nos idées : ce qui est tout autre chose. Schelling lui-même accorde qu'en dernière analyse, tout procède de l'expérience, bien que l'expérience suppose des conditions *a priori* sans lesquelles elle serait impossible. Telle est en effet la pure doctrine de Kant.

Une série de penseurs, et notamment Herbart, professeur à Kœnigsberg et à Gœttingue (1776-1841), suivirent le maître

---

[1] Voy. §§ 68 et 71. — [2] Suivant le dogme chrétien lui-même, que Hegel prétend traduire en langage philosophique, le λόγος est *engendré* et n'est pas le « Père ».

dans cette voie mitoyenne entre Hegel, dont l'étoile baissa à partir de 1830, et Locke, dont l'empirisme, refoulé un moment par l'idéalisme de la Restauration, n'attendait que la disparition de l'astre hégélien pour reparaître, plus influent que jamais, sous le nom de positivisme. Les écrits de Herbart les plus importants pour nous sont : sa *Métaphysique générale*[1] et sa *Psychologie scientifique, basée sur l'expérience, la métaphysique et les mathématiques*[2]. Ce qui les caractérise tout d'abord, c'est leur opposition systématique aux principes, à la méthode et aux conclusions de Hegel. Les choses ne sont pas seulement nos pensées, comme le prétend l'idéalisme, elles existent *réellement* et indépendamment de la raison qui les pense (réalisme au sens moderne). Il ne s'agit donc pas, pour la philosophie, de construire l'univers, mais de l'accepter tel qu'il est et d'en expliquer le mécanisme dans la mesure de sa compétence. La spéculation a pour base indispensable l'observation et l'expérience. Une philosophie qui ne s'édifie pas sur les données positives de la science opère à vide. Elle n'a que la valeur d'un poème, et l'on ne saurait lui reconnaître de portée scientifique. Sur ce point, Herbart ramène la philosophie dans les limites que la critique kantienne a déclarées infranchissables.

Philosopher, c'est élucider les concepts qui sont à la base des différentes sciences[3]. Ces idées générales[4], n'étant pas exemptes de contradictions, demandent un travail d'épurement, et c'est ce travail qui est la vraie tâche du métaphysicien.

Les contradictions que la philosophie est appelée à résoudre ont été constatées tour à tour par les éléates, par les sceptiques, par Hegel. Mais Zénon d'Élée, au lieu de les résoudre, les considère comme insolubles et en infère qu'elles ne correspondent à rien de réel ; les sceptiques y voient un motif de renoncer à

---

[1] *Œuvres complètes* publiées par Hartenstein, tomes III et IV. — [2] *Œuvres*, tomes V et VI. — Willm o. ç., t. IV. — [3] *Introduction à la philosophie*, 1, ch. 2. — [4] Par exemple, les idées de cause, d'espace, de *moi*.

la science métaphysique; enfin Hegel, par un tour de force inouï dans l'histoire de la philosophie, loin de nier que nos idées soient contradictoires, accepte la contradiction purement et simplement, et déclare qu'elle est l'essence même de la pensée et de l'être. C'est-à-dire qu'il prétend se passer du *principe de contradiction*. Mais on ne saurait violer impunément la loi qui a présidé à la pensée humaine depuis ses origines, et il faudra compter avec elle aussi longtemps que la raison sera la raison. Le paradoxe hégélien n'est pas une solution. Quant au scepticisme, il a sa raison d'être; il est même nécessaire dans une certaine mesure; il a été, dans l'histoire de la pensée, le point de départ des grandes philosophies (Socrate, Descartes, Kant). Mais rester sceptique, c'est faire preuve d'incapacité spéculative. Le doute, sous sa forme la plus absolue, le scepticisme étendu à l'existence même des choses, se réfute par une réflexion des plus simples : s'il peut être douteux que les choses existent, il est *hors de doute* qu'elles *paraissent* exister; cette apparence (*phœnomenon*) est absolument certaine, et le plus obstiné sceptique ne saurait en douter. L'apparence existe. Si rien n'était, rien ne paraîtrait être. Mais, tout en admettant ce qui est évident, savoir l'existence des choses, on peut douter qu'elles soient ce que nous pensons qu'elles sont, qu'elles existent comme elles sont pensées (Énésidème, Sexte), qu'elles soient dans le temps et l'espace, unies entre elles par le lien de la causalité (Hume, Kant). Ce doute, fondé sur les contradictions et les obscurités qu'une réflexion même superficielle découvre dans nos idées générales, est parfaitement légitime, mais à condition de provoquer le travail philosophique.

Ce travail, nous l'avons dit, consiste essentiellement à remanier les idées générales, à les rectifier, à les débarrasser des contradictions qu'elles renferment[1]. Ce sont particulièrement les

---

[1] *Ibid.*, p. 194-202. — *Métaph.*, p. 8.

idées d'*étendue*, de *durée*, de *matière*, de *mouvement*, d'*inhérence*, de *causalité*, de *moi*, qui demandent à être élaborées à nouveau. L'idée d'étendue, de durée, de matière est celle d'*unité multiple* (de là les prétendues antinomies de la cosmologie rationnelle). Changer, devenir, se mouvoir, c'est être et ne pas être. Par l'idée d'inhérence nous attribuons à la même substance des propriétés multiples, c'est-à-dire que nous affirmons qu'*une* chose est *plusieurs* choses (colorée, odorante, sapide, liquide), que l'unité n'est pas une. L'idée de cause, de même, est contradictoire à tous les points de vue. S'agit-il d'une cause extérieure, nous affirmons à la fois que la chose modifiée par cette cause est la même qu'auparavant et qu'elle n'est plus la même. Est-il question d'une détermination du sujet par lui-même (Leibniz), nous nous trouvons en présence de cette contradiction non moins flagrante d'un être qui est à la fois actif et passif, c'est-à-dire qui n'est pas un, mais deux. Enfin, l'idée du moi avec ses facultés diverses est contradictoire comme l'idée d'inhérence dont elle est une application. Dans toutes ces notions sont confondus: être et ne pas être, un et plusieurs, affirmation et négation, c'est-à-dire deux choses qui s'entre-excluent et que la pensée doit séparer nettement, quoi qu'en dise Hegel.

De la confusion des deux contraires naît l'idée de l'être limité et relatif. Cette idée, Herbart la rejette purement et simplement. L'être, selon lui, ne comporte ni négation, ni limitation. Il est position absolue, excluant toute diversité de propriétés, toute divisibilité, toute limitation, toute négation. Il ne peut être conçu ni comme quantité, ni comme grandeur continue, ni comme étant dans l'espace et dans le temps (Kant). Il est ce que Platon et Parménide ont appelé le Un, ce que Spinosa a nommé la Substance, mais il se distingue du principe éléate en ce qu'il existe indépendamment de la pensée, et de la Substance de Spinosa en ce qu'il n'est pas *unique*. Il y a, selon Herbart, une pluralité d'*êtres réels* ou *réalités* (*Reale*) et, puisque chaque réalité est position absolue, une pluralité d'êtres absolus, ce qui a l'air contradictoire, mais ne l'est pas, puisque les êtres étendus seuls s'entre-limitent et que les réalités sont supposées inétendues. C'est donc des monades de Leibniz que les réalités de Herbart se rapprochent le plus; mais elles s'en distinguent par un caractère essentiel: les « monades » sont des unités complexes, douées de propriétés multiples, ayant leurs états internes, leurs modifications, leur développement immanent; les réalités de Herbart sont absolument simples; elles n'ont qu'une propriété unique; elles ne subissent aucun changement intérieur, elles sont immuables.

L'être réel (*das Reale*) n'est donc pas la chose que nous montrent les sens : car les objets perçus par les sens ont des propriétés multiples. Que faut-il en conclure? C'est que l'objet sensible (le fer, l'argent, l'oxygène) renferme autant de réalités que de propriétés distinctes.

Ainsi se résout la difficulté que présente l'idée d'inhérence. Cette idée n'est contradictoire qu'appliquée à l'être réel (la *chose en soi* de Kant); elle ne l'est plus dès qu'il est question de l'être phénoménal ou de la chose telle que les sens nous la donnent, et qui est toujours une *intégration d'êtres réels* en plus ou moins grand nombre, jamais un être réel unique.

De cette manière aussi s'élucident les idées de causation et de changement. Le rapport de causalité ne saurait exister ni entre deux êtres réels (causalité extérieure) ni entre un être réel et ses prétendus caractères (causalité immanente); car chaque être réel existe *absolument* (par lui-même), et quant à la causalité immanente (par exemple le fer considéré comme la cause de ses propriétés), elle scinde le un en plusieurs, c'est-à-dire contredit l'idée de l'être réel. Causalité ne peut donc signifier autre chose que réalité et tout au plus *conservation de soi* (*Selbst-Erhaltung*[1]).

---

[1] Ici Herbart se contredit; car la conservation de soi est une action réfléchie qui scinde la monade en deux, savoir en sujet qui conserve et en objet

Quant au changement, il ne saurait être admis que sous les mêmes réserves. Il ne peut être question, en métaphysique, d'un changement affectant les êtres réels. Ce ne sont pas les substances, ce sont uniquement leurs relations mutuelles qui se modifient incessamment. Qu'une chose peut changer relativement à une autre sans changer en elle-même, nous le voyons en géométrie, où une ligne qui est tangente par rapport à un cercle A B C devient rayon par rapport à un autre cercle D E F. Cela se voit en musique, où la même note est juste ou fausse selon la relation où elle se trouve. Cela se voit en pharmacie, où une même plante est tour à tour poison et médicament.

Mais si le changement n'affecte pas les substances elles-mêmes, il n'en existe pas moins dans leurs relations mutuelles. Les êtres réels, *quoique absolus*, soutiennent des rapports entre eux. Pour le comprendre, il faut les supposer dans un espace qui n'est pas l'espace phénoménal et que Herbart appelle espace intelligible. Dans cet espace deux monades peuvent occuper des points distincts, et alors il n'y a pas rapport entre elles, mais elles peuvent aussi, en vertu d'un mouvement dont les lois nous échappent, venir à occuper le même point. Rien n'empêche de l'admettre, puisqu'il ne s'agit pas ici de molécules matérielles. Deux ou plusieurs substances qui occupent le même point se pénètrent mutuellement (comme si pénétration ne supposait pas étendue!). Les substances qui se pénètrent ainsi peuvent être de même qualité; elles peuvent différer par la qualité, ou enfin, elles peuvent être de qualité opposée (différence entre Herbart et les atomistes grecs). Si elles sont de même qualité, leur pénétration n'entraîne aucun changement dans leur manière d'être respective, mais si la substance B, qui vient occuper le lieu de

conservé; ou bien Herbart pense-t-il qu'il ne peut en aucun cas se contredire lui-même, puisque ce serait une action réfléchie, une scission dans la monade, une impossibilité?

la substance A, est de qualité différente ou opposée, il y aura lutte entre les deux monades, puisque deux contraires ne sauraient coexister en un même point. Chacune tendra à se conserver elle-même, résistera à sa rivale, affirmera son indestructible individualité.

Ainsi s'explique le phénomène en général et le phénomène de la *pensée* en particulier. Le moi cesse d'être une idée contradictoire si nous renonçons à y voir une unité composée de différentes facultés, une unité multiple, c'est-à-dire une unité qui n'en est pas. Le moi n'a pas *plusieurs* fonctions, mais *une seule* : il tend à se conserver dans ce qui fait son originalité imprescriptible. C'est sa seule et unique fonction, mais elle se diversifie sous l'influence du milieu; sa faculté unique se manifeste dans une série de facultés en apparence distinctes, selon que l'âme est sollicitée par des monades semblables, différentes ou contraires. De ce conflit naît la pensée. La pensée est l'acte par lequel le sujet s'affirme, se conserve, en opposition à l'objet qui le sollicite. Elle se modifie à l'infini, selon la nature de l'objet. De là l'infinie variété de nos perceptions. La conscience psychologique est la somme des relations que l'être réel appelé le moi soutient avec les autres êtres réels.

L'aperception interne n'est donc pas essentielle à l'âme, elle est un simple phénomène déterminé par la *rencontre* du moi avec les autres réalités, une résultante des actions combinées du sujet et de l'objet, un rapport. Isolée de tout contact avec les autres êtres, l'âme ne penserait pas, ne sentirait pas, ne voudrait pas. Le sentiment est une pensée comprimée par d'autres pensées plus énergiques, mais qui à son tour peut refouler celles-ci et devenir pensée quand le moi est sollicité par d'autres objets. La volonté, de même, n'est pas autre chose que la pensée (Spinosa); la liberté morale est la prédominance assurée de la pensée réfléchie sur le sentiment, c'est-à-dire une question d'équilibre. La vie psychique est un mécanisme, dont les lois sont celles de la statique et de la dynamique; la psychologie bien comprise est une véritable mécanique, une application de l'arithmétique, une science exacte [1].

Les allures scientifiques de la philosophie de Herbart et en particulier l'application qu'il fait des mathématiques à la science de l'âme, tentative originale et hardie, devaient grouper autour de son nom une école assez nombreuse [2]. L'attitude prise par Hegel à l'égard des coryphées de la science moderne avait trop profondément compromis l'idéalisme pour ne pas lui aliéner les penseurs sérieux et les rejeter dans le camp de la *métaphysique exacte*. On y entrait d'ailleurs à défaut de mieux; car la philosophie de Herbart, qui prend à tâche d'éliminer de la pensée toute contradiction, est elle-même remplie des contrastes les plus choquants. Tandis que l'ontologie de Herbart déclare l'être réel simple et inétendu, sa psychologie a besoin, pour se construire, de l'hypothèse contraire. Sa théodicée, parfaitement conservatrice, sa téléologie toute spiritualiste, jurent à l'envi avec son paradoxe de l'absolu multiple, qui logiquement aboutit

---

[1] *Œuvres*, VII, p. 129 ss. — [2] En dehors de l'école herbartienne proprement dite (Drobisch, Hartenstein, Lazarus, Steinthal, Strümpell, Thilo, Waitz, Zimmermann, etc.), la philosophie *exacte* a notablement influencé la psychologie de Fr. Éd. Beneke (1798-1854, professeur extr. à Berlin) et la métaphysique de Hermann Lotze (1817-1881, professeur à Gœttingue et en dernier lieu à Berlin, et auteur de *Medizinische Psychologie*, 1852; *Microcosmus*, 3 vol., 1856-64; *Logik*, 1874; *Metaphysik*, 1879). Beneke, dont l'originalité se trouve dans sa théorie des *quatre processus fondamentaux* de la vie psychique, rejette d'ailleurs l'atomisme psychologique du maître ainsi que son application des mathématiques à la science du moi. De son côté, Lotze proteste énergiquement contre l'épithète de herbartien et s'inspire en effet, dans ses dernières publications surtout, d'un spiritualisme concret, dominé à la fois par l'idée morale (Kant) et par l'idée moniste (Spinosa). Il est l'auteur, en psychologie, de l'hypothèse des *signes locaux*. En somme, c'est la science psychologique et pédagogique qui doit le plus à la philosophie de Herbart. — Consulter, sur l'influence de cette philosophie sur la psychologie : Ribot, *La psychologie allemande contemporaine*, Paris, 1879, et surtout le chapitre II : *L'école de Herbart et la psychologie ethnographique*.

au polythéisme, et avec son mécanisme, très voisin des théories matérialistes. Au surplus, sa métaphysique se contredit elle-même de la manière la plus étrange. L'*être réel*, excluant la pluralité des caractères et des propriétés, le changement, le mouvement, exclut tout simplement la vie et, en définitive, la *réalité*, — et il se trouve que la *réalité réelle*, la vie, l'activité, est mise pour ainsi dire à la porte des êtres, que les *Realen* de Herbart, loin d'être des réalités, sont des abstractions sans vie, des entités scolastiques et rien de plus. Sa monadologie partage du reste les inconvénients de la théorie leibnizienne, qui lui sert de modèle. De même que « l'univers pulvérisé » dont elle nous gratifie, sa philosophie n'a ni l'unité ni l'homogénéité que nous sommes en droit d'exiger de toute doctrine qui se donne pour une métaphysique. Elle est, à tous les titres, l'antipode de la philosophie hégélienne, et avec une affectation, provoquée d'ailleurs par le logicisme de sa puissante rivale, elle avoue ne rien comprendre à la tendance moniste.

Celle-ci prend sa revanche dans Schopenhauer, dont la philosophie, heureuse alliance de la spéculation et du savoir positif, exerce une influence prépondérante sur la pensée allemande contemporaine.

§ 68. Schopenhauer.

Arthur Schopenhauer, fils d'un banquier de Danzig et de Jeanne Schopenhauer, écrivain bien connue en Allemagne, naquit en 1788, fut l'élève des facultés philosophiques de Gœttingue (1809—1811) et 'e Berlin (1811—1813), enseigna dans cette capitale comme *privatim docens* de 1820 à 1831, renonça dès lors à l'enseignement et passa le reste de sa vie à Francfort où il mourut en 1860. Les écrits qui ont fondé sa réputation sont : 1.º Sa dissertatic inaugurale : *De la quadruple* racine du *principe de la raison suffisante*[1]; 2° *Le monde considéré comme volonté et perception*[2]; 3° *De la volonté dans la nature*[3]; 4° *Les deux problèmes fondamentaux de la morale*[4] (le tout en allemand[5]). Auditeur de Schulze[6] à Gœttingue et de Fichte à Berlin, il s'applique de préférence à l'étude de Kant, de Platon et de ce que l'orientalisme naissant avait révélé à l'Europe sur Çakya-Mouni et le bouddhisme. Il doit à Kant, à Fichte et à Schelling sa doctrine capitale, la volonté considérée comme l'absolu, à Platon sa théorie des Idées ou degrés du phénomène volontaire, au bouddhisme sa tendance pessimiste et sa doctrine de la négation de la volonté.

Son ouvrage capital, *Die Welt als Wille und Vorstellung*, commence par rendre hommage au criticisme. En affirmant, avec Kant, que le monde est *ma perception* (*die Welt ist meine Vorstellung*), il ne nie pas la réalité du monde, mais il distingue entre le monde tel qu'il est en soi, abstraction faite de mes sens et de mon intelligence, et le monde tel que je le vois et le conçois, c'est-à-dire le monde phénoménal. C'est le monde-phénomène qui est *ma* perception, *mon* idée, le produit de *mon* organisation intellectuelle; si bien que si j'étais autrement organisé, le monde serait autre, ou du moins, m'apparaîtrait autrement, se composerait (*pour moi*) d'autres phénomènes. En tant que *réalité*, il existe indépendamment de moi, mais en tant qu'*objet* de la sensibilité et de l'intelligence, ou en un mot, en tant que *phénomène*, il dépend du *sujet* qui le perçoit et se règle sur son organisation; il est chose toute relative, et c'est

---

[1] 1813; 2ᵉ éd., 1847; 3ᵉ, 1864. — [2] Leipzig, 1819; 2ᵉ éd. en 2 vol., 1844; 3ᵉ éd., 1859. — [3] 2ᵉ éd., 1854. — [4] 2ᵉ éd., 1860. — [5] Traductions françaises publiées et en préparation. — Voy. sur Schopenhauer: Foucher de Careil, *Hegel et Schopenhauer*, Paris, 1862. — Th. Ribot, *La philosophie de Schopenhauer*, Paris, 1874. — Ch. Lévêque, *La philosophie de Schopenhauer* (*Journal des Savants*, déc. 1874). — *Dictionnaire philosophique*, 2ᵉ éd., article *Schopenhauer* (de M. E. Caro); etc. — [6] Voy. § 63.

le moi, ce sont les conditions *a priori* de la pensée, qui le constituent[1].

D'un autre côté, la conscience proclame hautement que derrière ce monde phénoménal, produit de notre organisation, il y a une réalité supérieure qui ne dépend pas de nous, un absolu, une *chose en soi*. Kant reconnaît la chose en soi et l'admet; mais ce qu'il nous accorde d'une main, il le reprend de l'autre, en déniant à l'entendement le droit d'appliquer à cette *chose* aucune de ses catégories, en déclarant la raison incapable de la connaître, en limitant par conséquent le champ de ce qui peut être connu au monde phénoménal, c'est-à-dire en dernière analyse, au sujet pensant; car le phénomène est *ma* pensée, rien que *ma* pensée. Sans doute, le sujet ne peut pas sortir de lui-même, s'identifier avec ce qui n'est pas lui, s'assimiler les choses telles qu'elles sont en elles-mêmes. Mais ce qui n'est pas moins vrai, c'est que l'existence du monde s'impose d'une manière irrésistible; ce qui est vrai ensuite, c'est que la perception que nous avons de nous-mêmes nous donne à tout le moins une *image* de ce que sont les choses en dehors de nous. Il me serait impossible, sans doute, de rien savoir de l'essence des *objets*, si j'étais uniquement *sujet*, mais je suis à la fois le sujet et l'objet de ma pensée, comme je suis l'objet de la pensée des autres. J'ai conscience d'être un *objet* entre d'autres objets. Ainsi l'abîme creusé par le criticisme entre le sujet pensant et les choses elles-mêmes se comble en partie. La proposition : Je (sujet) suis un objet, j'ai le droit de la retourner et de dire : Très probablement, — Schopenhauer, élève de Schulze le sceptique, ne prétend pas à la connaissance absolue[2], — l'objet (tous les objets, le monde objectif tout entier) est ce que je suis; son essence est analogue à la mienne.

---

[1] *Die Welt als Wille und Vorstellung*, t. I, p. 3 ss. — [2] Ouvrage cité, t. II, p. 733-735.

Cette *analogie* de tous les êtres, que le dogmatisme a affirmée dans Leibniz, nous devons l'admettre même au point de vue critique; nous avons, même kantiens, le droit de juger des choses d'après ce que nous trouvons en nous-mêmes. Seulement il s'agit de bien voir ce qui en nous est véritablement essentiel, primitif, fondamental. Selon Descartes, Spinosa, Leibniz, Hegel et tous les rationalistes, cette chose essentielle, c'est la *pensée*, l'intellect. Leibniz en conclut, vu l'analogie de tout ce qui existe, que tous les êtres perçoivent et pensent dans une certaine mesure; mais l'expérience ne confirme pas cette hypothèse. Hegel, de même, fait de la pensée le phénomène-type universel. Selon Schopenhauer, *la chose essentielle et fondamentale en nous, c'est la* VOLONTÉ, au lieu que la pensée n'est qu'un phénomène dérivé et secondaire, un accident de la volonté. Or nous avons tout lieu de croire, et l'expérience démontre d'ailleurs avec éclat, que ce qui est essentiel et fondamental en nous, est aussi l'essence, le dernier fond de la nature des autres êtres. Nous sommes essentiellement volonté, et l'univers tout entier, considéré dans son essence, est une volonté qui *s'objective*, se donne un corps, une existence réelle.

Et d'abord, mon corps est le produit de la volonté, c'est ma volonté devenue phénomène, c'est mon désir d'être, devenu visible[1]. Et tel mon corps, tels les objets que par lui j'aperçois : tous sont les phénomènes, les manifestations, les produits d'une volonté analogue à la mienne. La volonté, principe de tout ce qui existe, est tantôt pure, c'est-à-dire non liée à une intelligence; dans ce cas elle se confond avec l'*irritabilité*, force mystérieuse qui détermine la circulation du sang, la digestion, les sécrétions; tantôt elle est liée au phénomène intellectuel, elle est consciente, et dans ce cas, elle est ce qu'on appelle vulgairement volonté et libre arbitre. La volonté dans ce sens

---

[1] Ouvrage cité, t. I, p. 120 ; II, p. 277 ss.

spécial est l'irritabilité agissant sciemment et d'après des motifs, comme, par exemple, lorsque je lève le bras. Parfois aussi nos actes sont à la fois le fait de l'irritabilité et de la volonté motivée : la pupille se contracte quand elle est sollicitée par trop de lumière; c'est un effet de l'irritabilité, un *réflexe*; mais elle se contracte aussi volontairement quand nous voulons observer un objet très exigu. La puissance de la volonté consciente est immense. On cite des nègres qui se sont donné la mort en arrêtant leur respiration. Mais, consciente ou inconsciente, irritabilité ou activité libre, et quelque diverses, quelque innombrables que soient ses manifestations dans l'espace et le temps, la volonté en soi est *une*.

Consciente ou non, la volonté agit en nous sans interruption. Le corps et la pensée se fatiguent et ont besoin de repos : seule la volonté est infatigable; elle agit même pendant le sommeil et cause les rêves. Elle n'agit pas seulement dans le corps quand celui-ci est formé, elle préexiste au corps, et c'est elle qui le forme et l'organise selon ses besoins : c'est la volonté qui, dans l'embryon, transforme une partie de la substance cérébrale en rétine *afin* de s'approprier les phénomènes optiques. Si la muqueuse du canal thoracique se fait poumon, c'est que le corps *veut* s'assimiler l'oxygène contenu dans l'atmosphère. Si le système capillaire constitue des organes génitaux, c'est que l'individu en voie de formation *veut* propager l'espèce.

Considérez l'organisation des animaux, et vous la trouverez toujours conforme à leur genre de vie. Il semble, il est vrai, au premier abord, que leur genre de vie, leurs habitudes dépendent de leur organisation : en effet, dans l'ordre chronologique, l'organisation précède le genre de vie. Il semble que l'oiseau vole parce qu'il a des ailes, que le taureau éventre parce qu'il a des cornes. Mais l'observation intelligente constate le contraire. Dans beaucoup d'animaux nous voyons se manifester la volonté de se servir d'organes qu'ils n'ont pas encore. Le bouc, le taureau jouent de la tête avant d'avoir des cornes; le sanglier attaque avec les parties du museau où plus tard seront ses défenses, et les dents dont il pourrait se servir pour la lutte, il ne les emploie pas à cette fin. C'est donc la volonté qui est le principe organisateur, le centre d'où émane l'évolution créatrice. Les carnassiers qui *veulent* déchirer, vivre de rapine et de sang, ont des dents et des griffes formidables, des muscles puissants, des yeux perçants (aigle, condor); ceux au contraire qui d'instinct ne veulent pas combattre, mais chercher le salut dans la fuite, se donnent, au lieu de ces armes, une ouïe fine, des jambes sveltes et agiles (cerf, chevreuil, gazelle). L'oiseau des marais qui *veut* se nourrir de reptiles, a les jambes, le cou, le bec particulièrement développés (cigogne, pélican); le hibou, qui *veut* voir dans l'obscurité, a la pupille colossale, le duvet mou et soyeux, afin de ne pas réveiller le dormeur dont il *veut* faire sa proie. Le porc-épic, le hérisson, la tortue, se couvrent d'une cuirasse, parce qu'ils ne *veulent* pas fuir. La sèche se cache au moyen d'un liquide brunâtre; l'aï, pour se dérober à la vue de l'ennemi, prend l'apparence d'un tronc d'arbre couvert de mousse. En général, et dans le désert en particulier, l'animal se donne la couleur qui le distingue le moins du milieu où il se trouve, parce qu'il *veut* échapper à la poursuite du chasseur. Dans tous ces cas, c'est la volonté, ou plus exactement, la volonté d'être, le *vouloir exister* qui est l'acteur principal [1].

Quand tous ces moyens ne suffisent pas, la volonté se donne une sauvegarde plus efficace encore, la plus efficace de toutes, l'*intelligence* [2], qui, dans l'homme, remplace toutes les autres. L'intelligence est une arme d'autant plus parfaite qu'elle peut déguiser la volonté sous de fausses apparences, tandis que dans

---

[1] Voy. la critique de cette théorie au § 69. — [2] O. c., t. I, p. 179 ss.

l'animal l'intention est toujours évidente et a toujours un caractère déterminé.

La volonté joue le même rôle, bien que d'une manière moins apparente, dans le règne végétal. Là aussi, tout est *tendance, désir, appétition inconsciente.* La cîme de l'arbre, qui *veut* la lumière, *tend* constamment à s'élever dans le sens vertical, à moins qu'elle ne la trouve dans une autre direction. La racine, qui *veut* l'humidité, la recherche souvent par les plus grands détours. Le grain mis en terre pour germer poussera constamment sa tige par le haut, sa racine par le bas, quelle que soit la position qu'on lui donne. Le champignon exécute des tours de force, de vrais prodiges de volonté, forçant les murs, brisant les pierres pour arriver à la lumière. Le tubercule alimentaire de Parmentier, quand il germe en cave, dirige immanquablement sa tige vers le jour. Les plantes grimpantes cherchent des appuis et font de visibles efforts pour les atteindre et s'y fixer. Ici donc, comme dans le règne animal, tout se ramène à la volonté, à cette volonté élémentaire qu'on appelle irritabilité. Entre l'irritabilité et la faculté d'être déterminé par des motifs, il n'y a pas de différence essentielle; car le motif produit également une irritation qui met la volonté en jeu. La plante recherche le soleil par irritation; l'animal de même; seulement, l'animal doué d'intelligence sait quel effet le soleil produit sur le corps.

Considérée dans ses manifestations, la volonté a cela de particulier qu'elle se reconnaît le plus difficilement aux deux extrémités de la création, c'est-à-dire d'un côté dans l'homme, de l'autre dans le règne minéral. Chaque animal, chaque végétal a son caractère déterminé, si bien que d'avance nous savons à quoi nous en tenir à son égard, et qu'ayant affaire à un chien, à un chat, à un renard, nous savons d'emblée que le chien sera fidèle, le chat faux, le renard rusé. Nous prévoyons avec certitude que tel cactus *voudra* un milieu sec, tel myosotis un terrain humide. Nous savons à quelle époque telle plante pousse ses feuilles, à quelle époque elle fleurit et fructifie. Mais dans l'homme et dans le minéral, au sommet et à la base de la création, le caractère est plein de mystères. Nous ne pouvons le découvrir par l'observation directe et nous sommes réduits, pour le connaître, à une expérience prolongée : investigation difficile surtout chez l'homme, qui peut dissimuler son caractère, déguiser la tendance particulière de sa volonté. Néanmoins il y a, dans l'homme, des dispositions, des directions, des penchants nettement accusés, et de son côté le règne minéral a des tendances constantes. L'aiguille magnétique tend invariablement vers le nord. Toujours le corps tombe dans la direction verticale, et nous appelons cela la loi de la pesanteur ou gravitation. La matière fluide obéit à la même loi en suivant le terrain descendant. Telle substance se dilate régulièrement sous l'influence de la chaleur et se rétrécit sous celle du froid, telle se cristallise sous l'action d'autres substances avec lesquelles elle est en contact. En chimie surtout, ces volontés constantes, ces sympathies, ces antipathies s'observent d'une manière frappante[1]. Aussi nos langues ont-elles consacré instinctivement, par une série d'expressions caractéristiques, cette vérité que la volonté est au fond de toutes choses. C'est ainsi que nous disons : le feu ne *veut* pas brûler ; la corde tordue *tend* à se retordre ; le fer est *avide* d'oxygène. Ce ne sont pas là des images, des métaphores ; ce sont autant d'expressions qu'il faut prendre au pied de la lettre[2].

Ce que donc les éléates appellent le $ἓν\ καὶ\ πᾶν$, Spinosa la substance, Schelling l'absolu, Schopenhauer le précise en l'appelant la volonté. Mais, ainsi que le panthéisme, il nie que ce principe soit une personne. La volonté est pour lui la force inconsciente qui produit les êtres déterminés, les individus

---

[1] On objecte que c'est anthropomorphiser la nature ; mais si c'est la nature qui a produit l'homme, ne l'a-t-elle pas créé à son image ? — [2] *Ueber den Willen der Natur*, 2ᵉ éd., p. 46 ss.

vivant dans l'espace et le temps; c'est ce qui, n'étant pas, tend à l'être, se donne la vie, s'objective dans les existences individuelles; c'est, en un mot, le *vouloir être*. En soi, la volonté n'est ni soumise aux lois de l'étendue et de la durée, ni susceptible d'être connue. Mais ses manifestations ont lieu dans le temps et dans l'espace, qui constituent ensemble le *principium individuationis*. Du moins l'intellect les conçoit-il comme étant à côté et à la suite les unes des autres.

La succession des phénomènes de la volonté universelle dans le temps a lieu d'après des lois constantes et suivant ces types invariables que Platon appelle les Idées. Ces Idées ou formes constantes sous lesquelles la volonté s'objective dans une même espèce, forment une échelle graduée depuis l'être élémentaire jusqu'à l'homme. Elles sont indépendantes du temps et de l'espace, éternelles et immuables comme la volonté elle-même, tandis que les individus *deviennent* et ne *sont* jamais. Les Idées inférieures ou degrés élémentaires de la manifestation de la volonté sont : la pesanteur, l'impénétrabilité, la solidité, la fluidité, l'élasticité, l'électricité, le magnétisme, le chimisme. Les degrés supérieurs apparaissent dans le monde organique, et la série s'achève dans l'homme. Chaque degré du phénomène volontaire disputant à l'autre la matière, l'espace et le temps dont il a besoin, il en résulte cette *lutte pour l'existence* qui caractérise la nature. Chaque organisme ne représente l'Idée dont il est la copie que déduction faite de la quantité de force dépensée pour vaincre les Idées inférieures qui lui ont disputé l'existence. Selon que l'organisme réussit plus ou moins à asservir les forces naturelles constituant les degrés inférieurs de la vie, il est l'expression plus ou moins parfaite de l'Idée qu'il représente, et il se rapproche plus ou moins de ce que, dans l'espèce, on appelle la beauté[1].

---

[1] *Welt als Wille und Vorstellung*, I, p. 199 ss.

La volonté est un désir perpétuel d'être, d'où procède incessamment le monde phénoménal. Aussi longtemps qu'il y aura une volonté, il y aura aussi un univers. Les individus naissent et meurent, mais la volonté, le désir qui les engendre est éternel, ainsi que les types spécifiques suivant lesquels elle les produit. Naître et mourir ne concernent pas la volonté, mais uniquement ses manifestations. L'essence de nous-mêmes, la volonté, ne meurt point. La religion des Hindous, des Grecs, des Romains semble vouloir traduire cette vérité dans les sujets joyeux, fêtes, danses, noces, dont elle orne les sarcophages. La mort n'est pas un sujet de deuil, au contraire. Ainsi que la naissance, elle est la conséquence de l'ordre universel. Mais si le fait que nous avons en nous une partie de la volonté générale, un principe qui ne peut mourir, est consolant d'une part, en nous garantissant l'immortalité dans une certaine mesure, il est désolant pour ceux qui voudraient se délivrer des peines de l'existence au moyen du suicide. La mort supprimant le phénomène seul, savoir le corps et nullement l'âme, c'est-à-dire l'universelle volonté, le suicide ne me délivre que de mon existence phénoménale et nullement de moi-même.

Source intarissable de toute vie, la volonté est aussi la mère de tous les maux. Le monde qu'elle enfante, loin d'être « le meilleur des mondes possibles », est le pire de tous. En dépit des poètes, la nature n'est qu'une « entre-mangerie » sans fin, et pour se convaincre de combien la douleur prime le plaisir, on n'a qu'à mettre en balance les souffrances des animaux dévorés et les jouissances de ceux qui les dévorent. L'histoire, à son tour, n'est qu'une interminable série de meurtres, de rapines, d'intrigues, de mensonges, et qui en connaît une page, les connaît toutes. Les prétendues vertus humaines, l'amour du travail, l'application persévérante, la tempérance, la parcimonie ne sont qu'un égoïsme raffiné, *splendida vitia*. Il n'y a de vertu digne de ce nom que la *pitié* ou sympathie, principe de la morale bouddhiste et, quoi qu'en pense Spinosa, base de toute vraie morale[1]. Au fond de toutes les autres se retrouve le vouloir vivre et jouir. Et à quoi bon ce prodigieux effort, cette lutte sans trêve ni merci? Son but, c'est l'être, et l'être, c'est la souffrance nécessaire, irrémédiable. Plus d'ailleurs l'être se perfectionne, c'est-à-dire s'élève sur l'échelle de l'intelligence, plus il est malheureux. L'homme capable de concevoir des idéaux souffre infiniment plus que la brute qui en est incapable. Le rire, le pleurer sont des phénomènes exclusivement humains.

Être étant synonyme de souffrir, le bonheur positif est une éternelle utopie. Il n'y a de possible que le bien-être négatif consistant dans la cessation de la souffrance, et l'unique moyen d'y parvenir c'est que la volonté, éclairée par l'intelligence sur l'inanité de la vie et de ses plaisirs, se retourne contre elle-même, se nie elle-même, renonce à être, à vivre, à jouir. Cette doctrine du salut par la *négation de la volonté* est l'essence commune de l'Évangile et du bouddhisme[2]. Selon le christianisme comme selon Bouddha, l'homme entre coupable dans le monde; il est le fruit de deux passions aveugles, car le mariage, selon l'assertion formelle de saint Paul, n'est qu'une concession faite à ceux dont la volonté n'est pas assez forte pour se vaincre elle-même. La propagation de l'espèce est un mal, — le sentiment de honte qui s'attache à cette sphère en est la preuve, — et ne pas naître vaudrait mieux que de descendre dans ce monde de la convoitise et de la douleur : tel est, selon Schopenhauer, le sens du dogme de la coulpe originelle et de l'engendrement surnaturel du Sauveur. Reconnaître au moyen de l'intellect que tout dans notre vouloir est vanité, c'est ce que le christianisme appelle l'effet de la grâce, et il en résulte pour nous l'amour de la justice, la charité envers le prochain, le renoncement à nous-

---

[1] *Du fondement de la morale*, § 18. — [2] Ouvrage cité, I, p. 318 ss.

mêmes et à nos désirs, enfin, la négation absolue du vouloir (la régénération, la conversion, la sanctification). Jésus est le type de l'homme qui comprend sa destinée. Son corps, qui est l'affirmation de sa volonté, il en fait le sacrifice; il étouffe en lui le *vouloir être*, afin que le Saint-Esprit, c'est-à-dire l'esprit de renoncement et de charité, prenne sa place dans le monde. Au surplus, il faut reconnaître que par le célibat, les vœux, les jeûnes, les aumônes et autres chaînes dont il charge la volonté, le catholicisme est resté plus fidèle que le protestantisme à l'esprit de l'Évangile. Le christianisme est vrai dans les doctrines qu'il emprunte à l'Orient aryen, notamment dans celles du sacrifice de la volonté propre et de la charité universelle; il est erroné dans ce qu'il renferme d'éléments judaïques[1], et en particulier, dans son dogme d'un Dieu personnel, créateur du monde.

En résumé, conclut Schopenhauer[2], ma philosophie ne prétend pas remonter aux causes premières : elle demeure dans les limites des faits d'expérience extérieure et intérieure accessibles à tout le monde, et se contente d'en montrer la liaison, sans se préoccuper de ce qui peut être au delà. Elle s'abstient de toute hypothèse relative à ce qui dépasse l'expérience, elle ne fait qu'expliquer les données de la sensibilité et de la conscience; elle n'aspire qu'à comprendre l'essence *immanente* du monde. Elle est, sous ce rapport, purement kantienne. Aussi laisse-t-elle bien des questions ouvertes, et avant tout celle de savoir pourquoi les faits sont précisément tels que l'expérience nous les montre. Mais toutes les questions de ce genre sont transcendantes, c'est-à-dire que les formes et les fonctions de l'intelligence ne peuvent servir à les résoudre : l'intelligence est aussi

---

[1] L'antipathie de Schopenhauer pour les juifs et le judaïsme n'a d'égale que sa haine de Hegel et des « professeurs de philosophie ». Elle est conséquente à son principe bouddhiste du « renoncement » comme dernier mot de la morale. Israël, en effet, semble plus décidé qu'aucune autre race à *ne pas renoncer* à l'existence : c'est donc, aux yeux de notre philosophe, le plus « immoral » des peuples. — [2] Ouvrage cité, II, chap. 50.

impuissante à leur égard que la sensibilité vis-à-vis des qualités des corps dont le sens nous fait défaut. Fatalement liée à la loi de causalité, elle ne comprend que ce qui est soumis à cette loi. Les métaphysiciens dogmatiques et transcendantalistes, en accumulant les *pourquoi?* les *d'où vient?* oublient que *pourquoi* signifie *par quelle cause*, qu'il n'y a de causes et d'effets que dans la succession des moments du temps, que par conséquent, dans le domaine de ce qui échappe à la forme du temps comme de l'espace, dans le domaine du transcendant, le *pourquoi* n'a plus de sens, puisque là il n'y a plus ni avant, ni après. De tous côtés la pensée se heurte à des problèmes insolubles, comme aux murs d'une prison... L'essence des choses est inaccessible à l'intelligence, et non seulement à la nôtre, mais très probablement à l'intelligence en général : elle est à la fois inintelligible et inintelligente[1], et l'intelligence n'en est qu'une forme, un appendice et un accident... Le ἓν ἐστὶ τὸ πᾶν, la doctrine de l'unité d'essence de tous les êtres, je la partage avec les éléates, Scot Érigène, Bruno, Spinosa et Schelling; seulement je n'ai garde d'ajouter : καὶ τὸ πᾶν θεός, en quoi je me distingue essentiellement des panthéistes. Le θεός des panthéistes est un X par lequel ils prétendent expliquer le connu; ma « volonté », au contraire, est une donnée de l'expérience; je procède, comme toute vraie science doit procéder, du connu à l'inconnu. Ma méthode est expérimentale, analytique, inductive; celle des métaphysiciens panthéistes, synthétique et déductive... Le panthéisme est synonyme d'optimisme; dans mon système, au contraire, le mal dans le monde est franchement avoué et reconnu dans toute sa réalité : il se distingue sous ce rapport de la plupart des philosophies anciennes et modernes, notamment de Spinosa, de Leibniz, de Hegel... Il est à Spinosa ce que le Nouveau Testament est à l'Ancien.

---

[1] Nulle différence sur ce point entre Schopenhauer et le matérialisme.

C'est donc une *métaphysique expérimentale* que nous donne Schopenhauer, et c'est appuyé sur l'expérience que pour la première fois il appelle de son vrai nom ce qui « fait le fond de l'être et sa substance[1] » : la Volonté. C'est là son originalité, son mérite, le secret de ses succès dans l'Allemagne contemporaine, rassasiée d'apriorisme. Elle réunit ce qui naguère encore semblait destiné à un antagonisme perpétuel : l'expérience et la spéculation, le réalisme et l'idéalisme, le positivisme et la métaphysique. Elle est spéculative, car elle s'élève à l'universel, et elle est expérimentale, attendu qu'elle s'y élève par induction ; elle est une ontologie puisqu'elle a pour objet l'essence et, si nous osons le dire, le fin mot des choses, et elle est positive puisqu'elle s'édifie sur la base solide des faits ; elle est réaliste par les concessions, excessives d'ailleurs, qu'elle fait au matérialisme ; elle est idéaliste et critique en ce qu'elle nie la réalité intrinsèque du monde phénoménal et le fait dépendre entièrement de notre organisation intellectuelle. Gage de la réconciliation à venir entre la métaphysique et la science, elle s'est fait pardonner par ses disciples sa théorie des Idées, empruntée à Platon et contraire aux principes essentiellement nominalistes de la science naturelle contemporaine, son pessimisme extrême, très supérieur assurément à l'optimisme satisfait de Leibniz, mais basé sur une connaissance imparfaite de la nature humaine et une évidente exagération de la portée de nos expériences personnelles, enfin, l'inqualifiable amertume de ses diatribes contre les Fichte, les Schelling, les Hegel, dont elle emprunte, quoi qu'elle en dise, l'idée moniste, et dont en définitive le principal tort à ses yeux c'est d'avoir été professeurs de philosophie.

Le plus original de ses disciples, Édouard de Hartmann[2],

---

[1] Ch. Secrétan (*Revue philosophique*, VII, 3). Le terme se trouve, il est vrai, chez ses prédécesseurs, notamment chez Fichte et Schelling, mais c'est Schopenhauer qui lui donne en quelque sorte sa consécration définitive comme terme technique. — [2] Né à Berlin en 1842. Outre la *Philosophie de l'in-*

a même entrepris, dans sa *Philosophie de l'inconscient*, de réconcilier Schopenhauer et Hegel, en doublant la Volonté d'un second principe qui lui sert de guide, l'*Idée* (*die Vorstellung*). En effet, c'est ainsi qu'il raisonne, la volonté arrive à ses fins comme si elle était intelligente. Sous le nom d'âme, elle imprime au corps humain les mouvements qu'elle veut, comme si elle avait une connaissance parfaite des moyens nécessaires à cet effet. Dans les animaux et sous le nom d'instinct, elle agit comme l'intelligence la plus consommée. Sous le nom de vertu curative ou catagmatique de la nature, elle guérit les blessures, les fractures, comme le plus habile des médecins. Elle est donc *intelligente* mais *inconsciente*, elle sait sans savoir qu'elle sait.

La distinction entre l'intelligence et l'aperception interne n'est pas nouvelle; elle se trouve dans Leibniz, dans Schelling; mais Hartmann l'a formulée pour la première fois avec une parfaite clarté, en l'appuyant sur une très large base expérimentale. On aurait tort cependant de voir dans la doctrine de l'Idée collaboratrice de la volonté, une différence essentielle entre le disciple et le maître; car Schopenhauer aussi a ses *Idées* platoniciennes, servant de degrés à l'évolution de la volonté. D'ailleurs l'*Idée* de Hartmann n'a pas pu empêcher l'absolu de *vouloir*, c'est-à-

---

conscient (1869; nombreuses éditions; traduction fr. par M. Nolen, 2 vol., 1877), M. de Hartmann a publié : *Fondement critique du réalisme transcendantal* (1875); *Phénoménologie de la conscience morale* (1877); *La conscience religieuse et les étapes de son développement* (1882); etc. (en allemand). — Autres disciples marquants: J. Frauenstædt (1813-1878. — *Lettres sur la philosophie de Schopenhauer*, Leipz., 1854, all. — *Nouvelles lettres sur la philosophie de Sch.*, ibid., 1876, etc. — Frauenstædt, loin d'être imitateur servile, critique et corrige le maître en plusieurs points importants. Non seulement il distingue entre la volonté *supérieure* ou humaine et la volonté *inférieure* de l'animal, au contraire de Schopenhauer, qui les identifie, mais il va jusqu'à substituer à son pessimisme un système intermédiaire entre le pessimisme et l'optimisme), Bahnsen (*Contributions à la charactérologie*, Berlin, 1867, all.; etc.), Mainlænder (*Philosophie de la rédemption*, Berlin, 1876, all.), Deussen (*Éléments de métaphysique*, Aix-la-Chapelle, 1877, all.); etc.

dire de se réaliser dans un monde où le mal l'emporte nécessairement et infiniment sur le bien, et auquel, bien qu'il soit le meilleur des mondes *possibles*, le néant serait préférable. Tout ce qu'elle peut, c'est de diriger l'évolution cosmique et d'amener l'absolu, par le sentiment de plus en plus profond de l'universelle misère et l'intelligence de plus en plus complète du secret des choses (en un mot, par le développement même de la conscience), à ne plus vouloir être : ce qui sera la fin du monde. Ici encore la différence entre le disciple et le maître est plus apparente que réelle. Selon Hartmann comme suivant Schopenhauer, l'existence du monde est un mal, puisqu'elle est synonyme de peine, de douleur, d'angoisse, et d'une peine, d'une douleur, d'une angoisse qui se répètent, à des degrés divers, dans des myriades de créatures sensibles ; mais selon Schopenhauer le mal est irréparable, le monde et par conséquent les peines sont éternelles, et il n'y a de rédemption relative que pour les individus qui meurent ; selon Hartmann au contraire, qui se base sur ce principe : *point de développement sans commencement ni fin* pour admettre une création et une fin du monde, le mal est réparable et il y a rédemption finale pour l'absolu même, rédemption universelle[1]. Seulement cette rédemption n'est pas *définitive*, car rien ne garantit que l'état latent où retournera la volonté soit définitif, qu'elle ne se réveille plus, qu'il n'y ait pas un monde nouveau, c'est-à-dire un nouvel enfer. Le hasard a produit l'univers actuel, le même hasard peut produire dans l'avenir un nombre indéfini de mondes, c'est-à-dire d'enfers. Et nous voici de nouveau en pleine doctrine de Schopenhauer.

Pour concilier réellement le volontisme et l'idéalisme, il faudrait réformer la notion même de *volonté* qui est à la base du

---

[1] Hartmann appelle ceci son optimisme *évolutionniste* par opposition au pessimisme absolu de Schopenhauer, c'est-à-dire que pour lui l'évolution historique aboutit au moins au bonheur négatif du néant, tandis que Schopenhauer ne connaît en réalité ni histoire, ni évolution, ni progrès d'aucune sorte.

système pessimiste. L'erreur commune au maître et au disciple, ce n'est pas de mettre la volonté au sommet des choses, — elle y est en effet, — c'est de la faire radicalement et irrémédiablement immorale en lui assignant pour but final l'être en tant qu'être, l'existence toute nue et à tout prix. Or l'existence ne donne à la volonté la satisfaction suprême qu'elle réclame, qu'à la condition d'être vouée à son tour à une fin supérieure. Elle n'est donc pas la fin absolue de la volonté créatrice, et celle-ci n'est pas le vouloir-vivre (*der Wille zum Leben*), mais la volonté qui tend au bien moyennant la vie, ou selon le cas, moyennant le sacrifice (*der Wille zum Guten mittels des Lebens*). Le bien consiste pour le pessimisme à *défaire* ce que la volonté a fait, et en définitive, — car le fait même de vouloir est une folie [1], — à ne pas vouloir du tout : il consiste selon nous à le parfaire, à l'organiser, à l'accomplir par la moralité [2].

§ 69. Darwin et le Monisme contemporain [3].

A ce point de son évolution, la philosophie allemande touche à son tour au système de Hobbes et de la Mettrie. Le lien qui rattache le système de Schopenhauer au spiritualisme n'est plus qu'un fil. Schopenhauer reproche à la phrénologie d'avoir établi une connexité entre la volonté et une partie déterminée de l'encéphale, la volonté étant productrice et non produit, mère et non fille de l'organisation, la chose primitive, préexistant à l'organisation physique et, par suite, indépendante des fonctions

---

[1] La « folie » de vouloir exister, c'est en définitive Dieu même qui l'a commise, et à ce titre, elle est « plus sage encore que la sagesse humaine » (saint Paul) : *felix culpa* (saint Augustin). — [2] Voy. d'ailleurs nos Préfaces. — [3] Outre les deux ouvrages capitaux de Darwin (*Origine des espèces* et *Origine de l'homme*), voyez surtout Strauss, *La vieille et la nouvelle foi.* — Haeckel, *Histoire naturelle de la création.* — Oscar Schmidt, *La descendance de l'homme et le darwinisme.* — L. Noiré, *La pensée moniste*, 1875. *Aphorismes de la philosophie moniste*, 1877 (en all.).

du cerveau. Mais s'il refuse au matérialisme la volonté, il lui abandonne l'intelligence, qu'il déclare *résulter* de la vie cérébrale, tout en affirmant d'ailleurs, avec Kant, que le monde phénoménal et, par suite, le cerveau lui-même qui en fait partie, *n'existe pas indépendamment de l'intellect.* Le cerveau et l'intelligence se *conditionnent* réciproquement; l'un n'est pas sans l'autre. Seule la volonté ne dépend, en aucune façon, de la matière organisée. Toutefois, cette volonté tendant exclusivement à l'être ne se distingue, ni en principe ni en fait, de la « force » des matérialistes. D'autre part, les *Realen* de Herbart ressemblent à s'y méprendre aux « atomes ». Les monades de Leibniz perçoivent par elles-mêmes; la « perception » de Herbart *résulte* de la pénétration mutuelle des *Realen* et ne leur est pas inhérente : par eux-mêmes ils sont aussi peu intelligents que les centres de force de l'atomisme. Pour Herbart comme pour le matérialisme, l'intelligence est un résultat, non un principe. De même ce que Hegel appelle l'Idée créatrice n'*est* pas l'intelligence consciente d'elle-même; c'est un principe qui *devient* intelligence consciente quand il est servi par l'organisme cérébral. Où donc est la différence essentielle entre un principe inconscient et ce que le matérialisme appelle la force-matière? D'ailleurs Hegel, comme Schopenhauer, Spinosa, Bruno, est d'accord avec le matérialisme pour rejeter le dogme de la création et du gouvernement du monde par une volonté supra-cosmique, l'immortalité de l'âme et le libre arbitre, c'est-à-dire les doctrines essentielles du spiritualisme. La conception hégélienne des choses et la philosophie matérialiste sont identiques au fond, quelque opposées qu'elles soient dans la forme : c'est de part et d'autre le naturalisme ou *monisme* substitué au théisme et au dualisme. Hégéliens, renonçons aux termes ambigus! Désignons les choses par leur nom véritable! Appelons la substance qui préexiste à l'intelligence, non plus l'*Idée*, mais la *matière*! Ce qui nous sépare des matérialistes, c'est en définitive la méthode; or la nôtre est manifestement erronée, la leur évidemment la bonne; donc tendons-leur la main! Tel ne tarda pas à être le langage de la gauche hégélienne, en particulier de Louis Feuerbach [1], renommé par ses études sur l'*Essence du christianisme* [2] et *de la religion* [3], à qui se joignit plus tard l'hégélien David Strauss [4].

C'est ainsi que le matérialisme, renforcé par les épigones de l'hégélianisme et popularisé par le talent littéraire des Moleschott [5], des Büchner [6], des Carl Vogt [7], des Ernest Hæckel [8], est devenu, au delà du Rhin, ce qu'il a été en deçà dès le dix-huitième siècle: une puissance intellectuelle de premier ordre, fortement assise sur le terrain des faits, ayant pour elle le double prestige d'une clarté parfaite et d'un savoir étendu et solide. Favorisé d'ailleurs par l'opinion, grâce à sa connivence avec le radicalisme politique et religieux, il s'appuie sur une série de découvertes et de théories scientifiques récentes. Il en appelle à la théorie transformiste de Lamarck [9] et de Darwin [10], contre la création-miracle; à l'étude anatomique des singes anthropoïdes, contre l'opinion qui voit un abîme infranchissable entre l'animal et l'homme, la matière et l'esprit [11]; aux progrès de la synthèse

---

[1] Fils du jurisconsulte Anselme Feuerbach; 1804-1872; ses *Œuvres complètes* ont été publiées à Leipzig, 1846-66. — [2] Leipzig, 1841; « Le secret de la théologie, c'est l'anthropologie. Dieu, c'est l'homme s'adorant lui-même. La Trinité, c'est la famille humaine divinisée. » — [3] Leipzig, 1845. — [4] Auteur de la *Vie de Jésus* (1835); 1808-1874. — *La vieille et la nouvelle foi*, Leipzig, 1872 (traduit). — [5] *La circulation de la vie*, Mayence, 1852. Plusieurs éditions et traductions. — *Unité de la vie*, Giessen, 1864. — [6] *Force et matière*, Francfort, 1855. Nombreuses éditions et traductions. — *Nature et esprit*, ibid., 1857. — *Leçons sur Darwin*, 1868; etc. — [7] *Lettres physiologiques*, Stuttgart, 1845-47. — *Kœhlerglaube und Wissenschaft*, Giessen, 1854. — *Leçons sur l'homme*, etc., ibid., 1863. — [8] *Morphologie générale*, Berlin, 1866 ss. — *Histoire naturelle de la création*, ibid., 1868, etc. — [9] Lamarck, *Philosophie zoologique*, Paris, 1809. — [10] *On the origin of species by means of natural selection*, 1859, trad. par Mad. Clémence Royer, 3e éd., 1870. — [11] Huxley, *De la place de l'homme dans la nature*, trad. E. Dally, 1868. — C. Vogt, *Leçons sur l'homme et sa place dans la création et dans l'histoire de la terre*, trad. Moulinié, 1865.

chimique, contre le fantôme du *principe vital*[1]; à la théorie de l'équivalence et de la transformation des forces[2] et aux découvertes électrologiques[3], contre l'hypothèse d'une force séparée pour expliquer la pensée; à la théorie géologique des évolutions lentes et des transformations insensibles[4], contre la théorie des cataclysmes[5], derrière laquelle s'abrite, selon lui, la croyance aux interventions capricieuses d'un pouvoir surnaturel; enfin, aux expériences nombreuses et concluantes qui ont mis hors de doute le rapport existant entre le cerveau et la pensée, contre la distinction spiritualiste de l'âme et du corps.

De toutes ces nouveautés, celle que le matérialisme s'est assimilée le plus rapidement et à laquelle il doit l'appoint le plus important, c'est la théorie darwinienne, qui répond à cette question capitale demeurée sans solution jusqu'à Darwin : Comment la finalité qui se manifeste dans la construction et la disposition de nos organes, a-t-elle pu se produire sans l'intervention d'une cause créatrice intelligente et par l'action purement mécanique de forces inconscientes? ou encore : comment expliquer la finalité sans les causes finales[6]? Le darwinisme, en fournissant au matérialisme une réponse péremptoire à l'objection capitale du spiritualisme théiste, est devenu par ce fait

---

[1] Virchow, *Le vitalisme ancien et moderne* (*Archives anatomiques et physiologiques*, IX, 1-2). — [2] Sir Humphry Davy. — Faraday. — S. R. Mayer, *Traité de la chaleur*, 1842. — Helmholtz, *Mémoire sur la conservation de la force*, précédé d'un *Exposé élémentaire de la transformation des forces naturelles*, trad. L. Pérard. — Hirn, *Esquisse de la théorie mécanique de la chaleur*, 1864. — John Tyndall, *La chaleur considérée comme un mode de mouvement*, trad. par l'abbé Moigno, 1864. — Même auteur, *La matière et la force*, trad. Moigno, 1867. — Combes, *Exposition de la théorie mécanique de la chaleur*. — Dupuy, *Transformation des forces*. — Grove, *Corrélation des forces physiques*, trad. par l'abbé Moigno sur la 3e éd. anglaise, 1868. — [3] Du Bois-Reymond, *Recherches sur l'électricité animale*, trad. par Moulinié, Paris, 1868. — [4] Lyell, *Principes de géologie*, trad. par Mad. Tullia Meulien. — [5] Georges Cuvier, *Discours sur les révolutions de la surface du globe* (Introduction à ses *Recherches sur les ossements fossiles*). — [6] Hæckel, *Histoire naturelle de la création*, 4e éd., page 284.

son allié indispensable, et telle est l'intimité de cette alliance que darwinisme et matérialisme sont considérés comme des termes synonymes.

Deux systèmes se trouvent en présence dès le dix-huitième siècle[1] : suivant le premier, qui se fonde sur la prétendue immutabilité des espèces, chaque espèce animale et végétale a été créée indépendamment de toutes ses congénères (*créationisme* de Linné et de Cuvier); suivant le second, dont Diderot et Robinet ont formulé les principes, les espèces ne sont que des variétés mieux marquées et plus fixes que ce qu'on désigne vulgairement par ce mot, et *descendent* les unes des autres génératiyement (*transformisme* ou *évolutionnisme*). Au *dogme* de l'immutabilité des espèces le transformisme oppose le *fait* de leur variabilité. Entre l'être générateur et son rejeton, il y a toujours similitude, jamais identité. C'est-à-dire qu'il y a, entre l'un et l'autre, des différences. De plus, et c'est l'important, ces différences peuvent se transmettre par hérédité. Mais cette variation incessante et la métamorphose progressive des espèces qui s'ensuit, comment et à quelles causes ont-elles lieu? Comment et à quelles causes une même souche a-t-elle pu produire le tigre et la gazelle, la souris et l'éléphant? Selon Lamarck et Geoffroy Saint-Hilaire, c'est grâce à l'influence du milieu sur l'organisme et à l'adaptation progressive de cet organisme aux conditions d'existence qui lui sont faites. Cette explication, qui suffisait pour un certain nombre de cas, mais en laissait un nombre plus grand encore inexpliqués, fut complétée par Charles Darwin, le plus célèbre des naturalistes de ce siècle (1809-1882), dans son livre monumental : *On the origin of species by means of natural selection*[2]. La cause efficiente de la transformation des êtres organisés et de la diversification de leurs types spécifiques, c'est, selon Darwin, la *concurrence* qui

---

[1] Voy. § 60. — [2] Voy. p. 536, note 10.

se fait naturellement entre eux, la *lutte pour l'existence* (*struggle for life*) : concurrence dont l'effet est celui d'une *sélection* de tout point semblable à la sélection artificielle au moyen de laquelle l'horticulteur et l'éleveur obtiennent leurs variétés. Que fait l'éleveur de pigeons par exemple[1] ? Il remarque dans l'un de ses pigeons la particularité que sa queue a une penne de plus que les autres; il tâche de se procurer une femelle offrant la même particularité, et il obtient de ce couple des rejetons ayant la queue garnie de deux, trois, quatre pennes de plus que leurs ascendants : le pigeon-paon; il obtient, par un procédé semblable, le pigeon grosse-gorge, le pigeon cravate, le pigeon hirondelle, le pigeon carme et autres variétés. Même procédé chez les éleveurs de chevaux, de chiens, de bêtes à cornes, et chez les horticulteurs : en assortissant leurs couples ou leurs graines d'après certaines données, ces *artistes* arrivent à diversifier les types à l'infini. Ils y arrivent par un artifice de l'intelligence et avec intention : la nature obtient le même résultat (diversification des types) sans artifice ni intention quelconque, au moyen de la concurrence ou lutte pour la vie. Cette lutte, en effet, opère entre les êtres un triage, une sorte de choix (*selectio*) : les uns, c'est-à-dire les plus forts ou les plus adroits ou les plus propres, pour une cause quelconque, à échapper à la destruction, arrivent à se reproduire; les autres périssent; ceux-ci sont les *réprouvés*, ceux-là les *élus* de la nature, les *selecti* de la concurrence, qui n'est pas seulement le principe de tout progrès social, mais aussi la cause première de tout développement dans la nature. Supposons, dit Strauss commentant Darwin[2], un troupeau de bœufs à l'époque où ces animaux ne sont pas encore munis de cornes. Ce troupeau est attaqué par des carnassiers. Il est évident que, dans la lutte

---

[1] *De l'origine des espèces*, trad. Royer, 3ᵉ éd., p. 29 ss. — [2] *La vieille et la nouvelle foi*, 2ᵉ éd., p. 190 ss.

pour l'existence qui s'ensuit, ceux qui ont le front le plus fort auront plus de chances que les autres de se tirer d'affaire, et il est évident aussi que s'il se trouve, dans le troupeau attaqué, un individu qui a au front un rudiment de cornes, il aura pour lui plus de chances de salut que le reste du troupeau. Celui-ci succombera en grande partie, mais quant à lui, il en réchappera ; il arrivera à se reproduire, et (ce qui est ici l'important) il transmettra à ses descendants la particularité qui lui a valu de vivre et de pouvoir se reproduire : son rudiment de défenses frontales. Ses descendants seront plus ou moins pourvus de cette particularité. Plus ils le seront, plus ils auront de chances de vaincre dans la lutte qui se renouvellera pour eux, et de transmettre à leur tour l'organe protecteur aux générations suivantes. Et ainsi cet organe, qui n'a été, chez son premier porteur, qu'un simple caprice de la nature, et qui, sans la concurrence, aurait disparu avec ce porteur sans laisser de trace dans l'espèce bovine, va se développant et se perfectionnant de génération en génération ; ce qui n'était d'abord qu'un caractère purement individuel devient un caractère générique, grâce à cette lutte toujours renaissante et aux effets accumulés de cette sélection sans cesse renouvelée.

Dans l'exemple précité, c'est un avantage positif, un surplus, qui a déterminé la sélection, mais il est des cas où un manque peut avoir le même effet, où un défaut peut être un avantage et une cause de sélection. Supposons, avec Hæckel[1], que dans une île en plein Océan, un essaim d'insectes ailés s'élève dans les airs et que, surpris par une tourmente, il soit entraîné vers la haute mer et y périsse ; supposons encore que l'un de ces insectes manque d'ailes : il ne pourra suivre l'essaim dans les profondeurs de l'air, mais c'est précisément à ce défaut qu'il devra son salut, et, survivant à ses congénères ailés, il trans-

---

[1] Ouvrage cité, p. 256 ss.

mettra son défaut à l'un ou à l'autre de ses descendants, qui lui devra le même avantage (celui d'être « élu ») ; et ainsi de suite, jusqu'à ce que, de sélection en sélection, les ailes disparaissent complétement dans l'espèce comme caractère générique. Dans ce cas, sans doute, le processus qui s'opère par sélection naturelle est en réalité un recul, car il s'agit d'une déformation, d'un étiolement progressif ; mais l'évolution, dans la nature, est aussi souvent recul que progrès.

La sélection par la concurrence vitale est l'explication suffisante de tout ce qu'il y a de propriété finale dans les organismes : elle explique jusqu'à la manière dont se sont formés les organes des sens, l'œil, l'oreille, si admirables d'art et qui, par cela même, ont toujours fourni aux doctrines finalistes et créationistes leur plus précieux appui. Le premier œil qui s'est produit dans l'évolution du règne animal n'était, comme la première corne dans celle de l'espèce bovine, qu'un simple rudiment, d'où il y avait aussi loin à l'œil des espèces supérieures actuelles que de la nageoire du poisson et de l'aile de l'oiseau au bras de l'homme ; mais en réfractant déjà la lumière d'une certaine manière et en provoquant une sensation lumineuse, si faible fût-elle, il constituait, pour l'individu qui en était nanti, un avantage immense dans la concurrence vitale et en faisait l'« élu de la nature », autour duquel disparaissaient forcément ses congénères aveugles, pour le laisser lui seul conserver l'espèce et transmettre son organe visuel, plus accentué encore peut-être, à ses descendants. Les mêmes causes ne cessant d'agir et d'accumuler leurs effets de génération en génération, l'œil finit, après des milliers de siècles d'une évolution progressive, par arriver à sa perfection actuelle, défiant l'art le plus consommé et les plus savantes combinaisons de l'intelligence : et il y arrive, non par le fait d'une intervention intelligente, mais *par la force des choses*[1].

---

[1] *De l'origine des espèces*, p. 229 ss.

C'est, nous l'avons dit, en raison de cette explication mécanique de la finalité, — explication qui, chez Darwin, n'exclut pas l'idée de création, — que le matérialisme contemporain s'est approprié d'emblée et d'enthousiasme la théorie de la sélection naturelle. Ce que l'on attribue à la « sagesse de la Providence » ou à la « bonté de la mère Nature », apparaît, dans l'hypothèse darwinienne, comme l'œuvre de la concurrence naturelle des êtres et de la sélection qu'elle détermine. Si les animaux qui peuvent vivre nus dans les climats chauds se trouvent munis, dans les régions boréales, de chaudes fourrures ; si les habitants du désert ont pour la plupart un pelage dont la nuance ressemble à celle du milieu où ils vivent et qui les protège, en les dissimulant aux regards de leurs ennemis ; si enfin l'existence de tout être vivant se trouve « assurée » à un certain degré, il n'y a là ni intention charitable ni dispensation surnaturelle et providentielle. Ce n'est pas *à fin*[1] de n'avoir pas froid que les animaux du nord ont leurs fourrures, c'est *parce qu*'ils sont revêtus de fourrures qu'ils ne souffrent pas du froid, et ils ont des fourrures *parce que* leurs ascendants, qu'un caprice de la nature a revêtus d'une peau plus épaisse, ont, par cela même, mieux soutenu la lutte pour l'existence que leurs congénères qui en étaient privés, et ont pu, grâce à cette sélection naturelle, se reproduire et reproduire en même temps leur particularité protectrice, tandis que les autres ont succombé et que leur type a disparu. Il en est de même des animaux du désert et de tous les animaux et végétaux jouissant d'un privilège quelconque d'apparence cause-finalière[2].

Le principe de la sélection ne s'applique pas seulement à l'anatomie et à la physiologie, mais aussi à la zoo-psychologie. Les instincts des araignées, des fourmis, des abeilles, des cas-

---

[1] C'est avec intention que nous écrivons en deux mots. — [2] Hæckel, ouvrage cité, XIe leçon.

tors, des oiseaux, que Hartmann lui-même croit encore ne pouvoir expliquer qu'au moyen d'un *deus ex machina* (l'Inconscient), ne sont autre chose, selon Darwin, que des habitudes héréditaires, devenues seconde nature par l'effet de la concurrence vitale et de la sélection naturelle. Ce qui est *inné* aux générations d'aujourd'hui ne l'était pas à leurs premiers ancêtres, et l'art merveilleux qui se manifeste dans les instincts de certains animaux n'est que le dernier mot d'une évolution mille fois séculaire et d'un perfectionnement graduel remontant à la première origine de ces espèces artistes. Nos habitudes intellectuelles n'ont pas d'autre origine. Les idées que le spiritualisme considère comme innées et qui, selon Kant, tiennent à la constitution même de l'intelligence, font partie sans doute de notre organisation mentale *actuelle*, mais n'étaient pas innées à nos premiers progéniteurs. Ceux-ci les ont acquises par l'expérience, et c'est l'hérédité aidée de la sélection qui, en nous les transmettant comme des habitudes ou dispositions intellectuelles, a fini par leur donner le caractère de l'innéité.

Un corollaire inévitable du principe transformiste et sélectionniste, c'est l'origine simienne de l'homme. Aussi Darwin l'affirme-t-il dans son second ouvrage capital : *On the origin of man* (1871). L'homme est issu d'une variété de singes plus douée que toutes les autres. La fausse honte qui nous empêche de souscrire à cette thèse provient de ce que le singe a des allures comiques, qui lui donnent l'air d'un crétin, d'un idiot, d'une caricature de l'homme. Nous ne l'éprouverions nullement si l'on nous faisait descendre du lion ou du rosier. Nous ne l'éprouvons même pas, chose étonnante, en présence du récit biblique, qui fait sortir notre espèce d'une motte de terre : origine bien plus humiliante encore, vu l'énorme distance qui sépare une motte de terre d'un être organisé, et d'une organisation aussi élevée que celle du singe. On objecte qu'un César, un Kant, un Gœthe ne sauraient descendre d'un animal, qu'il est entre eux et le singe une distance infranchissable. Mais cette objection tombe si l'on tient compte, d'une part, des chaînons intermédiaires entre l'homme-singe et César (le Papou, le Néo-Zélandais, le Cafre, etc.) et d'autre part, du prodigieux espace de temps qu'il a fallu à la nature, c'est-à-dire à la concurrence et à la sélection, pour effectuer son évolution de l'homme-singe à César et à Gœthe. A la vérité, les six mille années d'âge que la Bible donne au monde n'y auraient pu suffire. Mais les découvertes paléontologiques de ce siècle (constructions lacustres, silex taillés, homme des cavernes, kjökken-möddings des côtes danoises, etc.) démontrent sans réplique que le genre humain est beaucoup plus vieux, et que la civilisation égyptienne elle-même, si prodigieusement ancienne, est *relativement moderne*[1]. Des pas infiniment petits et des périodes infiniment longues, tels sont, dit Strauss[2], les deux passe-partout qui ouvrent les portes accessibles naguère au seul miracle. Eh quoi! Le christianisme n'enseigne-t-il pas que Dieu est devenu homme? Pourquoi donc l'animal ne pourrait-il pas le devenir? Les religions non chrétiennes ne le tiennent pas pour impossible, témoin la métempsycose que professent l'ancienne Égypte, le brahmanisme et le bouddhisme. En fait, il n'y a pas d'abîme entre l'homme et l'animal. On ne peut refuser à ce dernier ni la sensibilité, ni la mémoire, ni l'intelligence. Les faits qui le démontrent remplissent des volumes. Le sens moral ne lui est pas étranger, et, ajoute Strauss[3], si chez le chien c'est le bâton qui le fait naître, n'est-ce pas aussi le cas chez beaucoup d'hommes? L'animal connaît l'amour maternel, l'attachement, le dévouement. En toutes choses, il n'y a entre lui et nous qu'une différence de degré: son «âme» est à la nôtre ce que le bourgeon est à la fleur et au fruit.

Nous n'insisterons pas sur ces développements de la pensée

---

[1] Strauss, ouvrage cité, p. 202. — [2] *Ibid.* — [3] *Ibid.*, p. 207.

matérialiste contemporaine, qui n'ajoutent rien d'essentiellement nouveau aux doctrines du dix-huitième siècle. Ce qui la distingue, ce n'est pas son explication mécanique du monde ni sa négation absolue des causes finales, — sur ce point comme sur tous les autres, les principes matérialistes n'ont guère varié depuis Démocrite, — c'est uniquement d'avoir trouvé, grâce à Darwin, une réponse péremptoire, selon ses adhérents, à cette objection des cause-finaliers, toujours renouvelée et jamais réfutée : Toute œuvre adaptée à une fin suppose un ouvrier, une intelligence, une intention, et la plus admirable de toutes les constructions, la plus parfaite des chambres obscures, l'œil humain n'en supposerait pas!

Au reste, le matérialisme contemporain ne se trouve pas seulement d'accord avec le matérialisme du dix-huitième siècle et le matérialisme grec, mais aussi avec les doctrines essentielles de l'idéalisme allemand et du panthéisme spinosiste : l'Univers ou le Un-Tout substitué à Dieu, la consubstantialité des êtres, le déterminisme absolu. C'est pour marquer cet accord que le matérialisme germanique a adopté, de nos jours, la désignation de *monisme*.

La différence qui subsiste entre le monisme matérialiste et le monisme idéaliste des Fichte, des Schelling et des Hegel, c'est que le premier nie résolument toute finalité, tandis que ces derniers, s'inspirant de la *Critique du jugement* de Kant, reconnaissent dans la nature, sinon les intentions d'un créateur transcendant, du moins une finalité *immanente*. L'Idée de Hegel est la fin suprême de la nature se réalisant par une évolution à la fois physique et logique : physique en tant qu'elle est inconsciente, logique en tant qu'elle exclut le hasard. Elle s'identifie ainsi, de fait, avec ce que Schelling et surtout Schopenhauer appellent de son vrai nom : la *Volonté*.

Or on peut se demander si le principe darwinien dont le matérialisme se réclame avec une si entière assurance, loin d'écarter l'hypothèse de la finalité immanente, n'est pas plutôt de nature à la corroborer. Est-il bien vrai que la concurrence vitale (*struggle for life*) soit une cause *première* et exclusivement mécanique? La lutte pour la vie ne suppose-t-elle pas à son tour le *vouloir-vivre* de Schopenhauer, la *volonté* ou *l'effort*, sans lequel, selon la parole profonde de Leibniz, *il n'y a pas de substance*[1]? Ne suppose-t-elle pas, par conséquent, une cause antérieure, supérieure et immatérielle? Que peut signifier cette formule : lutte *pour* l'existence, sinon : lutte *à fin* d'exister? Or ceci nous ramène en pleine téléologie. On ne peut nier d'ailleurs que la terminologie darwinienne ne soit empruntée tout entière au finalisme : les termes de *sélection*, de *choix*, de *triage*, introduisent évidemment dans la nature un élément intellectuel. Ce sont là, dit-on, des images; c'est un langage figuré. Fort bien. Mais l'impossibilité même de les éviter ne prouve-t-elle pas précisément l'impossibilité d'expliquer la nature par le pur mécanisme?

§ 70. Positivisme et Néo-criticisme.

Tous les matérialistes, il faut l'ajouter, ne sont pas également affirmatifs et dogmatiques. En regard d'un Lœwenthal[2], qui accuse de modérantisme l'auteur de *Force et matière* lui-même, il y a, en Allemagne, en France, en Angleterre, un nombre considérable de penseurs, moralistes et physiciens, historiens et physiologistes, plus sympathiques au matérialisme qu'à toute autre philosophie, mais se maintenant, par conviction ou par tactique, dans les limites assignées à la spéculation par

---

[1] Hæckel lui-même dit en propres termes : En dernière analyse, les mobiles qui déterminent (*bedingen, conditionnent*) la lutte et ses formes diverses, ne sont autres que ceux de la conservation propre (*Selbsterhaltung*). Voy. son *Histoire naturelle de la création*, p. 233. C'est là, non plus du matérialisme, mais du pur volontisme. — [2] Dr Éd. Lœwenthal, *Système et histoire du naturalisme*, 5e éd., Leipzig, 1868 (en all.).

la critique de Locke, de Hume et de Kant. En France, ce parti, systématiquement hostile à la métaphysique et décidé à la remplacer par la *science*, se groupe, depuis trente ans, autour du nom de Comte, comme école *positiviste*.

Auguste Comte naquit à Montpellier en 1789. Élève de l'école polytechnique, puis répétiteur et examinateur dans cette école, où se continuaient, sous la Restauration, les traditions du dix-huitième siècle, il prit rang parmi les penseurs originaux de notre temps par son *Cours de philosophie positive*[1]. Émile Littré[2], en France, John Stuart Mill[3], en Angleterre, ont été les plus marquants parmi ses adhérents. Il est décédé à Paris en 1857.

Le positivisme n'est pas une simple négation, — à ce titre il n'eût pas fait école, — c'est bien un système, dont la doctrine centrale, la théorie sur l'histoire de la pensée, est comme la contre-partie réaliste de la philosophie de l'esprit de Hegel.

Il y a, selon Comte, trois modes de penser ou de philosopher, que l'esprit humain traverse successivement : le mode *théolo-*

---

[1] A. Comte, *Cours de philosophie positive*, 6 vol., Paris, 1839-42 ; 2º édition, augmentée d'une *Préface* par Littré, Paris, 1864. — Voy., sur la philosophie de Comte, les ouvrages de Littré et de J. Stuart Mill, cités plus bas. — [2] 1801-1881. — *Analyse raisonnée du cours de philosophie positive de M. A. Comte*, Paris, 1845. — *Application de la philosophie positive au gouvernement des sociétés*, 1849. — *Conservation, révolution et positivisme*, 1852. — *Paroles de philosophie positive*, 1859. — *Auguste Comte et la philosophie positive*, 1863, 2º éd., 1864. — *Fragments de philosophie positive et de sociologie contemporaine*, 1876. — Littré est, en outre, le fondateur de la *Revue positive* (1867-83). C'est d'ailleurs le *Dictionnaire de la langue française* qui est son principal titre de gloire. — [3] J. Stuart Mill et Littré récusent du reste toute connivence avec les utopies socialistes d'Auguste Comte, dont les doctrines politiques procèdent de Saint-Simon. — A ces positivistes proprement dits il faut ajouter, comme représentant avec distinction la tendance positive, deux mathématiciens de génie : Sophie Germain, qui prélude au système de Comte par ses *Considérations générales sur l'état des sciences et des lettres aux différentes époques de leur culture*, et M. Cournot, auteur d'un *Essai sur les fondements de nos connaissances et sur les caractères de la critique philosophique* (1851) et d'un *Traité de l'enchaînement des idées fondamentales dans les sciences et dans l'histoire* (1861), dont les conclusions sont sensiblement les mêmes que celles de Comte.

gique, qui est élémentaire et enfantin, le mode *métaphysique* et le mode *positif*.

Au point de vue théologique ou anthropomorphique, les phénomènes cosmiques sont gouvernés, non par des lois invariables, mais par des volontés semblables à la nôtre. Cette forme primordiale de la pensée a trois degrés : l'on considère d'abord les objets eux-mêmes comme animés, vivants, intelligents (fétichisme). Au degré suivant, l'on se figure des êtres invisibles dont chacun préside à un certain groupe d'objets ou d'événements (polythéisme). A un degré supérieur enfin, toutes ces divinités particulières s'absorbent dans l'idée d'un Dieu unique, qui, après avoir créé le monde, le gouverne soit directement, soit par l'intermédiaire d'agents surnaturels de second ordre (monothéisme).

La pensée *métaphysique* explique les phénomènes, non plus par des volontés conscientes, mais par des abstractions considérées comme des êtres réels. Ce n'est plus un Dieu anthropomorphe qui dirige la nature, c'est une force, une puissance, un principe. On renonce aux divinités dont on a peuplé la nature, mais pour les remplacer par des *âmes*, des *essences* mystérieuses. On prétend expliquer les faits par les *tendances* de la nature, dont on fait une sorte d'être intelligent bien qu'impersonnel. On lui attribue la *tendance* à la perfection, l'*horreur* du vide, des *vertus* curatives, des qualités occultes. L'erreur du point de vue métaphysique est de prendre des abstractions pour des réalités.

Le règne de la métaphysique plus ou moins pénétrée de l'esprit théologique a duré jusqu'à la fin du moyen âge, où la controverse entre les nominaux et les réaux, première lutte de la pensée moderne pour s'affranchir des abstractions verbales, inaugure l'époque positive (Descartes, Bacon, Hobbes, Galilée, Gassendi, Newton). Depuis cette époque, l'explication positive des faits se substitue, pas à pas, à l'explication théologique et à l'explication métaphysique, à mesure que le progrès des recherches met en lumière un nombre croissant de lois invariables.

Ainsi que la philosophie en général, chaque science particulière passe par ces trois états successifs : l'état théologique, l'état métaphysique, l'état positif. Or les différentes branches du savoir humain se sont développées d'une manière inégale et n'ont pas pu effectuer simultanément leur passage d'une phase à l'autre. L'ordre de succession suivant lequel elles sont entrées dans la phase métaphysique et dans la phase positive est indiqué par l'ordre logique dans lequel elles tiennent les unes aux autres. C'est ainsi qu'en recherchant l'ordre suivant lequel les sciences spéciales ont opéré leur passage d'une phase de la pensée à l'autre, Comte est amené à sa remarquable *classification des sciences*.

En parcourant les différentes sciences, il remarque qu'elles se classent naturellement dans un ordre où la complexité augmente à mesure que la généralité diminue : de sorte que *chacune dépend des vérités de toutes les sciences qui la précèdent, augmentées de celles qui lui appartiennent en propre*.

La science du nombre (*arithmétique* et *algèbre*) est celle qui s'occupe des phénomènes les plus simples et en même temps les plus généraux : les vérités qu'elle formule sont vraies de toutes choses et ne dépendent que d'elles-mêmes; on peut l'étudier indépendamment de toute autre science; elle est donc la science fondamentale et, en quelque sorte, la philosophie première. Vient ensuite la *géométrie*, qui présuppose les lois du nombre et qu'on peut étudier sans avoir besoin de connaître préalablement aucune autre science, excepté l'arithmétique. Vient, en troisième lieu, la *mécanique rationnelle*, qui dépend de la science du nombre et de la géométrie, auxquelles elle ajoute les lois de l'équilibre et du mouvement. Les vérités de l'algèbre et de la géométrie seraient vraies alors que celles de la mécanique seraient autres qu'elles ne sont en réalité; l'arithmétique, l'algèbre, la géométrie ne dépendent donc nullement de la mécanique, tandis que celle-ci relève essentiellement de la science du nombre et de l'étendue. La science du nombre (arithmétique et algèbre), la géométrie et la mécanique rationnelle constituent ensemble la science mathématique, science universelle et base unique de toute philosophie naturelle [1].

Aux mathématiques se rattache immédiatement l'*astronomie*, dont les vérités dépendent des vérités arithmétiques, géométriques et mécaniques, sur lesquelles elle n'exerce aucune influence, mais auxquelles elle ajoute un groupe de faits nouveaux : ceux de la gravitation [2].

A l'astronomie succède la *physique*, qui relève non seulement des sciences mathématiques, mais aussi de l'astronomie, les phénomènes terrestres étant influencés par les mouvements de la terre et des corps célestes ; elle comprend la *barologie* ou science de la pesanteur, transition entre l'astronomie et la physique, la *thermologie* ou science de la chaleur, l'*acoustique*, l'*optique* et l'*électrologie*, trait d'union entre la physique et la science qui la suit immédiatement dans l'échelle de nos connaissances : la *chimie*.

Aux lois de la physique, notamment à celles de la thermologie et de l'électrologie, dont elle dépend essentiellement, la chimie ajoute les siennes propres [3].

La *biologie* (physiologie) augmente les lois des sciences précédentes d'un groupe de lois qui lui est spécial.

Enfin, au sommet de l'échelle se constitue la *physique sociale* ou *sociologie* [4], qui, à son tour, dépend de toutes les sciences précédentes, tout en y ajoutant des données nouvelles : en effet, les lois de la vie organique et animale, aussi bien que celles de la nature inorganique influencent la société humaine, soit en

---

[1] *Cours de philosophie positive*, t. I. — Comp. Pythagore, Platon, Descartes. — [2] Ouvrage cité, t. II. — [3] *Ibid.*, t. III. — [4] *Ibid.*, t. IV-V.

agissant directement sur la vie, soit en déterminant les conditions physiques dans lesquelles la société se développe.

Aux sciences que Comte appelle *abstraites* se rattachent les sciences *concrètes* respectives : à la physique et à la chimie, sciences abstraites, la minéralogie, science concrète ; à la physiologie, science abstraite, la zoologie et la botanique, sciences concrètes. Celles-ci se rapportent aux êtres et aux objets existants ; celles-là, aux lois générales des événements. Les sciences concrètes avancent nécessairement avec plus de lenteur que les sciences abstraites, puisqu'elles en dépendent. Aussi n'existent-elles guère encore qu'à l'état descriptif.

Quant aux sciences abstraites (mathématiques, astronomie, physique, chimie, biologie, sociologie), c'est en proportion de leur simplicité qu'elles passent de l'état théologique à la phase métaphysique et à la phase positive. En effet, plus une science est complexe, plus elle offre de difficultés à vaincre pour l'esprit humain en général comme pour l'individu en particulier. C'est ainsi que les mathématiques, la plus simple des sciences, sont depuis des milliers d'années presque toutes positives. A vrai dire, elles n'ont jamais été théologiques, en ce sens qu'il ne s'est jamais trouvé personne de bon sens qui ait prié la Divinité de faire que trois fois trois fassent dix ou que la somme des angles d'un triangle dépasse celle de deux droits. On a compris dès le principe qu'en cette matière il n'y a pas intervention possible d'une liberté quelconque.

Il n'en a pas été de même de l'astronomie. Elle a eu sa phase théologique, où l'on considérait les astres soit comme des divinités, soit comme mus par des volontés divines, multiples ou non, selon qu'on était polythéiste ou monothéiste, — à cette phase appartient le miracle de Josué ; — elle a eu son époque métaphysique, où l'on expliquait le mouvement régulier des corps célestes par leur *tendance à la perfection*. Aristote est encore presque théologien en astronomie ; Copernic et Kepler même sont encore métaphysiciens, et ce n'est qu'avec Newton que cette science atteint sa phase positive. Aujourd'hui l'astronomie positive est même entrée dans la conscience populaire au point qu'on demande encore à Dieu la pluie et le beau temps, mais qu'on ne le prie plus ni d'arrêter la marche apparente du soleil ni de changer les orbites célestes. On est encore théologien en météorologie, puisque sur ce terrain l'uniformité des phénomènes est moins frappante et que leur apparente irrégularité, jointe à notre ignorance des vraies lois, favorise le préjugé qui les croit dirigés par une volonté libre : on a cessé de l'être en astronomie.

Plus longtemps que la science des corps célestes, la physique et la chimie ont été des sciences théologico-métaphysiques, où se prélassaient les qualités occultes, les horreurs, les sympathies et autres abstractions réalisées. La chimie, après avoir été *alchimie* jusque vers le dix-huitième siècle, n'est devenue positive que par Lavoisier. La physiologie a mis plus de temps encore à atteindre le seuil de la positivité. Hier encore (animisme de Stahl, vitalisme, Schelling, Oken) elle était en pleine métaphysique, et ce n'est guère que de Bichat que date la biologie positive. Enfin, la sociologie (sciences morales et politiques) n'a pas encore franchi la limite qui sépare le métaphysicisme et le positivisme. Elle n'a pas même dépassé, chez bien des penseurs, le point de vue théologique (De Maistre, De Bonald, école théologique[1]). Il est vrai que des tentatives de positivisme politique ont été faites par Hobbes et par Spinosa, qui traitent de l'homme absolument « comme s'il s'agissait de lignes, de plans, de corps »; mais leurs efforts sont demeurés sans écho. Le dix-

---

[1] L'école *théologique*, représentée principalement par De Bonald (1754-1840) et Joseph de Maistre (1753-1821) oppose à la raison individuelle la « raison universelle », à la philosophie humaine la « philosophie divine » telle qu'elle se formule dans le dogme révélé, aux théories du libéralisme politique et religieux, le système théocratique appelé de nos jours ultramontanisme.

huitième siècle et la révolution ont préparé la science sociale positive, sans toutefois la constituer : le positivisme prétend la fonder.

Les idées politiques et sociales se suivent d'après une loi déterminée. Une fois cette loi connue, l'histoire cesse d'être un chaos et devient une *science*, au même titre que la physique et l'astronomie. Les faits historiques se suivent et s'enchaînent avec la même nécessité que les phénomènes biologiques. Autrefois l'on pouvait croire que les crimes et les délits devaient considérablement varier d'une année à l'autre, qu'en cela plus qu'en toute autre chose intervenaient le hasard et le libre arbitre. Mais les statistiques publiées par les gouvernements ont prouvé le contraire. Il faut donc insister sur cette notion essentielle, que les événements historiques, c'est-à-dire les phénomènes sociaux, sont soumis, comme tout le reste, à des lois déterminées, et que les interventions surnaturelles n'entrent pour rien dans le développement des sociétés.

Quand la morale sociale sera élevée au rang de science positive, c'est-à-dire de science, — car il n'y a de science réelle que la science positive, — la totalité des sciences, c'est-à-dire la philosophie, sera devenue *positive*. La philosophie positive n'est plus une science à part, elle est la synthèse, la coordination systématique du savoir humain. Émanée des sciences, elle n'a d'autre méthode que les sciences, c'est-à-dire l'expérience aidée de l'induction et de la déduction. Elle est d'ailleurs une philosophie au vrai sens du mot, puisqu'elle a pour objet *l'ensemble des phénomènes, l'univers*. Opérer sur cet ensemble, coordonner la totalité du savoir humain de manière à en tenir à la fois tous les fils, rendre les sciences philosophiques et la philosophie scientifique, donner à celles-là l'unité qui jusqu'ici leur a fait défaut, à celle-ci le prestige que ses récentes imprudences lui ont fait perdre, telle est l'œuvre du positivisme.

Le règne de la métaphysique touche à sa fin ; et si les penseurs sérieux s'en détournent aujourd'hui, c'est qu'en effet elle n'a jamais été une science et n'a consisté, dans l'antiquité comme dans les temps modernes, qu'en une perpétuelle production d'hypothèses dénuées de tout caractère de stabilité. Les systèmes qu'elle a enfantés sont en lutte sur les bases mêmes de leurs conceptions. L'histoire des sciences est un progrès continu, où ce qui est acquis une fois, l'est pour toujours; en métaphysique, au contraire, tout est agitation perpétuelle, révolution sans terme. La métaphysique a eu, sans doute, sa mission historique, dont elle s'est acquittée avec honneur. Elle a démoli les religions et préparé le terrain à la science positive. En Grèce, elle a ruiné la foi polythéiste et y a substitué le monothéisme; dans le monde chrétien, elle a été la mère des hérésies qui ont ébranlé peu à peu et désorganisé le système catholique. Mais ce rôle, essentiellement négatif et critique, est aujourd'hui rempli, et l'inanité de ses tentatives vingt fois séculaires, comparée aux progrès rapides et continus des sciences, démontre avec évidence qu'elle n'est qu'une forme de transition dans l'histoire de l'esprit humain[1].

Les lignes qu'on vient de lire résument la philosophie de Comte et de Littré, à l'exclusion toutefois des doctrines politiques et sociologiques du système comtien. Mélange de positivisme mathématique et d'idéalisme humanitaire, elle continue, en les exagérant, les tendances représentées, au dix-huitième siècle, par l'Encyclopédie et spécialement par les d'Alembert, les Turgot, les Condorcet. Le positivisme de John Stuart Mill[2] et

---

[1] Ouvrage cité, t. VI, p. 645 ss. — Littré, *Analyse raisonnée*, p. 55 ss. —
[2] J. Stuart Mill (1806-1873) est l'auteur du *Système de logique déductive et inductive*, trad. par Louis Peisse, 2 vol., Paris, 1866-67 : ouvrage capital qui a pour but de faire pour l'induction ce qu'Aristote a fait pour le raisonnement déductif, c'est-à-dire de ramener le procédé inductif (*inference*) à des règles précises et à un critérium scientifique. On lui doit en outre *La philosophie de Hamilton*, trad. par le Dr Cazelles; *Auguste Comte et le positivisme*, trad. par le Dr Clémenceau, etc.

de Herbert Spencer[1], qui se rattache à Hume, à Locke et à Bacon, tout en s'inclinant devant les mérites d'Auguste Comte, est bien moins téméraire et s'abstient notamment des rêveries socialistes du philosophe français. Au point de vue ontologique, il tient le juste milieu entre un spiritualisme trivial et un matérialisme populacier. Se maintenant d'ailleurs, plus strictement que les positivistes de France, dans les limites assignées à la spéculation par la critique de Hume et de Kant, il évite avec soin toute philosophie de l'*absolu* comme contradictoire aux principes positivistes et ne prend parti, d'une manière *absolue*, ni pour le matérialisme ni pour le spiritualisme, qui, à titre de systèmes métaphysiques, outrepassent l'un et l'autre les bornes de ce qui peut être connu. Pour ce positivisme modéré, pratique, en un mot anglais, le déterminisme même n'a rien d'absolu. C'est, à ses yeux, une hypothèse dont les sciences ne peuvent se passer, et qui chaque jour les conduit à de nouveaux progrès, mais une hypothèse et rien de plus. L'expérience nous montre des faits qui se suivent dans un ordre constant, mais comme elle n'opère que dans un coin du monde et dans un laps de temps restreint, nous ne pouvons savoir si l'ordre en question est *absolument* constant, et si la succession du fait antécédent que

---

[1] Herbert Spencer (né en 1806) a développé son système, dont l'idée maîtresse est l'*évolution* (voy. § 69), dans ses *Premiers principes*, 1862 ; *Principes de biologie*, 1865 ; *Principes de psychologie*, 2ᵉ éd., 1871-72 ; *Principes de sociologie* ; *Principes de la morale*, etc. (traductions françaises). Les principes « premiers » auxquels il ramène toutes choses, la substance, le mouvement, la force, ne sont pour lui que « des symboles servant à désigner une réalité transcendante et à jamais inconnaissable. Les matérialistes l'appellent la *matière*, les spiritualistes, l'*esprit* ; mais leur querelle n'est qu'une querelle de mots, et ils ont tort de part et d'autre, puisque les uns et les autres s'imaginent comprendre l'incompréhensible. » (*Premiers principes*, conclusion). — Pour le positivisme anglais, représenté, outre les noms cités, par les Bain, les Bailey, les Lewes, les Buckle, etc., voy. H. Taine, *Le positivisme anglais, étude sur J. Stuart Mill* (*Bibliothèque de philosophie contemporaine*), Paris, 1864, et Ribot, *La psychologie anglaise contemporaine*, 2ᵉ éd., Paris, 1875.

nous appelons la cause et du fait conséquent que nous nommons l'effet, est *nécessaire* au sens métaphysique. Il se pourrait même, selon Mill, qu'en certaines régions stellaires il y eût absence complète de toute loi de succession, indéterminisme absolu pour les phénomènes. On peut, d'après le même penseur, et sans être infidèle aux principes du positivisme, admettre un créateur intelligent et libre. L'absolu, en toutes choses, nous échappe, le relatif seul nous appartient. Nous procédons, en conséquence, *comme si* la loi constatée par l'observation et l'induction était immuable, *comme si* l'ordre des faits était constant, *comme si* le déterminisme des faits était universel et absolu c'est-à-dire que nous procédons en tout point comme les sciences positives et expérimentales, qui n'ont nul besoin de s'inquiéter de l'absolu et des causes premières ; nous ne voulons être autre chose que *la science positive* substituée à la métaphysique, préférant à une science qui *se dit* absolue et qui en réalité est creuse et stérile, une science qui *se sait* relative, mais qui soumet de plus en plus la nature à l'homme et à son industrie, une science *utile* et mère de tous les progrès.

Au positivisme français et anglais qui s'inspire de Hume et de Condillac, correspond, en Allemagne, le néo-kantisme ou néocriticisme[1]. Kant, qui n'avait cessé d'avoir des disciples à

---

[1] En Allemagne aussi, d'ailleurs, le positivisme a ses représentants. L'on peut considérer comme tels : M. Eugène Dühring (*De tempore, spatio, causalitate*, etc., Berlin, 1865 ; *Histoire critique de la philosophie*, 3e éd., Leipz., 1878, all.; *Cours de philosophie scientifique*, 1875, all.; *Logique et théorie de la science*, 1878, all., etc.); J. H. de Kirchmann, 1802-1884, auteur d'un système qu'il appelle *réalisme* et qu'il expose dans une série d'écrits (« la pensée et l'être ont même contenu, mais différent quant à la forme »); Ernest Laas (1836-1885. — *Idéalisme et positivisme*. 3 t., Berlin, 1879-1884, all.), etc. Le positivisme ou réalisme allemand se distingue du néo-criticisme en ce qu'il admet la réalité objective de l'espace, du temps, de la matière, et qu'il n'incline pas, comme plusieurs néo-kantiens, au pessimisme de Schopenhauer. Dühring surtout, le « philosophe de la réalité » (*Wirklichkeitsphilosoph*), est à la fois dogmatique (par opposition à Albert Lange, Liebmann, etc.) et optimiste (par opposition à Éd. de Hartmann).

l'étranger [1], était négligé dans son pays et presque mis au rebut. C'est depuis 1860 environ que le « retour à Kant » est devenu, en Allemagne, le mot d'ordre d'une nouvelle école, dont le chef principal est Albert Lange, l'éminent auteur de l'*Histoire du matérialisme* [2]. Lange se déclare d'accord avec le matérialisme aussi longtemps que celui-ci n'a pas la prétention d'être un système de métaphysique et se contente d'être une méthode scientifique. Le matérialisme, en d'autres termes, est fondé s'il signifie mécanisme, négation absolue des causes finales. Mais, ajoute-t-il, le matérialisme est une illusion et une erreur sitôt qu'il prétend être une solution du problème ontologique, une explication de l'essence dernière des choses. Qu'est-ce, en effet, que la matière? Une *idée* et rien de plus, une représentation de l'esprit (*Vorstellungsbild*) que nous supposons correspondre à une réalité objective, à un *ens in se*. Mais entre cette *idée* et cette réalité il y a un abîme que rien, absolument rien ne saurait combler. Il y a plus. Pour autant que nous ne connaissons la matière que comme une *idée* (qui est en nous), c'est l'idéalisme qui est vrai et non le matérialisme. L'idéalisme a d'ailleurs sa raison d'être indéniable dans le fait qu'il est indispensable à la vie humaine et au bonheur de l'homme. L'idéal et la métaphysique conservent tous leurs droits, mais, ainsi que la religion et l'art, *à côté* de la science, non *dans* la science même. La science — Kant l'a démontré victorieusement et pour toujours — ne saurait atteindre à la chose en soi, à l'absolu. Que la philosophie renonce donc franchement et définitivement à la métaphysique,

---

[1] Le plus méritant de ces disciples est M. Charles Renouvier, auteur de *Manuels de philosophie ancienne et moderne* (p. 10, note 8) d'*Essais de critique générale*, 4 vol., Paris, 1854-64, de *Science de la morale*, 2 vol., Saint-Cloud, 1869, etc., et directeur, de 1872 à 1889, de la *Critique philosophique, politique, scientifique, littéraire*, digne émule de la *Revue philosophique* de M. Ribot. A l'inverse du néo-criticisme allemand, qui n'attache à la morale du maître qu'une importance secondaire, M. Renouvier y voit la clef de voûte du système kantien. — [2] 1828-1875. Professeur à Marbourg.

et s'en tienne au domaine du connaissable, c'est-à-dire des faits! A cette condition seulement elle redeviendra *science*, ce qu'elle a cessé d'être entre les mains des successeurs de Kant.

Le néo-criticisme, on le voit, n'est que la moitié du kantisme. C'est le kantisme de la *Critique de la raison pure*, le kantisme moins l'impératif catégorique et les postulés de la raison pratique, c'est-à-dire le scepticisme en matière de métaphysique, ou, comme on dit en France, le positivisme.

C'est au positivisme, dégagé des idées particulières de Comte, et au néo-criticisme, que se rallient la plupart des illustrations scientifiques et littéraires de ce temps : les Claude Bernard [1], les du Bois-Reymond [2], les Helmholtz [3], les Virchow, les Wundt [4], les Taine [5], les Renan [6], les Schérer [7]. Leur philosophie, qu'on peut appeler le *positivisme des savants* [8], est réaliste, en tant

---

[1] 1813-1878. — [2] *Ueber die Grenzen der Naturerkenntniss*, 1872. — L'auteur a pour devise: *Ignoramus et ignorabimus*. — [3] Voy. p. 519, note 11. [4] *Grundzüge der physiologischen Psychologie*, Leipzig, 1874; 3e éd. refondue, 2 vol., 1887 (trad. française dans la collection Alcan). — *Logik*, 2 vol., *ibid.* 1880-83; *Essays*, 1885; *Ethik*, 1886; *System der Philosophie*, 1889. — Dans ce dernier ouvrage, un des plus importants qui aient paru ces dernières années, Wilhelm Wundt se montre sous un jour nouveau et assez inattendu en ce qu'il reconnaît à la métaphysique sa raison d'être et le rang qui lui est dû dans la hiérarchie des sciences, à condition qu'elle soit expérimentale et positive. Son *système* n'est pas d'ailleurs une de ces nouveautés qui prétendent s'édifier sur les ruines du passé, mais une vaste synthèse scientifique et un heureux essai de conciliation entre les doctrines rivales de la spéculation moderne, le tout conçu dans cet esprit élevé et tout ensemble modéré, conciliant, impersonnel en quelque sorte, qui est le véritable esprit philosophique. Ajoutons que le psychologue de Leipzig est *volontiste* convaincu (voy. § 71, dernières notes). — [5] *De l'intelligence*, 2 vol., 1870; 2e éd., 1882. — [6] *La réforme intellectuelle et morale*, 2e éd., Paris, 1872. — *Philosophie de l'art*, 2e éd., 1872. — *Dialogues et fragments philosophiques*, Paris, 1876. — [7] 1815-1889. — Voy. surtout l'*Introduction* aux *Mélanges d'histoire religieuse*, 2e éd., Paris, 1865. — [8] Elle a pour organes : la *Revue philosophique* de M. Th. Ribot (le distingué psychologue et auteur de *La psychologie anglaise contemporaine*, 1875, *La psychologie allemande contemporaine*, 1879, *L'hérédité psychologique*, 2e éd., 1882, etc.); la *Zeitschrift für wissenschaftliche Philosophie* d'Avenarius; la *Rivista di filosofia scientifica*; *Mind, a quaterly review of psychology*; etc.

qu'elle se base uniquement sur la réalité, sur les faits, sur l'observation et l'expérience; idéaliste, en tant qu'elle reconnaît que la *réalité* accessible à la connaissance humaine n'est, en dernière analyse, que phénoménale, que les faits ne sont après tout que *nos idées*, considérées comme les signes ou symboles d'une réalité inconnaissable en elle-même.

§ 71. Conclusion.

Si le monisme positiviste est le trait dominant de la philosophie du dix-neuxième siècle, ce n'est pas que le spiritualisme n'ait lutté vaillamment, depuis Reid, pour conserver ses positions. Kant, qui l'exécute sans pitié dans sa *Critique de la raison pure*, le ressuscite dans les postulés de sa morale et lui rend, en définitive, de signalés services. F. H. Jacobi[1], que nous avons vu au nombre des adversaires de la *Critique*, le défend contre le panthéisme de Spinosa, de Schelling et de Hegel, au nom du *sens intime*. Le théologien philosophe Schleiermacher[2], quoique spinosiste enthousiaste, le sert d'une manière indirecte par son appel au sentiment religieux (*das fromme Gefühl*) et le « réveil » qu'il contribue à provoquer[3]. C. Chr. F. Krause[4], penseur de

---

[1] Voy. § 63. — [2] 1768-1834. Disciple de Spinosa, mais disciple original à la manière de Herder, Schleiermacher prend à tâche, dans sa morale surtout, de concilier le monisme du maître avec le principe de la spontanéité individuelle, en substituant à l'idée abstraite d'*unité* le principe concret de l'*harmonie*. Sa théorie de la connaissance, exposée dans la première partie de sa *Dialectique*, est, de même, un heureux essai de conciliation entre le *nihil in intellectu* des purs sensualistes et le *nihil in sensu* de Fichte et de Hegel. — [3] L'essence de la religion est, selon lui, le sentiment de notre dépendance absolue à l'égard de l'infini. — [4] 1781-1832. *Fondement du droit naturel* (all.), Iéna, 1803. — *Esquisse du système de la philosophie* (all.), 1re partie (*Philosophie générale et introduction à la philosophie de la nature*), Iéna, 1804. — *Système de la morale*, Leipzig, 1810 (all.), etc. — Krause a un vocabulaire à lui, trop souvent inintelligible et qui a fait tort au succès de sa philosophie. Il a eu pour adhérents : l'Allemand Ahrens (mort à Leipzig en 1874), auteur d'un *Cours de philosophie*, Paris, 1836-38, d'un *Cours de droit naturel ou philosophie du droit*, Paris, 1838, d'un *Cours de philosophie de*

grand mérite et trop peu apprécié dans sa patrie, substitue au panthéisme le *panenthéisme* ou la doctrine de l'immanence des choses en Dieu, considéré comme une personne à la fois transcendante et substantiellement unie à la créature. Chr. H. Weisse[1], Emmanuel Hermann Fichte[2], fils de l'éminent philosophe, Hermann Ulrici, J. U. Wirth, Maurice Carrière[3], H. M. Chalybæus[4], lui opposent le *théisme spéculatif*. Ad. Trendelenburg[5], s'inspirant de la téléologie d'Aristote, professe une métaphysique dont l'idée centrale est celle du mouvement, essence commune de la pensée et de l'être. Schelling, dans sa dernière *manière*, Christophe-Jacques Boström[6], à Upsal, Hermann Lotze[7], Gustave Fechner[8], Charles Secrétan[9], Ernest Naville[10], et, au sein

l'histoire, Bruxelles, 1840 ; le Belge Tiberghien, auteur d'un *Essai théorique et pratique sur la génération des connaissances humaines*, Paris et Leipz., 1844, d'une *Esquisse de philosophie morale*, Bruxelles, 1854, d'une *Logique*, Paris, 1865 ; le Français Bouchitté, auteur de l'article *Krause*, dans le *Dictionnaire des sciences philosophiques* ; l'Espagnol J. S. del Rio, qui a traduit plusieurs de ses ouvrages ; etc. C'est en Espagne que Krause compte aujourd'hui le plus de disciples.

[1] 1801-1866. — *De l'idée de Dieu*, Dresde, 1833 (all.). — *Esquisse de la métaphysique*, Hambourg, 1835 (all.), etc. — [2] 1797-1879. — *Théologie spéculative*, Heidelberg, 1846-47 (all.). — *Système de la morale*, Leipz., 1864 (all.), etc. — [3] Co-fondateurs, avec Weisse et Fichte fils, de la *Zeitschrift für Philosophie und philosophische Kritik*, et auteurs justement renommés. — [4] *Système de la morale spéculative*, 2 vol., Leipz., 1850 (all.); etc. — [5] 1802-1872. Prof. à Berlin et auteur de *Recherches logiques*, 2 vol., 3e éd., Berlin, 1870 (all.), etc. — [6] Voy. sur Boström et la philosophie scandinave, la notice de M. K. R. Geier dans Ueberweg, *Histoire de la philosophie moderne*, 5e éd., p. 422 ss. — [7] Voy. p. 517. — [8] 1801-1887. Créateur de la *psychophysique* ou science des rapports mathématiques du physique et du moral ; auteur de : *Du souverain bien*, Leipz., 1846 (all.). — *Nana*, 1848 (all). — *Zendavesta*, 3 vol., 1851 (all.). — *Éléments de psychophysique*, 1860 (all.). — *Du triple fondement de la foi*, 1863 (all.). — *Die Tagesansicht gegenüber der Nachtansicht*, 1879 ; etc. — [9] *Philosophie de la liberté*, 2e éd., 1872. — *Recherche de la méthode. — Précis de philosophie*, etc. — La *Philosophie de la liberté* est la tentative la plus hardie et la plus originale qui ait été faite, depuis Schelling, d'une construction spéculative du dogme de la liberté morale. — [10] Éditeur des œuvres posthumes de Maine de Biran et auteur de : *La vie éternelle*, Genève, 1861 ; *Le problème du mal*, 1868; *Le devoir*, 1868, etc.

du catholicisme, Franz Baader[1], Lamennais[2], Bautain[3], Gratry[4], Rosmini[5], Gioberti[6], Frohschammer[7], d'autres encore, tentent de concilier la foi spiritualiste et l'instinct moniste de la raison, dans des synthèses assez semblables au panenthéisme de Krause.

Dans les chaires de l'Université de France, où Condillac règne encore à l'époque impériale[8], le spiritualisme cartésien

---

[1] 1765-1841. — Professeur à Munich; disciple de Bœhme, dont il révèle la théosophie à son ami et collègue Schelling. Ses *Œuvres complètes* ont été publiées par son zélé adhérent, Franz Hoffmann, en 16 volumes, Leipzig, 1851-60. — [2] 1782-1854. — *Esquisse d'une philosophie*, 4 vol., Paris, 1841-46. Dans ce chef-d'œuvre de théologie spéculative, l'abbé de Lamennais, s'inspirant de l'émanatisme néoplatonicien et schellingien, présente la création comme le déploiement, dans l'espace et dans le temps, de l'unité divine et de son infini contenu. Elle est, de la part de l'être absolu, un acte éternel d'immolation et de sacrifice, par lequel Dieu, qui est force ou puissance, forme ou intelligence et vie ou amour, donne sa substance même aux créatures, suivant une progression où la complexité et l'unité vont croissant, depuis l'éther formant les nébuleuses jusqu'à l'être intelligent et libre. Et de même que la vie divine est un perpétuel sacrifice, chaque créature meurt pour transmettre la vie à d'autres créatures. Chacune se nourrit de toutes et toutes se nourrissent de Dieu. — Déjà Héraclite (§ 8) avait dit : « Les mortels vivent de la vie des dieux, et les dieux, de la vie des mortels. » — [3] 1796-1867. — Professeur et chanoine à Strasbourg, et depuis 1849 vicaire général du diocèse de Paris. — Son système est exposé dans: *La philosophie du christianisme*, 2 vol., Strasb., 1833; *La philosophie morale*, 2 vol., Paris, 1852, et *L'esprit humain et ses facultés*, 2 vol., Paris, 1859. A l'inverse de Lamennais, l'abbé Bautain, libéral d'abord, se soumet sans restriction au dogme de l'Église. — [4] 1805-1872. — Prof. à la Sorbonne. — *Logique*, Paris, 1856. — *La morale et la loi de l'histoire*, Paris, 1868, etc. — [5] 1797-1855. — *Nuovo saggio sull' origine delle idee*, Rome, 1830 et Turin, 1855. — *Principie della scienza morale*, Milan, 1831-37; Rome, 1868. — *Teosofia*, vol. 1 à 5 des *Œuvres posthumes* de R., Turin, 1859-74; etc. — [6] 1801-1852. — *Introduzione allo studio della filosofia*, Bruxelles, 1840. — *Filosofia della rivelazione*, Turin, 1856. — *Protologia*, Turin, 1857; etc. — Sur Rosmini et Gioberti, voy. Ad. Franck, *La philosophie italienne*, Journal des Savants, 1871 et 72. — [7] *Die Phantasie als Grundprinzip*, etc., Munich, 1877. — [8] Les principaux représentants de sa philosophie sont à cette époque : Cabanis (§ 60), Volney (1757-1820. — *Œuvres complètes*, 2ᵉ éd., Paris, 1836), Destutt de Tracy (1754-1836. — *Éléments d'idéologie*, Paris, 1804-15. — *Commentaire sur l'Esprit des lois de Montesquieu*, Paris, 1819), Laromiguière (*Leçons de philosophie*

reprend faveur à partir de 1815, et trouve de brillants interprètes dans les Royer-Collard [1], les Maine de Biran [2], les Victor Cousin [3], les Théodore Jouffroy [4]. L'école spiritualiste, qui s'inspire de Descartes, de Leibniz et plus encore de Reid, fonde la philosophie sur la psychologie, et la psychologie sur l'observation intérieure. Sans compter les beaux travaux dont elle a

ou *essai sur les facultés de l'âme*, Paris, 1815-48). Ce dernier prélude à la réaction spiritualiste, en introduisant dans la psychologie reçue, de concert avec Maine de Biran, le principe de l'attention et de la spontanéité.

[1] 1763-1845. — [2] *Œuvres* publiées par V. Cousin, 4 vol., 1840, et complétées par MM. Naville et Debrit, 3 vol., 1859. — C'est incontestablement le plus profond des chefs de l'école franco-écossaise, au sein de laquelle il représente le courant *volontiste* et le spiritualisme concret, par opposition à la tendance rationaliste et dualiste de V. Cousin. C'est à M. de Biran qu'il faut rattacher les noms de M. Félix Ravaisson (*Essai sur la Métaphysique d'Aristote*, 2 vol., Paris, 1837 et 1846. — *Rapport sur la philosophie française au dix-neuvième siècle*, Paris, 1868 et 1885) et de ses disciples, M. Jules Lachelier (*Du fondement de l'induction, cours inédits de psychologie, logique, morale, théodicée, professés à l'École normale supérieure*) et M. Émile Boutroux (*De la contingence des lois de la nature*, Paris, 1874). MM. Ravaisson, Lachelier et Boutroux opposent au « demi-spiritualisme de l'école éclectique » le « spiritualisme véritable, celui qui retrouve jusque dans la matière l'immatériel et qui explique la nature même par l'esprit » (*Rapport* de M. Ravaisson *sur la philosophie française*, p. 142). [3] 1792-1867. — Conseiller d'État, membre du conseil royal de l'instruction publique, professeur à la Sorbonne, membre de l'Institut, directeur de l'École normale, pair de France et, à tous ces titres, modérateur tout-puissant de l'enseignement philosophique dans l'Université sous le règne de Louis-Philippe. — *Cours de l'histoire de la philosophie moderne*, 1re série (1815-20); 2e série (1828-30). — *Fragments philosophiques*, 1826; 5e éd., 1866 (5 vol.); etc. — V. Cousin, vivement épris d'abord de la philosophie allemande, ne professe, à vrai dire, le spiritualisme strict que dans sa phase officielle. Voy. sur C. un article étendu dans la 2e éd. du *Dictionnaire des sciences philosophiques*, et sur ses relations avec l'Allemagne philosophique et surtout avec Hegel, une série d'articles de M. Janet dans la *Revue des Deux-Mondes*. — [4] 1796-1842. — *Mélanges*, 1833; 1842. — *Cours de droit naturel*, 1835; etc. — Jouffroy, l'un des chefs les plus sympathiques de l'école, s'inspire particulièrement de Reid, qu'il a traduit. Parmi ses disciples et continuateurs il faut citer, au premier rang, le chef actuel du spiritualisme français, M. Paul Janet (*Le matérialisme contemporain en Allemagne*, 1864; *La crise philosophique*, 1865; *Le cerveau et la pensée*, 1867; *Éléments de morale*, 1869; *Histoire de la science politique dans ses rapports avec la morale*, 2e éd., 1872; *Les causes finales*, 2e éd., 1882, etc.).

enrichi l'histoire de la philosophie[1], elle a le mérite d'avoir remis en lumière, par les fines analyses de Maine de Biran, le rôle capital de la volonté, méconnu par l'école sensualiste. Mais, tandis que le spiritualisme allemand a le tort très grave d'accorder à la *folle du logis* une place exagérée dans ses spéculations et d'aller jusqu'à pactiser avec le spiritisme américain, l'on a pu reprocher à l'éclectisme — c'est le nom que V. Cousin a donné au spiritualisme français — de trop sacrifier à la rhétorique et de ne point tenir suffisamment compte de deux facteurs que la philosophie ne saurait négliger impunément : la science positive et son principe moniste[2].

Plusieurs de ses représentants contemporains, et les meilleurs d'entre eux, n'ont pas hésité à reconnaître le bien-fondé de ces critiques. En effet, les progrès de plus en plus marqués de la philosophie positiviste et matérialiste sont dus à son étroite alliance avec les sciences physiques et naturelles. Pour la combattre avec succès, il faut commencer par reconnaître les éléments de vérité qu'elle peut renfermer : il faut se l'assimiler, l'absorber, comme dit Hegel, afin de la dépasser. Or le positivisme est incontestablement dans le vrai quand il déclare clos l'âge de la « métaphysique-roman », de l'apriorisme et de la fantaisie. En imposant à la philosophie les méthodes scientifiques, il lui enlève un privilège qui, dans l'état actuel du développement humain, n'a plus de raison d'être. Ce n'est qu'à condition de procéder scientifiquement que la philosophie, un

---

[1] Aux noms déjà cités il faut ajouter ceux de MM. Francisque Bouillier, Hauréau, Matter, Willm, Rémusat, Damiron, Saisset, Bartholmèss, Jules Simon, Nourrisson, Barthélemy Saint-Hilaire, Ad. Franck, Ch. Waddington, Caro, Alaux, Ferraz, etc. — Pour M. Vacherot, dont l'idéalisme diffère essentiellement des doctrines éclectiques, voy. § 66 (p. 508). — [2] L'éclectisme est combattu à des points de vue divers et même opposés, par les Bordas-Demoulin (*Lettre sur l'éclectisme et le doctrinarisme*, Paris, 1834), les Pierre Leroux (*Réfutation de l'éclectisme*, Paris, 1839), les Taine (*Les philosophes classiques*, Paris, 1868), les Secrétan (*La philosophie de V. Cousin*, Paris, 1868), etc.

moment séparée des sciences, reprendra rang parmi les branches du savoir humain comme *prima inter pares*.

Le tort du positivisme est, selon nous, de réduire la science à un rôle purement utilitaire, de la découronner en quelque sorte, en déniant à l'esprit humain toute connaissance objective et essentielle des choses, toute capacité métaphysique. Oui, sans doute, il faut que la philosophie s'identifie avec la science dans ses méthodes comme dans son but final. Mais remarquez que toute science digne de ce nom est la recherche d'un système de lois, de principes, de causes, c'est-à-dire d'une généralité, de quelque chose de supérieur au phénomène, d'une réalité supra-sensible, en un mot d'un μεταφυσικόν; toute science sérieuse est donc une métaphysique partielle, et la philosophie est bien réellement la métaphysique générale, la métaphysique de l'univers. Sans doute encore, la connaissance est un rapport, et ce qui est connu n'est jamais la *chose en soi* (selon le terme consacré par le criticisme); mais ce rapport est évidemment déterminé *par la nature même de la chose connue* aussi bien que par notre organisation intellectuelle. Sans doute enfin, c'est l'expérience qui, unie à la spéculation, est la base indispensable de tout savoir positif. Mais l'expérience, l'étude raisonnée des faits, l'observation extérieure et intérieure, nous ouvrent, sinon des perspectives d'une clarté absolue, du moins des échappées sur l'essence des choses; c'est-à-dire qu'elle arrive par degrés, sinon d'emblée, à des conclusions métaphysiques justifiant ou réfutant les intuitions de la philosophie spéculative.

A l'encontre de cette triple vérité, le positivisme professe, à l'égard de toute hypothèse sur les causes premières et finales du monde, un scepticisme absolu, et confond dans une même réprobation deux choses très distinctes : le dualisme, forme transitoire de la pensée humaine, et la métaphysique, son but permanent et légitime. Ne voit-il pas que son arrêt contre la métaphysique frappe du même coup les sciences elles-mêmes qu'il prétend y substituer? Si cet arrêt était fondé, il faudrait que la physique, la chimie, les sciences naturelles et morales renonçassent à leur tour à former des théories d'ensemble : car toute théorie scientifique est une hypothèse *relativement a priori*, aussi longtemps qu'il peut se produire des faits nouveaux qui la contredisent, et comme cette possibilité subsiste indéfiniment, la théorie scientifique la mieux établie ne saurait jamais prétendre à la dignité d'un axiome. Quand une théorie se trouve légitimée par les faits pendant une série de siècles, elle acquiert à nos yeux une consistance et un caractère de certitude relative qui équivaut, en pratique, à la certitude absolue. Le positivisme méconnaît ce fait qu'il en est de même en philosophie; il oublie que, si la certitude *absolue* touchant les causes premières de l'univers est impossible, du moins nous pouvons atteindre, en ce qui les concerne, à un degré de certitude *relative* ou de probabilité, équivalant en fait à la certitude absolue.

Une phase de l'histoire de la métaphysique, la période aprioriste, intuitive, poétique, est passée, et passée sans retour, mais la métaphysique elle-même subsiste, et sa cause, nous venons de le voir, est solidaire de celle de la science [1].

A l'argument que le positivisme emprunte aux incessantes variations de la métaphysique, nous opposons l'histoire tout entière que nous venons d'en tracer. Si quelque chose a varié et varie continuellement, ce sont les hypothèses de la physique, de la chimie, de la physiologie; si quelque chose est demeuré d'accord avec soi pendant plus de deux mille ans, c'est précisément la métaphysique. Les grandes hypothèses de l'unité, de la continuité, de l'immortalité de l'être, sont antérieures à Platon et à Aristote, et sont demeurées comme la substance immuable de la spéculation ancienne et moderne.

---

[1] Voy. les Préfaces, p. X-XI.

A l'argument tiré du perpétuel désaccord des philosophes, nous répondons que ce qui frappe infiniment plus l'historien de la métaphysique, c'est l'accord avoué ou secret qui existe entre les tendances et les écoles rivales, accord que nous avons constaté pour Platon et Démocrite, Descartes et Bacon, Leibniz et Schopenhauer, Herbart et Hegel. Nous avons vu l'idéaliste Platon admettre l'éternité du $\mu\grave{\eta}$ $\ddot{o}\nu$, et le matérialiste Démocrite proclamer le principe que tout dans la nature a sa raison d'être; nous avons trouvé l'intellectualiste Descartes d'accord avec le chef de l'école empiriste pour protester contre les excès de la téléologie appliquée à la physique; nous avons constaté que l'atomiste Herbart admet une cause première et que Hegel, son antipode, considère l'atome comme une forme nécessaire de l'être; que Leibniz, l'optimiste, et Schopenhauer, le pessimiste, enseignent de concert que l'«effort» est l'essence des choses.

Cet accord serait même bien plus complet sans les éléments affectifs qui concourent forcément à la formation des systèmes. Qu'on fasse abstraction de ce qui, dans chacun d'eux, se trouve être l'effet des circonstances où il s'est produit, de l'amour-propre du philosophe, de son désir d'originalité, de tout ce que sa nationalité et son caractère individuel y ont mêlé de particulier, d'accidentel, de fortuit; qu'on fasse surtout la part des malentendus sans nombre qu'engendre l'imperfection du langage philosophique: et l'on trouvera, au fond de toutes ces théories, comme un même thème fondamental, une seule et même philosophie, un seul et même édifice à la construction duquel chacun apporte sa pierre.

Alors même que le désaccord entre les ouvriers est réel, il n'est pas absolu. Chez les anciens comme chez les modernes, il porte essentiellement sur les questions suivantes: L'univers a-t-il une cause unique ou multiple, consciente ou inconsciente? Quelle est l'origine de nos connaissances et la vraie méthode philosophique? La métaphysique est-elle possible? Sur ces questions capitales, ontologique, méthodologique et critique, les philosophes se sont divisés en monistes et en pluralistes, en spiritualistes et en matérialistes, en idéalistes-rationalistes et en sensualistes-empiristes, en dogmatiques et en sceptiques. Toutefois aucun de ces systèmes n'a jamais été si radical qu'il n'ait tenu compte, dans une certaine mesure, de la doctrine contraire.

Et d'abord, y a-t-il jamais eu un système moniste ou pluraliste au sens absolu du mot? On peut le nier sans crainte d'être démenti par l'histoire. Les systèmes monistes les plus caractérisés sont, dans l'antiquité, l'éléatisme et le néoplatonisme, dans les temps modernes, le spinosisme, la philosophie de Fichte et de Hegel. Eh bien, nous avons vu Parménide obligé par les faits d'accorder tout au moins une pluralité apparente d'êtres individuels; nous avons vu Empédocle décomposer son « Grand Être », d'une part en deux principes rivaux coéternels, l'amour et la discorde, d'autre part en quatre éléments irréductibles; nous avons vu le platonisme reconnaître, à côté de l'Idée, un $\mu\grave{\eta}\ \ddot{o}\nu$ coéternel au principe plastique; nous avons vu Spinosa constater dans sa « substance une et indivisible » deux « attributs », c'est-à-dire deux choses irréductibles entre elles : l'étendue et la pensée; enfin, les plus radicaux d'entre les modernes monistes, Fichte et Hegel, commencent par proclamer, le premier, l'identité du moi et du non-moi, le second, l'absolu de la raison, et reconnaissent ensuite, bien malgré eux sans doute, 1° que le non-moi demeure pour la raison un obstacle insurmontable; 2° qu'à côté de ce qui est rationnel il y a, dans la nature, un élément illogique, fortuit, qui suppose un principe autre que la raison. Donc, chez les monistes les plus décidés, un dualisme *relatif*.

Réciproquement, nous avons constaté que les systèmes pluralistes les plus caractérisés rendent hommage à la vérité relative du monisme. Démocrite affirme l'identité qualitative des atomes, et son pluralisme n'est pas autre chose qu'un monisme multiple. Leibniz relie ses monades « sans fenêtres » au moyen de l'« harmonie préétablie », qui représente dans son système le principe moniste, et en définitive, sa philosophie, elle aussi, n'est qu'un monisme multiple, puisque ses monades ont toutes la même essence : perception et tendance. En insistant sur l'unité de substance dans l'univers, sur l'unité des forces, sur l'unité des lois, l'atomisme contemporain ne trahit-il pas clairement ses préoccupations monistes ou unitaires? Donc, chez les pluralistes les plus rigoureux, un monisme *relatif*.

Entre le matérialisme, qui ne connaît d'autres réalités invisibles que les atomes et l'espace infini, et le spiritualisme, qui superpose à l'univers un ordre de choses transcendant, il y a l'hylozoïsme ionien, qui déclare la substance cosmique elle-même intelligente, sage, raison, harmonie; il y a le péripatétisme, qui affirme à la fois la transcendance et l'immanence de l'absolu; il y a le stoïcisme et son Dieu-âme du monde; il y a le panthéisme moderne, qui, distinguant entre la pensée et l'aperception, reconnaît en Dieu soit la volonté (panthélisme), soit la raison impersonnelle (panlogisme) qui se manifeste dans le monde et prend conscience d'elle-même dans la personne humaine. Et chose à noter! A quelques rares exceptions près, les coryphées de la philosophie européenne ne se trouvent ni parmi les purs matérialistes, ni dans le camp spiritualiste : c'est dans la région intermédiaire qu'il faut les chercher.

Dans le débat sur l'origine des idées, nous avons vu Leibniz, le défenseur de leur innéité, et Locke, le champion du sensisme, beaucoup plus rapprochés l'un de l'autre qu'ils n'ont l'air de s'en douter, l'un et l'autre n'admettant autre chose, en fait d'éléments innés, que la faculté de *former* des idées; nous avons vu Kant donner raison à l'un et à l'autre, en constatant que la matière de *toutes* nos perceptions nous est fournie par les sens, et que leur forme à *toutes*, sans exception, est le fait du sujet sensible, l'effet de la structure particulière de l'esprit : synthèse que la physiologie et la psychologie tendent de plus en plus à confirmer [1].

En ce qui concerne la question de méthode intimement connexe à la précédente, même connivence secrète et le plus souvent inconsciente entre les affirmations rivales. Aristote, Descartes, Leibniz sont des savants de premier ordre; Bacon, Locke, Hume, d'éminents raisonneurs. Jamais intellectualiste, sans excepter même Fichte, n'a nié sérieusement qu'*en fait* la spéculation *a priori* n'ait pour point de départ une donnée empirique; jamais empiriste n'a renoncé *par le fait* au raisonnement déductif.

Et ce qu'il importe de constater, en terminant ce livre, c'est l'accord qui, depuis les défaites de l'hégélianisme, tend à s'établir de plus en plus, entre les esprits compétents, au sujet de la méthode. Cette question n'en sera plus une à l'avenir. La philosophie est placée sous la loi commune. Ses méthodes sont désormais celles des sciences : observation spéculative, déduction sur la base des faits et de l'induction. La distinction encore admise par Hegel, entre les sciences philosophiques et les sciences qui ne le sont pas, n'a plus de sens aujourd'hui. Toute science est nécessairement philosophique, toute philosophie digne de ce nom, nécessairement scientifique. On comprend de nos jours que, comme le dit excellemment F. Bacon, ce qui importe, c'est moins de connaître les opinions abstraites des hommes que la nature des choses. Sous l'empire de cette conviction, la manie des systèmes originaux diminuera de plus en plus. Le progrès en philosophie consistera moins dans la production d'hypothèses nouvelles que dans la démonstration expérimentale des hypothèses vraies que la métaphysique européenne nous a léguées, et dans la réfutation, expérimentale aussi, de ses erreurs. La personnalité des philosophes, leurs ambitions, grandes ou pe-

---

[1] Voy. surtout Helmholtz, *Physiologische Optik* (p. 455).

tites, leur bon plaisir individuel, toutes choses qui ont joué dans l'histoire de la philosophie, et notamment dans la première moitié du dix-neuvième siècle, un rôle exagéré, se trouveront de plus en plus réduits dans leur influence, et la parole finira par rester aux faits et aux faits seuls. Dès lors la philosophie sera ce que Bacon, Descartes, Locke et Kant ont voulu qu'elle fût: une *science*, et la science par excellence. C'est le mérite du positivisme comtien d'avoir contribué pour une bonne part à ces résultats.

Plus profonde et plus radicale en apparence, l'opposition entre les dogmatiques et les sceptiques n'a rien non plus d'absolu. Tous les systèmes de la Grèce ont une nuance de scepticisme plus ou moins prononcée, et d'autre part, le scepticisme hellénique aboutit à un probabilisme équivalant en fait à un dogmatisme relatif. Dans les temps modernes, nous voyons le type du dogmatisme métaphysique, le système de Leibniz, aboutir à un point d'interrogation : la monade n'ayant point de «fenêtres», comment la connaissance de ce qui n'est pas elle est-elle possible? Et d'autre part, l'intrépide démolisseur de la métaphysique traditionnelle, Emmanuel Kant, n'a pas plus tôt achevé son œuvre de destruction qu'il écrit ses *Prolégomènes à toute métaphysique future*, sa *Métaphysique de la nature*, sa *Métaphysique des mœurs*. Le positivisme lui-même, tout en affirmant que la métaphysique est chimérique, est l'intime allié du matérialisme, c'est-à-dire d'un système de métaphysique, et fournit ainsi, malgré lui, la preuve *ad hominem* de la légitimité, bien plus, de l'inévitable nécessité d'une ontologie, but final et récompense suprême des labeurs du savant [1].

Est-ce à dire que le dernier mot de la philosophie européenne et de la science humaine soit le matérialisme? Ce système, il est vrai, a pour lui l'autorité des faits quand il constate

---

[1] Voy. les Préfaces, p. X-XI.

un rapport intime et permanent entre l'aperception interne et le fonctionnement régulier du cerveau; il a pour lui l'autorité de la raison quand il proclame l'unité essentielle des choses et le principe de causalité universelle, c'est-à-dire, en un mot, le monisme; mais il en est de lui comme de l'idéalisme, son contraire. Sous les apparences d'une synthèse universelle, il n'explique, en réalité, que la moitié de ce qu'il prétend expliquer. Nous avons vu les penseurs idéalistes éprouver un invincible embarras pour passer de l'idée à l'être réel. Platon n'y a réussi qu'aux dépens de l'idéalisme absolu et moyennant l'hypothèse d'un *non-être* coéternel à l'idée; Hegel ne l'a pu qu'en déclarant que l'idée enveloppe l'être, ce qui est également renoncer à l'idéalisme proprement dit : car l'idée qui enveloppe la réalité, la pensée qui implique l'effort, est *plus* que l'idée, *plus* que la pensée, et le nom d'idée donné au principe des choses ainsi conçu est inadéquat à la chose exprimée. Le matérialisme éprouve l'embarras inverse : comment faire dériver le *un* du multiple, le moi indivisible de l'agrégat d'atomes qui s'appelle le cerveau? Aussi ceux de ses adhérents qui sont vraiment philosophes aiment-ils, nous l'avons constaté, à s'appeler non plus matérialistes, mais *monistes*. C'est qu'ils comprennent que *produire* l'intelligence, c'est la *contenir* au moins virtuellement, que l'être d'où dérive l'idée n'est pas le corps aux trois dimensions, la matière au sens propre, mais l'*unité supérieure d'où procèdent et la matière et la pensée.*

Or cette unité au nom de laquelle l'idéalisme et le matérialisme spéculatif aspirent à se tendre la main, n'est pas une simple hypothèse, une entité transcendante et inaccessible, un pur être de raison; elle est un *fait*, et même le fait le plus accessible à l'expérience directe et immédiate d'un chacun : nous voulons parler du fait de la VOLONTÉ. La science moderne a ramené l'idée de matière à celle de *force*, et déjà Leibniz a dit excellemment : Point de substance sans *effort*. Or faire effort, c'est vouloir. Si l'effort est l'essence de la matière, c'est donc la volonté qui est le fond, la substance et la cause génératrice de la matière. D'autre part, l'effort est aussi la source de la perception, car il n'y a ni perception sans attention, ni attention sans effort. C'est de la volonté que procède la perception et non *vice versa*[1]. C'est donc, en définitive, la *volonté qui est l'unité supérieure et la cause première de ce que nous appelons la matière et de ce que nous nommons l'esprit*. La volonté est l'être dans sa plénitude; tout le reste n'est que phénomène. Comparées à l'*effort* qui les produit, les réalise, les constitue, la matière et la pensée ne sont que des accidents : elles n'existent l'une et l'autre que de par la volonté. La volonté est au fond de tout (Ravaisson[2]) ; elle n'est pas seulement l'essence de l'âme humaine (Duns Scot, Maine de Biran, Bartholmèss), le phénomène premier de la vie psychique (Wundt), mais le phénomène universel (Schopenhauer), le fond et la substance de l'être (Secrétan[3]), le seul principe absolu (Schelling[4]). A ce principe, comme dit Aristote, est suspendu le ciel et toute la nature.

Le matérialisme ne peut expliquer le moi; le spiritualisme bisubstantialiste, qui voit l'essence de l'esprit dans la pensée et l'oppose à l'étendue, essence prétendue de la matière, est incapable d'expliquer la nature; la « substance étendue » et la « substance pensante » sont des abstractions réalisées : seul le spiritualisme concret, qui considère le *vouloir* comme le fond de toutes choses et la substance commune des « deux mondes », est une métaphysique vraiment universelle, réunissant, pour parler avec Leibniz[5], « ce qu'il y a de bon dans les hypothèses d'Épicure et de Platon, des plus grands matérialistes et des plus grands idéalistes ».

---

[1] W. Wundt, *Physiologische Psychologie* : *Kein Bewusstsein ohne Willensthätigkeit*. — Comp. Théod. Lipps, *Grundthatsachen des Seelenlebens*, p. 601 : *Das Streben bildet den eigentlichen Kern des Seelenlebens*. — [2] *Rapport sur la philosophie française au dix-neuvième siècle*. — [3] *Revue philosophique*, VII, 3, p. 304. — [4] Voy. p. 453. — [5] *Réplique aux réflexions de Bayle*.

Au surplus, le *volontisme* contemporain se distingue essentiellement du système de Schopenhauer[1]. Selon ce philosophe, la volonté tend à l'être et rien qu'à l'être. Or la nature, ou pour parler le langage de la métaphysique nouvelle, la volonté tend à l'être, sans doute, mais c'est pour atteindre, à travers cette fin relative, une fin absolue: le bien. Si elle n'avait d'autre fin que l'être, elle trouverait sa satisfaction complète et suprême dans la vie, même sans moralité. Or l'expérience prouve surabondamment que l'homme qui ne vit que pour vivre se blase, et que celui-là seul ignore le dégoût de la vie qui existe pour quelque chose de supérieur à la vie. D'ailleurs une volonté, qui est supposée tendre *nécessairement*, *fatalement* à l'être, et rien qu'à l'être, ne pourrait se retourner contre elle-même, comme il arrive dans le suicide, et comme Schopenhauer l'y invite lui-même par sa doctrine de la négation de la volonté, tout en blâmant d'ailleurs l'αὐτοχειρία. Enfin, si le fond des choses était le vouloir-vivre *quand même*, on ne comprendrait rien à la mort volontaire d'un Léonidas, d'un Socrate, de tous ceux en qui il a trouvé plus fort que lui. L'on peut refuser, il est vrai, de croire au désintéressement de ces sacrifices, au bien voulu et pratiqué pour lui-même, en un mot au devoir. Mais l'on peut nier également, et avec non moins de raison, la réalité du monde, et traiter d'illusion l'existence elle-même. Il faut bien nous le dire: il n'y a d'autre preuve de l'existence d'un monde distinct de nous que l'impératif des sens, l'évidence avec laquelle il s'impose à notre sensibilité. Or, *en fait*, le devoir n'est pas moins évident que l'impératif des sens. Les illusions des sens, constatées par la philosophie dès ses premiers pas, n'empêchent pas le monde d'être une réalité, très différente

---

[1] Pour la différence entre le volontisme pessimiste et le volontisme *mélioriste*, voy. les Préfaces, p. XII ss., et nos traités en langue allemande : *Il y a volonté et volonté. Examen de la philosophie de Hartmann*, Strasb., 1882; *Du rôle de la volonté dans le phénomène religieux*, Strasb., 1888.

assurément de ce que les sens nous montrent, mais enfin une réalité, et sous ce rapport du moins, les sens sont véridiques; de même la conscience, toute variable et faillible qu'elle soit dans la *matière* de ses prescriptions, nous oblige, par leur *forme* même, à reconnaître un ordre moral, essence et âme de l'univers. Quelle que soit la part de l'anthropomorphisme dans le vocabulaire de la morale kantienne, il faut convenir que cette forme est impérative, qu'au fond de notre vouloir-vivre il y a comme un arrière-fond, et par delà notre volonté individuelle, comme une volonté plus haute et plus excellente, qui tend à l'idéal (*Wille zum Guten*). C'est elle, et non le *Wille zum Leben* de Schopenhauer, qui est l'essence véritable et la cause première de l'être, *substantia sive Deus*.

Dégagé ainsi de l'alliance toute fortuite et passagère qu'il a contractée avec le pessimisme dans le système de Schopenhauer, le monisme de la volonté est la synthèse où tendent les trois facteurs que nous avons vus coopérer au développement de la philosophie européenne (§ 4) : la raison, qui postule l'unité essentielle des choses (Parménide, Plotin, Spinoza), l'expérience, qui constate l'universalité de la lutte, de l'effort, du vouloir (Héraclite, Leibniz, Schelling), et la conscience, qui affirme l'idéal moral, fin dernière de l'effort créateur et de l'universel devenir (Platon, Kant, Fichte).

La Nature est une évolution dont la Perfection infinie est à la fois la force impulsive et le but suprême (Aristote, Descartes, Hegel).

TABLE DES MATIÈRES

	Pages
Préface.	VII
Préface de la précédente édition	IX

INTRODUCTION

§§
1. Philosophie, métaphysique et science 1
2. Division 4
3. Sources 6

I. PHILOSOPHIE GRECQUE

PREMIÈRE PÉRIODE

Age de la métaphysique proprement dite ou philosophie de la nature (600-400).

4. Origines de la philosophie grecque 11
5. L'École de Milet. Thalès, Anaximandre, Anaximène. . . . 15
6. Le problème du devenir 17

A. NÉGATION DU DEVENIR

7. La philosophie éléate. Xénophane, Parménide, Mélisse, Zénon, Gorgias 18

B. APOTHÉOSE DU DEVENIR

8. Héraclite 26

C. EXPLICATION DU DEVENIR

9. La spéculation pythagoricienne 30
10. Empédocle 37
11. Anaxagore 41
12. Diogène d'Apollonie, Archélaüs, Leucippe, Démocrite 46

DEUXIÈME PÉRIODE

Age de la critique ou philosophie de l'esprit.

§§		Pages
13.	Protagoras.	54
14.	Socrate.	55
15.	Aristippe et l'Hédonisme. — Antisthène et le Cynisme. — Euclide et l'école de Mégare	62

A. NÉGATION DE LA MATIÈRE — APOTHÉOSE DE LA PENSÉE

16.	Platon	66
	1° L'Idée	71
	2° La Nature	81
	3° Le souverain bien	88
17.	Aristote	93
	1° Philosophie première	96
	2° Philosophie seconde ou de la nature	106

B. APOTHÉOSE DE LA MATIÈRE — NÉGATION DE LA PENSÉE-SUBSTANCE

18.	Épicure	122

C. APOTHÉOSE DE LA VOLONTÉ

19.	Le Stoïcisme	127
20.	Réaction sceptique. — Le Pyrrhonisme	135
21.	Le Scepticisme académique	136
22.	Le Scepticisme sensualiste	138
23.	Le mouvement scientifique	145
24.	L'Éclectisme	148
25.	Plotin et le Néoplatonisme	152
26.	Les derniers néoplatoniciens polythéistes. Porphyre, Jamblique, Proclus	165

II. PHILOSOPHIE DU MOYEN AGE

PREMIÈRE PÉRIODE

Règne de la théologie platonico-chrétienne.

27.	Le Platonisme chrétien	170
28.	Saint Augustin	172
29.	Agonie du monde romain. — Barbarie. — Premiers symptômes d'une philosophie nouvelle	183

§§		Pages
30. La Scolastique		186
31. Scot Érigène		188
32. Saint Anselme		194
33. Réalisme et Nominalisme		203
34. Abélard		206
35. Hugues de Saint-Victor		211
36. Progrès de la libre pensée		214

DEUXIÈME PÉRIODE

Règne de la scolastique péripatéticienne.

A. PÉRIPATÉTISME SEMI-RÉALISTE

37. Influence croissante de la philosophie d'Aristote		218
38. Les Péripatéticiens du treizième siècle		222
39. Saint Thomas d'Aquin		224
40. Duns Scot		229

B. PÉRIPATÉTISME NOMINALISTE

41. Réapparition du Nominalisme. Durand, Occam, Buridan, D'Ailly		235
42. Décadence de la scolastique. — Réveil du goût de la nature et des sciences expérimentales. — Roger Bacon. — Mysticisme		239
43. Renaissance des lettres		243
44. Néoplatonisme. — Théosophie. — Magie		247
45. Aristote contre Aristote ou Péripatéticiens libéraux. — Stoïciens. — Épicuriens. — Sceptiques		249
46. La Réforme religieuse		256
47. Scolastique et Théosophie dans les pays protestants. — Jacques Bœhme		258
48. Le mouvement scientifique		262

III. PHILOSOPHIE MODERNE

PREMIÈRE PÉRIODE

Age de la métaphysique indépendante.

(De Bruno à Locke et à Kant.)

49. Giordano Bruno		267
50. Tommaso Campanella		271

TABLE DES MATIÈRES

§§		Pages
51.	Francis Bacon	275
52.	Thomas Hobbes	281
53.	Descartes	285
54.	L'École cartésienne	297
55.	Spinosa	302
56.	Leibniz	322

DEUXIÈME PÉRIODE

Age de la critique.

57.	John Locke	348
58.	Berkeley	369
59.	Condillac	377
60.	Progrès du matérialisme	382
61.	David Hume	395
62.	Emmanuel Kant	411
	I. Critique de la raison pure	414
	II. Critique de la raison pratique	439
	III. Critique du jugement	444
63.	Kant et l'idéalisme allemand	449
64.	Fichte	456
65.	Schelling	463
	I. Philosophie négative	464
	II. Philosophie positive	469
66.	Hegel	472
	I. Logique ou généalogie des concepts purs	476
	II. Philosophie de la nature	485
	III. Philosophie de l'esprit	488
67.	Herbart	510
68.	Schopenhauer	518
69.	Darwin et le Monisme contemporain	534
70.	Positivisme et Néo-criticisme	546
71.	Conclusion	559

STRASBOURG, TYPOGRAPHIE DE G. FISCHBACH. — 1822.

AVIS DE LA PRESSE

HISTOIRE
DE LA
PHILOSOPHIE EUROPÉENNE
par Alfred Weber
Professeur de philosophie à l'Université de Strasbourg.

— Ouvrage distingué et remarquable à plus d'un titre.
(*Journal officiel*. Compte rendu du rapport de M. Nourrisson à l'Académie des sciences morales et politiques.)

— Tous les sujets entrepris par l'auteur sont consciencieusement et magistralement traités. (*Revue politique et littéraire*. Compte rendu de la même séance.)

— Ses analyses sont riches, bien condensées sans manquer de clarté, ce qui est le premier mérite d'un travail de ce genre. (*Revue philosophique*.)

— Nous prenons plaisir à signaler à nos lecteurs ce beau volume, où M. Weber, qui s'est fait connaître déjà dans le monde scientifique par des travaux d'une haute valeur, embrasse, dans un vaste tableau, le développement de la philosophie européenne depuis ses origines jusqu'à nos jours. (*Progrès religieux*.)

— Nous remercions M. Weber de son *Histoire de la philosophie*, qui est un livre du plus grand mérite, et que personne, nous osons l'affirmer, ne lira sans fruit. M. Weber vient de rendre aux sciences philosophiques un service signalé. (*Renaissance*.)

— Félicitons M. Weber d'avoir mis au jour un ouvrage qui ne le cède en rien, pour l'érudition, aux meilleurs travaux allemands, et qui se distingue en outre par la simplicité et par la clarté du style. (*Revue des Deux-Mondes*.)

— Décidément, l'Alsace nous fournit les meilleures histoires de la philosophie que nous possédions en langue française. M. Willm avait raconté en 4 volumes les développements de la pensée allemande, depuis Kant jusqu'à Hegel. M. Bartholmèss avait exposé et examiné surtout la portée religieuse des principaux systèmes de la philosophie moderne. L'ouvrage publié par M. Weber est plus complet dans sa concision. C'est un travail d'ensemble sur la métaphysique européenne. Cette étude témoigne d'une vaste érudition et d'une heureuse faculté de résumer dans leurs traits essentiels et d'exposer avec netteté les conceptions les plus diverses... Mais le grand développement accordé à l'idée théorique est ce qui, avant tout, fait l'originalité et la haute valeur du livre. (*Temps*.)

— Cet ouvrage, un des plus importants et des plus remarquables qui aient paru ces derniers temps, peut être mis hardiment à côté de celui de M. Cousin. D'une forme littéraire moins riche que le livre du célèbre éclectique, celui de M. Weber est tout ensemble aussi clair et beaucoup plus complet, comme aussi plus profond. Non seulement les systèmes y sont exposés avec une rigueur et une exactitude d'analyse que l'on pourrait appeler objective, tant l'historien a pris soin de reproduire fidèlement les idées, les raisonnements, la terminologie des philosophes, mais leurs oppositions et leurs rapports sont mis en évidence et les conclusions de chacun passées au crible d'une critique, dont on admire tout ensemble l'aisance parfaite, l'érudition et la largeur de vues. (*Église Libre*.)

— There are excellent German works on the history of philosophy, e. g. Erdmann and Ueberweg. Both of them are scholarly and the best works of their kind. There is, however, probably none which unites elegance of diction with profound study so well as Weber's book. (*New-York Daily Tribune*.)

— Noi dobbiamo lodare ampiamente la parte storica del libro, per l'esame accurato delle fonti e la chiarezza dell'esposizione e per il sagace aggruppamento dei sistemi. (*Nuova Scienza*.)

— Webers Compendium dürfen wir wohl als das beste bezeichnen das in französischer Sprache bis jetzt existirt. (*Philosophische Monatshefte*.)

— An Klarheit der Auffassung und Fülle des Stoffs, an Vollständigkeit und Uebersichtlichkeit ist diese Geschichte selbst dem berühmten Grundrisse von Schwegler, auch in Köstlin's Bearbeitung, weit überlegen.
(*Magazin für die Literatur des In- und Auslandes*.)

Strasbourg, typ. de G. Fischbach. — 1622.